CND
常州国家高新区

常州国家高新区
常州市新北区
年鉴
2023

常州国家高新区管委会
常州市新北区人民政府 主办
常州市新北区地方志办公室 编

方志出版社
Publishing House of Local Records

图书在版编目（CIP）数据

常州国家高新区 常州市新北区年鉴. 2023 / 常州市新北区地方志办公室编. —北京 : 方志出版社, 2023.11
ISBN 978-7-5144-5963-0

Ⅰ. ①常… Ⅱ. ①常… Ⅲ. ①区(城市)—常州—2023—年鉴 Ⅳ. ①Z525.34

中国国家版本馆CIP数据核字(2023)第247017号

责任编辑：何明忠
责任校对：张玉霞
责任印制：梅中英
出 版 者：方志出版社
地　　址：北京市朝阳区潘家园东里9号（国家方志馆4层）
邮　　编：100021
网　　址：http://www.zgfzcb.cn
发　　行：方志出版社图书营销中心（010-67110500）
印　　刷：苏州市越洋印刷有限公司
开　　本：889毫米×1194毫米　1/16
印　　张：29
字　　数：941千字
版　　次：2023年11月第1版
印　　次：2023年11月第1次印刷
定　　价：128.00元

《常州国家高新区　常州市新北区年鉴（2023）》

主　　审　樊　烨

主　　编　张华锋

执行主编　唐碧云

副 主 编　许　凯　王文涛　何永才

编　　辑　赵小花　时家华　朱　晨　刘梦萍　刘　柳

统　　编　朱　晨

《常州国家高新区　常州市新北区年鉴（2023）》撰稿单位主审人员

万丽平　马曙光　王运华　王　奇　王建军　石耀星

汤启斌　许柯娜　孙海蓉　李丹菊　李　锐　李　智

肖和平　吴　彬　邱新天　邹　申　邹　莹　沈曙东

张向坤　张肖洁　张俊忠　张　涛　张浩亮　陈一江

陈俊玮　陈　琦　金　健　周国东　周继荣　宗国英

赵鹏霞　须倩怡　俞建君　姚　洁　顾维洁　钱卫洪

钱亚娟　徐　冰　徐　凯　徐　俊　唐碧云　黄书勇

黄克非　曹　瑜　曹薇娴　章建伟　董双刚　蒋　丹

蒋功伯　蒋如山　蒋剑清　谢红婷　谢海飞　路　科

薛　醒　戴庆月

编辑说明

一、《常州国家高新区 常州市新北区年鉴》是常州国家高新技术产业开发区管理委员会、常州市新北区人民政府主办，常州市新北区地方志办公室组织编纂的年度资料性文献，创刊于1999年。从2018年起，一年一卷。《常州国家高新区 常州市新北区年鉴（2023）》为第13卷。

二、《常州国家高新区 常州市新北区年鉴（2023）》坚持以马克思列宁主义、毛泽东思想、邓小平理论、“三个代表”重要思想、科学发展观、习近平新时代中国特色社会主义思想为指导，坚持辩证唯物主义和历史唯物主义的立场、观点和方法，全面、客观、系统地记载2022年全区自然、政治、经济、社会等各方面的基本情况、发展情况和重大事件，为各级领导决策提供参考，为社会各界了解本区提供资讯，为编史修志和研究本区提供资料。

三、《常州国家高新区 常州市新北区年鉴（2023）》采用分类编辑法，设有类目、分目、条目3个层次，部分分目下设副分目。分目、副分目下设综合性概况、常规性专题类和特色性典型条目，记述行业（事业、单位）的总体情况、单项工作和大事、要事、新事、特事。类目、分目、副分目、条目的标题分别使用不同字体区别；副分目标题前后加“·”；条目标题加【 】号。

四、《常州国家高新区 常州市新北区年鉴（2023）》除卷首设专记、大事记，卷末设附录、索引外，根据全区发展变化和分类科学、合理的要求，对篇目进行调整。在类目层次增设区域合作、物流业、建筑业、房地产业、交通、数字新北建设类目，社会生活类目调整为收入与分配、社会事务两个类目，将财政 税务 审计、国有资产管理两个类目并入经济管理，将人物与荣誉栏两个类目合并为人物 荣誉类目，统计资料调整至附录，将金融证券类目名称改为金融业，应急管理类目名称改为公共安全类目。由34个类目调整为37个类目。

五、《常州国家高新区 常州市新北区年鉴（2023）》所采用的稿件资料由全区各镇、街道、园区及各单位、各部门负责撰写或提供，并经所在镇、街道、园区及各单位、各部门分管领导审核。图片资料由区委宣传统战部等单位提供，全区综合性统计资料由区统计局提供。正文部分数据，由于统计来源、口径和时间不同，尚有部分出入，使用时请以区统计局发布的数据为准。

六、《常州国家高新区 常州市新北区年鉴（2023）》数字用法执行《出版物上数字用法》(GB/T15835—2011)、标点符号用法执行《标点符号用法》(GB/T15834—2011)，并保持局部统一。一次文献中人称、数字、计量单位等用法保持原状。部分数据因四舍五入等因素，总项和分项之间存在合理范围内的误差。

常州国家高新区（新北区）部分组织机构全称、简称对照表

全称	简称
中共常州高新技术产业开发区工作委员会	区党工委
中共常州市新北区委员会	区委
常州市新北区人民代表大会常务委员会	区人大常委会
常州国家高新技术产业开发区管理委员会	区管委会
常州市新北区人民政府	区政府
中国人民政治协商会议常州市新北区委员会	区政协
常州市新北区人民代表大会常务委员会办公室	区人大办
中国人民政治协商会议常州市新北区委员会办公室	区政协办
中共常州国家高新技术产业开发区工作委员会（新北区委员会）纪律检查（工作）委员会监察委员会机关	区纪（工）委监委
常州市新北区人民武装部	区人武部
常州高新技术产业开发区（常州市新北区）人民法院	区法院
常州国家高新区（新北区）人民检察院	区检察院
常州国家高新技术产业开发区 （新北区）党政办公室	区党政办
中共常州国家高新技术产业开发区工作委员会（新北区委员会）组织部	区委组织部
中共常州国家高新技术产业开发区工作委员会（新北区委员会）宣传统战部	区委宣传统战部
中共常州国家高新技术产业开发区工作委员会（新北区委员会）政法委员会	区委政法委
中共常州国家高新技术产业开发区工作委员会（新北区委员会）机构编制委员会办公室	区委编办
中共常州国家高新技术产业开发区工作委员会（新北区委员会）巡察工作办公室	区委巡察办
常州国家高新技术产业开发区（新北区）经济发展局	区经发局
常州国家高新技术产业开发区（新北区）教育局	区教育局
常州国家高新技术产业开发区（新北区）科学技术局	区科技局
常州国家高新技术产业开发区（新北区）财政局	区财政局
常州国家高新技术产业开发区（新北区）人力资源和社会保障局	区人社局
常州国家高新技术产业开发区（新北区）住房和城乡建设局	区住建局
常州国家高新技术产业开发区（新北区）农业农村局	区农业农村局
常州国家高新技术产业开发区（新北区）商务局	区商务局
常州国家高新技术产业开发区（新北区）卫生健康局	区卫健局
常州国家高新技术产业开发区（新北区）退役军人事务局	区退役军人事务局
常州国家高新技术产业开发区（新北区）应急管理局	区应急管理局
常州国家高新技术产业开发区（新北区）审计局	区审计局
常州国家高新技术产业开发区（新北区）行政审批局	区行政审批局
常州国家高新技术产业开发区（新北区）市场监督管理局	区市场监督管理局

续表

全称	简称
常州国家高新技术产业开发区（新北区）统计局	区统计局
常州国家高新区（新北区）综合保税区管理局	综保区管理局
常州国家高新技术产业开发区（新北区）创意产业园区管理办公室	创意产业园区办
常州市自然资源和规划局高新区(新北)分局	区资规分局
常州市公安局新北分局	公安新北分局
常州市高新区（新北）生态环境局	区生态环境局
常州市医疗保障局新北分局	区医保分局
常州滨江经济开发区	滨开区
中国国民党革命委员会常州市新北区基层委员会	民革新北基层委
中国民主同盟常州市新北区基层委员会	民盟新北基层委
中国民主建国会常州市新北区基层委员会	民建新北基层委
中国民主促进会常州市新北区基层委员会	民进新北基层委
农工党常州市新北区基层委员会	农工党新北基层委
致公党常州市新北区基层委员会	致公党新北基层委
九三学社常州市新北区基层委员会	九三学社新北基层委
常州市新北区党外知识分子联谊会	区知联会
常州市新北区总工会	区总工会
中国共产主义青年团常州市新北区委员会	团区委
常州市新北区妇女联合会	区妇联
常州市新北区工商业联合会	区工商联
常州市新北区红十字会	区红十字会
常州市新北区残疾人联合会	区残联
常州市新北区科学技术协会	区科协
常州市新北区文学艺术界联合会	区文联
常州市新北区关心下一代工作委员会	区关工委
中国少年先锋队常州市新北区工作委员会	区少工委
常州市新北区地方志办公室	区志办
常州市新北区人民防空办公室	区人防办
常州市新北区疾病预防控制中心	区疾控中心
常州市新北区双拥工作领导小组办公室	区双拥办

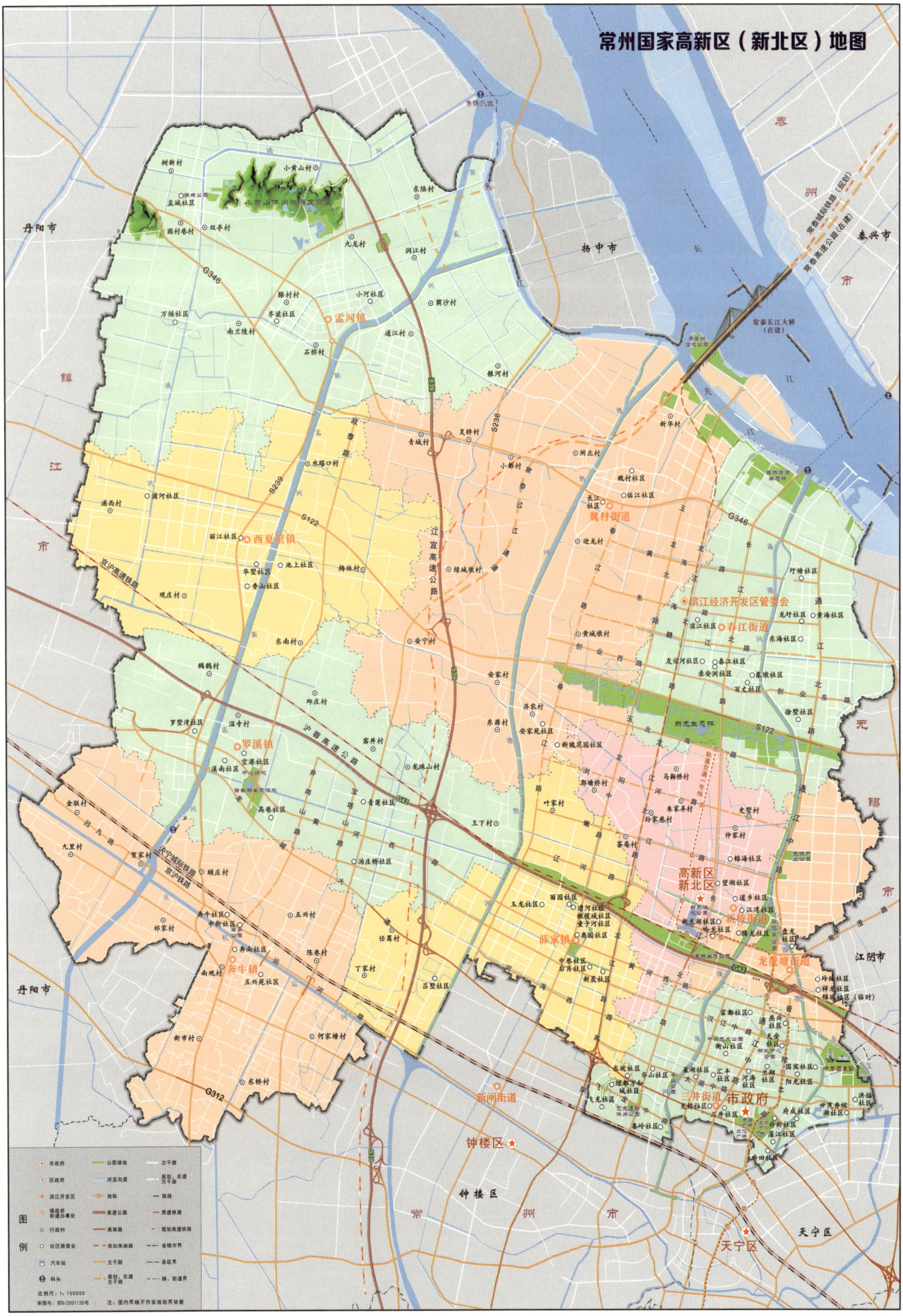
常州国家高新区（新北区）地图
丹阳市
扬中市
泰兴市
江阴市
镇江市
泰州市
无锡市
孟河镇
西夏墅镇
罗溪镇
奔牛镇
薛家镇
魏村街道
春江街道
滨江经济开发区管委会
新桥街道
龙虎塘街道
三井街道
高新区
新北区
市政府
新闸街道
钟楼区
天宁区
常州市
常泰长江大桥（在建）
常泰高速公路（在建）
常泰城际铁路（规划）
沪蓉高速公路
京沪高速铁路
沪宁城际铁路
京沪铁路
沿江高速公路
G346
G312
G42
S122
S238
S239
S39
比例尺：1：150000
注：图内界线不作实地划界依据

聚焦 2022

综合排名

2022 年度全国综合实力百强区排名列第 13 位

2022 年度国家高新区综合评价位列全国第 30 位

表彰荣誉

国家知识产权强县建设试点县

国家级知识产权强国建设试点园区

全国和谐劳动关系创建示范工业园区

全省现代商贸流通体系示范创建区

2022 年省知识产权保护示范区

江苏省双拥模范区

江苏省首批制造业高质量发展示范区建设地区

数说高新

国家一类口岸 1 个

总面积 508.91 平方千米

国家级高新区 1 个

国家级景区 5 个

省级经济开发区 1 个

综合保税区 1 个

省级现代农业产业示范园 1 个

地区生产总值 1990.6 亿元

第一产业增加值 20.5 亿元

第二产业增加值 1029.4 亿元

第三产业增加值 940.7 亿元

三次产业比重 1.0∶51.7∶47.3

人均地区生产总值 22.2 万元

一般公共预算收入 132.5 亿元

税收收入 111.4 亿元

规模以上工业总产值 3429.7 亿元

社会消费品零售总额 401.1 亿元

外贸进出口总额 1222.8 亿元

年末本外币存款余额 1835.4 亿元

年末本外币贷款余额 1841.26 亿元

年末常住人口 90.03 万人

年末户籍人口 63.58 万人

城镇居民人均可支配收入 71527 元

农村居民人均可支配收入 39163 元

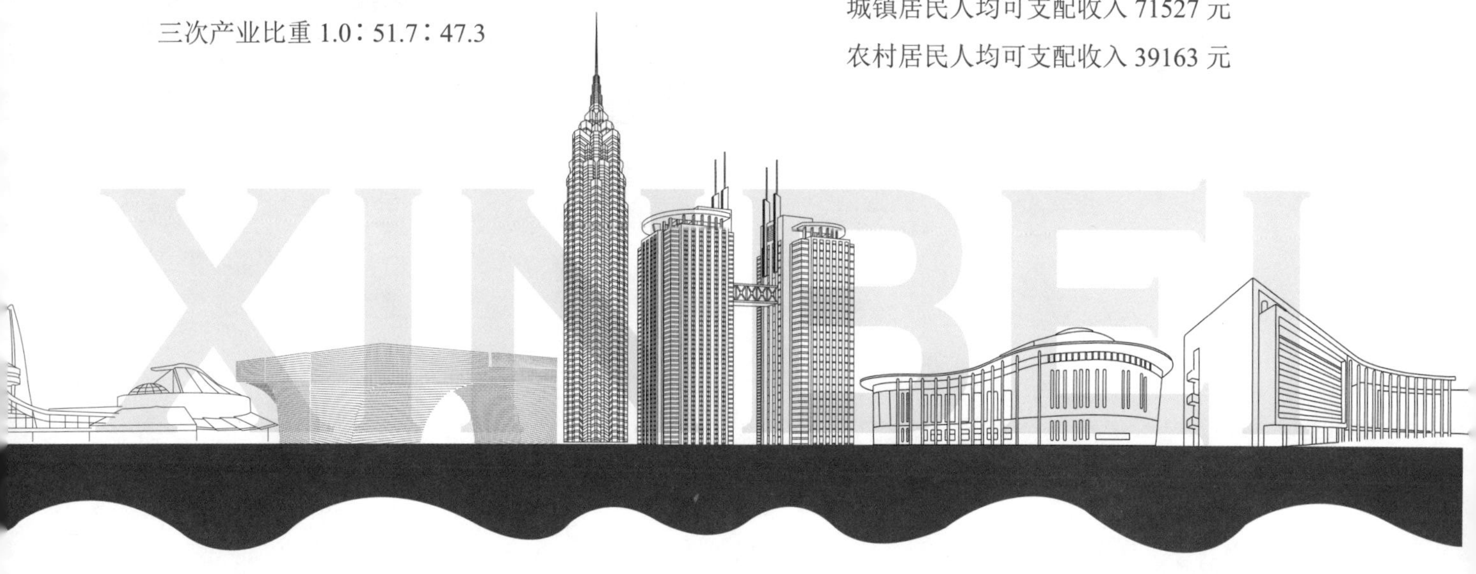

高铁新城核心区新貌　　（区委宣传统战部　供图）

8月19日，“常州新龙生态林”园林绿化建设管理项目获2021年江苏人居环境范例奖。图为新龙生态林

（区委宣传统战部　供图）

12 月 27 日，常州滨江经济开发区新材料产业园创成全国绿色化工园区。图为滨江经济开发区新材料产业园　　（滨开区　供图）

6月27日，长三角碳纤维及复合材料技术创新中心揭牌。图为长三角碳纤维及复合材料技术创新中心

2月8日，药明康德子公司常州合全药业有限公司获2022年“CMO领军企业奖”六大核心奖项，其中四大奖项获第一名。图为常州合全药业有限公司外貌

☆ P.6—7图片均由滨开区供图

4月26日，江苏天合储能有限公司首次进入“中国储能系统集成商2021年度国内新增投运装机量TOP10榜单”。图为江苏天合储能有限公司生产线

5月，常州捷佳创精密机械有限公司入选第三批建议支持的国家级专精特新“小巨人”企业名单，是新北区唯一上榜的企业。图为常州捷佳创精密机械有限公司生产车间

10月9日，常州星宇车灯股份有限公司申报的江苏省视野系统领域技术标准创新基地入围2022年江苏省技术标准创新基地筹建名单，是新北区首家获批的省技术标准创新基地。图为常州星宇车灯股份有限公司生产车间

☆ P. 8—9图片均由区委宣传统战部供图

11月16日，比亚迪第300万辆新能源汽车在区内比亚迪常州基地下线

6月14日，现代农业产业园“无人化”农场入围全国农业领域机器人应用优秀场景名单。图为现代农业产业园无人机作业

☆ P.10—11图片均由区委宣传统战部供图

12月9日，常州聚和新材料股份有限公司（股票代码：688503）上市，是2022年常州市首家登陆科创板的企业，也是常州国家高新区当年度首家上市企业

12月13日，特瑞斯能源装备股份有限公司（股票代码：834014）以“云敲钟”的方式登陆北交所，是常州市在北交所首家成功过会并上市的企业

☆ P.12—13图片均由区委宣传统战部供图

上市大吉 股票长虹
股票代码：688503
688503

股票简称：特
股票代码：83
热烈祝贺
源装备股 有限公司成功上市
大吉 股票长虹

7月28日，常州国家高新区服务保障“532”发展战略暨“亲清护航 同心奋进”优化营商环境大会举行。图为常州国家高新区（新北区）急郎中工作室揭牌 （区行政审批局 供图）

6月18日，常州国家高新区重点项目集中签约暨联影高端医学影像设备及核心部件项目“拿地即开工”颁证仪式举行，24个重大项目集中签约落户、12个重点项目实现“拿地即开工”

（区商务局　供图）

10月10日，“高新事·高兴办”培育一流政务服务品牌入选第二批全国法治政府建设示范项目。图为全新的区政务服务大厅

（区行政审批局　供图）

6月17日，常州市首个成片自然村天然气接管项目通气，魏村街道魏村社区97户村民用上天然气

（魏村街道　供图）

11月22日，新北区文化馆、图书馆、职工服务中心正式对外开放

（区教育局　供图）

北汽重型汽车有限公司6款重卡车型

东风日产乘用车公司生产的NISSAN品牌车型

（区委宣传统战部　供图）

新能源汽车

常州国家高新区（新北区）以“整车带动、有零有整”的思路，推进整车项目建设，依托比亚迪、北汽重卡、东风日产三大整车厂商集聚优势，加快打造新能源汽车及核心零部件智造基地。2022 年年末，区内有新能源汽车及核心零部件企业 2000 余家、规模以上企业 300 余家，年产值超 800 亿元，形成了包括动力系统、汽车电子，以及内饰件、仪表盘、车灯等较为完整的产业链。

区商务局　供图）

比亚迪ATTO 3车型报关　　（区委宣传统战部　供图）

常州星宇车灯股份有限公司星宇股份智能制造产业园生产车间

（区委宣传统战部　供图）

天纳克（常州）减振系统有限公司车

蒂森克虏伯转向系统（常州）有限公司车间　　　（朱　臻　摄）

比亚迪新能源汽车核心零部件生产

（龙虎塘街道　供图）

罗森伯格(常州)电子科技有限公司车间

（区商务局　供图）

（杨嘉文　摄）

诺贝丽斯（中国）铝制品有限公司生产车间

（区委宣传统战部　供图）

庆祝常州国家高新区成立 30 周年

1992 年 11 月，经国务院批准，常州国家高新区成为最早获批的 52 家国家级高新区之一。在时代浪潮中应运而生，与时代发展同频共振。常州国家高新区围绕“创智新高地、城市新中心、滨江宜居城”定位，秉承“创新、开放、大气、包容”的高新区精神，唱响“常高常新”改革与实践的奋斗者之歌。

2022 年为庆祝常州国家高新区成立 30 周年，常州国家高新区举行高质量发展大会、“喜看三十年 共走幸福路”——万人看高新 、集体升国旗仪式、三十周年成就图片展等一系列活动。

8 月 28 日，常州国家高新区高质量发展大会举行，庆祝常州国家高新区成立 30 周年

（区委宣传统战部　供图）

时光廊道

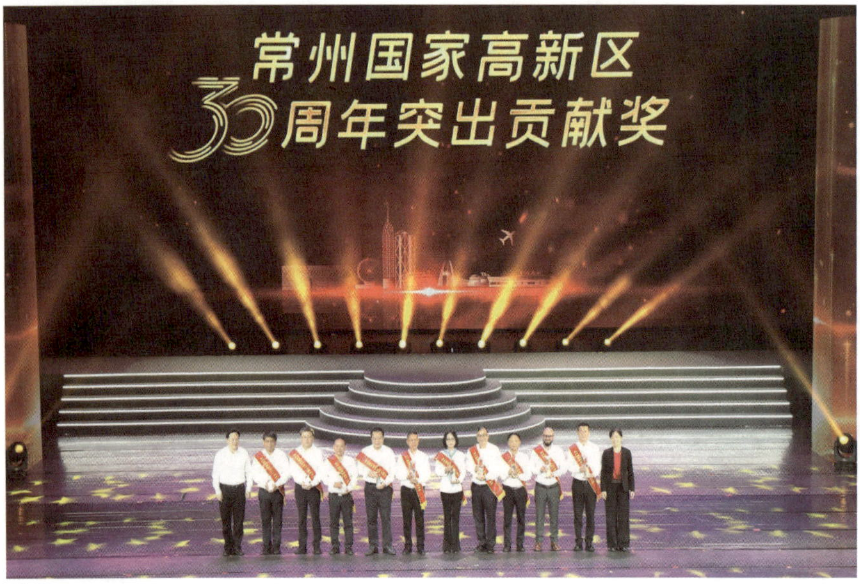

颁发30周年突出贡献奖

音诗画《奋斗正青春 扬帆再出发》

8 月 28 日，常州国家高新区举行高质量发展大会

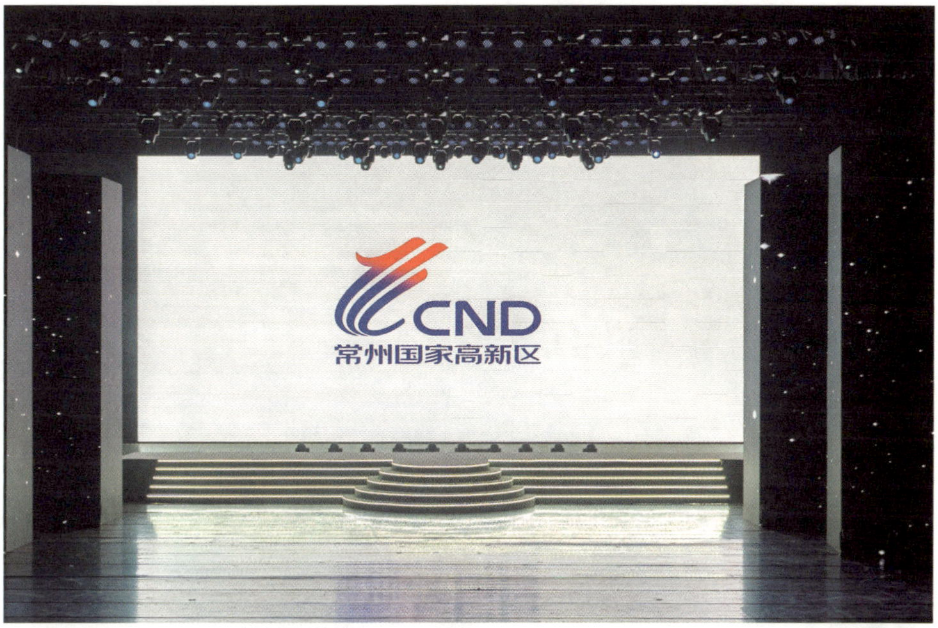

常州国家高新区新logo发布

情景剧《三十而立》

☆ P.24—25 图片均由区委宣传统战部供图

8月25日，常州国家高新区成立30周年成就展启幕，为期1个月。图为30周年成就图片展

☆ P.26—27 图片均由区委宣传统战部供图

喜看三十年 共走幸福路
万人看高新活动启动暨区《简志》首发仪式
金融路演大

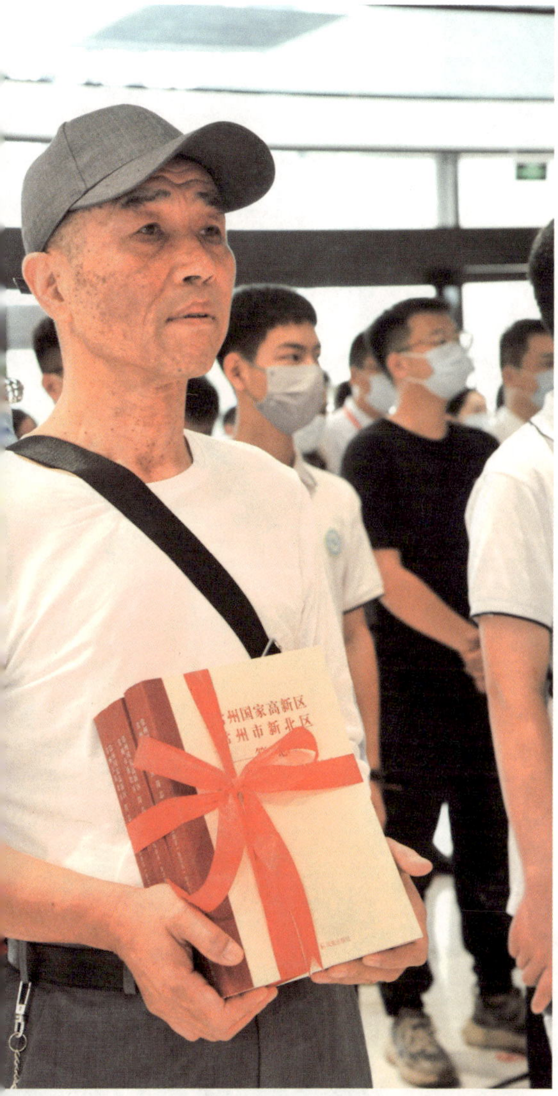

7月19日，“万人看高新”活动暨《常州国家高新区 常州市新北区简志》首发仪式举行。图为活动现场组图

☆ P.28—29 图片均由区委宣传统战部供图

新北夜生活

2022 年，新北区深入实施“文化 +”“旅游 +”战略，优化全域文化旅游发展格局，丰富城市文化内涵。持续打造“醉美高新夜”夜生活品牌，成功举办 2022 常州文化旅游节暨“龙城夜未央”夜生活节开幕式等活动。推出美食与美景、线上与线下、传承与创新、文化与旅游相融合的夜间消费模式，以夜市、夜游、夜宿、夜读、夜购等多种形式，带给广大市民游客吃、住、游、购、娱等全方位的体验。

8月5日，“醉美高新夜”2022新北区夜生活节暨第三届“龙虎夜里厢”文旅生活节在三江口公园启动

☆ P. 30—31 图片均由区委宣传统战部供图

7月15日，2022常州文化旅游节暨“龙城夜未央”夜生活节拉开序幕

8月25日晚，“创意谷奇妙夜”夜经济活动在常州创意产业园区举行，“创意谷奇妙夜”夜经济品牌同时发布

2月12日，常州中华恐龙园景区内上演“火龙钢花”

文化广场“野生”演唱会

恐龙园夜公园

（区委宣传统战部　供图）

（恐龙园集团　供图）

（恐龙园集团　供图）

汉江路井井有条街·青年创意集市　　（区委宣传统战部　供图）

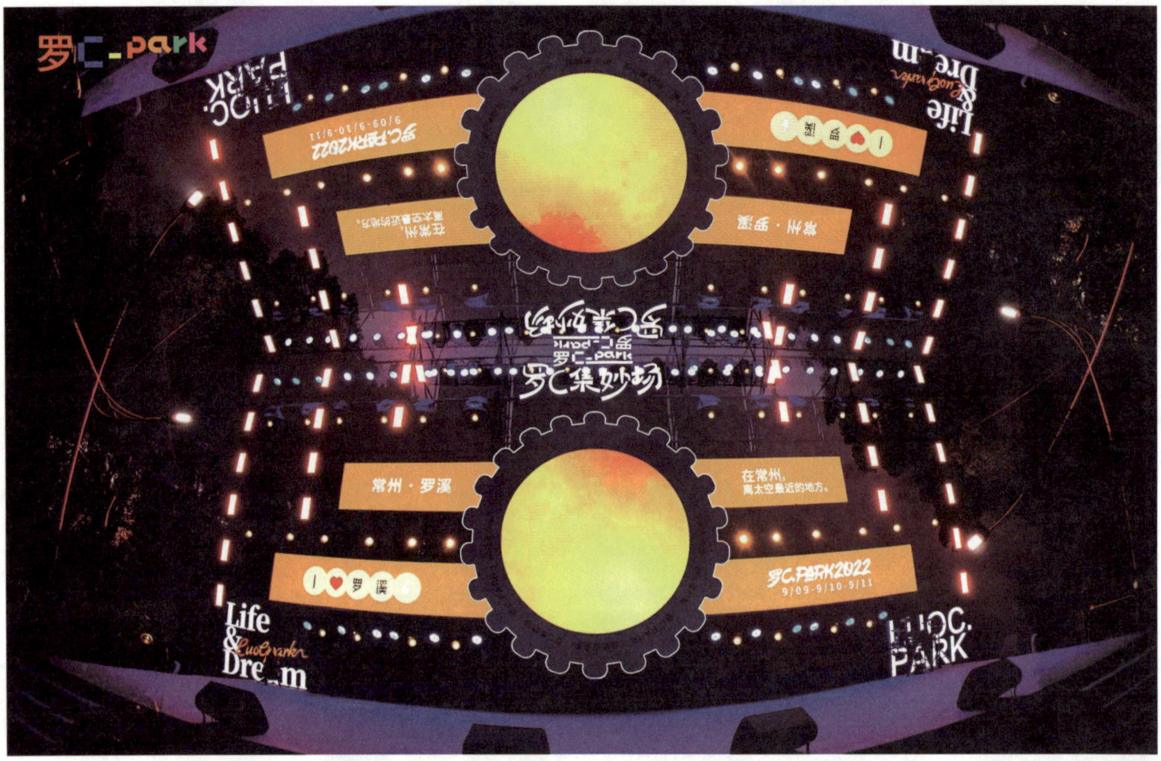

9月9日，罗C.PARK四季夜市公园开启（罗溪镇　供图）

12月17日晚，“光耀龙城夜未央”之2023常州灯会在中华恐龙园旅游度假区启幕（区委宣传统战部　供图）

目 录

专 记

大事记

区情概览

中共常州国家高新区党工委 中共常州市新北区委

常州市新北区人大

常州国家高新区管委会 常州市新北区政府

政协常州市新北区委

中共常州国家高新区纪工委 中共常州市新北区纪委 常州市新北区监委

民主党派 党外知识分子联谊会 工商联

群众团体

法 治

军 事

经济管理

科技创新

对外及港澳台经济

产业园区

区域合作

工　业

农 业

商贸服务业

物流业

旅游业

金融业

建筑业

房地产业

乡村振兴

城乡建设与管理

交 通

生态建设

数字新北建设

教　育

文 化

卫生健康

体　育

收入与分配

社会事务

公共安全

镇　街道

人物 荣誉

附 录

索 引

专　记

“六张高新名片”打造

【概况】 2022年，常州国家高新区（新北区）学习领会习近平总书记在省部级主要领导干部专题研讨班上重要讲话精神，贯彻落实“疫情要防住、经济要稳住、发展要安全”的重大要求，按照省委工作会议部署，勇挑大梁，勇立潮头，在落实全市“532”发展战略中打造“六张高新名片”，推动高质量发展和现代化建设再上新台阶。

【现代高新】 2022年，常州国家高新区（新北区）实现地区生产总值1990.6亿元，比上年（下同）增长4%；完成一般公共预算收入132.5亿元，同口径增长5%；规模以上工业总产值突破3429.7亿元，增长11.9%；完成全口径工业开票销售4750亿元，增长30.8%。9月，在常州国家高新区比亚迪常州基地，“海豹”（车型）累计交付突破1万辆，总产量超18万辆，全年销售突破280亿元，为全市工业增长注入新活力。在比亚迪、北汽新能源、东风日产等整车企业的引领下，以38家动力系统、37家汽车电子、78家车灯及内饰企业为骨干组成“汽车产业军团”，涌现出众多领军企业和隐形冠军企业，诺贝丽斯（中国）铝制品公司、电装(常州)燃油喷射系统有限公司和蒂森克虏伯集团等企业，年销售均超30亿元，在车身轻量化和电喷系统、转向系统领域独树一帜。天合光能股份有限公司年销售突破600亿元，常州合全药业有限公司销售突破100亿元，并成为全区首家年纳税突破10亿元企业，常州聚和新材料股份有限公司销售首次突破50亿元。新增工业和信息化部制造业单项冠军企业2家，国家级专精特新“小巨人”企业16家，省级专精特新企业81家，省“星级上云”企业169家。常州聚和新材料股份有限公司、特瑞斯能源装备股份有限公司分别在科创板和北交所挂牌上市，新增IPO申报、创新层企业数量和资本市场直接融资额均创历史新高。全市唯有的两支QFLP基金落地，龙城金谷（北区）新增入驻各类机构超150家。“两特三新一智能”主导产业占规模以上工业产值比重达78%，提升7.3个百分点。

【活力高新】 2022年，常州国家高新区（新北区）完成高新技术产业投资115亿元，实现高新技术产业产值1950亿元，增长9.5%，研究与试验发展（R&D）经费投入占GDP比重提升至3.6%。新增发布国际标准2项、国家标准43项、行业标准21项，万人发明专利拥有量85.54件，列全市第一。长三角碳纤维及复合材料技术创新中心获批全市首家省级技术创新中心，碳纤维及复合材料国家火炬特色产业基地成功创建，新型碳材料集群获评国家先进制造业集群。创新主体培育壮大，超800家企业完成“智改数转”专题辅导，新增落户科技型中小企业106家，净增高新技术企业220家、总数1060家。潜在独角兽企业总数12家，瞪羚企业总数136家，均居全市第一。天合光能股份有限公司、常州星宇车灯股份有限公司入选苏南研发投入百强榜单，江苏宏微科技股份有限公司等5家企业入选新一轮省创新型领军企业培育库。新认定省级孵化载体3家，新增省、市级工程技术中心74个，规模以上高新技术企业研发机构覆盖率提升至86.4%。新增人才总量2.53万人，引育国家重大人才工程A类专家9人、B类专家3人，居全市第一。丰富创新生态，北京、上海离岸创新中心成功运营；技术合同登记总额达72.68亿元，位列全市第一。开展“科技创新积分制”试点，深化科技金融创新服务“十百千万”专项行动，为创新积分企业融资超5亿元。新增投用人才公寓1.04万套，常高新·漫柏未来人才社区创成全市首家五星级人才公寓。

【开放高新】 2022年，常州国家高新区（新北区）实际利用外资9.2亿美元，总量保持全市第一；实现进出口总额1200亿元，增长10.1%。年内引进总投资超1亿美元或10亿元以上重大产业项目14个，美敦力康辉科技园、合全药业研发中心、比亚迪二期、国能常州二期4个超100亿元或10亿美元项目成功签约。招引法国圣戈班总部、瑞士医沛生等优质外资项目21个。4个省重大项目开工，77个在库市重点项目“四项指标”超额完成全年目标任务，基本实现重大项目“拿地即开工”常态化。加快交通枢纽建设。全区新建各等级公路1600余千米。常泰过江通道、常泰铁路等重大交通基础设施加快建设，沿江都市快线、通江铁路支线设计基本形成成果。

【秀美高新】 2022年，高铁新城建设稳步推进，星耀城首栋单体地下结构施工完成，国际人才广场、领航大厦封顶，科创水镇三期主体结构基本完成。建筑业高质量发展三年行动计划出台实施，环球港以西片区开发建设有序推进，10条精品街道建设取得进展，新龙生态林获江苏省人居环境范例奖。“城市大管家”模式全面推行，“智慧城市管家”与安置小区物业管理试点工作正式启动，“一网统管”治理格局初具雏形。停车设施资源整合优化，新增公共停车泊位3359个。建成区生活垃圾分类设施覆盖率、城市生活垃圾资源化利用率实现“双百分百”，年处理量达30万吨的建筑装潢垃圾综合利用处置项目完成。“新北区系统推进无障碍环境建设项目”入选江苏省首批城市更新试点项目名单。推进乡村振兴，培育区级农业龙头企业15个，建成高标准农田303.3公顷。农村宅基地管理“两个办法”出台，农村宅基地批准书颁证工作启动。编制完成“十四五”水利发展规划，推进新孟河、老桃花港等水利工程，新增市级示范幸福河湖2条、市级幸福小微水体示范片区3个。推进现代化宜居农房建设，西夏墅镇创成市乡村振兴新时代鱼米之乡示范镇，孟河镇南兰陵村入选市美丽乡村建设项目。现代农业产业园“无人化”农场入选全国农业领域机器人应用优秀场景。

【幸福高新】 2022年，常州国家高新区（新北区）完成老旧小区改造9个，既有住宅加装电梯13部，筹集保障性租赁住房8158套。创建省级普惠托育机构2家、普惠托育服务示范社区2个。打造“15分钟医保服务圈”省级示范区，区福利中心公建民营有序推进。区文化馆、图书馆、职工服务中心建成开放。省级文化和旅游消费示范单位成功创建，全国农村治理实验区建设通过民政部结项评估。“十四五”学校项目布点规划编制实施，9个新建、改扩建学校项目年内竣工，新增学位1.16万个，南京师范大学常州实验学校正式启用，全区骨干教师占比提升至28.5%。区疾控中心及消毒供应中心加快建设，新增市级基层特色科室4家。完成老年人家庭适老化改造400户，建成养老机构护理型床位2705张，城乡社区养老服务设施覆盖率100%。薛家镇、三井街道创建成全国智慧健康养老示范街道（乡镇）。全区纳入特殊困难群体救助保障对象8875人，针对性出台罕见病患者专项救助政策。根治欠薪专项行动扎实开展，被评为全国和谐劳动关系创建示范工业园区。创建成省级创业基地1家、市级2家，实施全省首个大龄自闭症青年自主生活及就业支持项目，发放稳岗返还等补贴1.3亿元、富民创业担保贷款1.18亿元。全年城乡居民人均可支配收入超5.9万元，增长5.5%。

【和谐高新】 2022年，常州国家高新区（新北区）贯彻落实中共中央和省、市决策部署，坚持人民至上、生命至上，持续优化调整疫情防控措施，把对群众生活的影响降到最低，加强生活物资和防疫商品保供，保障交通出行和物资运输平稳畅通。落实稳增长、稳就业、稳物价措施，打通影响企业生产经营的痛点堵点。规模以上工业总产值、规模以上工业利润总额、实际利用外资、进出口总额等主要经济指标二季度触底反弹，三季度起实现两位数增长，全区经济走出一条强劲的V形增长曲线。应对重点企业和广大中小微企业面临的困难，制定落实助企纾困政策，全年兑现减税降费等各项资金90亿元。企业运行基本面保持平稳，比亚迪汽车、合全药业等新增长点支撑作用呈现，实现就业形势持续稳定，全年新增城镇就业人员3.45万人。坚持动真碰硬抓安全，全力排查整治风险隐患。深刻汲取“5·30”火灾事故教训，孟河镇在全省率先开展乡镇安全生产和消防监管能力建设试点，“除患治违”攻坚战打响，全区拆除违章建筑44.7万平方米，火灾起数下半年下降14.3%、四季度下降36.2%。安全生产“百日攻坚”行动、“危污乱散低”综合治理深入推进，工业厂房租赁“先审后租”、餐饮行业“先验后批”机制探索实施，群租房安全长效监管制度健全完善，重点领域本质安全水平得到提升。常态化开展扫黑除恶斗争，严厉打击突出违法犯罪，统筹开展平安建设、网格化治理、矛盾纠纷排查化解等工作，一批历史遗留问题得到妥善化解，社会大局保持和谐稳定。

（区志办）

专精特新产业集群创建

【概况】 2022年，常州国家高新区（新北区）瞄准“两特三新一智能”主导产业中的潜力型、成长型中小企业，出台加快培育发展专精特新中小企业专项攻坚行动方案，明确培育路径，包括梯队培育、创新驱动、协同发展、要素支撑、市场开拓、服务优化等。通过政策引导、资金保障等要素向中小企业聚集，结合中小企业特点，形成一批具有较高市场占有率和较强核心竞争力的专精特新企业。至年末，全区拥有工业和信息化部制造业单项冠军企业5家，市级以上专精特新企业数200家。其中，2022年全区新增工业和信息化部制造业单项冠军企业2家，国家级专精特新企业16家，省级专精特新企业81家，市级专精特新企业52家，省、市级工程研究中心6家，省“千企升级”在库企业超800家，增幅位列全市第一。

【专精特新企业梯度培育】 2022年，常州国家高新区（新北区）打造产业质地高、工业骨骼硬的区域经济特色，鼓励支持“小而美”“小而优”“小而精”的中小企业成为专精特新产业集群培育的“后备军”。年内，区出台加快培育发展专精特新中小企业攻坚行动，通过对区内中小企业的系统梳理，参照专精特新认定标准科学建库，从“两特三新一智能”主导产业链中发掘培育对象，形成区、市、省、国家级专精特新进阶梯队，打造全区专精特新中小企业培育特色，实现重点培育库扩面和提质，全区“千企升级”在库企业总数突破800家，占全市比重超1/4。

【服务赋能】 2022年，常州国家高新区（新北区）建立健全面向高新技术企业、专精特新企业、单项冠军企业的精准服务机制，在创新政策、人才集聚、资本导入等方面量身打造专属服务，推动中小企业健康发展。强化对专精特新企业发展的精准服务，通过对在库培育企业的有效投入，鼓励所有企业聚焦主业做大做强，成为行业“轻骑兵”。通过线上线下相结合的方式，定期开展专精特新主题宣传贯彻活动，宣传国家、省、市对专精特新中小企业的支持政策，鼓励企业抢抓发展机遇，启动专精特新创建工作，解答企业疑惑。2022年，全区举办专精特新培育政策宣贯会6场，参与人数超2000人。通过“一企一档”，对企业研究制定个性化解决方案，精准推送政策，全区专精特新申报成功率提升至52%。在2022年度下发的江苏省工业和信息产业转型升级专项资金中，全区6家企业获得专精特新“小巨人”企业资金支持，单项占比接近全市50%。6月，全国新三板发布2022年创新层进层挂牌公司正式名单，江苏常荣电器股份有限公司、莱赛激光科技股份有限公司、常州贺斯特科技股份有限公司、常州创盛智能装备股份有限公司4家企业入选，包揽全市该次创新层新增企业全部名额。

【“两链”协同发展】 2022年，常州国家高新区（新北区）把专精特新中小企业作为“补链强链”的关键力量，鼓励企业主动对标龙头企业供应链标准体系，参与龙头企业供应链本地化部署，实现制造水平和管理水平的“双提升”。引导天合光能股份有限公司、常州星宇车灯股份有限公司等大型企业开放场景应用、共享生产要素、搭建共性平台，向辖区产业链上下游专精特新培育企业开放供应链，推动企业规模化发展。常州聚和新材料股份有限公司持续深化与天合光能集团的战略合作，3月，通过科创板上市委员会审议，同意首发上市申请，全年首次突破50亿元规模。支持产业链、供应链上下游企业开展协同制造，构建创新协同、产能共享、供应链互通生态。鼓励支持产业链龙头骨干企业通过参与或自建供应链数字化平台。江苏博之旺自动化设备有限公司成为罗森伯格在区本土的生产配套商，双方达成超7000万元的高端线束自动化设备订单合作；江苏宏微科技股份有限公司、汉得利（常州）电子股份有限公司等企业进入华为供应商名单，进入新一轮增长期；常州新泉汽车零部件有限公司和比亚迪常州基地形成紧密配套，同步为上海特斯拉部分车型提供仪表板等内饰件，20余家辖区企业入选比亚迪常州基地供应商。

（朱瑄磊）

庆祝常州国家高新区成立30周年、新北区建区20周年

【概况】 2022年，为庆祝常州国家高新区成立30周年、新北区建区20周年，常州国家高新区（新北区）相继开展“万人看高新”活动、“我与常州国家高新区共成长”征文活动、常州国家高新区高质量发展大会、高新区成立30周年成就图片展等活动。

【“万人看高新”活动】 7月19日，“万人看高新”活动启动仪式在常州国家高新区创新展示中心举行。该次活动在点位选择上聚焦“全”，展示高铁新城建设、长江大保护和重大项目建设“三大工程”的成效；产业展示上注重“特”，主要排定龙江路两侧及黄河路两侧一横

一纵2条产业聚集带，另加1条定制路线；组织安排确保“精”，排定参观节奏，邀请各级人大代表、政协委员、青年创业者、学生、教师等群体参与，共同见证常州国家高新区30年发展成就。活动历时22天，其间组织安排参观28批次，约5000人次参与。

（李　阳）

【“我与常州国家高新区共成长”征文活动】 8月2日至9月10日，常州国家高新区开展“强国复兴有我·我与常州国家高新区共成长”征文活动。征文要求以高新区发展亲历者为视角，从经济、文化、城市建设、生态文明、民生保障、产业发展、企业面貌、自然风光、美丽乡村等方面讲述在高新区生活与成长的经历和感受；坚持以小切口反映大主题，以身边事折射大时代，抒发“强国复兴有我”的使命担当。8月2—19日为作品征集期，经过微信专题展示、投票，以及专家评审，9月6—10日公布评选结果，表彰奖励。该次活动收集征文48篇，评出一等奖1篇、二等奖3篇、三等奖10篇、优秀奖20篇。

【高新区成立30周年成就图片展】 8月25日，常州国家高新区成立30周年成就图片展向外展出。展览分序言、创智新高地、城市新中心、滨江宜居城、结语五大篇章。展墙长88米，总面积600平方米，通过图文结合、数字对比的方式，呈现30年来常州国家高新区在经济社会建设中取得的成就、区域定位和“创新、开放、大气、包容”的高新区精神，讲述30年的变迁史和奋斗史。该图片展把高新区聚力打造的“现代、活力、开放、秀美、幸福、和谐”六张名片融入其中，激励全区干部职工真抓实干、踔厉奋发。该次图片展展期1个月，有2000余人次参观。

（陈莘子）

【常州国家高新区高质量发展大会】 8月28日，常州国家高新区举行高质量发展大会，庆祝常州国家高新区成立30周年。市委书记陈金虎在会上强调，常州国家高新区要认真学习贯彻习近平总书记关于国家高新区发展的重要指示精神，全面落实“疫情要防住、经济要稳住、发展要安全”重大要求，打造更多试点示范，全速迈向全国一流高新园区。市长盛蕾、市人大常委会主任白云萍、市政协主席戴源出席大会。著名经济学家、南京大学原党委书记洪银兴，以及曾经在常州国家高新区工作过的盐城市市长周斌、省应急管理厅厅长蒋锋等应邀出席大会。科技部火炬中心主任贾敬敦通过视频致辞。区委书记、区党工委副书记周庆作主旨演讲。会上，高纪凡等30名常州国家高新区30周年建设发展突出贡献奖获得者受到表彰；常州国家高新区形象标识发布；3个重大项目集中签约（世界500强中国区总部项目、QFLP基金项目、韩国工业机器人项目）。

常州国家高新区30周年建设发展突出贡献奖获奖人员一览表

表1

序号	姓名	所在单位	职务
1	高纪凡	天合光能份有限公司	董事长
2	周晓萍（女）	常州星宇车灯股份有限公司	董事长、总经理
3	丁佐宏	月星集团董事局	主席
4	唐良	梅特勒-托利多集团（瑞士）公司中国区PO	总裁
5	张文俊	新阳科技集团有限公司	董事长、总经理
6	王耀方	常州千红生化制药股份有限公司	董事长
7	杨永岗	中简科技股份有限公司	董事长
8	Christian Boersma（顾瑞安）	蒂森克虏伯动力部件（常州）有限公司	总经理
9	赵善麒	江苏宏微科技股份有限公司	董事长
10	沈波	恐龙园文化旅游集团股份有限公司	党委书记、董事局主席、首席执行官
11	常旌	森萨塔科技(常州)有限公司	全球高级副总裁、亚太区总裁和集团执委会委员
12	张峰	药明康德有限公司	高级副总裁、合全药业原料药生产业务部负责人

续表 1

序号	姓名	所在单位	职务
13	李月中	维尔利环保科技集团股份有限公司	董事长
14	胡东祺	朗盛（常州）有限公司	董事总经理、技术总监
		盛瑞（常州）特种材料有限公司	董事总经理
15	谈昆伦	常州市宏发纵横新材料科技股份有限公司	总经理
16	刘海东	常州聚和新材料股份有限公司	董事长、总经理
17	潘燕萍（女）	江苏乐萌精密科技有限公司	董事长
		常州市乐萌压力容器有限公司	董事长、总经理
18	宋彪	常州技师学院	教师
19	王奕飞	江苏省奔牛高级中学	党委书记、校长
20	杜康	常州市新北区三井人民医院	副院长
21	邓建军	黑牡丹（集团）股份有限公司	党委委员、技术总监、职工董事
22	张道衡	常州市润土瓜蔬专业合作社	社长
23	兰红娟（女）	常州市新北区西夏墅镇东南村	党总支书记、村委会主任
24	周纪龙	常州市新北区残疾人就业圆梦中心	负责人
25	丁胜杰	中铁大桥局常泰长江大桥项目部	党工委书记
26	薛凤英（女）	常州市新北区三井街道兰翔社区	党委书记、居委会主任、工作站站长
27	戌春	常州市公安局高新区（新北）分局龙虎塘派出所 龙虎塘街道祥龙社区	四级警长、社区党总支副书记
28	翟春安	江苏安厦工程项目管理有限公司	总裁、党支部书记
		全省党支部书记工作室示范点	负责人
29	马咏梅（女）	常州国家高新区（新北区）商务局	副局长、一级主任科员
30	赵革伟	国家税务总局常州国家高新区税务局	税源管理五科副科长、四级主办

（徐 伟）

【《常州国家高新区 常州市新北区简志》出版】 7月19日，《常州国家高新区 常州市新北区简志》（简称《简志》）首发仪式在常州国家高新区创新展示中心举行。为庆祝常州国家高新区成立30周年、新北区建区20周年，2021年5月，区志办启动《简志》编纂工作，成立编纂委员会，组建编纂队伍，通过资料征集、初稿编写、征求意见、修改校正，三易其稿，于2022年6月完成编纂并由凤凰出版社出版发行。《简志》是全区首部公开出版的区级志书，是全市首部公开出版的县区级简志。该书以2020年12月行政区划为准，主体部分记述时间为1990—2020年，大事记等部分内容延伸至2021年。全书采用条目式结构，综合运用述、记、志、传、图、表、录等体裁，使用语体文、记述体，把记述内容简明性和表现手法多样性相融合。全书设概述、建置、风景名胜、创新开放、现代服务业、孟河医派等一级条目73个，含图片330余幅，总计50万字。至年末，发行1200余本。

（区志办）

大事记

1月

3—6日　中国人民政治协商会议常州市新北区第五届委员会第一次会议召开。

4日　药明康德子公司合全药业宣布，其上海外高桥基地通过首个制剂项目美国FDA上市前检查。

5—7日　常州市新北区第五届人民代表大会第一次会议召开。

18日　总投资1亿美元的德国罗森伯格高端电子项目签约。

27日　拾壹梧桐人才社区、新北区薛+人才公寓、新北区安+人才公寓3家人才公寓入选全市第一批星级人才公寓名单。

△　常州强力电子新材料有限公司与日本三菱化学株式会社就液晶显示用彩色分散液签订合作协议。

28日　国家发展改革委印发《国家企业技术中心2021年评价结果的通知》，相较上年评价，天合光能股份有限公司排名上升15位，进入全国20强。

△　孟河镇被评为江苏省农村产权交易年度之星（乡镇街道）。

2月

8日　药明康德子公司合全药业获2022年“CMO领军企业奖”六大核心奖项，在其中四大奖项评选中获第一名。

△　常州国家高新区产业发展大会召开。

10日　常州合全药业有限公司、江苏达实久信医疗科技有限公司入选第二批江苏省先进制造业和现代服务业深度融合试点企业。

12日　常州滨江经济开发区“创智滨江 中轴启航”——滨开区产业发展大会召开，首批10个优质外资项目、“两特三新一智能”项目集中签约，10个重大项目集中开工。

15日　三井街道及中民孝行（常州）养老产业发展有限公司被工业和信息化部、民政部、国家卫生健康委员会评为2021年智慧健康养老应用示范街道、示范企业。

3月

2日　江苏西夏墅工具投资发展有限公司等9家企业入选省级第四批产教融合型试点企业名录。

5日　新北区突出生态环境问题整改推进会召开。

10日　奔牛人民医院举行新发热门诊启用、1.5T德国西门子超导磁共振开机仪式。

11日　中央纪委国家监委信息中心副主任冯效勇一行调研指导薛家镇小微权力“监督一点通”服务平台试点建设工作。

△　中共常州国家高新区（新北区）互联网行业委员会成立暨互联网行业党建工作推进会召开。

4月

2日　常州宝菱重工机械有限公司张永洁被评为常州市首位省特级技师。

11—12日　省委书记吴政隆就领办督办的《关于支持专精特新中小企业高质量发展的建议》提案在区调研。

21日　2022年新北区全民阅读推广活动发布会暨春江书院揭牌仪式在春江街道楠木厅举行。

23日　广播剧《谋将来永远幸福——张太雷》在中央广播电视总台《中国之声》首播。

26日　江苏天合储能有限公司首次进入“中国储能系统

集成商2021年度国内新增投运装机量TOP10榜单”。

29日　常州市2022年长江渔业增殖放流活动在录安洲附近水域举行。

5月

4日　天合光能被全球权威高质量市场研究机构EUPD Research授予“顶级光伏品牌”。

12日　江苏宏微科技股份有限公司举行车规级功率半导体分立器件生产研发二期项目开工奠基仪式。

13日　云联五洲——常州·瑞典殷拓(EQT)集团总投资1.5亿美元的瑞典殷拓集团华东运营总部及智慧供应链项目云签约仪式举行。

14日　首架C919大飞机首次飞行试验完成，常州启赋安泰复合材料科技有限公司参与C919改进型垂直尾翼和水平尾翼的研发设计及批产配套工程。

16日　总投资1.35亿美元的2个外资项目（森萨塔科技传感器项目、瑞典莱克福斯弹簧项目）签约入户常州国家高新区。

△　常州捷佳创精密机械有限公司入选第三批建议支持的国家级专精特新“小巨人”企业名单。

20日　常州市首家文化馆社会分馆、文化驿站在薛家镇花开西庄羊萝卜艺术牧场挂牌。

23日　常州化龙网络科技股份有限公司、常州瑞华化工工程技术股份有限公司、常州汉森机械股份有限公司3家企业入选2022年第二批创新层进层挂牌公司。

△　常州瑞赛环保科技有限公司退役光伏组件低碳拆解及高值化利用关键技术研发项目入选2022年度江苏省碳达峰碳中和科技创新专项资金（第三批）项目。

24日　常州柯特瓦电子股份有限公司完成千万元A轮融资，该轮融资由邦盛资本领投，芯湃资本跟投。

25日　录安洲长江码头散货堆场气膜大棚D棚起膜成功。

△　龙虎塘派出所社区民警戍春被评为全国优秀人民警察。

是月　常州亚玛顿股份有限公司等74家企业被评为江苏省质量信用A级企业，数量居常州市第一。

6月

7日　常州国家高新区（新北区）领导干部会议召开，宣布省委、市委对新北区党政主要领导调整的决定。省委批准：周庆任常州市新北区委书记。提名石旭涌为常州市新北区人民政府区长候选人；周庆不再担任常州市新北区人民政府区长职务。市委决定：石旭涌任常州市新北区委委员、常委、副书记，常州国家高新区党工委副书记。

9日　中通快递常州公司妇女联合会成立，是全市首个快递物流行业妇联组织。

10日　“保护长江生态 共建绿色家园——常州市新北区‘江苏味道’‘食美常州’‘味在新北’生态美食促消费”主题活动在常恒大酒店举办。

15日　常州贺斯特科技股份有限公司入选“新三板创新层”企业名单。

17日　常州市首个成片自然村天然气接管项目通气，魏村街道魏村社区97户村民用上天然气。

△　常州市新北区第五届人民代表大会常务委员会第三次会议决定，石旭涌任常州市新北区人民政府副区长、代理区长。

18日　2022年常州国家高新区重点项目集中签约暨联影高端医学影像设备及核心部件项目“拿地即开工”颁证仪式举行，24个重大项目集中签约落户、12个重点项目实现“拿地即开工”。

△　新北区“美丽庭院示范村”建设项目推进会在西夏墅镇梅林村召开，“四季花开”美丽庭院幸福家项目启动。

21日　新北区自然资源“云监管”平台启用，标志全区自然资源执法监管工作开启“科技＋人防”的新模式。

23日，省科技厅批复同意依托长三角碳纤维及复合材料技术创新中心建设江苏省碳纤维及其复合材料技术创新中心，这是常州市首家省级技术创新中心。

27日　长三角碳纤维及复合材料技术创新中心揭牌。

29日　常州国际机场航站区改扩建先行工程开工。

30日　美敦力康辉常州科技园项目签约仪式举行。

是月　常州国家高新区（新北区）获得2021年度江苏省科学技术奖奖项11项。

7月

5日　常州长江大保护展示馆入选全省首批10个“省级生态文化宣传示范点”。

8日　常州市新四仁电子商务有限公司获常州市首笔“9810”模式的出口退税，标志着位于新北区的常州市跨境电商出口海外仓（即“9810”模式）的退税流程走通。

11日　新北区印发《新北区地质灾害群测群防员管理办法（试行）》，是常州市首个地质灾害群测群防员专属管理办法。

19日 “万人看高新”活动暨《常州国家高新区 常州市新北区简志》首发仪式在常州国家高新区创新展示中心举行。

22日 新北区与常州南天建设集团有限公司合作，成立新北区地震和地质灾害应急救援队。

25日 江苏中江焊丝有限公司入选“2022—2024年度常州市重点培育和发展的国际知名品牌”名单。

28日 常州国家高新区服务保障“532”发展战略暨“亲清护航 同心奋进”优化营商环境大会举行，《常州国家高新区（新北区）优化营商环境白皮书2021》发布。

29日 比亚迪海豹（车型）上市，国内海豹（车型）唯一生产基地位于罗溪镇。

8月

1日 新北区被评为江苏省双拥模范区。

2日 江苏省文物局批复：罗溪镇古庙遗址考古发掘项目完成。

3日 罗森伯格集团常州基地一期工程开业。

8日 常州吉恩药业有限公司、常州天马集团有限公司（原建材二五三厂）、常州太平洋电力设备(集团)有限公司、常州通宝光电股份有限公司4家企业入选江苏省2022年度第四批专精特新“小巨人”企业公示名单。

10日 药明康德“合全药业华东研发基地项目”开工暨“五期创新药CRDMO项目”签约仪式举行。

17日 省委常委、常务副省长费高云到区调研比亚迪常州生产基地。

19日 新北区自由职业人士统战工作实践创新基地“心艺谷”在新区公园柒号美术馆揭牌。

△ “常州新龙生态林”园林绿化建设管理项目获江苏人居环境范例奖。

24日 新北区被确定为国家知识产权强县建设试点县，常州国家高新技术产业开发区被确定为国家级知识产权强国建设试点园区。

28日 常州国家高新区高质量发展大会举行，庆祝常州国家高新区成立30周年。

30日 胡润研究院发布《2022年全球独角兽榜》，综合保税区诚瑞光学（常州）股份有限公司上榜。

9月

7日 全国工商联发布“2022中国民营企业500强”榜单，天合光能股份有限公司排名第243位，新阳科技集团排名第471位；发布“2022中国民营企业制造业500强”榜单，天合光能股份有限公司排名第153位，新阳科技集团排名第288位。

9日 中央统战部六局调研组一行到三井街道调研指导新的社会阶层人士统战工作。

13日 江苏达实久信数字医疗科技有限公司入选2022年江苏省软件企业技术中心认定名单，是常州市区唯一一家。

20日 新北区新农家庭农场联盟服务中心被评为2022年“农行杯”江苏省十佳家庭农场服务联盟。

23日 常州市第一人民医院与新北区魏村街道社区卫生服务中心举行医联体签约仪式。

28日 1家市级大学生创业园备案省级大学生创业示范园，2家创业基地被评为市级创业孵化基地。

29日 江苏达实久信数字医疗科技有限公司在常州国家高新区（新北区）政务服务大厅完成常州市首个低风险项目全流程简易审批手续。

30日 比亚迪常州二期新能源汽车零部件产业园项目签约仪式举行。

10月

9日 常州星宇车灯股份有限公司申报的江苏省视野系统领域技术标准创新基地入围2022年江苏省技术标准创新基地筹建名单，是新北区首家获批的省技术标准创新基地。

10日 2艘型号为AR1970的观光游船在长江常州段下水并成功试航，该型号船是由常州玻璃钢造船厂有限公司建造的新型新能源观光船。

△ 常州市新北区“高新事·高兴办”培育一流政务服务品牌项目入选第二批全国法治政府建设示范地区和项目名单，是全省政务系统唯一、全市首个入选项目。

11日 江南环球港户外劳动者驿站建成揭牌。

14日 常州晟威机电有限公司等6家企业入选2022年江苏省服务型制造示范企业（平台）名单。

27日 “云联五洲——常州·瑞士医沛生”医疗器械制造项目签约仪式举行。

28日 伟泰科技高端精密组件产业化基地项目开工仪式举行。

△ 由中共常州市委宣传部、常州国家高新区（新北区）主办的以“遇见·英雄年代”为主题的第十九届中国常州国际动漫艺术周在常州现代传媒中心开幕。

是月 常州市宏发纵横新材料科技股份有限公司获科技部国家重点研发计划（政府间的科技创新）中国和西班牙政府间科技合作项目立项支持。

11 月

1 日 区管委会与常州市晋陵投资集团有限公司举行龙城金谷（北区）战略合作协议签约仪式。

3 日 常州太平洋变压器有限公司研制的“SSZ22-RL-180000/220-NX1 有载调压电力变压器”和江苏祝尔慷电机节能技术有限公司的 3 项电动机产品入选《国家工业和信息化领域节能技术装备推荐目录（2022 年版）》。

8 日 以“智慧能源 追光逐梦”为主题的常州国家高新区智慧能源产业协同发展沙龙活动暨“龙虎创咖谈”发布仪式举行。

9—10 日 常州国家高新区（新北区）“奋进高新向未来”系列主题新闻发布会举行。

12 日 制造业集群数字化开放合作服务万里行（常州站）暨常州国家高新区“智能化改造数字化转型”产业论坛举办。

15 日 江苏欣战江纤维科技股份有限公司和良正阀门有限公司入选江苏省 2022 年专精特新中小企业名单。

18 日 常州东方航空食品有限公司开业仪式在罗溪镇举行。

22 日 新北区文化馆、图书馆、职工服务中心正式对外开放，“艺游未尽”2022 潮起高新文化艺术节启动。

△ 2022 中日智造交流大会举行。

23 日 常州市第一人民医院和奔牛人民医院专科共建型医联体签约暨新北区老年病医院挂牌仪式举行。

25 日 第十届“创业江苏”科技创业大赛先进碳材料产业专项赛决赛通过“云”在线方式在常州国家高新区举行。

△ 国能常州二期 2 台 100 万千瓦机组扩建项目在区开工建设。

26 日 “青春留常，侨聚龙城”——“天涯海角常州人”2022 年度侨青夜市在新北区汉江路开市。

29 日 贺尔碧格压缩机技术中国区基地项目开工仪式举行。

12 月

8 日 三井街道绿都万和城社区被评为 2021 年度全国综合减灾示范社区。

9 日 江苏西夏墅工具投资发展有限公司与常州工学院合作研发的“含油多金属污泥深度脱油及高值化利用”项目签约仪式在常州工学院举行。

△ 常州聚和新材料股份有限公司（股票代码：688503）登陆科创板，成为区 2022 年度首家上市企业。

△ 健亚（常州）生物技术有限公司（研发中心）被认定为江苏省符合进口税收政策的外资研发中心。

13 日 特瑞斯能源装备股份有限公司（股票代码：834014）以“云敲钟”的方式登陆北交所，成为常州市在北交所首家成功过会并上市的企业。

29 日 常州优谷电气大功率海上风力发电机和冷却系统产业化项目（一期）奠基仪式举行，项目总投资 15 亿元。

（区党政办）

区情概览

自然地理

【位置面积】 常州国家高新区（新北区）位于常州市北部，北纬 31°48′～32°03′，东经 119°46′～120°01′。北濒长江，与泰州市隔江相望；东与无锡市江阴市相邻；西与镇江市扬中市、丹阳市接壤；南与常州市天宁区、钟楼区相连。2022 年，全区土地总面积 508.91 平方千米。

【地质地貌】 常州国家高新区（新北区）境内地质构造属于江阴—溧阳复背斜、东台—溧阳地震带，基岩以上分布着 140~200 米的第四纪冲积土层，属相对稳定地区，是湖西和武澄锡虞北部的平原地区，属高沙平原。地质构造处于茅山褶皱带范围内，出露地层为第四纪冲击层，厚 190 米，由黏土、淤泥和砂砾组成。区内地形平坦，地势较高，区境兼有平原、圩区和极少量的丘陵。从全区各类面积分布看，沿江区域有各类圩区 9 个，圩区占 14.6%，平原占 84.3%，丘陵占 1.1%。区境是典型的江南水乡，源于中生代印支期（距今 2.5 亿年）的华夏构造。到全新世中期（6000 年前），由于长江水携带大量泥沙在该地带沉积，孟河口等逐渐淤高，排水不畅，太湖面积逐渐扩大，其他一些洼地边积水成湖，出现湖荡广布的格局。此后，经过人类历史改造、自然变化、浚治，池水、河道、湖泊面积又逐渐缩小。地貌单元属长江三角洲冲积平原，地面坡度小于 0.5%，地面标高一般为 3.61~5.61 米（青岛标高，下同）。全区地势西北高东南低，西北黄山、乌鸦山等为宁镇山脉的尾部，中部和东部地势平坦，为广阔的平原圩区，平均标高 3.61~5.61 米，由长江泥沙冲积而成。沿江小河、魏村等部分平原为长江三角洲地和滩地。下滩面积 5333.33 公顷，标高 3~5 米，滩地向南为长江泛滥堆积的天然屏障，物质较粗，由细沙、粉沙组成，地势较高，属高沙平原，亦称孟河高亢平原，标高 5~9 米。最高小河东五垛、西五垛平原高程超 9 米。区内圩区平均地面高程一般为 4~5 米（吴淞高程），主要分布于 338 省道以北、沿江下滩及录安洲；区内平原区平均地面高程 5.5~7.5 米（吴淞基面），地势较高，其中有局部 4.5 米左右的低地，主要分布于中心城区澡港河附近；极少量丘陵分布于区域西北部、浦河以南的小黄山区域，山地高程一般为 50~80 米。

【气候水文】 常州国家高新区（新北区）属北亚热带季风气候，夏热冬温，四季分明，季风发达。最热月平均气温一般高于 22℃，最冷月气温在 0℃～15℃。2022 年，全区平均气温 17.8℃，辖区面平均降水量 807.8 毫米、较常年偏少三成，年日照时间 1863 小时。春末夏初时多有梅雨发生，2022 年入梅时间是 6 月 23 日，出梅时间是 7 月 11 日，梅长 18 天，较常年偏短 4 天。梅雨期面平均降雨量 70 毫米，较常年偏少六成。加强应对台风“梅花”和“轩岚诺”造成的强对流天气，全年汛情整体平稳，未发生较大险情。区境拥有常州市全部的 17.19 千米长江岸线，区内水网遍布，河流纵横，最高洪水位标高 3.63 米，内河设防水位标高 3.91 米。

【自然资源】 2022 年，常州国家高新区（新北区）有耕地面积 1.05 万公顷，常年种植小麦、水稻、大豆、油菜等农作物和蔬菜、水果等经济作物；沿江圩滩面积 680 公顷，主要生长芦苇。全区水资源相对不足，但过境水量丰富，供水条件较好，主要依靠调引长江水来满足用水需求。境内的剩银河闸、孟城闸及澡港枢纽、魏村枢纽，年均引长江水量 14.82 亿立方米，年平均可利用水资源量 4.45 亿立方米。境内动物、植物门类繁多，常见动物有环节、软体、节肢、脊椎动物 13 纲，植物有裸子、被子2门130余科500余种。野生动物除极少数留有踪迹生存下来，多数逐渐消亡。进入21世纪，随着生态环境改善，飞禽鸟类开始增多，一些濒临灭绝的野生动物如狗獾、狐狸、野兔、野鸡、野鸭等又开始出现。全区矿产资源相对较少，有泥炭、地热、石灰岩（含水泥用石灰岩、建筑石料用灰岩）、白云岩、砖瓦用黏土、地下水、矿泉水等8种，均为非金属矿。

（区党政办）

历史人文

【建置沿革】 公元前11世纪商代末年，新北区境域属句吴国。春秋后期吴国置延陵邑，延陵为区境域有文字记载最早的地名。前222年置延陵县，为本境域最早的县级建置。前202年延陵县更名毗陵县，至公元281年，新北区境域属毗陵县。281年，区境域属毗陵郡武进和毗陵两县。304年，郡县名毗陵均改为晋陵。420年，区境域属晋陵、兰陵和武进县。502年，区境域属晋陵、兰陵两县。586年，区境域属晋陵县。589年置常州（607年改毗陵郡，620年复为常州），区境域属晋陵、武进两县。1362年，常州府领武进、无锡、宜兴、江阴4县（1471年领靖江县），区境域属武进县。1726年，常州府领武进、阳湖等8县，区境域属武进、阳湖两县。从民国初直至1986年10月，区境域属武进县，其间1959年9月至1964年10月个别地区属常州市郊区。1986年11月，三井乡由武进县划归常州市郊区。从此，新北区域属武进县、郊区。1989年，市政府提出建设城北新区。1990年9月，市政府设置城北工业区，为区首次经省政府批准设立的建置名称。1992年7月4日，城北工业区更名为城北开发区。8月13日，常州市城北开发区更名为常州高新技术产业开发区、常州经济技术开发区，常州高新技术产业开发区为正式建制，11月9日，经国务院批准成为全国首批52个国家级高新区之一。1995年6月27日，市政府建立常州新区，与常州高新技术产业开发区合一。2002年4月3日，经国务院批准，常州市郊区更名为常州市新北区，此后仍称常州国家高新技术产业开发区，不再称常州新区。至此，新北区正式列入国家行政区建置，拥有行政管辖区域，具备国家县级政治体制全部职能。常州国家高新技术产业开发区为副厅级建制，常州市新北区建置存续至今。

【行政和经济区划】 2022年，常州国家高新区（新北区）辖孟河、薛家、罗溪、西夏墅、奔牛5个镇和新桥、三井、龙虎塘、春江、魏村5个街道，有行政村57个和社区82个；有省级经济开发区1个，综合保税区1个，省级现代农业产业园1个。

【人口】 2022年年末，常州国家高新区（新北区）有常住人口90.03万人，户籍人口63.58万人，其中男性30.75万人、女性32.83万人。常住人口增长率4.46%，城镇人口50.53万人、城镇化率78.01%（比上年增长0.39%）。出生婴儿4284人，户籍人口出生率6.74‰，死亡4125人，死亡率6.49‰，自然增长率0.25‰。

2022年常州市新北区镇（街道）、行政村、社区一览表

表2

镇（街道）	村	社区
孟河镇（13个村5个社区）	通江村、银河村、荫沙村、东陆村、润江村、九龙村、石桥村、滕村村、小黄山村、树新村、固村巷村、双亭村、南兰陵村	小河社区、孟城社区、万绥社区、齐梁社区、代英社区
薛家镇（3个村11个社区）	叶家村、丁家村、任葛村	中巷社区、新晨社区、后肖社区、澡河社区、橄榄城社区、童子河社区、奥园社区、丽园社区、玉龙社区、吕墅社区、东坡社区
罗溪镇（6个村6个社区）	龙珠山村、邱庄村、王下村村、温寺村、鸦鹊村、窑井村	高巷社区、空港社区、罗墅湾社区、青莲社区、汤庄桥社区、溪南社区
西夏墅镇（5个村5个社区）	东南村、梅林村、水塔口村、观庄村、浦西村	池上社区、丽江社区、华墅社区、香山社区、浦河社区
奔牛镇（11个村4个社区）	东桥村、何家塘村、南观村、新市村、陈巷村、五兴村、金联村、贺家村、顾庄村、祁家村、九里村	奔牛社区、中街社区、奔南社区、五兴苑社区

续表 2

镇（街道）	村	社区
新桥街道（7个村5个社区）	仲家村、史墅村、朱家弄村、孙家巷村、马鞍桥村、茶庵村、郭塘桥村	江湾社区、道乡社区、望湖社区、新龙湖社区、锦海社区
三井街道（24个社区）	—	巢湖社区、富都社区、府田社区、燕兴社区、三井社区、阳光社区、龙锦社区、河海社区、飞龙社区、天安社区、秦岭社区、汇丰社区、府成社区、兰翔社区、府新社区、国宾社区、华山社区、衡山社区、洪福社区、世茂香槟湖社区、藻江社区、绿都万和城社区、汉江路社区、龙城社区
龙虎塘街道（6个社区）	—	盘龙社区、腾龙社区、玲珑社区、祥龙社区、锦珑社区、吟龙社区
春江街道（11个社区）	—	徐墅社区、百丈社区、象墩社区、录安洲社区、春江社区、友谊河社区、滨江社区、东海社区、黄海社区、龙圩社区、圩塘社区
魏村街道（12个村5个社区）	新华村、青城村、迎龙村、闸北村、小都村、灵桥村、济农村、东蒋村、黄城墩村、安家村、安宁村、绿城墩村	魏村社区、长江社区、临江社区、新魏花园社区、安家苑社区

【民族】 常州国家高新区（新北区）人口以汉族为主，少数民族主要有满族、回族、土家族、壮族、朝鲜族、蒙古族、苗族、侗族、彝族、布依族、瑶族、畲族、白族、水族、黎族、藏族、锡伯族、仡佬族、羌族、土族、哈尼族、仫佬族、维吾尔族、傣族、俄罗斯族、景颇族、拉祜族、达斡尔族、鄂伦春族、德昂族、哈萨克族、傈僳族、赫哲族等43个。2022年，全区有常住少数民族人口4102人，流动少数民族人口15805人。

【历史名人】 常州国家高新区（新北区）历史悠久、人文荟萃。象墩遗址证明，早在良渚中晚期，区内就有大量人类活动居住。春秋时期，俞伯牙、锺子期在奔牛留下高山流水的佳话，春申君黄歇在孟河东山读书求学，后人即把东山改名为黄山（小黄山）。西晋末年衣冠南渡，区内成为兰陵萧氏家族聚居地，南朝齐梁两朝，境内出现萧衍等15位皇帝，催生出《昭明文选》《文心雕龙》等文化经典，对传承中华文脉产生重要影响。齐梁文化留下万绥猴灯、太平青狮等风韵浓郁的非物质文化遗产；明末清初，渐有“吴中名医甲天下，孟河名医冠吴中”之美誉，以费伯雄、马培之、巢渭芳、丁甘仁四大医家为代表的孟河医派，对传承和发扬中华传统中医学做出杰出贡献。新北区名人辈出，是中共早期领导人恽代英的祖籍地，中国科学院院士恽子强的故乡；恽代英入选百

省级非遗项目——万绥猴灯　　（朱臻 张海韵 摄）

位为新中国成立做出突出贡献的英雄模范人物，黑牡丹(集团)股份有限公司技术总监邓建军入选百位新中国成立以来感动中国人物；著名雕刻家汤友常创造17项大世界基尼斯纪录；“大国工匠”宋彪获世界技能大赛最高荣誉阿尔伯特·维达尔奖。

（区党政办）

【文化遗产】 常州国家高新区（新北区）民间工艺、技艺品类丰富，拥有多种文化遗产。据常州市第三次全国文物普查结果，区内有古遗址6处、古墓葬5处、古建筑91处、石窟寺及石刻12处、近现代重要史迹及代表性建筑物68处、其他7处，总计189处。至年末，全区有各级文物保护单位35处，其中国家级1处（大运河新北段）、省级4处（万绥东岳庙戏楼、梅村真武庙戏楼、巢渭芳故居、万缘桥）、市级30处。有非遗项目57个，其中常州唱春、常州斧劈石盆景工艺、万绥猴灯、太平龙灯4个项目为省级项目，另有市级18个、区级35个，非遗传承人70人。

常州国家高新区（新北区）市级以上非物质文化遗产一览表

表3

序号	类别	“非遗”项目名称	区内传承人（省级、市级）
1	省级	常州唱春	宗仁祥、宗荣根、黄仁良、蒋耀大、丁金华
2	省级	常州斧劈石盆景工艺	魏达荣、徐云峰、魏玉宇
3	省级	万绥猴灯	巢松全、吕伯青、巢国友、巢国成
4	省级	太平龙灯	谢东海、谢仁兴、谢洪良
5	市级	常州豆炙饼制作技艺	周泽清
6	市级	常州堆花糕团	吴槐定
7	市级	浦河风筝制作技艺	祁仁康、陈留荣
8	市级	常州高跷	郑志良、郑勇
9	市级	唱凤凰	冷纪国、缪志生
10	市级	江南八宝菜粥制作技艺	周平凡
11	市级	常州春江江鲜烹制技艺	高文伟
12	市级	孟河古村太平青狮	巢正荣、巢银松
13	市级	铜刻	汤友常
14	市级	常州黄酒酿制技艺	蔡文忠
15	市级	打莲响	奚必成
16	市级	孟河四爪太平神龙	郑木南、恽银川
17	市级	孟河医派故事	—
18	市级	齐梁故里故事	—
19	市级	高山流水的故事	—
20	市级	孟河中药香囊制作技艺	—
21	市级	孟河鳝丝面制作技艺	巢松青
22	市级	万绥东岳庙会	孔林芳

（区教育局）

【风景名胜】 常州国家高新区（新北区）北倚长江，南连运河，交通便捷，文化底蕴深厚，有环球恐龙城、江南环球港、新龙生态林、孟河小黄山4张旅游名片，串联孟河、奔牛两大古镇，打造以“古镇古桥古运河、名医名士名村落”为独特风貌的运河文化带。区内拥有全国闻名的文旅产业集团（龙控集团），全市唯一的国家级历史文化名镇（孟河镇），AAAAA级景区（环球恐龙城休闲旅游区），全省规模体量最大的“文体商旅”综合体（江南环球港），全市面积最大的都市森林公园、天然氧吧（新龙生态林），国家一级博物馆（常州博物馆）。至年末，全区有国家AAAAA级旅游景区1家（环球恐龙城休闲旅游区），AAAA级景区1家（常州博物馆），AAA级景区3家（新北中心公园、华夏艺博园、江南环球港）；国家级夜间文化旅游消费集聚区1家（环球恐龙城）；国家级水利风景区1家（雁荡河水利风景区）；全国农业旅游示范点2家（常州市碧春缘生态园艺有限公司农业旅游区、魏村街道新华村）；省级文化和旅游消费便捷支付示范区1家（环球恐龙城）；省级工业旅游区2家（光大常高新环保工业旅游区、新博龙泉工业旅游区）；省级特色景观旅游名镇示范1家（孟河镇）；省级旅游休闲街区培育单位1家（汉江路国际旅游休闲街区）；常州市乡村旅游重点村3家（薛家镇任葛村老西庄、西夏墅镇东南村、奔牛镇史陈家村）。

（张　玮）

【地方名特产】 至2022年年末，常州国家高新区（新北区）有认定绿色食品49个、有机农产品9个、地理标志2个。有怡泰牌固体饮料、“好咾”黄酒、郑义兴牌大米、夏墅牌大米、“三新”萝卜干、菜根香牌酱菜、巢娘牌无花果茶、绿咪牌西甜瓜、张万成牌羊肉、“碧耕源”薄壳山核桃、吕墅萝卜、惜字洲江蟹等一批“名特优”农产品品牌。

夏墅牌有机软米　主产区：西夏墅镇。夏墅牌有机软米由省农业科学院指导，选用优质水稻品种，采用自然农耕法种植。其口感滑腻，柔润馨香，适口性极好，富含蛋白质、氨基酸及多种微量元素和维生素。

惜字洲江蟹　主产区：孟河镇银河村。孟河镇银河村螃蟹仿长江水环境养殖，喂养方式生态原始，养殖的螃蟹具有个大体重、肉质紧实、膏肥黄满、腴美鲜甜、腥香悠长的特点。2021年，银河村螃蟹获“惜字洲江蟹”地理标志证明商标。

产自孟河镇银河村的“惜字洲江蟹”　（孟河镇　供图）

“苏翠一号”砂梨　主产区：孟河镇润果农业园。润果农业园是常州地区唯一“苏翠一号”梨育苗及种植基地，种植的砂梨具有梨果心小、果肉细脆、汁多味甜特点。2019年，润果农业园成为江苏省农业科技成果转化基地。

吕墅萝卜　主产区：薛家镇吕墅社区。薛家吕丁萝卜文创工场生产的“吕墅萝卜”从洗到切到初腌，再到晒、调味、成品腌制，每一个步骤都是纯手工制作，具有“刮拉崩脆”特点。2022年，实现年销售约2亿元，并获国家农产品地理标志称号。

（奚力中）

城市标识

【创智新高地】 2022年，常州国家高新区（新北区）聚力打造长三角地区最富竞争力的产业高地。加快创新主体培育。全年组织申报各级科技计划项目238个，净增高新技术企业229家，累计1065家；累计培育瞪羚企业136家，潜在独角兽企业12家。新建省级工程技术研究中心16个、市级工程技术研究中心58个；新增联合创新中心3个，全区规模以上高新技术企业研发机构覆盖率提升至86.4%。创新载体加速孵化。全年申报国家级孵化载体3家，新增省级孵化载体3家，申报市级孵化载体10家；5家国家级孵化器获评优秀等级，4家省级孵化器获评优秀等级，8家创业载体上榜市双创载体星级评定。获批国家火炬碳纤维及复合材料特色产业基地，成立长三角碳纤维及复合材料技术创新中心；常州星宇车灯股份有限公司省级重点实验室通过验收，江苏天汇空间信息研究院有限公司省级科技公共服务平台立项。智能制造量质并举。年内，新北区入选江苏省首批制造业高质量发展示范区建设地区，常州华威模具有限公司被评为工业和信息化部制造业单项冠军示范企业，常州捷佳创精密机械有限公司被评为工业和信息化部制造业单项冠军（产品），全区被评为国家级专精特新“小巨人”企业16家，新增市级以上智能车间（工厂）26家，新增“星级上云”企业169家。

【城市新中心】2022年，常州国家高新区（新北区）对标长三角一体化发展中心区城市定位，打造全市内联外通的中轴新支点、区域一流的产业新高地、绿色发展的幸福宜居城。年内，全区加快城市基础设施建设。常泰过江通道、常泰铁路、腾龙大道、德胜河“六改三”、龙江路快速化改造等重大交通基础设施建设有序推进，新建通车1.49千米市政道路、改建通车6千米市政道路，叶家码头大桥、紫金山路等骨干路网建设加快推进，常州奔牛国际机场航站楼扩建，登机桥增至14个。高铁新城围绕“跨江融合桥头堡、产业发展新高地”定位，主动融入全区高质量发展大局，在规划完善、项目建设、产业发展上取得成效。高新广场作为高铁新城总部经济区的标志性商务楼，有金融、贸易、建筑、房地产、科技服务等98家企业入驻。至年末，高铁新城核心区域建成新桥大厦、高新广场等重点楼宇8座，总建筑面积57.6万平方米，硬件设施完善，周边配套齐备，入驻企业300余家。

【滨江宜居城】2022年，常州国家高新区（新北区）筑牢生态底色，加速城乡融合，建设滨江宜居城。通过生态修复、10年禁渔、腾退沿岸化工企业等举措，实现从“滨江不见江”到“绿色生态长廊”的转变。随着常州亚邦化学有限公司关停并陆续拆除生产设备，长江常州段沿江1千米范围内的化工生产企业实现全面“清零”。沿江5千米廊道式生态安全缓冲区全线建成，生态岸线占比全省第一。全年细颗粒物（$PM_{2.5}$）平均浓度34.5微克/米^3，比上年下降8.5%，优良天数比率77.7%；8个国考、省考断面水质优Ⅲ比例连续6年实现100%。年内，“森林氧吧”小黄山一期免费开放，三江口公园等23个公园绿地建成，全年新增绿化面积144.07万平方米、改造绿化面积13.67万平方米；实现绿化覆盖率39.91%，建成区绿地率40.11%，人均公园绿地面积18.3平方米；新增公园绿地2个、口袋公园1个、附属绿地17个、广场用地1个，改扩建口袋公园3个、绿化景观路3条；开展生态宜居美丽乡村建设，村庄长效管理考核在全市年度考核中排名第一；西夏墅镇梅林村夏家自然村入选第六批次省级特色田园乡村名单；奔牛镇史陈家村、薛家镇任葛村老西庄等自然村创成市级美丽乡村示范点；西夏墅镇东南村的田园风情和农耕文化引来大量游客驻足。在辖区出行有共享单车、快速公交（BRT）、地铁，跨市跨省出行有高铁，跨国出行有航空，市民宜居感受度大幅提升。

（刘青霞）

三江口公园　　（杨嘉文　摄）

经济社会发展

【经济发展】1992年，常州国家高新区完成地区生产总值（GDP）1.11亿元，财政收入0.17亿元，工业总产值2.7亿元，新增合同利用外资及港澳台资5837.75万美元。1995年，完成地区生产总值12.6亿元，财政收入1.67亿元，工业总产值23.04亿元，商品销售收入55亿元，新增外资1.80亿美元。2000年，完成地区生产总值37.58亿元，工业产品销售收入83.19亿元，商品零售收入93.18亿元，粮食总产量4.43万吨，财政收入6.98亿元，新增外资及港澳台资2.5亿美元。2005年，常州国家高新区（新北区）完成地区生产总值162亿元，财政收入32.98亿元，工业总产值501.53亿元。年末金融机构各项存款余额143.28亿元，贷款余额116.02亿元。2011年，完成地区生产总值684.93亿元，财政收入204.11亿元。年末各金融机构存款余额549.57亿元，贷款余额348.02亿元。2015年，完成地区生产总值1056.14亿元，公共财政预算收入98.16亿元，全社会固定资产投资783.34亿元，工业总产值3306.13亿元，工业产品销售总收入3240亿元，服务业增加值467.78亿元。2018年，完成地区生产总值1458.33亿元，比上年（下同）增长8.1%。财政收入296.8亿元。年末金融机构存款余额1079.5亿元，增长10.2%；贷款余额1000.3亿元，增长14.2%。固定资产投资额增长7.8%，外商及港澳台企业投资额107.8亿元，增长43.9%，高新技术产业投资额增长13.7%，化学原料及化学品制造业等高耗能行业投资额下降2.3%。农林牧渔业现价总产值37.57亿元，工业总产值3197.8亿元，区商业和服务业企业开票销售2035.4亿元。全社会消费品零售总额359.6亿元，增长10.5%。2022年，全年实现地区生产总值1900.6亿元，增长4%；完成一般公共预算收入132.5亿元，同口径增长5%；规模以上工业总产值3429.7亿元，增长11.9%；全口径工业开票销售4750亿元，增长30.8%；实际利用外资9.2亿美元，总量保持全市第一；实现进出口总额1222.8亿元，增长10.1%。常州国家高新区排名攀升至全国第21位。

【社会发展】 1998年，常州国家高新区56个行政村实现村村通有线电视，75%的行政村通自来水，农民人均收入4350元。2002年年末，常州国家高新区（新北区）参保职工1.84万人，农民人均纯收入4980元，在岗职工平均工资13776元。2005年，全区养老保险扩面新增3.3万人，累计32.1万人参加新型农村合作医疗保险。2008年年末，全区参保职工15.2万人，14.43万名被征地农民全部纳入基本保障体系。2011年，全区参保职工18.08万人，纳入新型农村社会养老保险人次10.12万。城镇居民人均可支配收入29829元，农民人均纯收入14885元。2015年，城镇居民人均可支配收入44767元，农村居民人均可支配收入22738元。“十三五”规划时期，全区民生领域投入资金268.9亿元，城乡居民人均可支配收入分别达6.3万元、3.3万元。“阳光扶贫”工作提前完成，企业职工基本养老保险新增参保14.3万人。建设保障性安居房1.28万套，11家农贸市场完成改造，43个老旧小区修缮提升。新建、改扩建教育重点项目44个，新增学位超1.8万个。建成二级综合医院4家、二级中医医院1家，创建省、市级特色专科24个，国家卫生镇、省健康镇实现全覆盖，建成省居家和社区养老服务创新示范区。2022年，高铁新城建设稳步推进，常泰过江通道、常泰铁路等重大交通基础设施加快建设。10条精品街道建设有序开展，新龙生态林获江苏省人居环境范例奖，建成区生活垃圾分类设施覆盖率、城市生活垃圾资源化利用率实现“双百分百”，新北区系统推进无障碍环境建设项目入选江苏首批城市更新试点名单。农村宅基地批准书颁证正式启动，西夏墅镇创成市乡村振兴新时代鱼米之乡示范镇，孟河镇南兰陵村获评市美丽乡村建设项目。打造“15分钟医保服务圈”省级示范区，区文化馆、图书馆、职工服务中心建成开放。省级文化和旅游消费示范单位成功创建，9个新建、改扩建学校项目年内竣工，南京师范大学常州实验学校正式启用，区疾控中心及消毒供应中心加快建设，新增市级基层特色科室4家。城乡社区养老服务设施覆盖率100%。薛家镇、三井街道创成全国智慧健康养老示范街道（乡镇）。全年城乡居民人均可支配收入超5.9万元，增长5.5%。

（区志办）

改造后的老小区——兰翔新村　　（区委宣传统战部 供图）

中共常州国家高新区党工委
中共常州市新北区委

综　述

2022年，区党工委（区委）坚持稳中求进工作总基调，全面贯彻新发展理念，围绕中心发挥党委统揽全局、协调各方的领导作用，带领全区落实全市“532”发展战略，深入推进“三大工程”，持续扮靓“六张高新名片”，经济社会各项事业发展取得新进步。

牢牢把握中共二十大精神的理论深蕴。坚决贯彻习近平总书记“五个牢牢把握”和“全面学习、全面把握、全面落实”的重要指示，坚持历史和现实、理论和实践、国际和国内相结合，准确把握宏阔鲜明的大会主题、举世瞩目的伟大成就、与时俱进的创新理论、新时代新征程的使命任务、对未来发展的战略部署、推进党的建设的部署要求，全力推动中共二十大精神在高新区落地见效。

坚决响应创造新的伟业的时代号召。紧紧抓住全球产业科技革命的战略机遇，积极融入服务新发展格局，充分把握长江经济带、长三角一体化、上海大都市圈等多重战略叠加，立足高铁新城主战场，打造跨江融合桥头堡，塑造更强的比较优势、绝对优势，加快重塑城市发展格局、提升区域战略地位。以实现高效能治理为目标，探索更多社会治理现代化的高新示范和高新样板。

奋力探索中国式现代化的高新实践。“一张蓝图绘到底”，充分把握常州“新能源之都”建设契机，用好产业基础雄厚、区位交通优越等先发优势，以推进“三大工程”、打造“六张高新名片”为轴线，推动各项事业保持领跑态势、扩大领先优势，在全市“532”发展战略中展现勇挑大梁的高新担当。

综合质效稳步提升。2022年下半年，全区经济增长总体呈现回升加快、趋势向好的态势。全年地区生产总值比上年（下同）增长4%，增幅自二季度起逐季提升。完成一般公共预算收入132.5亿元，同口径增长5%。规模以上工业总产值迈上3400亿元台阶，增长12%左右。项目招引刷新历史纪录，全年累计招引优质项目100个，总投资超780亿元，实际利用外资达9.2亿美元。14个超10亿元或1亿美元项目成功签约，其中超100亿元或10亿美元项目4个。“两特三新一智能”主导产业完成规模以上产值2639.6亿元，产值超百亿元企业达5家，比亚迪常州基地销售超280亿元，天合光能成为首家销售破600亿元企业，合全药

常州国家高新区（新北区）风貌　　　　（区委宣传统战部 供图）

业成为首家纳税超10亿元企业。新增工业和信息化部制造业单项冠军2家、国家级专精特新“小巨人”企业16家，入围全省首批制造业高质量发展示范区建设地区。新增省“星级上云”企业169家，总数突破400家。新增常州聚和材料有限公司和特瑞斯能源装备股份有限公司上市企业2家，上市企业总数达18家。做好稳产保供各项工作，助企纾困，全年落实减税降费90亿元，其中增值税留抵退税42.5亿元，总量居全市第一，国有企业及行政事业单位资产租金减免1.2亿元，惠及市场主体1143户。

改革创新活力增强。深入实施创新驱动战略，推动产业向高端高新迈进，规模以上高新技术产业产值增长12.1%，战略性新兴产业产值占比达53.6%，新型碳材料产业集群再度跻身“国家队”。高新技术企业净增220家、创历史新高，招引科技型中小企业106家，瞪羚企业、潜在独角兽企业总数分别达136家、12家，均为全市第一，创成省级长三角碳纤维及复合材料技术创新中心，入选国家重大人才工程A类、B类总人数在全市遥遥领先，常高新·漫柏未来人才社区被评为全市首家五星级人才公寓。深化改革，获批国家级知识产权强县试点县（区）、基层财政管理标准化国家级试点等，完成国企改革三年任务。构建“招推服”一体化集成工作体系，创新实施“重大项目全流程预审”机制，“拿地即开工”实现常态化，营商环境评价位列全省城区第二，“高新事·高兴办”培育一流政务服务品牌被评为第二批全国法治政府建设示范项目。对外开放深入实施，签约总投资3亿美元的中园慧创常州跨境电商产业园，跨境电商业务模式实现全覆盖，中日（常州）智能制造产业园获批省国际合作园区，常州—上海“陆改水”业务进一步打通外贸“生命通道”。

城乡建设颜值刷新。城市发展空间持续优化，高铁新城和滨开区“两个一万亩”规划方案高规格编制，“三区三线”划定工作完成。城市面貌提优提质，“城市大管家”业务功能拓展升级，老旧小区改造、精品街道建设有序实施，通江中路、河海中路等重点路段景观加快提升，全年新增及改造绿化面积2366亩。美丽乡村建设步伐加快，自然村生活污水处理项目、人居环境整治项目稳步推进，现代化宜居农房建设扎实开展。污染防治攻坚提档升级，中央第二轮生态环境保护督察反馈问题加快整改，8个国考、省考水质断面首次全部达到Ⅱ类标准。长江大保护纵深推进，获批省级建立健全生态产品价值实现机制试点区，长江大保护展示馆入选全省首批生态文化宣传示范点。

民生福祉持续增进。牢固树立以人民为中心的发展思想，民生支出占一般公共预算支出的80%以上，城镇新增就业3.46万人，全力打造“15分钟医保服务圈”省级示范区，城乡社区养老服务设施覆盖率达100%，制定罕见病患者专项救助政策，分层分类救助体系进一步完善，困难群众综合救助率达100%。编制完成“十四五”教育布点规划，优化调整新桥片区义务教育资源，“两馆两中心”建成投运。推进奔牛人民医院二甲创建，持续增创基层医院特色科室，家庭医生基层首诊签约服务实现全覆盖。有序推进老年人家庭适老化改造，完善养老机构设施功能，被评为省智慧健康养老创新基地。全国农村治理实验区建设顺利通过民政部结项评估。安全体系建设统筹推进，“除患治违”、重点行业领域百日攻坚等专项行动全面推进，工业厂房、城镇燃气、群租房等领域安全风险管控加强，安全生产和消防“专属网格”巡查监管成效显著，在全省率先实现基层消防安全委员会办公室实体化运作，打通安全监管“最后一公里”。

管党治党更加有力。全面部署学习宣传贯彻中共二十大精神，专题宣讲、集中轮训广泛开展，党的创新理论深入人心。自觉接受省委第五巡视组政治巡视，聚焦反馈的28项问题制定92项整改措施，以“七个一”机制扎实推进整改落实。“红帆领航”三年行动计划深入实施，“一报两号一节目”宣传矩阵效应进一步凸显，广播剧《谋将来永远幸福——张太雷》获得第十六届精神文明建设“五个一工程”表彰。“五聚焦五落实”深化提升行动扎实推进，全域党建品牌体系持续夯实，全省首家网络主播党群服务中心、全市快递行业党群服务中心落户高新区，六大新业态新就业群体行业党组织在全市率先实现区级层面全覆盖。深化新时代干部队伍建设“1+4”培养体系，开展“一把手”、中青年干部培训班，“对标争先”讲坛分层培训，完成换届后各板块班子运行情况“回头看”。“高新监督”内涵不断深化，“清风惠民”专项行动深入开展，“高新慧巡”上下联动提质增效，“亲清护航”营商环境持续优化，风清气正人和的干事创业氛围进一步巩固。

（区党政办）

决策部署

【区党工委（扩大）会议暨区委五届四次全体会议】 8月13日召开。会议学习贯彻习近平总书记在省部级主要领导干部专题研讨班上的重要讲话精神和中共中央决策部署，落实省委工作会议、市委十三届四次全会精神，总结半年度工作，部署下阶段任务，动员全区创新实干笃行，全面落实全市

"532"发展战略，加快"强富美高"高新区现代化建设，以高质量发展优异成绩向高新区成立30周年、新北区建区20周年献礼，以实际行动迎接中共二十大胜利召开。区委书记、区党工委副书记周庆代表区委常委会作《汲取三十载奋进力量 打造现代化高新名片 在全市"532"发展战略中扛起更大担当展现更大作为》报告。会议审议通过《中国共产党常州市新北区第五届委员会第四次全体会议决议》。

【常州国家高新区成立30周年高质量发展大会】 参见P.4【常州国家高新区高质量发展大会】条目。

8月13日，中共常州国家高新区工委（扩大）会议暨常州市新北区委五届四次全体会议召开　（王建 摄）

【区2023年经济和社会发展工作研讨会】 11月26日召开。会议学习贯彻中共二十大精神，总结全年各项工作，研究当前形势，围绕2023年工作重点集思广益，厘清发展思路、明确工作重心、找准落实举措。会议指出，2023年是全面贯彻落实中共二十大精神的开局之年，是完成"十四五"发展目标的关键之年，也是常州国家高新区三十而立再出发的起步之年，常州国家高新区要在解放思想中统一思想，更好认识、遵循和把握经济社会运行的规律，拓宽视野，努力开创全区高质量发展新局面。

【区党工委（扩大）会议暨区委五届五次全体会议】 12月28日召开。会议学习贯彻中共二十大精神，中央经济工作会议、省委十四届三次全会、省委经济工作会议和市委十三届五次全会各项决策部署，总结全年各项工作，部署2023年重点任务，动员全区扛起奋进新征程、再创新辉煌的使命担当，在中共二十大精神引领下，以现代化建设的具体实践谱写更加绚丽的高新华章。区委书记、区党工委副书记周庆代表区委常委会做《奋进新征程 再创新辉煌 共同谱写现代化建设的高新华章》报告。会议审议通过《中国共产党常州市新北区第五届委员会第五次全体会议决议》。

【区党工委（区委常委会）2022年工作要点】 2月17日，《中共常州国家高新区工委、常州市新北区委常委会2022年工作要点》出台，明确全区各级要以习近平新时代中国特色社会主义思想为指导，贯彻中共十九大和十九届历次全会及中央经济工作会议精神，全面落实省、市决策部署，坚持稳中求进工作总基调，完整、准确、全面贯彻新发展理念，全面深化改革开放，坚持创新驱动发展，统筹疫情防控和经济社会发展，统筹发展和安全，扎实抓好"六稳""六保"工作，持续改善民生，促进共同富裕，紧扣"创智新高地、城市新中心、滨江宜居城"的定位，全力当好全市"532"发展战略主力军，以实际行动迎接中共二十大胜利召开。

（陈　傲）

【"1115"发展战略实施】 2022年，常州国家高新区（新北区）围绕做大产业规模，加快大企业培育，启动实施"1115"（到"十四五"规划期末，全区拥有100亿元、50亿元、30亿元级规模企业各10家以上，10亿元级规模企业50家以上）大企业集团培育发展攻坚行动，打造紧密完整的产业链、创新链、服务链、价值链。推动产业体系、企业结构的优化升级。至年末，全区拥有天合光能股份有限公司、常州比亚迪汽车有限公司、常州合全药业有限公司、华润化学材料科技有限公司、新阳科技集团有限公司5家超百亿规模企业，常州星宇车灯股份有限公司、森萨塔科技（常州）有限公司、常州聚和新材料股份有限公司3家超50亿元规模企业，常州豪爵铃木摩托车有限公司、诺贝丽斯（中国）铝制品有限公司等6家30亿~50亿元规模企业。全区"1115"大企业集团培育对象名单中，139家在产企业合计完成工业产值2107.5亿元，比上年（下同）增长24.8%，占"两特三新一智能"主导产业链比例达88.4%；合计完成开票销售2437.3亿元，增长38.2%。

全区国家级企业技术中心集中在天合光能股份有限公司、常州星宇车灯股份有限公司和国机重工集团常林有限公司，促进创新成果转化为现实生产力和市场竞争力。年内，全区通过双策（培育大企业核心竞争力，优化配置资源）并举，培育具有核心竞争力的大企业、大集团。在企业层面，帮助企业通过吸收外部资源，增强企业实力，提高大企业的核心竞争力；在政府层面，通过调整资源分配、投资组合的优化配置，增强区域核心竞争力，引领带动全区工业创新发展、转型发展、优质发展。

（马　坚）

巡察工作

【概况】 2022年，区委深化巡视巡察上下联动，协助配合、服务保障省委第五巡视组巡视全区各项工作，落实巡察工作专项检查反馈问题整改，推动巡察工作高质量发展。年内，巡察机构开展3轮巡察，分别对2个镇（街道）及39个村（社区）、2个区级机关部门开展政治体检，常规巡察发现问题102个，对村（社区）巡察发现问题485个。

年内，区委召开常委会会议8次、书记专题会议3次、巡察工作领导小组会议3次，传达学习上级巡视巡察工作新精神新要求，出台《五届区委巡察工作规划》，实施“五大工程”（政治领巡、质效赋巡、监督汇巡、整改强巡、勤廉促巡），以高质量巡察推动五届区委提出的各项目标任务如期完成。全面梳理巡察制度，开展“废改立”。全年废止制度3项，修订制度3项，新建制度6项；至年末，有巡察制度35项。以“三个聚焦”（聚焦中共中央各项决策部署在基层的落实情况、聚焦群众身边腐败问题和不正之风以及群众反映强烈的问题、聚焦基层党组织建设）为指引，结合区情，分别制定《巡察党政机关监督重点细化清单》《巡察镇（街道）监督重点细化清单》《对村（社区）巡察监督重点细化清单》，明确36项监督要点、112个重点关注内容和513种具体问题表现形式，便于巡察组“清单化”开展监督检查，确保政治巡察方向不偏、效果不减。贯彻落实“发现问题、形成震慑，推动改革、促进发展”工作方针。全年移交问题线索41件，推动纪委监委立案34人，其中留置1人。强化巡察成果运用，对系统性、区域性、政策性、体制性、倾向性问题开展研究，全年形成高质量专题报告4份，受到区委书记批示。针对巡察发现的农村集体“三资”（资金、资产、资源）管理问题，向镇（街道）、相关职能部门发出共性问题通报，完善农村组级集体财务管理制度，发挥以巡促改、以巡促建、以巡促治效能。

11月24日，区委第五轮专项巡察组在魏村中心小学现场查看巡视整改落实情况　（区委巡察办　供图）

【巡视整改专项巡察】 2022年，区委巡察机构协助区委落实省委巡视整改要求，开展省委巡视整改专项巡察。聚焦省委巡视反馈的民生事项，把教育医疗、安全监管、住房权益等6个方面18个民生问题整改作为监督重点，对15家整改牵头单位对账查账，推动整改单位知责、明责、担责，确保区委按期保质完成省委巡视整改任务。

【巡察协作机制建立】 2022年，区委巡察机构出台《区委巡察协作单位有关责任清单》，明确区纪委监委、区委组织部、区审计局等14家部门在巡察“前中后”3个节点的职责任务，针对性制定“三张清单”（政策清单、责任清单、问题清单），夯实精准巡察基础。出台《关于建立健全区委巡察整改督查督办协作联动机制的意见》，规范巡察整改工作，深化区委巡察机构与区纪委监委、区委组织部、其他职能部门的协调联动，形成职责明确、有序衔接、协同一致、贯通融合的巡察整改监督链条。

【巡视巡察问题整改督查评估】 2022年，区委巡察机构修订完善《巡察整改督查评估实施办法》，科学、精准评估巡察整改工作。年内，区纪委监委、区委组织部、区委宣传统战部和区委巡察机构联合行动，开展为期1个月的巡察整改督查评估，对四届区委第十五轮巡察“回头看”和五届区委第一轮巡察，对6家单位开展巡察整改督查评估。督查情况向区委书记专题会汇报，督查结果纳入年度党的建设考核，释放整改从严强烈信号。

（韩　钧）

组织工作

【干部队伍建设】 2022年，常州国家高新区（新北区）推动干部工作改革创新，激发干部队伍干事创业新活力。抓实换届“后半篇文章”，对全区领导班子开展专项调研，了解班子运行、干部队伍建设情况，形成区管干部总体情况分析报告。坚持人岗相适，科学配置干部资源，全年集中调整干部10批次、351人次。年内，出台《关于进一步加强干部队伍建设的实施意见（2022—2027年）》，推进年轻干部“初心”、女干部“雅心”、党外干部“同心”、专业干部“匠心”培养计划。举办第五期“一把手”培训班、第八期中青年干部培训班，开展4期对标争先讲坛，探索形成分层分类精准培训新模式。完善培养选拔优秀年轻干部常态化工作机制，实施年轻干部无任用民主评议推荐，选派优秀年轻干部到“三大工程”一线岗位历练。综合运用书面调研、谈话考察、本人谈话等形式考准考实干部政治素质，全年对132名干部开展任前政治体检与谈话。完善干部监督信息沟通办法和工作协调机制，对4家单位领导干部实施任中及离任“四责联审”，对4家单位开展选人用人专项检查，发现和纠正选人用人基础工作不扎实等问题。加强“三项机制”（鼓励激励、能上能下、容错纠错）运用指导，全年编写“三项机制”案例32篇。配合省委第五巡视组巡视及选人用人专项检查，围绕选人用人专项检查12个问题细化分解23条具体措施，推进干部队伍统筹谋划等23项整改工作。对7个批次30名试用期满干部实施考核。

（周雪珺）

【基层党组织建设】 2022年，常州国家高新区（新北区）推进“五聚焦五落实”深化提升行动，抓基层打基础、创特色强效能。以项目化管理方式推广“新北E家”数智社区研判平台运用，提升精细化治理服务水平。推进党建引领老旧小区改造，重点打造河海新村18幢590户样板项目。《以党建示范圈建设为长江大保护保驾护航》《合作社里党旗红 跑出乡村振兴“加速度”》入选全国基层党建创新案例展示，“两单一响应”（社区点单、街道下单，部门响应）和“红色物业”等特色做法，受到《中国组织人事报》等国家级媒体点赞，2家单位获评党建引领物业管理服务工作省级示范点。以“红新北耀 驿路同行”新业态新就业群体党建品牌为引领，6大新业态（数字经济、外卖送餐、快递物流、道路货运、网约巡游出租车、网络主播）新就业群体行业党组织实现区级层面全覆盖，成立全省首家网络主播党群服务中心、全市首家快递行业党群服务中心，新建和共建龙城红色驿站（红色服务吧）等服务站点225余个，“新就业群体服务矩阵”相关经验做法被《中国组织人事报》刊用。深化基层干部专业化体系建设，动态更新“三支队伍”（村干部、社区工作者、两新组织党务工作者）信息库，全年基础工资按照市定标准已全部调整到位。实施村干部学历“8090”计划，村干部、村书记大专以上学历占比分别超85.2%、86%，《打通城市社区书记晋升渠道的建议》被《江苏组工参阅》刊载。至年末，全区有基层党组织1691个，其中党委45个、党总支160个、党支部1486个。全区基层党组织架构日趋规范。

（黄建兵）

【机关党建】 2022年，常州国家高新区（新北区）区级机关党工委以实施“五大行动”（旗帜领航行动、融合赋能行动、思想铸魂行动、提质聚力行动、正本清源行动）为抓手，深化“五个机关”建设。开展第二批、第三批“一单位一品牌、一支部一特色”选树培育，实现单位党建品牌创建全覆盖，打造“悦享高新”机关党建品牌矩阵。年内，推进区级机关党群服务阵地使

位于薛家镇华夏艺博园的猫山屋仕家雅寓龙城红色驿站

（区委宣传统战部 供图）

用，策划推出“悦享课堂”系列课程“菜单”，吸引机关党员参与。6月，印发“工作提醒”和“操作手册”，指导机关23个任期届满党组织按期完成换届选举。发挥常州市国有企业领航学院的载体作用，开设各类主题培训讲座20余场，承办全市国资系统党的建设专题培训4场，覆盖党员干部6000余人次。11月，常州市国有企业领航学院被评为市党员教育“3211工程”第四批党员教育实境课堂。

2022年常州国家高新区（新北区）区级机关“单位品牌”一览表

表4

序号	批次	品牌名称
1	第二批	人大办公室“新人xin事”
2		法院“‘融合式’党建”
3		检察院“红蓝橙·融新检”
4		编办“‘经纬’党建”
5		教育局“E帆争渡”
6		住建局“大美住建·实干先锋”
7		商务局“新招商·心服务”
8		审计局“新审先锋”
9		总工会“职爱·凝心”
10	第三批	科技局“科技先锋服务‘三贴近’”
11		农业农村局“常高新农”
12		退役军人事务局“五角星”
13		应急管理局“应急先锋”
14		统计局“统齐五颗心 计好常高新”
15		综保区管理局“同心圆”
16		团区委“我和高新共青春”
17		妇联“凝·她”
18		自然资源和规划分局“自然先锋361”
19		税务局“党建领航·税耀高新”

2022年常州国家高新区（新北区）区级机关特色支部一览表

表5

序号	批次	支部名称
1	第二批	法院第十二党支部
2		检察院第四党支部
3		经发局第四党支部
4		环境卫生管理服务中心党支部
5		农业农村局机关党支部
6		市场监督管理局新桥分局党支部
7		常州综合保税区投资开发有限公司党支部
8		税务局第三党支部

续表 5

序号	批次	支部名称
9	第三批	人大机关党支部
10		纪（工）委监委巡察党支部
11		检察院第一党支部
12		经发局第二党支部
13		人社局第二党支部
14		市场监督管理局龙虎塘分局党支部

（李晗芬）

【“两新”组织党建】 2022 年，常州国家高新区（新北区）打造“两新”组织（新经济组织和新社会组织）红色引擎。依托区委党校、区“两新”组织红领学院等平台，举办中共二十大精神学习培训班 13 期，开展非公企业“工前一刻钟”、新业态新就业群体“学说做”等活动 500 余场。推进“双有五进”（双有：推动 100 人以上的有单独党组织、50 人以上的有党员。五进：党的理论进企业、党的建设进章程、党的骨干进高管、党的工作进班组、党建成效进考核）工作，省、市重点联系民营企业普遍实现党建入章。配强“两新”工委领导力量，制定下发《全区非公有制企业和社会组织党建工作联席会议制度》，实现党建工作与中心工作、业务工作同部署、同推进、同考核。选派“两新”组织党建工作指导员 20 人，直接联系大型非公企业和重点社会组织。深化“五型”晋档升级管理，全年评定品牌标杆型非公企业党组织 2 家。推进“两新”组织党务工作者专业化建设，新发展“两新”组织党员 196 人，完成党务工作者资格认证 397 人，4 人被评为全市高级党务工作者。统筹行业党建，牡丹国际花园、三井体育运动服务综合楼被评为第二批党建引领物业管理服务省级示范点。7 月，区律师行业党委成立，助推律师事业高质量发展。落实新业态新就业群体党建扩面提质行动，制定《关于加强党建引领关心关爱新业态新就业群体的 20 条措施》，依托“新北 E 家”数智社区研判平台，探索新业态新就业群体参与社会治理有效途径。实施产业链党建 3 年行动计划，先进碳材料、太阳能光伏等产业链党建先行点试点。

【“六个一”行动助推快递物流行业党建工作】 2022 年，常州国家高新区（新北区）围绕省委组织部确定的快递员群体党建试点区工作任务，全面实施“六个一”（塑造一个总体品牌、出台一份指导意见、打造一批服务场所、举办一连串主题活动、推出一系列暖心服务、选树一批先进典型）行动。唱响“党旗红、快递畅”全市快递行业党建品牌，提出“五引五强”（突出政治引领，建强组织体系；突出先锋引领，聚强红色动能；突出人才引领，练强基本“内功”；突出发展引领，做强产业支撑；突出服务引领，筑强“连心家园”）党建工作法，指导基层企业党组织打造“一企一品”。制定《全区快递物流行业党建工作方案》等，整合物流园区、人才公寓和党群服务中心等阵地，建成一批综合型实用型的“快递畅”党群服务驿站。在中通快递常州分公司建成全市首家快递行业党群服务中心，占地 1.06 公顷。推动“快递畅”党群服务矩阵地图上线，联动群团组织，全年开展快递物流行业龙

位于三井街道衡山社区的“快递畅”党群服务驿站。图为快递小哥正在驿站休息
（区委宣传统战部 供图）

城职工大讲堂、安全讲座等活动100余场。开展“先锋车手服务季”，推出5大类50项服务项目。联合常州工学院开设全市首个快递行业物流专业专升本函授班，为130名快递员、物流员提供免费体检服务，为300余名快递员、物流员赠送意外伤害互助保障。年内，培养一批“新管家”兼职网格员队伍，中国邮政集团有限公司常州市分公司投递员徐大磊获常州市五一劳动奖章，《“奋斗者小站”温暖外卖小哥》等举措被“共产党员网”、《中国组织人事报》等录用。

（徐　菁）

【党员队伍建设】 2022年，常州国家高新区（新北区）以中共二十大精神学习为重点，提升党员教育水平。制订中共二十大精神学习方案，发放相关书籍资料9万余册。通过领导班子领学、宣讲团队导学、广大党员互学、系列活动研学等方式，增强学习力度和效果。年内，组织全区各级基层党组织和广大党员群众收看中共二十大开幕式，征集编发关于中共二十大的热议和反响，宣传区中共二十大代表邓建军先进事迹。实施带头人赋能提升工程，分批次完成村（社区）党组织书记专题培训。面向全区征集党员教育百佳案例，在“新北党建”微信公众号展播主题党日案例6期、精品微党课案例5期、全媒体作品案例7期。在全省党员教育作品观摩交流活动中，《微光小哥》获微视频一等奖，《从“工”到“匠”的奔跑》《我和稻田有个约会》获微视频三等奖，《指尖“纪”事》获培训片三等奖、最佳创意作品奖。实施党员教育阵地和党课名师培育推广行动，入选全市党员教育“3211工程”第四批党性教育阵地1个、党员教育实境课堂4个、党支部书记工作室2个、全市第三批党员教育“龙城先锋师资库”2人。至年末，全区有党员3.9万人，其中女性占33.06%，35岁以下占27.53%，大专以上文化程度占59.54%。

（李小军）

【公务员管理】 2022年，常州国家高新区（新北区）开展公务员进退留转和日常管理工作，完成15名公务员公开考录工作，对试用期满、军转安置、调任等38名公务员及时登记。实行全市公务员管理信息系统和智慧人事编制管理信息系统业务并轨运行，全面核对公务员管理模块及工资福利模块人员入库情况。实施荣誉退休系列举措，全年向36名退休人员发放初心礼包，通过拍摄个人写真、发放荣退奖牌、制作退休纪念册、赠送红色书籍等形式，关爱退休人员。在2022年公务员年度考核中，记三等功67人、获嘉奖329人。

【年度综合考核】 2022年，常州国家高新区（新北区）紧扣重点工作目标，科学制定2022年度全区综合考核“1+5”文件。创新设置“三大工程”推进指标，重点考核打基础、利长远的工作内容，完善激励约束机制，保留高质量发展加分项，提升考核工作质效。开展季度监测和半年评估工作，召开全区综合考核工作推进会，印发《2022年度常州国家高新区（新北区）综合考核半年评估结果反馈汇编》，向47家单位反馈预警165条、下一步工作建议316条、改进建议278条。建立实施“旬报”制度，围绕相对薄弱指标，推动各级领导开展谈话提醒活动，成立专项工作推进组和督查组，推动工作落实。坚持考人与考事相结合，发挥考核“指挥棒”作用。年内，全区评出综合考核“第一”等次单位23家，“第二”等次单位24家，高质量发展优秀服务单位3家。

【机关作风建设】 2022年，常州国家高新区（新北区）开展“对标争先提质效、聚焦重点争一流”机关作风建设主题行动。围绕“三大工程”，全区各部门结合实际，明确比学单位122家，形成综合性对标实施方案83个，各单位对标成效分13期在“新北党建”微信公众号展播。年末，通过党建述职现场会的形式，把对标争先成果纳入年终综合考核。开展机关作风建设“雷达行动”、“啄木鸟”专项行动，聚焦项目一线、服务一线和民生一线，围绕项目攻坚、民生服务、营商环境3个类别，实施作风建设监督点“1+N”模式，建立作风建设监督分点4家。开展2022—2024年市作风建设特邀监督员推荐工作，从机关干部、镇（街道）工作人员、村（社区）工作人员、企业代表、社会群众等行业领域中择优推荐13名市作风建设特邀监督员，构筑多层级监督体系。开展区镇问政活动，区委组织部联合西夏墅镇开展“势起竞潮头 墅写新篇章——新北区问题协调面对面活动”，参与人数80人次，协调解决群众问题11件。

（张　超）

【老干部工作】 2022年，常州国家高新区（新北区）老干部工作以迎接中共二十大召开、干部离退休制度建立40周年为契机，深化“乐龄新北”老干部工作品牌建设，巩固深化“六有一提升”（每一名离退休党员干部都要有党的组织，每一个离退休干部党支部都要有领导班子、有组织活动、有作用发挥、有工作制度、有工作保障，提升离退休干部党组织的组织力）工程建设，年内，创成省级、市级“六好”示范支部各1个，获评省级最美老干部志愿者1人。选优配强党组织联络员，更新江苏老干部服务管理系统数据60余条次。全年围绕“奋进三十年 礼赞二十大”“乐龄担使命 展现新作为”等主题开展各类活动，展现离退休党员积极向上的精神风貌。落实“两项待遇”（政治待遇和生活待遇），开展全区老干部情况通报、重大节日走访慰问等活动。实施离休干部居家适老化改造工程，完成项目建设5家次。集中优质资源和力量，推进老干部活动阵地提档升级，焕新区老干部活动中心活动阵地面积1000平方米。推进银发人才库建设，排摸党建、科技、教育等领域银发人才17人，鼓励支持老干部在乡村振兴、文明实践和基层治理、校外辅导等方面发挥作用。制作的“银发宣讲微讲堂”新媒体视频被“学习强国”学习平台录用，联合区关工委出版《新北区爱国主义教育基地汇编》《行长江文化，做有根新人》等书籍。

（莫　阳）

人才引育

【概况】 2022年，常州国家高新区（新北区）坚持党管人才原则，召开人才工作领导小组会议，优化人才工作专项考核，坚持招商引资、招才引智、招科引技融合发展的工作思路。区委组织部牵头职能部门系统梳理重点企业“卡脖子”技术需求清单和引才需求清单，优化“龙城英才计划”资金拨付流程，对带资源、带技术的优质项目给予发展支持。年内，承办“名城名校合作行 创新创业赢未来”徐州站活动，全区有7家企业与高校建立人才培养合作项目。全年人才总量新增2.72万人，入选国家重大人才工程A类9人、国家重大人才工程B类3人；入选江苏省“双创团队”1个、“双创人才”14人；入选常州市“龙城英才计划”121人。常州聚和新材料股份有限公司在科创板上市，是全市唯一上市人才企业。坚持改革创新，新成立青年就业见习基地40家，新增技能等级认定单位13家，开展企业新型学徒制培养33期，企业成为人才“引育用留”的主阵地。制定《关于支持企事业单位开展创新创业大赛的实施办法》，支持辖区企事业单位举办创新创业大赛，编制常州国家高新区（新北区）人才分类目录，全方位拓展人才“三优”（优享、优居、优智）服务内涵。加快人才公寓建设，出台《常州国家高新区（新北区）人才公寓建设和管理办法》《常州国家高新区（新北区）人才公寓资金补助管理实施细则》和人才公寓建设装修标准。至年末，全区人才公寓开工项目20个，新增投用人才公寓1.04万套，平均入住率超90%，常高新·漫柏未来人才社区被评为全市首家五星级人才公寓，全市人才公寓建设现场推进会连续2年在区召开。

（恽文军）

【百校千企万名英才集聚工程】 2022年，常州国家高新区（新北区）实施百校千企万名英才集聚工程，完善政校企合作引才、育才工作机制，建立高校引才工作站28家，引育各类人才2.73万人。承办常州市2022年“名城名校合作行 创新创业赢未来”徐州站专场活动，向中国矿业大学、江苏师范大学、徐州医科大学、徐州工程学院等高校青年发出到区创新创业的邀请，吸引1400余名学生参加，收到简历638份。加强博士后工作站梯队建设，江苏天合储能有限公司等3家企业被评为2022年度常州市博士后创新实践基地，维尔利环保科技集团股份有限公司被评为国家博士后科研工作站。江苏众红生物工程创药研究院有限公司袁昊、王俊2名在站博士后入选2022年度江苏省卓越博士后计划。唐云冰、张广强等13人入选2022年度市突出贡献人才。

（邵　杨）

【常高新·漫柏未来人才社区投运】 常高新·漫柏未来人才社区7月投运。该社区由常高新集团和漫柏集团共投共建，位于浏阳河路168号光伏产业园区内，前身是国展青年公寓。社区总面积20万平方米，有人才公寓3118间，可服务青年人才8000人，至年末入住率超90%。为支持年轻人创新创业，社区建有商业街区、啤酒公园、卫生服务站、共享厨房、未来人才体验中心等功能设施。配套秋白书苑、健身房、瑜伽馆、电竞室、桌游室，创意园、孵化器、路演厅、直播间等。运用数字化系统管理，以AI为主导，配套无人超市、无人货架、智能安防系统等数字化应用，围绕高层次人才个性化需求量身打造特色楼栋，全方位构建未来人才生态圈。8月2日，市委书记陈金虎为常高新·漫柏未来人才社区授牌“常州市五星级人才公寓”。

（陈　升）

宣传工作

【概况】 2022年，常州国家高新区（新北区）贯彻落实中共十九届六中全会和二十大精神，组织学习贯彻中共二十大精神区委宣讲团赴基层宣讲，推动党的创新理论走深走实走心。开展理论学习教育，推动“我为群众办实事”实践活动常态化开展。强化意识形态工作，落实意识形态管理责任制。原创作品广播剧《谋将来永远幸福　张太雷》获中宣部“五个一工程”奖、全省“五个一工程”特别荣誉奖；全省首家网络主播党群服务中心落户江南环球港，获省委网信办高度肯定；完成全国文明城市测评1次、全省文明城市测评2次，文明城市创建工作继续保持“争第一、创唯一”的态势，三季度文明城市测评位列全市第一。与常州日报社、常州广播电视台深度合作，《常州高新区》报改版，《常州高新区新闻》电视节目开播，探索践行“新融媒”模式。

【理论学习教育】 2022年，区党工委（区委）发挥各级理论学习中心组示范带头作用，区委理论学习中心组开展专题学习12次，其中交流研讨7次。对全区党委（党组、党工委）开展中心组巡学旁听。区委理论学习中心组专题学习《习近平谈治国理政（第四卷）》等材料，组织“坚决扛起新征程新的光荣使命，奋力开创新北区现代化建设新局面”专题读书调研，调研成果汇编成册。开展中共二十大精神宣讲65场。全年“学习强国”学习平台录用稿件总分329.5分，线上线下开展“学习强国”学习达人挑战赛30余场。组织开展党员冬训，《如果长江有颜色》被评为全省“我是冬训主讲人”优秀视频，《“溪星”课堂推进党员冬训走深走实》被评为市冬训创新项目。开展“理耀高新区 奋进三十年”十大理论宣讲活动，组织“礼赞新时代 追梦复兴路”主题宣讲活动20余场。实施“红帆领航”3年行动计划，与常州工学院马克思主义学院共建“理响新北”名师工作室，新北区“井牌名嘴”理论宣讲队、龙虎塘派出所民警刘庆、魏村街道《新时代更需革命加拼命的精神》分别被评为常州市2022年度基层理论宣讲先进集体、先进个人、优秀理论宣讲微视频。印发《关于推动党史学习教育常态化长效化的实施意见》，深化“四史”（党史、新中国史、改革开放史、社会主义发展史）学习教育，传承历史精神。

（陈丽鹰）

【意识形态建设】 2022年，常州国家高新区（新北区）修订实施《党委（党组）意识形态工作责任制实施细则》，制定《意识形态工作任务清单》，把意识形态工作纳入区委常委会工作要点和各级党建考核、领导干部考核。年内，开展区委常委会专题研究意识形态工作2次，召开区委意识形态领域情况分析研判联席会议2次。坚持常态工作月报告、特殊节点日报告、突发事件及时报等制度，加强意识形态领域形势分析研判。开展为期3个月的维护意识形态安全专项督导。接受省委巡视组落实意识形态工作责任制专项检查组检查，根据问题制定整改措施22条，至年末全部整改到位。按照区委巡察部署，对18家单位开展落实意识形态工作责任制专项检查和回头看，上报工作月报12期。加大宗教领域管理力度，推出民间信仰管理制度；深化学校思想政治教育，建立大中小学思政一体化联盟；出台《区工商联关于防范化解非公有制经济统战工作领域风险隐患的方案》，推动民营经济健康发展。

（苗胜强　刘立群）

【新闻舆论宣传】 2022年，常州国家高新区（新北区）围绕中心工作、重大主题等强化宣传，在主流媒体推出各类报道3200余篇。其中，被中央电视台报道9篇、《人民日报》及新媒体报道41篇、新华社（新华网）报道34篇。央视《新闻联播》在《外贸观察 外贸企业“追单”记》《“解码十年”让母亲河永葆生机活力》《今年前11个月我国外贸进出口总值同比增长8.6%》报道中采用常州国家高新区（新北区）画面，《人民日报》头版图片新闻刊登常泰大桥建设，常高新·漫柏未来人才社区2个月连续2次被《人民日报》（海外版）报道。召开第四次全区网信委会议，印发《2022年新北区网信工作要点》，制定《新北区关于做好党的二十大网络安全保障工作的实施方案》，完成中共二十大网络安全保障工作。年内，成立区互联网行业党委、区网络主播行业党委，在环球港建成常州市网络主播党群服务中心，市委书记陈金虎出席仪式并揭牌，在ASK众创部落设立网络主播红色阵地。完善“5+X”［“5”：区委宣传统战部（网信）、政法、应急、公安、消防，“X”：根据具体情况而增加的相关部门和群众］网络舆情应对机制，引入第三方专业机构，强化舆情监测技术支撑。强化主流舆论阵地建设，完善“一报两号一节目”（《常州高新区》报，“常州国家高新区”微信公众号、视频号，《常州高新区新闻》电视节目）。健全“三审三校”（三审：稿件内容编辑环节履行初审、复审和终审。三校：由专职校对人员对稿件进行一校、二校和三校）制度，印发《关于进一步加强对全区公开类讲座讲坛实施备案管理的通知》，加强讲坛、论坛等审批备案工作。

（孟令春　周　娴）

【文明城市建设】 2022年，常州国家高新区（新北区）以《全国文明城市测评体系》《全国文明村镇测评体系》为标准，细化量化创建任务清单，整体推进11个专项提升行动，加快建设36个市、区实地考察样本示范点。强化日常巡访督查，下发区日常督查通报29期，全年发现、督促整改问题1141个；整改市级督查通报问题156个。开展“文明来敲门 幸福伴我行”主题宣传活动，发放文明城市宣传品15万份。召开全区乡风文明建设工作推进会，加强农村精神文明建设。开展文明楼道、美丽庭院等创建，发挥其示范带动作用，发动市民群众参与文明创建和疫情防控等志愿服务，促进社会共同进步。

（薛旭红）

【精神文明建设】 2022 年，常州国家高新区（新北区）持续推进社会主义核心价值观教育实践，围绕《常州市文明城市创建公益广告导则》，新建社会主义核心价值观等景观小品 85 个，新增公益广告牌 1698 个，出新原有广告牌 1827 个。开展爱国主义教育基地普查，更新革命历史类纪念设施、遗址和爱国主义教育基地名录。健全区、镇（街道）、村（社区）三级联动、行业系统广泛覆盖、全媒体联动推介的推选机制，全区被评为江苏好人 2 人、常州好人 11 人、常州市“最美人物”5 人、市新时代好少年 4 人，龙虎塘派出所民警戌春被评为全国优秀人民警察。全年开展市、区道德讲堂总堂活动 50 场，被评为 2022 年度常州市十佳基层道德讲堂 2 个、十佳精品课程 1 门、十佳宣讲员 1 人。

年内，常州国家高新区（新北区）开展第十期、第十一期家校联系本公益活动，推进区未成年人成长指导中心心理健康教育公益项目，全年接待线下心理咨询 165 人次，开展线上咨询 190 人次。开展“七彩的夏日”主题活动 100 场、“童”字系列美育活动 12 场、“我们的节日”系列活动 500 余场，推进劳动教育实践试点工作。结合新时代文明实践中心（所、站），推进 6 个市“乡村复兴少年宫”试点建设，送 70 余堂文明素养课进“乡村复兴少年宫”。开展“乡村学校少年宫”精品社团培育行动，奔牛实验小学篮球社团、罗溪中心小学排球社团入围常州市“乡村学校少年宫”精品社团项目培育行动计划。

（周　洁　方恺怡）

【新时代文明实践中心建设】 2022 年，常州国家高新区（新北区）开展新时代文明实践所站专项提升行动，印发《新北区关于深化拓展新时代文明实践中心建设的实施意见》和区、镇（街道）、村（社区）三级党组织书记推进新时代文明实践中心（所、站）重点任务清单，三井街道新时代文明实践所、东南村新时代文明实践站被评为常州市优秀所站。开展全区第二届志愿服务项目大赛，组织 800 余支志愿服务队，制作“三农快线”“医疗健身”等 50 余项志愿服务项目“菜单”，完成线上“派单”2000 余个，精准对接服务群众 2 万余人。长江大保护志愿服务机制被评为常州市市域社会治理试点工作创新案例。举办新时代文明实践集中行动日活动，全年各级新时代文明实践阵地开展各类文明实践活动 3000 余场。

（常逸非）

【“强国复兴有我”群众性主题宣传教育暨青少年主题实践活动】 6 月 11 日，“强国复兴有我”群众性主题宣传教育暨青少年主题实践活动在江南环球港举行，市、区相关领导出席活动。该项目涵盖 7 大类，涉及重点活动 30 项，全年组织开展各类活动 2000 余场，线上浏览点赞量 20 万人次，总评论量 2.3 万人次。年内，“踔厉奋发三十年 青春高新向未来”高新区成就展项目获常州市优秀奖，“强国复兴有我 点赞青春高新——秀出常州高新范儿”短视频大赛项目获常州市提名奖。

（方恺怡）

统战工作

【概况】 2022 年，常州国家高新区（新北区）围绕学习贯彻中共二十大精神主线，召开民主党派履职评价工作会议。7 个民主党派基层组织均按照“一党派一特色”要求打造品牌，全年开展品牌活动 36 场，举办“创新驱动发展”等党派交流活动 4 场，围绕乡村振兴、“两特三新一智能”、“智转数改”等调研 10 余次，报送建言类信息 180 余篇，协助报送提案议案 80 余篇。深化“慧联”品牌创新实践，在全省首次以网络直播形式组织学习中共中央统战工作会议精神，在线观看人数超 3000 人；组织网络代表人士开展“V 眼看高新”，见证常州国家高新区 30 年发展成就；

8 月 19—20 日，“新”好遇见你文化艺术季举行　（区委宣传统战部　供图）

对照省、市实践创新基地建设标准，建成心艺谷、心云港及一米文化艺术中心等实践创新基地，举办“新”好遇见你文化艺术季、“喜迎二十大，艺心向未来”新阶层人士非遗展、主播心向党等活动。组织开展民族团结进步宣传月活动9场；江苏省奔牛高级中学被评为江苏省民族团结进步示范单位；三井街道兰翔社区、奔牛镇奔牛社区被评为民族团结进步项目先进集体，5人被评为民族团结进步项目优秀个人。加强基督教“以堂带点”、佛道教“管带场所”的长效管理，完善民间信仰场所民主管理机制；完成61名宗教教职人员备案工作，规范宗教教职人员队伍管理；开展安全检查57次，排查安全隐患25处，全部整改到位；指导2家宗教场所试点智能安全监管；贯彻落实《互联网宗教信息服务管理办法》，联合公安新北分局打击利用互联网非法活动1起。年内，区委宣传统战部加强党外知识分子思想引领，新增无党派人士62人。

【新的社会阶层人士统战工作】 2022年，常州国家高新区（新北区）开展自由职业人士统战工作，完成55名自由职业人士代表摸排入库；推进“新力量志愿服务团”注册登记，推动新力量从自由化向专业化过渡；举办“临平雅集”活动2场、城市心声读书沙龙4场；开展新绿行动、护蜂行动等服务社会工作，拓展团结和引领服务半径，得到“寻美中国”推介；召开汽车零部件高质量发展座谈会，组织“两会”中新阶层代表、委员开展参政培训，聚焦长三角一体化、长江大保护等中心工作建言献策；制作融心集系列短视频4部，在助力乡村振兴等时代课题中，推动新阶层工作走实走深。

（刘立群）

对台工作

【概况】 2022年，常州国家高新区（新北区）对台工作围绕市台办《服务“532”发展战略，促进常台融合高质量发展三年行动计划（2022—2024年）》，主动服务辖区台商台胞，凝聚全区台企、台胞力量。举办台商座谈会，关注台企所想所需。7月，新北区台湾事务办公室开展“追梦高新，一见如故”台青亲子一日游活动，来自8个台青家庭的20余名成员参加活动。至年末，全区注册台资企业193家，加入市台胞投资企业协会61家；有常住台湾同胞370余人。全区新增台资项目8个，实际利用台资1132.91万美元，区实有台企营业收入100.21亿元，比上年（下同）增长1%；缴纳税收4.17亿元，外贸出口6.16亿美元。新北区台湾事务办公室被评为全市台办系统年度评估工作优秀单位，市级青创基地嘉壹度新度空间在市台办的考核评估中获优秀等次，孟河斧劈石盆景园创成常州市对台交流中心。常州电气兴业热处理有限公司总经理郭振忠作为常州市两岸婚姻家庭代表赴宿迁参加“爱越海峡情融江苏”2022两岸婚姻家庭交流联谊活动。

【服务台商】 2022年，省台办副主任芮经忠与市委常委、统战部部长杨芬等走访光阳摩托有限公司、贸联电子（常州）有限公司、常州三菱电子士林电装品有限公司、国宏润滑油（中国）有限公司等台资企业11家。区台办走访重点台企25家，联合区经发局等部门协调解决台企台商合法诉求29起。协助解决6名台胞子女入学问题。7月，组织光阳摩托有限公司等4家台企参加省台办举办的台商大讲堂——安全环保法规政策解读咨询线上专场。指导滨开区、薛家镇、龙虎塘街道等开展安全生产宣传督查，为台企高质量发展保驾护航。

【宣传推广】 1月30日，在国台办及省、市台办等推荐下，CCTV-4（国际频道）在《海峡两岸》栏目播出纪录片《山河情》。该纪录片记录“中国斧劈石盆景之父”魏达荣用石头“画”出来的富春山居合璧盆景，使山河紧密相连。7月31日，常州电视台报道新北区利用外资从百万美元到百亿美元，报道台企光阳摩托有限公司的发展历程。8月15日，常州日报新媒体《常州新闻》栏目刊登《常州光阳：畅销全球，自主创新见证智造“出海”》报道。2022年，区台湾事务办公室被中央台办“两刊”评为对台宣传工作先进单位。

【台湾青年创新创业座谈会】 2022年，新北区台湾事务办公室在嘉壹度新度空间召开台湾青年创新创业座谈会2次，助力台湾青年拓宽交流渠道。7月2日，第一次台湾青年创新创业座谈会有台湾青年10余人参加，区台办组织与会人员参观嘉壹度新度空间，了解青年工作以及新北区的发展历程、投资环境、台资企业在区发展情况。9月23日，召开第二次台湾青年创新创业座谈会，台湾青年代表、嘉壹度创业青年等10余人参加。会上，雪顿酸奶创始人吴燕分享创业经历、经营公司心得，常州市创业孵化协会名誉会长、中国火炬创业导师王靖对台湾青年拟入驻项目进行辅导服务。

（孔芳娟）

机构编制

【概况】 2022年，常州国家高新区（新北区）深化经济发达镇行政管理体制改革，推动孟河镇、罗溪镇成为省级经济发达镇培育对象。深化相对集中行政许可权改革，完成个体工商户登记及备案等5项事权的规范运行。推进应急管理综合行政执法改革，组建区应急管理综合行政执法大队。开展人员岗位职责设置探索和国企人员管理制度规范化建设，建立健全务实高效的用编用人制度。强化民生保障工作力量配备，探索实施全区公办幼儿园员额管理，推进基层医疗卫生机构“区管院用”。“江苏机关赋码和事业单位登记管理系统”线上运行启动，完成事业单位信用等级评价和事业单位法人年度报告公示，“双随机、一公开”抽查机制运行常态化，机关事业单位中文域名管理有序推进。

【经济发达镇行政管理体制改革】 2022年，常州国家高新区（新北区）把深化经济发达镇行政管理体制改革作为提升基层治理能力的重要抓手，持续加大各类资源要素集聚力度。年内，按照全省新一轮经济发达镇改革培育工作要求，推动孟河镇、罗溪镇入选省级经济发达镇培育对象。对照《江苏省经济发达镇改革与管理暂行办法》申报条件，起草《新北区经济发达镇培育工作方案》，围绕巩固基层政权、体制机制改革、经济社会发展、基础设施建设、城镇人口集聚5个方面，明确加强基层党建引领、提升城镇治理水平、强化发展要素保障、创新优化体制机制、加快产业聚集提升、打造宜居生态环境等培育举措10项。制定《新北区经济发达镇改革配套支持政策》，征集汇总12个区级部门20条支持政策，形成经济发达镇改革配套支持政策体系，合力推动各类资源要素向经济发达镇集聚，促进经济发达镇高质量发展。

【基层管理体制改革】 2022年，常州国家高新区（新北区）深化应急管理综合行政执法改革。制定《全区应急管理综合行政执法改革实施方案》，整合相关部门职能，更名组建区应急管理综合行政执法大队。探索实施片区派驻新模式，区应急管理局与局综合行政执法大队实行“局队合一”体制，人员编制向执法岗位倾斜。推动孟河镇成为全省乡镇（街道）安全生产和消防监管能力建设试点，成立孟河镇安全生产和消防监督管理办公室，打通消防监管“最后一公里”。深化相对集中行政许可权改革。清理反委托事项，规范个体工商户登记及备案等5项事权运行。开展区级行政许可事项清单编制及上级清单事项认领承接，理顺业务关系，调整更新相对集中行使的行政权力目录清单。

【人员岗位设置编制探索】 2022年，常州国家高新区（新北区）强化人员统筹管理，推进编制资源优化配置，在全区范围内探索开展人员岗位设置编制，根据“一人一岗、一岗多责、人岗相适、人尽其用”的思路，统筹各类编制人员使用，按照岗位分级管理，创新选人用人、奖励激励机制，建立健全务实高效的用编用人制度。深化国有企业人事制度改革，印发《常州国家高新区（新北区）国有企业员工总额管理办法（试行）》，以用工管理与工资总额管理相结合、总量控制和用工自主相结合的方式，规范国有企业劳动用工行为，促进国有企业可持续发展。强化民生保障力量配备。制订中小学编制达国标方案，并出具风险评估报告。按照高中全额保障、初中适度保障、小学略微提高的原则，统筹使用额度，最大限度用好统筹编制资源。创新公办幼儿园人事管理方式，探索实施全区公办幼儿园员额管理，全年核定员额管理人员增人指标892人。推进基层医疗卫生机构“区管院用”，通过对13家基层医疗卫生机构实地调研，结合服务人口、周边医疗配套、机构等级等因素，按标准核定卫生人员总额。

【事业单位管理】 2022年，常州国家高新区（新北区）优化事业单位登记管理服务，启动“江苏机关赋码和事业单位登记管理系统”，开展新系统数据迁移，核对完善基础信息。年内完成事业单位法人设立登记5家、变更登记42家、注销登记3家、证书补领2家，159家事业单位年度报告完成率和公示率均为100%。规范网上名称管理和网站挂标，按照机关事业单位机构数的60%开展注册并缴纳费用。完成区教育局、卫健局所属72家事业单位2021年度事业单位信用等级评价，终评等级均为A级。开展事业单位法人公示信息抽查工作，按照“双随机、一公开”监管要求，在事业单位法人名录库中随机抽取3家事业单位进行现场查看、书面审查和网络监测，并将抽查结果在区管委会（区政府）网站公示。

（殷云凯）

常州市新北区人大

综　述

2022年，区第五届人大常委会下设办公室1个、研究室1个及工作委员会6个，常设机构常务委员会由32人组成。全年召开常委会会议8次、主任会议14次，听取和审议专项工作报告27项，组织开展各类专题调研64场，开展执法检查3次，作出决议决定13项，任免国家机关工作人员58人次，全面完成区五届人大一次会议确定的目标任务。开展“代表履职能力提升年”活动。组织开展新一轮政府部门依法行政和履职提效评议，推动解决制约经济社会发展的突出矛盾和问题，促进法律法规全面有效实施。依法行使监督权、人事任免权和重大事项决定权，审议“一府一委两院”（人民政府，监察委员会，人民法院、人民检察院）工作报告，推动“一府一委两院”依法行政、公正司法。年内做出重大事项决议6项，分别是《关于常州市新北区人民政府工作报告的决议》《关于常州市新北区2021年国民经济和社会发展计划执行情况与2022年国民经济和社会发展计划草案报告的决议》《关于批准常州市新北区2021年财政预算执行情况与2022年财政预算草案报告的决议》《关于批准常州市新北区人民代表大会常务委员会工作报告的决议》《关于批准常州市新北区人民法院工作报告的决议》《关于批准常州市新北区人民检察院工作报告的决议》。

（陶家声）

重要会议

【区五届人大一次会议】 区五届人大一次会议于1月5—7日召开。大会应到代表285名，实到281名。会议听取和审议区人大常委会、区政府、区法院、区检察院工作报告，书面审议《常州市新北区第五届人民代表大会第一次会议选举办法》《关于设立常州市新北区第五届人民代表大会财政经济委员会、法制委员会、社会建设委员会、监察和司法委员会的决定》《关于常州市新北区第五届人民代表大会专门委员会组成人员人选的通过办法》《常州市新北区民生实事项目票决办法》。

会议依法选举王宇伟为区人大常委会主任，杨金忠、季晓东、刘金曙、沈春英为区人大常委会副主任，王奕飞等29人为区人大常委会委员；选举周庆为区人民政府区长，李皓、樊烨、陈旭光、陈建生、杭宏伟、陈瑛、徐雪春为区人民政府副区长；选举纪海平为区监察委员会主任；选举任志清为区人民法院院长；选举万丽平等54人为出席常州市第十七届人民代表大会的代表。新当选人员向宪法宣誓。

1月5日，常州市新北区第五届人民代表大会第一次会议召开

（谢佳妮　摄）

会议通过区第五届人民代表大会财政经济委员会、法制委员会、社会建设委员会、监察和司法委员会的主任委员、副主任委员、委员名单。大会票决产生2022年度常州市新北区民生实事项目，并通过《关于常州市新北区2021年财政预算执行情况与2022年财政预算草案报告的决议》等6项决议。大会收到代表提出的建议、批评和意见108件，涉及综合经济、城建城管、生态环境、农业农村、教科文卫体等方面。

【区人大常委会会议】 2022年，区第五届人大常委会召开8次会议。

第一次会议，3月4日召开。会议表决通过《新北区第五届人民代表大会常务委员会代表资格审查委员会和各工作委员会组成人员名单》《新北区人大常委会2022年工作要点》，讨论通过《新北区人大代表履职积分考核办法》，听取和审议区政府关于区2021年度环境状况和环境保护目标完成情况报告、区政府关于区2020年度本级预算执行及其他财政收支审计查出问题整改情况报告。

第二次会议，5月26日召开。会议传达省委人大工作会议精神，听取和审议区人民法院诉源治理、区人民检察院知识产权保护和区政府教育资源保障情况报告，听取规范性文件备案审查工作情况报告，讨论通过《常州市新北区人民代表大会常务委员会关于法官、检察官报告履职情况的暂行办法》。

第三次会议，6月17日召开。接受周庆辞去常州市新北区人民政府区长职务的请求；任命石旭涌为常州市新北区人民政府副区长、代理区长。翁学超为常州国家高新技术产业开发区（新北区）人民法院审判员、审判委员会委员、副院长。

第四次会议，7月28日召开。会议听取和审议区政府2022年上半年国民经济和社会发展计划执行情况的报告、区政府关于2021年区本级财政决算草案及2022年上半年预算执行情况报告、区政府关于2021年度区本级预算执行情况及决算草案的审计工作报告、区政府关于2021年区本级财政决算草案及“同级审”和2022年上半年财政预算执行情况的初审报告、区人大常委会执法检查组关于检查《中华人民共和国安全生产法》实施情况报告。会议审查批准2021年区本级财政决算。会议通过常州市新北区人民代表大会常务委员会关于加强国有资产管理情况监督的决定。

第五次会议，9月29日召开。会议听取和审议区政府关于2021年企业国有资产管理情况的专项报告，书面审议区政府关于2021年国有资产管理情况的综合报告。会议听取和审议区政府关于基层特色科室及专科医联体建设工作情况报告、区人大常委会执法检查组关于检查《常州市住宅物业管理条例》实施情况的报告，审议并通过《常州市新北区人民代表大会常务委员会人事任免办法（修正草案）》和《常州市新北区人民代表大会常务委员会关于常州市新北区人民代表大会常务委员会组成人员依法规范履职的规定（草案）》。会议听取部分法官、检察官履职情况报告，邀请部分人大代表现场评议区住建局和区市场监督管理局依法行政和履职提效工作。

第六次会议，11月29日召开。会议传达学习贯彻中共二十大精神，听取和审议区政府关于区2022年国民经济和社会发展计划调整方案，审查2022年区国民经济和社会发展计划调整方案，作出关于批准2022年区国民经济和社会发展计划调整方案的决定。会议听取和审议区政府关于区2022年1—9月预算执行情况及区本级预算调整方案，审查2022年区本级预算调整方案，作出关于批准2022年区本级预算调整方案的决定。会议听取和审议区政府关于代表建议、批评、意见办理工作情况报告、区监察委员会专项工作报告、区人大常委会执法检查组关于检查《中华人民共和国长江保护法》《江苏省长江水污染防治条例》实施情况的报告，审议并通过《常州市新北区人民代表大会常务委员会议事规则（草案）》《常州市新北区人民代表大会常务委员会讨论、决定重大事项的规定（修订草案）》。会议听取部分市人大代表履职情况报告。

第七次会议，12月12日召开。会议审议并通过关于召开区第五届人民代表大会第二次会议的决定（草案）。

第八次会议，12月26日召开。会议听取和审议区人大常委会代表资格审查委员会关于补选区第五届人大代表的资格审查报告，听取关于筹备召开区第五届人民代表大会第二次会议有关事项的情况报告，审议通过区第五届人民代表大会第二次会议各类建议名单和区人大常委会工作报告（讨论稿）。

（陶家声）

人大监督

【概况】 2022年，区人大常委会紧扣区委、区政府中心工作，听取国民经济和社会发展计划执行情况报告、环境状况和环境保护目标完成情况报告，调研重大项目招引、国土空间规划编制、科技型中小企业培育、区城市能级提升、区域科教与产业优势发挥、生产性服务业高质量发展等工作情况。加大对财政预算、政府债务、企业国有资产等重要内容的审查力度，审议政府审计查出突出问题的整改情况。

紧贴民本民生，首次调研区监委整治群众反映强烈的问题工作情况，听取区政府民生实事项目推进情况报告，围绕农村生态河道建设、宅基地管理与审批、养老服务体系建设、教育资源保障、基层特色科室及专科医联体建设等工作情况开展监督。紧抓法律实施，对《中华人民共和国安全生产法》等实施情况开展联合执法检查。紧跟法治建设，听取和审议法院诉源治理、检察院知识产权保护等工作情况；出台法官、检察官报告履职情况的暂行办法，启动法官、检察官报告履职情况工作；印发政府部门依法行政和履职提效工作实施方案，制度化开展工作评议。

【执法检查】 2022年，新北区人大上下联动开展执法检查3次，推动解决制约经济社会发展的矛盾和困难。5—6月，区人大常委会开展《常州市住宅物业管理条例》执法检查。5—7月，区人大常委会开展《中华人民共和国安全生产法》贯彻实施情况执法检查。9月，区人大常委会对《中华人民共和国长江保护法》《江苏省长江水污染防治条例》贯彻实施情况开展执法检查。

【重点调研视察】 2022年，区人大常委会组织开展重点调研活动12次。

2月23日，调研区生态环境保护工作。调研组实地调研常州太平洋电镀有限公司、常州市新孟环保服务有限公司、常州民生环保科技有限公司现场，了解企业生产经营、废气处置情况和危险废物集中收集贮存等情况。听取区生态环境局相关工作汇报。

3月10日，调研创意产业园区建设发展情况。调研组参观园区特色展厅，考察园区发展历程、特色产业产品、税收规模及运营管理等情况。听取关于园区产业发展现状、数字经济特色业态、营商环境等方面情况汇报，了解三井街道园区项目开展工作情况、工作方案和发展目标。

4月12日，调研薛家镇上市后备企业。调研组走访长青交通科技股份有限公司、天元智能股份有限公司、第四无线电厂有限公司、安费诺（常州）电子有限公司和青峰亿康机械有限公司，了解企业生产经营状况、发展诉求和建议，提出意见建议。

4月22日，调研知识产权检察工作。召开座谈会，听取区检察工作概况以及知识产权检察工作专题汇报。调研组从加强法治宣传、优化两法衔接（行政执法与刑事司法衔接）、提升检察机关专业素能等方面提出意见建议。

4月26日，调研区教育资源保障工作。围绕区教育资源保障工作情况、存在问题及工作建议，听取区教育局工作汇报，开展座谈交流。

5月27日，调研常州高铁新城公司。调研组实地察看绿创大厦、星耀城项目现场和常州高铁新城公司，听取公司情况介绍，就《关于加快高铁新城核心区现代服务业产业集聚》建议办理进展情况进行座谈交流。

7月26日，调研区科技型中小企业培育工作。调研组走访江苏古川机械有限公司、江苏图恩视觉科技有限公司，查看企业生产设备、办公环境，了解企业技术研发、产品研制、资金投入、生产经营、科研项目开展等情况，重点了解企业在创新发展中的困难和需求，听取相关意见建议。

8月25日，调研法官履职报告工作。调研组在听取新北区法院法官代表作履职报告后，从解决案多人少矛盾、加强公检法联席会议作用发挥、有效开展联合培训等方面提出意见建议。

8月25日，调研全区基层特色科室及专科医联体建设情况。调研组走访调研三井人民医院、春江人民医院，现场查看医院特色科室及专科医联体建设情况，重点了解医院特色科室及专科医联体建设的困难和需求，听取相关意见建议。

8月29日，调研检察官履职报告工作。调研组在听取新北区检察院检

4月26日，区人大代表赴江苏省奔牛高级中学调研教育资源保障工作

（区人大办 供图）

察官代表作履职报告后，从加强检察监督、开展联合培训、深化沟通合作等方面提出意见建议。

10月21日，调研区监委关于群众反映强烈突出问题专项治理工作。调研组参观薛家镇后肖社区人大代表联络站，听取薛家镇在社区用房监管方面的工作情况。听取西夏墅镇开展农村“三资”（资金、资产、资源）问题整治工作情况报告。座谈听取近几年区监委工作情况，以及关于群众反映强烈突出问题专项治理工作专项汇报。

11月16日，调研罗溪镇人大工作。调研组强调乡镇人民代表大会要在党委领导下规范人大工作各项程序，确保程序合法、结果合法，并对开展下一阶段的人大工作提出要求。会后，调研组实地调研北汽（常州）汽车有限公司。

（陶家声）

代表工作

【代表建议意见办理】 2022年，新北区有各级人大代表343人，其中全国人大代表1人、省人大代表3人、市人大代表54人、区人大代表285人。区五届人民代表大会第一次会议期间，收到代表建议108件，其中综合经济类16件、城建城管类44件、生态环境类3件、社会事业类31件、社会保障类9件、农业农村类3件、其他类2件，分别交由25个单位办理。所有建议在规定期限内全部答复完毕，其中所提问题已经解决、基本解决或措施已经落实的81件，占75%；正在推进解决和列入规划逐步解决的26件，占24.07%；因条件限制暂时难以解决或供有关部门参考的1件，占0.93%。根据第三方调查机构调查问卷结果显示，承办单位与代表见面率和答复率均达100%，代表对建议办理结果表示满意和基本满意的为100%。至年末，评选出优秀代表建议11件（其中5件合并为1件，实为15件）。

【议案建议督办】 2022年，区人大常委会持续推进重点建议人大、党政领导“双督办”机制。10月，召开区人大代表建议重点督办件专题督办会。年内，区党委政府领导、区人大常委会领导重点督办代表建议7件，涉及碳纤维产业发展、新能源电动汽车充电便利性提升、燃气安全管理、幼师队伍建设等领域，全部办结。注重提升议案建议质量，针对换届后新代表较多的实际情况，组织开展“议案建议怎么写”“怎样提出高质量的议案建议”专题培训班。持续推行代表建议预提预审机制，组织市人大代表建言献策，鼓励引导代表围绕社会热点和民情焦点提出高质量建议。规范代表建议办理程序，围绕会前沟通、集中交办、重点督办、跟踪落实4个环节，确保代表议案建议得到有效落实。

【代表履职监督】 2022年，区人大常委会围绕代表培训工作系统化、规范化、专业化，组织代表初任培训、履职培训、专题培训18批2000人次，提升代表履职能力。依托代表履职App，记录代表履职信息，推行代表履职积分管理，首次专题听取代表年度履职积分情况报告。开展代表述职活动，落实人大代表向原选区或原选举单位报告履职情况制度，组织12名市人大代表向常委会述职。激励代表履职热情，在各级人大网站、微信公众号、视频号等在线平台讲述人大代表履职故事，展示人大代表履职尽责风采，3名人大代表履职故事被市人大微信公众号“代表履职现身说”栏目登载。

【“代表履职能力提升年”活动】 2022年，区人大常委会开展“代表履职能力提升年”活动，健全制度机制，细化、规范代表履职和服务保障工作。完善代表列席人大常委会会议、列席政府常务会议、旁听法院案件庭审等制度，

2022年常州市新北区人大常委会领导重点督办代表建议一览表

表6

序号	类别	建议名称	建议人
1	综合经济	关于集中优势资源，推动我区碳纤维全产业链高质量发展的建议	仇志平
2		关于加快高铁新城核心区现代服务业产业集聚的建议	徐竞宇
3	城建城管	关于进一步规范和提升新能源电动汽车充电便利性的建议	张欣等10人
4		关于加强燃气安全源头性管理的建议	王雷平等2人
5		关于对城市雨污水管网形成系统性管理的建议	潘　昕
6	教科文卫体	关于加强幼师队伍建设的建议	唐红玉等2人
7	农业农村	关于加快农村人居环境整治提升的建议	徐惠等8人

12 月，区人大代表和街道议政代表走访调研百姓“菜篮子”农贸市场

（区委宣传统战部 供图）

组织开展代表参与专题调研、执法检查、工作评议等活动，组织驻区的全国、省、市人大代表及区人大代表开展集中视察活动，扩大常委会工作中代表的覆盖面和参与度。在每个镇（街道）设立代表之家 1 个；根据区域和方便群众的原则，设立若干联络站；条件成熟，有示范作用的镇（街道），设立多个联系点，提升“家站点”建设力度。至年末，全区有人大代表之家 13 个、人大代表联络站 39 个、人大代表联系点 6 个；罗溪镇人大代表之家、薛家镇人大代表之家建成常州市十佳示范型代表之家。密切人大常委会组成人员与人大代表、人大代表与群众的联系，开展主任接待代表日、代表接待群众月活动，区 700 余名五级人大代表、126 名街道议政代表入“家”进“站”，接待群众 3500 余人次，收集意见建议 342 条，推动解决一批群众“急难愁盼”问题。

（陶家声）

常州国家高新区管委会
常州市新北区政府

综　述

2022 年，常州国家高新区（新北区）坚持稳中求进工作总基调，统筹推进疫情防控和经济社会发展，全面落实中共中央"疫情要防住、经济要稳住、发展要安全"重大要求，全力以赴当好"532"发展战略主力军，围绕系统推进"三大工程"、匠心打造"六张高新名片"拼搏奋进、务实作为，全年主要目标任务顺利完成，经济社会各项事业发展取得新进步。全年实现地区生产总值 1990.6 亿元，比上年（下同）增长 4%（按可比价计算）；人均国内生产总值（人均 GDP）22.2 万元；完成一般公共预算收入 132.5 亿元，同口径增长 5%；规模以上工业总产值 3429.7 亿元，增长 11.9%，位列全市第一。

坚持人民至上防疫情，全力保障群众有序生活。持续优化调整防控措施，不搞层层加码、一刀切，努力将对群众生活的影响降到最低，加强重点人群保护，全速推进疫苗接种工作，扎实做好生活物资和防疫商品保供，保障交通出行和物资运输平稳畅通。

坚持克难奋进稳经济，全力保持健康发展态势。突出做好稳增长、稳就业、稳物价工作，着力打通影响企业生产经营的痛点堵点，保持产业链、供应链循环畅通。规模以上工业总产值、规模以上工业利润总额、实际利用外资、进出口总额等主要经济指标二季度触底反弹，三季度起实现两位数增长，全区经济走出了一条强劲的 V 形增长曲线。积极应对重点企业和广大中小微企业面临的困难，制定落实助企纾困一揽子政策，全年兑现减税降费等各项资金 90 亿元。企业运行基本面保持平稳，常州比亚迪汽车有限公司、常州合全药业有限公司等新增长点强劲支撑，实现就业形势持续稳定，全年新增城镇就业人数达 3.45 万人。

坚持动真碰硬抓安全，全力排查整治风险隐患。深刻吸取"5・30"火灾事故教训，孟河镇在全省率先进行乡镇安全生产和消防监管能力建设试点，"除患治违"攻坚战全面打响，全区拆除违章建筑 44.7 万平方米，火灾起数下半年下降 14.3%、四季度下降 36.2%。安全生产"百日攻坚"行动、"危污乱散低"综合治理深入推进，工业厂房租赁"先审后租"、餐饮行业"先验后批"机制探索实施，群租房安全长效监管制度健全完善，重点领域本质安全水平进一步提升。紧紧围绕中共二十大安保维稳主线，常态化开展扫黑除恶斗争，严厉打击突出违法犯罪，统筹开展平安建设、网格化治理、矛盾纠纷排查化解等工作，一批历史遗留问题得到妥善化解，社会大局保持和谐稳定。

（区志办）

资料链接

2022 年常州国家高新区（新北区）十大民生实事项目

1 月，经新北区五届人大一次会议票决，产生"教育品质提升工程""老住宅小区提升整治工程"等 2022 年新北区十大民生实事项目，经研究，未入选的"政务便民工程""文体惠民工程"2 项工程纳入区政府年度民生实事项目实施计划。至年末，12 项工程全部完成。

教育品质提升工程。新建、续建幼儿园 4 所，竣工 2 所；新建、续建小学 3 所；新建、续建初中 4 所，竣工 2 所；竣工九年一贯制学校 1 所。新增学位 8310 个。为全区 84 所公办学校（含校区）安装视频监控 2000 个，为 15 所学校增添校园路灯及楼道照明设施。全年开展 2 次全区中小学生视力筛查，对中小学生视力健康档案动态管理。

老住宅小区提升整治工程。完成河海新村、同德苑二期老住宅小区提升改造工作。推进既有住宅加装电梯工作。对老小区改造工程中的电梯、使用15年以上的安置小区电梯以及故障率较高的安置小区电梯（共400台）加装物联网设备，完善电梯安全远程监控平台。

就业促进和人才公寓工程。采集、开发就业岗位5万个，城镇新增就业2万人，失业人员再就业4700人，城镇登记失业率控制在3%以内，支持大学生创业360人，开展职业技能补贴培训3000人次。改造或新建人才公寓7500套。

公共安全提升工程。完成2条餐饮场所聚集街区“瓶改管”主管建设工程。对全区公安高清视频监控进行升级改造，更换老旧、破损摄像机、补光灯等设施设备，确保视频监控系统安全有效运行。

特殊儿童和青少年关怀工程。完成新入园（托）儿童孤独症谱系障碍筛查5000人次。为困境青少年建设73间“梦想小屋”，涵盖重病、重残青少年、低保户家庭子女、低保边缘家庭子女、孤儿、事实孤儿等群体，帮助其改善居住条件。组织各级团干部、少先队辅导员、志愿者与困境青少年“一对一”结对帮扶。

老年人关爱工程。在全区12家基层医疗卫生机构和2家医养结合机构完成医疗环境、基础设施等适老化提升改造项目。为全区1.6万名老年人提供家政、助洁、助浴、送餐、送医等标准化居家上门服务。为全区符合条件的400户老年人，开展家庭内部生活设施适老化改造。

菜市场提升工程。完成滨江农贸市场、万和城农贸市场、盘龙农贸市场、奔牛星光城农贸市场提升，启动热土龙湖南农贸市场、翡丽都会农贸市场提升。

交通畅行工程。新增公共停车泊位2000个，新增接入智慧停车平台2200个。改造镇、村道路20千米，改造农村桥梁3座。

“一老一小”食品安全工程。对全区养老服务机构和中小学、幼儿园开展食品原料和餐具饮具风险筛查，其中快速检测4000批次以上、法定抽检1000批次以上，对食堂管理与原料控制进行评估指导300次以上，培训食品安全管理员300人次。

农村人居环境和农产品质量安全提升工程。完成100个以上自然村的农村生活污水处理设施建设，设施运行率达95%以上。实施村庄清洁行动，实现村组全覆盖；新建高标准农田200公顷（3000亩）以上。创建市级幸福河道2条，创建区级及以上小微水体河长制示范村5个，整治问题小微水体300余个。加强食用农产品质量安全监管，定量抽检农产品1300批次以上。

（区党政办）

7月，三井街道长江公寓两部电梯完成加装　（区委宣传统战部 供图）

重要会议

【区管委会（区政府）全体（扩大）会议】 1月21日召开。会议学习中共十九届六中全会精神，落实中央和省、市有关会议部署要求，贯彻全市“532”发展战略，推动全区高质量发展走在更前列。会议要求，全区政府系统要聚焦“三大工程”，全力推动区委决策部署全面落实落细落地，要抓好安全稳定、保供稳价、党风廉政建设等4项重点工作。会上，区经发局、区财政局、区商务局、区资规分局、区生态环境局分别围绕产业高质量发展、政府过“紧日子”让百姓过“好日子”、招引优质精品项目、强化土地资源保障和迎接中央环保督察作交流发言。

11月12日召开。会议学习贯彻中共二十大精神，落实中共中央“疫情要防住、经济要稳住、发展要安全”重大要求，冲刺全年目标任务。会议阶段性总结年内取得的经济社会发展各项成果，要求全区把学习宣传贯彻中共二十大精神作为首要政治任务和当前头等大事，系统推进“三大工程”、全力打造“六张高新名片”，确保完成全年各项目标任务。会上，区经发局、区科技局、区财政局、区商务局、区生态环境局分别围绕当前重点工作作交流发言。

【区政府常务会议】 2022年，区管委会（区政府）召开11次常务会议。

1月21日，第一次常务会议召开。会议传达学习习近平总书记在省部级领导干部学习贯彻党的十九届六中全会精神专题研讨班开班式上的重要讲话精神；听取区应急管理局关于全区安全生产工作情况的汇报、《常州国家高新区（新北区）安全生产“精准执法年”活动实施方案》《常州国家高新区（新北区）2022年度安全生产执法计划》起草情况的汇报，区科技局关于《常州国家高新区“龙城英才计划”第十八批创业人才项目建议名单》的讨论，区经发局关于《常州国家高新区（新北区）关于建设产业中轴强支点的实施意见》编制情况的汇报、关于2022年全区产业高质量发展大会方案暨2021年度优胜企业拟表彰方案编制情况的汇报、关于《常州国家高新区（新北区）关于聚力推进“重大项目攻坚突破”工程的实施意见》《常州国家高新区（新北区）2022年度重点项目推进计划》编制情况的汇报、《关于鼓励外地员工留常过年的实施方案》起草情况的汇报、关于《常州市新北区关于坚决遏制“两高”项目盲目发展工作方案》起草情况的汇报，区党政办关于《原区主要领导经济责任和自然资源资产审计整改报告》起草情况的汇报。

2月16日，第二次常务会议召开。会议传达学习江苏交通运输现代化示范区建设推进会议精神，省、市疫情防控工作会议精神；听取区委政法委（信访局）关于全区信访维稳和矛盾化解工作情况的汇报，区生态环境局关于全区生态环境保护工作情况的汇报，区行政审批局关于《常州国家高新区“急郎中工作室”建设方案》起草情况的汇报，区委组织部（人才办）关于《常州国家高新区（新北区）“十四五”人才发展规划》编制情况的汇报、关于“才聚高新 智汇新北”人才政策部分细则修订事宜的说明，区人社局《关于在全区开展“社区建设提升年”活动的实施意见》起草情况的汇报。

3月30日，第三次常务会议召开。会议传达学习十三届全国人大五次会议和全国政协十三届五次会议精神、习近平总书记关于粮食安全的重要论述和新修订的《粮食流通管理条例》；听取区应急管理局关于全区一季度安全生产工作情况的汇报，区科技局关于《常州国家高新区“科创积分贷”信用贷款实施办法》起草情况的汇报、关于《常州国家高新区科技型中小企业招引奖励办法（试行）》《常州国家高新区科技型中小企业引育专项基金管理办法（试行）》起草情况的汇报，区经发局关于《常州国家高新区（新北区）2022年股改上市金融助企攻坚行动方案》起草情况的汇报、关于《常州国家高新区（新北区）关于加快培育发展“1115”大企业集团攻坚行动方案》《常州国家高新区（新北区）关于加快培育发展专精特新中小企业攻坚行动方案》《常州国家高新区（新北区）关于领导干部挂钩联系“1115”重点培育企业暨建立部门专员服务企业长效机制的通知》起草情况的汇报、关于《2022年主要经济社会发展预期目标任务分解方案》编制情况的说明，区应急管理局《关于深化“危污乱散低”出清提升行动的实施意见》起草情况的汇报、关于《常州国家高新区（新北区）公共安全体系建设2022年重点工作清单》编制情况的汇报、关于《常州国家高新区（新北区）应急救援队伍建设管理办法（试行）》起草情况的汇报，区党政办关于《2022年全区督查检查工作计划》起草情况的汇报。

4月28日，第四次常务会议召开。会议传达学习全国、全省、全市防汛抗旱工作会议精神、《信访工作条例》；听取区农业农村局关于《新北区2022年易淹易涝区域分类责任表》《新北区2022年防汛隐患分类责任表》编制情况的汇报，区委政法委（司法局）关于《新北区人民政府2022年度行政规范性文件计划》起草情况的汇报，区审计局《关于进一步加强政府投资项目审计监督的通知》《政府投资项目审计质量评价办法》和《政府投资项目社会中介机构审计报告核查办法》起草情况的汇报，区财政局关于《常州国家高新区（新北区）2022年城乡建设资金收支平衡方案》编制情况的汇报，区应急管理局关于《常州国家高新区（新北区）关于深化提升安全生产专项整治三年行动的实施方案》编制情况的汇报、关于《常州国家高新区（新北区）创建省级安全发展示范城市实施方案》起草情况的汇报、关于《常州国家高新区（新北区）应急管理综合行政执法改革实施方案》编制情况的说明，区行政审批局《关于推进企业注销“一件事”改革实施方案（试行）》起草情况的汇报，区科技局关于《常州国家高新区企业科技创新积分管理实施办法（修订）》起草情况的汇报，区经发局关于《常州国家高新区（新北区）科技人才孵化引导基金管理办法》编制情况的汇报、《常州国家高新区（新北区）关于加快推进产业载体建设的实施意见》起草情况的汇报，区商务局关于《常州国家高新区产业用地项目准入评价指导意见（试行）》起草情况的汇报，区卫健局关于新北区公共卫生康复中心及突发公共卫生事件应急隔离场所规划调整及项目内容变更事宜的汇报，区人社局《关于开展2021年度全区高质量发展创新争先先进集体和先进个人评选表彰工作的通知》起草情况的汇报，区总工会关于《2021年度全区高质量发展创新争先先进个人（劳动模范）建议名单》推荐情况的说明，区见义勇为基金会关于《新北区“见义勇为先进分子”荣誉称号授予决定》起草情况的汇报。

5月27日，第五次常务会议召开。会议传达学习国务院、省政府、市政府廉政工作会议精神；听取区委政法委（司法局）关于《新北区贯彻落实〈法治政府建设实施纲要（2021—2025年）〉实施方案》起草情况的汇报、关于《常州市新北区人民政府行政复议、行政应诉案件处理程序有关问题的通知》起草情况的汇报，区经发局关于《常州国家高新区（新北区）工业绿色制造体系建设专项行动方案》《常州国家高新区（新北区）关于推动绿色低碳循环发展专项行动方案》起草情况的汇报，区市场监督管理局关于《2022—2025年度常州市新北区食品安全工作实施方案》起草情况的汇报，区退役军人事务局关于《新北区烈士纪念设施保护管理暂行办法》起草情况的汇报。

7月15日，第六次常务会议召开。会议传达学习习近平总书记在湖北武汉考察时的重要讲话精神；听取区财政局关于区本级2021年财政决算草案及2022年上半年财政预算执行情况的汇报、《关于加强近期国有企业改革工作的实施方案》起草情况的汇报，区审计局关于2021年度区本级财政预算执行和决算草案以及其他财政收支审计情况的汇报，区教育局关于《新北区简易学校排查整治工作实施方案》起草情况的汇报，区卫健局关于《新北区提供托育服务的机构排查整治工作实施方案》起草情况的汇报，区医保分局关于《常州市新北区困难群众罕见病患者补充医疗救助暂行办法》起草情况的汇报，区科技局关于《常州国家高新区“龙城英才计划”第十九批创业人才项目建议推荐名单》酝酿情况的汇报，区经发局关于新北区对口支援协作合作工作情况的汇报，区住建局《关于促进新北区建筑业高质量发展三年行动计划的实施意见》起草情况的汇报，区生态环境局关于《2022年新北区深入打好污染防治攻坚战工作方案》《新北区深入打好污染防治攻坚战专项行动方案》起草情况的汇报，区农业农村局关于《常州市新北区“十四五”水利发展规划》起草情况的汇报。

8月25日，第七次常务会议召开。会议传达学习7月28日中共中央政治局会议精神；听取区经发局《关于加快推进企业上市挂牌实现高质量发展若干政策意见（讨论稿）》的起草情况，区行政审批局关于《常州国家高新区（新北区）2022年深入推进“放管服”改革暨打造一流营商环境重点任务清单（讨论稿）》的起草情况、《常州国家高新区（新北区）关于推进工程建设项目“拿地即开工”审批模式的实施意见（讨论稿）》的起草情况，区住建局关于《深化农村公路养护管理养护体制改革实施方案（讨论稿）》和《农村公路“路长制”实施方案（讨论稿）》的起草情况，区妇联关于《新北区妇女发展规划（2021—2025年）（讨论稿）》和《新北区儿童发展规划（2021—2025年）（讨论稿）》的起草情况，区委编办《关于加强和规范常州国家高新区（新北区）编外用工管理的若干意见（讨论稿）》的起草情况、关于《常州国家高新区（新北区）国有企业员工总额管理办法（试行）（讨论稿）》的起草情况，区应急管理局关于《孟河镇先行先试加强安全生产和消防安全能力建设工作方案（讨论稿）》的起草情况。

9月27日，第八次常务会议召开。会议传达学习9月9日中共中央政治局会议精神、国务院和省安全生产电视电话会议精神；听取区应急管理局关于全区安全生产重点工作情况的汇报，区财政局《关于2021年度国有资产管理情况的综合报告（讨论稿）》《关于2021年度企业国有资产管理情况的专项报告（讨论稿）》的起草情况，区经发局关于《常州国家高新区（新北区）“园区保”小微普惠类子产品实施方案（讨论稿）》的起草情况。

11月1日，第九次常务会议召开。会议学习交流中共二十大精神；听取区教育局关于《常州市新北区“十四五”教育布点规划（讨论稿）》的起草情况，区委编办关于《经济发达镇培育工作方案（讨论稿）》《关于调整更新相对集中行使的行政权力目录清单的通知（讨论稿）》的起草情况，区行政审批局关于《常州国家高新区（新北区）行政许可事项清单（2022年版）（讨论稿）》的起草情况，区消防救援大队《关于新建新北区消防救援中心、西夏墅专职消防救援队和常州港专职消防救援队的方案（讨论稿）》的起草情况，区财政局关于《区级政府投资评审管理暂行办法（讨论稿）》《2022年1—9月份预算执行情况及区本级支出预算调整方案的报告（讨论稿）》的起草情况，区党政办关于《持续深入解决形式主义为村（社区）减负的十条措施（讨论稿）》的起草情况。

11月23日，第十次常务会议召开。会议传达学习11月10日中共中央政治局常务委员会会议精神；听取区财政局《关于常州国家高新区（新北区）2023年财政预算编制情况的报告（讨论稿）》《关于进一步调整完善区与园区、镇（街道）财政管理体制的通知（讨论稿）》《关于规范常州国家高新区（新北区）国有企业投融资管理的指导意见（讨论稿）》的起草情况，区市场监督管理局关于2022年新北区区长质量奖评审情况的汇报、关于《国家知识产权强县建设试点县、国家级知识产权强国建设试点园区、江苏省知识产权保护示范区工作方案（2022—2025）（讨论稿）》和《常州国家高新区（新北区）知识产权“十四五”规划（讨论稿）》的起草情况，区科技局关于《常州国家高新区（新北区）“龙城英才计划”第二十批创业人才项目建议推荐名单（讨论稿）》的起草情况、关于《常州国家高新区（新北区）“科技积分贷”担保贷款实施办法（讨论稿）》《常州国家高新区（新北区）“科技积分贷”信用贷款风险补偿资金管理办法》的起草情况，区经发局关于《常州市新北区政府投资项目管理办法（讨论稿）》的起草情况，区住建局关于《2022年政府投资项目建设计划目录调整方案（讨论稿）》《2022年新北区房屋征收计划调整方案（讨论稿）》的起草情况，区应急管理局关于《常州国家高新区（新北区）“危污乱散低”综合治理方案（讨论稿）》的起草情况，区资规分局关于《“三区三线”划定方案》的汇报。

12月22日，第十一次常务会议召开。会议传达学习中央经济工作会议精神；听取区党政办关于《新北区五届人大二次会议政府工作报告（讨论稿）》《2023年新北区民生实事候选项目清单（讨论稿）》的起草情况，区财政局关于《常州市新北区2022年财政预算执行情况与2023年财政预算草案的报告（讨论稿）》的起草情况，区经发局关于《2023年区政府投资项目计划（讨论稿）》的编制情况、关于《常州市新北区2022年国民经济和社会发展计划执行情况与2023年国民经济和社会发展计划草案的报告（讨论稿）》《关于鼓励企业争先进位跃升发展的政策意见（讨论稿）》的起草情况，区总工会关于《常州市新北区人民政府与常州市新北区总工会建立联席会议制度的通知（讨论稿）》的起草情况，区卫健局关于《关于推进新北区基层医疗卫生机构“区管院用”管理的实施意见（讨论稿）》和《新北区基层医疗卫生机构编外聘用人员管理办法（讨论稿）》的起草情况，会议还研究有关干部工作事宜。

（焦晨伟）

营商环境优化

【概况】 2022年，常州国家高新区（新北区）作为常州打造“国际化智造名城、长三角中轴枢纽”的主战场、主力军，始终把优化营商环境作为加速产业跃升、倍增区域能级的首要任务，营商环境评价位列全省城区第一，其中办理工程建设项目审批获得电力、创新性评价等三项指标全省第一。年内，常州国家高新区（新北区）发布《优化营商环境白皮书》，系统总结《全区营商环境三年行动计划》实施后的经验做法，推动改革举措集成；编制《2022年深入推进“放管服”改革暨打造一流营商环境重点任务清单》，明确6大攻坚目标、40个任务类别和188项具体措施；制定《企业开办全流程办理规范》并在全市发布。是年，“高新事·高兴办”培育一流政务服务品牌获评全国法治政府建设示范项目；区法院获评全省法院优化法治化营商环境执行年“1+4”专项行动先进集体。

【一流营商环境打造】 2022年，常州国家高新区（新北区）树立“人人都是作风代表、人人都是营商环境”的理念，全方位打造助推经济社会高质量发展的一流营商环境。苏锡常高新区政务服务一体化共建的经验做法在全省苏南自主创新示范区高峰论坛上作经验交流，被列入《苏南国家自主创新示范区高新区一体化发展联盟2022年度工作要点》。年内，全区建成“15分钟便民利企服务圈”镇（街道）便民服务中心示范点10个，村（社区）便民服务站示范点21个；新建社会“畅通办”便民服务点37个，其中政务服务直通车站点8个、与中国建设银行新北支行合作站点22个、普通站点7个。

（王淑亚）

【数字政务开发】 2022年，常州国家高新区（新北区）“秒批秒办”延伸服务，累计构建“秒批”场景26个，已办理

薛家镇便民服务站办事现场　　（薛家镇 供图）

3000余件，梳理“好办、快办”事项清单29项，上线运行率100%；聚焦集成服务，“秒批秒办”在网页端、移动端、自助端实现多渠道应用，累计办件量3165件，自助终端汇集54项政务服务事项，网办件1.8万余件。VR云系统深化拓展，构建VR云勘察业务场景13个、全景VR模板2个，在全市率先实现不动产业务抵押登记的VR运用，踏勘时间降低80%，平均10分钟即可完成远程踏勘工作，累计办件量370余件。“苏企通”平台集成优化，累计收集各类涉民、涉企政策925个，汇总申报平台53个，完成“苏企通”平台涉企政策与政策事项相匹配的政策4项，匹配事项7条，促进企业政策一键直达。数字政务地图导航全面覆盖，全区1个中心大厅、10个镇（街道）、138个村（社区）、5个政务服务便利站、除颤仪（AED）设备位置全面覆盖运行；累计118项高频办理事项场景上线应用，以语音识别、智能路线等算法精准服务，实现智能获取办理渠道和入口、自动识别群众办事需求、智能推荐办理途径和方式。

（沈　霞）

【项目审批服务增效】 2022年，常州国家高新区（新北区）办理工业类新建项目施工许可证150个，平均用时8.16个工作日（含中介机构用时），其中最优用时3.5个工作日。在全市率先实现低风险项目简易审批，探索形成低风险项目全流程极简极优审批模式。全年项目建议书和可行性研究报告合并审批26件，节省财政资金80万元；质量安全监督手续与施工许可合并办理263件。聚力支撑项目建设，创新构建一库统筹、一图索引、一室指导、一单预审、一次发证的“五个一”服务机制，全年完成“拿地即开工”项目22个，占全市总量的50%，实现重大项目“拿地即开工”常态化。

（王淑亚）

【市场主体全周期服务】 2022年，常州国家高新区（新北区）对企业开办实现常态化的“0.5天+零成本”服务，线上依托企业开办“全链通”系统，线下依托企业开办专区，实现一支队伍代办、一个平台登录、一套表格申请、一个窗口受理、一套班子审核、一个系统评价的“六个一”集成办理机制。优化政银合作模式，实现中国银行、农业银行、工商银行、建设银行、交通银行、邮政储蓄银行及江南农村商业银行7家银行进驻，鼓励引导银行按照市场规律开展良性竞争。免费为企业刻制公章，实现企业开办零费用。全面推广注销、歇业服务，全年办理企业“1+N注销套餐办”668例、歇业企业7家，企业“1+N注销套餐办”获省政府督查激励，被列入《江苏省打造高效规范便利的一流政务环境实施方案（2022—2024）》。完成全流程企业开办5323家，超过90%的企业开办仅需半天，发放“企业开办大礼包”6000余份，免费刻章1.7万枚，减免企业开办成本600余万元；全程电子化登记2.1万户，其中公司6033户，占新设公司法人的94.32%，个体户手机App登记率90%。持续深化“证照分离”改革，全年办理告知承诺制审批事项896件，通过“多证合一”方式落实食品经营（仅销售预包装食品）审批改为备案办理772件。

（沈　霞）

【不动产登记服务】 2022年，常州国家高新区（新北区）围绕不动产登记领域关键环节和重点事项，创新管理方式，提高服务效能，推动营商环境持续优化。年内，实行存量房买卖和抵押业务合并办理，按照《不动产登记操作规范（试行）》要求严格规范收件材料。存量房转移登记办理时限压缩至1个工作日内。推广线上“苏小登”应用，商品房转移登记、存量房转移登记等涉税登记服务提供线上缴费，缴纳凭证通过数据共享获取。推动不动产登记信息及地籍图在线可视化检索和查询服务，权利人本人线上查询可获取带有查询专用印章的电子查询证明。与税务、

年内，区税务局通过线上“一对一”、视频“面对面”的方式为群众在线答疑

（区委宣传统战部 供图）

金融机构开展技术对接，推进“一次收费、后台分账”税费缴纳新模式。常态化开展“交房（地）即发证”服务，全区覆盖率70%，服务的企业数量占拿地企业数量比例超60%。

【税务营商环境优化】 2022年，常州国家高新区（新北区）着力优化税收营商环境，全面落实税费支持政策。推进税费服务一体化运行和专业职能一体化整合，按照“一口进一口出”机制，梳理优化业务流程，科学设置窗口布局，把税费服务高频事项中的审核审批约谈环节集中处理，保证“一窗受理”流畅运转。平均申报时长比上年（下同）下降10.98%，办税服务平均等候时长下降28.91%。优化“非接触”服务方式。构建以网上办税为主、自助办税为辅、办税服务厅兜底的立体化办税格局。全面推广和应用电子税务局、微信公众号、手机App等“非接触式”办税途径，通过线上“一对一”、视频“面对面”的方式在线答疑，带给纳税人缴费人“见屏如面”的智慧体验。落实145项全程网上办事项和12项全程邮寄办事项，95%以上耗时长或经常办的涉税事项实现网上办理。

（王淑亚）

【破产办理】 2022年，常州国家高新区（新北区）始终秉持“法治是最好的营商环境”理念，构建全方位、立体式的司法保护体系，不断优化法治化营商环境。年内，区法院执行案件移送破产审查（简称“执转破”）工作取得重大进展，全年移送执转破案件61件、受理破产清算56件、结案48件。落实立案登记制，将听证程序引入破产审查阶段，规范推进执转破工作，提高效率。区法院与区市场监督管理局沟通协调逐步减少异常企业名录户数，建立经营异常企业公益强制清算退出的常态化机制，畅通市场主体破产退出通道，节约公共资源。实行破产案件繁简分流机制，对简单案件适用简易程序，简化流程，加快节奏，提升结案质效；对于复杂案件，突出专业化审理，强化规范化管理，制定一案一策。加强政府、法院联动，与职能部门联合发文，落实破产企业简易注销制度，建立破产案件信息动态共享机制、企业破产状态公示制度及企业登记信息动态共享机制。创新运用政府信息平台，公布土地拍卖方案，保证重整计划执行。启动使用破产专项基金，向区财政局报备，推进建立由财政统一拨付、法院具体使用、有关部门监督审计的科学管理体系。

【执行合同】 2022年，区法院以提升执行合同质效为着力点，对“执行合同”的关键指标、重点环节、重要事项等，完善机制、实践创新、跟踪督办，确保“执行合同”指标质效稳步提升，服务企业高质量发展。在全区10个镇（街道）设立审务工作站，选派资深员额法官对接，“审务进基层、法官进网格”实现全覆盖。深化“家门口”式诉讼服务体系建设，继续推动e诉中心建设。推进多元解纷，深化与镇（街道）良性互动，借助基层力量化解矛盾纠纷。企业失信屏蔽率达97.13%，完成率居全市基层法院首位，依法修复企业信用经验做法被中国法院网刊登推广。至年末，区法院长期未结案件清理率、一审民商事案件流程信息公开率、在线委托鉴定率均达100%，法定审限内结案率92.31%；民商事案件平均审理天数缩短10.87天；简易程序适用率达71.98%。

（区法院）

【检察服务】 2022年，区检察院出台《服务常州国家高新区高质量发展的工作意见》，联合南京大学法学院共建经济刑法理论与实践基地，与区工商联会签服务民营经济健康发展协作意见。推进涉案企业合规改革试点，成立第三方监督评估机制管理委员会，帮助3家企业建立合规管理体系。从严打击合同诈骗、职务侵占等侵犯企业合法权益犯罪，审查起诉28人，追赃挽回经济损失800余万元，制发法律风险提示函10份。把握涉企案件的司法政策和法律适用，依法对涉嫌犯罪的企业负责人或业务骨干不诉11人。年内，办理张某等17人与某模具公司劳动报酬纠纷支持起诉系列案，在保障弱势群体合法权益的基础上，促进民营企业复工复产，该案获评全市政法机关服务民营经济高质量发展优秀案例。

（周铭翊）

【市场监管服务】 参见P.102【信用与风险监管】条目

外事及港澳事务

【概况】 2022年，常州国家高新区（新北区）统筹推进疫情防控和对外交流合作，优化涉外服务环境，持续擦亮“开放高新”名片，推动全区开放型经济高质量发展。受疫情影响，全年因公出国（境）团组2批4人次。

【涉外管理】 2022年，常州国家高新区（新北区）落实疫情防控工作要求，提升涉外管理服务水平。举办APEC（亚太经济合作组织）商务旅行卡推介会暨外籍人员来华邀请函办理说明会，就办理条件、资料准备予以说明，并演示网上申报操作步骤。全年办理邀请函71批138人次。会同相关部门制作英、日、韩三国语言的“我的常州”App操作指南，便利外籍人士出行使用；组建外籍人士防疫微信群，及时发布疫情防控信息通知，提供24小时问询解答服务。

【外事活动】 2022年，常州国家高新区（新北区）发挥对外友好交流窗口作用，举办各类外事活动，加强国际交流合作，提升常州国家高新区（新北区）国际影响力和知名度，助推区域高水平开放和高质量发展。3月，市、区领导会见梅特勒-托利多集团中国区运营总裁唐良一行，双方表示将在深化创新研发、加快“智改数转”等方面深入开展合作，带动产业链、生态链协同发展。4月，德国萨尔州—江苏省健康产业企业“云参访”活动开幕。区领导出席开幕式，介绍区对德经济交流基本情况，向德国企业发出到区发展的邀请。活动中，详细介绍区内生命健康产业发展情况和特色亮点，邀请赛乐医疗和康心医疗与德方企业开展线上交流。8月，举办第三届瑞士企业家走进高新区活动。活动期间，企业代表参观区创新展示中心及梅特勒-托利多（常州）测量技术有限公司、亮智（常州）照明有限公司等外资企业，并考察中瑞（常州）国际产业创新园。10月，瑞士驻沪总领事邵凯文一行到访区内，走访瑞士企业梅特勒-托利多（常州）测量技术有限公司，并与区内瑞士企业代表座谈交流。11月，市、区领导会见日本驻沪总领事赤松秀一一行，双方就加强经贸交流与合作、推进友好城市建设和往来开展交流。

【文化交流活动】 2022年，常州国家高新区（新北区）充分挖掘市对外交流的历史文化内涵，深化民间友好交流。在友好城市德国罗特市建市50周年庆典之际，区长石旭涌以视频形式致以祝贺，并通过短片介绍全区近年取得的新发展成绩，回顾新桥高中与罗特高中的友好交流历程。视频于罗特市建市庆典当日播放。8月，中外文化交流之常州梳篦文化体验活动在薛家镇临平书院举行。活动以“访梳篦之乡、探制作之艺、悟非遗之美”为主题，吸引约30名外籍友人参加。11月，“食美常州 味在新北 香飘全球”——外国友人学做常州菜厨艺交流活动举行，外籍友人通过学习烹饪水晶虾仁、糖醋排骨、常州麻糕配豆腐汤等具有代表性的常州菜，加深对中华餐饮文化的了解；是月，区第二届“国际家庭日”活动在常州小狮子家庭俱乐部举行。

（章伟平）

8月19日，第三届瑞士企业家走进常州国家高新区活动举办（区商务局 供图）

侨务

【概况】 2022年，新北区人民政府侨务办公室、归国华侨联合会（简称“区侨办”“侨联”）围绕全区中心工作，带领全区各镇（街道）侨联组织、归侨侨眷和海外侨胞，从暖侨心、助侨创、护侨益、汇侨智和聚侨力5个方面深化“菁侨汇”服务品牌建设。开展“侨法宣传月”系列主题活动，通过侨法进社区、进园区、进机关，发放《涉侨法律政策指南》400余份，提高社会对涉侨法律法规政策的认知度和普及率。发挥侨界人才荟萃、智力密集的优势，提高侨界议政建言水平。年内，侨界政协委员提交《关于进一步做大做强碳纤维产业的建议》等提案8个。区侨联获评全省侨联系统先进集体，三井街道侨联获评2021—2022年度全国侨联系统“侨胞之家”典型选树单位。至年末，全区有涉侨人员近2000人，其中归侨5人、侨眷470人、新北籍海外华侨华人152人、海外留学生140余人、海外“四有人物”（政治上有地位、经济上有实力、学术上有造诣、社会上有影响的人士）50人（主要分布在美国、德国、新加坡、澳大利亚等国家），在区创新创业海归人员1000余人。

【侨联基层组织建设】 2022年，区侨办、侨联推动基层组织建设，在侨联组织全面覆盖的基础上，开展“侨胞之家”规范化建设，对春江街道“侨胞之家”所在地楠木厅实施更新完善，升级为市级“侨胞之家”，楠木厅获评

11 月 12 日，春江街道楠木厅被市侨联设立为市级“侨胞之家”
（区委宣传统战部 供图）

常州市华侨文化交流基地，并设立全区首个“侨心书院”。年内，龙虎塘街道“漫柏未来人才社区”海归人才聚集区率先建立“漫柏侨之家”基地，薛家镇常州生物医药孵化器获评常州市新侨创新创业基地。持续推进常州市龙城小学和常州市新北区实验中学 2 家“华文教育基地”建设，与海外华文学校签约结对协议，实现资源共享共建。

【涉侨业务】 2022 年，区侨办、侨联结合全区中心工作和新时期侨务工作新特点，加强涉侨业务理论培训，全年组织相关业务骨干参加全省欧美同学会会长和秘书长培训班等，学习相关时政、理论和业务知识。实现涉侨业务“一网通”业务办理，整合“异地办理”和“本地办理”审批流程，即时办理归侨身份认定、华侨身份认定、涉侨子女考生身份确认等涉侨业务，为涉侨人员子女中、高考加分提供咨询和审批服务。

【“菁侨汇”品牌建设】 2022 年，区侨联推进“菁侨汇”品牌建设，健全为侨公共服务体系，为广大侨界人才提供优质的生活环境和优良的营商环境。年内，走访区侨界“四有人物”代表及全区 40 余户重点侨眷、结对帮扶对象及部分侨企代表。开展为侨服务“双百”行动（百家重点侨资企业、百位侨界代表人士走访行动），走访涉及侨企 41 家、侨界人才 80 人，梳理 8 类共性问题。完善侨情数据库，健全联系服务侨资企业和侨界人才的常态长效机制，畅通政企沟通渠道。组织区侨界青年座谈活动，特邀区经发局、区委组织部参与，围绕产业细分、资源共享、交流联谊等方面展开讨论。为推进侨界高学历人才交流，加强区与高校产学研深度合作。3 月，区侨联邀请江苏理工学院到区有关涉侨企业开展走访对接，并与区侨联签署友好合作协议，双方就企业发展的技术研发和应用型人才需求、项目研发资质、技术应用领域等内容开展探讨。组织区 3 家科技侨企参加 2022 江苏省“创业中华·筑梦江苏”创新创业大赛。8 月，举办“海创龙城·智享未来”新北区“碳中和”产业论坛，邀请业内专家为广大海外留学生全方位展示光伏产业的整体布局和应用场景，有 72 名海归留学生以及留学创业人员参加。联合常州三晶工业园区举办工商税法知识宣讲、银企对接、双创团队培训、产品设计开发流程讲座等经贸类服务活动 20 场。疫情期间，区侨联在微信公众号发出“齐心抗疫、侨在行动”倡议，区侨界人士投身志愿者服务，捐款捐物价值 76.7 万元。围绕“两会”、共青团建团 100 周年、常州国家高新区成立 30 周年等重要时间节点，邀请侨界代表人士参与“侨看家乡、走进滨开区”“我们的节日·中秋”“秋季有约、护梦远航”等主题活动，增强侨界人士认同感和凝聚力。

（林寒青）

政务服务

【概况】 2022 年，常州国家高新区（新北区）不断优化提升政务服务质效。营造运营成本最低、办事效率最高、贸易投资最便利、发展预期最稳定的营商环境。年内，“高新事·高兴办”培育一流政务服务品牌吸引盐城市行政审批局、河南省商丘市司法局、陕西省安康市宁陕县先后到区政务服务大厅参观考察。至年末，区政务服务大厅办件 35.6 万件，其中市场准入领域办结 5.9 万件、建设项目领域办结 3700 余件。“12345”热线受理有效诉求 5 万件，办件满意率 99.03%；疫情期间，建立“12345”平台专班制度，落实 2 小时回复运行机制；针对区人大代表提案问题，与区商务局形成联动解决机制；开展热线百科信息维护，实现平台及时查询功能。星期六审批服务直通车项目获评常州市法治惠民实事项目二等奖，区行政审批局收到常州市比亚迪实业投资有限公司、北汽重型汽车有限公司、常州广播电视台等单位赠送锦旗 10 余面。

【政府信息公开】 2022 年，常州国家高新区（新北区）聚焦社会热点和群众关切，持续提升政府信息公开标准化规范化水平，保障人民群众的知情权、参与权和监督权。全年，区政府网站发布各类信息2.46万条，其中政务动态信息2.07万条、信息公开目录信息3987条、概况类信息12条；制作专题12个、在线访谈11期、政策解读26条；组织在线调查和民意征集29次、新闻发布会11期、网上直播16期，收到群众来信342封，答复率100%；微博微信回应事件156次，其他方式回应事件86次。各镇（街道）和区级部门信息公开意见箱收到网友留言330条，答复率100%。推进依申请公开，全年收到政府信息公开申请311件，上年度结转政府信息公开申请2件，办结300件，13件流转至下年办理。规范政府信息管理，全年主动公开区政府、区党政办文件109件。

2022年常州国家高新区（新北区）政务服务中心市场准入领域办件量统计表

表7

事项	数量（件）
企业设立、变更、注销登记	23115
其中：内资企业登记	22648
外商投资企业登记	467
个体工商户设立、变更、注销登记	25823
农民专业合作社设立、变更、注销登记	26
劳务派遣经营、变更、延续、注销许可	210
民办职业培训学校设立、分立、合并、变更及终止审批	6
人力资源服务许可审批	79
其中：秒批	24
中介机构从事代理记账业务审批	54
烟花爆竹经营（零售）许可	7
危险化学品经营许可	464
食品（含保健食品）经营许可	5413
食品生产加工小作坊登记	26
药品零售企业许可	218
第三类医疗器械经营许可	38
股权出质登记	76
公共场所卫生许可（除饭馆、咖啡馆、酒吧、茶座等）	1206
其中：秒批	74
申请从事互联网上网服务经营活动审批	5
营业性演出审批	56
娱乐场所从事娱乐场所经营活动审批	33
放射源诊疗技术和医用辐射机构许可	32
医疗机构执业登记	77
实施中等及中等以下学历教育、学前教育、自学考试助学及其他文化教育的学校设立、变更和终止审批	75
兽药经营许可证核发	3

续表 7

事项	数量（件）
动物诊疗许可证核发	8
水域滩涂养殖证的审核	6
设置大型户外广告及在城市建筑物、设施上悬挂、张贴宣传品审批	1760
其中：秒批	889
临时性建筑物搭建、堆放物料、占道施工审批	2

2022 年常州国家高新区（新北区）政务服务中心建设项目领域办件量统计表

表 8

事项	数量（件）
企业投资建设固定资产投资项目备案	577
企业、事业单位、社会团体等投资建设的固定资产投资项目核准	5
企业投资技术改造项目备案	133
政府投资项目审批	111
固定资产投资项目节能审查	27
建筑工程施工许可证核发	259
房屋建筑工程和市政基础设施工程竣工验收备案	246
市政设施建设类审批	352
商品房预售许可	53
城市建筑垃圾处置核准	121
临时占用城市绿化用地审批	147
砍伐城市树木审批	175
新建民用建筑防空地下室同步建设审批	153
人防工程、兼顾人民防空需要的地下工程竣工验收备案（联合验收、统一备案）	6
建设项目环境影响评价审批（省、市、县）	1239
生产建设项目水土保持方案审批	123
非防洪建设项目洪水影响评价报告审批	7

【行政许可事项下放】 2 月，个体工商户登记及备案，农民专业合作社登记及备案，个人独资企业、注册资本 500 万元以下的公司制企业登记及备案，食品经营许可，食品小作坊登记 5 项行政许可事项调整至镇（街道）行政审批局办理。为确保 5 项行政许可事项稳妥承接、有序运行，1 月，区行政审批局举办 5 项行政许可事项专题培训班（第一期），围绕登记基础实务与数据质量、全程电子化操作实务、公司登记操作实务、食品经营许可审批操作实务、个体工商户登记操作实务、档案的制作与管理等方面开展授课，各镇（街道）为民服务中心负责人、办理 5 项行政许可事项业务人员参加培训。自 2 月 7 日起，个体工商户登记及备案等 5 项行政许可事项可就近到所在镇（街道）行政审批局办理。

【重大项目“拿地即开工”常态化】 2022 年，常州国家高新区（新北区）常态化推进重大项目“拿地即开工”，打造最省心、最便捷、最高效的重点项目服务模式，创新构建一库统筹、一图索引、一室指导、一单预审、一次发证的“五个一”服务机制。一库统筹，即建设预排项目库，将拟“拿地即开工”项目入库，按月形成拟“拿地即开工”项目进程表，对开工前各类审批事项的进展情况实施实时更新、动态调整，对存在问题的环节落实多部门第一时间会商研判、科学处置，确保项目高效有序推进；一图索引，即围绕项目开工审批的全流程，将33个单位部门的57个环节31个事项进行整合梳理，绘制形成覆盖各个部门、所有环节的全息流程图，引领所有部门聚焦项目、倒逼进度，帮助申报单位和代办人员可以按图推进；一室指导，即创新推出“急郎中工作室”，推动形成同向发力、合力攻坚的工作格局，解决项目推进、企业发展过程中的痛点、难点、堵点问题；一单预审，即推动审批流程再造，制订项目预审流转单，对项目开工手续提前预审，由报建员通过帮办代办服务，帮助企业在发布土地公告至土地成交前完成审批部门预审，并获得预审意见；一次发证，即通过帮助企业提前办理项目开工前的所有相关审批手续，助力建设单位在签订土地出让合同当天，同步取得开工所需全部“四证五书”，从真正意义上实现从拿地到开工的“零时差”。

【低风险项目全流程简易审批】 2022年，常州国家高新区（新北区）落实省《关于简化厂房仓储类项目审批优化营商环境的若干措施》，构建低风险项目全流程极简极优审批模式。简化环评审批、能评审批、人防许可、水土保持审批、消防审查等手续，通过告知承诺、容缺受理等方式，在办理建设用地规划许可、企业投资项目备案、建设工程规划许可和施工许可后，即可开工建设。推行竣工联合验收，在项目开工建设达到验收条件后，推动竣工联合验收“一件事”服务，多部门组团赴施工现场，开展质监、消防、规划、文档等联合验收，通过信息共享、集中验收、限时办结、统一确认的方式，让多项验收同步办结，压缩验收时间、降低验收成本。实现“竣工即发证”，不动产交易部门提前介入，开展权籍调查，在办结相关验收、工程竣工验收备案等手续的当日，发出不动产权证书。5月31日，江苏达实久信医疗科技有限公司率先通过简易审批程序，取得车间扩建项目的施工许可证，开工建设；9月19日，项目施工进度达到验收条件，多部门组团赴企业施工现场开展联合验收；9月29日，该企业完成相关验收，取得不动产权证，常州市首个低风险项目全流程简易审批成功办结。

【“急郎中工作室”优化升级】 2022年，常州国家高新区（新北区）优化升级“急郎中工作室”，加快健全“一切围绕项目转、一切围绕项目干”的审批服务机制，构建“窗口店小二、部门急郎中、条块心连心”的重点企业、重大项目服务模式，把急项目之所急、解企业之所忧落到实处。2021年，区行政审批局在全市率先推出“急郎中工作室”，实现领跑全省的“拿地即开工”审批模式。2022年2月，区围绕打造一流营商环境，印发《“急郎中工作室”工作室建设方案》，区行政审批局牵头全区审批服务部门，成立23个审批服务专家组，建立健全工作机制，按照接诊一分诊一跟踪一回访的工作流程及专家坐诊、协同会诊、按需出诊的分类诊疗方式，为重大项目建设、重点企业发展提供高质量的“急郎中”服务。7月18日，在区服务保障“532”发展战略暨“亲清护航 同心奋进”优化营商环境大会上，“急郎中工作室”揭牌。年内，“急郎中工作室”为企业发展提供服务50余次，解决各类疑难问题200余个。

【全省首张民办职业培训机构办学许可证颁发】 4月8日，常州市新北区制百森职业技能培训学校有限公司通过告知承诺的方式申请办结民办职业培训学校办学许可证，是《江苏省民办职业培训学校管理办法》实施后省内首家以“告知承诺制”设立审批的民办职业培训学校。《江苏省民办职业培训学校管理办法》（简称《管理办法》）

11月7日，常州国家高新区（新北区）政务服务中心新址启用

（区行政审批局 供图）

于4月1日实施，首次明确全省范围内可以通过告知承诺方式申请办理民办职业培训学校办学许可。《管理办法》规定告知承诺方式审批的详细程序，制定全省统一的材料格式；采用告知承诺的方式精简审批所需提供的材料，优化审批流程，缩短审批时限，是“放管服”改革下优化营商环境举措的深化推广。

【政务服务大厅新址启用】 常州国家高新区（新北区）政务服务大厅新址于11月7日启用，位于新北区云河路69号，分设3层，总面积1.5万平方米。新大厅一层设置公安专区、不动产登记专区、银行专区（中国银行、农业银行、工商银行、建设银行、交通银行、邮政储蓄银行及江南农村商业银行）、自助终端专区，二层设置综合服务专区、市场准入专区、企业开办专区、税务专区、婚姻登记专区，三层设置项目建设专区、水电气人社医保及公积金专区和自主申报专区。共设置服务窗口186个。进驻行政职能部门26家（含市级5家），区级部门进驻率100%。新进驻医保服务事项41个，累计进驻政务服务事项778个（市级部门事项39个、区级部门事项726个、个性化服务事项13个），实现行政许可事项100%、政务服务事项95%以上进驻。年内，新政务服务大厅实现日均办件1800余件，群众办事满意率超99%。

（沈　霞）

信访工作

【信访受理】 2022年，常州国家高新区（新北区）信访局受理群众来信、来访、来电3428件人次，总数比上年（下同）上升42%。其中，来信205件，下降29.07%；来访322批625人次（集访36批269人次），批次下降19.3%、人次下降1.26%；办理省、市、区领导信访批办件47件，办结率100%。受理信访复查件45件，至年末全部办理完成。

【信访突出矛盾攻坚化解】 2022年，常州国家高新区（新北区）统筹推进“治理重复信访、化解信访积案”专项工作和“信访突出问题攻坚化解年”行动，落实“全员参与、党委包片、政府包线”的党政领导干部包案机制，区委、区政府领导带头包保疑难复杂案件，示范带动镇（街道）包案领导及工作专班下沉一线接访下访、研究会办中央、省、市交办事项2262件次。发挥区信访工作联席会议专项工作小组职能作用，对涉楼、涉学、金融等重点领域突出矛盾实行“一案双交”，推动地区和部门对接联动、条块结合，形成同向发力的责任共同体。中央和省信访联席办交办案件100%化解报结，31件突出信访问题当事人停诉息访。

（王　颖）

机关事务管理

【公务用车管理】 2022年，常州国家高新区（新北区）公务用车管理以保障全区正常公务出行及执法执勤用车需求为导向，提升公务用车效率。落实公务用车智能管理平台建设要求，实施平台功能升级，全年平台调度派遣各类车辆出勤保障1.5万余（辆）次。推动落实区级党政机关公务用车3年更新计划，全年完成15辆公务用车更新，并与区财政部门协调确定2023年15辆公务用车更新预算资金，基本解决党政机关公车改革以来存在的困难与矛盾。

【办公用房管理】 2022年，常州国家高新区（新北区）机关事务管理处依托市机关事务管理局标准化建设成果，对全区办公用房加强标准化管理。年内基本完成区级行政机关办公用房整合调整，区级机关办公用房保障矛盾有所缓解。10月，完成“公物仓”实体仓建设，对全区办公家具、电子设备、应急物资等实物闲置资产开展全面统计登记并纳入线上“虚拟仓”管理调配。与区财政部门沟通会商，完成《常州国家高新区（新北区）党政机关办公用房使用管理实施细则》初稿。持续实施全区党政机关办公用房“一张网”管理平台维护，完善党政机关办公用房管理常态长效管理机制。

【后勤保障服务】 2022年，常州国家高新区（新北区）机关事务管理处提供机关员工快餐保障4.8万份。整合优化区行政中心及周边停车资源，完成区行政中心光充一体化项目建设。全年组织2600余名区级机关员工完成年度体检，并针对体检结果落实后续跟踪服务；建立健全对第三方后勤服务单位监管制度体系，强化对第三方服务单位考核监督，提升机关安保、物业、机关餐厅管理水平。

（陶　雨）

政协常州市新北区委

综　述

2022年，区政协召开党组会议13次、主席会议12次、常委会会议5次；组织重点协商活动14次，形成协商报告6篇；开展专项民主监督、视察性民主监督各2次，形成专项民主监督报告2篇；完成区委下达的5项重点调研课题任务，开展各类课题调研21次，形成调研报告21篇，提出意见建议100余条；138件立案提案全部办复，满意和基本满意率100%；报送社情民意信息336条，被市政协简报采编4条，被省政协转报全国政协11条，被全国政协采用3条，得到市委书记陈金虎批示1条。开展“二十年峥嵘岁月，新时代砥砺前行”区政协成立20周年系列活动，开设委员讲坛，组建五届区政协智库。推进委员读书研学基地建设，打造“读书＋履职”委员读书沙龙品牌，全年开展各类读书学习活动100余场次，提升委员履职能力。区政协编纂的《和谐大家（2012—2021）》内部印刷发行。该书突出政协文史工作“存史、资政、团结、育人”功能，设机构、党的建设、重要会议、政治协商、民主监督、参政议政、专委、界别小组和基层政协工委活动，文史及理论研究，特色活动，自身建设10章39节及概述、大事记、附录等。记录2012—2021年新北区政协第三、第四届委员会的组织机构、重要会议、履职工作、特色活动等情况，展现两届政协委员围绕中心、服务大局的精神风貌。

1月3—6日，区政协五届一次会议召开　　（唐晓龙　摄）

至年末，区政协届中调整后有政协委员280人。其中，常务委员40人，占比14.29%；中共党员委员115人，占比41.07%；女性委员90人，占比32.14%。设有中国共产党、民革、民盟、民建、民进、农工党、致公党、九三学社、无党派人士、新的社会阶层人士、工商联、工会、共青团、妇联、侨联、经济界、农业和农村界、文化教育体育界、科技界（科协）、新闻出版界、医药卫生界、社会福利和社会保障界、少数民族和宗教界、特邀人士24个界别，划分为8个界别组。

（郑月莲　刘　姝　邹　雅）

重要会议

【区政协五届一次会议】 1月3—6日召开。市委常委、区党工委书记、区委书记蒋锋到会并讲话。会议听取并审议区政协主席薛建南代表区政协四届常委会所作的工作报告、区政协副主席李小平代表区政协四届常委会所作的提案工作报告。民革新北区基层委员会等7个民主党派（群众团体）

6月26日，区政协机关赴溧阳市开展“喜迎二十大 永远跟党走”庆祝建党101周年主题党日活动　（区政协办 供图）

代表作大会交流发言。全体委员列席区五届人大一次会议，听取并讨论政府工作报告。大会选举产生政协常州市新北区第五届委员会领导机构，安春燕当选主席，孙泽阳、孙秀峰、李小平、徐红、钱亚娟当选副主席，万文光等43人当选常务委员。会议审议并通过《中国人民政治协商会议常州市新北区第五届委员会第一次会议关于提案初步审查情况的报告》《中国人民政治协商会议常州市新北区第五届委员会第一次会议决议》。其间收到提案318件，经审查立案135件。

【区政协常委会会议】 2022年，政协常州市新北区第五届委员会召开常委会会议5次。

第一次常委会会议，1月6日召开。会议审议通过各专委、界别小组、工作委员会组成人员建议名单。

第二次常委会会议，3月7日召开。会议传达学习省政协十二届五次会议精神和市政协十五届一次会议精神，审议通过《政协常州市新北区委员会2022年工作要点》《政协常州市新北区委员会2022年民主协商计划》《政协常州市新北区委员会2022年民主监督计划》《政协常州市新北区委员会2022年调研课题计划》，通报重点提案分工安排和“有事好商量”协商议事工作计划。

第三次常委会（扩大）会议，8月18日召开。区党工委(区委)副书记、代理区长石旭涌出席会议并通报年内全区经济社会发展情况。区党政办副主任陈琦通报区政协五届一次会议以来提案办理落实情况。听取区政协年内工作情况和下一步工作安排。会议就加快促进中小企业向专精特新迈进开展专题协商。

第四次常委会会议，10月31日召开。会议就探索“工业上楼”，破解土地资源制约下的发展路径开展专题协商。区党工委（区委）副书记、代理区长石旭涌出席会议并讲话。

第五次常委会会议，12月27日召开。会议审议通过政协常州市新北区第五届委员会委员届中调整建议方案、人事任免建议方案，审议通过《关于召开政协常州市新北区第五届委员会第二次会议的决定》及议程、日程（草案），审议通过政协常州市新北区第五届委员会第二次会议秘书长、副秘书长建议名单；审议通过政协常州市新北区第五届委员会常务委员会工作报告（征求意见稿）、政协常州市新北区第五届委员会常务委员会关于区政协五届一次会议以来提案工作情况的报告（征求意见稿）和《政协常州市新北区委员会协商工作规则》。

【党组、主席联席会议】 2022年，政协常州市新北区第五届委员会召开党组、主席联席会议12次和党组（扩大）会议1次。

第一次党组、主席联席会议，1月6日召开。会议审议通过各专委、界别小组、工作委员会组成人员建议名单。

第二次党组、主席联席会议，1月17日召开。会议审议通过区政协领导班子工作分工建议方案、内设机构工作职责、区政协党组党史学习教育专题民主生活会建议方案。

第三次党组、主席联席会议，2月28日召开。会议传达学习市政协十五届一次全会精神，审议区政协2022年工作要点、民主协商计划、民主监督计划、调研课题计划及其他重点工作。

第四次党组、主席联席会议，4月2日召开。会议审议通过《关于建立中共政协常州市新北区委员会党组成员党建工作联系制度的方案》《关于设置新北区政协界别组党员活动组的通知》《区政协委员履职量化综合评价办法》，通报区政协五届一次会议提案审查情况。

第五次党组、主席联席会议，5月16日召开。会议审议通过区政协2022年度界别小组、镇（街道）政协工作委员会综合考核办法、五届区政协智库成员建议名单。

第六次党组、主席联席会议，6

月20日召开。会议审议通过区政协庆祝中国共产党成立101周年主题党日活动方案和区政协成立20周年活动方案。

第七次党组、主席联席会议，7月18日召开。会议审议通过区政协"关于加快提升西部乡镇优质教育质量的思考与建议"主席会议专题协商会方案及协商报告，审议通过区政协机关党组织换届方案、理论研究会人事安排方案、委员集中视察活动方案。

第八次党组、主席联席会议，8月15日召开。会议审议通过区政协五届三次常委（扩大）会议方案，审议通过区政协"加快促进中小企业向'专精特新'迈进的对策建议"常委会专题协商会方案及协商报告、"'双碳'背景下常州高新区的低碳创新发展新路径"界别协商会方案及协商报告，审议通过区政协专题培训班建议方案。

第九次党组、主席联席会议，9月13日召开。会议审议通过区政协2023年财政预算编制方案，审议通过区政协"关于加快智慧城市建设，推进社会治理现代化的思考"主席会议专题协商会方案及协商报告、"强化知识产权培育和保护，助推区高质量发展"对口协商会方案及协商报告、"全区农产品质量安全"专项民主监督方案和"区域内精神障碍患者融合康复"视察性民主监督方案。

第十次党组、主席联席会议，10月11日召开。会议审议通过区政协"探索'工业上楼'，破解土地资源制约下的发展路径研究"常委会专题协商会方案及协商报告、区政协2022年提案双向评议方案和区政协五届二次会议筹备工作计划。

第十一次党组、主席联席会议，11月21日召开。会议审议通过政协常州市新北区第五届委员会第二次会议议程（草案）、日程（草案）和经费预算建议安排。

第十二次党组、主席联席会议，12月26日召开。会议审议通过委员届中调整方案、人事任免方案，审议通过政协常州市新北区第五届委员会常务委员会工作报告（征求意见稿）和政协常州市新北区第五届委员会常务委员会关于五届一次会议以来提案工作情况的报告（征求意见稿），审议通过区政协五届五次常委会议工作方案和2022年度先进集体建议名单、优秀政协委员建议名单。

党组（扩大）会议，10月25日召开。会议专题传达学习中共二十大和二十届一中全会精神。

【政协工作理论研究会五届一次会议】 政协工作理论研究会五届一次会议于8月9日召开，43名会员参加。区政协党组成员、办公室主任胥荣伟作大会筹备工作情况报告及研究会工作报告。会议推选出研究会第五届理事会理事16名、监事1名。同日，召开全体理事会议，推选区政协副主席、党组副书记孙泽阳当选会长（理事长），推选出副会长（副理事长）3名、秘书长1名。该次换届规范研究会的组织架构，由前4届的理事制调整为五届的会员制，会员包括个人会员与单位会员50人；规范理事会理事的产生方式及人员组成，理事会设置监事一职。

（邹　雅）

专题协商议政

【概况】 2022年，区政协组织常委会专题协商2次，主席会议专题协商2次，界别协商、对口协商各1次，重点提案办理协商2次，双月协商座谈6次，形成协商报告6篇。报告中提出的建议和对策得到采纳和落实，部分以文件等形式转化为决策措施，助推全区经济社会高质量发展。

【常委会专题协商】 8月18日，区政协就加快促进中小企业向专精特新迈进的对策建议，召开议政性常委会专题协商会。区委书记、区党工委副书记周庆出席会议并讲话。会议围绕专精特新企业培育工作，提出建立成长机制、支持"智改数转"、拓展融资通道、破解紧迫困局、补强发展后劲5个方面的建议。

10月31日，区政协就探索"工业上楼"，破解土地资源制约下的发展路径研究，召开议政性常委会专题协商会。区委副书记、代理区长石旭涌出席会议并讲话。会议就推进区"工业上楼"提出树立发展意识、强化规划引导、制定标准体系、配套扶持政策、优化体制机制、探索建设试点6个方面的建议。

【主席会议专题协商】 7月26日，区政协召开主席会议，就关于加快提升西部乡镇教育质量的思考与建议进行专题协商。会议介绍区西部乡镇教育发展现状，分析发展制约因素，并聚焦教育统筹谋划、学校品质提升、教师队伍建设、学生综合素养、课程实施质量提出19项具体建议。

10月20日，区政协召开"加快智慧城市建设，推进社会治理现代化的思考"主席会议专题协商会。会上，课题组负责人作主题发言，课题组成员、专家学者协商交流，就建立完善全区基层社会治理体系、强化评价标准、建设智慧社区等方面提出意见建议。

（秦　蕾）

【界别协商和对口协商】 9月9日，区政协召开"双碳"背景下常州高新区低碳创新发展新路径界别协商会。会上提出从能源消费端、发电端、固碳端“三端”发力，从组织领导、市场引导、建设产业共享生态等方面加强保障，推进“双碳”战略在区落地见效的具体举措建议。

9月23日，区政协召开“强化知识产权培育和保护，助推高新区高质量发展”对口协商会。会上就促进区知识产权服务业健康发展、加大知识产权行政保护力度、推进知识产权成果转化运用等提出意见建议。

（刘　姝）

【“有事好商量”协商议事】 2022年，区政协落实《关于推进“19∶00议事厅”有事好商量协商议事工作常态长效的实施意见》，把提案办理、民主监督与“有事好商量”协商议事相结合，根据协商主题由牵头单位联合其他相关政协组织，邀请各级政协委员、智库成员、部门代表、界别群众等参与，扩大政协协商参与面与界别群众覆盖面。9月，区政协开展“19∶00议事厅”有事好商量民生专题协商议事月活动，围绕农路改造、菜场升级、普惠托育、群租房管理等人民群众关注的热点难点问题，组织协商议事活动40余场，助力解决问题50余个。区138名政协委员下沉基层一线，参加协商议事活动，建言献策。9月16日，三井街道政协工委联合区政协教文卫体和民进、农工党界别组，会同区住建局、教育局等部门围绕“错峰共享，破银河教职工停车难”开展“19∶00议事厅”有事好商量协商议事活动，会上，各方提出建议并达成共识，由区住建局牵头落实建设工作。年内，停车位相关问题得到解决。

（金　毅）

民主监督

【概况】 2022年，区政协创新民主监督方式，把民主监督贯穿于调研、视察、协商等工作，组织开展民主监督活动4场。其中，围绕全区农产品质量安全、缓解全区停车难问题开展专项民主监督活动2场，形成专项民主监督报告2篇，得到区委、区政府主要领导批示；围绕区域内精神障碍患者融合康复、全区农村问题小微水体污染整治开展视察性民主监督活动2场。

（金　毅）

9月16日，区政协主席安春燕带队开展“全区农产品质量安全”专项民主监督调研

（区政协办　供图）

【提案督办】 2022年，区各政协委员、政协各参加单位提出提案325件，经审查立案138件，其中委员个人和联名提案117件、集体提案21件。3月11日，提案交办会议召开，138件提案均交各党政部门及有关单位办理。至7月末，所有提案全部办复，征求委员意见300余人次，委员满意或基本满意率100%。委员提案所涉问题已经解决或基本解决的115件，占办理总数的83.3%；列入计划逐步解决的23件，占办理总数的16.7%。区政协健全重点提案领办督办机制，9件提案被列为年度重点提案，其中2件由区委、区政府主要领导领办督办。6月16日，区委书记、区党工委副书记周庆出席领办重点提案《推进我区新能源汽车产业建链补链强链》办理协商会。会上，周庆听取区经发局、商务局关于提案办理情况的汇报，并与提案人、委员代表、企业代表座谈交流。7月14日，区委副书记、代理区长石旭涌出席领办重点提案《关于加强公办幼儿园教师员额管理保障的建议》办理协商会，会上，石旭涌听取区委编办、区财政局、区教育局以及区人社局等关于提案办理情况的汇报，并与提案人座谈交流。10月20日，区政协举行2022年提案办理第三方绩效评议会议，邀请部分市政协委员，区政协常委、委员，区各民主党派（人民团体）成员，镇（街道）政协工委以及村（社区）负责人等人员，对全区各职能部门提案办理情况开展绩效评议，促进提案工作实现“办得好须提得好，提得好须办得好”的良性循环。

2022年常州国家高新区（新北区）重点提案一览表

表9

序号	提案名称	提案人
1	关于推进我区新能源汽车产业建链补链强链的建议	罗溪镇政协工委
2	关于加强公办幼儿园教师员额管理保障的建议	教文卫体和民进、农工党组
3	关于提升新北区能级，打造成为常州综合物流枢纽中心桥头堡的建议	民建新北区基层委
4	关于系统谋划新孟河生态廊道建设的建议	孟河镇政协工委
5	关于建立完善一般工业固体废物收运处体系的建议	梁　兴
6	关于依托“秋白书院”活动阵地，深化推动书香新北建设的建议	罗溪镇政协工委　万巍芽
7	关于出台高铁新城楼宇经济招商政策的建议	熊翠云
8	关于加强全区违规电动三、四轮车交通安全管理的建议	王淑婉　胡　斌
9	关于设立“新北企业家日”的建议	石耀星

（朱孟君）

【社情民意信息】 2022年，区政协发挥省政协办公厅社情民意信息基层联系点作用，引导政协委员和特邀社情民意信息员深入基层、深入群众，反映民生诉求，全年收到社情民意信息688条，编发社情民意信息简报35期。就事关群众切身利益的全局性、苗头性、倾向性问题，向省、市政协和区委、区政府报送社情民意信息336条，比上年增长72.3%。《应抓实疫情防控常态化下经济平稳发展》等4条信息被市政协简报采编，《网购平台售卖“茶烟”脱离监管亟需引起重视》等11条信息被省政协转报至全国政协，其中被全国政协转送有关部门1篇、被全国政协《每日社情》采用2条。《关于尽快出台我市二手房“带押过户”新政策的建议》得到市委书记陈金虎批示，民生诉求得到回应和解决。

（刘　姝）

中共常州国家高新区纪工委 中共常州市新北区纪委 常州市新北区监委

综　述

【中共常州市新北区第五届纪律检查委员会第二次全体会议】 中共常州市新北区第五届纪律检查委员会第二次全体会议于2月19日召开。全会学习贯彻习近平总书记在十九届中央纪委六次全会上的重要讲话以及中央和省、市纪委全会精神，总结工作，分析形势，部署任务。市委常委、区党工委书记、区委书记蒋锋出席会议并讲话。区党工委委员、区委常委、纪（工）委书记、监委主任纪海平代表区纪委常委会向大会作《建设廉洁新北 凝聚奋进力量 为全力当好全市“532”发展战略主力军提供坚强保障》工作报告。经过审议，大会批准报告，通过《中国共产党常州市新北区第五届纪律检查委员会第二次全体会议决议》。

【区监委首次向区人大常委会报告专项工作】 11月29日，在区第五届人大常委会第六次会议上，区党工委委员、区委常委、纪（工）委书记、监委主任纪海平代表区监委作《关于新北区监察委员会开展群众反映强烈突出问题专项整治工作情况的报告》，这是区监委首次向区人大常委会报告专项工作。

2月19日，中国共产党常州市新北区第五届纪律检查委员会第二次全体会议召开　［区纪（工）委监委　供图］

【重要调研活动】 3月11日，中央纪委国家监委信息中心副主任冯效勇带队到区调研小微权力“监督一点通”平台推广运用情况。调研组一行在三井街道飞龙社区、薛家镇老西庄调研小微权力“监督一点通”平台的宣传、运行、成效等。

5月13日，市委常委、市纪委书记、市监委主任李文宏到区综合督查全区落实全面从严治党主体责任等情况。综合督查组现场走访调研新创碳谷控股有限公司、常州民生环保科技有限公司（“维爱”党风廉政教育基地）。并召开座谈会，李文宏听取区委落实全面从严治党主体责任和区纪委落实监督责任情况汇报。

6月16日，区委书记、区党工委副书记周庆调研区纪检监察和巡察工作。提出聚焦“国之大者”，深化政治监督；强化政治担当，一体推进不敢腐、不能腐、不想腐；注重抓早抓小，加强对“一把手”和年轻干部的监督；突出严管厚爱，强化纪检监察铁军建设4个方面要求。

9月8日，全国人大常委会调研组到区开展基层监察工作调研。调研组走访市营商环境监测点常高新·漫柏未来人才社区、区勤廉风向监测点薛家镇花开西庄，与漫柏未来人才社区运行团队负责人、薛家镇纪委书记等交流，实地了解基层监察监督开展情况。

（马凤娇　柏　凯）

监督检查

【政治监督】 2022年，区纪（工）委监委强化对推进“三大工程”、打造“六张高新名片”等监督检查，推动各项重大决策部署落地见效。落实中共中央“疫情要防住、经济要稳住、发展要安全”的重大要求，围绕统筹疫情防控和经济社会发展，因时因势调整监督检查要点，发现并推动解决问题252个，跟进监督省委巡视反馈问题整改，解决责任传导不力、成果运用片面等问题11个。

【日常监督】 2022年，区纪（工）委监委确定年度重点工作项目47项，紧盯重大项目落地、重要资金使用、民生实事项目等，开展“嵌入式”监督230余次。举办“亲清护航 同心奋进”优化营商环境大会，更新勤廉风向监测点100个，走访企业、社会组织210次，梳理意见建议21项，并逐一跟踪落实。推动全区党组织落实全面从严治党“四张清单”[党委（党组）主体责任清单、主要负责人“第一责任人”责任清单、班子其他成员“一岗双责”责任清单和纪委监督责任清单]。规范实施问责，全年问责党组织12个、领导干部38人。严把选人用人政治关、廉洁关，回复党风廉政意见209人次。

【监督体系建设】 2022年，区纪（工）委监委发挥纪检监察机关协助、引导、推动功能，深化区委反腐败协调小组以及纪审、巡审联动机制，制定《关于新北区纪委监委、区委巡察机构与区审计局进一步加强协作配合的意见》，在审计计划安排、问题线索移送、巡审联动以及问题整改等方面形成监督合力。落实《关于规范巡察与审计工作协调机制的意见》，制度化协同推进三方面监督，全年审计机关向纪检监察机关移交问题线索10件，立案5人。增强派驻监督实效。4月，出台《2022年新北区纪委监委派驻监督项目化管理实施方案》，按照“1+N”模式推进派驻监督项目化建设，紧扣驻在部门履职风险点，确定派驻监督项目选题27个，形成每组1个重点监督项目、N个一般监督项目的“1+N”监督项目清单。加快信息化步伐，推动大数据平台、办公管理平台高效精准应用。

【第二届特约监察员聘任】 5月27日，区监委召开第二届特约监察员聘任大会，向第二届特约监察员颁发聘书。本届聘任特约监察员19人，在任期内特约监察员将发挥对监察机关及其工作人员的监督作用和参谋咨询、桥梁纽带、舆论引导作用，助力纪检监察工作提质增效。

常州国家高新区（新北区）第二届特约监察员一览表

表10

序号	姓名	性别	工作单位及职务
1	王　豪	男	西夏墅镇观庄村党总支书记、主任
2	王丽芳	女	区政协提案和委员工作委员会主任
3	邢皓程	男	薛家镇副镇长
4	刘惠芳	女	区税务局党委委员、纪检组长
5	李　健	男	新阳科技集团有限公司总经理助理、常州东昊化工有限公司商务部部长
6	李梦雅	女	现代快报区域新闻中心副主任，常州分公司总经理，常州记者站站长
7	羌　华	男	魏村街道临江社区党总支书记、居委会主任
8	张国梅	女	温康纳（常州）机械制造有限公司综合管理部总监
9	陆文其	男	区人大常委会法制和内务司法（民宗侨务）工委主任，四级调研员
10	郑光耀	男	孟河中医医院副院长
11	施肇皕	男	区人大常委会原副主任、退休区领导干部党支部书记
12	洪　红	女	区审计局总审计师
13	夏曙光	男	区自然资源和规划分局副局长
14	钱伟忠	男	区生态环境局副局长

续表 10

序号	姓名	性别	工作单位及职务
15	徐　惠	男	罗溪镇人大主席、一级主任科员
16	殷　霞	女	奔牛实验小学副校长
17	盛冠玉	女	区委政法委政策法规处处长、二级主任科员
18	巢静宇	女	北京大成（常州）律师事务所合伙人、公司业务部主任
19	翟春安	男	江苏安厦工程项目管理有限公司党支部书记、总经理

【服务保障“532”发展战略暨“亲清护航 同心奋进”优化营商环境大会召开】 7月28日，服务保障“532”发展战略暨“亲清护航 同心奋进”优化营商环境大会召开。市委常委、市纪委书记、市监委主任李文宏，区党工委副书记、区委书记周庆出席会议并讲话。大会现场，区领导李皓、纪海平共同启动常州国家高新区（新北区）营商环境联盟。区纪委监委推介区纪检监察机关“亲清护航”专项行动，并为“勤廉风向监测点”企业代表授牌。“勤廉风向监测点”企业代表、营商环境联盟代表作交流发言。大会发布《常州国家高新区（新北区）优化营商环境白皮书（2021）》，并为区“急郎中工作室”揭牌。年内，区纪（工）委监委启动“亲清护航”专项行动，开展跟踪调研和监督检查45次，帮助企业协调解决物资保障、交通物流、原料供给、员工住宿等40余个问题，专项行动中的“百企助廉护航”工作被评为常州市机关作风建设创新攻坚优秀项目。

【勤廉风向监测点】 7月，区纪（工）委监委印发《优化全区勤廉风向监测点运行机制的通知》，更新100家“勤廉风向监测点”，划分为营商环境、民生保障、基层治理、协同监督四大类别，首次纳入9家区域性行业协会以及常州辟谣联盟、中吴网、法律服务管理处等第三方机构。监测点履行反映助企惠民措施机制不接地气、不切实际，或者对助企惠民政策宣传、落实不到位，党政机关及其工作人员日常检查、监管执法、工作调研等公务活动过频过密、增加企业和基层负担等八大类问题的职责。年内，走访梳理企业家、社会组织负责人意见建议21项，逐一跟踪落实。

【“三个区分开来”落实】 2022年，区纪（工）委监委落实“三个区分开来”要求（要把干部在推进改革中因缺乏经验、先行先试出现的失误和错误，同明知故犯的违纪违法行为区分开来；把上级尚无明确限制的探索性试验中的失误和错误，同上级明令禁止后依然我行我素的违纪违法行为区分开来；把为推动发展的无意过失，同为谋权私利的违纪违法行为区分开来），适用容错纠错13人。执行《中国共产党党员权利保障条例》，回访教育受处分干部76人。规范信访举报秩序，为9名党员干部澄清正名，最大限度保护干部干事创业积极性。

（马凤娇　柏　凯）

正风肃纪

【概况】 2022年，区纪（工）委监委将中央八项规定精神作为长期有效的铁规矩、硬杠杠，对顶风违纪行为从严查处。整治群众身边不正之风和腐败问题，年内，查处违反中央八项规定精神问题61起，处分85人，通报曝光典型案例23起。

【中央八项规定精神落实】 2022年，区纪（工）委监委督促全区党组织学习贯彻市委关于锲而不舍纠“四风”（形式主义、官僚主义、享乐主义和奢靡之风）树新风的各项措施。结合重点节假日制发工作提醒、监督方案13份，开展明察暗访和专项检查16轮次，通报典型案例23起。全年聚焦公款旅游及隐形变异问题、干部作风整治、挂证取酬问题“回头看”等问题，开展专项治理。联合区商务局等部门常态化整治违规发售及超配额发售烟卡问题，查处各类问题38起、处分45人。紧盯形式主义、官僚主义，聚焦领导干部任性决策、慵懒无为和基层干部推诿扯皮、冷硬横推等问题，查处各类问题23起、处分40人。

【群众身边腐败问题整治】 2022年，区纪（工）委监委开展“清风惠民”专项行动，统筹协调巡察、农业农村、审计等职能部门力量，围绕涉农资金项目管理、殡葬领域漠视侵害群众利益等问题，开展专项治理。全年查处群众身边腐败问题30起，处分44人；督促对组级资产资源交易进行登记，完成登记信息828条，涉及金额7061万元、面积800万平方米；推动有关部门收缴墓位使用费2400万元。

（马凤娇　柏　凯）

审查调查

【概况】 2022年，区纪（工）委监委坚持以系统思维一体推进“三不腐”（不敢腐、不能腐、不想腐）。保持惩治腐败高压态势，严查中共十八大以来不收敛、不收手、胆大妄为者，坚决查处漠视群众利益、推诿扯皮、玩忽职守等问题，重点整治权力集中、资金密集、资源富集及群众反映强烈的热门领域腐败。践行惩前毖后、治病救人方针，落实对党员干部经常性监督。年内，运用“四种形态”处理224人次，其中第一、第二种形态占82.4%。

【惩治腐败】 2022年，区纪（工）委监委处置问题线索313件，其中立案211件，比上年增长11.6%，给予党纪政务处分188人次，留置10人，移送检察机关8人。紧盯重点环节、关键岗位，聚焦乡村振兴、招投标、征地拆迁、工程建设、医疗卫生等重点领域，查处腐败案件94件。按照全市融资性贸易腐败专案统一部署，区立案审查调查20人，其中留置6人、移送审查起诉4人、一审判决3人，均认罪认罚，实现“三个效果”（政治效果、社会效果、法律效果）有机统一。

【源头治理】 2022年，区纪（工）委监委对重要案件重点剖析，形成分析报告6篇；围绕部分单位落实全面从严治党主体责任不到位、村组资金管理不规范等问题，制发纪检监察建议25份。针对国有平台公司案件暴露出的监管乏力等突出问题，向区委、区政府和职能部门提出治理建议，协助区委加快推进国有企业改革，督促基层财政等重点人员轮岗交流，推动完善企业经营、风险管控等权力运行监督机制，从源头上防治腐败。拍摄警示教育片《思鉴》，并在全区领导干部警示教育大会上播放，发挥以案示警作用。推动本土党风廉政教育基地改造升级，开展廉政主题舞台艺术作品创作，围绕疫情防控、请客送礼等专题，制作《指尖说纪》《非遗中的清廉》等党风廉政建设系列微视频，有针对性地开展党性教育、政德教育和家风教育。

（马凤娇　柏　凯）

纪检监察队伍建设

【概况】 2022年，区纪（工）委监委推进纪检监察机关自身建设，打造忠诚、干净、担当的纪检监察干部队伍。年内，第四、第五派驻纪检监察组整合为第四派驻纪检监察组，第六派驻纪检监察组更名为第五派驻纪检监察组，增设监督审查技术室。深化信息化人才的选拔和培养，推进智慧办案、智慧监督、智慧管理。聚焦专业化建设，开展从心启航、廉洁文化进家庭、童心画廉等党建活动。实施“高新铁军”赋能计划，开展小切口、实操性、分类化全员培训，深化以案代训、跟班锻炼，提升一线办案人员纪检监察业务素质和能力。

【“高新铁军”学习培训】 2022年，区纪检监察系统举办“高新铁军”学习培训活动9期，培训学员130余人次。通过专家授课、专题研讨、心得交流等方式，学习领会习近平新时代中国特色社会主义思想；聚焦审查调查、监督检查、信访案管、案件审理、政治巡察、大数据监督等主责主业，开展典型案例撰写、谈话笔录制作、查档技能比拼、情景模拟谈话等工作实务培训。

【廉洁文化建设】 2022年，区纪（工）委监委推进廉洁文化建设。8月，举办“树立清廉家风 锻造铁军队伍”区纪委监委家属开放日暨廉洁文化进家庭活动，全体纪检监察干部、家属及子女参观机关办公场所、常州国家高新区创新展示中心，在秋白书苑常高新蔚蓝馆参与廉洁文化系列活动。年内，区纪委监委被评为常州市“七五”普法工作先进集体。

（马凤娇　柏　凯）

7月5日，区纪（工）委监委举办《喜迎二十大 奋进新征程》——“从心启航”主题党日活动

［区纪（工）委监委 供图］

民主党派 党外知识分子联谊会 工商联

民革新北区基层委员会

【概况】 至2022年年末，民革新北基层委下辖支部2个，有党员62人，其中市政协委员1人、区人大代表3人、区政协委员11人。年内，在庆祝常州国家高新区成立30周年高质量发展大会上，民革新北基层委被评为区高质量发展创新争先（党建引领）先进集体。

【参政议政】 2022年，民革新北基层委完成“乡村振兴战略背景下推进绿色农业发展的转型升级”“扶持外贸企业创新发展提升‘中国制造’的世界影响力”2个调研课题；上报社情民意信息13条，涉及乡村振兴、企业需求、经济热点等6个方面，其中《高标准农田建设三大难题亟待破解》《应规范监管自媒体不实报道公司上市讯息乱象》分别被全国政协、省政协录用。在区政协五届一次会议和区五届人民代表大会一次会议上，民革新北基层委的11名区政协委员和3名区人大代表参加会议，会议期间提交政协提案13件、人大建议6件。

【社会服务】 2022年，民革新北基层委推进民革“中山博爱”服务品牌建设，开展关爱青年人才、助力乡村振兴、两岸一家亲等活动。6月2日，民革新北基层委协助民革常州市委与市检察院举办深化共建机制暨长江生态环境保护护“民主监督＋检察监督”启动仪式。坚持建言资政和民主监督双向发力，通过监督危害长江生态环境的突出问题，探索上下游联防共治和生态补偿机制，推动重点行业绿色转型升级。

【组织建设】 2022年，民革新北基层委新发展党员1人，转入党员12人。开展党员培训，举办各类座谈、沙龙和读书分享会。为庆祝常州国家高新区成立30周年、民革新北基层组织成立15周年，新北民革基层委策划拍摄《同心向未来》纪念宣传片，通过各行各业民革党员投身常州国家高新区成立、发展的过程经历和心得感悟，展现民革新北基层组织成立15年的履职作为。

（陈振华）

民盟新北区基层委员会

【概况】 至2022年年末，民盟新北基层委有综合一、二、三、四支部，以及奔牛、北郊、经济、法律、文教9个支部；有盟员187人，其中区人大代表9人、区政协委员16人。

【参政议政】 2022年，民盟新北基层委提交建议提案和社情民意信息73件，涉及民营经济、教育医疗、中介服务等领域。社情民意信息被全国政协录用4篇，被省政协和省委统战部录用7篇，被市委办录用3篇，其中《奥运冠军频被抢注商标凸显恶意抢注行为猖獗亟需加以整治》得到区党工委书记、区委书记蒋锋的批示。《关于培育新北区专精特新本土后备企业的建议》被区政协评为优秀提案。5篇调研论文获省级奖项，其中《关于高质量推进长江文化和运河文化融合发展的建议》获民盟省委第五届江苏文化发展研讨会一等奖，3篇调研文章获民盟市委三等奖、2篇获优秀奖。15名盟员被各级政府部门聘任为特邀监督员、行风监督员等。

【社会服务】 2022年，民盟新北基层委捐赠物资价值16.65万元，8个社会服务项目获民盟市委表彰。综合一支部组织和参与各类社会服务活动17次，主要围绕关爱未成年人、关心援越抗美老兵、慰问失独家庭等弱势群体，资助善款1.35万元。盟员严梅华组织常乐助学团队结对贫困生200余人，北郊中学支部盟员资助1.05万元。8月，盟员李松参加民盟中央举办的“统一战线教育帮扶：民盟名师大讲堂”活动。综合二支部连续8年开展关爱自闭症儿童的志愿服务活动。综合三支部开展智慧家长课堂、防拐骗模拟演练、开学第一课心理讲座、爱耳日耳科义诊、中医进社区等公益服务。文教支部在常州博物馆开展美育课堂活动，200余人参加。法律支部在常州月星国际家居广场开展全国律师咨询日活动，咨询人数300余人。民盟新北基层委全年为抗疫捐款捐物13.3万元，其中盟员屠丹超个人捐款6.5万元；盟员阮佩英、刘佳圆支援上海抗疫1月余，获中共上海市委、上海市政府嘉奖。

【组织建设】 2022年，民盟新北基层委发展新盟员13人，平均年龄38.9岁。11月11日，新北区综合四支部成立。11月25日，新北区基层委第五个盟员之家——法律支部盟员之家在常晋律师事务所成立。年内，民盟新北基层委和经济支部被民盟市委评为先进集体（综合奖），6个支部被评为7个单项先进集体；39名盟员获区级以上政府部门（党派）奖励62人次，其中省级表彰13人次、市级表彰40人次。

（巢静宇）

民建新北区基层委员会

【概况】 至2022年年末，民建新北基层委下设支部9个，有会员174人。5月，民建新北基层委第七、第八、第九支部成立。年内，民建新北艺术团成立并举办会员才艺会演活动，民建新北基层委被评为民建市委优秀基层委员会，一支部被评为民建省委特色基层组织，三支部、五支部被评为民建市委优秀支部，7名会员被评为区政协优秀委员。

【参政议政】 2022年，民建新北基层委向区人大提交建议提案18件，向市、区两级政协报送提案47件，其中被评为市政协、区政协重点提案各2件。报送社情民意信息90条，被民建市委录用65条，被市政协录用3条。会员贺冬的《关于尽快出台我市二手房“带押过户”新政策的建议》得到市委书记陈金虎批示；会员黄志敏、魏炜撰写的调研文章《抓住设立北交所机遇，积极打造资本市场“常州板块”》被民建市委录用，并转化为社情民意被市政协录用。70篇宣传报道被“学习强国”学习平台、《人民日报》、《扬子晚报》、《现代快报》等刊登。

【社会服务】 2022年，民建新北基层委利用自身优势，录制抗疫类公益短视频，为抗疫捐款捐物。全年捐款捐物价值180余万元，参与抗疫志愿服务200余人次。会员企业家黄浩如通过市红十字会，向湖北省监利市蓝天下妇女儿童维权协会“周末爸妈”项目捐赠100万元。民建新北基层委贯彻落实市委、市政府“532”发展战略，发挥联系经济界别特色和优势，鼓励、引导、帮助会员打造专精特新“小巨人”企业。至年末，民建新北基层委有8家会员企业上榜，其中常州通宝光电股份有限公司、江苏凯特汽车部件有限公司、北京国安广传网络科技有限公司被评为国家级专精特新“小巨人”企业，常州丰盛广电科技股份有限公司、常州理工科技股份有限公司、常州艾柯轧辊有限公司被认定为省级科技“小巨人”企业，常州汉森机械有限公司、常州浩达科技股份有限公司全资子公司天津市浩迪橡塑科技有限公司被认定为市级专精特新中小企业。

【组织建设】 2022年，民建新北基层委发展新会员9人。5月，民建新北基层委第七、第八、第九支部成立，完成支部扩增和相关委员的调整工作。完善民主集中制、主委会议事规则等制度，召开基层委领导班子会议7次。落实领导班子联系基层制度，班子成员带头深入基层参加组织生活，看望老同志，协调解决基层存在的问题。

（王建兴）

民进新北区基层委员会

【概况】 至2022年年末，民进新北基层委有会员92人，分别来自机关、事业、教育、民营企业等行业。民进新北基层委下设综合一支部、二支部、三支部，民进北郊高中支部，民进外国语学校支部，民进新北退休支部。年内，开展专题学习6次、政治理论学习5次，新发展会员3名，民进新北基层委被评为民进江苏省先进基层组织、民进常州市先进基层组织。

【参政议政】 2022年，民进新北基层委上报信息、社情民意、提案、建议19篇。其中，会员宋子平撰写的《关于改善地铁站出入口空间环境布局的建议》《新冠防疫战也要重视“心理防疫”》2篇建言获市政府采纳；民进新北基层委在市政协第十五届一次会议上提交提案7篇；在区政协五届一次会上提交的《疫情下初中生网课学习建议》得到区教育局采纳办理；会员刘志强在市2022年民生实事项目建议公开征集活动中提出的建议获评“金点子”，撰写的《社区治理体系中的业委会建设思考》获市民进一等奖；会员金菊、刘玉娥撰写的《“双减”背景下促进中小学女教师身心健康发展的可行性研究》获市民进三等奖。

【社会服务】 2022年，民进新北基层委组织开展慰问新北交警、捐资助学等品牌系列活动10余次。北郊高中支部连续5年在环球港向社会免费提供高考志愿填报咨询；会员陈小东向区住建局、孟河镇、罗溪镇捐赠抗疫物资价值3万余元；主委杨水清所在的江苏鼎盈新材料有限公司投资39.8万英镑，与英国爱丁堡大学合作，研发与扩大化生产用于安全有效癌症治疗的集成可注射水凝胶和金属有机骨架纳米药物(Hy MOFN)。

（刘宇杰）

农工党新北区基层委员会

【概况】 至2022年年末，农工党新北基层委下设医卫、教育、综合、经济、三井医院5个支部，有党员86人，主要来自政府机关、医院学校、工商贸等企业以及其他行业或机构。党员中有市人大代表2人、区人大代表3人、区政协委员10人（其中区政协常委2人）。年内，党员周晓萍被省委、省政府表彰为江苏制造突出贡献奖先进个人。

【参政议政】 2022年，农工党新北基层委发挥自身优势，反映民生热点。党员张惠芳的《关于兰翔新村公建配套闲置用房用作于社区居家养老服务中心的建议》《关于在常州国家高新区（新北区）规划建设三级综合医院的建议》被市人大采纳并获答复；党员杜康的《“双减”时代，中医药文化进校园正当时》被区人大采纳并被有关部门形成文件落实到位。党员张嘉翔被区检察院聘为民主监督员。

【社会服务】 2022年，农工党新北基层委主动担当作为，服务群众。党员闫金鹏参加援苏医疗队在苏州1个月；党员杜康、管美娟、陈丽娟、彭燕4人坚守岗位近2个月；党员沈萍、钱光亚参加医疗队援沪38天，获中共上海市委、上海市政府嘉奖；党员陈廷洪主持区火眼实验室检测工作，获市五一劳动奖章；党员及其企业为防疫捐款捐物价值140余万元。围绕农工党“健康家庭百千万”服务品牌，医卫界党员开展中医药文化、牙齿保健、慢性疾病防治等进社区、进学校、进企业活动，为市民群众提供健康讲座、义诊等服务。

【组织建设】 2022年，农工党新北基层委新发展党员7人。实施农工党中央“五大战略”（可持续发展战略、人才强国战略、科教兴国战略、创新驱动发展战略、三步走战略），加强自身建设。10月，农工党新北基层委被农工党江苏省委表彰为思想建设先进集体，党员杜康被表彰为组织建设先进个人。

（朱讯华）

致公党新北区基层委员会

【概况】 至2022年年末，致公党新北基层委设支部5个，有在职党员100人、退休党员10人。党员中有区人大代表5人、市政协委员3人、区政协委员12人，其中1人同时担任市、区政协委员。

【参政议政】 2022年，致公党新北基层委报送《探索新型产业用地开发、赋能高新区高质量发展》等提案、议案、调研和建议14篇。其中，《探索“工业上楼”，破解土地资源制约下的发展路径研究》被确定为区政协常委会协商课题并获区委主要领导批示，《探索新型产业用地开发、赋能高新区高质量发展》作为区政协大会建言内容。完成致公党省委、市委重点课题8个，其中“强化产业链‘卡脖子’技术创新、构建现代产业体系”等4个课题被致公党江苏省委评为优秀调研报告，“探索‘工业上楼’，破解土地资源制约下的发展路径研究”被致公党江苏省委汇智论坛评为一等奖。全年报送建言信息55条、宣传信息16条，被《团结报》、省市区政协、致公党中央、省委、市委、市区统战部录用34篇。

【社会服务】 2022年，致公党新北基层委围绕品牌创建，开展社会服务活动。3月，组织党员参与抗疫活动，筹集款项、捐赠防疫物资价值16万余元；5月，开展“义诊普法进社区　服务居民零距离”便民志愿服务活动；7月，到天宁区郑陆镇焦溪村开展助农活动；9月，参与“讲好常州故事　传承红色基因”第三届红色故事宣讲大赛，为旅游人才培育基地揭牌；12月，在贝慈369康养照护中心开展“浓浓致公情，扶老爱暖心”慰问活动，赠送慰问品价值5000余元。围绕项目招引落地、助推经济发展，开展引资引智工作，助力引进建设长三角碳纤维及复合材料技术创新中心，促成重点产业项目落地12个、增资1个；引进“龙城英才”创业类项目9个，搬迁落户科技型中小企业22家，其中国家高新技术企业12家。

【组织建设】 2022年，致公党新北基层委新发展党员16人。3月，新增一号农场为“致公之家”；组织开展“贯彻二十大，共建幸福城”新北区党派工作定期交流活动。年内，致公党新北基层委被评为致公党江苏省委为“强富美高”新江苏做贡献先进集体、区政协反映社情民意信息工作先进单位、致公党常州市委年度先进组织等；基层委主委钱亚娟被评为致公党省委为“强富美高”新江苏做贡献先进个人。

（洪　红）

九三学社新北区基层委员会

【概况】 至2022年年末，九三学社新北基层委下辖新北区一、二、三支社，新北医卫支社，河海大学常州校区支社和常州工学院支社；有社员128人，主要来自高等教育、科学技术和医疗卫生界别。社员中高级及以上职称人数占70%，硕士及以上人数占50%，45岁以下社员占35%，女社员占32%。年内，九三学社新北基层委被评为九三学社江苏省委2022年度组织工作先进集体。

【参政议政】 2022年，九三学社新北基层委围绕中心，服务大局，开展调查研究，履行参政议政职能，连续3年获区参政议政优秀奖。在区政协五届一次大会上，围绕服务三大工程作题为《激活优质项目内生动力，推动经济高质量发展》的大会建言；社情民意《关于提升新北区应对非常态能力建设、打造韧性城市》被区政协采编，并获区党工委书记、区委书记蒋锋批示；《关于加快提升西部乡镇教育质量的思考与建议》被区政协列为主席协商课题，开展专题民主协商。《我省畜牧养殖业保险现况、存在短板及建议》被省委统战部录用，“构筑常州绿色发展屏障，推进生态安全缓冲区建设”课题被九三学社常州市委采用。年内，邹莹被聘为市人力资源和社会保障局特约民主监督员，基层委副主委张浩亮被聘为市自规局特约行风监督员，陆齐炜被区检察院聘任为“益心为公”检察云平台公益诉讼志愿者。

【社会服务】 2022年，九三学社新北基层委围绕“绿世界生态行动”品牌，组织社员参加“九三公益林”植树造林、树木认养、“我与高新共青春　长江保护我先行”、“禁渔放流护生态　献礼党的二十大”长江渔业增殖放流等生态保护活动。新北二支社连续7年举行“寒冬送温暖，新春走基层”公益活动，在农民工返乡前，联合市总工会、常州书法家协会等开展送健康检查、送春联、送法律公益活动。新北医卫支社与魏村街道新华实验小学合作，联合打造“医新一意”科普公益品牌。组织社员为学校“双减”课后服务送去医学科普讲座和急救技能培训10余场；指导学校开展儿童自然科学院——“五色果”的实践研究等课题2项，并获市中小学生研究性学习优秀成果奖。

【组织建设】 2022年，九三学社新北基层委新发展社员3人。赴金坛“映山红”党建馆、溧阳新四军纪念基地、吴阶平纪念馆、王诤将军纪念馆开展现场教育10余次，提升社员政治素质。

（张浩亮　沈琰琳）

新北区党外知识分子联谊会

【概况】 至2022年年末，区知联会有理事21人、会员70人。年内，新发展会员3人。创建知联会“知心人”品牌。“新北知联会”公众号开通，是全市首家区知联会公众号。制作《昼夜追光人》无党派人士风采展示视频并获省委统战部三等奖。组织30名会员到金坛区参观华罗庚纪念馆、段玉裁纪念馆、苏皖区一大会址、新农村建设的典型金坛区黄金村以及映山红党建馆，传承红色基因。

【参政议政】 2022年，区知联会会员撰写提案13件，获提案立案9件，其中会长崔明辉作为市政协委员个人提出提案4件，被市政协立案3件，他提出的《关于将后疫情时期文明要求加入〈常州市文明行为条例〉的建议》，被列为市政协年度重点提案。区知联会《关于我区新能源产业发展的相关建议》被列为区政协重点提案。区知联会在区政协大会上作《培育专精特新“小巨人”，打造高新区国际化“智造”新引擎》交流发言，推荐无党派人士1人任机关中层副科职。

【社会服务】 2022年，区知联会发动全体会员捐款捐物价值10余万元。区知联会会员之家增加文化氛围，提升功能性、实用性，滨开区知联会举办绿色生活分享会，为“碳达峰”和“碳中和”贡献智慧。

（陈　江　刘立群）

新北区工商联

【概况】 至2022年年末，区工商联有主席、副主席27人，执委124人，会员3800余人；有镇（街道）基层商会11个、行业商会2个、异地商会4个、青年企业家商会6个；有21家商会完成民政登记注册。年内，罗溪镇、孟河镇青年企业家商会和孟河镇、三井街道商会相继召开会员代表大会；11月，滨江青年企业家商会成立。2022年，区工商联（总商会）被评为省构筑民营经济舆论阵地先进单位、全省工商联系统先进集体、市推进高质量发展先进集体；西夏墅镇商会被评为全国“四好”商会，高淳商会、孟河镇青年企业家商会、塑料行业商会被评为省“四好”商会，罗溪镇商会、常州滨江经济开发区（春江镇）商会、巴中商会被评为市“四好”商会。

11 月 17 日，常州市新北区民营经济代表人士理想信念培训班开班仪式在南通市张謇企业家学院举行　　（区委宣传统战部 供图）

【参政议政】 2022 年，区工商联有 8 人当选市第十七届人大代表、9 人当选市第十五届政协委员。年内，区工商联提交社情民意类信息 26 篇，被省级以上部门录用 12 篇，市委、市政府录用 7 篇，其中《碳纤维产业发展面临瓶颈》《消费类芯片产能过剩现象需警惕》《当前推进医养康养结合存在四方面难题》3 篇信息被全国工商联《工商动态》录用。

【新时代“两个健康”先行区创建】 2022 年，区工商联以创建新时代“两个健康”（非公有制经济健康发展、非公有制经济人士健康成长）先行区为重点，发挥企业与政府、社会之间的桥梁和纽带作用。7 月，举办“喜迎二十大，同心谱新篇”民营企业家专题座谈会。10 月，组织三井街道商会、天台商会和滨开区商会开展互访交流活动暨“喜迎二十大　同心向未来”专题座谈会。11 月 3—5 日，在溧阳市委党校举办“学习党的二十大精神，提升商会服务水平”秘书长培训班。11 月，组织企业家 20 余人赴南通张謇企业家学院考察学习；是月，常州市民营企业家队伍建设“百千万工程”2022 新北万人班在常州工学院开班，民营企业家和企业中高层管理人员约 100 人参加学习。

（廖光辉　陈旭峰）

群众团体

常州市新北区总工会

【概况】 2022年，区总工会下辖23个直属工会组织、136个村（社区）工联会、2300余个独立工会，涵盖职工40万人。年内，区总工会推进产业工人队伍建设改革，致力职工权益维护和帮扶解困，夯实基层工会基础。年内，区总工会被市总工会评为2022年度辖市区总工会高质量发展综合评价第一等次第一名。

（周　骅　宣梦晨）

【基层工会建设】 2022年，区总工会加强基层单位建会指导，提升工会组织覆盖率。编写《新北区基层单位建会操作指南》，分层分类开展工会组建，重点攻坚百人以上企业、外资企业、新业态企业、新就业群体建会入会。年内，新增基层工会401个，其中百人以上企业146个、外资企业168个、新业态企业61个、专题园区商务楼宇商圈市场15个、其他组织11个，新增会员40252人。创成市五星级基层工会8个、四星级11个、三星级13个。在全市率先组建拾壹梧桐等人才公寓工联会；联动区外资企业协会组建区级外资企业工联会，涵盖全区400余家外资企业；聚焦新业态头部平台，组建区级新业态行业工联会，分别成立数字经济、外卖送餐、快递物流、交通运输、网络主播行业工联会，促进行业健康发展。

（周　骅）

4月29日，新北区劳模（工匠）联盟揭牌　　（区总工会 供图）

【职工“双创”】 2022年，常州国家高新区（新北区）“创保贷”完成贷款发放197笔3410万元，为185名创业职工贴息84.1万元。推动江苏德春电力科技股份有限公司、特瑞斯能源装备股份有限公司、常州市范群干燥设备有限公司等8家企业签订技术创新专项集体合同。创建吴宏胜、钱小红、黄建平、陈国军4个市级劳模（工匠）创新工作室，建立科技镇长团和劳模（工匠）创新工作室“团室联姻”机制，发挥集智创新，攻克一批“卡脖子”关键核心技术难题。深化职工“三个十大”（十大科技创新成果、十大先进操作法、十大发明专利）和“五小”（小发明、小创造、小革新、小设计、小建议）等群众性创新活动。推选“三个十大”优秀项目13个，其中建筑智慧能源微网关键技术研究与应用获省十大科技创新成果奖；评选区“五小”优秀项目25个，解决企业技改难点、工艺痛点。

（葛秋晨　祝　琳）

【职工帮扶解困】 2022年，区总工会开展“工会常伴·贴心送暖”活动，为区新业态群体、医护人员、留常职工赠送过年礼包。发布“春风行动”网上招聘会信息11期，325家单位提供就业岗位1560个。开展夏季安康送清凉、送安全、送法律活动，走访企业和工地335家（个），慰问农民工1.2万人次。新建户外劳动者驿站28家，其中9家被评为市级示范点。重点打造迪诺水镇、万达广场、月星环球港3个商圈示范点和聚盟物流园、中通物流基地、滨开区新材料产业园3个物流园区示范点，其中聚盟物流园户外劳动者驿站被评为全国最美工会户外劳动者服务站点。出台《常州市新北区工会送温暖资金使用管理办法（试行）》，对6种特殊困难情况启动工会系统临时救助。为5435名职工提供工会大病互助保障，为8000名职工赠送健康体检，为全区7646名户外劳动者赠送意外伤害互助保障，为505名职工提供疗（休）养。开展“关爱·圆梦”爱心助学活动，组织50家企业为80名学生提供勤工俭学、就业实习机会。年内，开展“职爱·凝心”新北专场普惠活动3场、普惠专场进基层活动4场，惠及职工4000余人。

（葛秋晨）

【普法维权】 2022年，区总工会围绕“尊法守法·携手筑梦”普法宣传，组织开展新《中华人民共和国工会法》学习宣传季活动，通过企业家、劳模、职工访谈和网上学习专栏等形式，推动普法宣传进基层、进企业、进车间。联合区司法局、人社局，通过赠送书籍、专题讲座等形式引领企业职工走进《中华人民共和国民法典》，了解职工劳动权益、新工会法，年内举办法治宣传志愿服务走基层活动28场。在“新北公社”微信公众号平台开辟“以案说法”版块，每周1个案例、1个小视频，点击量均超200次。各级工会编印发放劳动法治宣传材料4000余份。会同区司法局设立区职工法律援助中心创意产业园区工作站，区总工会职工法律援助站、罗溪镇总工会职工法律援助站被评为全市工会“三化”（立体化、多元化、常态化）建设成效明显职工法律援助站。组织10名律师开展企业劳动用工监督评估专项服务行动，免费为110家企业开展法律风险评估。召开基层工会组织会议，部署劳动领域政治安全目标任务，深化“八大群体”（货车司机、快递员、护工护理员、家政服务员、商场信息员、网约送餐员、房产中介员、保安员）入会工作，全区无1例劳动领域政治安全隐患。

（刘　江　祝　琳）

【产业工人队伍建设改革】 2022年，区总工会巩固培育新时代产业工人队伍建设改革（简称“产改”）试点企业138家、特色产业园区2个，覆盖产业工人7.94万人。建立产业人才和党员“双培养”制度，把产业工人纳入党员发展指导手册，产业工人占发展党员人数的13.8%，在“两代表一委员”的占比有所提高。评选表扬工作向产业工人、高技能人才等群体倾斜，在第一届区劳模评选中，产业工人占53%。推进劳模创新工作室“双创双提升”工程，成立党支部8个。组建工匠联盟，启动名师名徒结对“传帮带”“育匠计划”。建设产业工人培训基地12家，全年培训2万人次。聚焦重点领域，扩面产改试点，其中专精特新企业占29%、星级企业占25%。组建指导员、观察员、联络员队伍，建立例会制度。建设区级产改指导中心，自主开发数字化产改平台，形成四级服务体系。在《常州高新区》报开设“建功‘532’，产改看新北”系列专栏，其中10篇经典案例被“交汇点”新闻、《江苏工人报》、江苏工会服务网等媒体刊登、转载38次。常州生命健康产业园区被评为市产改工作先进单位，常州星宇车灯股份有限公司被评为市十佳产改实践案例。

（祝　琳）

【职工文体活动】 2022年，区总工会开展“文艺轻骑兵”送文化进基层活动5场、龙城职工大讲堂60场，组织30人参加庆祝常州国家高新区成立30周年“万人看高新”活动。主办第三届区运动会职工部比赛，设篮球、拔河、羽毛球、掼蛋等项目，500余名职工参加。组织职工参加常州市第一届职工运动会，获网球比赛团体亚军、篮球比赛第四名。举办产业工人读书会5场，推出市职工书屋、便利型阅读点、优秀领读员和优秀读书组织等职工读书载体，其中漫柏认知俱乐部被评为2022年省优秀读书组织。

（周　骅）

【职工技能竞赛】 2022年，区总工会组织33位技能人才参加常州市工业互联网预测性维护、工业产品数字化设计与制造、安全生产和劳动保护、应急管理业务4项一级技能竞赛，获工业互联网预测性维护技能竞赛和应急管理业务技能竞赛一等奖、工业产品数字化设计与制造技能竞赛三等奖。全年举办技能竞赛12场。6月，罗溪镇溪星杯叉车司机技能竞赛在江苏省特检院常州分院举行，53人参赛，特瑞斯能源装备股份有限公司陈玉祥获一等奖。9月，常州市第十六届职工职业技能竞赛环境监测技能竞赛在江苏省常州技师学院举行，55人参赛，常州民生环境检测有限公司王唯获一等奖；常高新集团举办税务知识技能竞赛，56人参赛，常高新集团有限公司蒋峰获一等奖。10月，龙虎塘街道在长江自由贸易中心承办常州市第十六届职工职业技能竞赛叉车技能竞赛，

48人参赛，常州强龙富安建材有限公司侯效朋获一等奖。11月，西夏墅镇在江苏西夏墅工具投资发展有限公司举办数控磨工技能竞赛，30人参赛。

（祝　琳）

中国共产主义青年团常州市新北区委员会

【概况】 2022年，团区委有各级团组织2379个，覆盖团员2.45万人，其中团（工）委52个、团总支148个、基层团支部2179个。围绕建团100周年、高新区成立30周年等节点，创新打造“我和高新共青春”品牌，开展主题系列活动。其中，“高举团旗永跟党走 青春奋进三十周年”主题周活动举办10余场，覆盖青年2000余人次，凝聚“我和高新共青春、共成长、共未来”共识。全年创建青年文明号16家、青年安全生产示范岗2个，组建市重大项目青年突击队7支，52个集体和个人被评为市级以上“两红两优”。在全市开展示范性换届，召开全区第六次团代会。作为全市首家、全省首批4个入选《中长期青年发展规划（2016—2025年）》全国试点的县（区），系统研究并编制出台全区首部《青年发展规划》，在就业、婚恋、安居等领域推动青年工作取得发展，试点考核被评为优秀，获团中央通报。

【基层团组织建设】 2022年，团区委持续规范团员发展和团组织设置，全年发展团员995人，新建社会领域团组织226个，比上年增长11.3%，新增“两新”领域直属团组织2个。年内，全区青年之家举办各类活动684场，参与活动青年1.13万人。推进县域共青团基层组织改革，结合本地实际，出台《“四聚焦四提升”工程实施方案》，聚焦改革团的工作力量选用机制等4个方面，制定改革措施29条，持续探索团的基层组织建设新思路、新模式。

【青少年思想引领】 2022年，团区委组建青年讲师团、红领巾宣讲队，举办专题座谈会、主题宣讲会等140余场，采用专题座谈、主题视频、实践行动、音诗画表演、专题寻访系列片、城市DIY定制摆台、实践行动等形式，多维度引导青年听党话，跟党走。夯实红领巾馆等线下阵地建设，嘉壹度青年创业学习社、“花yu少年”青少年学习社线路被评为省级示范。

【青年人才引育】 2022年，团区委创新开展“万名青年看高新”特色活动，寻访青春高新、邂逅青春高新、代言青春高新三大模块实现线上线下相结合，区内区外全覆盖。线上联合市内外8家新媒体单位组建宣传矩阵，举办“秀出常州高新范儿”短视频大赛，提升城市知名度；线下持续实施嘉壹度青年创业计划，举办“双创”项目路演、校园招聘、直播荐岗等活动10余场，助力青年就业创业。优化青年专享“龙城打卡礼遇”，完善“新巢”青年驿站体系，年内新打造4家，累计9家驿站覆盖区内所有青年集聚地。

【青少年权益保护】 2022年，团区委实施“梦想改造+”关爱计划，并被纳入区为民办实事项目。募集各领域资金超130万元，建成梦想小屋73间，于“六一”前交付。组建“1+X”（1名关爱对象结对团干部、民政干部、学校辅导员、社区志愿者、社会组织等社会力量）帮扶团队，定期开展走访慰问300余次，收到关爱对象感谢信10余封，帮助困境青少年向阳成长。

【青年志愿服务】 2022年，团区委创新实施“百团青春走基层”计划，组建青春实践团百余个，围绕理论宣讲、公益志愿、乡村振兴、反诈宣传等开展主题活动120余场，参与青年3000余人次。推进2022年江苏大学生志愿服务乡村振兴计划，招录大学生志愿者19人到基层一线和机关单位实践锻炼。

位于三井街道太湖中路的井创·青年驿站　　（团区委 供图）

【少先队工作】2022年，区少工委组织少先队员开展“喜迎二十大，争做新时代好队员”“回信记心间，争做好队员”等主题实践活动。开展“强国复兴有我，实干创造幸福”优质劳动教育主题队课视频大赛等活动。10个省少先队课题顺利结题，均获研究成果一等奖。重点推进少先队社会化工作，累计建成社区少工委50家、各类少先队校外实践营地（基地）38家，其中常州红领巾主题馆、龙虎塘街道玲珑社区少工委入选江苏省少年儿童研究会社会教育专业委员会首批团体会员单位。全年被评为“省好少年”121人、“市十佳辅导员”2人。

【共青团常州市新北区第六次代表大会】共青团常州市新北区第六次代表大会于11月11—12日召开，全区各条战线的151名青年代表参加会议。区委书记、区党工委副书记周庆出席开幕式并讲话，团区委书记陈俊玮代表共青团常州市新北区第五届委员会向大会作《高举团旗跟党走，踔厉奋发谱新篇，为高新区现代化建设贡献青春力量》工作报告，大会选举产生共青团常州市新北区第六届委员会委员。该届代表大会、委员会、常委会中，基层和一线代表的比例分别为87.2%、75.8%、40%，并从区级部门、高校选派挂职副书记1人、兼职副书记1人。

（龚青轩）

常州市新北区妇女联合会

【概况】2022年，常州国家高新区（新北区）有镇（街道）妇联组织10个，妇联主席10人、兼职副主席33人、执委347人；有村（社区）妇联组织138个，妇联主席138人、兼职副主席377人、执委1905人。年内，省妇联主席朱劲松到区开展研学调研座谈会；省妇联组织部部长陈志玲带领江苏省新领域妇联主席到区参观考察新业态妇联组织建设。出台《新北区妇女发展规划（2021—2025年）》和《新北区儿童发展规划（2021—2025年）》。各相关部门相继制定“十四五”妇儿发展规划的具体实施意见，推进妇女儿童发展规划实施。深化妇女议事会制度建设，全年开展妇女议事500余场，推动妇女参与基层民主决策。全年区妇联各类特色亮点工作被《人民日报》、“学习强国”学习平台、新华网、《中国妇女报》等省级以上媒体宣传报道23次，撰写的信息被“学习强国”学习平台录用4篇、《中国妇女报》录用3篇，新华网、“交汇点”新闻等省级媒体录用16篇，《常州日报》等市级媒体录用60余篇。区妇联推选的王玉美家庭被评为2022年全国五好家庭，区妇联被评为江苏省三八红旗集体。三井街道藻江社区“邻里乐她”巾帼志愿阳光站被认定为江苏省“在你身边”文明实践巾帼志愿阳光站。

（盛　洁）

【基层妇联组织建设】2022年，区妇联推进新兴领域妇联组织建设，成立妇联组织15家，包括全市首家快递企业妇联、首家人才社区妇联。拓展妇联服务阵地，建立“港湾”“通达共享”等妇女微家42个，成立“新联心”微家联盟，分享优秀案例。建强村（社区）执委队伍，专职女网格员100%进执委，举办全区三级执委“五项机制”（发现报告机制、关爱服务机制、联防联动机制、舆情应对机制、督查推进机制）云培训，提升妇联干部履职能力。整合资源，指导女性社会组织谋划项目，开展专题培训2场、区级项目路演1场，“和谐＋幸福启航”新北区婚前辅导公益项目、“益童成长”构造儿童友好生活圈、“全家总动员”乡村阅读推广计划、“新之所向”新兴领域女性温暖家4个项目入选江苏省妇女儿童和家庭公益社工服务项目。

（黄瑀汝）

【妇女创业就业】2022年，区妇联扮靓“巾帼益企行”工作品牌，举办第一期益企讲堂，解读市“532”发展战略，拓展女性创业思路。启动第四届“她•慧创”育婴员培训班，参训200余人，点对点推荐就业单位。深化“巾帼创业贷”，发放贴息贷款6675万元，扶持创业妇女208人，解决女性创业资金瓶颈问题。服务女性人才，打造拾壹梧桐、常高新•漫柏2个女性人才公寓服务站，举办职场赋能、读书分享、茶艺培训等活动50余场，覆盖2500余人次。开展城乡妇女岗位建功创建活动，创成省级巾帼文明岗3个，胡静、许晓音被评为省级巾帼建功标兵。整合资源，开展岗村结对活动，通过送义诊进村、送关爱入户、送喜福上门3大行动，促进岗村活动联办、资源联享。深化“四季暖心”巾帼新农人赋能计划，打造田间课堂，举办农产品进机关展销会，销售额4万余元。西夏墅镇梅林村被评为省级巾帼农业示范基地，常州蕴桐园林有限公司、常州市红颜草莓种植有限公司被评为市级巾帼农业示范基地。实施“四季花开——美丽庭院幸福家”项目，评选美丽庭院示范户30户；举办居家园艺科普会、“旮旯改造我最行”等活动5场，打造一批美丽庭院示范户，西夏墅镇梅林村被评为江苏省美丽家园示范点。借助“新之所向”新兴领域女性温暖家项目，为环球港30余家小微女商户提供服务课程，搭建女商户沟通交流的微桥梁、成长发展的微平台。在人才社区实施“梦启芳华，闪耀新北”“梧桐栖凤，拾壹筑爱”女性人才服务项目，开展情绪管理、职场赋能、沟通心理

7月20日，区妇联在环球港设立“凝·她”驿站并慰问女骑手（区妇联 供图）

学等主题活动10余场，赋能女性人才发展。关注新业态、新就业女性群体，打造江南环球港巾帼志愿阳光服务站，设立“凝·她”驿站5个，为女外卖员提供口罩、水、卫生用品等物资和服务联系卡，为11名身处困境的小微商户女员工开展圆梦微心愿活动。

（朱红美　黄瑀汝）

【妇女儿童合法权益维护】2022年，区妇联全面排查侵害妇女儿童权益问题，排查重点家庭4169户，排摸出困境妇女儿童19户20人，同步展开帮扶行动，解决权益受侵害问题。开展微关爱试点工作，按照按需帮扶、一户一策、精准有效、尽力而为原则，确定关爱对象21户，制定个性化、精准化关爱方案，坚持多元化帮扶和长效化引导。10月，区妇联出台《开展困难妇女司法救助帮扶工作的实施意见》，完善区妇联条线信访工作细则。年内，联合区检察院发出全市首份家庭教育令，联合区法院发出全市首份未成年人人身保护令，完成市首例由妇联向法院提出变更监护人申请案件，向未成年人提供法律援助83次。开展“远离暴力，温暖随行”反家暴项目，举办大型反家暴宣传活动7场，参与群众约万人次。6月，全市首家以“婚姻家事”命名的法律援助工作站在三井街道秦岭社区挂牌成立。至年末，全区村（社区）家事调解工作室实现全覆盖，化解婚姻家庭纠纷约1000起，维度婚姻家庭纠纷调解室案例被评为市域社会治理现代化试点工作优秀案例。加强未成年人保护工作，开展未成年人法治讲座31次、青少年恋爱观主题讲座3次、直播课程2次。依托腾讯公益“99公益日”平台，筹集未成年人公益项目经费94万余元，完成圆梦微心愿528个，改造“花蕾空间”4个，助学结对41户，“美丽人生”保险理赔额32.25万元。

（黄瑀汝）

常州市新北区科学技术协会

【概况】2022年，常州国家高新区（新北区）编制并发布《常州市新北区全民科学素质行动规划纲要实施方案（2021—2025年）》，组织开展全国科普周、科普日等活动。8月10日，区科协联合中国科协科普部、中国检验检测学会、常州市科学技术协会等单位举行“牵手科技，科普中国万里行”启动仪式。区科协与教育局联合举办全区中小学生航空模型比赛，区青少年儿童益智科技、建筑模型、车辆模型竞赛，常州市第三十四届青少年科技创新大赛新北区选拔赛等，参赛学生1600余人次。年内，常州天马集团有限公司、南京师范大学常州创新发展研究院、华润化学材料科技股份有限公司、常州瀚森科技股份有限公司、常州市新博科技有限公司、江苏印象乾图文化科技有限公司6家企业科协成立。至年末，全区有企业科协组织28家。南京师范大学常州创新发展研究院和常州市珠峰网络科技有限公司被评为2022年省级学会科技服务站。

【产学研服务】2022年，区科协组织区企业参加2022年度“科创江苏”专项行动计划，常州达姆斯检测技术有限公司联合中国检验检测学会等单位申报碳纤维复合材料产业对接活动项目，推动常州达姆斯检测技术有限公司创建国家碳纤维复合材料产品检测检验中心，促进碳纤维在现代工业领域的大规模应用。举办碳纤维复合材料创新发展高峰论坛，就先进碳材料产业的现存问题、新技术、新产品、解决方案、典型案例等开展经验交流和分享。

【科普教育基地创建】2022年，区科协实施科普创建示范工程，夯实科普阵地。年内，续评通过省级科普教育基地1家（恐龙园文化旅游集团股份有限公司科普教育基地），新增市级科普教育基地8家，恐龙园文化旅游集团股份有限公司、江苏小冰匠旅游文化发展有限公司成为市级优秀科普教育基地。恐龙人防灾避险体验馆被评为省防震减灾科普教育基地，常州市润果农业科技有限公司被评为市科普惠农服务站，罗溪中心小学被评为市科技创新综合实践示范学校。

2022年常州国家高新区（新北区）新增市级科普教育基地一览表

表11

序号	基地名称	所属单位
1	常州恐龙人防灾避险科普教育基地	常州龙成安全应急产业发展有限公司
2	常州卡米文化科普教育基地	常州卡米文化传播有限公司
3	常州田妈妈智创农趣科普教育基地	常州田妈妈农业生态园有限公司
4	江苏集萃碳纤维及复合材料科普教育基地	江苏集萃碳纤维及复合材料应用技术研究院有限公司
5	常州市爱萝卜机器人科普教育基地	常州市爱萝卜教育信息咨询有限公司
6	江苏集萃安泰创明新能源材料科普教育基地	江苏集萃安泰创明先进能源材料研究院有限公司
7	常州美丽壹号乡村现代农业科普教育基地	常州美丽壹号乡村实业投资有限公司
8	常州市史陈家村果蔬田舍科普教育基地	常州史陈乡遇农创孵化器管理有限公司

【科学技术普及】 2022年，区科协组织开展各类科普宣传活动约百场。年内，先后开展“二噁英污染及其对人体健康影响”“食品标签里的奥秘”“中小学生食品安全常识”科普活动，约500人参与。举办食源性疾病与化学污染、中小学生食品安全常识等科普活动4场，制作溺水急救安全知识、热射病的鉴别与急救知识等10个视频上网宣传。龙虎塘街道的“逐梦蓝天”航模知识科普宣传活动被评为2022年全国科技活动周暨江苏省第三十四届科普宣传周优秀活动项目，常州市新北区百草园小学的孙亦徐获第三届常州市青少年科技创新市长奖提名奖，常州市新北区魏村中心小学的“魏小娃科学自护行”全国科普日活动被评为2022年省全国科普日优秀活动。10月，在市科协组织的常州籍院士故事征文活动中，常州市新北区河海实验小学史静涵的《反璞归真，放眼新奇——沈学础院士的故事》被评为三等奖，区科协获优秀组织奖。区科协通报表彰2021年度青少年科技活动先进学校17所、优秀科技辅导员49人、优秀学生94人。

【“检验检测科普万里行”（常州）首站活动】 8月10日，“检验检测科普万里行”（常州）首站活动在恐龙园景区启动。“检验检测科普万里行”是在中国科协指导下，由中国检验检测学会与江苏、湖南、山东、四川、广西等省区的城市科协联合发起、规划行动线路图的科普万里行活动。常州首站活动以“安全监测、减灾防护”为主题，通过在常州恐龙人防灾避险科普教育基地开展生命安全监测科普教育，增强群众生命安全意识和技能，普及检测在地震、气象灾害、消防、环境等灾害安全监测中的作用，100余人参加首站活动。

【区第三十四届青少年科技创新大赛】 11月5日，常州市新北区第三十四届青少年科技创新大赛在常州市新北区新桥第二实验小学举行。大赛由区科协、区教育局主办，全区各中小学的58支队伍、174名教练员、390余名选手参赛。大赛分初中、小学2个组别，项目包括吸管结构、魔方、纸牌承重等，项目数较往年减少至3个。经过角逐，最终14支队伍获特等奖，26支队伍获一等奖，41支队伍获二等奖。

（王　森）

常州市新北区文学艺术界联合会

【概况】 2022年，区文联下设文学、摄影、音乐舞蹈、戏剧曲艺、书法家、美术家6个专业协会；有会员1131人，其中国家级会员13人、省级会员105人、市级会员410人。全年开展宣传中共二十大精神优秀戏曲惠民演出活动116场、文化惠民群众广场演出180场，丰富市民群众文化生活。新北区溪南文艺团和新北区柒号美术馆被评为江苏省2022年度优秀群众文化团队。

【宣传中共二十大精神系列文艺活动】 2022年，区文联组织各协会开展学习宣传中共二十大精神系列文艺活动。4月，开展“青山一道，共担风雨”2022常州市新北区书法网络展，收到作品166件，入展68件。9月，区文学协会与市作协联合举办“喜迎二十大，奋发三十年”征文活动，收到参赛作品121篇，其中16篇作品获奖，胡正勇《常州高新区之歌》获一等奖，周二中《新北行吟》、江天舒《新路在前》获二等奖。10月，区书法家协会举办“扛起新使命，谱写新篇章”庆祝中国共产党二十大胜利召开主题书法展，展期1个月。11月，区美术家协会和市侨联书画院合作举办“侨心永向党，奋进新征程”庆祝中国共产党二十大胜利召开书画展、“凝聚新力量，喜迎二十大”非物质文化遗产作品展、汪鹤鸣烙画作品展、“畅享艺术·筑梦未来”、“新时代·新风尚·新年画”美协成立一周年展等。戏曲曲艺协会开展“永远跟党走”新北区第三届夕阳红戏曲联谊活动，全年组织优秀戏曲惠民演出116场，惠及群众7万人次。年内，区摄影协会组织会员到金坛区、新北渔政基地等地开展采风拍摄活动，联合区美术家协会举办“新时代颂”摄影联展。

【文艺创作】 2022年，任小霞撰写的《我爱我家》《我的同班好友》《藏起来的笑》等儿童小说由大连出版社、山东电子音像出版社出版。郭重威完成《家族文化学导读》《民风民俗丛谈》《南兰陵的故事》《家乡的那些事儿》等长篇作品。5月，杨琼诗文集《琼音韶华》由哈尔滨出版社出版，全书10万字。6月，卞优文创作的长篇小说《尼勒克之恋》正式出版。区文学协会杨恒学、芮锦锋、程协润、周二中、姜彩美等会员在报刊、网络发表多篇诗歌、散文作品。区组织创作的歌伴舞《向幸福出发》和戏剧《英雄的一家》入选第十五届江苏省五星工程奖初评作品名单，其中《英雄的一家》被评为省第十五届五星工程奖网络最佳人气作品。

（卞优文）

常州市新北区残疾人联合会

【概况】 2022年，常州国家高新区（新北区）有持证残疾人12146人，其中视力残疾1294人、听力残疾896人、言语残疾54人、肢体残疾6588人、智力残疾1596人、精神残疾1565人、多重残疾153人，残疾人数比上年减少35人。年内，区残联全面实施“常有众扶”残联工程，加强残疾人扶贫帮困、精准康复、就业培训、权益保障和文化生活等工作。年内，为451名残疾人换发10年到期残疾人工作证，其中升级26人、降级31人、不达标取消残疾证19人。至年末，注销残疾证391本，新领残疾证388本，迁出残疾证8本。

【残疾人就业培训】 2022年，区残联向7名残疾人发放自主创业扶持资金3.5万元，向9名自主创业残疾人发放租金补贴17.53万元，按比例安置残疾人1058人，向40家达比例和超比例安置残疾人企业发放补助奖励33.74万元，新增实名制就业残疾人113人。依托第三方培训机构为183名残疾人举办保健按摩、多媒体直播带货等职业技能培训11场。推进辅助性就业工作，与常州凯都电器有限公司、汉得利（常州）电子股份有限公司续签合作协议，动态投保雇主社会责任险；与合作企业协商提升工价，增设全勤奖，筹集资金为残疾人订制配发工作服。在“星工坊”及精神卫生中心（区德康医院）新设辅助性就业点，为精神智力障碍患者提供电子线束装配、包装纸折叠等新产品工疗项目。创新试点“圆梦到家”延伸工程，把适合简单加工的产品向有就业意愿但出行不便的3户特殊残疾人家庭延伸，并提供“上门送货，到家收购”服务。至年末，参与辅助性就业的残疾人334人，实现加工收入360万余元。提升改造新桥街道江湾社区、薛家镇童子河社区、罗溪镇鸦鹊村、奔牛镇和精神卫生中心（区德康医院）5个残疾人之家，融入党建引领、志愿者服务、法律咨询、电商直播、盲人按摩等服务内容。

【残疾人托养服务】 2022年，常州国家高新区（新北区）推进残疾人托养工作。年内，新增托养121人，其中日间照料11人、居家托养94人、寄宿制托养16人。依托基层残疾人之家为残疾人提供康复、培训、休闲娱乐、辅助性就业等日间照料服务。区残联与民政部门联合招标，确定第三方居家托养服务机构，为无法到机构托养的对象提供家政、康复及精神慰藉等菜单式上门服务，形成由政府部门牵头、社区为依托、社会组织和志愿者等为载体的居家托养服务体系。联合区卫健局在精神卫生中心（区德康医院）打造精神残疾人寄宿制托养中心，提供常规医疗服务，辅以开垦种植蔬菜的农疗方式、文体娱乐训练的娱疗方式及电子产品加工的工疗方式开展辅助性康复，形成“四位一体”的寄宿制托养模式。深化与常州鼎武医院合作，打造精神、智力（大龄自闭症）、重度肢体残疾人集中寄宿制托养中心，推进医养融合、康教结合，提升残疾人托养服务的供给能力和安全管理能力。

（吴喜燕）

【残疾人康复服务】 2022年，区残联联合常州市精神残疾人及亲友协会在区残疾人托养庇护中心开发江苏省首个大龄自闭症青年自主生活和就业支持项目星工坊工疗项目。由区残疾人就业服务中心对接3家爱心企业与星工坊合作，以“日间照料+工疗”的模式提升13名“星”青年的社会适应能力。发挥网格化哨点监控作用，村（社区）精神康复关爱小组逐步与社会治理网格相融合，投入230.14万元为2098名精神障碍患者提供免费服药救助；投入18.34万元为151名残疾人提供住院救助，符合条件残疾人获救助率100%。发挥党建助残示范带动作用，探索利用社区闲置办公用房开展0～14周岁残疾儿童抢救性康复服务项目。投入292万元为405名0～17周岁残疾儿童提供抢救性康复训练服务。在全市首创残疾人辅助器具申请秒批秒办业务，推进残疾人辅助器具适配服务，为残疾人安装假肢12件、助听器6件、助行器51件。推进白内障脱盲复明工程，发放宣传材料5000余份，完成60岁以上老年人白内障普查3914人，检出疑似白内障患者2749人，符合手术患者1036人，手术复明249人（眼数308例），向8类特殊对象51人（眼数65例）提供免费手术。

（管　恒）

【残疾人文体宣传活动】 2022年，区残联依托基层残疾人之家平台，开展读书会、运动会、心理沙龙分享会、健康科普等文体活动400余场。开展残疾人集体庆生、短途参观、趣味竞赛等文体活动，让残疾人尽可能融入社会。新桥街道江湾残疾人之家被省残联确定为书香残疾人之家。以爱耳日、助残日等重要节日为契机，开展“书香传递温暖，爱心共绘未来”主题党日活动和“红色菜园心向党”助残圆梦爱心聚力活动，依托微信公众号、政务网站、纸媒等各级媒介平台传播助残声音。全年报送各类信息100余篇，被省级及以上媒体录用7篇、市级媒体录用61篇。组织41名残疾人运动员参加市第七届残疾人运动会第二阶段比赛，取得22枚金牌、11枚银牌、14枚铜牌，团体总分和奖牌榜双第三的成绩。选拔11名运动员参加省第十一届残运会，获11金、3银、3铜。

【区残疾人联合会第四次代表大会】 12月10日，常州市新北区残疾人联合会第四次代表大会召开，116名代表参加会议，区委书记、党工委副书记周庆，市残联理事长刘洪俊出席会议并讲话。会议听取并审议通过区人社局党组副书记、残联理事长提名人选王忠良代表区残联第三届主席团向大会所作的工作报告，确定区残联一个时期的工作方针和主要任务。大会选举产生区残联新一届主席团委员、出席市第八次残代会代表、各专门协会领导班子。新一届主席团聘请区党工委、区委副书记封毅担任主席团名誉主席，推选区党工委委员、管委会副主任、区委常委、副区长李皓担任区残联第四届主席团主席，潘永洄、吴彬、杨震乾、王忠良、赵阳为副主席。推选王忠良担任区残联执行理事会理事长。

（钟沉鱼）

7月24日，区残联组织残疾人运动员参加常州市第七届残疾人运动会。图为残疾人运动员合影　（区人社局 供图）

常州市新北区红十字会

【概况】 2022年，区红十字会有镇（街道）红十字会基层组织10个、团体会员单位14个、中小学红十字会52个，志愿服务组织9个、注册志愿者295名。年内，新建奔牛镇五兴苑社区、魏村街道临江社区、西夏墅镇香山社区、薛家镇橄榄城社区、新桥街道望湖社区、龙虎塘街道玲珑社区6个社区博爱家园，累计建有博爱家园10个。区红十字会持续开展“三救三献”（应急救援、应急救护、人道救助，造血干细胞捐献、遗体与人体器官捐献、无偿献血）和志愿服务等工作。强化新闻媒体宣传，被省、市红十字会网站录用稿件111篇。区红十字会连续12年被评为市综合考核第一等次（优秀）单位。

【红十字人道救助】 2022年，区红十字会常态化开展“红十字博爱送万家”活动，利用春节、中秋、重阳等节日走访慰问困难家庭324户，发放大米、食用油、被子等救助物资，发放慰问金14.63万元。服务苏陕协作，向陕西省安康市紫阳县、岚皋县捐赠爱心助学资金6万元，资助50名贫困学生完成学业。

6月14日，常州市星宇车灯股份有限公司员工参加区红十字会组织的献血活动
（区委宣传统战部 供图）

【红十字“三献”活动】 2022年，区红十字会组织开展“三献”知识宣传10余场，王伟、何云星、许晨伟、陈冬慧、陈超、谈志伟、陈汉新7人成功捐献造血干细胞。区、镇（街道）组织献血2300人，献血量68.5万毫升。2007—2022年，全区133人登记遗体捐献，22人成功捐献；2011—2022年，4240人登记人体器官捐献，10人成功捐献。

【红十字应急救护培训】 2022年，区红十字会组织开展“532”发展战略全民自救互救能力提升工程，完成应急救护普及性培训1.17万人次、心肺复苏（CPR+AED）培训752人次、红十字救护员（初级）培训1029人次。强化师资队伍建设，选派6名志愿者参加师资初训班。组建区红十字会代表队参加全市红十字应急救护职业技能竞赛，获团体第一名，队员吴凌杰获个人第二名。结合“5·12”国家防灾减灾日，开展防灾减灾救灾主题宣传活动24场，普及防灾减灾知识。5—9月，中国红十字报刊社主办2022红十字应急救护知识竞赛，新北区7所红十字示范学校的3000名学生参加应急救护知识竞赛。

（李　豪）

常州市新北区关心下一代工作委员会

【概况】 2022年，常州国家高新区（新北区）有各级关工委组织750个、志愿者1741人，其中“五老”（老干部、老战士、老专家、老教师、老模范）志愿者1079人。年内，各级关工委会同有关单位筹集助学助困资金82.1万元，扶贫助学568人。12名中小学生获省关心下一代周报社“冰凌花”奖学金，11名中小学生获省关心下一代基金会千人助学计划资助。

【青少年爱党爱国教育】 2022年，常州国家高新区（新北区）各级关工委围绕“老少心向党，喜迎二十大”和“寻长江文化，育有根新人”主题，开展老少同台、参观访问、征文演讲、看红色影视等创意活动154场次；挖掘和改造升级红色阵地，开展“传承红色基因、争当时代新人”活动。202名“五老”宣讲员撰写宣讲材料96篇；组织453名学生参加演讲比赛，3000余名青少年撰写红色电影心得感想，受益青少年3.25万人次。

【校外教育辅导站建设】 2022年，常州国家高新区（新北区）有校外教育辅导站（点）82个，其中镇（街道）校外教育辅导总站3个；有参加校外辅导的在职教师206人、“五老”和其他志愿者450余人，辅导学生5.65万人次。年内，各辅导站通过学业辅导、兴趣培育、社会实践、长江文化、家教家风等课程，为学生开设“第二课堂”课程，有三井街道秦岭社区“七彩德育”课程、新桥街道江湾社区“薪星”课堂、奔牛镇奔南社区“五彩少年班”等。区关工委通过召开“创优评先”校外教育辅导站推进会、实地调研、评审等举措，推动校外教育辅导站建设。年内，3家校外教育辅导站被评为市优秀校外教育辅导站，12家校外教育辅导站被评为区优秀校外教育辅导站。春江街道、三井街道关工委选送的视频分获省校外教育辅导站优秀视频一、二等奖。

【未成年人法治保护】 2022年，常州国家高新区（新北区）贯彻落实《中华人民共和国未成年人保护法》《中华人民共和国预防未成年人犯罪法》，推进“关爱明天，普法先行”青少年法治宣传教育活动，深化老民警、老法官关工站建设，成立法治教育报告团（宣讲团）58个，举行报告会73场次，受教育青少年3万人次。辖区派出所建立关爱工作站23家，有154名“五老”志愿者组成帮教小组46个，对18名失足青少年实施帮教，转化率100%。至年末，全区有未成年人零犯罪村（社区）114个，占全区村（社区）总数的98.25%。

（奚　琦）

法 治

政法委及综治

【概况】 2022年，区委政法委紧扣护航中共二十大主题主线，开展防风险、保安全、护稳定、促发展、惠民生工作，完成中共二十大、北京冬奥会、冬残奥会等重要节点安保维稳任务，保障社会大局和谐稳定。推进“最多跑一地、服务零距离”矛盾纠纷多元化解工作体系建设。严格落实“1、3、5分钟”快速反应机制（核心区域1分钟内、重点区域3分钟内、其他区域5分钟内到达现场），加强对重点人群动态管控、教育管理和人文关怀，织牢安全防线。

【平安新北建设】 2022年，区委政法委筑牢安全防线，护航发展大局。防微化解各类风险，推进平安新北建设。年内，核查处置涉暴恐音视频线索8起，主动发现网上非法活动人员落地线索30条；持续开展打击整治养老诈骗等系列专项行动。抓获电信网络诈骗犯罪嫌疑人302人，冻结资金2.56亿元，电诈警情比上年（下同）下降11.7%、损失下降16.3%；出租房内的火灾警情和治安、刑事警情下降28.47%；查获涉群租房违法案件396起，取缔违规群租房15户，比对抓获逃犯25人。以争创全国市域社会治理现代化试点合格城市为契机，打造法治营商环境“高新品牌”、长江沿岸生态环境治理机制、龙韵圆桌、“井”钟常鸣等工作典型，11篇典型案例入围全市社会治理创新项目评选。统筹推进区域社会治理现代化指挥中心建设，加快综治、网格、城管、12345等中心融合，联动公安、卫健、民政等40个条线部门，形成涵盖6大类43项的信息采集清单和5大类43小类121项服务管理事项清单。按照“精进建网、微服保格”理念，把全区划分为综合网格1004个、专属网格202个，筑牢网格化治理基础。

（谢海飞）

【区域社会治理现代化建设】 2022年，常州国家高新区（新北区）推进区域社会治理现代化建设，成立平安建设专项协调组6个，制定任务分解表，把70项指标细化分解为262项具体任务，形成“1（特色亮点）+1（信息简报）+70（70条指标，每条指标1组台账）”资料体系。在全市平安建设考核中位居前列。全年，有12篇社会治理典型案例上榜“市级优秀案例集”，区委政法委的政法工作创新创优、社会治理创新优秀项目获市级表彰。

（刘海涛）

【民主法治建设】 2022年，常州国家高新区（新北区）围绕建设“最优”法治营商环境目标，加强产权司法保护、维护市场交易秩序、完善破产审判机制、促进社会诚信体系建设，“高新事·高兴办：培育一流政务服务品牌”项目入围第二批全国法治政府建设示范项目。聚焦发展大局，主动融入全区“三大工程”（心智障碍者“爱心工程”、残疾人之家“拓展工程”、精神病患者“守护工程”）。强化依法治区，开展法援惠民，区委政法委联合薛家镇打造“蒲公英公益法律服务联盟”，西夏墅镇创建成全区首个省级阳光帮扶安置基地，10月，全省后续照管现场观摩会在春江街道友谊河社区召开。至年末，全区受理法律援助案件1112件，区公共法律服务中心窗口现场接待法律咨询1105人次，接听“12348”法律服务热线电话5325件次。

（谢海飞）

【扫黑除恶斗争】 2022年，常州国家高新区（新北区）推动扫黑除恶斗争常态化。持续打击黑恶犯罪，全年收到涉黑恶问题线索14条，全部办结；9类涉黑恶案件立案136起，破案28起，抓获嫌疑人119人，移送起诉83人；判决涉及财产刑黑恶案件11起，全部结案，执行到位率（含执行异议及待

5月15日，公安新北分局会同市反诈骗中心开展“与民同心 为您守护”反诈主题宣传活动　　（区委宣传统战部 供图）

处置财产）92.73%。重点推进打击“侵害妇女儿童犯罪”“养老诈骗”等专项行动，破获电信网络诈骗案件92起，挽回损失270余万元；开展工程建设领域整治，抽查在建项目21个，出具整改意见书11份。深挖彻查涉黑涉恶腐败和“保护伞”，排查出党员干部违纪违法线索3条，按照干部管理权限移交市纪委处理；进一步梳理原有涉黑犯罪集团，发现问题线索2件，立案2人。贯彻实施《中华人民共和国反有组织犯罪法》，印发《常州市新北区推进教育、金融放贷、市场流通等重点行业领域整治工作方案》，推动建立健全源头治理制度体系。

（方　芳）

【基层矛盾纠纷非诉讼化解】 2022年，常州国家高新区（新北区）面对社会不安定因素，深化发展新时代“枫桥经验”，把矛盾纠纷化解在萌芽、解决在基层。完善阵地建设，设立区、镇两级非诉讼服务中心，推动成员单位入驻，实现多部门集中办公，落实人民群众来访来诉“只进一扇门、最多跑一地、消解所有气”。强化行业性调解组织建设，加快设立商事类调解组织，保障民营经济健康发展。规范全区人民调解员选聘。出台《常州市新北区人民调解员管理办法》，建立人民调解员名册制度，通过“小新说法”微信公众号等平台及时向社会公开，实行群众“自选式”调解。强化司法调解与人民调解衔接。出台《关于进一步加强司法调解与人民调解衔接工作的意见》，推动有经验的书记员转型为专职人民调解员，提升调解专业化水平。完善行政争议审前调解。出台《关于推动建立行政争议审前调解机制的意见》，成立行政争议审前调解委员会，建立覆盖全区、运行有序、高效便民的行政争议审前调解机制。完善劳动争议案件调解繁简分流机制。试行区劳动人事争议仲裁院受理的简单争议纠纷案件流转至基层劳动人事争议调解中心实施调解，压缩劳动争议纠纷案件处理周期。

（区委政法委）

法治政府建设

【概况】 2022年，常州国家高新区（新北区）按照《法治政府建设实施纲要（2021—2025年）》和省、市决策部署，制定《常州市新北区贯彻落实〈法治政府建设实施纲要（2021—2025年）〉实施方案》，推进法治政府建设。年内，“高新事·高兴办”培育一流政务服务品牌被评为第二批全国法治政府建设示范项目。

【规范性文件审查】 2022年，常州国家高新区（新北区）落实行政规范性文件合法性审核机制及备案审查制度，规范性文件报备率、及时率、规范率均100%。年内，征集公布区政府2022年度行政规范性文件计划3个，对《常州市新北区烈士纪念设施保护管理暂行办法》《常州市新北区区级政府投资评审管理暂行办法》等4个文件开展合法性审核，并依法向市政府、区人大备案。对涉及户籍限制的行政规范性文件和政策措施类文件开展清理工作。

【行政执法监督】 2022年，常州国家高新区（新北区）强化行政执法监督检查，印发《2022年全区行政执法协调监督工作要点》；组织执法案卷评查，对全区执法部门49份案卷开展集中评查，评出优秀案卷10件；组织申领行政执法证件人员参加资格考试，完成全体行政执法人员全国统一行政执法证件更换工作。开展基层综合执法规范化建设专项行动，制定《关于开展全区基层规范行政执法调研督导活动的方案》《关于开展全区清理和整顿政府购买服务工作的通知》等文件，清理整顿和规范政府购买服务情况，开展基层综合执法赋权事项实施专项评估工作，推动基层综合执法改革举措落地见效。

【行政复议与行政应诉】 2022年，常州国家高新区（新北区）深化行政复议体制改革，调整行政复议委员会，推进行政复议规范化、专业化、信息化建设，发挥行政复议化解行政争议的主渠道作用。全年，收到行政复议申请117件，受理86件。审结113件（含上年留存43件），其中维持27件、驳回46件、终止38件、撤销2件。行政复议实质性化解38件，实质性化解率33.68%；直接纠错2件，直接纠错率1.77%；制发行政复议意见书5份。无区政府为行政复议被申请人的案件。区政府为行政诉讼被告的一审案件23件，审结14件（含上年结转4件），未有败诉。全区行政机关负责人出庭率100%。

（马甦婷）

公 安

【概况】 2022年，常州国家高新区（新北区）公安机关推进维护稳定、打防犯罪、安全监管、服务发展、队伍管理等工作。开展夏季治安打击整治“百日行动”和“常安行动”，完成中共二十大、冬（残）奥会、上海进口博览会等安保维稳任务。改造执法办案管理中心，建成全市首个“体检室”和首支专职送押队。优化服务举措，成立网办中心，创新设立“境外人员服务站”，护航经济社会发展。年内，14个集体和9名个人获公安部、省公安厅表彰。其中，公安新北分局被评为全国执法示范单位，戍春被评为全国优秀人民警察，顾红方被评为全省优秀人民警察。

【公共安全监管】 2022年，公安新北分局把中共二十大安保作为贯穿全年的首要政治任务和工作主线，推动建强区级、分局2个维稳专班，依托3个街面防控中心、4个警务工作站和18个快反点，全天候做好“1、3、5分钟”快反响应准备，处置各类群体性事件65起。围绕3个市级挂牌治安乱点和14个分局挂牌的复杂部位，开展“常安”系列集中清查行动12轮次，全区违法犯罪、娼赌警情分别比上年（下同）下降2.9%、37.6%。推进公安部夏季治安打击整治“百日行动”，重点围绕群众举报投诉、娼赌警情多发的重点区域和重点行业，开展针对性打击整治，查处娼赌刑事案件24起，采取强制措施54人，查处娼赌治安案件205起，治安处罚866人，处罚场所19家。深化网约房、私人影院、剧本杀等1097家新业态场所综合治理，推动主管部门建立登记备案管理制度，常态化开展联合清查，有效挤压违法犯罪空间。坚持屯警街面、动中备勤，围绕全区党政核心、景点景区和夜经济活跃区域，日均投入巡防警力800余人次、警车警摩200余辆次，全部开展亮灯巡逻，街面警情下降12.8%。全力推动危险化学品专项整治行动，集中检查危化品使用单位394家，整改安全隐患56处，指导企业安全处置易制爆危化品1吨，全区未发生重大安全生产事故。对全区1.95万家三级、一般消防单位开展消防检查，开具改正通知书1327份，隐患整改率99.47%。

【打击刑事犯罪】 2022年，公安新北分局紧盯“以专业打职业、以团队打团伙、以创新赢主动”专业化打击改革任务，建强大数据侦查中心，设置城区、东区、西区3个责任区刑警中队并实体运行，整合刑侦尖刀力量，完善专业化打击队伍。保持严打高压态势，深化扫黑除恶、打击侵害妇女儿童权益、养老诈骗专项行动，抓获刑事作案成员数、破案率分别上升37.51%、5.69%，现行命案连续12年、“两抢”（抢劫、抢夺）案件连续6年保持全破，打掉恶势力团伙1个，侦破的贩卖新生儿数据案、网络水军案受到中共中央书记处书记、公安部部长、党委书记王小洪批示嘉奖。

【反诈专项行动】 2022年，公安新北分局针对电信网络诈骗犯罪新形势新变化，坚持打击、治理、宣传多管齐

8月，公安新北分局开展2022年“常安7号”暨夏夜治安巡查集中统一行动
（公安新北分局 供图）

下，电诈发案、被骗损失和挽损资金实现“两降一升”。年内，摧毁30人以上犯罪团伙2个，10人以上团伙5个，先后侦破“办证诈骗”“抖音卖玉”等有社会影响的案件，拦截挽回损失970万元。继续开展“无诈社区、无诈企业、无诈机关、无诈校园”创建活动，依托微信公众号、警民联系群等线上阵地，每日发布警情通报、预警提示等信息，制作《建国说反诈》《骗子公司》等反诈短视频18部，观看转发2万余人次，其中6部短视频被国家反诈中心、公安部刑侦局、江苏政法等微博、微信公众号转发报道。壮大线下宣传阵地，打造“反诈派出说”品牌，在规模以上企业建立反诈宣教点，开展“与民同心，为您守护”“常工院新生反诈第一课”“FM103.4新春反诈直播大礼包”等大型反诈宣传活动12场次，营造全民反诈、全社会反诈氛围。

【公安政务服务】 2022年，常州国家高新区（新北区）深化“互联网+公安政务服务”改革，实体化运行“网办中心”，梳理整合公安各警种审批服务事项68个。建成派出所综合服务窗口6个，涵盖全区50%的镇（街道），下放“易制毒”等高频服务事项权限至“综合窗口”。面向948名外籍人员创新设立境外人员服务站2个，实行居留和工作许可“两证联办”。推广设置企业综合服务专窗，会同区科技局、住建局等部门推出“联办业务”，提供“一企一策”“特事特办”服务。全年区公安政务服务窗口受理各类政务服务事项26.2万件（次），其中户籍业务22.16万件、出入境业务2920件、禁毒8124件、治安类2.88万件。持续开展“平安企业”创建和“入企大走访”活动，完善“企业吹哨、民警报到”工作模式，设立经侦服务站6个，为小米、星宇车灯、理想汽车等公司举办防范宣传讲座28次，健全“速立、速侦、速破、速挽损”办案机制，发起全国集群战役1起，侦破侵企案件33起、侵犯知识产权案件10起。健全完善“旅游+警务”模式，实体化运行“旅游警察”大队，开展平安景区创建，年内完成环球恐龙城警务站升级改造。

（谈　蓓）

【道路交通安全隐患治理】 2022年，新北区交警大队针对道路交通安全开展隐患排查治理，形成“党委领导、政府负责、联动共治”的联合排查治理机制。建立交通事故处理和研判“五项机制”（交通事故警情繁简分类处理机制，交通事故“处理+核查+整改”闭环机制，支队、大队、中队三级事故处理和研判机制，死亡事故、道路运输事故报备机制，交通事故案件规范执法机制），全面实行伤人事故“一案一查”、亡人事故深度调查，年内“一案一查”排查隐患86处，整改率100%；联动属地政府和职能部门完成市级督办金牛路隐患整改；联动乡镇排查农村道路隐患126处，主要涉及信号灯的隐患19处、隔离护栏的隐患17处、交通标志的隐患15处、绿化带隐患10处、安全减速带的隐患6处，整改率100%。

【道路交通安全管控】 2022年，新北区交警大队实施早晚巡逻制度、重点违法车辆查缉布控制度、弹性整治和酒驾专项整治制度，全员参与亮警灯机动巡逻、亮肩灯定点执勤，实现点上有交警、路上有警车，管控无错时、无死角，最大程度强化警力薄弱时段的巡逻管控。高频组织“畅安”系列统一行动和区域性集中整治行动，现场查处道路交通违法33.12万起，其中酒驾470起、醉驾293起、超载1487起、无牌无证1911起，行政拘留61人。严管重点车辆企业。对渣土车、搅拌车等重点车辆违法采取“一律约谈和惩戒运输单位”“一律约谈和惩戒施工单位”等措施，净化道路交通环境。上门走访辖区108家运输企业，督促企业强化内部管理，落实安全生产主体责任。

（张　茹）

【道路交通安全宣传】 2022年，新北区交警大队开展“七进”（进学校、进企业、进农村、进社区、进家庭、进网络、进机关单位）专项行动、主题日宣传活动等，实施文明交通行动计划，提高全民交通安全意识。推进道路交通安全宣传动员中心和宣教室建设，至年末，联合恐龙园建成宣教中心，交警中队建成宣教室并投入使用2个。组织交通违法驾驶员观看《中华人民共和国道路交通安全法》宣传教育和典型交通事故案例视频，深入客运站场或在执勤执法纠违中对驾驶员宣传道路交通安全法知识。配合市交警支队直播7次，在省级新媒体报道16篇，《常州日报》报道12篇，都市频道《社会写真》栏目播放节目6次。在常州交警微信公众号、常州交警微博、常州交警抖音、平安常州微信公众号等常州公安新媒体平台报道相关信息250篇。进企业260余次、农村60余次、学校70余次、主题宣传日活动70余次，制作横幅180余条，印制宣传材料6000余份，张贴宣传画500余张。

【道路交通安全执法规范化】 2022年，新北区交警大队推进刑事案件城区集中办理、农村中队专人负责制，落实疑难案件通案制度。年内危险驾驶移诉率74.7%，交通肇事移诉率71.5%。完善执法质量考评制度，对案件办理情况、执法记录仪使用、接处警、异常执法数据、复议诉讼等开展量化考核。结合诉讼复议申诉工作规范执法行为。全年收到行政诉讼3起、行政复议1起，接待申诉群众5000余人，受理申诉433起，发现并通报执法不规范问题4起。强化督导检查，全面开展案件排查。对案件接处警、受案立案、血样检测证据管理等环节开展排查，并形成问题清单下发责任部门整改。加强涉案车辆管理，定期抽查。利用执法监督管理平台加强后台监管，监督执法问题数据整改，提升执法效能。

（徐 晖）

检 察

【概况】 2022年，区检察院履行法律监督职责，全年办结各类案件1571起，其中刑事检察1154起、民事检察67起、行政检察34起、公益诉讼检察148起、其他168起。全年受理来信来访144件，院领导包案办理首次信访、重复信访26件，依法开展公开听证52件，开展刑事和解24件。贯彻总体国家安全观，办理辖区首例非法获取国家秘密案，对偷拍军用机场的殷某某依法提起公诉。针对办案中发现的涉案矿用产品存在安全生产隐患，向9省21市应急管理、市场监督管理部门和煤矿企业发出“线索移送函”“风险提示函”47份，推动各地查封扣押假冒矿用设备2000台，更换原厂正品730台，办理该案的相关做法被《人民日报》、最高人民检察院微信公众号刊载。自主研发业务数据智能核查软件，实现业务数据“一键式”核查、数据问题“可视化”管理。软件上线使用后，每日核查办案过程中162项常见问题，各类问题环比下降71.3%，该软件获全市检察机关“小、快、灵”软件竞赛三等奖。年内，1名干警被评为全省检察机关警务技能标兵；在全市检察机关出庭业务技能竞赛中，区检察院获团体二等奖，4名干警获“业务标兵”“业务能手”称号。

【刑事检察】 2022年，区检察院依法打击各类刑事犯罪，批捕275人、比上年（下同）下降8%，起诉943人、下降19.56%。贯彻落实《中华人民共和国反有组织犯罪法》，开展常态化扫黑除恶斗争，联合公安新北分局，对聚众斗殴、寻衅滋事等9类常见涉黑恶违法犯罪警情，建立强制检索报告制度。维护道路交通安全，对交通肇事、危险驾驶犯罪提起公诉297件299人，分别下降6.3%和8.8%，办理全市首例违规运输危化品危险驾驶案。依法打击非法贩卖电话卡、银行卡等上游犯罪，起诉帮助信息网络犯罪活动罪、掩饰隐瞒犯罪所得罪63人，上升75%。坚决遏制电信网络诈骗犯罪多发高发态势，提起公诉79人。开展打击整治养老诈骗专项行动，对参与“爱晚系”养老诈骗案的叶某、陈某某，以非法吸收公众存款罪提起公诉，该案例入选常州市检察机关打击整治养老诈骗专项行动典型案例。打击跨境网络赌博犯罪，依法对陈某某等9人以开设赌场罪提起公诉。侦查监督与协作配合办公室在区公安执法办案中心、交警大队挂牌运行，检察官定期轮流驻点办案。联合区法院刑事速裁法庭，实现对轻微刑事案件“一站式”办理，节约司法资源。推进认罪认罚案件量刑建议精准化、规范化，量刑建议采纳率99.64%。落实少捕慎诉慎押刑事司法政策，不捕93人，不捕率25.27%；不诉174人，不诉率15.58%；诉前羁押率降至20.5%。强化立案和侦查活动监督，监督立案20件、监督撤案28件，追捕9人，追诉16人。常态化开展指定居所监视居住检察31人次，针对突出问题发出书面纠正违法3件。强化刑事审判监督，提请市检察院抗诉4件。依法办理监察委员会移送审查起诉的职务犯罪案件6件10人，制发的一份检察建议被评为全省检察机关十佳职务犯罪检察建议。

【民事和行政检察】 2022年，区检察院办理民事诉讼监督案件52件，下降48.51%，对生效民事裁判发出再审检察建议4件，采纳率100%。加大力度惩治侵犯公民个人信息犯罪，起诉17人，对其中6起涉及信息多、涉案金额大的案件提起刑事附带民事公益诉讼，主张民事侵权损害赔偿24万余元。组织开展涉社会抚养费专项监督，发出执行监督检察建议7件，采纳率100%。开展全面深化行政检察监督依法护航民生民利专项活动，实质性化解行政争议8件。针对1名儿童因出生证明无效被注销户籍登记行政争议案件，督促依法办理户籍登记，保障适龄儿童受教育权，促进案结事了政和。办理1起涉及过期食品处罚行政争议案件，入选最高人民检察院行政检察公开听证典型案例。

【公益诉讼检察】 2022年，区检察院制发公益诉讼诉前检察建议97件，增长19.75%，整改率100%，提起民事公益诉讼7件，罗某某、刘某某销售有毒、有害食品刑事附带民事公益诉讼案件，入选省检察院、省消费者权益保护委员会联合发布的典型案例。开展“消”字号产品非法添加抗（抑）菌制剂专项监督，督促职能部门开展专项排查整治。规范民间借贷纠纷，执行利息税监管，帮助挽回税收损失60万元。办理非法捕捞水产品、非法狩猎、污染环境等破坏环境资源犯罪11件18人。贯彻落实《生态环境损害赔偿管理规定》，促使赔偿义务人全额承担生态损害赔偿金83万余元，为

9月9日，区检察院走访药店、母婴店，对关于加强“消”字号产品监管的诉前检察建议落实情况进行检查（区检察院 供图）

全市首起磋商成功并履行到位的案件。与区残联联合开展“助力争创‘全国文明典范城市’无障碍环境建设专项监督活动”，修缮全区26处无障碍设施。招募“益心为公”志愿者24人，参与公益诉讼线索发现、专业咨询、公开听证等环节，建设“益心为公”线下体验馆，宣传公益诉讼职能。维护人防设施安全，协同区住建局消除地下停车位设置不合理导致的人防工程使用安全隐患，该案例入选全国检察机关公益诉讼“千案展示”案例。与区政协建立政协委员提案与公益诉讼检察建议衔接转化机制，推动公益诉讼办案和政协提案办理、协商议事共同发力，形成社会治理合力。

【未成年人检察】 2022年，区检察院完善专业化与社会化相结合的保护体系，守护未成年人安全健康成长。年内，依法起诉23人，下降4.17%，一审被判处三年有期徒刑以上刑罚8人。落实未成年人案件强制报告制度，联合辖区12家单位开展“未爱+U”守护行动，推动出台《新北区打击和防范侵害未成年人违法犯罪“十项机制”》。坚持依法惩戒和教育挽救相结合，办理未成年人犯罪案件34人，下降12.82%，对主观恶性深、犯罪后果重的7人提起公诉；对不起诉的27人，联合专业社会力量开展线上线下同步精准帮教、助力复学就业，其中1人被国内重点大学录取为硕士研究生。助推未成年人“六大保护”（家庭、学校、社会、网络、政府和司法保护）融合，以司法保护融入家庭、学校、社会、网络和政府保护，联合区妇联制发全市首份家庭教育令，家庭教育指导工作被《民主与法制》杂志作为封面文章报道；拍摄普法短视频《熊孩子监护督促联盟》，被评为最高人民检察院“法治进校园”精品课程；小橘灯团队成员被评为全国青少年普法教育优秀辅导员，入选全省“八五”普法讲师团。

【知识产权检察】 2022年，区检察院继续深化“三专”（专业化办案、专业化预防、专业化服务）知识产权检察品牌建设。审查起诉知识产权案件11件24人，聘请区市场监督管理局等单位业务专家6人担任特邀检察官助理，为检察办案提供专业技术支撑，办理的1件侵犯商业秘密案、1件假冒注册商标案，被常州市打击侵权假冒工作领导小组办公室公布为典型案例。有针对性地开展法律风险防范提示，对1起侵犯商业秘密案被害单位开展企业合规整改。连续5年开展“4·26”世界知识产权日主题宣传活动，以检察开放日、电台直播、在线课堂等形式传播知识产权法律知识，增强全社会知识产权意识。与行政机关共享专家咨询库，邀请国家知识产权局南京区域专家走进辖区重点企业，专题讲授商业秘密和专利技术的平衡保护。区检察院撰写的《江苏省常州市新北区检察院推进知识产权精准、协同、系统保护》，被最高人民检察院《检察工作简报》刊发。

（周铭翊）

法 院

【概况】 2022年，区法院受理案件1.78万件，比上年（下同）上升1.2%；审执结案件1.64万件，上升7.58%。法官人均受理案件386件，人均结案356件，均居全市法院第一位；法官个人结案数最高的有审判案件772件、执行案件1484件。保障群众参与、监督司法权利，109名人民陪审员参审案件1218件，召开新闻发布会8次，“高新尚法”公众号发布信息334条、阅读量15万人次，上网裁判文书5137份，直播庭审6156场。坚持司法为民，打造家门口的“微法院”，在奔牛镇非诉讼服务中心和源博律师事务所先行先试成立“龙城e诉中心”。开展“为群众办实事示范法院”创建活动，“一十百千万”（一：提升“一站式”诉讼服务水平。十：构建“十到位”信访化解体系。百：深化“百名法官进网格”工作。千：推出“千场普法讲座”服务。万：开展“万件好人好事”活动）为民实践项目被评为全市普法和依法治理创新案例、法治惠民实事优秀项目。年内，1件以老年群体为侵害对象的“收藏品”

诈骗案入选最高人民法院编写的人民法院重点打击六类养老诈骗犯罪典型案例；孙舒妤被评为全国法院办案标兵；美林湖破产重整案入选江苏法院破产审判典型案例。

【刑事审判】 2022年，区法院审结刑事案件712件，判处罪犯997人，分别下降14.11%、9.86%。审结故意伤害、寻衅滋事、聚众斗殴等严重暴力犯罪案件36件41人，“两抢一盗”（抢劫、抢夺、盗窃）侵财犯罪案件152件191人，危险驾驶、交通肇事、重大责任事故犯罪案件292件296人（其中1起为全市首例因违规运输危险品构成危险驾驶罪案），严惩危害食品药品安全、电信网络诈骗、集资诈骗等案件42件83人。常态化开展扫黑除恶，贯彻落实《中华人民共和国反有组织犯罪法》，执行到位涉黑恶财产180.67万元。

【民商事审判】 2022年，区法院受理民商事案件1.18万件，审结1.067万件，分别上升3.22%、11.59%。打击“套路贷”及虚假诉讼，防范非法金融活动妨害民营企业发展，审结金融借款、民间借贷案件1429件。审结买卖、租赁、承揽等涉企合同纠纷2255件，依法办理原材料上涨期间供应合同违约案，保护诚信经营者合法权益。主动回应民生诉求，化解赡养、抚养、教育、医疗、住房、社保等纠纷案件444件，处置涉商品房买卖、物业合同等矛盾易激化案件381件。开展涉农民工工资专项执行活动，解决农民工薪酬问题，帮助追回欠款450万元。年内，通过司法拍卖依法高效释放土地3.03公顷、厂房1.86万平方米。走访辖区镇（街道）板块，实地调研天合光能股份有限公司、北汽重型汽车有限公司、联影(常州)医疗科技有限公司、江苏河海新能源股份有限公司等重点企业，帮助化解纠纷25件。发挥“1+C”党建联盟（“1”：坚持党对政法工作绝对领导这一根本原则。“C”：C位担当在服务保障高质量发展中贡献政法力量）统领作用，与区各部门协作，把307家企业移出失信名单，对128家涉诉企业“活封活扣”（指法院在执行过程中，允许被执行企业在正常的生产范围内使用包括资金、存货等财产，但不得做出转让等财产处分行为，能最大限度保护企业正常的生产经营活动）。在营商环境年度考评中“法治满意度”提升，被评为全省法院“优化法治化营商环境执行年”1+4专项行动先进集体，《以法之名，暖企纾困不停歇》报道在“最高人民法院”微信公众号刊登。审结破产、强制清算案件46件，清理债务2.86亿元，盘活资产1.5亿元，40家“僵尸企业”出清，营造法治化营商环境。

【行政审判】 2022年，区法院审结行政诉讼案件153件，下降45.74%，判决支持行政机关行政行为的88件，判决撤销、确认行政行为违法的7件。开展行政行为自我纠正工作试点，以和解、撤诉方式结案20件。审理行政许可、行政处罚、行政审批案件24件。审理涉政府信息公开案件14件，保障社会公众知情权。加强司法与行政良性互动，行政机关负责人主动出庭应诉，提高依法行政水平。

【案件执行】 2022年，区法院持续加大执行力度，组织假日、凌晨、夜间执行81次，执结案件6867件、下降10.75%，执行到位金额16.05亿元、上升1.84%。网上查控存款、不动产、车辆信息7571件次，冻结款项2.08亿元；网络拍卖224次，成交额6272.28万元。惩治规避和抗拒执行，限制高消费、纳入失信名单3746人次，司法拘留6人，移送侦查11件，立案侦查9件，开展拒不执行判决、裁定罪公开宣判活动1次。对法院依职权穷尽措施后仍查不到可供执行财产、被执行人确无履行能力的案件，在发现线索后立即恢复执行，因被执行人无财产而“终本”（指执行程序中，对于确无财产可供执行或者财产暂时无法处置的这两类案件，执行法官依照法律规定，暂时终结案件执行程序的一种方式）的案件合格率100%。执结常州方圆制药有限公司工人工资案，涉及人员220人、

2022年，区法院常态化开展凌晨执行行动 （区法院 供图）

资金430万余元，有效维护职工合法权益。

【普法宣传】 2022年，区法院打造“高新星”IP形象，以网络直播、以案释法、普法动漫等形式开展普法宣传30余场次。区法院制作的普法动画《东施效颦》获全国法院第九届“金法槌奖”一等奖，《引狼入室》获平安江苏“三微”大赛优秀奖。开展志愿服务、主题党日、重温誓词、书记上党课等活动338次。全面加强司法宣传调研工作，78项经验做法被《人民法院报》《江苏法治报》等媒体报道，直播观看人数23万余人。强化“灯塔萌”法律志愿服务中心、孟河法庭“关心下一代工作站”等平台功能，发布“灯塔萌”概念片《追光者》，向老弱妇孺等群体传递司法温暖。

【“收藏品”诈骗案】 2022年，区法院依法以诈骗罪判处徐某有期徒刑12年，并处罚金20万元；判处周某某有期徒刑10年6个月，并处罚金15万元（其他判项略）。一审宣判后，被告人徐某、周某某等5人提起上诉，常州市中级人民法院二审裁定，驳回上诉，维持原判。该案入选最高人民法院编写的人民法院重点打击六类养老诈骗犯罪典型案例。2018年年初，被告人徐某、周某某与他人购买富乾汇文化传播有限公司。徐某、周某某安排沈某某等14人，在公司销售所谓的纪念币（章）、玉石、书画作品等“藏品”，派发广告传单，吸引不特定人到公司，虚假宣传公司系国有企业授权销售方，谎称购买“藏品”可享有国家补贴，虚构“藏品”系限量供应、在市场上具有稀缺性、较高的价值和短期升值空间、“藏品”升值后由公司提供途径帮助销售实现盈利等事实，欺骗被害人购买“藏品”，向被害人开具虚假“收藏品全国统一专用收藏票”。至2019年1月案发，徐某等人骗取46名被害人（大部分为老年人）379万余元。

（史璞頔　杨丹华）

司法行政

【概况】 2022年，常州国家高新区（新北区）有司法所10家，镇（街道）有人民调解委员会155个，在册调解员755人；注册执业律师320人，律师事务所26家，基层法律服务所5家，基层法律服务工作者23人。区司法局社区矫正处被评为江苏省司法行政为民先进集体，区司法局被评为常州市“七五”普法工作先进集体。

【依法治区】 2022年，常州国家高新区（新北区）印发《法治新北建设规划（2021—2025年）重要举措分工方案》，确保法治新北各项举措推进落实。制定《常州市新北区党政主要负责人履行推进法治建设第一责任人职责情况列入年终述职内容工作实施方案》，推进党政主要负责人年终“述法”工作。年内，完成对全部区级部门及10个镇（街道）党政主要负责人履行推进法治建设第一责任人职责情况的民主测评，提高区法治建设水平。

【“八五”普法规划落实】 2022年，常州国家高新区（新北区）以“普法责任制”为抓手，推进“八五”普法规划落实。调整区法治宣传教育领导小组成员，成立区“八五”普法讲师团。印发《2022年全区普法依法治理工作要点》，围绕《民法典》、春风行动、“4·8”司法日等主题，依托村居法律顾问、“法律明白人”，联动普法责任单位开展法治直播间等普法活动240余场次。开展省级民主法治示范村（社区）复核工作，三井街道洪福社区等3家村（社区）被评为省级第16批民主法治示范村（社区）。挖掘普法依法治理工作亮点，奔牛司法所《“银杏·护航”助力青少年法治教育》等3个案例被评为常州市普法与依法治理创新案例。年内，被《法治日报》《新华日报》《江苏法治报》等省级以上媒体录用信息290余篇。

（龚　媛）

【人民调解】 2022年，常州国家高新区（新北区）深化矛盾纠纷化解，推进专项排查整治行动。聚焦妇女儿童、生活困难、残障人士等群体，组织开展全面排查，并完善风险排查台账。年内，推动成立常州市涉台纠纷人民调解委员会、常州市不动产登记交易中心调解委员会及浙江商会调解委员会，梳理人民调解员755人，排查调处各类矛盾纠纷8133起，95%以上矛盾纠纷化解在基层，没有因调解不当造成民转刑案件。编印人民调解工作宣传折页30万份，联动网格入户宣传提升“苏解纷”微信小程序知晓度，“苏解纷”注册人数增长3.25万余人。年内，69人使用小程序咨询、申请调解，所受理案件均调解成功。

【法律援助】 2022年，常州国家高新区（新北区）受理法律援助案件1187件（民事941件、刑事246件），现场接待法律咨询群众1310人次，接听“12348”法律服务热线电话6513件。开展两轮法律援助案件质量交叉评查暨同行评估工作，对516件法援案件开展质量评查工作，方圆制药法援案件入围常州市十大优秀法援案件。年内，完成三井街道维度空间婚姻家事、孟河镇齐梁社区、奔牛镇五兴苑社区、薛家镇新晨社区、西夏墅镇香山社区及常州创意产业园区6个法律援助工作站建设，升级改造区退役军人事务局法援工作站，并通过省、市级验收。完成省法援基金会“法援惠民生·拓展工程”常州新北项目35件法援案件的办理工作，让更多失独老人、困境儿童等特殊困难群众的“急难愁盼”事项纳入法援案件受理范围。

【律师服务及管理】 2022年，常州国家高新区（新北区）有注册执业律师320人。年内，对辖区26家律师事务所、5家基层法律服务所开展实地检查，完成26家律师事务所292名律师及5家基层法律服务所23名基层法律服务工作者的年度检查考核。办理律师事务所、律师执业申请、变更等各类行政审批初审136件次。查处投诉律师及基层法律服务工作者案件3件，对1名基层法律服务工作者作出警告的行政处罚。在区相关党政机关新增设公职律师办公室8个，新增公职律师22人。7月，成立区律师行业党委，创建“新律先锋”党建品牌。组织行业党委委员及相关优秀党员律师开展“开学第一课 法为你而来”送法进校园、“优化法治营商环境 助力园区健康发展”送法进园区等活动，引导党员律师在服务民生福祉、引领行业发展方面贡献力量，相关做法被省司法厅、市司法局宣传报道。

（陈建丽）

【社区矫正对象监管】 2022年，常州国家高新区（新北区）推进社区矫正和安置帮教工作提质专项行动。至年末，区在册社区矫正对象418人（全年新入矫313人、解矫353人），其中缓刑411人、假释2人、暂予监外执行5人。全年办理社区矫正适用前调查评估131件、变更执行地评估45件、开展远程视频亲情会见167次；提请治安处罚1人次、撤销缓刑2人次、收监执行6人次，给予训诫51人次、警告10人次、电子定位28人次，全年无脱管、漏管，无重新犯罪、无负面舆情和群体性事件发生。在册安置帮教对象1287人（全年新接收刑释解矫人员409人），重点帮教对象181人，“必接必送”24人，委托“双列管”对象5人，接收“双列管”对象4人，“必接必送”率和通报列管率100%。在册后续照管对象144人，实际照管率和年内操守保持率均100%。执行执法管理规范和执法回避制度，对存在的执法管理不规范问题通报并督促整改。推进新北区特殊人群智慧照管平台运行，把特殊人群纳入网络管理模块，“一人一档”电子化管理。9月，区社区矫正工作处正式对外使用“新北区社区矫正管理局”名称，实现由行使综合指导功能队伍向有效组织具体刑事执行队伍转变。围绕“一区一品牌、一镇一特色”项目培育发展目标，引入社会力量，形成以“心航家园”“龙润计划”为特色的新北帮扶模式。联合市检察院、市法院、市司法局，打造常州市长江大保护社区矫正损害修复基地；依托西夏墅镇斯乃刻职业技能培训学校，打造全省第二批安置帮教阳光帮扶基地。年内，春江街道后续照管工作站、西夏墅镇后续照管工作站分别通过省级、市级贯标示范点验收工作；24篇特殊人群相关工作报道被“学习强国”学习平台、《江苏法制报》、《小新说法》等媒体刊登录用。

（吴明亮）

军　事

人民武装

【党管武装】 1月14日，区委常委会议军会议召开，专题学习新理论、新思想，研究确定年度武装工作方向。9月28日，区人武部协调常州军分区、区委、区政府召开区人武部第一书记宣布任职大会，在贯彻落实党管武装工作制度中塑核心、知责任、谋创新。重视专职人民武装干部队伍建设，落实专武干部资格认证，根据上级要求会同区委组织部，研究成立专武部长人才储备库，优化完善专武干部量化考核评价体系，搭建专武干部岗位成长平台。

【思想政治建设】 2022年，区人武部以学习贯彻中共十九届六中全会和二十大会议精神为主线，通过读原著、学原文、悟原理，在领读研学中深悟建军强军的战略考量。持续巩固深化“传承红色基因、担当强军重任”主题教育，把党史学习教育与国防教育、兵役征集、民兵整组融为一体，领悟“两个确立”（确立习近平同志党中央的核心、全党的核心地位，确立习近平新时代中国特色社会主义思想的指导地位）的决定意义。

【国防动员】 2022年，区人武部拓展编组范围，组织布局，强化援战保障

8月，区军地联合国防动员指挥所参加江苏省国防动员演练活动

（区人武部　供图）

能力，提升后备力量建设水平。组织后备兵员储备，严实辖区基础潜力采补和重点潜力核查，参加国防动员潜力点名。挖掘区备战急需、应战急用潜力资源1500余项，编制重点潜力图表10份。完成基干民兵整组任务，编实建强应急队伍、支援队伍，持续推进民兵政考、体检和专业技能考核，签订预征预储协议400余项，配齐基层武装部应急装备库，补充采购应急连装备器材，全面落实人装配套。贯彻市《关于加强新时代“龙城铁人”民兵建设的意见》，加强民兵预建党组织建设，推广龙虎塘街道祥龙社区民兵连参加社区治理经验，丰富民兵队伍“三队一员”（服务百姓的先锋队、国防教育的宣传队、应急应战的突击队、知情报情的信息员）内涵。年内，区人武部被评为常州市民兵工作先进单位。

【兵役征集】 2022年，区人武部紧扣征兵宣传、上站体检、政治考核、役前教育等环节，严把标准条件，确保兵员质量，完成新兵征集任务。组织专职人民武装干部、民兵连长等一线

力量，摸排调整辖区适龄大学毕业生名册，向广大适龄青年及家长面对面解读兵役政策。选拔培训49名社会各界人士组建廉洁征兵监督员队伍，对征兵全流程、全领域实施全覆盖监督。落实征兵政策法规、廉洁征兵举报渠道、征兵工作人员信息、廉洁征兵监督员信息和举报电话、定兵人员名单等公开公示制度和“零报告”制度（廉洁征兵工作机制，即以15天为1周期向上级反馈全国征兵网举报信息处理情况、互联网廉洁征兵舆情处理情况、群众来信来访等情况），确保征兵工作廉洁高效，征集兵员素质过关。

【战备训练和援战支前】 2022年，区人武部聚焦备战打仗，强化战备状态保持，紧盯任务需求修订完善各级各类方案。8月，参加江苏国防动员演练，完成国防动员指挥机构编成与运行领训任务。围绕情报队伍建设、情报要素完善持续推进情报平台搭建运行，全年上报陆上民社情200余条。提升援战支前能力，领受驻训保障任务，针对性调整保障方案，主动发挥军地桥梁作用，协调地方政府满足驻训部队人员食宿、装备配置、训练场地各项需求。

（徐 凯 田 鑫）

人民防空

【概况】 2022年，常州国家高新区（新北区）人民防空工作围绕“十四五”规划目标，在人防指挥通信及信息系统、人防工程建设和维护管理、人防宣传教育等方面推动高质量发展。完成1处民防一期工程竣工移交，开展并完成区人防展示馆方案策划和初步设计，实施人防工程标志标识改造出新27.3万平方米，组织开展“9·18”人民防空疏散综合演练，提高防空袭能力。

【人防组织指挥保障能力提升】 2022年，常州国家高新区（新北区）编制镇（街道）人防指挥所建设方案，通过市级专家评审。完成人防专业队成员实名制整组造册，组织参与市级专业队骨干培训。开展人防警报点建设，新增固定警报点5个。召开镇（街道）人防指挥所工作部署会议，下达年度人防重点工作任务。组织编制重要经济目标防护方案，完成传媒大厦、常州宏川石化仓储有限公司、新阳科技集团有限公司3家重要目标单位防护方案编制并通过市级专家评审。

（吴智超）

【人防工程建设和管理】 2022年，常州国家高新区（新北区）完成区人防展示馆方案策划和初步设计。针对人防工程平时使用中频繁发生的重点问题，区住建局牵头有关部门，增加巡查频率，对发现的问题项目重点管理，督促相关单位拆除临时搭建和封堵私开孔洞，约谈相关物业加快整改进度，保持打击违法使用人防工程的高压态势。开展在建人防工程质量监督管理，完成46个人防工程战备设施维护管理。

（赵旭峰）

【人防工程标志标识改造出新】 2022年，常州国家高新区（新北区）新增人防工程出入口处和人防工程内部设置标识，完成45个总计27.3万平方米的人防工程标识改造，主要涉及孟河镇、薛家镇、罗溪镇、西夏墅镇、奔牛镇、春江街道、魏村街道等外围片区老旧人防工程。对2020年、2021年已完成人防标识出新的173个总计102万平方米的人防工程增设功能间及平战转换标识牌。2020—2022年完成218个总计129.3万平方米人防工程的标识改造更新任务。

（王 欢）

【人防宣传教育】 2022年，常州国家高新区（新北区）结合高新区成立30周年庆祝活动宣传全区人民防空发展历史，展示新时代人防工作人员的精神风貌。在“3·1”国际民防日期间，悬挂宣传横幅标语190条，使用宣传电子屏32块，发放宣传手册1000册；区住建局联合区减灾委员会、区应急局、区红十字会在区政府机关广场开展“5·12”防灾减灾日主题宣传活动，现场展示防灾减灾展板16块，发放《防灾减灾宣传手册》400余份，回收调查问卷300余份；征订中小学《人防知识》读本2万册并送达各学校，确保全区中学二年级和小学四年级学生人手一册。在“9·18”全省人防警报统一试鸣活动期间，组织开展宣传活动30余场次，发放宣传资料3800余份；组织10个镇（街道）部分社区开展紧急疏散隐蔽演练活动，参与演练人数660人。督促辖区各中小学开设人防知识宣传教育课，组织开展应急疏散演练活动。西夏墅中心小学和龙虎塘中学代表全区参加全市中小学人防知识教育课比赛活动，获二等奖1人、三等奖1人。组织部分中小学教师参加全市中小学人防知识教育培训，提高人防知识教育水平。

（吴智超）

【“9·18”人民防空疏散综合演练】 9月18日，区人防办与三井街道在新城樾隽花园联合组织“9·18”人民防空疏散综合演练，100余人参与。演练开始预先警报响起，社区居民依次进入地下人防工程。空袭警报拉响，关闭人防门。某居民模拟出现身体不适，河海街道社区卫生服务中心医疗救护

9月18日，区人防办联合三井街道在新城樾隽花园组织"9·18"人民防空疏散综合演练　　（区住建局 供图）

队员实施心肺复苏和急救处理。电源跳闸，抢险抢修队员启动备用应急电源，开启应急灯。某居民表现心理恐惧，心理防护专业队员开展心理疏导。解除警报声响起，全体居民有序撤离人防工程。防化防疫专业队员开展场地防疫消杀。演练结束后，区人防办在小区开展人防知识宣传活动。

（吴智超）

双拥共建

【拥军优属】 2022年，常州国家高新区（新北区）支持和配合部队现代化建设，为部队"能打仗、打胜仗"提供有力保障。区委、区政府实施驻区部队河道综合整治、部队生活文化设施建设等实事17件，总计投入资金1127万元；向全区军属、"三属"（烈士遗属、因公牺牲军人遗属、病故军人遗属）、退役军人发放年画1.8万份。2月，区召开党政军领导新春座谈会，区委、区政府向驻区部队赠送慰问金、慰问品22万元，区四套班子领导和区双拥办人员走访慰问驻区部队、区消防救援大队、常州舰官兵并赠送慰问品价值83万余元。区"两新"组织拥军优属协会开展各项拥军优属活动，投入资金49万余元。区双拥工作领导小组成员单位结对帮扶重点优抚对象37户。各镇（街道）慰问共建部队投入89万余元。妥善安置转业军人、随军家属，接收退役士兵，安排军人子女入学等工作，协调解决军人子女入学54人。开展部队演训场地征用、运输通道铺设等拥军支前保障工作，协调完成2支驻训部队的演训保障任务。常州国家高新区被评为江苏省双拥模范区；区"两新"组织拥军优属协会、中国人民解放军92138部队被评为省双拥模范单位。

（陈　山　吕晓倩）

【拥政爱民】 2022年，常州国家高新区（新北区）驻区部队支持地方经济社会发展，开展各项拥政爱民活动。92138部队、91079部队支持常州机场建设，协助常州民航机场飞行调度2万余架次；开展国防教育日活动，指导地方院校军训；在驻地建立扶贫帮困联系点3处。92138部队协助地方开展升旗、纪念烈士等活动；向驻地孤寡老人问诊送药；慰问困难群众、烈士遗属、退役伤残老兵。区人武部组织开展"村村到、户户进、人人访"活动，走访西夏墅镇现役军人、困难党员等家庭15户。

（陈　山）

经济管理

宏观经济运行调控

【概况】 2022 年，常州国家高新区（新北区）围绕全市“532”发展战略，统筹推进发展规划编制、政府投资项目管理、能源结构优化、现代服务业发展、高质量考核、政策资源争取等工作。深化生态文明体制改革，在制度创新、模式探索上成效明显，受到省政府真抓实干督查激励表彰。全年创成国家 AAAA 级物流企业 2 家、省级工程研究中心 3 家、市级工程研究中心 4 家；获国家和省专项资金 2.7 亿元，获批地方政府专项债券额度 9.6 亿元。

【经济社会发展规划编制】 2022 年，常州国家高新区（新北区）编制完成全区重点产业链式集群发展规划及图谱。锚定“两特三新一智能”主导产业，完成产业链式集群发展规划及产业链图谱编制，形成全区“两特三新一智能”产业链趋势与基础图、产业链条现状图、区域分布图、产业链条构建重点方向图、产业招商地图和创新资源对接图。推进高铁新城建设，谋划龙江智造园产业发展规划，提出“一带一轴三片区”（一带：科技创新带。一轴：浏阳河路城市功能连接轴。三片区：产业发展片区、商业服务片区、居住生活片区）空间布局，加快推进制造业的高端跨越、智能升级、绿色低碳转型，重点构建以生命健康（生物药、高端医疗器械）、高端汽车电子（车规级芯片、传感器）、智能机器人与氢能储运为主的“2+2”现代产业体系。实施科技创新提升、产业建链补链、绿色低碳发展、人才生态完善、区域交流合作、管理模式创新 6 个方面重点工程。结合双创示范基地特色化、功能化、专业化发展，编制完成《常州国家高新技术产业开发区双创示范基地建设方案（2022—2024 年）》。编制《建立健全生态产品价值实现机制省级试点方案》，提出试点主要目标和方向，明确试点任务和改革事项。完成新能源汽车及核心零部件、光伏产业发展情况报告，形成智慧能源发展思路研究报告。围绕全区重点产业链发展和产业载体平台利用，形成《全区重点企业产业链配套情况报告》和《全区园区载体平台调查情况报告》。聚焦建立区内无缝衔接、敏捷高效的供应链体系，推动“两特三新一智能”产业链再造和价值链提升，推出“链上有约 邻里配套”产业协同发展活动品牌。举办新能源汽车及核心零部件产业和智慧能源产业沙龙活动，促成 22 家本地配套企业与头部企业达成合作，进入供应链体系。

（王麒麟）

【政府投资项目管理】 2022 年，常州国家高新区（新北区）推进区政府投资项目规范化管理，修订印发《常州市新北区政府投资项目管理办法》，理顺项目管理和推进机制，优化项目储备推进模式，形成“储备项目—三年滚动计划项目—年度计划实施项目”梯次格局，提升政府投资总体规划和动态管理水平。编制下达 2023 年区政府投资计划，推进实施区本级项目 76 个，项目总投资 232.3 亿元。其中，城乡基础设施项目 58 个，总投资 141.4 亿元；交通基础设施项目 6 个，总投资 82.7 亿元；民生社会事业建设项目 12 个，总投资 8.2 亿元。

（华　溢）

现代服务业

【概况】 2022 年，常州国家高新区（新北区）推进现代服务业高质量发展，各主要行业发展总体态势持续向好。全区实现服务业增加值 940.74 亿元，比上年（下同）增长 2.0%，占 GDP 比重为 47.26%。377 家规模以上服务业企业实现营收 259 亿元，增长 9.7%。实现社会消费品零售总额 401.07 亿元，下降 3.0%。实现限额以上批零住餐销售（营业）额 1989.26 亿元，增长 5.0%。生产性服务业实现营业收入 216.6 亿元，增长11.4%。第三产业实现税收77.38亿元（不含全口径留抵退税14.03亿元），同口径增长15.08%，占全区税收比重的41.28%，较2021年同期提高1.01个百分点。纳税300万元以上服务业企业有136家（不含房地产、建筑施工及国有平台企业，含商贸流通企业），较2021年增加21家，累计实现入库税收20.85亿元，增长64.7%；纳税亿元以上企业3家，纳税1000万元以上服务业企业29家，累计实现入库税收15.35亿元，增长93.9%。全区服务业纳税100强企业全年实现纳税11.54亿元，占纳税300万元以上服务业企业税收总额的55.35%，重点企业的支撑作用显现。

【现代服务业培育】 2022年，常州国家高新区（新北区）加快现代服务产业培育，指导常州江南环球港五期、恒泰第一工园生命科技港列入2022年度省服务业重点项目投资计划。维尔利总部研究院及环保智能云平台项目等35个项目列入2022年度市级服务业重点项目培育库，总投资282.8亿元，年度计划投资81.6亿元，当年完成投资105.6亿元。年内，启凯德胜改扩建项目、维尔利总部研究院及环保智能云平台项目、中科聚合新材料产业技术研究院项目、合全新药研发和生产一体化基地（三期）等项目竣工投运。发挥服务业研究分析作用，编制《新北区现代服务业工作情况汇报》，完成“新北区数字经济高质量发展研究分析报告”课题。开展全区现代服务业发展“头脑风暴”活动，举办“数字赋能 • 智享未来”——新北区数字经济企业沙龙等现代服务业活动4场。是年，天地（常州）自动化股份有限公司被评为省级现代服务业高质量发展领军企业，常州合全药业有限公司、江苏达实久信医疗科技有限公司被评为江苏省两业深度融合试点企业，常州跨越物流有限公司、常州友好速递有限公司被评为国家AAAA级物流企业，常州启凯德胜港口物流有限公司被评为省级重点物流企业，滨开区被评为江苏省两业深度融合试点区域，奔牛港物流中心被评为省级现代服务业高质量发展集聚示范区，环球恐龙城等4家载体被评为市级现代服务业集聚发展示范区，载体获评数列各辖市区首位。年内，区入选市级现代服务业星级企业16家，其中五星级6家、四星级7家、三星级3家；江苏天合智慧分布式能源有限公司、常州月星国际家居广场有限公司等入选区现代服务业十佳企业名单。

常州合全药业有限公司外景 （区委宣传统战部 供图）

2022年度常州国家高新区（新北区）现代服务业星级企业名单

1. 五星企业

常州良图创业投资合伙企业（有限合伙）
华夏银行股份有限公司常州分行
兴业银行股份有限公司常州分行
中国邮政储蓄银行股份有限公司常州市分行
中国移动通信集团江苏有限公司常州分公司
常州月星国际家居广场有限公司

2. 四星企业

维尔利环保科技集团股份有限公司
江苏环亚医用科技集团股份有限公司
常州伟泰科技股份有限公司
中国平安财产保险股份有限公司常州中心支公司
常州新北万达广场投资有限公司
常州宏川石化仓储有限公司
江苏浩森建筑设计有限公司

3. 三星企业

恐龙园文化旅游集团股份有限公司
东风日产汽车销售有限公司常州分公司
中国太平洋人寿保险股份有限公司常州分公司

2022年度常州国家高新区（新北区）现代服务业十佳企业名单

江苏天合智慧分布式能源有限公司
常州月星国际家居广场有限公司
江苏筑森建筑设计有限公司
常州新北万达广场投资有限公司
常州宏川石化仓储有限公司
江苏浩森建筑设计有限公司
江苏环亚医用科技集团股份有限公司

常州常隆雷克萨斯汽车销售服务有限公司

常州凯恩迪斯汽车零件分选服务有限公司

江苏龙环环境科技有限公司

（潘佳丽）

自然资源管理

【概况】 2022年，常州国家高新区（新北区）推进自然资源和规划要素系统保护、配置创新和赋能增效。建立绿色用地报批机制，超前谋划自然资源和规划全流程各环节服务保障。年内获批用地面积435.6公顷，争取各类用地计划面积420.51公顷。编制2个批次土地征收成片开发方案，可落实项目用地面积328.6公顷。根据《新北区自然资源统一确权登记实施方案》，完成永汇河、剩银河、澡港河（圩塘老河段）等15条区级河道确权调查，按汇交要求完成所有河流的矢量数据和图表成果整理。区被评为2021年度江苏省自然资源节约集约利用资金奖励地区、省土地执法模范区，资源节约集约利用工作成效显著获省政府激励表彰。

【土地节约集约利用】 2022年，常州国家高新区（新北区）自然资源和规划部门开展批而未供土地处置和存量建设用地盘活利用工作，推行工业用地“369提升计划”（全面摸排可利用工业用地整体情况，梳理形成3个月、6个月、9个月可供地块），建成动态更新数据库，有效盘活各类用地面积97.53公顷。开展“危污乱散低”出清行动，完成低效用地再开发面积452.2公顷，“增存挂钩”盘活批而未供土地面积269公顷，促进土地资源高效配置。

【土地储备与供应】 2022年，常州国家高新区（新北区）完成经营性用地出让17宗，面积93.41公顷，合同出让金105.9亿元；工业用地出让53宗，面积229公顷，合同出让金14.5亿元。坚持重大项目“应保尽保”，克服用地计划争取难、成片开发方案编制周期长、涉林报批缺口大等突出矛盾，争取各类用地计划面积420.5公顷，编制2个批次土地征收成片开发方案，保障比亚迪新能源汽车核心零部件产业园项目、国能常州二期2×100万千瓦机组扩建项目、龙江路高架北延春江段等重点项目和重大基础设施落地。开展批而未供地块（存量用地）整理，实现全区招商引资从盲目允诺逐步转为土地资源精准保障。完成全区“十四五”土地储备规划编制，建立区本级三年滚动出让计划数据库。编制完成《全区五年土地储备规划》，为近远期城市土地经营谋足资源空间。探索实行差别化土地供应新模式，完成面积2公顷的1宗差别化年限供地。完成4宗集体经营性用地挂牌上市，总计面积5.84公顷。

（刘佳辰）

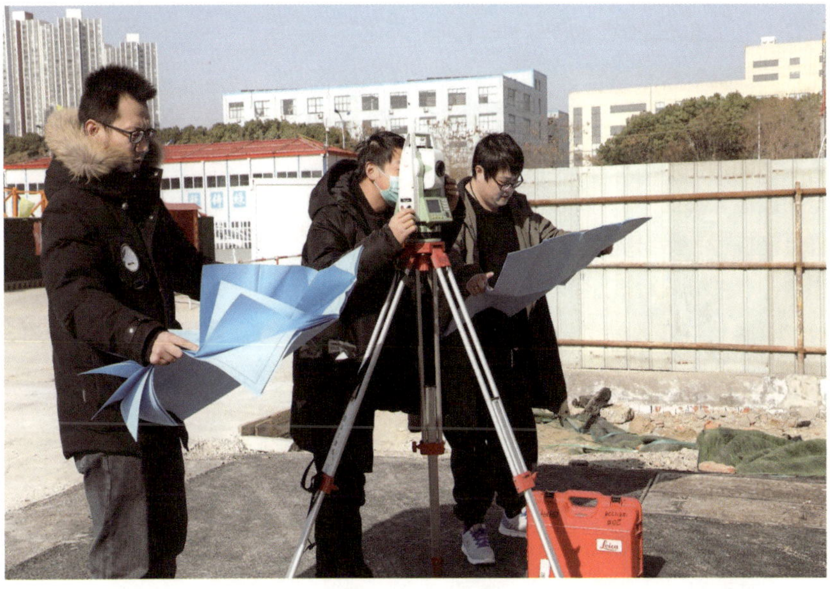

区资规分局在永安行科技股份有限公司现场开展“多测合一”服务

（区委宣传统战部 供图）

【基础测绘】 2022年，常州国家高新区（新北区）围绕重点工程项目，优化工程测绘服务，以实行“一次委托、统一测绘、成果共享”的“多测合一”服务模式，保障全区各类建设工程推进。新北自然资源和规划技术保障中心完成各等级控制测量一级卫星定位控制点12个，新测定四等水准点45个。实施并完成核心城区51平方千米1∶500地形图生产，更新1∶1000地形图和高铁新城周边沿街及道路附属设施城市实景三维模型，建成全区三维白模。动态跟踪更新地下空间、地下管线探测。全年完成建筑物放样、地籍测绘、日照实测、房产预测和房产实测、道路断面测量等委托性测绘任务3271份，出具140份项目的划拨出让土地利用现状报告、征地前期土地利用现状报告和勘测定界报告并提交组卷报批，跟踪工业类、民用类批后建设项目检测验线项目，同步完成区内竣工验收阶段测绘。完成“多测合一”测绘服务539项。出具正式规划条件113项、选址规划要求3项，推进项目35项，出具招商类红线草图77项。编制并公开出版常州国家高新区（新北区）建区30周年地图。

【自然资源调查监测】 2022年，常州市新北自然资源和规划技术保障中心完成征地报批成片开发计划地块勘测4个、经营性土地出让前期勘测7项、土地挂钩复垦勘测25个，在地块涉林报批前预先开展地块涉林查询并出具报告150份。运用集体土地所有权成果，调整基础数据并完成15条区级河道自然资源统一确权登记工作。根据城市国土空间监测数据要求，对既有配套设施、停车场地、灾害普查数据开展分析处理，补充完善民政、统计、应急、教育、生态环境、住建、交通、水利、林业、卫生健康、体育等行业地理信息50处，确认地理信息1处，并实施数据反馈；对45处有疑问的商品住宅数据根据中心不动产数据开展排查确认，修改更正信息9处。组织6次2678个图斑成果检查，合理保护土地。

（辛海明）

【自然资源管理信息化】 2022年，常州国家高新区（新北区）推进工业用地“369”成果应用研发，制定标准并完成资源库建设，实时更新数据。升级重点项目推进、工业企业评价等专项信息系统，建成区高质量发展平台微信小程序，初步实现一个程序集成多个应用的目标构架。区自然资源和规划“一张图”功能持续完善，实现二三维数据联动和市政设施审批数据的动态管理，增加林地、地下管线和土地利用数据分析，上线镇村布局等13类新增业务数据。新北自然资源和规划技术保障中心保障区建设用地现状信息系统、新北区数字政务（公众）地图、新北区空间资源信息平台等运行，研发土地征用补偿费用核算、土地挂钩复垦占补平衡指标管理等程序，研发具有一定纠错能力的数据收集子系统，完成2021年度工业企业数据的更新、核对、修改和综合评价，开展年度统计和工业用地提质量增效工作。完善区农村人居环境长效管理信息化系统，助力新北区农村人居环境整治工作再获全市第一。研发农业设施用地巡查专项系统，完成四个季度的巡查工作，为农业设施用地“农地农用”政策落实提供技术保障。

（刘佳辰）

财　政

【概况】 2022年，常州国家高新区（新北区）强化对专项资金、国有资产、政府采购、代理记账机构等监督管理，统筹各类资产资源，增加财政收入，深化隐性债务化解，持续压降政府性债务率。开展作风建设、预决算公开情况、直达资金使用情况等专项检查。对2021年省级基层医疗卫生机构基本药物制度补助资金、2020—2021年省级公共文化服务体系建设（农家书屋）专项资金实施省、市、县财政联动绩效评价。聚焦乡村振兴、污水处理、垃圾处理等领域，推广运用政府和社会资本合作模式（PPP），吸引社会资本参与。至年末，全区入库PPP项目7个，撬动社会资本投资89.01亿元。加强政府投资项目资金监督，全过程跟踪审查新孟河延伸拓浚（新北区）及综合配套整治工程、龙江路快速化改造、腾龙大道征收等项目，项目总投资143.26亿元。履行财政监督职责，对部分行政事业单位、学校开展作风建设、“三公经费”[指政府部门人员因公出国（境）费用、公务接待费、公务用车购置和运行维护费]使用、财经纪律执行情况等检查。严格把控政府投资项目决策和审批关，落实可行性、必要性论证，避免脱离财政承受能力盲目上项目。围绕省委、省政府提出的“清、规、控、防、降、管”要求，压实各方责任，严格防范融资平台公司经营性债务风险。设定分年度融资平台公司经营性债务控制目标，对融资平台公司实行债务规模和资产负债率“双管控”，并制订融资平台公司数量压降方案。出台加强区属国有企业债务融资管控措施相关文件，设定融资成本上限，规范企业融资备案、审批流程，降低融资成本。

【增收节支】 2022年，常州国家高新区（新北区）落实各项减税降费政策，全年完成留抵退税42.6亿元，占全市留抵退税总额的22.27%，总量列全市第一；加强公共资源资产资金统筹管理，多渠道弥补短收，实现预算收支平衡。全区安排政府性基金预算、国有资本经营预算、其他资金调入一般公共预算超20亿元；优化支出结构，压减一般性支出，增强重点领域经费保障，坚持“三保”（保基本民生、保工资、保运转支出）支出在财政支出中的优先顺序，重点民生支出占一般公共预算支出的比重继续保持在80%以上；遵守地方政府性债务管理规定，化解地方政府性债务风险，守住不发生系统性风险的底线。

【财政收入】 2022年，常州国家高新区（新北区）完成一般公共预算收入132.47亿元，扣除留抵退税因素后增长5%，同口径税收占比86.3%。其中，税收收入完成111.38亿元，扣除留抵退税因素后增长7.76%；非税收入完成21.09亿元，减收2.2亿元，下降9.45%。主体税种（增值税、企业所得税、个人所得税）完成76.92亿元，扣除留抵退税因素后增长12.11%，占税收收入的69.06%，低于上年同期0.94个百分点，主体税种支撑作用稳定。

2022 年常州国家高新区（新北区）财政收入完成情况统计表

表 12　　单位：万元

财政总收入			与上年同口径相比	其中，一般公共预算收入	与上年同口径相比
合计	中央收入	地方收入	±%		±%
4040765	972813	3067952	4.49	1324710	5.02

2022 年常州国家高新区（新北区）财政收入统计表

表 13　　单位：万元

项　目	年度收入	与上年同口径相比	
		金额	增长率（%）
一、一般公共预算收入	1324710	—	—
（一）税收收入	1113843	—	—
1.增值税（50%）	417850	—	—
其中，免抵调增值税（50%）	149100	-5105	-3.31
2.企业所得税（40%）	271067	38927	16.77
3.个人所得税（40%）	80252	7535	10.36
4.城市维护建设税	70117	-5431	-7.19
5.房产税	67151	2359	3.64
6.印花税	21825	935	4.48
7.城镇土地使用税	27107	-2630	-8.85
8.土地增值税	32488	-19839	-37.91
9.车船税	1116	-99	-8.12
10.耕地占用税	4530	752	19.92
11.契税	113733	13203	13.13
12.环境保护税	6135	281	4.81
13.资源税	69	-25	-26.72
14.其他税收收入	402	-50	-11.06
（二）非税收入	210867	-22003	-9.45
1.专项收入	56804	-3349	-5.57
其中，教育费附加收入	29695	-2144	-6.74
地方教育附加收入	18789	-2519	-11.82
残疾人就业保障金收入	7976	1213	17.94
2.行政事业性收费收入	28445	-18939	-39.97
3.罚没收入	15102	-6949	-31.51
4.国有资源（资产）有偿使用收入	110325	7195	6.98
5.其他收入	190	39	25.81
二、政府性基金预算收入	1683079	-36138	-2.10

续表 13

项　目	年度收入	与上年同口径相比	
		金额	增长率（%）
其中，土地类基金收入	1657765	-60723	-3.53
三、国有资本经营预算收入	60163	17544	41.16
四、上划中央收入	972813	-27754	-2.77
1.增值税（50%）	417850	-105153	-20.11
2.消费税	27710	9007	48.16
3.企业所得税（60%）	406473	57166	16.37
4.个人所得税（60%）	120378	11275	10.34
5.其他税收收入	402	-50	-11.06
五、财政总收入	4040765	-137583	-3.29
1.税务部门	2086656	-96986	-4.44
2.财政部门	1954109	-40597.7	-2.04

【财政支出】2022 年，常州国家高新区（新北区）完成一般公共预算支出 115.34 亿元，增长 20.84%，增支 19.89 亿元。其中，民生类支出完成 95.05 亿元，增长 18.79%，增支 15.03 亿元；全区用于民生保障方面的支出占一般公共预算支出的比重持续保持在 80% 以上，达 82.41%。

2022 年常州国家高新区（新北区）财政支出完成情况统计表

表 14　　单位：万元

财政总支出			其中，一般公共预算支出	与上年相比	
合计	±%	± 额		增长率（%）	金额
2754437	1.15	31213	1153418	20.84	198930

【财政管理改革】 2022 年，常州国家高新区（新北区）根据《江苏省财政厅关于印发乡镇财政纳入预算管理一体化系统实施方案的通知》要求，推进滨江经济开发区、镇（街道）财政纳入预算管理一体化系统，区、镇两级预算管理一体化系统全覆盖上线，实现预算管理“顺向逐级控制、逆向实时反馈”的完整管理闭环。推行预算绩效管理，提升财政资源配置效率和使用效益。健全绩效管理制度体系，印发《关于加强部门内部预算绩效管理基础工作指导意见的通知》，指导部门提高预算绩效管理水平。压实绩效管理主体责任，基本形成预算编制有目标、预算执行有监控、预算完成有评价、评价结果有反馈、反馈结果有应用的全过程预算绩效管理机制。探索绩效管理创新模式，对奔牛镇、罗溪镇和滨江经济开发区开展基层财政运行综合绩效评价，引导基层政府运用绩效评价结果，提高基层政府财政运行效率和效益。

【产业发展扶持】 2022 年，常州国家高新区（新北区）加大支持科技创新及经济转型升级力度，争取上级各类涉企资金 28.65 亿元，拨付工业、现代服务业、科技、领军人才等专项扶持资金 23.53 亿元，持续激发企业发展新动能；引导金融资源支持中小企业发展，通过“园区保”“苏科贷”等小微普惠类产品，引导金融机构合计发放各类贷款 9.94 亿元，缓解小微企业融资难、融资贵问题。

【民生保障】 2022 年，常州国家高新区（新北区）财政部门安排卫生健康支出 9.34 亿元，促进医疗卫生提质提优。安排社会保障和就业支出 11.66 亿元，逐步提高困难群众生活救济和城乡社会保障标准，其中城乡居民基础养老金由每人每月 350 元提高至每人每月 405 元、被征地农民老龄段保养金由每人每月 950 元提高至每人每月 1025 元。

【乡村振兴投入】 2022年，常州国家高新区（新北区）统筹安排涉农资金1.9亿元，推动农业产业融合发展。全年下达区级及以上各类奖补资金3012万元支持美丽乡村建设，区本级设立农村一、二、三产业融合发展专项资金，安排380万元扶持新型经营主体。保障粮食安全，全年投入5931.08万元用于水稻田生态补偿、高标准农田建设、耕地轮作休耕，发放实际种粮农民一次性补贴330.28万元，耕地地力保护补贴资金2114万元。持续推进农业保险“提标、增品、扩面”，促进水稻、小麦、玉米三大主粮政策性保险全覆盖。年内，各级财政保费补贴1916.45万元，为6774户农户提供风险保障资金4.4亿元。

【生态环境建设投入】 2022年，常州国家高新区（新北区）财政支持生态环境整治、长江大保护等项目支出12.52亿元。其中，大气、水、土壤环境整治支出8.3亿元，管网建设支出1.4亿元，长江经济带生态优先绿色发展支出1.42亿元，争取上级生态环境类资金1.4亿元。运用PPP模式（公共私营合作制）推动长江经济带高质量发展，撬动社会资本89.01亿元，持续推行区域绿色发展。

【政府采购】 2022年，常州国家高新区（新北区）全面推进政府采购意向公开，扩大预留中小企业项目范围，提高小微企业价格评审优惠幅度，助力企业发展。强化采购人主体责任，发布区级预算单位政府采购内控制度规范，指导采购单位结合实际建立完善政府采购内控制度。政府采购政策支持消费帮促，超额完成脱贫地区和省内重点帮促地区农副产品采购任务，计78.5万元（117.9%）。全年，区采购项目规模8.31亿元，其中货物类3.3亿元、工程类0.25亿元、服务类4.76亿元。

【新北区基层财政管理标准化试点项目获国家级立项】 8月，国家标准化管理委员会下达第八批社会管理和公共服务综合标准化试点项目，新北区基层财政管理标准化试点项目获立项。自2019年起，新北区财政局按照《国家标准化发展纲要》要求，创新探索标准化建设工作。2019年11月申请并获批“新北区基层财政内部管理暨公共服务标准化”省级试点项目，2021年该项目通过省级验收并被评为优秀。2022年，新北区财政局与基层财政分局紧密配合持续推进标准化试点建设，提升基层财政管理水平，提高基层财政服务效能。该次国家级试点创建工作实施周期约2年，分7个阶段推进。至年末，区财政局与各财政分局完成前期调研，确立标准化模块，初步搭建基层财政管理标准化体系框架。

（黄舒琳）

国有资产管理

·综　述·

【国资国企发展改革】 2022年，常州国家高新区（新北区）有一级国有企业11家，注册资本95.7亿元，企业资产总额2213.69亿元，所有者权益669.54亿元；全年完成营业收入221.9亿元，实现利润10.74亿元。区财政局（国资办）围绕国资国企发展改革，对照国企改革发展三年行动计划，在优化国资布局、加强国资监管、规范治理结构等方面开展国企改革重点工作。从研究制订新一轮国有企业改革方案着手，推进区属企业战略重组整合，推行高铁新城与常高新集团合署办公模式；完成常州市常开人力资源服务有限公司、常州高新区社会事业实业投资有限公司、常州新美水务集团有限公司、常州市新北区奔牛稻麦原种场有限公司4家公司重组；完成压降区属国企17家年度目标；重新调整龙控集团及恐龙园集团业务定位，实现常高新集团和龙控集团与西部乡镇公司联动运营；龙控集团提升征信评级工作，成立江苏龙城国有控股集团有限公司。健全国资监管体系，强化风险预警防范，全面梳理国资监管规范性文件并汇编成册，修订出台贸易、投融资、人事管理等规章制度17项。成立区融资平台公司经营性债务管控专班，设定2022—2026年分年度融资平台公司经营性债务控制目标。构建现代企业制度，推进涉改企业董事会应建尽建、配齐建强，至年末，外部董事正式履职，涉改企业实现董事会“外大于内”（外部董事人数大于内部董事）。推进“三项制度”（收入能增能减、员工能进能出、干部能上能下）改革，在区属国企推行国有企业经理层成员任期制和契约化、末等调整及市场化用工管理，基本实现经理层成员任期制契约化管理全覆盖。年内，通过市政府对区政府落实“国企改革三年行动计划”的高质量发展目标考核。

【国有资产产权管理】 2022年，常州国家高新区（新北区）国资监管机构监管的各类企业有326户（含控股企业270户）。其中，一级企业11户，占企业总户数的3.37%；二级企业86户，占企业总户数的26.38%；三级企业114户，占企业总户数的34.97%；四级企业102户，占企业总户数的31.29%；五级企业13户，占企业总户数的3.99%。针对区属国有企业信息公开、区属企业问题整改监督闭环管理、区属企业房产出租管理等事项，出台相关管理制度。全年发生产权进场交易1宗，成交价格979.95万元；发生产权协议转让21宗，成交价格7.13亿元；无偿划转国有企业股权1宗。

【国有企业负责人经营业绩考核】 2022年，常州国家高新区（新北区）国资监管机构根据《常州高新区（新北区）区属企业负责人年度经营业绩考核暂行办法》，对常高新集团有限公司、江苏龙城国有控股集团有限公司2家直管企业测算落实企业2022年度经营业绩考核指标，突出市场化转型考核，强化考核的针对性、有效性和导向性。加强国有企业负责人薪酬管理。根据企业负责人经营业绩完成情况、企业规模及功能分类，在全面考核和综合评价的基础上，确定各企业负责人2021年度薪酬水平。

（陆泯峰）

·常州高铁新城投资建设发展有限公司·

【概况】 2022年，常州高铁新城投资建设发展有限公司（简称“高铁新城公司”），主要负责服务常州高铁新城56平方千米城市化建设、经济增长、产业和社会事业发展。公司聚焦一级开发及功能性、公益性项目开发建设，国有资产经营管理，科技创新产业投资开发、特色产业孵化3大类核心业务，为常州高铁新城提供建设投资、运营管理、产业孵化等解决方案。7月，高铁新城公司总部经济区绿创大厦项目通过省住房和城乡建设厅验收。9月，经区委、区政府批准，高铁新城公司和常高新集团实行“两块牌子，一套班子”合署办公模式，推动资源整合，加强区域产业载体开发建设及运营力度。至年末，公司总资产90.68亿元，净资产11.19亿元，利润总额-0.4亿元、净利润-0.42亿元，资产负债率87.66%，营业收入1353万元。

【重点项目建设和地块开发】 2022年，高铁新城星耀城项目地下结构施工完毕；领航大厦、国际人才广场项目封顶；创智大厦项目建设复工；新龙实验学校投入使用；龙江路高架北延快速化改造项目有序推进；市足球训练基地开工建设。完成常州旅游商贸高等职业技术学校西、嘉禾尚郡北、新桥高中东、龙虎塘4个地块竞拍工作；开展龙虎塘一号地块报批及土壤调查、龙城高中东南地块预环评、龙虎塘传感小镇区域文保现场踏勘等工作。建立地块看护巡查管理制度，保障高铁新城片区一级开发工作的可持续性。

【国企改革】 2022年，高铁新城公司坚持以完善“三重一大”制度为抓手，完成“国企改革三年行动计划”所列国企层面改革任务；推进现代企业制度建设，优化董事会结构，推进落实董事会成员“外大于内”改革，选聘外部董事3人，占比60%，提升决策效能；推行经理层成员任期制和契约化管理，赋能团队发展，激发公司内生动力。

（陈　升）

绿创大厦外观　　（常州高铁新城公司　供图）

·常高新集团有限公司·

【概况】 2022年，常高新集团有限公司（简称“常高新集团”）资产规模1073亿元，控股黑牡丹集团（股票代码：600510）、无锡雪浪环境科技股份有限公司（股票代码：300385）2家上市公司，企业信用等级AAA，有员工4000余人。下属子公司业务涉及城市综合服务、新基建、纺织服装、环保、类金融及交通物流等领域。年内，经区委、区政府批准，常高新集团和高铁新城公司实行“两块牌子，一套班子”合署办公模式，推动区域资源整合。全年常高新集团实现营业收入155亿元，利润总额9.77亿元，上缴税收12.5亿元。

企业经营。6月，常高新集团下属企业常州国展安居投资有限公司投资建设的漫柏未来人才社区全面投用。科创水镇三期主体结构基本完成。全年完成外资招引1.56亿美元；市场化基金完成企业投放15个，投放金额超5亿元。7月，常高新集团三级控股子公司新苏环保水务（锦州）有限公司的锦州污水处理项目完成建设，常高新集团控股的上市公司无锡雪浪环境科技股份有限公司获国家级专精特新“小巨人”企业称号，常高新集团下属三级全资子公司上海环境院被评为上海市专精特新企业。

【常州正达实业投资有限公司】 常州正达实业投资有限公司成立于2017年8月，注册资本3.1亿元。公司经营范围包括土地一级开发、城市更新及产业园区开发、资产管理经营（含公司自行收购的资产及区国土储备中心代表政府实施收储资产的管理及经营）、土地整理、不良资产及低效利用土地的收购、参与法院诉讼标的物拍卖等。2022年，常高新集团负责对正达公司实施全面监督、管理和考核，区经营性用地工作办公室负责正达公司的业务指导。至2022年年末，公司总资产63.59亿元，当年实现营业收入1013万元。

【咸阳泽瑞水质净化有限公司】 咸阳泽瑞水质净化有限公司成立于2016年5月11日，注册资本6750万元，是常高新集团控股子公司。该公司是咸阳市首批环保设施和城市污水垃圾处理设施向公众开放单位，以BOT模式［建设—经营—转让（build—operate—transfer）是私营企业参与基础设施建设，向社会提供公共服务的一种方式］投资建设运营的污水处理项目。占地4.13万平方米，特许经营期25年，设计规模为工业污水处理5万吨/日、中水回用8万吨/日。一期规模工业污水2.5万吨/日、中水回用2万吨/日，出水水质100%达标排放。2022年，公司实现营业收入4721万元，净利润1894万元。

【新苏绿色能源（锦州）有限公司】 新苏绿色能源（锦州）有限公司成立于2019年1月30日，注册资本9300万元，2022年正式运营，是集团四级全资子公司。公司所属电力、热力生产和供应业，经营范围包含生活垃圾发电、热力生产和供应、环保技术开发、新能源技术开发、风力发电设备及环保设备研发等。公司投资建设的锦州市太和生活垃圾焚烧发电项目日处理生活垃圾1000吨，总装机容量20兆瓦。其中，一期建设规模为日处理生活垃圾500吨，总投资3.09亿元，占地4.53万平方米，建成投产后年处理生活垃圾18万吨，年发电量6068万千瓦时，年上网电量4793万千瓦时。2022年，公司实现营业收入5125万元，净利润1051万元。

【新苏环保水务（锦州）有限公司】 新苏环保水务（锦州）有限公司成立于2020年3月9日，注册资本1亿元，是集团三级控股子公司。公司投资建设运营的污水处理厂项目是锦州滨海化工产业园区的环保基础配套设施，项目占地11.44公顷，总投资5.5亿元，污水处理总规模5万吨/日，中水回用规模1.5万吨/日。项目分两期实施。一期项目总投资3.47亿元，污水处理规模3万吨/日，中水回用规模9000吨/日，于2022年10月正式投运；二期污水处理规模2万吨/日，中水回用规模6000吨/日。

（陈　升）

·江苏龙城国有控股集团有限公司·

【概况】 江苏龙城国有控股集团有限公司，始建于1994年，是常州市属区管的国有独资公司，下辖30余家子公司。集团先后获常州市现代服务业五星级企业、重大贡献企业、常州市推动高质量发展先进集体、全国文明单位等荣誉。2022年，集团明确城市美好生活服务商及特色产业建设运营商发展定位，通过推进“龙城管家”智慧管理平台上线、“智慧城市管家”龙虎塘街道试点项目启动及新桥街道安置小区物业管理试点项目，逐步形成集水利水务、综合开发、社会事业、文化旅游、产业投资等多元业务融合的特色产业布局。全年“城市大管家”业务实现营业收入3.2亿元、利润3915万元。集团推进国企改革，推动与新美水务集团、常开人力资源公司、审图中心的融合发展，通过在业务模块、管理架构、制度流程、干部团队等方面的全面融合，完成共融体系搭建。集团根据战略发展需求，科学划分城市大管家板块、新美水务平台、建设板块、城市开发板块、片区开发板块、康养教育板块等业务，凝聚共融发展合力。提升建设项目品质，长江岸线江堤两侧生态节点绿化提升工程和高铁新城、奔牛机场周边环境提升工程获2022年度常州市园林绿化优质工程奖“戈裕良杯”。推进公园道、公元礼著、公园尚都、公园名著等地产项目建设、销售和交付，推动三井光星地块开发建设，谋划研究新景五期地块产品。深化新龙生态林运营提质和经营创效，自2021年开园后累计接待游客200万人次，获江苏人居环境范例奖。推动“小黄山生态健康小镇”片区综合开发，完成东山路沿线环境整治并启动费赵农路建设，组织编制区域发展总体规划，园区全年接待游客46万人次，小黄山项目生态修复成果入选全国污染防治攻坚战案例等。助力公共事业建设，集团教育康养板块建立完善贝慈康养照护中心（世茂店）失智照护体系，并入选常州市首批长护险定点服务养老机构；常州高新区社会事业实业投资有限公司扩大教育业务规模，开拓幼儿兴趣班业务，中标云峯幼儿园办学主体招投标项目（该幼儿园2022年9月开园）。

【常州新园市政绿化有限公司】 常州新园市政绿化有限公司成立于1996年9月13日，前身是常州新区环卫绿化服务处，2017年11月更名为常州新园市政绿化有限公司，是江苏龙城国有控股集团有限公司旗下全资子公司。公司是建筑工程施工总承包三级、市政公用工程施工总承包三级资质单位，以市政、绿化工程施工及养护为主业，兼顾花卉布置、苗木迁移、节点改造等业务。业务范围包括常州国家高新区（新北区）360万平方米的绿化养护、区级市政道路的维修和地下雨水管网养护、代管泰山苗圃等苗木基地、管养生态林核心区等公园、承担全区区域性防汛、抗台风、除雪、污染防治等应急抢险与迎检保障工作。2022年全年总收入2.23亿元。

【常州新环环卫有限公司】 常州新环环卫有限公司成立于2002年1月15日，前身为常州新环环卫服务处，2017年更名为常州新环环卫有限公司，是江苏龙城国有控股集团有限公司旗下全资子公司。主要经营范围包括城市道路的清扫保洁服务；企事业单位、居民小区生活垃圾、特种垃圾、工业垃圾的清运服务；环卫设施日常保洁等业务。2022年全年总收入8768万元。

【常州龙城城市运营管理有限公司】 常州龙城城市运营管理有限公司成立于2001年，注册资本42300万元，前身为常州软件园发展有限公司，2019年吸收合并常州龙城生态旅游管理有限公司，并更名为常州龙城城市运营管理有限公司，是江苏龙城国有控股集团有限公司旗下全资子公司。2022年，公司在盘活存量业务（常州创意产业园及公园板块的综合开发、管理和运营）的基础上，探索"城市大管家"业务模式，统筹开展公园管理、停车项目、城市公共服务的业务承接。通过搭建智慧平台、成立管家队伍推进实施公园一体化管理模式和龙虎塘大管家试点模式。年内，公司管理的新北中心公园和飞龙公园通过市公园管理服务标准化复评。全年总收入2.3亿元，其中主营收入2.29亿元。

【常州环龙实业投资发展有限公司】 常州环龙实业投资发展有限公司成立于2007年3月，是江苏龙城国有控股集团有限公司旗下全资子公司，注册资本10.1亿元。公司以城市开发为主业，产业运营、资本代建、商业租赁等协同发展，坚持一、二级土地联动开发，深耕常州城市中心，聚焦品质物业筑造。公司通过规范资产管理工作、整合资产管理运营、优化资产管理手段，提升资产经营效率，年度租赁增值1380万元，资产总规模超50亿元，销售数据跃居城市排行榜第28名。2022年公司营业收入2.5亿元，上缴税收1.4亿元。

【常州高新区社会事业实业投资有限公司】 常州高新区社会事业实业投资有限公司成立于2015年9月10日，注册资本5亿元，是江苏龙城国有控股集团有限公司旗下全资子公司。公司以提供优质教育服务为抓手，深耕教育服务项目的综合开发及运营工作，投资建设常州市河海实验学校、银河香槟湖幼儿园、银河云峯幼儿园、恐龙人教育科技有限公司4家子单位。2022年，投资建设的河海实验学校初中部招收10个班、小学部招收7个班，中小学生约820人；银河香槟湖幼儿园兴趣班招生幼儿150余人；通过与区、镇街道办对接，中标云峯幼儿园办学主体项目，于2022年9月开园。全年营业收入6491万元。

（胡绍伟）

2月，新龙生态林百亩梅园梅花竞相绽放　　（王健 许宁 摄）

·恐龙园文化旅游集团股份有限公司·

【概况】 恐龙园文化旅游集团股份有限公司（简称"恐龙园集团"）是专业从事文化旅游产业投资运营和管理咨询的综合性企业集团，兼具国有控股企业和高度市场化两大属性。2022年，恐龙园集团被评为国家级"2022智慧旅游创新企业”“江苏省文明单位”“江苏省科普教育基地”。

传统景区。恐龙园集团深耕恐龙创意文化，推动文化创意与科技融合，从中华恐龙馆到中华恐龙园，再到国家AAAAA级旅游景区——环球恐龙城，逐步形成恐龙娱乐商业体系，2022年接待游客640万人次。为保证核心景区的持久市场吸引力，启动中华恐龙园“穿越侏罗纪”主题分区改扩建、“月光城”改造和景区智慧化数字化提升工程；开展度假区内“危污乱破低”整治，深入挖掘“东经120°”时间文化，结合环球恐龙城东西区联动及常州地铁六号线规划建设，谋划推进新能源之都·未来交通科技馆、恐龙城时光主题艺术公园等项目的策划实施，助力常州成为华东重要旅游目的地和文旅明星城市。

创新投拓。自2014年起，恐龙园集团在全国范围实施基于恐龙园品牌、投资和专业赋能的创新业务战略，通过整合集团旗下旅游管理、规划设计、文化科技、文化演艺、模块文旅、酒店发展、研学素培、智慧旅游等专业性公司和平台，提供文旅IP落地全过程项目管理咨询，加快恐龙品牌系列产品的连锁复制和对全国范围内优质文旅资源的赋能拓展。2022年，集团重点加快河南省南阳市、海南省三亚市、重庆市大足区等地区大模块中华恐龙园项目的战略布局，聚力河南省周口市、泰州市姜堰区、扬州市高邮市等地区中模块项目落地，推进镇江市丹阳市、江西省吉安市恐龙人防灾避险体验馆的复制建设，开展盐城草房子、连云港花果山、绍兴黄酒小镇、宿迁皂河龙运城等景区和酒店类委托管理项目的运营。年内，由集团全过程参与顾问咨询的宿迁皂河龙运城项目，于9月28日开园运营。

新型业务。恐龙园集团延展产业边界、拓宽业务领域、深挖在地市场，培育全新增长极，组建研学素培、新零售、文化创意事业部，立足公共安全与生命健康教育、品质生活新零售和城市文化管家，逐步构筑新型业务发展新格局。年内，恐龙人防灾避险体验馆完成建设并投入运营，新北区中小学校送训工作启动；“恐龙生活+”零售商城完成搭建上线，开展会员推广和销售；建立“文化管家”业务模型，承办常州国家高新区高质量发展大会、第五届运河文化节等活动。

中华恐龙园航拍　　（区委宣传统战部 供图）

【常州恐龙园文化旅游管理有限公司】常州恐龙园文化旅游管理有限公司成立于2017年，是恐龙园集团旗下全资子公司，依托母公司恐龙园集团在文化旅游全产业链开发、运营管理等方面的支持，储备专业人才，积累实战经验，梳理沉淀业务模式和系统，实现公司在文化旅游咨询管理行业的领先优势，开展全程顾问管理、全程协助实施管理、全权委托管理、专业咨询管理等合作，提供项目可研、创意策划、规划建设、市场运筹、经营运维、提升改造6类服务。2022年，公司签约宿迁皂河、常州高新展示中心、常州盛宣怀故居运营委管、常州大庙弄全过程招商、常州柚山村、连云港傲来迷彩世界（军事馆）的运营委管业务，以及东台黄海森林公园特色服务体系咨询业务和绍兴黄酒小镇招商运营顾问咨询业务。

【常州恐龙园旅游规划设计有限公司】常州恐龙园旅游规划设计有限公司成立于2013年，是恐龙园集团旗下全资子公司，下设深圳、上海2家分公司，是中国建筑文化研究会风景园林分会常务理事单位、中华文化促进会会员单位、中国建筑装饰行业协会会员单位。公司秉承文化创意、旅游创新、精准落地的宗旨，业务涵盖各类文化旅游度假区、主题公园、文化古镇、乡村振兴、主题商业街市、温泉度假、特色酒店、文化展馆、社交娱乐等文旅项目的策划规划、主题游乐设计、建筑设计以及室内设计，提供市场研判、文化研策、创意策划、专项规划、方案设计、施工图设计等全程或分段服务。2022年，公司重点完成常州市金坛区、海南省三亚市、江西省吉安市、四川省雅安市、扬州市高邮市、泰州市姜堰区、浙江省绍兴市、辽宁省大连市等地区文旅项目的策划规划，专注研发大中小模块产品模板，完成不一样的中华恐龙园标准版、恐龙星球、恐龙人部落国际营地、装置奇境、魔合街区、D世界等项目模板。

【常州恐龙园文化科技有限公司】 常州恐龙园文化科技有限公司成立于2016年，公司秉持恐龙园集团“专注成就专业，创新引领未来”的核心理念，是集成智能科技沉浸式、虚实互动娱乐新体验及特种影视项目的专业供应商，为科普探索中心、都市文化综合体、文化创意科技产业园、科技文化主题乐园等提供咨询、规划、创意、设计、研发、制作、施工、运营等整体解决方案及个性化服务。公司主营业务包括主题内容策划、乐园整体文化规划及体验场馆设计的创意设计业务，动漫、影片、特种影视、宣传片内容策划、设计、制作的CG（计算机动画）视效业务，互娱项目、特种影院系统、科博馆及商业综合体展馆等项目开发集成业务。2022年，公司完成赤壁陆水湖探秘恐龙岛、深圳华侨城互动滚球影院、武汉过山车多媒体集成、黄山山海荟恐龙世界、宿迁皂河龙运城七馆、大花果山渔湾奇幻海洋馆等项目，完成新一代滚球设备升级、MR（混合现实）项目研发、引擎多屏幕开发插件研发等。

【常州恐龙人文化演艺有限公司】 常州恐龙人文化演艺有限公司成立于2021年，依托恐龙园集团，聚焦文旅项目策划设计、文化研策与IP定制、文旅演艺内容生产制作和文旅演艺项目实施运营。公司坚持以戏剧思维、“演艺+”为创作导向，研发创作美食剧场、水景光影秀、脱口秀剧场、打击秀、戏剧情景文创街市、行进式微剧场、装置艺术、多功能艺术空间、夜游交互数字艺术等全新文旅体验产品品类20余个，提供文旅项目策划设计、文化研策与IP定制、文旅演艺内容生产制作、文旅演艺项目实施运营等服务。团队创作的作品先后获2022年度杰出光影水幕及演艺供应商奖、优秀沉浸式视觉解决方案奖、优秀数字内容创作奖等。2022年，公司完成徐州乐园、苏州乐园、荷兰花海等项目策划设计，完成皂河龙运城美食剧场《龙门盛宴》、水景光影秀《皂河寻梦》、行进式微剧场《同舟共济》演艺项目和徐州乐园欢乐世界主题演艺等项目实施交付；加快创意装置道具的自主研发创新速度，在装置、道具、化石三大领域创造新亮点。

（蒋培超）

·常州文化科技创意发展有限公司·

【概况】 2022年，常州文化科技创意发展有限公司下设园区管理部、综合管理部、招商发展部等部门7个，主要承担常州创意产业园区配套提升建设、园区招商引资、园区企业服务、园区安全生产等职能。常州创意产业园区是常州国家文化和科技融合示范基地核心载体，建筑面积34.4万平方米，先后获国家文化和科技融合示范基地、国家版权示范基地、国家电子商务示范基地等称号。年内，常州文化科技创意发展有限公司实现营业收入4797.99万元，净利润97.05万元。

【园区管理】 2022年，常州文化科技创意发展有限公司持续优化智慧园区平台，建立园区安全生产管理物联网、企业全生命周期管理系统网和园区管理服务集成网。完善园区企业“上云”管理系统，接入智慧安防、体温检测、消防预警等系统，实现园区安防管理全方位、无延迟；建立园区企业成长数据档案，动态分析产业发展情况，为园区发展规划提供决策依据；实现企业资产“上云”管理，实时掌握国有资产运行状况，提高资产管理效能。

【园区服务】 2022年，常州文化科技创意发展有限公司注重服务品质和细节，合理优化园区智慧停车系统，解决园区车辆出入慢、缴费慢、停车难及找车难问题。优化从地铁奥体站—创意园直达“创意号”公交专线班车班次，缓解园区员工公共交通出行上下班问题，全年公交专线班车服务园区8万余人次。建成园区物流配送中心，优化园区快递配送管理措施；建成综合餐饮休闲区“创意谷·创味街”，缓解园区1万余名员工就餐压力。打造“5+2”（5个工作日+2个休息日）园区邻里生活服务圈，招引符合园区定位及需求的品牌商户、增设健身步道、焕新整体环艺、改造会议中心，全面提升园区品质。

（刘　钊）

民营经济管理

【概况】 2022年，常州国家高新区（新北区）深化“放管服”改革，突出“问题导向、品牌引领、科技支撑、系统集成”，在江苏省首推“秒批秒办”“拿地即开工”审批等优化营商环境举措，被国务院《政府职能转变和“放管服”改革简报》、国务院办公厅《昨日要情》和省政府办公厅《每日要情》刊载推广。在江苏省工商联发布的江苏省区域民营经济营商环境评价报告中，常州国家高新区（新北区）民营经济营商环境评价总体得分位居全市第一。年内，全区民营经济拉动稳健。1101家民营规模以上工业企业实现产值2086.6亿元，增长25%，拉动规模以上工业增长13.6个百分点，占规模以上工业比重达60.8%。区围绕解决民营企业发展痛点难点，精准了解产业和企业动态，建立产业链企业监测机制，结合全区发展方向，调整建立“两特三新一智能”重点企业监测库，形成指标异动预警和诉求即时反馈的“双向互动”机制，全区1000余家规模以上民营企业实现全面监测。全年走访企业超800次，深入摸排企业需求超500项，第一时间发现企业的运行问题和解决企业的痛点和难点，化解企业人才、土地、资金等要素瓶颈，牵头解决企业在生产运营中的各类问题300余个，助力民营企业高质量发展。

（朱瑄磊）

【民营企业高质量发展服务】 2022年，区工商联围绕非公有制经济健康发展和非公有制经济人士健康成长（简称“两个健康”）主题，结合区委、区政府中心工作和民营企业发展的难点堵点，聚力为民营企业和民营经济人士办实事、做好事、解难事。在“工商联+N”服务模式的基础上创新整合“链上有约1+7”服务，推出强链、保链、引链、富链、护链、扩链、爱链等服务举措。天合光能有限公司、新阳科技集团有限公司入选2022中国民营企业500强。6月，举办“服务民企，常税先行”主题系列活动启动暨“新融心，税企健康行”品牌发布仪式；与区经发局联合举办常州国家高新区新能源汽车及汽车核心零部件产业协同发展沙龙活动。7月，召开涉案企业合规改革试点工作推进会，揭牌成立区第三方监督评估机制管理委员会办公室。9月，开展区工商联企业网络安全和知识产权保护专题培训班。11月，举行新北区工商联所属商会与平安团金会、江南农村商业银行签订战略合作签约。在2022年度全省营商环境测评中，新北区以92.39的得分，位列全省32个城区第一。

（廖光辉　陈旭峰）

【区民营经济营商环境评价总体得分位居全市第一】 12月8日，江苏省工商联发布2021年江苏省区域民营经济营商环境评价报告，通过全省1.33万家民营企业调查问卷和对13个设区市、95个县（市、区）及9个功能区（新区、开发区）的营商环境开展全面评价。报告显示，常州国家高新区（新北区）民营经济营商环境评价总体得分位居全市第一，在政务环境、法治环境、市场环境、社会环境等全部一级指标以及13个二级指标上均拔得全市头筹。根据民营企业的直观体会，88.68%的受访企业认为当地营商环境改善幅度较大，95.28%的受访企业有信心继续在本地投资，比例情况均为全市第一。2022年，全区以“高新事•高兴办”营商环境综合服务品牌为统领，在全省首推“秒批秒办”、“VR云勘察”、“1+N注销套餐办”、“一证化”改革、“四证五书”齐发、“拿地即开工”审批、“星期六审批直通车”、“急郎中工作室”等改革举措，促进民营经济健康发展。

【2家民企入围全国民企500强】 9月7日，全国工商联发布“2022年中国民营企业500强”榜单。天合光能股份有限公司、新阳科技集团有限公司2家企业上榜。天合光能位列第243位，排名较上年大幅上升136位，创造区内企业新高；新阳科技集团连续5年上榜，位列第471位。

（朱瑄磊）

税　务

【概况】 2022年，常州国家高新区（新北区）税务部门组织完成税收收入208.66亿元、非税收入137.76亿元，完成一般公共预算收入111.39亿元。还原留抵退税后，税收收入比上年（下同）增长10.2%，一般预算收入增长7.8%，2项增幅均位于全市第一。年内，区税务部门为1.13万户纳税人办理留抵退税42.59亿元，退税户数、规模位居全市第一，合计新增缓税、缓费、减税、退税83.95亿元，规模位居全市第一，其中新增制造业中小微企业缓缴税费18.51亿元，税收政策红利显现，区税务局报送的《关于留抵退税“快退、严管、狠打”有关意见建议》被国家税务总局局长王军批示肯定。是年，区税务局获全国节约型机关、省文明单位、省“巾帼文明岗”等19项称号。

【税收征管】 2022年，常州国家高新区（新北区）税务部门落实税收征管一体化综合监督体系建设，增强税收监管的整体性、协调性、系统性。全年完成税务风险应对1.11万户次，实现综合应对成效5.69亿元，直接拉动税收增长3个百分点。选送的《聚焦长江生态保护　强化政策执行监管》《其他应收款背藏玄机　大数据分析崭露锋芒》2篇调研报告分别入选全市风险应对十佳、十优案例。强化税收共治，联合区财政局等部门出台《税收协同共治工作考核办法》，建立与区住建局等部门的信息交换机制，配合有关部门出台促进区建筑业高质量发展的相关措施，提升税收治理效能。推行税务系统行政执法公示、执法全过程记录、重大执法决定法制审核“三项制度”，促进税务执法公平、公开、公正。

发挥税收大数据优势，立足区域和行业特点，每月定期开展区域经济税收分析，服务地方经济发展大局。

【纳税服务】 2022年，常州国家高新区（新北区）税务部门依托“高新事·高兴办”政务服务品牌，深化“非接触式”办税缴费模式，健全《国家税务总局常州国家高新技术产业开发区税务局“一口进、一口出”工作机制》，解决纳税人、缴费人“多头跑、多次跑”问题，推动服务从线下转到线上，实现网上办理涉税事项超95%。依托税收大数据精准助推企业发展，建立政策享受“白名单”，组建税收专家智囊团跟踪辅导，实施“一对一”精准服务，全年召开专题推进会4次，开设直播课堂1期、专题辅导12场，惠及企业约4000户，相关做法得到市委常委、常务副市长李林批示肯定。探索形成“税务＋商会”合作新模式，与区工商联、各镇（街道）、行业商会党组织开展结对共建活动，成立5个“纳税人缴费人之家”，畅通税企双向沟通，推动营商环境评估和纳税人、缴费人满意度双提升。年内，区税务局被评为全市税务系统2022年度优化税收营商环境工作先进集体。

【税法宣传】 2022年，常州国家高新区（新北区）税务部门围绕“智慧税务助发展 惠企利民稳增长”主题，开展系列税收宣传活动。全年举办“龙博士”纳税人云学堂系列宣传活动12次，回应社会关切，解决纳税人、缴费人急难愁盼问题。组织“常报小记者”走进常州税收普法教育基地，引导青少年学税法、知税情、明税义。依托税收大数据，甄别符合享受优惠政策条件的对象，自动精准推送，实时跟踪监测，确保“红利账单”及时送达纳税人、缴费人。举办“2022·金恐龙杯”税收公益广告创意设计大赛，收到作品302件，《税收支持乡村振兴》等18件作品在“2022·金恐龙杯”税收公益广告创意设计大赛中获奖，其中2件作品被选送参加第五届全国税收公益广告作品征集活动。

（万明玉）

5月29日，区税务局工作人员与“常报小记者”赴常州税收普法教育基地开展税务宣传活动 （区税务局 供图）

金融监管

【地方金融组织监管】 2022年，常州国家高新区（新北区）地方金融监管局对辖区20家地方金融组织开展分类监管，实施月度跟踪、季度督查等方式提升监管效能。聚焦年度审计的关键节点和环节，在省、市对区内地方金融组织实施检查的基础上，实现对区内列入监管的地方金融组织现场监管检查全覆盖。配合上级监管部门开展地方金融组织年审评级、现场检查、约谈、名单制管理，审核地方金融组织新设申请和变更备案等材料，完成年度各项监管任务。

【金融生态环境建设】 2022年，常州国家高新区（新北区）建立健全防范处置非法集资工作机制和责任部门，制订集中整治和集中宣传2套专项实施方案。围绕《中华人民共和国反有组织犯罪法》、防范处置非法集资、防范养老诈骗三大主题，开展防范非法金融宣传教育活动，组织地方金融机构学习《防范和处置非法集资条例》和《江苏省地方金融条例》，强化地方金融风险防范。各板块、部门开展防范非法集资宣传活动40余场次。对列入监管的典当行、小贷公司、融资租赁、融资担保、交易场所等地方金融机构，按照行业类别开展非现场监管与现场走访、现场检查。开展小贷公司规范公示年化利率专项整治、农民专业互助社非法集资风险专项排查、私募基金风险专项排查、典当与融资租赁企业年检评级等工作，防范、打击非法金融活动。

（奚晗悦）

审 计

【概况】 2022年，常州国家高新区（新北区）审计部门实施各类审计项目23个，审计发现问题及关注事项100余项，决定处理处罚1017万元。提出审计建议41条，收回沉淀财政资金1559万元，收缴国有资产出租出售收益2271万元，复核核减政府投资项目工程款1012万元，建议暂缓支付2259万元、收回某银团贷款安排费2508万元，促进被审计单位制定整改措施82项。全年报送各类信息241篇，其中被“学习强国”学习平台录用2篇，《中国审计报》录用2篇，《中国财政》《预算管理与会计》《新理财江苏财经》杂志各录用1篇。

2022年常州国家高新区（新北区）审计项目实施情况统计表

表15

分类		实绩
审计项目（项）	重大政策措施贯彻落实情况跟踪审计	5
	财政审计	5
	民生审计	3
	投资审计	2
	领导干部自然资源资产离任审计	1
	领导干部经济责任审计	7
审计决定处理处罚（万元）		1017
收回沉淀财政资金（万元）		1559
领导批示（次）		6

【财政审计】 2022年，区审计部门围绕本级决算草案编制及预算执行、政策执行、部门预算执行和财政专项资金绩效等情况，对团区委、区人社局、奔牛镇和龙虎塘街道开展审计，并统筹开展财政统筹资金与非税收入专户管理情况、“美丽乡村”专项资金绩效管理情况、现代农业专项资金和政府债券管理情况审计调查。重点关注财政预算执行的规范性和效率效果性，落实财政转移支付、公用经费、政府采购制度执行情况和过紧日子的各项要求。

8月31日，区审计工作人员查看厂房建设现场　　（区审计局 供图）

【民生审计和投资审计】 2022年，区审计部门紧盯民生领域和重点工程精准谋划审计工作，选派审计骨干参与实施养老服务体系建设政策措施落实情况专项审计调查、学前教育投入管理运行情况专项审计调查。组织开展新龙生态林建设运营情况专项审计调查，针对招投标、工程管理、工程变更、工程结算等方面存在的问题，在建设管理、融资方面提出相关审计建议。印发《新北区政府投资项目审计风险防范清单》，出台《关于进一步加强新北区政府投资项目审计监督的通知》《常州国家高新区（新北区）政府投资项目审计质量评价办法（试行）》等文件，完善政府投资项目审计监督体系。

【经济责任审计和自然资源资产离任审计】 2022年，区审计部门对区商务局、原新美水务集团公司、奔牛镇、龙虎塘街道4个单位的7名领导干部实施经济责任审计，其中离任审计4人、任中审计3人。对奔牛镇党政主要领导开展自然资源资产离任（任中）审计。重点关注政策执行、经济决策、经济管理和资金使用等情况，聚焦领导干部权力运行和责任落实，促进领导干部履职尽责、廉洁从政。

【审计整改】 2022年，区审计部门以区委首次将审计整改工作纳入全区高质量考核“扣分项”为契机，加大审计整改工作力度。发挥审计“治已病”“防未病”作用，全面推行“问题清单”“责任清单”和“整改完成清单”3项清单机制，落实整改“销号”。加强规范管理和制度完善，促进相关行业主管部门修订完善审计制度18项，出台《区级部门预算绩效运行监控管理暂行办法》《居家养老援助服务实施办法》等文件。

【巡审联动】 2022年，常州国家高新区（新北区）深化纪律审查、巡审联动。制定出台《关于新北区纪委监委、区委巡察机构与区审计局进一步加强协作配合的意见》《常州国家高新区（新北区）审计局向纪检监察机关移送问题线索工作实施细则》，在问题协查、线索移送、督促整改等方面与区委巡察机构、区纪委监委加强协作配合，发挥监督合力。选派审计骨干16人次参与巡视、巡察上级审计项目，参与省委巡视组驻常州市溧阳市、驻扬州市邗江区巡视工作，推动巡察监督、审计监督贯通协调。融合内部审计资源，制定出台《全区2022年度内部审计工作要点》《高新区（新北区）内部管理领导干部经济责任审计暂行规定（试行）》，依照“按需选派、双向选择”原则，组织统筹内审人员21人次参与交叉审计。

（贡素英）

统　计

【概况】 2022年，区统计部门建立健全“每月双报”机制，对8大类42项指标开展月初预测预报、月末汇总复盘，为及时反映经济运行情况提供系统的数据服务；量化解读各类主要经济指标，为行业主管部门和板块提供统计监测预警服务。形成月度发布数据信息、季度发布经济分析、年度发布经济综述、不定期发布专题研究的统计分析体系，全年被《江苏统计》杂志录用2篇、《中国信息报》录用1篇。区统计局调研区内“两特三新一智能”产业、人力资源服务业、数字经济核心产业等重点领域企业，走访项目现场50余个、企业200余家，对统计业务基础薄弱、月度数据波动较大的企业开展面对面行政指导。按照“要报数先入库”原则，目标化、清单化开展“四上”（规模以上工业、限额以上批发零售和住宿餐饮业、规模以上服务业、具有资质的建筑业法人单位和房地产开发经营单位）单位新增工作，全年新增“四上”单位412家，新增单位数量列全市第一。年内，办理依申请公开咨询件3件，网上回复留言信箱3次，回复率100%。区统计局被评为2022年度常州市统计工作先进单位。

【依法统计】 2022年，常州国家高新区（新北区）统计部门按照年度统计执法检查计划，落实行政执法“三项制度”（行政执法的公示制度、行政执法全过程的记录制度、重大执法决定的法制审核制度），完成各级“双随机”执法检查、专项检查、重点领域监督检查，全年督导镇（街道）5个，检查企业70家，检查结果总体数据质量较好；开展“双随机、一公开”监管和统计信用“红名单”认定工作，开展部门联合执法2次、随机抽取检查企业8家，未发现统计违法行为。常态化开展统计法律法规学习，提高工作人员依法统计意识。开展现场普法宣传活动3场，向公众普及统计法律知识，把统计普法宣传融入群众生活日常。

【专项统计活动】 2022年，常州国家高新区（新北区）开展经济普查国家试点、住户调查大样本轮换、人口变动抽样调查专项统计活动。

经济普查国家专项试点。常州国家高新区（新北区）代表江苏省参加第五次全国经济普查国家专项试点，完成清查底册编制、普查小区划分、“地毯式”单位清查、专项调查等任务，全面测试自主填报、电子证照扫码、行业智能编码等新技术、新内容。该次试点在薛家镇、奔牛镇、新桥街道清查市场主体2.4万家，开展投入产出调查、分主要业务活动营业收入调查、数字经济核心产业调查、限下贸易抽样调查4类专项调查，涉及调查样本企业约800家，对国家提出的18个试点研究问题提出改进建议，5篇试点经验材料被国家统计局、省统计局媒体录用，国家级专项试点工作被省统计局通报表扬。

住户调查大样本轮换。按照《省政府办公厅关于做好住户调查大样本轮换工作的通知》要求，开展5年一次住户调查大样本轮换工作，组织调查员对第七次全国人口普查划分的3492个普查小区开展再核实，对抽样框内2443户居民进行摸底调查，最终抽选落实新记账户150户。

人口变动抽样调查。按照省统计局《关于认真做好2022年全省人口变动情况抽样调查工作的通知》要求，组织开展2022年度人口变动情况抽样调查，核查被抽中的41个村（社区）、201个调查小区的建筑物、住房单元情况，完成1768户居民抽样调查正式登记工作，调查迁移流动、婚姻生育、受教育程度等情况，为把握全区最新人口状况、及时了解人口变化趋势特征提供数据支撑。

（胥燕娟）

市场监督管理

·市场主体许可·

【概况】 至2022年年末，常州国家高新区（新北区）有各类市场主体（含分支机构）157060户，注册资本（金）5370.44亿元；新设登记市场主体（含分支机构）24009户，注册资本（金）451.36亿元，其中新设登记外资企业70户(法人企业48户、分支机构22户)。

2022年常州国家高新区（新北区）新设登记市场主体登记情况统计表

表16

市场主体类型		2022年		2021年		增减（%）	
		户数（户）	注册资本（亿元）	户数（户）	注册资本（亿元）	户数（户）	注册资本（亿元）
企业	内资（非私）企业	495	90	670	62.11	−26.12	44.89
	私营企业	6728	264.87	8452	380.69	−20.4	−30.42
	外资企业	70	83.1	100	90.09	−30	−7.76
	小计	7293	437.97	9222	532.89	−20.92	−17.81
个体工商户		16709	13.1	16195	14.75	3.17	−11.19
农民专业合作社		7	0.29	17	1.08	−58.82	−73.08
合计		24009	451.36	25434	548.73	−5.6	−17.74

2022年常州国家高新区（新北区）实有各类市场主体登记情况统计表

表17

市场主体类型		2022年		2021年		增减（%）	
		户数（户）	注册资本（亿元）	户数（户）	注册资本（亿元）	户数（户）	注册资本（亿元）
企业	内资（非私）企业	4265	1098.3	4353	981.11	−2.02	11.94
	私营企业	56893	3096.94	54101	2825.16	5.16	9.62
	外资企业	1196	1069.81	1180	954.42	1.36	12.09
	小计	62354	5265.05	59634	4760.69	4.56	10.59
个体工商户		94302	91.35	83186	83.58	13.36	9.29
农民专业合作社		404	14.04	428	14.9	−5.61	−5.77
合计		157060	5370.44	143248	4859.18	9.64	10.52

（沈　霞）

【股权出质登记】 2022年，常州国家高新区（新北区）办理股权出质登记73件，比上年（下同）增长55.32%；出质股权总额14.59亿元，减少15.86%；担保标的总额90.25亿元，增长46.96%。

【药品及医疗器械经营许可】 2022年，常州国家高新区（新北区）新办药品零售许可25家，新办第三类医疗器械经营许可（零售）11家，其中零售企业4家、批发企业7家。

【计量标准器具审核】 2022年，常州国家高新区（新北区）办理计量标准器具考核（含复查）发证39项，其中新建1项、复查38项。开展行政许可卷宗整理，全年整理行政许可卷宗14份。

（吴祖庄）

2022年常州国家高新区（新北区）计量标准发证一览表

表18

序号	单位名称	计量标准装置名称	证书编号	发证日期	证书有效期
1	常州豪爵铃木摩托车有限公司	指示量具检定装置	〔2010〕县量标新北企证字第001号	2022.01.05	2027.01.05
2	常州豪爵铃木摩托车有限公司	卡尺量具检定装置	〔2010〕县量标新北企证字第002号	2022.01.05	2027.01.05
3	常州豪爵铃木摩托车有限公司	测微量具检定装置	〔2010〕县量标新北企证字第003号	2022.01.05	2027.01.05
4	常州豪爵铃木摩托车有限公司	圆柱螺纹量规校准装置	〔2010〕县量标新北企证字第004号	2022.01.05	2027.01.05
5	常州豪爵铃木摩托车有限公司	光滑极限量规检定装置	〔2010〕县量标新北企证字第005号	2022.01.05	2027.01.05
6	常州豪爵铃木摩托车有限公司	气动量仪检定装置	〔2010〕县量标新北企证字第006号	2022.01.05	2027.01.05
7	常州豪爵铃木摩托车有限公司	压力表检定装置	〔2010〕县量标新北企证字第007号	2022.01.05	2027.01.05
8	常州豪爵铃木摩托车有限公司	扭矩扳子检定装置	〔2010〕县量标新北企证字第008号	2022.01.05	2027.01.05
9	常州康迪医用吻合器有限公司	卡尺量具检定装置	〔2010〕县量标新北企证字第009号	2022.03.16	2027.03.16
10	常州康迪医用吻合器有限公司	测微量具检定装置	〔2010〕县量标新北企证字第010号	2022.03.16	2027.03.16
11	常州康迪医用吻合器有限公司	指示量具检定装置	〔2010〕县量标新北企证字第011号	2022.03.16	2027.03.16
12	常州市西夏墅工具研究所有限公司	测微量具检定装置	〔2006〕县量标新北企证字第001号	2022.04.23	2027.04.23
13	常州市西夏墅工具研究所有限公司	卡尺量具检定装置	〔2006〕县量标新北企证字第002号	2022.04.23	2027.04.23
14	常州市西夏墅工具研究所有限公司	指示量具检定装置	〔2006〕县量标新北企证字第003号	2022.04.23	2027.04.23
15	麦可罗泰克（常州）产品服务有限公司	环境试验设备温度、湿度校准装置	〔2006〕县量标新北企证字第506号	2022.06.24	2027.06.24
16	常州市第一橡塑设备有限公司	测微量具检定装置	〔2006〕县量标新北企证字第013号	2022.07.13	2027.07.13
17	常州市第一橡塑设备有限公司	卡尺量具检定装置	〔2006〕县量标新北企证字第014号	2022.07.13	2027.07.13
18	常州市第一橡塑设备有限公司	指示量具检定装置	〔2006〕县量标新北企证字第015号	2022.07.13	2027.07.13

续表 18

序号	单位名称	计量标准装置名称	证书编号	发证日期	证书有效期
19	常州市大华环宇机械制造有限公司	测微量具检定装置	〔2006〕县量标新北企证字第016号	2022.07.13	2027.07.13
20	常州市大华环宇机械制造有限公司	卡尺量具检定装置	〔2006〕县量标新北企证字第017号	2022.07.13	2027.07.13
21	常州市大华环宇机械制造有限公司	指示量具检定装置	〔2006〕县量标新北企证字第018号	2022.07.13	2027.07.13
22	常州能源设备总厂有限公司	压力表检定装置	〔1989〕市量标常企证字第330号	2022.07.04	2027.07.04
23	常州盛海仪表有限公司	0.05级数字压力计标准装置	〔2022〕县量标新北企证字第001号	2022.09.13	2027.09.13
24	常州宝菱重工机械有限公司	框式水平仪和条式水平仪校准装置	〔1988〕市量标常企证字第138号	2022.10.08	2027.10.07
25	常州宝菱重工机械有限公司	角度尺检定装置	〔1988〕市量标常企证字第127号	2022.10.27	2027.10.26
26	常州新罗机械制造有限公司	卡尺量具检定装置	〔2010〕县量标新北企证字第015号	2022.10.13	2027.10.12
27	常州新罗机械制造有限公司	百分表检定装置	〔2010〕县量标新北企证字第016号	2022.10.13	2027.10.12
28	雷勃电气（常州）有限公司	测微量具检定装置	〔2006〕县量标新北企证字第009号	2022.10.13	2027.10.12
29	雷勃电气（常州）有限公司	卡尺量具检定装置	〔2006〕县量标新北企证字第010号	2022.10.13	2027.10.12
30	雷勃电气（常州）有限公司	百分表检定装置	〔2006〕县量标新北企证字第011号	2022.10.13	2027.10.12
31	常州豪爵铃木摩托车有限公司	温度二次仪表检定装置	〔2006〕县量标新北企证字第017号	2022.10.25	2027.11.23
32	常州豪爵铃木摩托车有限公司	非自动衡器检定装置	〔2006〕县量标新北企证字第018号	2022.10.25	2027.11.23
33	常州豪爵铃木摩托车有限公司	平板检定装置	〔2006〕县量标新北企证字第019号	2022.10.25	2027.11.23
34	江苏武进液压启闭机有限公司	卡尺量具检定装置	〔2006〕县量标武进企证字第028号	2022.10.27	2027.10.27
35	江苏武进液压启闭机有限公司	测微量具检定装置	〔2006〕县量标武进企证字第029号	2022.10.27	2027.10.27
36	江苏武进液压启闭机有限公司	指示量具检定装置	〔2006〕县量标武进企证字第030号	2022.10.27	2027.10.27
37	江苏武进液压启闭机有限公司	精密压力表标准装置	〔2006〕县量标武进企证字第031号	2022.10.27	2027.10.27

续表 18

序号	单位名称	计量标准装置名称	证书编号	发证日期	证书有效期
38	常茂生物化学工程股份有限公司	压力表检定装置	〔2006〕县量标新北企证字第019号	2022.12.28	2027.12.27
39	常茂生物化学工程股份有限公司	配热电阻用温度仪表检定装置	〔2006〕县量标新北企证字第020号	2022.12.28	2027.12.27

（吴祖庄）

·市场主体监管·

【概况】 2022年，常州国家高新区（新北区）加强“双随机、一公开”监管，提升市场监管效能。全年，区市场监督管理局参与“双随机”任务199项（本级部门任务102项、上级下发任务15项、本级联合抽查任务69项、上级下发联合抽查任务13项），抽取市场主体（个体户工商户、私营企业、内资企业、外资企业、农民专业合作社等类型）5510户，其中个体工商户和私营企业占96%。区市场监督管理局的“双随机”抽取比例总体不低于在业市场主体总数的3%。年内，新北区事中事后监管项目获省政府督查奖励。

（陈必宇）

【信用与风险监管】 2022年，区市场监督管理局根据《市场监督管理严重违法失信名单管理办法》，加强对重点行业和领域企业异常名录移出的审查。全年实施经营异常名录管理3476户次，其中列入3004户次、移出472户次。加强异常名录和严重违法失信名单管理，清吊长期停业未经营企业。按照“唤醒一批、规范一批、吊销一批”的思路，部署开展长期停业未经营企业清理工作。对全区978家连续2个年度未年报且未纳税申报的公司制企业及其分支机构，开展清理吊销，厘清市场主体基数，营造公平竞争的市场环境。定期召开年报工作推进会议，实时监测掌握全区年报进度。持续推进“双随机、一公开”抽查检查。区“双随机、一公开”联席会议成员单位制定双随机抽查任务439个，其中单一部门任务259个、部门联合任务180个，检查市场主体9845户。

【个私经济管理】 2022年，常州国家高新区（新北区）市场监督管理局贯彻落实国家市场监督管理总局《关于新形势下发挥个体劳动者私营企业协会作用助推个体私营经济高质量发展的意见》，促进个体私营经济健康发展。持续推进个体私营经济年报工作，通过宣传折页、交通广播、智能电话语音提示等，扩大年报宣传广度和深度。全年新增个体工商户16709户，比上年（下同）增长3.17%；新增实有私营企业6728户，减少20.4%。至年末，全区有个体工商户94302户，实有私营企业56893户，合计占市场主体总数的96.26%。至6月30日，全区企业年报率97.9%，个体户年报率65.3%。

（俞雪莲）

【合同监督管理】 2022年，区市场监督管理局提高重点行业合同监管的专业化、规范化水平，邀请江苏张林芳律师事务所资深律师开展合同评审，借助专业力量及时提出客观、公正、合理、权威的评审意见。全年对二手车买卖、私教健身、室内装修、密室逃脱等11类涉及民生的领域开展合同

12月2日，医疗美容行业合同格式条款行政约谈会召开

（区市场监督管理局 供图）

评审，督促使用不公平格式条款的单位完成整改。集中整治16家非学科类校外培训机构教育培训、8家密室逃脱类经营场所的合同违法违规行为，维护消费者合法权益。推动合同条款监管常态化，指导相关企业对各类合同格式条款开展自查自纠，发现并督促纠正存在不平等条款的格式合同，对拒不改正、影响较大的经营户加大处罚力度，提高违法成本。全年立案查处违法合同案件2件，入库罚没款500元。

12月，区市场监管部门工作人员检查药品价格（区市场监督管理局 供图）

【网络交易监管】 2022年，区市场监督管理局为净化网络市场交易环境，集中整治网络市场监管运营中存在的突出问题，开展为期3个月的网络市场监管专项行动，维护公平竞争的市场秩序。针对“一老一少”（老年人与未成年人）用品开展网络抽检工作，完成按摩器具、服装鞋类、空气净化设备等老年用品和暖手宝、服装鞋类等儿童和学生用品网络抽检27批次。完成网站网店监测1.22万个次，督促网络交易平台删除违法商品信息98条；开展网售“一老一小”用品抽查4批次，查处用品质量案件3件；责令整改网站110个次，提请关闭网站2个次，屏蔽或关闭网站1个次；查处网售药品违法案件1件，查处网售化妆品违法案件1件；查处“三假”（假人气、假优惠、假商品）直播案件1件，查处不正当竞争案件1件；查处其他违法违规案件33件。

（张维明）

·市场与消费环境监管·

【概况】 2022年，区市场监督管理局筑牢市场监管领域防线，规范公平交易秩序，健全消费维权体系，保障消费者权益。制定《行政处罚案件审理规则》《涉案物资管理规定》等规章制度20余项，规范执法过程和内部管理。组织执法骨干参与大要案件的查办，3名执法骨干分别在省市场监督管理局组织的典型案例交流、商业贿赂执法专题研究等会议上作经验交流；2名执法人员在市首届市场监管执法技能竞赛中分别获三等奖和优秀奖。落实市场与消费环境综合执法改革，编写《市场监管领域相对集中行政处罚权资料汇编》，组织镇（街道）执法人员开展业务培训。至年末，区、镇（街道）办结市场监管领域处罚权下放事项案件551件，投诉举报办结率100%，区消费者协会被中国消费者协会表彰为2021—2022年度全国消费者权益保护先进集体；被评为江苏省食品安全工作先进集体；区消费维权工作经验被《中国市场监管报》刊登。

（陆春燕　陈必宇）

【价格监督检查】 2022年，常州国家高新区（新北区）市场监管部门加强重点领域、重点时段价格监管。加强群众生活必需品的价格监督检查，在全区农贸市场推行“今日价格行情”公示制度，每日早市更新，明码标价，禁止哄抬物价。全年检查商超、农贸市场、药店等经营单位1.32万家次，出动执法人员8416人次，发放提醒告诫函8549份。针对高端白酒、高价粽子、天价月饼、蟹卡蟹券开展市场价格专项检查，全年未发生重点时段、重点商品和服务的价格重大舆情。推进公用事业价格监管。对34家校外培训机构及12家中小学、幼儿园开展现场检查，对存在现场明码标价不规范等问题的机构责令整改。对非公立医疗机构医疗服务价格开展专项检查，办结违反明码标价规定案件3起，行政约谈口腔诊所1家。对32家政府投资的医院、景区及农贸市场的停车场收费行为开展检查，未发现价格违法行为。对14家在售楼盘开展销售行为专项检查，未发现相关重大价格违法行为，现场规范部分公示不明显现象。开展涉企违规收费治理。对辖区内主要商业综合体、工业园区、物业单位开展转供电环节电价调研与检查，查处不执行政府定价案2起，罚没金额26.5万元。实地检查区农业农村局、区人民防空办公室、区行政审批局、区中成村镇银行降费政策落实情况，未发现应退未退、自立收费项目及不落实国家及总行层面优惠政策的行为。紧盯民生热点，处置价格矛盾和纠纷，年内处理投诉举报845起，其中停车收费投诉164起、转供电投诉50起。立案查处一般程序价格案件16起，简易程序案件28起，处罚没收金额31.9万元。

（祁逸轩）

【反不正当竞争】 2022年，常州国家高新区（新北区）聚焦人民群众反映强烈的突出问题和影响市场公平竞争的难点、堵点问题，开展重点领域反不正当竞争专项执法，查处虚假宣传、商业诋毁、违规促销、不正当价格等违法行为，查处商业贿赂等不正当竞争案件11件，罚没93万元，其中查处某汽车销售有限公司商业诋毁、毛某经营淘宝店铺刷单、某公司违法有奖销售小区车位案等新型案件5件。某汽车销售有限公司商业诋毁案，入选全省互联网反不正当竞争典型案例。立案调查侵犯商业秘密案件2件，为3家重点企业提供商业秘密维权法律指导服务。开展物业服务企业侵犯业主权益专项整治行动，查处物业公司违规收取转供电电费、违规收取物业费等案件3件。开展特殊标志保护、汽配领域知识产权保护专项执法等专项行动，查办侵犯奥林匹克标志、侵犯注册商标专用权案件101件，其中某公司制售假冒“雷士照明”商标标识、某水果店销售假冒“冰墩墩”饰品案入选常州市知识产权典型案例。

【打击传销与规范直销】 2022年，常州国家高新区（新北区）市场监管部门开展打击网络传销专项执法行动。加强对重点行业的执法检查，针对网络购物型、网络投资理财型、网络创业型等严重损害人民群众利益、扰乱市场经济秩序和破坏社会稳定的网络传销活动，摸排各类线索11个。开展传销活动的动态监测及反传销宣传教育，组织开展打击传销宣传教育活动12次。构建打击传销群防群治网络，发挥基层组织在打击传销中的作用。按照“条块结合、属地为主”原则，建立基层防控传销网络建设机制，全年处置涉传线索5个。组织开展直销企业经营活动专项检查，排查直销网点的经营情况、人员结构、计酬方式、退换货制度等内容，对2户存在违规经营的直销企业服务网点下达《责令改正通知书》，规范直销企业服务网点经营行为。

（陆春燕）

【市场执法稽查】 2022年，常州国家高新区（新北区）市场监督管理部门办结案件1204件，其中省市场监督管理局挂牌督办2件、市市场监督管理局督办案件2件，罚没入库金额1080万元。组织编写关于知识产权保护、铁拳行动、食品抽检、安全生产、不正当竞争、“雳剑”行动等典型案例58个，被省市场监督管理局录用典型案例7个、市市场监督管理局录用典型案例9个。推进民生领域案件查办铁拳、打击侵犯知识产权和假冒伪劣、反不正当专项执法等行动。查处铁拳行动相关案件11件，罚没394万元，其中查办的宁波某公司在常州以勾兑调和油品冒充柴油案例入选全省市场监督管理领域铁拳行动典型案例。某食品店经营不符合食品安全标准的腐竹案和某机械厂使用检验不合格的特种设备案被录用为全市铁拳行动典型案例。开展烟卡专项整治，全年交叉检查、部门抽查、暗访检查15次，检查售烟商户2500余户。开展食品安全“守底线、查隐患、保安全”专项行动、药品安全“雳剑”行动、安全生产专项执法等。全年办结食品案件846件、特种设备案件55件、药械安全案件64件。其中，婴儿配方奶粉不合格案和南京某保健信息咨询服务部经营假冒参鹿食品案被省市场监督管理局列为挂牌督办案件，某食品店使用过期原料制作儿童饮品案被省市场监督管理局列为全省儿童产品相关领域典型案例。年内，组织相关部门用环保节能方式销毁处置15吨危废物资和4.09万件假冒伪劣物资。全面禁止活禽、野生动物交易行为，全年出动监管执法人员1.24万人次，检查农贸市场、商场、超市、花鸟鱼虫、其他野生动物经营市场6197次。

（陆春燕　张维明　章伟平）

【消费维权】 2022年，常州国家高新区（新北区）市场监督管理部门受理投诉举报1.63万余件（投诉1.19万件、举报4418件），为消费者挽回直接经济损失475.82万元。开通全省首家12315移动平台“云端调解”，推进在线消费纠纷解决ODR（电子商务在线非诉讼纠纷解决）机制建设，年内新发展ODR企业（全国12315互联网平台消费纠纷在线解决企业）20家，至年末全区有ODR企业95家，通过“云端调解”移动平台解决消费纠纷1488件。建立预付卡联席会议制度，调解处理预付卡相关纠纷900余件。以江南环球港、迪诺水镇为试点，打造核心景区、商圈无理由退货样板，并在不同行业、领域、业态实行推广，全年新增线下无理由承诺企业639家，产品涵盖零售商超、家居建材、日用百货、交通工具、服装鞋帽等消费领域。

（张维明　章伟平）

【放心消费创建活动】 2022年，常州国家高新区（新北区）市场监督管理部门围绕消费“安全、质量、价格、服务、维权”5个放心总要求，深化放心消费创建活动，优化消费环境。全年组织申报省、市级放心消费先进示范单位59家，其中省级22家、市级37家。按照《江苏省放心消费创建示范认定管理办法（试行）》，创成省级放心消费先进示范单位4家，完成资格认定单位14家。创成市级放心消费先进示范单位25家。至年末，全区有省级放心消费先进单位21家、示范单位16家、省级品牌消费集聚区5家、省级诚信品牌4家；市级放心消费先进、示范单位265家。

（张维明）

【广告、商标管理】 2022年，常州国家高新区（新北区）市场监督管理部门以社会关注度高、群众反映强烈、危害人民生命财产安全及危害社会和谐稳定的医疗、药品、保健食品、房地产、金融投资理财等领域虚假违法广告为整治重点，组织开展化妆品、医疗美容、“双减”等专项整治，全区查处广告违法案件63件，年内全部办结，罚没金额26.52万元。全区商标申请6556件，商标注册5421件，累计有效注册商标40990件；新增马德里商标国际注册5件，累计124件；新增驰名商标1件，累计28件。奔牛镇新市村委完成“新市村”集体商标申请，推进罗溪镇“莫家塘羊肉”、薛家镇“丁家村萝卜干”地理标志商标申报和西夏墅东南村“有稻仓”集体商标申报。

（俞雪莲　王　婧）

·质量监管·

【概况】 2022年，常州国家高新区（新北区）围绕质量强区，构建党委领导、政府主导、部门联合、企业主责、社会参与的质量工作格局。年内，常州中车铁马科技实业有限公司、江苏环亚医用科技集团股份有限公司获市长质量奖提名奖，江苏齐晖医药科技股份有限公司等5家企业获区长质量奖，雷勃电气（常州）有限公司等5家企业被评为区质量管理先进单位，常州和平环卫服务有限公司的城市道路环卫机械化保洁服务等9个产品（服务）通过“江苏精品”认证，常州汉森机械股份有限公司等3家企业通过省质量信用AA级认定。

（姚依倩）

2022年常州国家高新区（新北区）获质量品牌荣誉一览表

表19

序号	单位名称	荣誉类别
1	常州中车铁马科技实业有限公司	市长质量奖提名奖
2	江苏环亚医用科技集团股份有限公司	市长质量奖提名奖
3	江苏齐晖医药科技股份有限公司	区长质量奖
4	常州市乐萌压力容器有限公司	区长质量奖
5	江苏新金牛线缆有限公司	区长质量奖
6	江苏筑森建筑设计有限公司	区长质量奖
7	常州聚和新材料股份有限公司	区长质量奖
8	雷勃电气（常州）有限公司	区质量管理先进单位
9	天地（常州）自动化股份有限公司	区质量管理先进单位
10	特雷克斯（常州）机械有限公司	区质量管理先进单位
11	常州市德易印染有限公司	区质量管理先进单位
12	江苏博之旺自动化设备有限公司	区质量管理先进单位
13	常州和平环卫服务有限公司	江苏精品（城市道路环卫机械化保洁服务）
14	恐龙园文化旅游集团股份有限公司	江苏精品（主题公园服务）

续表 19

序号	单位名称	荣誉类别
15	江苏新金牛线缆有限公司	江苏精品（额定电压450/750V及以下辐照交联聚烯烃绝缘环保型电线和电缆）
16	江苏普莱克红梅色母料股份有限公司	江苏精品（可降解塑料色母料）
17	常州太平洋电力设备（集团）有限公司	江苏精品（气体绝缘金属封闭开关设备）
18	常州市常蒸蒸发器有限公司	江苏精品（家用电冰箱用风冷式翅片换热器）
19	常州澳弘电子股份有限公司	江苏精品（高密度互联多层印制电路板）
20	常州吉恩药业有限公司	江苏精品（叔丁醇钾）
21	常州天马集团有限公司（原建材二五三厂）	江苏精品（复合材料用玻璃纤维经编织物）
22	常州汉森机械股份有限公司	江苏省质量信用AA级企业
23	常州西玛特电器有限公司	江苏省质量信用AA级企业
24	永安行科技股份有限公司	江苏省质量信用AA级企业

（姚依倩）

【产品质量监督】 2022年，常州国家高新区（新北区）市场监督管理部门完成38批次上级移交产品质量抽检不合格后处理整改工作。加大工业产品生产许可证获证企业监管力度，完成6家新领证单位现场核验。组织开展危险化学品、危险化学品包装物及容器、食品相关产品、电线电缆四大类重点工业产品年度检查，督促限期整改问题38项，全部完成整改。开展燃气器具及配件产品质量安全专项整治，全年检查实体店142家、生产企业2家，立案8起。系统摸排辖区内口罩、洗手液、香皂等产品生产企业，现场检查生产企业2家，未发现违规问题。

（盛杜斌）

【认证监督】 2022年，常州国家高新区（新北区）有检验检测机构44家，其中机动车安检机构15家、环境与环保检验检测机构6家、建筑工程检验检测机构5家；管理体系认证证书5615张，其中质量管理体系认证证书3375张、环境管理体系认证证书1079张、职业健康安全管理体系认证证书829张、知识产权管理体系认证证书98张、信息安全管理体系认证证书48张、能源管理体系认证证书43张；机动车辆及安全附件、防爆电气和小功率电动机类等强制性产品认证证书7050张（含自我公开声明5801张）；自愿性工业产品认证证书7558张。完成1家家用燃气器具、5家汽车、1家儿童玩具、3家消防产品、12家电动自行车、5家电线电缆强制性产品认证获证组织、12家机动车检验检测机构监督检查，发现问题36项，均整改到位；完成认证行政监管平台的10家强制性产品认证获证组织、1家有机产品认证获证组织、1家绿色产品认证获证组织“双随机、一公开”监督检查，发现问题7项，均整改到位；完成国家认证认可监督管理委员会系统下达的自愿性认证领域检查任务1家，发现问题1项，整改到位。督促国家市场监督管理总局2021年度强制性产品认证自我声明信息核查中存在问题的2家企业完成整改。配合市市场监督管理局开展检验检测市场专项整治，完成2家检验检测机构监督检查；开展并完成8家检验检测机构“双随机、一公开”监督检查；开展并完成4家自愿性认证领域获证组织“双随机、一公开”监督检查。

（糜汝佳）

【计量管理】 2022年，常州国家高新区（新北区）开展各类计量专项检查，开展定量包装商品量和商品包装计量监督检查。全年在流通领域和生产领域抽查定量包装商品129批次，净含量标注合格129批次，标注合格率100%，净含量检验合格123批次，检验合格率95.3%；抽查商品包装31批次，合格27批次，合格率87.1%。开展民生领域计量专项监督检查。利用“双随机”抽查管理系统以5%的比例抽取眼镜店18家，16家配备相应的计量器具、检定合格且在有效期内（2家未找到登记住所）；以 30% 的比例抽取集贸市场 12 家及超市 10 家，检查在用强制检定计量器具 123 台件，发现不合格的电子计价秤 1 台，当场没收处理，其余在用的电子计价秤均检定合格且在有效期内；以 10% 的比例抽取加油站 6 家，88 把油枪均检定合格且在有效期内，铅封完好；以 10% 的比例抽取医疗卫生机构 2 家，计 74 台件计量器具，其中强制检定 40 台件，均检定合格且在有效期内。在夏粮收购期间，检查收粮单位 6 家，检查在用计量器具 46 台件（其中强制检定计量器具 31 台件），发现个别企业容重法水分测定仪尚未检定，经整改，6 家收粮单位的计量器具均检定合格。

【标准化工作】 2022 年，常州国家高新区（新北区）新增国际标准 2 项（常州星宇车灯股份有限公司的 ISO/TS 5385：2022《道路车辆——汽车外部灯具防雾涂层——技术规范》、江苏集萃安泰创明先进能源材料研究院有限公司的 IEC 63299 Ed.1.0：2022《金属磁粉心分类》）、国家标准 24 项、行业标准发布 15 项。组织企业申报省、市、区三级标准奖励项目，区财政局获质量强省奖补资金 20 万元，19 个项目获质量强市奖补资金 76.5 万元，90 个标准化项目获区级奖励 512.5 万元。区财政局的基层财政管理标准化试点项目获国家级财政管理领域标准化试点立项；保利大剧院的剧院服务标准化示范项目获国家级服务业标准化示范立项；常州星宇车灯股份有限公司申报的江苏省视野系统领域技术标准创新基地获省市场监督管理局批准；常州市金土地农牧科技服务有限公司通过省级农业标准化试点验收。天地（常州）自动化股份有限公司、常州千红生化制药股份有限公司、永安行科技股份有限公司 3 个省地方标准项目获省市场监督管理局立项。全年有 168 家企业在“企业标准信息公共服务平台”上公开声明新增执行标准 540 项，其中国家标准 5 个、行业标准 4 个、企业标准 530 个、团体标准 1 项。对省市场监督管理局、市市场监督管理局移交的 15 项企业标准监督抽查不合格项目，企业均按要求整改到位。

（吴祖庄）

·物价管理·

【概况】 2022 年，常州国家高新区（新北区）物价管理部门履行价格调控和监管职能，开展日常市场价格检查、巡查，保障群众价格权益。落实《省政府办公厅转发省发展改革委等部门关于清理规范城镇供水供电供气供暖行业收费 促进行业高质量发展实施方案的通知》和《市政府办公室转发市发改委等部门〈关于规范供电行业收费 提升“获得电力”水平的行动方案〉的通知》精神，优化辖区营商环境，减轻企业负担，推进新建居住区红线外水电气接入工程落实到位，造福于民。

【收费管理】 2022 年，常州国家高新区（新北区）完成 2021 年度收费年报，全区 2021 年度涉及申报收费单位 118 家，其中区本级单位 82 家、乡镇（街道）36 家。审验收费 5.58 亿元，其中行政事业性收费 2.7 亿元、经营服务性收费 2.88 亿元，年报率 100%。全区 2021 年度行政事业性收费以及经营服务性收费总金额比上年（下同）增加 1.23 亿元，增幅 28.34%。收费总额占地方一般公共预算收入 141.59 亿元的 3.94%，上涨 0.67%。强化事中事后收费监管，提高收费管理水平，完善日常收费报告制度。强化收费公示制度，各收费单位在门户网站或者固定场所的醒目位置，向社会公示收费项目、收费标准、收费依据、收费范围、收费对象、优惠减免规定、监督举报电话等，自觉接受社会监督。全年“12345”平台接收咨询、投诉、举报等事项 300 余件，办结率 100%。

【幼儿园收费标准核定】 2022 年，常州国家高新区（新北区）按照《江苏省幼儿园收费管理办法》《常州市新北区非营利性民办学校教育收费核定暂行细则》，核定常州市新北区景鄰天著幼儿园保育教育费收费标准每人每月 1250 元，常州市新北区银河云峯幼儿园保育教育费收费标准每人每月 1800 元，常州市新北区新龙湖幼儿园保育教育费收费标准每人每月 1800 元，常州市新北区薛家镇中科教育实验幼儿园保育教育费收费标准每人每月 1800 元，常州市新北区雅居乐星河湾幼儿园保育教育费收费标准每人每月 1200 元，常州市新北区飞龙幼儿园保育教育费收费标准每人每月 1700 元。

【商品房价格管理】 2022 年，常州国家高新区（新北区）完善房价联审会机制，区经发局、住建局、行政审批局、商务局、市自然资源和规划局高新区（新北）分局等部门建立房价联合会集体审议制度，指导开发企业合理制定房价，修订车位价格备案口径。全年完成商品住房价格备案 41 批次、80 余万平方米。区经发局联合区住建局、行政审批局等部门对区内 10 余家在建在售楼盘开展专项检查，及时掌握楼市行情，对销售过程中存在的不规范问题提出督促整改要求。

【煤热价格管理】 2022 年，常州国家高新区（新北区）按照《常州市新北区煤热价格联动办法》，推进常州市新港热电有限公司、常州新区广达热电有限公司及常州市长江热能有限公司3家热电联产企业季度性蒸汽价格调整，蒸汽到户中准价格分别为一季度310元/吨、二季度275元/吨、三季度275元/吨、四季度280元/吨。

【其他民生类价格管理】 2022年，常州国家高新区（新北区）关注节假日市场价格秩序，每月安排专人对全区4家农副产品平价商店开展优惠价格执行情况现场巡查，4家商店全年惠民金额38.2万元。根据省发展和改革委员会《关于进一步做好深化燃煤发电上网电价市场化改革工作要求》，持续开展转供电政策宣传。按照省、市发展和改革委员会部署，对区殡葬服务收费开展专项调研，摸排殡葬业价格突出问题，建立问题清单，提高收费透明度。规范区公办中小学（幼儿园）包餐制食堂伙食费收费管理，体现自愿和非营利原则，对辖区学校包餐制食堂伙食费重新备案，确定公办中小学收费标准8~13元/餐，公办幼儿园收费标准8.4~12元/天（一餐两点），该标准按每月（22天）预收餐费。组织发放低收入群体临时价格补贴248.06万元，惠及1.24万人（户），确保受助对象维持基本生活水准。

（宗　旭）

知识产权创造与保护

【概况】 2022年，常州国家高新区（新北区）推进知识产权强区建设。坚持“双稳双提”（稳企强链、稳基惠民，监管提质、数字化提速），完善管理和服务体系，提升知识产权保护和创造运用水平。落实知识产权政策，出台《国家知识产权强县建设试点县 国家级知识产权强国建设试点园区 江苏省知识产权保护示范区工作方案（2022—2025年）》《常州国家高新区（新北区）知识产权“十四五”规划》。部署建设江苏省知识产权保护中心高新区综合服务站和国家级知识产权保护中心常州高新区分中心，打造集快速预审、快速确权、维权保护、运用服务等功能于一体的综合服务平台。年内，全区授权专利1.35万件，其中发明专利授权1458件，万人发明专利拥有量85.54件，高维持发明专利（≥10年）1721件；获省高价值专利培育计划项目立项1家。江苏宏微科技股份有限公司被评为国家知识产权优势企业，永安行科技股份有限公司被评为国家知识产权示范企业，至年末，全区有国家知识产权示范企业6家、优势企业7家；常州市宏发纵横新材料科技股份有限公司、常州太平洋电力设备（集团）有限公司获第二十三届中国专利奖优秀奖，常州天合光能股份有限公司获省战略推进项目350万元资金支持，常州百瑞吉生物医药股份有限公司、常州天合光能股份有限公司获市专利金奖，江苏众红生物工程创药研究院有限公司获市专利优秀奖，永安行科技股份有限公司、维尔利环保科技集团股份有限公司、江苏欣战江纤维科技股份有限公司、常州市宏发纵横新材料科技股份有限公司承担专利强链项目。是年，新北区入选国家知识产权强县试点县（区）、国家级知识产权强国试点园区、省知识产权保护示范园区、省知识产权建设示范县、省知识产权建设示范园区。

【知识产权保护】 2022年，常州国家高新区（新北区）推进“两试点三示范”[国家知识产权强县试点县（区）、国家级知识产权强国试点园区、省知识产权保护示范园区、省知识产权建设示范县、省知识产权建设示范园区]项目建设。构建“严保护、大保护、快保护、同保护”的知识产权保护体系，针对重点产业、重点市场、重点领域执法，查处商标、专利侵权假冒违法行为，推进知识产权强区建设。全年立案专利案件3件，查处假冒专利案件112起，办结商标侵权案件101起，罚没金额109.05万元。开展“正版正货”示范承诺推进计划行动。年内，成立迪诺水镇商业管理有限公司知识产权联盟，11月，迪诺水镇获批市级“正版正货”示范街区，区电梯协会获批市级“正版正货”示范行

2月8日，区市场监督管理部门工作人员在金店开展冬奥会标志知识产权保护宣传督查
（区市场监督管理局 供图）

业。加强冬奥会、冬残奥会奥林匹克标志知识产权保护，把日常监管与专项治理相结合，打击侵犯奥林匹克标志专有权行为，开展宣传活动11次，冬奥会官方特许商品销售检查专项活动5次，专项检查出动230人次，办结涉及冬奥会商标案件9起，罚没金额4.67万元，区市场监督管理局春江分局制作的冰墩墩“一墩难求”普法微视频被“学习强国”学习平台采用。强化知识产权保护文化环境意识，在“3·15”“4·26”等活动日，利用横幅、宣传单等形式宣传《中华人民共和国商标法》《中华人民共和国专利法》等知识产权法律法规。举办2022年常州国家高新区（新北区）“拟上市企业知识产权风险与合规管理”线上线下培训2场，向80家企业发放《企业知识产权保护指南》等宣传手册，宣传知识产权相关政策，引导企业严格保护和合理运用知识产权，提升企业知识产权创造、运用、管理、保护能力。

【知识产权服务改革】 2022年，常州国家高新区（新北区）推进知识产权运营服务，了解区创新型中小企业融资需求，缓解中小企业融资难、融资贵问题，推动知识产权质押融资，开展知识产权质押融资推进会3场，实地走访企业35家，促进知识产权价值实现。建立企业、金融机构、中介机构三方对接机制，引导银行加大对知识产权质押贷款的投放力度，让更多中小微企业从专利质押融资中获益，全年完成知识产权质押融资金额7.38亿元。

【2家企业获中国专利优秀奖】 4月，常州国家高新区（新北区）2家企业获中国专利优秀奖。

常州市宏发纵横新材料科技股份有限公司，专利号为ZL200910034953.9，专利名称为多轴向经编机0°经纱送经装置。该专利在多轴向经编机上0°经纱送经装置上实现创新，解决多轴向经编机0°经纱送经装置易出现褶皱、不平整，铺线不均匀的共性问题，提高织物的布面质量，弥补国内在碳纤维经编织造领域的不足，缩小与国外高精尖工艺距离，为行业首创。至年末，参评专利相关多轴向经编机系列编织出的经编织物累计销售111.18万吨，新增销售收入115.29亿元，新增利润10.89亿元，新增出口额25.22亿元。

常州太平洋电力设备（集团）有限公司，专利号为ZL201410223674.8，专利名称为卷铁芯牵引变压器。该专利研制出世界首台220kV/56.5MVA卷铁芯牵引变压器、2×27.5kV/32MVA卷铁芯自耦变压器及其系列产品；针对电力行业节能减排，研制出世界首台220kV/180MVA、110kV/90MVA卷铁芯电力变压器及其系列产品。根据《国家变压器质量监督检验中心检测报告》，与相同电压和容量叠铁芯变压器相比，该产品空载损耗下降49%、负载损耗下降23%、噪声下降15分贝、冲击短路试验前后阻抗变化率小于0.1%（标准为2%）。生产的系列大型超低损耗卷铁芯牵引变压器，主要应用于电气化铁路、城市轨道交通。通过技术延伸，生产的系列大型超低损耗卷铁芯电力变压器，应用于电网、工企单位。生产的变压器在京沈、赣深等高铁，深圳、常州等地铁和电网、工企等用户应用，直接销售额6.4亿元。在高铁上的应用，大型卷铁芯变压器年均节电60万千瓦时/台、降低二氧化碳排放490吨/台、噪声降低至47分贝左右，既有应用累计降低电能损耗1.31亿千瓦时/年。

（王　婧）

科技创新

综　述

【科技发展】 2022年，常州国家高新区（新北区）紧扣苏南国家自主创新示范区建设，开展创新主体培育、科创平台建设、高层次人才引育、创新生态优化等工作，科技赋能区经济社会高质量发展。“实施创新驱动战略”连续5年获省政府督查激励表彰。围绕全区“两特三新一智能”主导产业和未来产业，谋划升级“1+3+X”［“1”：重大创新平台支撑。“3”：龙头企业牵引（中简科技股份有限公司、新创碳谷集团有限公司、常州启赋安泰复合材料科技有限公司）。“X”：众多潜力企业或要素集聚］创新布局。聚焦高铁新城建设，加快重大创新平台引建和高端创新资源导入。推动布局创新链，加速导入关键项目和高端资源，促进产业链向创新集群转型提升。至年末，常州国家高新区在2021年度国家高新区综合评价排名中排名第21位，成为苏南国家自主创新示范区“13+1”（13个国家高新区+1个苏州工业园区）联盟首任轮值高新区。

【“一区一战略产业”实施】 2022年，常州国家高新区（新北区）放大“两特三新一智能”领域优势，推动碳纤维及复合材料产业做强做大，在高性能碳纤维的研发制造、纤维用树脂的研发、复合材料工艺应用、复合材料制造装备和应用领域，形成良好发展态势。至年末，全区有碳纤维及复合材料产业链关联企业43家，其中上市企业2家、高新技术企业15家。全年实现销售收入144.17亿元，税收2.05亿元。常州国家高新区获批碳纤维及复合材料国家火炬特色产业基地，碳纤维及复合材料特色产业入选江苏省碳纤维及复合材料创新型产业集群。

【科技项目和科技成果转化项目申报立项】 2022年，常州国家高新区（新北区）组织申报各级各类工业科技计划项目78项。申报省级科技成果转化专项资金项目20项，其中省科技成果转化专项资金项目8项、集群项目12项。省重点研发计划——产业前瞻与共性关键技术申报10项，其中天合光能股份有限公司承担的“新型高效晶硅太阳能电池及组件关键技术、核心材料及装备研发”、江苏中科聚合新材料产业技术研究院有限公司承担的“新能源电池用本质安全高分子材料的研发”项目获省重点项目立项，支持金额分别为1500万元、1200万元；组织申报市工业支撑、科技成果转化培育项目

天合光能股份有限公司国家重点实验室　　（张海韵 摄）

48项。全年争取科技经费1.04亿元，其中省级以上资金9900万元、市级资金540万元。省级成果转化项目立项2个，分别是天地（常州）自动化股份有限公司承担的“矿山L4级车路协同自动驾驶系统研发及产业化项目”、中简科技股份有限公司承担的“航空装备用高强高模碳纤维百吨级关键技术研发及产业化项目”，获5000余万元省科技成果转化项目资金。2022年江苏省科学技术奖，全区申报项目奖12项、企业奖2项；获2021年度江苏省科学技术奖奖项11个，其中一等奖1项、二等奖1项、三等奖9项。

常州国家高新区（新北区）获2021年江苏省科学技术奖情况一览表

表20

序号	奖项	项目名称	获奖单位	本区获奖单位
1	一等奖	餐厨废弃物高质分离与高效生化处理关键技术及应用	常州大学、维尔利环保科技集团股份有限公司、常州市环境卫生管理中心	维尔利环保科技集团股份有限公司
2	二等奖	锂电池材料高效绿色生产智能成套装备的关键技术及应用	常州百利锂电智慧工厂有限公司、南京航空航天大学、成都巴莫科技有限责任公司、江苏南大紫金科技有限公司	江苏南大紫金科技有限公司
3	三等奖	新型术后组织创伤修复生物医药材料制备技术及产业化应用	常州百瑞吉生物医药有限公司、首都医科大学附属北京天坛医院	常州百瑞吉生物医药有限公司
4		低碳排放苯乙烯成套工艺与装备技术的研发及应用	常州瑞华化工工程技术股份有限公司、常州瑞凯化工装备有限公司	常州瑞华化工工程技术股份有限公司
5		战略金属锗铟镓绿色循环及高纯材料制备关键技术及应用	扬州宁达贵金属有限公司、上海交通大学、常州工学院	常州工学院
6		超薄超宽非织造布高速热轧成套装备研发及产业化	常州市武进广宇花辊机械有限公司、常州工学院、南京航空航天大学	常州工学院
7		基于多系统融合的智能煤矿安全监控系统关键技术研发及应用	天地（常州）自动化股份有限公司、中煤科工集团常州研究院有限公司	天地（常州）自动化股份有限公司
8		时速350千米复兴号中国标准动车组吸能联挂系统	常州中车铁马科技实业有限公司、中车戚墅堰机车车辆工艺研究所有限公司	常州中车铁马科技实业有限公司
9		五轴联动数控电解机械复合加工技术及应用	常州工学院、新誉集团有限公司、瑞声光电科技（常州）有限公司、常州创胜特尔数控机床设备有限公司	常州工学院
10		低控源截污强度下水体治理技术及成套装备产业化	常州大学、安徽黄河水处理科技股份有限公司、江苏今创嘉蓝环保科技有限公司、维尔利环保科技集团股份有限公司、常州水中天生态园林有限公司、常州环保科技开发推广中心	维尔利环保科技集团股份有限公司、常州环保科技开发推广中心
11		轨道交通车辆用踏面清扫装置	中车戚墅堰机车车辆工艺研究所有限公司、常州中车铁马科技实业有限公司	常州中车铁马科技实业有限公司

（万苏琳）

【区第十四批、十五批科技镇长团轮换工作会议】 区第十四批、十五批科技镇长团轮换工作会议于7月29日召开。会议总结交流科技镇长团挂职经验，研究部署下一阶段工作。会上，副区长、第十四批科技镇长团团长王丹，团员代表董媚作经验分享，第十五批科技镇长团团长张袁元作表态发言。区委书记、区党工委副书记周庆为王丹颁发“荣誉团长”奖。王丹和陈瑛为第十四批科技镇长团团员颁发“光荣团员”奖。第十四批科技镇长团任内，围绕“两特三新一智能”主导产业，深入区内1315家企业走访摸排需求，为46家人才企业融资4.2亿元，帮助引进高层次人才81人，签订产学研合同21份，协助申报省级以上重大项目23个，累计争取上级补助资金2107万元。

（区志办）

苏南国家自主创新示范区建设

【概况】 2022年，常州国家高新区以争先进位为抓手助推苏南国家自主创新示范区建设和高新区高质量发展。依托全区各项工作创新突破成果，实现高新区排名连续进位逐年攀升。年内，优化升级苏南自创区服务平台，以“线上一网办、线下一窗办”的服务模式，助力企业创新发展。通过数字化赋能“一站式”服务平台，打造为企业服务的新场景。发挥平台优势，畅通科技企业与科技服务、金融机构的信息沟通机制。强化苏南国家自主创新示范区服务品牌建设，常态化开展“菁常汇”系列品牌专题活动。10月，“菁常汇”科技服务品牌商标注册申请审批通过。印发《常州国家高新区“科创积分贷”信用贷款实施办法（试行）》《常州国家高新区“科创积分贷”担保贷款实施办法（试行）》，推动科技金融深度融合，落实“企业创新积分试点”工作。出台《常州国家高新区科技型中小企业引育专项基金管理办法（试行）》和《常州国家高新区科技型中小企业招引奖励办法（试行）》，吸引优质企业入驻常州国家高新区；设立科技型中小企业引育专项基金，用于投资引进科技型中小企业，推动“强富美高”常州国家高新区现代化建设走在前列。年内，常州国家高新区获科技部火炬中心火炬统计工作先进单位称号，并获省政府办公厅对2021年落实有关重大政策措施真抓实干成效明显地方予以督查激励的通报表彰。

1月19日，“菁常汇”科技人才服务品牌系列交流活动第六期——产业招商专题培训举行（区委宣传统战部 供图）

【区创新创业服务平台功能优化】 2022年，常州国家高新区围绕科技企业创新需求，强化“一站式”服务平台功能建设。线上优化升级苏南自创区服务平台网站，提升科技金融板块功能，增加“科创积分贷”信用贷款、“科创积分贷”保证保险，为企业提供融资服务；线下提升苏南自创区服务平台形象，动态更新科技创新数据，完善科技服务机构展示内容。加速集聚服务资源，新增科技服务机构3家。

（万苏琳）

2022年常州国家高新区入选苏南国家自主创新示范区示范企业一览表

表21

类型	序号	企业名称
潜在独角兽企业	1	常州启赋安泰复合材料科技有限公司
	2	江苏常荣电器股份有限公司
	3	宸光（常州）新材料科技有限公司
	4	常州赛乐医疗技术有限公司
	5	江苏应能微电子有限公司

续表 21

类型	序号	企业名称
瞪羚企业	1	常州合全药业有限公司
	2	常州捷佳创精密机械有限公司
	3	江苏达实久信数字医疗科技有限公司
	4	江苏昊润电子科技有限公司
	5	中简科技股份有限公司
	6	联影（常州）医疗科技有限公司
	7	江苏三工建材科技有限公司
	8	江苏赞奇科技股份有限公司
	9	常州百瑞吉生物医药有限公司
	10	江苏众红生物工程创药研究院有限公司
	11	常州延顺光电科技有限公司
	12	江苏荣夏安全科技有限公司
	13	常州江南冶金科技有限公司
	14	常州亚龙电子科技有限公司
	15	常州市致新精密电子有限公司
	16	常州乐奥医疗科技股份有限公司
	17	江苏应能微电子有限公司
	18	江苏依斯特电力科技有限公司
	19	江苏印象乾图文化科技有限公司
	20	江苏启航开创软件有限公司
	21	常州柯特瓦电子股份有限公司
	22	常州迈腾工具有限公司
	23	江苏瑞金装备科技有限公司
	24	蒂森克虏伯转向系统（常州）有限公司
	25	江苏捷达油品有限公司
	26	常州诚铭电子科技有限公司
	27	常州天曼智能科技有限公司
	28	常州赛达电气有限公司
	29	常州今研精密机械有限公司
	30	常州绍鼎密封科技有限公司
	31	常州浩瀚万康纳米材料有限公司
	32	常州市万隆节能交通科技有限公司
	33	扬子江药业集团江苏紫龙药业有限公司
	34	常州力福格医疗用品有限公司

续表 21

类型	序号	企业名称
瞪羚企业	35	江苏健瑞宝医疗科技股份有限公司
	36	常州精纳电机有限公司
	37	江苏容大减震科技股份有限公司
	38	常州嘉耘机械有限公司
	39	常州优谷新能源科技股份有限公司
	40	常州恒勃滤清器有限公司

高新技术产业

【概况】 2022年，常州国家高新区（新北区）开展“保存量、促增量”活动，加密走访调研频次，召开高新技术企业申报培训会，帮助企业打通知识产权申请与授权、成果转化等关键环节。宣传落实企业所得税优惠、研发费加计扣除、研发费用分档奖励等高新技术企业优惠政策，激发企业高企申报积极性。年内，新增发布国际标准2项、国家标准43项、行业标准21项，万人发明专利拥有量85.54件，位居全市第一；申报高新技术企业579家，高新技术企业总数首次突破1000家，达到1065家。全年完成高新技术投资115亿元，实现高新技术产业产值1590亿元，比上年（下同）增长9.5%，至年末，“两特三新一智能”产业链总产值2639亿元，增长19.3%；利润总额267亿元，增长42.1%。

【高新技术企业申报】 2022年，常州国家高新区（新北区）组织三批次高新技术企业申报计579家，通过评审获公示企业412家。其中，重新申报企业188家，通过认定168家；新申报企业391家，通过认定244家。全区累计有高新技术企业1065家，其中电子信息172家、高技术服务31家、航空航天5家、生物与新医药42家、先进制造与自动化572家、新材料157家、新能源与节能43家、资源与环境43家，创新型企业梯队持续壮大。

2022年常州国家高新区（新北区）高新技术企业认定一览表

表 22

序号	企业名称	序号	企业名称
1	艾科思电子科技（常州）有限公司	15	常州乐邦科技有限公司
2	博格思众（常州）热交换器有限公司	16	常州莫凯精工机械有限公司
3	博瑞特东乡（江苏）包装有限公司	17	常州耐恩工业技术有限公司
4	常州瑷尔恒自动化设备有限公司	18	常州奇兵创意设计有限公司
5	常州奥凯干燥设备有限公司	19	常州旗云科技有限公司
6	常州诚鉺正环保技术有限公司	20	常州企智略科技有限公司
7	常州戴芮珂机电科技有限公司	21	常州融信复合材料有限公司
8	常州高晶新材料有限公司	22	常州市宝隆化工有限公司
9	常州海宏液压设备有限公司	23	常州市宝顺电子科技有限公司
10	常州杰森智能环境装备有限公司	24	常州市鼎兴电子有限公司
11	常州精纳电机有限公司	25	常州市东科电子科技有限公司
12	常州康泰模具科技有限公司	26	常州市固歌光电有限公司
13	常州科菲自动化科技有限公司	27	常州市和普电子科技有限公司
14	常州兰陵自动化设备有限公司	28	常州市璟胜自动化科技有限公司

续表 22

序号	企业名称	序号	企业名称
29	常州市君泰机械科技有限公司	66	朗瑞（常州）光电设备有限公司
30	常州市柯龙电子有限公司	67	鲁尔泵（中国）有限公司
31	常州市赛嘉机械有限公司	68	悟空智能科技常州有限公司
32	常州市盛霆机械有限公司	69	新阳科技集团有限公司
33	常州市墅乐厨具有限公司	70	扬子江药业集团江苏紫龙药业有限公司
34	常州市天天车业有限公司	71	常州市佳乐车辆配件制造有限公司
35	常州市武进双湖粮油机械股份有限公司	72	常州兴品光伏科技有限公司
36	常州市志伟工具有限公司	73	常州峰群电器有限公司
37	常州苏晶电子材料有限公司	74	江苏欧朗汽车管路系统有限公司
38	常州同敏机械科技有限公司	75	江苏长青艾德利装饰材料有限公司
39	常州希格斯智能科技有限公司	76	贸联电子（常州）有限公司
40	常州新东化工发展有限公司	77	常州市卓玛工具有限公司
41	常州新睿思能源设备有限公司	78	常州市奥华机电制造有限公司
42	常州鑫邦再生资源利用有限公司	79	常州赛科废物处理有限公司
43	常州鑫凯车辆部件有限公司	80	常州蓝丁格尔工具有限公司
44	常州信卓汽车部件有限公司	81	常州市骠马工业机器人系统工程有限公司
45	常州秀田车辆部件有限公司	82	常州市龙莱富医用材料有限公司
46	常州雅美特窗饰股份有限公司	83	江苏朗域电力科技有限公司
47	常州衣智软件科技有限公司	84	常州海欣环保科技有限公司
48	常州营创滚塑设备有限公司	85	常州金安冶金设备有限公司
49	江苏丞工科技有限公司	86	友邻居（常州）科技有限公司
50	江苏道波电气科技有限公司	87	江苏宏宇车业有限公司
51	江苏德杰机械设备有限公司	88	常州市孚乐车辆部件有限公司
52	江苏海博智能科技有限公司	89	常州市凯凌车配有限公司
53	江苏和暖智能装备有限公司	90	雷诺士（常州）电子有限公司
54	江苏后肖天美铝业有限公司	91	常州彤扬电气制造有限公司
55	江苏江永新材料科技有限公司	92	常州雷射激光设备有限公司
56	江苏蓝联环境科技有限公司	93	江苏海博工具产业研究院有限公司
57	江苏绿泵环保科技有限公司	94	常州江鼎精密机械有限公司
58	江苏米笛声学科技有限公司	95	常州协兴电子有限公司
59	江苏沐唯特环保科技有限公司	96	江苏天汇空间信息研究院有限公司
60	江苏三佑管道科技有限公司	97	常州东南教育科技有限公司
61	江苏苏德涂层有限公司	98	江苏全栈智能科技有限公司
62	江苏天元智能装备股份有限公司	99	常州市市民卡建设有限公司
63	江苏园上园智能科技有限公司	100	常州恒河车辆部件有限公司
64	江苏祝尔慷电机节能技术有限公司	101	江苏环球洪浩车业有限公司
65	莱克福斯弹簧科技（常州）有限公司	102	常州谷宇机械科技有限公司

续表 22

序号	企业名称	序号	企业名称
103	常州皓焱信息科技有限公司	140	弗斯迈智能科技（江苏）有限公司
104	常州天力兰宝科技有限公司	141	常州飞阳电子科技有限公司
105	江苏荣夏安全科技有限公司	142	常州诚加利高分子材料有限公司
106	常州市远宏塑胶制品有限公司	143	常州泰翔自动化设备科技有限公司
107	诚联电源股份有限公司	144	常州新区河海热处理工程有限公司
108	常州市好利莱光电科技有限公司	145	森萨塔科技（常州）有限公司
109	常州市东晨车辆部件有限公司	146	德润液压科技（常州）有限公司
110	常州远达电子科技有限公司	147	常州宏大智能装备产业发展研究院有限公司
111	常州市怡江汽车部件有限公司	148	江苏铭人文化科技有限公司
112	常州赛尔克瑞特电气有限公司	149	常州文旭机械有限公司
113	常州好迪机械有限公司	150	常州云燕医疗科技有限公司
114	常州昌隆机床制造有限公司	151	常州庆福机电有限公司
115	常州市健力电气有限公司	152	常州市纳固精密工具有限公司
116	常州万祥电机有限公司	153	江苏锐高捷电气科技有限公司
117	圣鑫铝业（江苏）有限公司	154	常州赛乐医疗技术有限公司
118	江苏昌辉成套设备有限公司	155	德安（常州）自动化科技有限公司
119	常州第四无线电厂有限公司	156	九号智能（常州）科技有限公司
120	常州可赛成功塑胶材料有限公司	157	江苏宇傲车体制造有限公司
121	常州光星精机有限公司	158	常州华美光电新材料有限公司
122	常州爱科瑞特传感器技术有限公司	159	常州西科德弹簧有限公司
123	常州后肖宇恒幕墙有限公司	160	江苏协通智联科技有限公司
124	常州阿普智能科技有限公司	161	常州创盛智能装备股份有限公司
125	江苏鸿格车灯有限公司	162	三通（常州）电子科技有限公司
126	唯启精密机械（常州）有限公司	163	常州久杨模塑科技有限公司
127	常州华光建材科技有限公司	164	常州君工自动化技术有限公司
128	中亿达金属科技（常州）有限公司	165	常州市德盛机车部件有限公司
129	常州市杰洋精密机械有限公司	166	常州中端电器有限公司
130	常州宝丽精诚机械有限公司	167	常州米捷科清洗科技有限公司
131	江苏山泉供水设备有限公司	168	常州早稻电器有限公司
132	常州市正阳焊接材料有限公司	169	常州佳讯光电系统工程有限公司
133	常州飞润信息技术有限公司	170	常州世展自动化设备有限公司
134	常州新思维新能源汽车技术有限公司	171	江苏汉尼科认证有限公司
135	常州新思维电子股份有限公司	172	常州环能涡轮动力股份有限公司
136	常州科瑞尔科技有限公司	173	江苏筑森建筑设计有限公司
137	查特深冷工程系统（常州）有限公司	174	常州市武进环球粮机设备有限公司
138	常州市腾诚机械制造有限公司	175	国机重工集团常林有限公司
139	江苏浩峰汽车附件有限公司	176	常州美图摄影器材有限公司

续表 22

序号	企业名称	序号	企业名称
177	常州市美和电子有限公司	214	常州荣南橡胶科技有限公司
178	江苏乐萌精密科技有限公司	215	常州杰通装配式建筑有限公司
179	江苏长空测绘地理信息有限公司	216	江苏沃圣阀业有限公司
180	常州金杉环保科技有限公司	217	常州友志自动化科技有限公司
181	常州百瑞吉生物医药有限公司	218	常州新日催化剂股份有限公司
182	常州齐丰连续挤压设备有限公司	219	常州市协高精密机械有限公司
183	常州联威自动化设备有限公司	220	常州无微信息技术有限公司
184	江苏雄飞环保科技有限公司	221	常州英曼斯工具有限公司
185	华瓷（江苏）新材料科技有限公司	222	常州国汉新材料科技有限公司
186	江苏泽博环保科技有限公司	223	常州贝壳网络科技有限公司
187	江苏昊润电子科技有限公司	224	常州润捷轴承制造有限公司
188	常州百思特物流科技有限公司	225	江苏亦通石油科技有限公司
189	常州英拓利汽车科技有限公司	226	常州德迅医疗科技有限公司
190	常州瑞阳电装有限公司	227	江苏壹贰叁肆汽车科技有限公司
191	迪砂（常州）机械有限公司	228	常州市福美好机械有限公司
192	常州市精尔锐工具制造有限公司	229	江苏万贝科技有限公司
193	常州正达塑业有限公司	230	常州市荣江机电有限公司
194	常州博润达自动化科技有限公司	231	星途数字科技（常州）有限公司
195	江苏肯德电机有限公司	232	常州昊锐工具有限公司
196	常州市昇源干燥设备科技有限公司	233	常州市西夏墅创悦工具有限公司
197	常州市铭鼎车业有限公司	234	常州鼎先电子有限公司
198	常州常欣起重物联科技有限公司	235	常州科康环保除尘设备有限公司
199	常州润邦模塑科技有限公司	236	江苏医信康科技有限公司
200	常州市东鸿电子有限公司	237	常州新海飞金属制品有限公司
201	常州法蒙精密机械有限公司	238	常州凯微管业科技有限公司
202	常州市亿能机械有限公司	239	常州市明宇交通器材有限公司
203	常州绍鼎密封科技有限公司	240	江苏中科聚合新材料产业技术研究院有限公司
204	常州源数菁英软件技术有限公司	241	常州骏铎机械制造有限公司
205	江苏鑫牛线缆有限公司	242	常州宏仁工具有限公司
206	派瑞格医疗器械（常州）有限公司	243	江苏云彩智慧环境技术有限公司
207	常州银河世纪微电子股份有限公司	244	常州布罗德机器人科技有限公司
208	常州浩达科技股份有限公司	245	常州正河源数控工具有限公司
209	常州宇田电气有限公司	246	常州梓扬机电设备有限公司
210	江苏固立得精密光电有限公司	247	常州凯捷特水射流科技有限公司
211	常州东风轴承有限公司	248	常州雷慕网络科技有限公司
212	江苏环亚医用科技集团股份有限公司	249	常州桃花电器有限公司
213	常州市德普电器有限公司	250	常州惠勒电机有限公司

续表 22

序号	企业名称
251	常州宝韵电子科技有限公司
252	常州维格电子有限公司
253	常州苏德工具有限公司
254	拓普思（常州）智能科技有限公司
255	哈卡（常州）精密机械有限公司
256	常州威马电子科技有限公司
257	常州伯端机电设备有限公司
258	江苏精科霞峰环保科技有限公司
259	常州京江源纺织有限公司
260	常州市德胜塑料机械有限公司
261	常州常兴科技有限公司
262	常州市润顺机械有限公司
263	江苏维恳电力科技有限公司
264	常州市大杰智能装备有限公司
265	常州市顺发交通设施有限公司
266	维泰汽车科技（常州）有限公司
267	迈创（常州）智能科技有限公司
268	常州市创锦工具有限公司
269	常州诺鼎电子科技有限公司
270	常州利豪刃具有限公司
271	雅柯斯电力科技（中国）有限公司
272	朗士达智能装备工程（江苏）有限公司
273	常州市华嘉车业有限公司
274	常州万泉新材料科技有限公司
275	常州飞腾化工有限公司
276	常州市飞拓模塑有限公司
277	常州立澄环保科技发展有限公司
278	常州钜影数字科技有限公司
279	江苏龙城建设项目管理有限公司
280	常州市康臣卫信信息科技有限公司
281	常州巨德新材料有限公司
282	常州锂霸电池有限公司
283	常州市碧源车辆配件有限公司
284	常州天曜智能装备有限公司
285	常州西玛特电器有限公司
286	阿尔法森紧固科技（常州）有限公司
287	常州杜尔博流体技术有限公司

序号	企业名称
288	常州市万康电子有限公司
289	常州安太电热电器有限公司
290	常州市华谷机械科技有限公司
291	江苏米禾数字科技有限公司
292	常州宏创车辆部件有限公司
293	艾欧特克（江苏）机床有限公司
294	常州亨达车业部件有限公司
295	常州发创软件有限公司
296	常州完美维度科技有限公司
297	力一制药装备科技（常州）有限公司
298	江苏向上电气科技有限公司
299	常州巨特智能机械有限公司
300	常州鼠一鼠二生物科技有限公司
301	常州精美特精密工具有限公司
302	常州文欣电子配件有限公司
303	常州卡尔世达车辆零部件有限公司
304	江苏汇朗机械科技有限公司
305	常州冠群机电科技有限公司
306	常州易学网络科技有限公司
307	常州声泰龙电子音响有限公司
308	江苏瑞升华能源科技有限公司
309	麦格纳汽车系统（常州）有限公司
310	常州奥奇汽车附件有限公司
311	常州青峰亿康机械有限公司
312	桑尼尼（常州）汽车零部件有限公司
313	联影（常州）医疗科技有限公司
314	江苏日亚照明科技有限公司
315	波塞冬（江苏）新材料科技有限公司
316	常州贺斯特科技股份有限公司
317	中国航发常州兰翔机械有限责任公司
318	常州超芯科技有限公司
319	常州聚仁精密工具有限公司
320	常州汇鑫超微合金材料科技有限公司
321	常州丰顿液压机械设备有限公司
322	江苏四海商舟电子商务有限公司
323	常州鑫琪机械制造有限公司
324	常州卓恩机械有限公司

续表 22

序号	企业名称	序号	企业名称
325	常州市宏联港口机械有限公司	362	常州市北辰机械有限公司
326	常州恒日缓冲材料科技有限公司	363	常州市林烜起重设备有限公司
327	常州奥创医疗科技有限公司	364	江苏鼎宏自动化科技有限公司
328	江苏维普光电科技有限公司	365	常州市南挂车辆部件有限公司
329	常州有钊金属制品有限公司	366	常州励岸宝机械设备科技有限公司
330	常州市小洋汽车部件有限公司	367	常州伟泰克斯自动化设备有限公司
331	江苏恒信和安电子科技有限公司	368	常州新视界数字科技有限公司
332	常州艾邦机械科技有限公司	369	常州化龙网络科技股份有限公司
333	常州蔓菲士电子科技有限公司	370	常州达姆斯检测技术有限公司
334	江苏维邦软件有限公司	371	常州大雄机电有限公司
335	江苏新金牛线缆有限公司	372	常州联合锅炉容器有限公司
336	常州志亿锌业有限公司	373	常州伟普电子设备有限公司
337	常州麦拉风网络科技有限公司	374	江苏福尔特金属制品有限公司
338	常州欧亚重工机械有限公司	375	常州正梁精密机械制造有限公司
339	常州市凌越装备科技有限公司	376	常州凯拓工具有限公司
340	常州市牛牛新能源有限公司	377	常州市福尔特工具有限公司
341	常州信德泰克电器有限公司	378	常州市凯德汽车部件有限公司
342	常州扬鹏科技有限公司	379	江苏迈云信通科技有限责任公司
343	江苏冠愉电机科技有限公司	380	常州汉诺车圈有限公司
344	常州红橙彩砂有限公司	381	鹰利视医疗科技有限公司
345	上华壹特精密元件（常州）有限公司	382	常州普泰玻纤制品有限公司
346	常州铸越机械有限公司	383	常州市金凌达汽车零部件有限公司
347	硅密（常州）电子设备有限公司	384	常州市海洋橡塑有限公司
348	常州市春伟机械有限公司	385	江苏足迹涂料有限公司
349	常州市锦云工业废弃物处理有限公司	386	江苏集萃安泰创明先进能源材料研究院有限公司
350	常州艾可特机电科技有限公司	387	常州新视角纺织品有限公司
351	常州常恒露斯电器有限公司	388	江苏三工建材科技有限公司
352	常州曙光电子材料有限公司	389	常州聚卓智能科技有限公司
353	常州宏賸科技股份有限公司	390	常州博蕴车业有限公司
354	常州市多灵电动车辆制造有限公司	391	常州市裴桥村精密机械科技有限公司
355	常州博胜天泓工具有限公司	392	常州市科怡机械有限公司
356	常州市道曼新型建材科技有限公司	393	常州市新科汽车电子有限公司
357	乐拓医疗器械（常州）有限公司	394	常州技天电子有限公司
358	常州晟威机电有限公司	395	常州犇茂精密机械有限公司
359	常州联立信息技术有限公司	396	常州木野钣金有限公司
360	江苏星永邦环保工程技术有限公司	397	常州福普生电子科技有限公司
361	常州威佑智能科技有限公司	398	常州市邦威电子科技有限公司

续表 22

序号	企业名称	序号	企业名称
399	常州数易网络科技有限公司	406	江苏固家智能科技有限公司
400	九德智能装备（常州）有限公司	407	常州市东方浩友科技有限公司
401	常州晶工自动化科技有限公司	408	常州市军鼎机械制造有限公司
402	江苏同步软件技术有限公司	409	江苏英泊索尔新能源有限公司
403	常州祥金精密机械有限公司	410	常州云尚智能轮胎科技有限责任公司
404	常州常一联电子科技有限公司	411	常州市迪福隆光电科技有限公司
405	常州市永普车灯有限公司	412	常州普雷特印刷科技有限公司

（万苏琳）

创新主体培育

【概况】 2022年，常州国家高新区（新北区）对接科技部、省科技厅关于产业、企业等相关政策，组织科技项目申报，助力人才、技术、资金等创新要素加速向企业集聚。聚焦区“两特三新一智能”主导产业，推动产业链向创新集群转型提升。全年800余家企业完成“智改数转”专题辅导，新增落户科技型中小微企业107家，净增高新技术企业229家；有潜在独角兽企业累计12家，瞪羚企业累计136家，均居全市第一。新认定省级孵化器载体3家，新增省、市级工程技术中心74个，规模以上高新技术企业研发机构覆盖率提升至86.4%，区域创新活力持续提升。

【企业科技创新积分体系优化】 2022年，常州国家高新区（新北区）推进“企业科技创新积分制”试点工作。出台《常州国家高新区企业创新积分管理办法（修订）》，制定包含6个科技创新能力维度的企业创新积分评价指标体系，下发《常州国家高新区“科创积分贷”保证保险实施办法》《常州国家高新区“科创积分贷”信用贷款实施办法》。根据创新政策动态调整推出科技创新积分指标体系2.0版，完成积分管理系统PC端和手机端小程序开发，建立积分管理、政策推送、金融超市、企业需求四大模块，拓展企业创新积分在高新技术企业培育、科技服务、人才公寓、子女入学、金融信贷等场景方面应用。通过积分工具对录入的2万余家创新型企业分层分级培育、提供分级分类金融服务。企业创新积分制试点推进情况调研报告《小积分、大创新》被市“动态与研究”微信公众号刊载，常州国家高新区入选科技部火炬中心科技金融创新服务“十百千万”专项行动首批实施单位。推出“科创积分贷”信用贷款和担保贷款产品，开展“瞪羚服务行”“科技金融进孵化器”等专项服务，至年末，全区科技企业融资达5.3亿元。

【潜在独角兽企业认定5家、瞪羚企业认定40家】 11月，2022年江苏省高新技术产业开发区独角兽企业和瞪羚企业评估结果发布，常州赛乐医疗技术有限公司等5家企业入选潜在独角兽企业，常州合全药业有限公司等40家企业入选瞪羚企业。年内，区通过深度挖掘、精准施策、强化辅导、资源链接等方式，推进“中小企业—高企—瞪羚企业—独角兽企业—上市企业”梯队企业培育工作，促进企业高速成长。至年末，全区累计认定潜在独角兽企业12家、瞪羚企业139家。

【科技型中小企业备案入库1034家】 2022年，常州国家高新区（新北区）科技型中小企业通过评价，成功备案入库1034家，比上年增加421家。科技型中小企业评价工作采取企业自主评价、属地化管理、省级服务监督的工作模式。评价标准按科技部《科技型中小企业评价服务工作指引》规定执行。科技型中小企业是根据科技型中小企业评价指标综合评价所得分值不低于60分、职工总数不超过500人、年销售收入不超过2亿元、资产总额不超过2亿元的企业。年内，区营造科技型中小企业快速发展环境，强化政策宣传，促进技术、资金、人才等创新要素向科技型中小企业集聚；推进科技型中小企业评价和备案入库工作，提升中小企业的科技含量。

【企业上云】 2022年，常州国家高新区（新北区）利用工业互联网+腾云驾数，促进企业上云，实现跨越式发展。全年新增省五星级上云企业3家，四星级上云企业88家，三星级上云企业78家，新增星级上云企业总数位居全市第一。企业上云，是指企业以互联网为基础进行信息化基础设施、管理、业务等方面应用，并通过互联网与云计算手段链接社会化资源、共享服务及能力的过程。区开展工业互联网创新发展“365”工程2年，100余家企业依托该项工程，提速“互联网+先进制造业”融合发展。

【企业研发机构建设】 2022年，常州国家高新区（新北区）持续推进科技企业研发机构建设，新增企业研发机构185家。组织申报区级工程技术研究中心83家，市级工程技术研究中心58家，省级工程技术研究中心16家，规模以上高新技术企业研发机构覆盖率提升至86.4%。天合光能有限公司、常州星宇车灯股份有限公司入选苏南研发投入百强榜单，江苏宏微科技股份有限公司等5家企业入选新一轮省创新型领军企业培育库。开展省、市工程技术研究中心绩效评估、验收。获省级工程技术研究中心评估优秀的企业11家，位居全市第一。通过省级工程技术研究中心验收企业24家。通过市级工程技术中心验收企业10家。4家企业与省产业技术研究院完成签约，新增联合创新中心4个。规范研发机构管理，提高企业建设工程技术研究中心专业化水平。定期举办企业研发机构管理培训，指导企业开展台账记录及实务工作；联动板块力量，规范各级工程技术研究中心申报、验收及绩效管理工作；联动高校院所及产学研创新资源，赋能企业研发机构提质升级。

常州星宇车灯股份有限公司新厂区及研发大楼航拍

（区委宣传统战部 供图）

2022年常州国家高新区（新北区）新增省级以上企业研发机构一览表

表23

序号	企业研发机构类别	企业研发机构名称	建设单位
1	国家级博士后工作站	国家级博士后工作站	江苏维尔利环保科技股份有限公司
2	省级研究生工作站	常州大学研究生工作站	江苏印象乾图文化科技有限公司
3			常州合全药业有限公司
4			维尔利环保科技集团股份有限公司
5		江苏理工学院研究生工作站	江苏诚功阀门科技有限公司
6			常州厚德再生资源科技有限公司
7	省级工程研究中心	江苏省电子材料（银浆）工程研究中心	常州聚和新材料股份有限公司
8		江苏省新型功率半导体器件工程研究中心	江苏宏微科技股份有限公司
9		江苏省退役光伏组件资源化利用工程研究中心	常州工学院
10	省级企业技术中心	省级企业技术中心	常州同惠电子股份有限公司
11			梅特勒-托利多（常州）精密仪器有限公司
12			江苏金刚科技股份有限公司

续表 23

序号	企业研发机构类别	企业研发机构名称	建设单位
13	省级企业技术中心	省级企业技术中心	常州市赛嘉机械有限公司
14			江苏常荣电器股份有限公司
15			常州华威模具有限公司
16			宝顿电子机械股份有限公司
17			常州金康精工机械股份有限公司
18			常州玻璃钢造船厂有限公司
19			一重集团常州华冶轧辊有限公司
20	省级工程技术研究中心	江苏省特种焊丝工程技术研究中心	江苏中江焊丝有限公司
21		江苏省新型环保阻燃功能性窗饰面料工程技术研究中心	常州雅美特窗饰股份有限公司
22		江苏省高性能低弹性模量医用钛合金工程技术研究中心	常州凯旺金属材料有限公司
23		江苏省智行摩托车工程技术研究中心	常州光阳摩托车有限公司
24		江苏省电子电器过载保护工程技术研究中心	江苏常荣电器股份有限公司
25		江苏省大功率风力电机冷却装置工程技术研究中心	常州优谷新能源科技股份有限公司
26		江苏省车身覆盖件自动化精密多工位级进模工程技术研究中心	常州市瑞悦车业有限公司
27		江苏省牙科内综合治疗设备工程技术研究中心	常州赛乐医疗技术有限公司
28		江苏省医用生物修复材料工程技术研究中心	常州百瑞吉生物医药有限公司
29		江苏省精准生物医药工程技术研究中心	江苏众红生物工程创药研究院有限公司
30		江苏省（新阳）复合材料专用不饱和聚酯树脂工程技术研究中心	新阳科技集团有限公司
31		江苏省有机树脂类废物无害化处置与资源化利用工程技术研究中心	常州厚德再生资源科技有限公司
32		江苏省新型电化学储能系统工程技术研究中心	江苏天合储能有限公司
33		江苏省环保型粘接材料工程技术研究中心	常州都铂高分子有限公司
34		江苏省工程机械用减震器工程技术研究中心	常州市东海橡胶厂有限公司
35		江苏省高性能智能化热保护器工程技术研究中心	江苏常胜电器股份有限公司

（万苏琳）

科技创新载体建设

【概况】 2022年，常州国家高新区（新北区）推进重大创新载体建设，提升全区产业技术研究水平。全年组织申报国家级载体3家，新认定省级孵化载体3家，申报市级载体10家。开展创业载体分级分类评价，全区4家孵化器获省绩效评价优秀，8家创业载体获市“双创”载体星级评定，其中五星载体3家；组织省创新能力建设计划项目申报7个，立项项目4个（江苏省碳纤维及其复合材料技术创新中心、天汇空间信息AI应用科技公共服务平台、南京师范大学常州创新发展研究院及浙江大学常州工业技术研究院的新型研发机构奖补），项目立项经费3540万元，占全市总量的52%。碳纤维及复合材料科创港获批全市首批科创综合体。天汇空间国家民用空间基础设施子项目落地常州国家高新区，实现常州市国家重大科学装置“零”的突破。推进天合光能PVST光伏科学与技术国家重点实验室重组，常州星宇车灯股份有限公司的江苏省汽车智能照明系统重点实验室通过省级重点实验室验收。

【重大科技创新平台建设】 2022年，常州国家高新区（新北区）累计建有重大科技创新平台17家，正常运营13家（事业法人单位性质5家、企业法人单位性质7家、非独立法人1家）。其中，与“双一流高校”共建5家（浙江大学常州工业技术研究院、南京师范大学常州创新发展研究院、南京大学常高新国际环保产业技术研究院、江苏海博工具产业研究院、常州先进陶瓷智能传感技术研究院），与中国科学院共建3家［常州中国科学院遗传资源研发中心（南方）、江苏中科聚合新材料产业技术研究院、江苏天汇空间信息研究院］，与央企共建3家（江苏集萃安泰创明先进能源材料研究院、江苏集萃碳纤维及复合材料应用技术研究院、常州电信5G创新生态实验室），与江苏省产业技术研究院直接合作共建1家（长三角碳纤维及复合材料技术创新中心），与江苏省产业技术研究院序列所合作共建1家（常州人工智能与仿生机器人研究中心）。重大科技创新平台是集聚高端创新资源、提升综合竞争力的战略支撑。年内，区加快推进重大创新载体建设，出台《常州高新区大院大所合作共建重大创新平台运行及绩效评价管理办法（试行）》，推动重大创新载体提质增效。

【创新平台建档管理】 2022年，常州国家高新区（新北区）实施重大创新平台建档管理，发挥重大创新平台对重点中心工作的支撑作用。年内，区13家重大创新平台实现“一院一档”管理。通过汇总共建协议、会议纪要等基础文件资料，针对共建协议有效期内和协议有效期已过正常运营两类重大创新平台，定期协商个性化发展思路，制定“一院一策”汇编。在共建协议的基础上，下达年度重大创新平台绩效评价指标。区科技局与财政局、载体所在板块共同联动律师事务所、会计事务所和第三方评估机构对重点关注的重大创新平台开展绩效评估，作为后续扶持计划的重要参考依据。

【创新载体建设】 2022年，常州国家高新区（新北区）持续完善孵化体系建设，全年获认定市级载体10家（孵化器6家、加速器2家、众创空间2家）；省级载体3家（孵化器2家，众创空间1家）；组织申报国家级载体对象3家，其中2家孵化器2023年获得发文认定。区优化载体评价指标体系，完善分级分类评价系统，引入专家网络评审功能，开展2022年全区载体及其企业分级分类评价工作，引导载体提质增效。年内，常州西夏墅智能制造工具众创社区获2022年省科技计划专项资金（创新支撑计划科技型创业企业孵育）立项，获批省补助资金370万元；碳纤维及复合材料科创港获2022年度市科技孵育计划（科创综合

6月27日，长三角碳纤维及复合材料技术创新中心揭牌。图为签约仪式
（区委宣传统战部 供图）

体暨人才综合体）立项公示。

【新增市级及以上“三站三中心”134个】 2022年，常州国家高新区（新北区）新增市级以上“三站三中心”企业研发机构134个，其中国家级1个、省级34个、市级99个。“三站三中心”主要包括院士工作站、博士后工作站、研究生工作站、工程研究中心、企业技术中心、工程技术研究中心。该六类都属于企业研发机构，是企业增强市场竞争力的重要研发平台。至年末，全区累计有市级以上“三站三中心”企业研发机构714个。年内，区制定专项奖励政策，全年兑现“三站三中心”企业研发机构奖励1260万元，助推“三站三中心”建设。

2022年常州国家高新区（新北区）“三站三中心”统计表

表24 单位：个

	国家级新增	国家级累计	省级新增	省级累计	市级新增	市级累计	总计新增	累计
院士工作站	0	0	0	5	0	0	0	5
博士后工作站	1	11	0	15	3	8	4	34
研究生工作站	0	0	5	50	0	0	5	50
工程研究中心	0	0	3	33	4	28	7	61
企业技术中心	0	3	10	74	34	100	44	177
工程技术研究中心	0	0	16	171	58	216	74	387
合计	1	14	34	348	99	352	134	714

【长三角碳纤维及复合材料技术创新中心揭牌】 6月27日，揭牌活动在位于滨江经济开发区的碳纤维及复合材料科创港举行。该中心由市政府、省产业技术研究院和常州国家高新区管委会共同组建，实行理事会领导下的中心主任负责制。中心落户在区碳纤维及复合材料科创港二期，重点面向先进土木工程应用、先进复合材料结构设计与制造技术、绿色复合材料与绿色制造等领域开展研发及产业化应用，以解决产业共性技术、“卡脖子”技术为核心，为碳纤维及复合材料产业发展提供源头技术供给，支撑产业向中高端迈进发挥战略引领作用。中心将打造成创新资源集聚、组织运行开放、治理结构多元的综合性产业创新平台。7月，省科技厅批复同意依托长三角碳纤维及复合材料技术创新中心建设省碳纤维及其复合材料技术创新中心。

（万苏琳）

科技活动

【概况】 2022年，常州国家高新区（新北区）推动科技创新“关键变量”成为高质量发展“最大增量”，集聚科技镇长团、高企协会、创新载体、科研院所等资源，常态化、高频次开展主题产业沙龙、创新创业大赛等活动，为科技企业和人才项目展示、开展合作、互动交流搭建平台，营造“最爱产业、最懂科技、最舍得投入”的科技创新氛围。11月，第十届“创业江苏”科技创业大赛先进碳材料产业专项赛决赛通过“云”在线的方式举行。

【2022年“科创中国”海智面对面活动】 12月8日，集萃创新纤引未来“中德复合材料应用技术创新”主题跨境路演暨常州市“科创中国”海智面对面活动在区举行。活动由省国际科技交流与合作中心、市科学技术协会、区科学技术协会、滨江经济开发区管委会共同举办，是市“科创中国”海智面对面系列活动在区的第二场活动。活动通过省科协“海智之家”和“直播江苏”向全球直播，约1800人参与线上活动。活动现场，通过云签约方式，12位海外人才与常州国家高新区签订意向合作协议；“中德复合材料轻量化智造创新中心”揭牌；7个研发项目举行路演；重点推介德国AMAC公司和上海复铠斯公司、德国Textechno公司、德国FibreCoat公司、德国亚琛工业大学纺织技术研究院（ITA）等企业运行情况。

【第十届“创业江苏”科技创业大赛先进碳材料产业专项赛】 第十届“创业江苏”科技创业大赛先进碳材料产业专项赛由省科学技术厅指导，省高新技术创业服务中心、市科学技术局、常州国家高新区管委会联合主办，市生产力发展中心、区科学技术局共同承办。旨在遴选挖掘创新能力强、市场前景好的团队和企业项目，推动创新链、产业链和价值链深度融合。7月，大赛启动，吸引全国各地先进碳材料领域的企业和团队报名参赛，初评遴选出20个项目晋级决赛。该20个项目拥有专利223项，团队核心成员平均年龄41岁、最小年龄20岁，其中拥有博士学位49人、硕士学位76人、留学背景14人。决赛项目包括碳纤维及复合材料、石墨烯等行业细分领域；评审团由技术专家与创投专家组成，从技术和产品、商业模式及实施方案、行业及市场、团队、财务5个方面对项目实施综合评分。11月25日，决赛通过“云”在线的方式在常州国家高新区（新北区）举行。经过角逐，10家企业分获本届大赛一、二、三等奖。区内企业常州融信复合材料有限公司、江苏三强复合材料有限公司、常州启赋安泰复合材料科技有限公司获二等奖，科泰思（中国）复合材料有限责任公司获三等奖。

【第一届汽车电子挑战赛在星宇中心举行】 挑战赛由市创新委员会办公室指导，常州国家高新区管委会、第三代半导体产业技术创新战略联盟主办。7月，大赛启动，围绕汽车电子产业链，设置车规材料及芯片，第三代半导体材料、器件及应用，智能汽车管理与控制系统，汽车智能照明与显示4个赛道，吸引全国99个创业团队参赛。经过初筛、复赛评选，有20个项目晋级总决赛。11月3—4日，由第三代半导体产业技术创新战略联盟（CASA）联合常州星宇车灯股份有限公司等共同组织的2022常州国际智造创新创业大赛——汽车电子挑战赛总决赛及汽车电子研讨会在常州星宇中心召开。经过角逐，最终评出一等奖1名、二等奖2名、三等奖3名，5家参赛企业与常州星宇车灯股份有限公司分别签署合作意向书。“半导体照明联合创新国家重点实验室（常州基地）”授牌仪式和“先进制造业（常州）研究院”揭牌仪式同步举行。

（万苏琳）

科技创新服务

【概况】 2022年，常州国家高新区（新北区）推进“企业科技创新积分制”试点工作，为量化企业创新能力、精准支持企业创新提供支撑。促进科技和金融深度融合。以实施科技金融创新服务“十百千万”专项行动为契机，加强与银行金融机构、创投资本联动，引导各类金融机构加大对科技型企业的支持力度。持续扩展“菁常汇”科技服务品牌内涵和外延，集聚更多优质服务机构入驻“一站式”服务平台，满足企业政策服务、金融服务、平台服务等需求。借助一体化“外国人来华工作、居留许可单一窗口”，帮助外籍人才实现“只进一扇门，最多跑一次，办结两件事”。至年末，全区外国高端人才和专业人才到华工作557人，总数居全市第一。

11月3—4日，第一届汽车电子挑战赛总决赛在常州星宇中心举行（区科技局 供图）

【科技创新生态优化】 2022年，常州国家高新区（新北区）立足双循环新发展格局，持续完善“1+7+4”（“1”：全国首批企业科技创新积分试点高新区。“7”：支持高新技术企业培育等7个方面政策内容。“4”：碳纤维及复合材料、生命健康、集成电路、能源互联与智能感知4项产业创新政策）创新政策体系，全方位优化科技创新生态。提升企业与国内外高端科研院所产学研合作成效，全年技术合同登记额49.9亿元，总额全市排名第二；市“揭榜挂帅”项目入围7个，境外合作项目3个。鼓励和支持企业与高端高校院所深化产学研合作，共建联合实验室。持续深化国际合作，年内，瑞士离岸创新创业基地、常州共享工厂正式启用；获科技部国际科技合作项目立项1项，设立北京、上海离岸创新中心，为精准对接引进海内外创新资源构筑前沿阵地。推进“企业创新积分制”试点，开发企业科技创新积分管理信息系统，运用积分工具对录入的2.05万家创新型企业分层分级培育、提供分级分类金融服务并成功入选科技部火炬中心科技金融创新服务“十百千万”专项行动首批实施单位；

推出“科创积分贷”信用贷款和担保贷款产品，开展“瞪羚服务行”“科技金融进孵化器”等专项服务，全年科技企业融资超5亿元。优化“一站式”服务平台功能建设，开展政策宣传、高企申报等“菁常汇”品牌服务活动百余场，强化科技支撑服务。

【技术转移服务】 2022年，常州国家高新区（新北区）加强技术转移服务。规范技术贸易合同登记认定，全年办理技术合同登记710份，合同金额49.9亿元。联合镇（街道）为200余家企业提供面对面技术转移辅导。完成相关技术转移吸纳方省奖补材料的补充工作，全区有9个成果项目和1个中介方项目入围技术转移项目，涉及技术交易额2328.72万元。

【科技金融服务】 2022年，常州国家高新区（新北区）探索“科技金融服务进企业”模式，重点围绕有融资需求的科技企业，组织银行开展面对面服务，为科技企业提供高企贷、人才贷、“瞪羚贷”等专项金融服务。全年组织召开科技金融专题对接会14场，服务科技企业150余家，为科技企业新增授信额度2亿元。年内，区推进线上科技金融服务平台建设，制作“科创积分贷”应用小程序，联合银行开发“科创积分贷”系列产品，提供覆盖科技企业全生命周期的金融服务。通过信用、担保等方式，全年为科技企业融资5.3亿元。对标合肥高新区科技金融经验，开展“强化科技金融深度融合助推产业创新驱动发展”科技金融课题研究，就加强科技金融组织制度保障、优化科技金融政策支持、完善科技金融服务体系、健全科技金融服务平台4个方面提出意见和建议。

（万苏琳）

科技创新合作

【概况】 2022年，常州国家高新区（新北区）加大开放创新力度，推进科技项目研发、交流与合作。年内，瑞士离岸创新创业基地、常州共享工厂正式启用，常州市宏发纵横新材料科技股份有限公司和西班牙合作的高速动车组材料项目获科技部国际科技合作项目立项。设立北京、上海离岸创新中心，为精准对接引进海内外创新资源构筑前沿阵地。提升企业与国内外高端科研院所产学研合作成效，技术合同登记额49.9亿元；市揭榜挂帅项目入围7项，3个境外合作项目落户常州国家高新区，涉及项目合同金额2270万元。鼓励和支持企业与高端高校院所深化产学研合作，共建联合实验室，天合光能有限公司与南京大学、常州市常蒸蒸发器有限公司与上海交通大学、常州优谷新能源科技股份有限公司与湖南大学共建联合实验室。全年支持31个产学研项目计566.95万元，支持力度提升13.88%。

【产学研合作项目】 2022年，常州国家高新区（新北区）举办线上线下产学研活动42场（次），签约产学研项目201项，其中合同金额在50万元以上的产学研项目62项。年内，天合光能股份有限公司与南京大学共建“南京大学—天合光能叠层太阳电池校企联合实验室”（1000万元），常州市常蒸蒸发器有限公司与上海交通大学共建“上海交通大学—常州市常蒸蒸发器有限公司高效散热技术及新能源应用联合实验室”（600万元），常州优谷新能源科技股份有限公司与湖南大学共建“湖南大学—常州优谷新能源科技股份有限公司大功率风力发电核心技术及装备联合实验室”（500万元）。常州赛乐医疗技术有限公司、江苏瑞升华能源科技有限公司、江苏应能微电子股份有限公司、常州优谷新能源科技股份有限公司等细分行业龙头企业与江苏省产业技术研究院合作共建联合创新中心，增强企业创新意识和能力。

【国际合作项目】 2022年，常州国家高新区（新北区）有8个项目获市政策引导类计划（国际科技合作/港澳台科技合作）立项，获市级项目资金支持200万元。项目合作的国家包括美国、英国、瑞士、瑞典、丹麦、塞尔维亚等。项目类型包含合作研发、外资在新北区建设研发机构、新北区企业建立境外研发中心等。年内，江苏精瓷智能传感技术研究院有限公司与日本京都大学合作的CO_2高温电解（SOEC）资源化利用技术的合作研发获省国际科技合作项目立项，获省项目资金支持120万元。

2022年常州国家高新区（新北区）获市政策引导类计划立项项目一览表

表25

序号	项目名称	承担单位
1	4K荧光腹腔镜光学成像及智能制造关键技术合作开发	鹰利视医疗科技有限公司
2	奥豪斯仪器（常州）有限公司研发中心	奥豪斯仪器（常州）有限公司

续表 25

序号	项目名称	承担单位
3	超线性高精度智能振动传感器合作研发	汉得利（常州）电子股份有限公司
4	诚瑞光学丹麦晶圆级玻璃技术研发中心建设	诚瑞光学（常州）股份有限公司
5	基于ABE算法的电子合约平台数据安全防护系统联合研发	常州皓焱信息科技有限公司
6	贸联电子（常州）有限公司研发中心	贸联电子（常州）有限公司
7	新型Ad-LATP-g无机纳滤膜的合作研发	江苏鼎盈新材料有限公司
8	星宇股份塞尔维亚汽车智能照明系统研发中心建设	常州星宇车灯股份有限公司

【“名城名校合作行 创新创业赢未来”徐州站活动】 11 月 14—15 日，常州“名城名校合作行 创新创业赢未来”活动首站在徐州市举办，旨在围绕科学研究、人才培养、人才交流和社会服务等方面深化校地合作。常州国家高新区（新北区）代表团赴中国矿业大学开展产学研活动，参观深部岩土力学与地下工程国家重点实验室。天地（常州）自动化股份有限公司、中节能城市节能研究院有限公司、江苏丞工科技有限公司与中国矿业大学就带式输送机密闭金属托辊内 MEMS 传感器无线组网传输关键技术预研究项目、煤矿井下采空区内低功耗无线环境监测传感器集群组网传输技术可行性研究项目、区域能源高效智慧耦合关键技术及装备产学研合作意向项目、煤矿救援机器人产学研合作意向项目 4 个项目签约。

（万苏琳）

科技创新人才引育

【概况】 2022 年，常州国家高新区（新北区）推进高端人才引育工作，促进创新链与人才链双向融合。全年新增人才总量 2.72 万人，引育国家重大人才工程 A 类（“HJ”计划）1 人、培育国家重大人才工程 B 类（“WR”计划）3 人、入选省“双创计划”市推荐名单 17 人、入选省“双创博士”项目 7 个、入选国家“外专项目”3 个、入选省“外专百人”计划 1 人。组织开展 3 批“龙城英才计划”引进评审活动，引进创业类项目 92 个、创新项目 29 个，其中高质量创业项目 71 个。推荐申报市综合贡献奖励 22 家，入选 16 家，占比 66.67%；争取市级资金 950 万元，占比 47.5%。推荐数量、入选数量和争取市级奖励资金均位列全市第一。

【人才吸引保障机制】 2022 年，常州国家高新区（新北区）优化创新创业生态环境，多措并举吸引、保障海内外优秀人才到区发展。持续落实“省科技创新 40 条”“省科技体制改革 30 条”和市创新“意见 30 条”“政策 20 条”，调研先进地区科技人才政策体系，修订出台新一轮科技创新扶持政策，构筑“引育并重、点面结合、整体推进”的“双创人才”工作体系。依托高企培育系统、科创积分制系统等平台，提升政策推送的精准性和政策兑现的便捷性，加快实现由“企业找政策”向“政策找企业”转变，为创新发展和人才成长营造有利的政策环境。至年末，全区拥有外国高端人才和专业人才 546 人。

【“双创”人才培育】 2022 年，常州国家高新区（新北区）入选省“双创人才”14 人，其中创新类 9 人、创业类 5 人；省“双创团队”1 人。申报省“双创博士”（企业创新类）项目 8 个，入选 7 个。至年末，全区拥有“双创人才”151 人，“双创团队”13 个。年内，区聚焦“双创”人才引育，走访重点项目超 30 家（次），动员创业类项目调整股权结构，引导创新类项目提高人才的薪资水平，并兑现政府配套资助。组织专家辅导，全年集中辅导 20 余次，线上辅导 10 余次，上门辅导 30 余次，提升“双创”人才培育水平。

【“HW”（海外）人才引进】 2022 年，常州国家高新区（新北区）依托重点实验室推荐海外高层次人才申报“HJ”计划 38 人，入选 1 人，全市唯一；组织申报国家重大人才工程 B 类 9 人，入选 3 人，均在区内；组织申报国家外专项目 9 项，入选 3 个，位列全市第一。至年末，全区累计引进外籍人才 557 人。区聚焦“HW”引才，完善创新创业人才引育的相关政策，针对“HW”引才机构给予分阶段奖励。召开“HW”人才引进专题会议，确保符合条件的人才应报尽报。拓宽“HW”引才渠道，对接 7 家具有海外人才资源的中介机构，其中 5 家推荐海外博士 66 人。对标国家重大人才工程相关标准，支持重点人才和重点项目，常州赛乐医疗技术有限公司从海外引进

CHEN LIANG 博士，加快人才和团队梯次建设。

（万苏琳）

【9 家企业入选省第四批产教融合型试点企业】 3 月 2 日，省发展改革委公布省级第四批产教融合型试点企业名单，常州国家高新区 9 家企业入选，数量位列全市第一名。2022 年，全区推进产教融合型试点企业建设培育工作，细化建设培育工作方案，深化产教融合改革。推动产教协同育人，在落实落细上级各项支持政策的基础上，指导试点企业细化完善产教融合、校企合作发展规划，拓宽企业参与人才培养的渠道和途径。全区涌现江苏环亚医用科技集团股份有限公司、常州星宇车灯股份有限公司、江苏诚功阀门科技有限公司等省级产教融合型试点企业，逐步形成教育服务企业、企业反哺社会、产教融合发展的新生态。

（区志办）

行业科技

【农业科技】 2022 年，常州国家高新区（新北区）推进农业科技创新，继续推进“江苏省农业科学院—新北区现代农业产业研究院”建设，实施“无人化”农场项目建设，推动以数字技术和智能农机支撑的“无人化”智慧农业发展，提升农业生产科技水平。西夏墅镇东南有机稻米种植专业合作社和常州笙绿农业科技有限公司入选省级现代农业产业技术体系示范基地项目，常州市育凡水产养殖有限公司、常州市孟河事丰地鳖虫养殖场和常州春海园艺有限公司 3 家单位成功申报市级农业科技创新与示范推广项目，常州笙绿农业科技有限公司与扬州大学共建的“芋头科技学院”入选国家支持建设名单，现代农业产业园“无人化”农场入选全国农业领域机器人应用优秀场景。推进无人化智慧农机技术与现代农业的结合应用，至年末，全区推广无人机具 23 台，区级补贴资金 16 万元，促进智能化、信息化与农机装备深度融合。推进“全程机械化＋综合农事”服务中心建设，完成 1 家合作社市级“全程机械化＋综合农事”项目创建，创成 1 家市级特色农业全程机械化示范基地；组织 1 家合作社申报省级“全程机械化＋综合农事”项目，7 家合作社申报市级“全程机械化＋综合农事”项目。新北区现代农业产业园区被省农业农村厅授予省级粮食生产“无人化农场”，常州兴华牧业有限公司被省农业农村厅授予省级畜禽养殖全程机械化“标杆基地”。年内，组织开展 2 场特色农业机械演示推广会，并获国家、省、市级媒体报道。

（丁德广　郝小燕）

【工业科技】 2022 年，常州国家高新区（新北区）推动企业绿色低碳转型。8 月，省科技厅下达 2022 年度碳达峰碳中和科技创新专项资金，常州捷佳创精密机械有限公司、常州江南冶金科技有限公司、致一环境（江苏）有限公司获批省碳达峰碳中和科技创新专项资金。年内，常州星宇车灯股份有限公司的“产品数字化研发与设计”场景入选 2022 年度智能制造优秀场景，常州太平洋变压器有限公司和江苏祝尔慷电机节能技术有限公司的 4 项装备获国家节能技术装备推荐，常州同惠电子股份有限公司等 10 家企业技术中心被评为省级企业技术中心。

（区经发局）

【环保科技】 8 月，维尔利环保科技集团股份有限公司牵头申报的“基于生物燃气和绿氢的生物甲醇制备联产有机肥关键技术研究”项目，入选江苏省碳达峰碳中和科技创新专项农业农村领域重大关键技术攻关项目，获省资助经费 430 万元，执行期 4 年。该项目针对秸秆、畜禽粪污等农业废弃物处理及新能源就地消纳问题，研发多层次全方位的混合原料协同发酵体系构建技术、基于气液固高效分离的生物燃气与有机肥联产技术、沼气分布式清洁发电水解制氢技术，开发基于 CCUS 和绿氢的高效催化制备生物

12 月，常州星宇车灯股份有限公司车间　（区委宣传统战部 供图）

甲醇技术装备，构建基于生物燃气和绿氢的生物甲醇制备联产有机肥成套技术体系，开发农业废弃物资源化利用大数据监管平台，建立农业废弃物绿色低碳资源化利用样板工程，实现农业废弃物低碳高值化利用的目标，综合减排二氧化碳 3 万吨 / 年。江苏省于 2021 年 11 月启动省碳达峰碳中和科技创新专项，其中农业农村领域重大关键技术攻关项目面向农业农村领域碳达峰碳中和战略需求，重点围绕农业生态碳汇、农业温室气体减排、农业高效低碳多目标协同等技术方向，开展重大关键核心技术攻关，加快构建低碳农业技术发展新模式，推动现代农业高质量发展。8 月 19 日，项目开题会在区举行，项目负责人向与会领导和专家汇报项目总体实施方案，后续技术研发工作有序推进。

【建筑科技】 2022 年，常州国家高新区（新北区）推动城市建筑向低能耗发展。9 月，高铁新城公司联合申报的“低碳建筑浅表热能规模化利用关键技术研究与应用”项目获 2022 年度江苏省建设科技创新成果二等奖。该项目在全国范围内首创增源升能能源子母站系统，结合主动式平衡的管网协同寻优调控、两相共生柔性蓄能等特色技术，破解集中供冷供热系统运行长期存在的“大马拉小车”等难题。11 月，由高铁新城公司承建的绿创大厦获 REARD（锐地星）颁发的全球地产设计大奖、商办类建筑荣誉奖及当代办公创新设计大奖等奖项。绿创大厦项目具备空中花园、共享空间、区域集中供能、智慧办公、绿色低碳五大特色，以及隐藏式媒体通风幕墙、架空地板、地下室电梯大堂三大亮点，为市级绿建示范项目。推进智慧工地信息化建设。年内，全区创成智慧工地 49 个，政府投资规模以上项目实现智慧工地全覆盖。安全生产智慧监管平台完成 2.0 更新，拓展平台智慧安管、智慧提质、绿色施工等功能，助力提升工程质量。

（陈　升）

【园林科技】 2022 年，常州国家高新区（新北区）围绕全市绿化“四新”（新技术、新工艺、新材料、新产品）技术应用示范点创建，提升园林绿化科技化水平。12 月，2022 年常州市绿化“四新”技术应用示范点名单公布，常州国家高新区 7 个绿化标段因在高效机械应用、病虫害防治、智慧信息化管理等方面技术示范效应突出而入选，数量位列常州辖市区第一。年内，全区持续推进园林绿化精细化、科学化、智慧化管理。开展天牛综合防治技术，栾树蚜虫药物根灌防治技术，植保无人机技术，自动化草坪应用等新技术、新设备应用，有效提高养护作业效率。

（区志办）

对外及港澳台经济

招商引资

【概况】 2022年，常州国家高新区（新北区）新增外资及港澳台资项目99个，投资总额39.77亿美元，协议注册外资及港澳台资20.24亿美元，实际利用外资及港澳台资9.2亿美元，总量位列全市第一名。新增常州市康辉医疗器械有限公司等投资总额超亿美元以上项目9个，新批外资及港澳台资项目协议注册外资及港澳台资平均规模1622万美元。至年末，累计有35家世界500强企业在区内投资设立外资及港澳台资企业51家，投资总额48亿美元。年内，区通过“云会议”“云考察”“云招商”等新形式，开展“云联五洲”系列招商活动，对接外商及港澳台商300余次，洽谈项目约100个。深化园区招商，组织开展瑞士企业家走进常高新、中日智造交流大会等活动。中日（常州）智能制造产业园揭牌，入驻日资企业260家，其中包括一批世界500强企业。12月，区组织赴日本经济招商小分队，开展招商活动。

【外资及港澳台资结构和来源】 2022年，19个国家和地区的投资方在区投资新项目61个，投资总额23.49亿美元。新增协议注册外资及港澳台资3000万美元以上项目15个，完成协议注册外资及港澳台资14.07亿美元，占全区协议注册外资及港澳台资的70%。实际利用外资及港澳台资主要集中于新一代信息技术、汽车及核心零部件、工程机械、新材料、新医药、智能制造装备等重点产业。在61个项目中，中国香港投资23个，韩国、中国台湾地区各投资5个项目，日本、新加坡各投资4个项目，德国、美国各投资3个，瑞士、英国各投资2个，瑞典、法国、西班牙、加拿大、土耳其、丹麦、尼日利亚、也门、印度尼西亚、约旦各投资1个。

2022年常州国家高新区（新北区）新增协议注册外资及港澳台资3000万美元以上项目统计表

表26　　单位：万美元

序号	名称	协议注册资金
1	常州合全医药科技有限公司	49000
2	常州市康辉医疗器械有限公司	30000
3	新阳科技集团有限公司	10000
4	常州高新互联有限公司	9754
5	圣戈班（中国）管理有限公司	7415
6	顺泰融资租赁股份有限公司	6858
7	瑞联（常州）装备科技有限公司	5000
8	常州市森谷跨境电子商务有限公司	5000
9	江苏常州市德瑞创业投资合伙企业（有限合伙）	5000
10	常州新程创业投资合伙企业（有限合伙)	4985
11	常州沃安金属科技有限公司	4877
12	常州合全生命科学有限公司	4000
13	常州霞骛汽车科技有限公司	3800
14	现代机器人（江苏）有限公司	3000
15	森萨塔科技（常州）有限公司各项目	3000

【地区总部和功能性机构】 2022年，经常州市商务局认定，常州国家高新区（新北区）新增综合型总部2家，为鲁尔泵（中国）有限公司和新阳科技集团有限公司。至年末，全区有省级跨国公司地区总部7家和省级功能性机构6家，占全市比重46.4%。

（李 静）

【区商务局赴日本招商】 12月12—16日，区商务局组队赴日本招商。招商团队到东京、大阪、名古屋等城市集中拜访一批企业和知名机构，了解当地经贸动态，掌握日企最新对华投资动向，并推介常州市及常州国家高新区的营商环境、创意举措等。通过此类活动，吸引外商投资，带动常州企业走出去，抢抓国际合作机会。

（区志办）

对外及港澳台贸易

【概况】 2022年，常州国家高新区（新北区）完成外贸进出口总额1222.8亿元，首次突破1200亿元关口，比上年（下同）增长12.3%，增幅高于全市4.8个百分点，占全市进出口总额的37.9%。其中，出口总额895.9亿元，增长18.7%，占全市出口比重提升1.3个百分点，为35.7%；进口总额326.9亿元，下降2.1%，占全市进口总额比重提升4.6个百分点，为45.3%。外贸进出口主体规模扩大。有进出口实绩的企业2718家，新增124家。其中，外商及港澳台商投资企业进出口总额766.1亿元，增长12.3%，占全区进出口总额比重提升0.1个百分点，为62.7%；民营企业进出口总额437.9亿元，增长13.3%，占进出口总值的比重提升2.3个百分点，为35.8%。高新技术产品出口总额200.9亿元，增长17.9%，占全区出口总额22.4%，拉动全区出口增长4个百分点；机电产品出口总额578亿元，增长15%，占全区出口总额64.5%，其中光伏、锂电池、汽车及零部件出口分别增长14.6%、43.6%和15.3%。外贸圈得到巩固和拓宽。全区对欧盟进出口总额268.7亿元，增长19.6%；对东盟进出口总额182.3亿元，增长20.7%；对美国进出口总额135.5亿元，增长3.5%；对RCEP（《区域全面经济伙伴关系协定》）成员进出口总额419.1亿元，增长5.7%，对全区外贸贡献率16%。

（王 敏）

2022年常州国家高新区（新北区）对外及港澳台贸易企业进出口实绩统计表

表27　　单位：万元

项目	进出口	出口	进口	比上年增长（%）		
				进出口	出口	进口
进出口贸易总值	12228464	8959218	3269246	12.3	18.7	-2.1
国有企业	157891	146971	10921	-7.2	-5.4	-26.2
外商及港澳台商投资企业	7661388	5142885	2518502	12.3	18.3	1.9
其中，中外合作企业	1298	1286	12	-17.0	-17.1	-12.7
中外合资企业	1100826	837234	263592	6.2	18.7	-20.4
外商独资企业	6559264	4304365	2254899	13.4	18.2	5.3
集体企业	29423	27642	1781	-9.4	-14.8	6451.0
民营企业	4378676	3640635	738041	13.3	20.9	-13.4

说明：截至12月末，全区有进出口实绩的企业2718家

2022年常州国家高新区（新北区）按主要国家（地区）分进出口总值统计表

表28　　单位：万元

序号	国家（地区）	进出口	出口	进口	比上年增长（%）		
					进出口	出口	进口
1	中国香港	44500	44376	124	-1.8	0.4	-88.8
2	日本	1211874	500577	711297	-1.3	14.8	-23.6

续表 28

序号	国家（地区）	进出口	出口	进口	比上年增长（%）		
					进出口	出口	进口
3	韩国	958446	412846	545600	5.5	13.7	0.1
4	中国台湾	249506	135387	114119	0.8	3.4	-2.0
5	东盟	1823319	1364873	458446	20.7	22.4	15.9
6	欧盟	2687371	1892606	794765	19.6	25.2	8.1
7	美国	1354583	1176271	178312	3.5	3.3	4.4
8	南美洲	1142918	1061741	81177	17.3	19.9	-8.9
9	大洋洲	207631	198997	8634	13.4	14.2	-2.0
10	“一带一路”沿线国家	3936008	3218724	717283	24.2	28.0	9.3
11	金砖国家	1193075	1112233	80842	19.8	18.9	34.6
12	RCEP	4191057	2469237	1721820	5.7	18.3	-8.2

2022 年常州国家高新区（新北区）主要进出口商品统计表

表 29 单位：万元

商品大类	进出口			出口			进口		
	合计	比上年增长（%）	占全区进出口总额比例（%）	合计	比上年增长（%）	占全区出口总额比例（%）	合计	比上年增长（%）	占全区进口总额比例（%）
一、高新技术	2450635	21.5	20.0	2009120	17.9	22.4	441516	41.3	13.5
二、商品类别									
机电	7438494	11.0	60.8	5780385	15.0	64.5	1658109	-1.2	50.7
化工	2124763	44.0	17.4	1547065	59.0	17.3	577698	14.9	17.7
纺织原料及纺织制品	485310	1.5	4.0	437894	-1.8	4.9	47416	47.7	1.5
塑料橡胶制品	811612	7.5	6.6	611868	20.8	6.8	199744	-19.7	6.1
车辆及其配件	910966	1.9	7.5	833365	3.5	9.3	77601	-12.9	2.4

【外贸扶持】 2022 年，常州国家高新区（新北区）打造政策“补给线”，争取中央、省、市扶持资金 3900 万元，惠及企业、园区 760 家。利用“外贸贷”助力企业发展。18 家企业通过纳入全市商务局中小外贸企业名单库的“外贸贷”初审，累计入库 122 家；运用市中小微企业信用保证基金，由合作金融机构向企业提供以信用贷款为主的融资业务。鼓励企业开展境外商标注册和出口产品认证，31 家企业入选 2022—2024 年度常州市重点培育和发展的国际知名品牌企业，其中新增品牌企业 13 家；14 家企业入选 2020—2022 年江苏省重点培育和发展的国际知名品牌企业。实施“品牌企业”优惠政策。对当年新增的被评为重点培育和发展的国际知名品牌企业，给予资金补助并免企业申报。鼓励企业参加线上线下展会，给予一定的展位费补贴；对企业认证、境外专利、境外商标等给予资金补助；对企业进口设备给予进口贴息补贴；对当年结案的应对贸易摩擦案件企业给予一定贸易摩擦补贴。向年出口额 30 万美元以下的小微企业免费提供出口信用保险基本保障，并为年出口额 5000 万美元以下的中小企业免费提供海外企业资信报告提取服务。全年小微企业统保平台服务小微企业 155 家，减免区级

出口信保统保平台保费11.2万元；中小企业资信业务平台调取海外资信报告221份，减免企业资信服务费16.6万元。引导常州汉森机械股份有限公司等外贸企业调整出口物流安排，采取海铁联运、江海联运形式稳定出口。对接上海市经信委、上海海关，打通吴淞口岸滞港货物提取通道，帮助企业提前拆箱、查验、取货257票，避免因货物滞留带来的企业经营风险。推进AEO高级认证企业的培育。至年末，全区有AEO高级认证企业21家，含高级认证分支机构1家，其中年内新增3家；市AEO高级认证企业56家，高级认证分支机构3家。开展外贸转型升级基地培育和申报推荐。新能源车辆及核心零部件基地被评为常州市外贸转型升级基地，国家外贸转型基地（西药）平台完成数据更新并通过年度考核。全区累计有外贸转型升级基地6家，其中国家级1家、市级5家。

（王　盈　王　敏）

【经贸活动】 2022年，常州国家高新区（新北区）围绕外贸高质量发展，培育贸易竞争新优势，提升贸易发展软实力。3月1日，区商务局联合孟河镇开展“跨境优选，货通全球”汽配产业带专场活动；6月16日，邀请常州海关关长到区参加重点外贸企业座谈会；自创“商”课商务品牌系列活动，为外贸企业开展商务活动搭建平台；9月，联合常州海关召开RCEP惠企政策宣讲会，助力企业抢抓政策机遇，开拓区域市场。支持企业利用“江苏优品·畅行全球”“江苏优品·数贸全球”等线上国际展会和线上对接会开拓国际市场，依托中国进出口商品交易会、中国国际进口博览会、中国—东盟博览会等境内各类国际性展会拓展内外贸销售渠道。

【进口交易中心认定和考核】 2022年，常州国家高新区（新北区）推进进口交易中心试点工作，强化跟踪服务。7月，常州综合保税区投资开发有限公司申报的常州综合保税区跨境商品进口交易中心入选常州市第五批进口商品交易中心试点；新阳科技集团常州市化工产品进口交易中心、常州市进口橡胶交易中心、常州市日用消费品交易中心和常州市数控机床进口交易中心4家进口交易中心通过市级考核，其中常州市日用消费品交易中心、常州市数控机床进口交易中心考核为优秀等次。至年末，全区有进口交易中心5家，年内实现交易额15.6亿元。

（王　敏）

【外贸新业态发展】 2022年，常州国家高新区（新北区）加快推进外贸新业态发展，强化国际营销体系建设，鼓励支持辖区企业出海设仓布点。富基融滨(常州)机械进出口有限公司被评为省级公共海外仓，常州大亚国际贸易有限公司和常州市宏发纵横新材料科技股份有限公司被评为市级海外仓。至年末，全区累计构建省级公共海外仓3家、市级公共海外仓4家，涉及北美、欧洲、南美等12个国家和地区。持续推进跨境电商业务，结合企业实际需求及时跟踪国家颁布的新业态模式，对跨境电商9710、9810、1210模式进行模块升级。7月，常州市新四仁电子商务有限公司完成常州市首单9810模式下出口退税，解决困扰企业已久的退税问题；9月，江苏虫洞电子商务有限公司完成常州市首单9710模式下B2B直接出口；10月，沁瑞（常州）国际物流有限公司完成常州市首单1210模式下B2C出口；11月，举办“9710直接出口”“1210保税出口”通关仪式，常州国家高新区（新北区）成为全市唯一、省内为数不多可开展跨境电商全业务的区域，常州制造的“跨贸出海”新通道顺利搭建，“买全球、卖全球”的渠道完成贯通。常州综合保税区主办常州首届云上保税购物季，推动“初廿”跨境商品体验店等在内的本土跨境新势力开拓保税仓直播、社区店下沉、中央商圈示范店等模式；协同市台办，在园区举办台商服务系列沙龙之“台商台企看跨境电商”活

11月5—10日，常州三菱电机士林电装品有限公司等制造类企业亮相中国国际进口博览会　（区委宣传统战部　供图）

动，辖区 10 余家台企深入了解全市跨境产业发展情况；组织市海关、区政协在常州综合保税区开展“有事好商量”协商议事活动，现场答复广大企业关心的新业态新模式操作中遇到的具体问题，促进外贸新业态发展。

（王　敏　张佳杰）

对外及港澳台合作

【概况】 2022 年，常州国家高新区（新北区）新增对外及港澳台投资项目 12 个，比上年（下同）下降 7.7%；中方协议出资额 55287.48 万美元，增长 5 倍，占全市协议额的 49.45%。“一带一路”项目 5 个，占全年项目总数的 41.7%；制造业对外及港澳台投资项目仍占主导，有制造业项目 7 个，占全年项目总数的 58.3%；批发业项目 5 个，占全年项目总数的 41.7%。光伏产业出海成亮点，天合光能（常州）科技有限公司赴越南投资设立天合光能（越南）晶硅有限公司，中方协议出资额 2.75 亿美元，是全区年内规模最大境外投资项目。

12 月，天合光能股份有限公司助力中国、阿拉伯国家清洁能源合作绿色创新和“能源安全”项目开启　（区委宣传统战部 供图）

【对外及港澳台投资企业】 2022 年，常州国家高新区（新北区）有 10 家企业开展对外及港澳台投资，涉及批发、化学原料及化学制品制造、通信设备、计算机及其他电子设备制造、电气机械及器材制造、专用设备制造等行业，协议投资总额 55287.48 万美元。开展对外及港澳台投资企业有江苏常胜电器股份有限公司、常州民防建设投资集团有限公司、常州华威模具有限公司、常州启赋安泰复合材料科技有限公司、天合光能（常州）科技有限公司、新苏环保产业集团有限公司、常州市凌越装备科技有限公司、富基融滨（常州）机械进出口有限公司、江苏维尔利环保科技股份有限公司、常州伟泰科技股份有限公司。

2022 年常州国家高新区（新北区）对外及港澳台投资一览表

表 30　　单位：万美元

序号	企业（机构）名称	东道国（地区）	行业	中方投资主体名称	中方协议投资额
东道国					
1	龙城锂电（印尼）有限公司	印度尼西亚	化学原料及化学制品制造业	常州民防建设投资集团有限公司	4179.1
2	中大模具有限公司	南非	专用设备制造业	常州华威模具有限公司	1936.38
3	科泰思有限公司	德国	化学纤维制造业	常州启赋安泰复合材料科技有限公司	3119
4	天合光能发展有限公司	越南	电气机械及器材制造业	天合光能（常州）科技有限公司	17900
5	天合光能（越南）晶硅有限公司	越南	通信设备、计算机及其他电子设备制造业	天合光能（常州）科技有限公司	27500
6	昌发贸易有限公司	阿拉伯联合酋长国	批发业	富基融滨(常州）机械进出口有限公司	20
7	欧洲维尔利环境技术有限公司	德国	专用设备制造业	江苏维尔利环保科技股份有限公司	100

续表 30　　单位：万美元

序号	企业（机构）名称	东道国（地区）	行业	中方投资主体名称	中方协议投资额
8	伟泰科技（马来西亚）有限公司	马来西亚	专用设备制造业	常州伟泰科技股份有限公司	250
地区					
9	常胜科技有限公司	中国香港	批发业	江苏常胜电器股份有限公司	180
10	常胜电器（香港）有限公司	中国香港	批发业	江苏常胜电器股份有限公司	2
11	博睿（香港）发展有限公司	中国香港	批发业	新苏环保产业集团有限公司	100
12	瑞谊有限公司	中国香港	批发业	常州市凌越装备科技有限公司	1
合计					55287.48

（邹晓琳）

“一带一路”经贸合作

【概况】 2022 年，常州国家高新区（新北区）有“一带一路”项目 5 个，对“一带一路”沿线国家进出口总额 393.6 亿元，比上年（下同）增长 24.2%；对外直接投资额 1.6 亿美元，增加 91%，总量位居全市第一。主要项目有天合光能（常州）科技有限公司赴越南投资设立天合光能（越南）晶硅有限公司、常州民防建设投资集团有限公司赴印度尼西亚设立龙城锂电（印尼）有限公司、天合光能（常州）科技有限公司赴越南设立天合光能发展有限公司、富基融滨（常州）机械进出口有限公司赴阿拉伯联合酋长国设立昌发贸易有限公司、常州伟泰科技股份有限公司赴马来西亚设立伟泰科技（马来西亚）有限公司。年内，常州国家高新区（新北区）举办“一国一策”发布会，让企业深入了解海外投资环境和政策，推动优质企业“走出去”。推进“一带一路”知识产权运用集成。出台《知识产权服务“一带一路”试点区建设方案》，遴选在知识产权创造、管理、运用、保护以及涉外维权等方面具有丰富实务经验的专家，建立知识产权保护专家库，引导企业建立知识产权法律顾问制，为“一带一路”企业提供专业化指导和服务；依托律师事务所、专利事务所等知识产权专业服务机构，组织常州市宏发纵横新材料科技股份有限公司等行业领军企业、常州爱尔威智能科技有限公司等外向型企业 30 余家成立知识产权保护联盟，构建成员间的协作互动机制，共同维护成员的知识产权合法权益；确定“一带一路”知识产权重点服务企业名单，建立知识产权培训培育合作机制，组织企业开展知识产权海外布局、风险防范等培训，提升“走出去”能力，深度参与“一带一路”建设。至年末，全区有 122 家企业参与开拓和投资“一带一路”市场项目 183 个，中方协议出资额 22.46 亿美元。

【天合光能科技（越南）有限公司投产】 2022 年，由天合光能有限公司所控股的太阳能光伏电池工厂在越南北江省云中工业区投产，并凭借其单体设计 1 吉瓦的总产能成为越南国内最大规模的太阳能光伏电池制造项目。该项目由天合光能科技（越南）有限公司负责建设，总投资 1 亿美元，占地面积 4.2 公顷，配备 14 条业内最先进的电池生产线，生产多种单、多晶电池片，以满足美国和欧洲市场需求。该光伏项目是天合光能有限公司继在马来西亚、泰国之后，在东南亚发展的又一个重点项目。

（区志办）

产业园区

常州高铁新城

【概况】2022年，常州高铁新城抢抓“长三角区域一体化”“苏南国家自主创新示范区”“长江大保护”等国家战略机遇，提升城市能级，增强城市竞争力。年内，新龙实验学校交付使用，龙江路高架北延快速化改造项目加快实施，市足球训练基地开工建设。地块开发有序开展。全年完成常州旅游商贸高等职业技术学院西侧、嘉禾尚郡北侧、常州市新桥高级中学东侧、龙虎塘地块4个地块的竞拍工作，开展龙虎塘一号地块报批及土壤调查、龙城高中东南地块预环评、龙虎塘传感小镇区域文保现场踏勘等工作。建立地块看护巡查管理制度，保障高铁新城片区一级开发工作的可持续性。围绕载体项目，开展产业招引，维尔利环保科技集团股份有限公司、万盛精密钣金江苏有限公司、江苏常荣电器股份有限公司、中国航发南方宇航高精传动常州研究院、常州优谷新能源科技股份有限公司、中园慧创（常州）企业管理有限公司、常州润飞环境科技有限公司等优质企业签约入驻。

【绿色宜居城区打造】2022年，高铁新城围绕“两轴三心＋南厅北苑”核心，打造绿色宜居城区。“两轴”即城市中轴和生态绿轴，“三心”为现代生活中心、创智商务中心和田园活力中心，“南厅”塑造高层办公林立、建筑错落有致的现代化高铁新城标识形象，“北苑”延续沿水生长、生活、生产、商业、交往和谐共生的空间形态。4月，常州高铁新城绿色城区第三批示范项目实施方案论证会召开，高铁新城公司建设的创智大厦等7个项目通过专家论证评审。7月，常州市住房和城乡建设局在2022年第一次建筑市场综合大检查中，对高铁新城公司在建的国际人才广场、领航大厦项目予以通报表扬；是月，常州市绿色宜居城区验收评估会召开，高铁新城公司通过省住房和城乡建设厅组织的验收。高铁新城公司在建设过程中按照绿色建筑二星级要求设计，全面采用绿色建材，以绿色施工达到“优良”级、安全文明与智慧工地达到省二星级为目标，采用BIM（建筑信息模型）技术并执行绿色交付，通过对既有建筑物业管理模式、暖通空调系统、照明系统、太阳能光伏系统的优化调适，达到能效提升的管理目标。

【星耀城项目】2022年，星耀城项目年度完成投资6.82亿元，总投资55亿元。该项目位于高铁新城核心区，占地面积7.7公顷，总建筑面积55万平方米，其中地上面积38万平方米、地下面积17万平方米；地下一层为街区商业，地下二至三层为停车场，是集国际特色主题购物中心、国际白金酒店、“5O”（发展、专属、花园、开放、鲜氧）甲级办公写字楼于一体的智慧、生态、活力、共享总部集聚区。年内，星耀城项目实现整体出正负零。

【创智大厦项目】2022年，创智大厦正式复工，按时序进度稳步推进；完成年度投资6400万元，总投资4.5亿元。该项目位于高铁新城总部经济区，占地面积1.3万平方米，总建筑面积6.1万平方米，其中地上面积4.1万平方米、地下面积2万平方米，由3层裙楼和20层甲级办公楼组成。该项目致力于打造成智造链企业策源地，推动周边区域现代智造业升级发展。

【国际人才广场项目封顶】2022年，高铁新城加快推进国际人才广场项目建设，12月，实现国际人才广场封顶，完成年度投资2.86亿元，总投资8亿元。该项目毗邻星耀城，位于高铁新城核心区，占地面积1.9万平方米，总建筑面积9.4万平方米，其中地上面积6.9万平方米、地下面积2.5万平方米。该项目致力于成为“全球人才磁场”，分设3栋塔楼和商业服务裙楼，集公寓、办公和特色商业于一体，可全方位满足高端人才的办公、娱乐和生活需求。

【科创水镇三期主楼封顶】 12月，科创水镇三期主楼封顶，主体结构基本完成，实现年度投资2.13亿元，总投资5.5亿元。科创水镇三期位于高铁新城核心地带，占地面积3.2公顷，总建筑面积8.8万平方米，其中地上面积6.3万平方米、地下面积2.5万平方米。规划为12栋5层双拼办公楼和1栋12层小高层办公楼围合而成的环形办公园区，项目规划设计以呈现高铁沿线立面的灵动感为主，依水而建。

【领航大厦项目封顶】 2022年，领航大厦项目完成年度投资1.38亿元，总投资3.8亿元。该项目占地面积1公顷，总建筑面积4.6万平方米，其中地上面积3.2万平方米、地下面积约1.4万平方米。领航大厦地处乐山路以西秀水河路以南，位于常州高铁新城总部经济区核心区域，规划定位突破传统办公空间属性，引入“5O”级生态商务区理念。楼宇整体由1栋18层甲级办公楼和4栋4层独栋商业别墅组合构成，有屋顶露台、多样共享空间等特色布局设计，可充分满足不同业态企业办公需求。年内，领航大厦项目封顶。

（陈　升）

常州综合保税区

【概况】 常州综合保税区（简称“综保区”）位于常州国家高新区（新北区）内，前身为常州出口加工区，2015年1月，经国务院批准整合优化而成。综保区规划面积166公顷，东至江阴区界，西至通江大道，南至新竹路，北至沿江公路（省道122线）。首期围网面积133公顷。建有标准厂房面积16.3万平方米，区内外仓储面积3万平方米，货物堆场面积2.1万平方米，综合服务大楼面积1万平方米。拥有省级重点物流基地、省级跨境电商产业园，建有公共保税仓库、进口预包装食品（化妆品）监管区、常州市跨境电商综合服务中心、监管通关中心、常州市跨境电商公共服务平台等功能区域。依托综保区特殊功能政策，引进常州巴奥米特医疗器械有限公司、常州高博能源材料有限公司等知名企业或行业龙头企业入驻。2022年，综保区实现规模以上工业产值13.35亿元，比上年（下同）增长10.98%；规模以上工业销售13.69亿元，增长12.26%；规模以上工业投资2.19亿元；外贸进出口额实现77.01亿元，增长34.1%；到账外资3097万美元，增长295.03%。跨境电商“1210”保税进出口额1316.89万元，进出口清单4.24万票。

【项目招引】 2022年，综保区签约总投资3亿美元的中园慧创常州跨境电商产业园项目，完成行业头部企业通拓科技有限公司的引入；签约总投资15亿元的优谷科技海上风电发电机和冷却器产业化项目；签约总投资5亿元的大成真空智能装备项目；签约注册资本1000万元印尼德龙项目，为面向“一带一路”的出口贸易中心。10月，拉美最大的紧固件制造商巴西喜赛集团在华贸易中心项目开业。年内，洽谈菜鸟中心仓项目，项目拟投资一套约1000万元的自动化系统；宝武集团轧辊保税维修项目，落地后将促成园区保税维修业务常态化和规模化；冠亚投资控股项目，涉及存储芯片测试设备和测试服务，落地后将形成1千万/月测试服务产能；华引芯武汉科技江苏第二制造中心项目，涉及车灯芯片的制造组装、车灯模组开发设计、车灯光源生产；常州九鼎车业股份有限公司的车灯再制造项目，涉及海外汽车气罩灯旧件来料加工维修和再制造业务；上市公司江苏汇鸿下属企业汇鸿中天项目，涉及品牌渠道推广、零售运营维护、客户定制开发等。

【重大项目建设】 2022年，一批重大建设项目在综保区开工建设。2月，大成精密智能装备制造基地奠基仪式在综保区举行，3月正式开工建设，12月完成竣工验收，部分设备进场调试。

12月，科创水镇三期主楼封顶　　（区委宣传统战部 供图）

2月，常州市大成真空技术有限公司的精密智能装备制造基地奠基仪式举行
（综保区　供图）

5月，优谷电气大功率海上风力发电机和冷却系统产业化项目（一期）和中园慧创项目落户综保区，完成投资协议签订；12月，优谷电气大功率海上风力发电机和冷却系统产业化项目（一期）开工，中园慧创项目完成土地回收工作，进入土地招拍挂。巴奥米特植入材料和人工器官扩建项目，完成年初6000万元的固定资产投入；瑞泰光学摄像头模组项目，完成厂房主体、污水站和110千伏配电房的主体建设，进入厂房外墙一体板及室外市政道路施工。协调诚瑞光学完成项目上市的前期手续办理及一期项目不动产权证的申领，推进项目相关投资协议约定等事宜。

（张佳杰）

常州创意产业园

【概况】 2022年，常州创意产业园区（以下简称园区）锚定“三新”经济高地目标，聚力建设数字经济发展新高地。年内，园区强化优质项目引育，提升园区发展能级，夯实园区服务保障，助力企业提质创新，深化园区运营管理，保障企业安全发展。全年园区实现产值278亿元，税收2.14亿元。江苏赞奇科技股份有限公司、江苏印象乾图文化科技有限公司、江苏启航开创软件有限公司入选江苏省高新技术产业开发区瞪羚企业名单。

【项目招引】 2022年，园区围绕“十四五”规划产业发展目标，制订创意产业园区提升发展行动计划。重点培育新一代信息技术、数字创意等特色业态，实现产业强链、补链、延链。年内，引进江苏中源环保科技有限公司、江苏大道云隐科技有限公司、江苏阿斯卡文化科技有限公司等8个优质服务业项目；推进科技型中小企业招引，引进科技型中小企业16家；全年新增规模以上企业16家，规模以上文化产业企业3家，零售企业1家；招引“龙城英才”项目7个。赴百度汽车、南京集成电路产业园、华为云、常州纵慧芯光半导体科技有限公司、常州承芯半导体有限公司等开展产业调研；对接湖南省马栏山计算媒体研究院、湖南知了青年文化有限公司、马栏山视频先进技术研究院等数字经济、文科融合领域优质项目。联合智库在线等专业机构，以“云招商”方式招引科技创新类优质项目5个。

【“创意产业社区”打造】 2022年，园区打造靠前服务、情感凝聚、资源共享的“创意产业社区”。发挥“橙芯”服务品牌效应，把服务“PLUS”举措向线上延伸，推出“云招聘”“云辅导”“云普法”“云交友”等系列服务套餐；启动“橙芯服务进企业”走访调研行动，走访调研企业200余家，帮助企业协调解决各类问题40余个。聚合导入政策、市场、人才等发展要素，举办高新技术企业申报辅导会3场，24家申报企业中18家企业通过认定。英才特训营系列活动3场。组织30余家企业参加高校线上推介会、招聘会。召开园区高质量发展座谈会，举办常州“智能化改造数字化转型”暨专精特新企业培育交流会、“智能化改造数字化转型”产业论坛等，为园区企业搭建合作交流平台；牵头组织常州国家文化和科技融合示范基地及代表企业参展2022中国（南京）文化和科技融合成果展览交易会，展示园区发展成果。深化金融服务，举办“北交所政策解读及资本市场规划”交流会，帮助企业抢抓政策机遇；举办银企对接会，解决企业资金需求，常州化龙网络科技有限公司晋级新三板创新层。政策助企稳企，出台《关于落实2022年国有房屋租金减免政策的操作细则》《关于2022年常州国家高新区（新北区）创意产业园区重点企业房租补贴政策办法》，落实《常州国家高新区（新北区）创意产业园区关于进一步鼓励和扶持现代化服务业的奖补政策及兑现办法》，兑现总额超2500万元；帮助园区企业争取省级商务发展专项资金、省文化和旅游发展专项资金、现代服务业发展专项资金、市创新发展

11 月 24—26 日，创意产业园区参加 2022 中国（南京）文化和科技融合成果展览交易会
（创意产业园区办 供图）

专项资金等市级以上条线资金 1699.29 万元。

【园区营商环境优化】 2022 年，园区实施营商环境提质增效，为企业提供政务审批、物业管理、法律咨询、金融服务、园区配套等一站式窗口服务；优化品牌商业配套，完成园区南广场灯光亮化改造、F 座地库地坪改造、车库通道改造及文化创意地标建设；园区综合餐饮休闲区“创意谷 • 创味街”建成并开街，联动板块“夜经济”，举办“创意谷奇妙夜”活动，丰富企业员工及周边居民的精神文化生活。围绕服务品质提升，深化物联网智慧园区建设，构建项目入驻、产业服务、园区管理、生活服务、基础设施管理等智慧化场景，聚合优化线上办理及审批服务功能、智慧停车系统功能模块及停车管理模式；建成园区物流配送中心，优化园区快递配送管理；制订物业服务三年工作计划，提升物业管理标准和服务品质。落实安全生产责任制，开展安全生产月和“119”消防日等专题活动，组织 400 余名企业员工参加消防演习；开展园区安全隐患专项检查与整改行动 3 次，消除安全隐患 50 余处。

【企业创先争优】 2022 年，园区通过精准服务助力企业创先争优。江苏赞奇科技股份有限公司、江苏印象乾图文化科技有限公司、江苏启航开创软件有限公司入选江苏省高新技术产业开发区瞪羚企业名单；江苏瑞新信息技术股份有限公司、江苏智蝶数字科技有限公司、江苏全栈智能科技有限公司入选 2022 年新入库培育江苏省专精特新软件企业名单；江苏赞奇科技股份有限公司的赞奇超高清云工作站入围 2022 年度省级中小企业公共服务示范平台名单，获三星级示范平台认定；江苏维邦软件有限公司项目入围江苏省信息技术应用创新优秀解决方案；江苏金刚科技股份有限公司被评为江苏省省级企业技术中心；常州云栖网络科技有限公司、常州衣智软件科技有限公司被评为 2022 年江苏省三星级上云企业；常州富桑信息科技有限公司的智慧园区党建系统和项目管理系统平台研发项目获 2022 年第一批江苏省产学研合作项目立项；江苏印象乾图文化科技有限公司成为江苏省研究生工作站；江苏启航开创软件有限公司的常兴治、常州安易软件有限公司的胡冰博士被评为江苏省科技副总；江苏赞奇科技股份有限公司被评为常州市专精特新中小企业；常州新友畅信息技术有限公司、江苏智蝶数字科技有限公司、江苏瑞新信息技术股份有限公司、用友网络科技股份有限公司常州分公司被评为常州市“智改数转”服务商；江苏瑞新信息技术股份有限公司、江苏富深协通科技股份有限公司被评为 2022 年度常州市工业信息安全服务商；常州卡米文化传播有限公司、常州市珠峰网络科技有限公司入选 2022 年常州市科普教育基地；江苏启航开创软件有限公司、江苏赞奇科技股份有限公司获 2022 年常州“国际智造”创新创业大赛三等奖。

（刘　钊）

滨江经济开发区

【概况】 江苏常州滨江经济开发区（简称“滨开区”）位于常州市北端，拥有常州市境内所有的长江岸线资源。辖区面积 152.1 平方千米，常住人口 14.97 万人。2022 年，实现一般公共预算收入 25.5 亿元，比上年（下同）增长 25%；工业总产值 1055 亿元，化工行业实现产值 573.3 亿元，增长 26.8%；规模以上工业总产值 968.8 亿元，增长 16.1%。全社会固定资产投资 122.7 亿元，其中工业投入 74.6 亿元，增长 5.9%；实际到账外资 3.1 亿美元。滨开区综合实力跃升至全省经济开发区第 24 位，滨开区新材料产业园连续 5 年入选“中国化工园区 30 强”，先后创成国家火炬碳纤维及复合材料特色产业基地、江苏省碳纤维及复合材料创新型产业集群、江苏省碳纤维及复合材料技术创新中心、江苏省两业深度融合试点园区、江苏省一体化示范园区。

【项目招引】 2022年，滨开区招引高质量项目19个，其中服务业项目5个，总投资超380亿元。在引进的14个制造业项目中，“两特三新一智能”产业项目有10个，其他先进制造业4个。招引超10亿元重大产业项目5个，协议注册外资超3000万美元项目5个，优质外资项目5个。全年招引科技型中小企业22家。

2022年江苏常州滨江经济开发区高质量项目招引情况一览表

表31

序号	类别		名称	金额	备注
1	制造业项目	『两特三新一智能』项目	比亚迪常州二期新能源汽车零部件产业园项目	总投资100亿元	超10亿元重大产业项目
2			国能高效清洁发电机组及配套综合能源基地项目	总投资100亿元	超10亿元重大产业项目
3			合全五期创新药CRDMO项目	总投资10亿美元	超10亿元重大产业项目 协议注册外资超3000万美元项目 优质外资项目
4			新阳科技新材料项目	总投资3亿美元	超10亿元重大产业项目 协议注册外资超3000万美元项目 优质外资项目
5			中简年产1500吨碳纤维生产线项目	总投资11亿元	超10亿元重大产业项目
6			韩国现代机器人项目	注册外资3000万美元	协议注册外资超3000万美元项目 优质外资项目
7			新日催化剂项目	总投资3.5亿元	
8			杰瑞锂电负极材料项目	总投资1亿元	
9			迪耐斯汽车尾气排放系统项目	总投资1250万美元	优质外资项目
10			西班牙电子材料项目	总投资1000万美元	优质外资项目
11		其他先进制造业项目	高端电容器卷绕机及相关配套设备项目	总投资5亿元	
12			汉森智慧农机项目	总投资2亿元	
13			中车瑞泰大兆瓦风力发电齿轮传动系统研发及产业化项目	总投资1.02亿元	
14			艾诺电子项目	总投资1亿元	
15	服务业项目		圣戈班中国区总部项目	总投资2亿欧元	协议注册外资超3000万美元项目
16			中瑞二期载体项目	总投资2.24亿美元	协议注册外资超3000万美元项目
17			瑞华化工绿色技术工程中心项目	总投资3000万元	
18			德模集成电路检测项目	注册外资500万美元	
19			光刻胶研发中心项目	总投资800万元	

【重大项目建设】 2022年，滨开区列入常州国家高新区重大项目投资计划的产业类项目计40个，其中工业项目35个、服务业项目5个。项目总投资250亿元。其中，省重点项目1个（中简科技项目）、市重点项目19个、区重点项目20个，23个重大项目新建开工，12个项目全面竣工，项目开工率及竣工率分别为100%和120%，投资率146%。新增入库市重点项目9个，完成年度目标任务的180%。持续推进土地一体化征供“清单化管理”，21个绿地类项目完成供地或进入挂牌公告阶段，总面积61.98万平方米。推进文物资源区域评估，滨开区第三批文物资源区域评估报告获省文物局批复，涉及约15平方千米的工业地块。全年实施本级招投标项目7个、区级招投

标项目 2 个、采购项目 8 个、零星工程 20 个。年内，新港幼儿园投入使用，建筑面积 8600 平方米；新建危险化学品运输车辆停车场地，配套建设环保、应急和人员办公场所等公共服务设施，规划占地面积 6.7 公顷，一期 3.35 万平方米配套建设完成；沿江复绿地块累计完成 201 公顷，年内完成永达、常茂地块复绿，涉及面积 8.84 公顷。集镇区污水改造工程第四批新建污水管道 25 千米，春城路、东港三路完成施工。在常州沿江地区国土空间生态整治试点工作中，11 个项目 50.59 万平方米通过省生态环境厅验收并完成指标调剂置换，全年 8 个生态整治试点项目 50.85 万平方米通过市级验收。完成 1619 套人才公寓建设，并交付使用。

【促企智改数转】 7 月 18 日，滨开区 5 家企业入选 2022 年度江苏省首批五星级上云企业和江苏省两化融合管理体系贯标示范企业培育对象拟认定名单。其中，华润化学材料科技股份有限公司、常州宏川石化仓储有限公司 2 家企业入选省五星级上云企业名单，贺尔碧格传动技术（常州）有限公司、常州金康精工机械股份有限公司、常州萨伟利铸造技术有限公司 3 家企业入选省两化融合管理体系贯标示范企业培育对象。年内，滨开区围绕争创智能制造示范区，完成 144 家企业市区级“智改数转”免费诊断。30 家企业入选江苏省星级上云企业名单，10 家制造业优势企业被评为省、市智能车间，市级智改数转库在库项目 85 个。为壮大智能制造新优势，出台《滨开区推进经济高质量发展工作实施意见》《常州滨江经济开发区促进企业创新发展奖励办法》，分级分类引导企业加快数字化转型和智能化改造。联动河海大学、常州大学等高校资源及华为云、中国电信、新阳科技服务等平台资源，引导化工、纺织、机械制造等传统行业加快数字化改造。培育壮大标杆企业。形成以诺贝丽斯（中国）铝制品有限公司、贺尔碧格传动技术（常州）有限公司等领先外资企业，以华润化学材料科技股份有限公司、常州新东化工发展有限公司等优势央企，以常州太平洋电力设备（集团）有限公司、常州通宝光电股份有限公司等骨干民企为代表的智能制造领域三大“样板间”，带动中小企业转型升级。成功招引大族激光科技产业集团股份有限公司、常州中兴华达科技股份有限公司、亮智（常州）照明有限公司等智能制造企业 13 家，依托浙江大学工业自动化国家工程研究中心及工业控制技术国家重点实验室和先进控制研究所技术、人才支撑，助推园区企业实施智能化改造、数字化转型。

【贺尔碧格压缩机技术中国区基地项目开工】 11 月 29 日，贺尔碧格压缩机技术中国区基地项目开工仪式举行。贺尔碧格压缩机技术中国区基地项目总投资 1 亿美元，主要生产应用于石化、氢能、芯片及储能等领域压缩机核心零部件。贺尔碧格集团公司创建于 1895 年，是全球最大的独立压缩机配件制造商之一，2021 年全球销售额达 11 亿欧元。总部位于瑞士，分支机构遍布全球 40 余个国家和地区，设压缩机技术事业部、传动技术事业部及自动化技术事业部。其中，压缩机技术事业部总部位于奥地利维也纳，生产高品质的气体、流体压缩机配件，主要应用于石油、化工等相关能源行业。

【三相立体卷铁心电力变压器获苏锡常三市首台(套)重大装备拟认定】 4 月，常州太平洋变压器有限公司研发量产的“三相立体卷铁心电力变压器 SZ22-RL-90000/110-NX1”装备入选 2021 年苏锡常首台（套）重大装备拟认定名单。该设备达到一级能效，成本降低 15%，应用于中天钢铁（南通）有限公司精品钢项目，空载损耗比国家标准低 49% 左右，负载损耗比国家标准低 11% 左右，噪声比常规产品低约 12 分贝。该装备从容量、节能、环保、能效等技术指标填补国内外空白。常州

常州太平洋变压器有限公司的三相立体卷铁心电力变压器（SZ22- RL-90000110-NX1）

（杨嘉文 摄）

太平洋变压器有限公司是常州太平洋电力设备（集团）有限公司100%控股子公司，从事专业生产变压器、箱式、变电站的设计、制造、安装、维修及技术服务，产品广泛用于国网、电厂、冶金、石化、工矿企业、地铁、轻轨、高铁、高原及沿海地区等自然环境和条件相对恶劣的地区等。属国家高新技术企业，拥有江苏省高效节能环保型卷铁心变压器及智能装备工程中心，2019年获铁道科技一等奖，2021年获常州市创新创业大赛二等奖，2022年获四川省技术发明一等奖。

【18家企业获省工业企业质量信用A级认定】 5月，常州市市场监督管理局公布2022年江苏省工业企业质量信用A级企业（常州市）名单，常州启赋安泰复合材料科技有限公司、丰疆智能科技研究院（常州）有限公司、常州科勒水龙头有限公司等18家企业通过认定，其中核心区（园区）9家、春江街道4家、魏村街道5家。至年末，滨开区有107家企业获得江苏省质量信用A级认定，9家企业获得江苏省质量信用AA级认定，8家企业获得江苏省质量信用AAA级认定。

2022年江苏常州滨江经济开发区获评省工业企业质量信用A级认定企业一览表

表32

序号	企业名称	序号	企业名称
1	法兰泰克（常州）工程机械有限公司	10	常州佳冠电子有限公司
2	常州启赋安泰复合材料科技有限公司	11	昶力管业（常州）有限公司
3	江苏三强复合材料有限公司	12	常州市裕博塑料制品制造有限公司
4	丰疆智能科技研究院（常州）有限公司	13	常州常超模具有限公司
5	江苏扬瑞新材料有限公司	14	常州技天电子有限公司
6	常州科勒水龙头有限公司	15	常州市艾诺电子科技有限公司
7	江苏齐晖医药科技股份有限公司	16	常州市万康电子有限公司
8	江苏省农用激素工程技术研究中心有限公司	17	汉湖（常州）液压系统制造有限公司
9	江苏盈天环保科技有限公司	18	江苏优尚环境工程有限公司

【2家企业入选省级服务型制造示范企业名单】 10月14日，省工业和信息化厅公示2022年江苏省服务型制造示范企业（平台）名单，常州理工科技股份有限公司和常州晟威机电有限公司2家企业入选。

常州理工科技股份有限公司成立于2004年，2016年5月挂牌新三板。主要产品包括轻量化汽车铝合金轮毂、动车高铁地铁齿轮箱、西门子高压开关柜系列管件等铝合金铸件产品，为国内外汽车、高速列车、地铁行业提供高质量的配套产品和优质服务。拥有发明专利13项、实用新型专利39项、外观专利2项。获评国家高新技术企业、江苏省专精特新“小巨人”企业，拥有市级工程技术研究中心，入选市级工业支撑计划、江苏省科技计划项目。公司通过IATF16949：2016质量体系认证、日本VIA实验室认证、德国TUV质量体系认证。

常州晟威机电有限公司成立于2007年，专业从事薄膜电容器设备制造，累计拥有专利35件。主要产品包括新能源车用薄膜电容卷绕机、电力电容器卷绕机、机车用薄膜电容器卷绕机，主打产品薄膜电容器卷绕机在该领域市场占有率位列第一。与松下、比亚迪、法拉电子等知名公司建立合作关系。2019年被认定为国家高新技术企业，常州市专精特新中小企业，拥有市级工程技术研究中心、市企业技术中心，研发的“全自动硬芯棒金属化薄膜电容器卷绕机”获江苏省重点设备首台（套）认定。至年末，滨开区拥有市级以上服务型制造示范企业17家，其中省级服务型制造示范企业9家。

【3家企业入选市级绿色工厂名单】 11月，滨开区3家绿色发展型企业入选常州市第四批绿色工厂名单，分别是常州吉恩药业有限公司、圣戈班科技材料（常州）有限公司、常州西玛特电器有限公司。常州吉恩药业有限公司从产品设计、研发着手，减少原材料和有毒有害物质的使用，降低能源消耗、碳排放和污染物排放，实现全流程绿色制造。先后实施淘汰Y形电机，采用高效疏水器、冷凝器余热回用、电机变频改造、供热供冷管道保温处理等技改项目，实现节能减排。圣戈班科技材料（常州）有限公司是一家专业生产纸面石膏板系统、石膏粉、保温材料的企业，先后获环保绿宝石奖和精益数字化标杆工厂等行业称号。公司通过余热回收利用，每年节约天然气10.5万立方米；通过废石

膏的回收利用，每年节约石膏1800吨；通过新型减水剂技改，每年节约电150万千瓦时，约合15万立方米天然气；通过煅烧系统泄漏改进技术改造，每小时节约天然气30立方米。常州西玛特电器是国内领先的家用电器行业供应商，主要产品为温控器和加热管，均通过UL、CQC、VDE等认证。公司开展灌粉车间除尘等系列技术改造，通过钎焊料油性改水性的项目，减少烟尘、二氧化硫等污染物的排放；通过热处理炉余热烘制物料节能技改，每年节约用电7.2万千瓦时；通过实施屋顶空地光伏发电项目，每年新增发电量28万千瓦时。至年末，滨开区拥有市级绿色工厂8家。

【滨开区新材料产业园】 滨开区新材料产业园位于常州国家高新区（新北区）北部，东至桃花港河、西至省庄河、南至兴塘路、北至长江，占地面积11.25平方千米，是省政府首批认定的14个化工园区之一。园区以新材料和新医药为主导产业链，重点发展高性能纤维及复合材料、先进高分子材料、电子化学品、创新药、化学药等产业。园区建有完备的公共管廊、工业供电、供热、供水及“三废”收集处置系统，配备气防站、特勤消防站等基础设施。至年末，园区有企业57家，其中化工企业47家、工贸企业10家；有税收超1000万元企业27家，税收超亿元企业（集团）6家。园区以“改善环境质量、提升本质安全”为工作靶心，聚焦“VOCs整治”攻坚突破，构建安全生产命运共同体，打造“清•新365”及“盛瑞工作法”工作品牌，摸索总结行业领先的“五全一保”（全密封、全收集、全处理、全达标、全自动、保安全）有机储罐废气管理经验，创建成清新企业10家；提炼推广安全生产典型经验做法15条，培育成安全标杆示范企业15家，升级建成集信息化、可视化、智能化于一体的智慧指挥中心，以数字化改革推动区域生态环境和安全生产治理能力提升。2022年，经省应急管理厅现场审核，园区安全风险等级被认定为较低风险水平（D级）。通过中国石油和化学工业联合会评审验收，12月，园区被评为全国智慧化工园区和绿色化工园区。至年末，园区实现产值573.3亿元，实现销售收入580.1亿元、利润98.5亿元。

（黄　婷）

生命健康产业园

【概况】 生命健康产业园区（前身为生物医药产业园，简称“园区”）是常州建设国家创新型科技园区“一核八园”的重要组成部分。一期规划面积6.3平方千米，基本建成环通整个园区的“四纵四横”路网，通过深化绿化景观和河道设计，与新龙国际商务城实现无缝对接。2022年，园区重点支持“大分子生物药、小分子药物、医疗器械及设备、生物技术新药和试剂、现代中药、生物技术食品”等生命健康产业细分领域发展，打造技术先进、产品细分领域丰富、高端智能化的大健康产业基地。至年末，累计签约落户常州合全生命科学有限公司、常州中科遗传资源研发中心（南方）、扬子江药业集团、联影（常州）医疗科技有限公司等产业化项目28个，精匠诊断技术(江苏)有限公司、未米生物科技（江苏）有限公司、常州文松生物技术有限公司等中、小型加速企业48家。常州中科遗传资源研发中心（南方）、国家级生物医药孵化器、生物医药产业加速器等产学研共享平台，为入园企业提供科技和公共服务支撑。年内，园区签约药明康德合全药业华东研发总部、联影(常州)医疗科技有限公司二期、常州赛乐医疗技术有限公司、医沛生医疗器械制造（常州）有限公司、常州诗唯雅电子商务有限公司、常州登达适医疗科技有限公司、阿里生物新材料(常州)有限公司、麦德思贝医疗科技(江苏)有限公司、泰戈斯医疗器械(江苏)有限公司等一批产业化、科技型项目。江苏瑞卡弗健康科技有限公司竣工投用，英特赛克医疗器械(常州)有限公司二期、常州百康特医疗器械有限公司基本建成，常州吾合生物医药有限责任公司、常州赛乐医疗技术有限公司等产业化项目稳步推进。全年实现销售75亿元，上缴税收3亿元。

【项目招引】 2022年，园区围绕重点产业，加强重点项目招引。年内，药明康德合全药业华东研发总部签约落地。引进总投资超1000万美元或超1亿元重大产业项目17个，招引瑞士医沛生医疗器械制造等优质外资项目5个，注册资本超500万元优质服务业项目6个。联影大型高端医疗设备及核心零部件项目纳入省重大项目建设计划。登达适牙科项目入选全市唯一省级顶尖人才项目，为园区科技转型注入新动力。

【重大项目建设】 2022年，园区加快重大项目建设步伐，有序推进16个重点项目开工建设，15个项目投产达效。年内，药明康德合全药业华东研发总部项目开工建设，联影医疗二期主体工程基本建成，英特赛克呼吸类医疗耗材项目厂房竣工，恒泰第一工业园生命科技港项目封顶，百康特医疗器械产业园项目基本建成，常州吾合生物医药有限责任公司脂质微粒载体药物研发及产业化项目（一期）、赛乐医疗高端牙科研产销一体化平台项目等产业化项目稳步推进。

【药明康德合全药业华东研发总部项目开工】 药明康德合全药业华东研发总部项目占地面积10.05公顷，总投资30亿元。常州合全药业有限公司是无锡药明康德新药开发股份有限公司子公司，2013年，首个项目落户常州，后续开展一、二、三期项目。合全药业华东研发基地项目将依托药明康德“一体化、端到端”赋能平台，投资配置尖端仪器设备，为全球客户提供创新型研发服务。项目将引进研发人员超3000人，带动区域人才集聚，促进产业转型和经济发展。项目于2022年12月开工建设。

【联影医疗常州基地二期项目开工】 联影医疗常州基地二期项目总投资30亿元，新增用地面积10.45公顷，于年内开工建设。联影高端医学影像设备及核心部件项目规划达成400台RT（直线加速器）的部件加工和整机生产规模，以及500台PET-CT的晶体生产能力。项目建成后，将成为世界上最大的高端医疗设备晶体生产基地，满足国内医学影像设备需求。

【吾合脂质微粒载体药物研发及产业化项目开工】 吾合脂质微粒载体药物研发及产业化项目总投资1.5亿元，新增用地面积2.01公顷。项目投资方为常州吾合生物医药有限责任公司，是从事药物载体技术（DDS）及其相关载体药物产业化开发的高科技企业。新建项目主要从事脂质体药物制剂、脂微球、乳剂等高端新药制剂的研发、生产和销售。新项目注册资本3000万元，于2022年开工建设。

【赛乐医疗牙科项目开工】 赛乐医疗牙科项目总投资2亿元，新增用地面积2.01公顷。新项目主要生产无线根管马达、根测仪、超声荡洗器、3D热牙胶充填系统、四灯珠宽谱光固化灯、牙周治疗仪、口腔数字传感器等以及CBCT（锥形束CT）、牙科手术显微镜等产品。项目由常州赛乐医疗技术有限公司投资建设，公司成立于2016年，是集研发、制造、营销和服务于一体的专业牙科器械制造商，于2019年被授予“高新技术企业”称号。“八颗牙医疗”作为赛乐医疗的牙科品牌，致力于保留天然牙，为全球市场提供专业牙科医疗器械产品。项目于2022年开工建设，项目达产后将达到每年20万台（套）牙科医疗设备的出货量，形成5亿元的年销售规模，实际入库税收超1500万元。

（顾　诚）

空港产业园

【概况】 空港产业园位于常州国家高新区（新北区）西部，由常州航空产业园、常州高新区动力装备产业园整合组成，是常州市发展多式联运的重要基地之一。2014年11月，经市政府批准成立，与罗溪镇实行“园镇合一、合署办公”管理体制。空港产业园先后获江苏省高端装备制造业特色基地、江苏省新型工业化产业示范基地、常州市外贸转型升级基地等称号。2022年，实现地区生产总值170.7亿元，比上年（下同）增长11.5%；完成规模以上工业总产值542.8亿元，增长122.9%；完成一般公共预算收入13.2亿元，增长50.7%；固定资产投资和工业投资分别达71.4亿元、63.2亿元，分别增长12.9%、10.2%，进出口总额增幅18.4%。全年引进“两特三新一智能”先进制造业项目12个、服务业项目3个，超预期完成年度投资118亿元。新能源车辆及核心零部件产值突破335.7亿元，增幅超794%，整车产量突破18万辆，常州比亚迪汽车有限公司成为园区首家销售超百亿元企业。园区规模以上工业企业总数突破167家，增长8%，高新技术企业总数达105家，新增本土上市企业1家，实现“零的突破”。新增销售超100亿元、10亿元和1亿元企业分别有1家、1家和7家，新增税收超亿元企业2家、总数3家，超千万元企业总数24家，其中工业企业15家，制造业综合实力持续增强。年内，常州空港产业园(新能源汽车及核心零部件)通过2022年度江苏省新型工业化产业示范基地复核。

【项目招引】 2022年，空港产业园围绕新能源汽车及核心零部件、智能装备等“两特三新”主导产业，开展招商引资活动。全年引进常州聚信应用材料有限公司新建光伏组件封装胶膜项目、华奕康蜂窝陶瓷载体、新泉汽车零部件轻量化饰件、延锋汽车座椅内饰件等先进制造业项目12个，常州晟扬模型设计有限公司、常州国绿环保科技有限公司、常州启萌科技信息有限公司优质服务业项目3个，总投资超10亿元的比亚迪新能源汽车核心零部件二期、特瑞斯高端能源装备重大产业项目2个，瑞士埃莱普精密汽车零部件研发制造项目、常州豪爵新能源动力有限公司电动车项目2个。

【重大项目建设】 2022年，空港产业园加快推进20个省、市、区重点产业项目，全年完成投资118亿元，创历史新高，提前一个季度完成全年新增入库、新开工和竣工目标任务。园区成立比亚迪服务工作推进专班，专题研究并及时解决项目推进过程中的重要问题，全力保障二期省重大项目用地需求；特瑞斯能源装备股份有限公司、常州市大华环宇机械制造有限公司成为新《中华人民共和国土地管理法》实施后全区首批工业用途集体经营性建设用地直接入市的企业。年内，比亚迪新能源汽车核心零部件产业园项目（一期）、北汽商用车关键零部件建设项目、欧胜高空作业平台项目等10个项目竣工，捷佳创光伏智慧能源设备项目、特瑞斯高端能源装备项目、聚信光伏组件封装胶膜项目、华奕康汽车尾气净化装置零部件生产项目等12个市重点项目稳步推进。比亚迪新能源整车及核心零部件产业园项目、北汽商用车华东基地项目获2022年度常州市重大项目投入奖。

【比亚迪新能源汽车核心零部件产业园项目（一期）竣工】 比亚迪新能源汽车核心零部件产业园项目（一期）由常州比亚迪汽车有限公司于2020—2022年度实施，2022年11月竣工。总投资42亿元，占地面积103.85公顷，新增建筑面积63.4万平方米，购置火花机、立式加工中心等设备2199台（套），形成年产模具、内饰件、保险杠、冲压件等汽车零部件20万套的生产能力。利用现有厂房面积30万平方米，购置试模压机、电焊机器人等设备约1860台（套），建设研发中心，开展整车及相关零部件研发，项目建成后具备年产20万辆纯电动乘用车生产能力。

【北汽商用车关键零部件建设项目竣工】 北汽商用车关键零部件建设项目由北汽重型汽车有限公司于2021—2022年度实施，2022年12月竣工，总投资50亿元。占地面积62.71公顷，其中新增用地面积30.15公顷，新增建筑面积18.7万平方米；利用原北汽常州生产基地32.56公顷土地，新建研发楼、用户体验中心、员工中心等建筑物，规划建设车身冲压、焊装、涂装、总装、检测调试厂房及生产线、试车道、成品停放场。规划标准年产能为8万辆商用车，最大年产能12万辆。

北汽重型汽车有限公司生产车间　（罗溪镇 供图）

【欧胜高空作业平台项目竣工】 欧胜高空作业平台项目由欧胜高空升降平台设备（常州）有限公司于2020—2022年度实施，2022年6月竣工，总投资7亿元。新增用地面积8.04公顷，新增总建筑面积3.9万平方米，新建厂房、办公室、研发中心、配套服务中心等建筑物，购置涂装线、空气压缩机、变压器、装配线、空调系统等主辅设备7台（套），项目建成后形成年产高空作业平台约1.6万台（套）的生产能力。

（史　薇）

【常州东方航空食品公司开业】 11月18日，常州东方航空食品有限公司（简称“常州航食”）开业仪式在空港产业园举行，市政府、区政府、中国东航、东航食品及相关单位的领导出席开业仪式。常州航食位于空港产业园内，系东方航空食品投资有限公司全资经营的集约化配餐公司，2018年10月18日注册成立，总投资6亿元，占地面积6.7公顷，2021年1月完成竣工验收，10月取得食品生产许可证。常州航食以高科技和适度智能化引领食品安全生产，软硬件系统打造东航食品智能化中央厨房。智能化控制中心可实现食品生产全过程追溯，采用信息化和工业自动化相结合的手段，实现数字化生产和管理，提升食品安全质量、提高生产效率。公司主要产品有东航天厨、航空标准餐、“感谢有你”、天厨靓汤四大系列，主要客户为航空配餐市场（全国航空食品公司）、机构团膳市场、电商超市、OEM定制服务。常州航食的开业，将进一步丰富空港产业园的产业业态，提升空港服务的能级与质量。

（彭　辉）

光伏产业园

【概况】 常州国家高新区光伏产业园区（以下简称“园区”）地处常州高铁新城东部，辖区面积17.12平方千米。园区拥有光伏行业龙头企业天合光能股份有限公司及众多光伏产品配套企业。经过30余年的发展，形成较为完整的光伏组件生产及配套产业链，产品覆盖全球100余个国家，在智慧能源、智慧交通、智慧制造和智慧服务四大领域具有较强发展前景。2022年，园区锚定高质量发展目标加快发展，全年完成地区生产总值232.08亿元。其中，第二产业增加值130.71亿元，第三产业增加值101.37亿元；完成规模以上工业总产值568.63亿元，固定资产投资53.71亿元，实现一般公共预算收入17.84亿元。

【项目招引】 2022年，园区招引高质量项目42个。其中，总投资1000万美元或1亿元以上“两特三新”产业及其他先进制造业项目12个［森萨塔科技（常州）有限公司传感器制造与研发中心项目、天永诚高分子材料（常州）有限公司导热硅橡胶垫片项目、常州优谷新能源科技股份有限公司大功率海上风力发电机和冷却系统产业化项目、常州巨泰电子有限公司节能智能物联网电源项目、江苏一特新材料有限公司建设年产10000吨锂电池绿色新能源材料项目、天纳克（常州）减振系统有限公司常州工厂电控减震器技改项目、江苏先行智能装备有限公司智能机械装备项目、江苏晁尚科技材料有限公司新建电子专用材料生产项目、江苏天合储能有限公司锂电池中试线智能化建设项目、常州赛达电气有限公司迁建项目、江苏和暖智能装备有限公司项目、常州澳弘电子股份有限公司电子元器件项目］，注册资本500万元以上的优质服务业项目6个（中园慧创跨境电商产业园项目、江苏坤柏实业商贸有限公司项目、常州神力钢丝制品有限公司项目、江苏智融国际物流有限公司项目、万祥产业园项目、怡亚通供应链项目），跨境电商业务企业10家［常州市森谷跨境电子商务有限公司、安佳供应链管理（常州）有限公司、常州启佳国际供应链管理有限公司、江苏海升供应链管理有限公司、常州凯晟供应链管理有限公司、常州市节瑞电子商务有限公司、常州霞鹜汽车科技有限公司、江苏智融国际物流有限公司、常州市通苏科技有限公司、常州程迅供应链管理有限公司］，科技型中小企业14家，协议注册外资超3000万美元项目2个。全年完成到账外资7414万美元，完成进出口总额347亿元，总量位列全区第一。

【重大项目建设】 2022年，园区围绕重大项目攻坚突破要求，全年主攻17个市、区重点项目（含综保区），其中市重点项目12个、区重点项目5个。全年完成投资30.55亿元，完成率100%；新入库重点产业项目4个（涵恒医用高精密注塑模具及快检系列医疗器械项目、佳士工业数字化智能焊机及焊配项目、巨泰智能物联网电源项目、优谷大型海上风电机组关键零部件项目），竣工重点产业项目4个（德杰高端数控机床核心零部件项目、澳弘高精密度线路板项目、聚和导电材料研发及产业化项目、天合光能超高功率光伏组件项目），新开工重点产业项目6个（大成智能装备制造项目、涵恒医用高精密注塑模具及快检系列医疗器械项目、宏微新型功率半导体器件项目、佳士工业数字化智能焊机及焊配项目、巨泰智能物联网电源项目、优谷大型海上风电机组关键零部件项目）。围绕项目从开工到竣工，实现项目建设全生命周期管理，确保项目建设任务按时序进度完成。

2022年常州国家高新区（新北区）光伏产业园重大项目一览表

表33

项目类别	项目名称	投资额（万元）	备注
市重点项目	瑞泰光学摄像头模组项目	420000	
	大成智能装备制造项目	47612	
	优谷大型海上风电机组关键零部件项目	100000	
	佳士工业数字化智能焊机及焊配项目	20000	
	聚和导电材料研发及产业化项目	50000	当年竣工
	澳弘高精密度线路板项目	71600	当年竣工
	德杰高端数控机床核心零部件项目	30000	当年竣工
	宏微新型功率半导体器件项目	60000	
	天合光能超高功率光伏组件项目	300000	当年竣工
	巨泰智能物联网电源项目	40000	
	涵恒医用高精密注塑模具及快检系列医疗器械项目	35000	
	月星环球商业中心（一期、四期）	420000	

续表 33

项目类别	项目名称	投资额（万元）	备注
区重点项目	巴奥米特植入材料和人工器官扩建项目	13000	
	海卓高端车灯注塑及精密零件注塑件研发项目	30000	
	永祺电动传感智能自行车项目	42200	
	黑牡丹常州智能智造产业园	45000	
	联东U谷常州国际智慧谷项目	100000	

【光伏产业园上市企业梯队建设】 2022年，园区加强上市企业梯队建设，从园区优质中小企业中，遴选主营业务突出、核心竞争力较强、具有发展前景的企业入库，叠加产业、金融和科技等各方面政策，助推企业上市。至2022年年末，光伏产业园拥有上市企业5家、上市后备企业13家、新增上市企业1家、IPO申报企业1家、新三板创新层企业2家、股改中企业2家。

【德杰高端数控机床核心零部件项目竣工】 德杰高端数控机床核心零部件项目由江苏德杰机械设备有限公司于2021年度实施，2022年3月竣工。总投资3亿元，新增用地面积2.01公顷，新建车间2幢、综合办公楼1幢、物流仓库1幢，总建筑面积2.2万平方米，购置高端数控机床100台（套），达产后形成年产6万台（套）高端数控机床与核心零部件及工业自动控制系统装置的研发和生产能力。

【澳弘高精密度线路板项目竣工】 澳弘高精密度线路板项目由常州澳弘电子股份有限公司于2018年度实施，2022年4月竣工，总投资6亿元，新增用地面积3.8公顷，新建厂房、综合楼、辅房等建筑物，新增建筑面积8万平方米，购置数控钻孔机、曝光机、丝印机等主辅设备500余台（套）。项目建成后形成年产高精密度多层板、高密度互连积层板120万平方米的生产能力，副产品阴极铜215吨。

【聚和导电材料研发及产业化项目竣工】 聚和导电材料研发及产业化项目由常州聚和新材料股份有限公司于2020年度实施，2022年6月竣工，总投资5亿元，占地面积2.14公顷，建设3栋生产车间及配套建筑面积2.6万平方米，搬迁并利用原有设备93台（套），购置搅拌机、三辊机、球磨机、烧结炉、激光粒度仪、热分析仪等主辅设备及实验设备146台（套），建设导电银浆生产基地和常州研究中心，形成年产导电银浆1700吨的生产能力，并提供原材料及产成品检测、产品研发及生产工艺升级、产品各项应用性能检测等服务。2022年该企业年销售69亿元，入库税收1.15亿元。

【天合光能大功率高效组件项目竣工】 天合光能大功率高效组件项目由天合光能股份有限公司于2021年度实施，2022年10月竣工。总投资30亿元，对原有厂房及辅助设施实施升级改造，并购置层压机、串焊机、排版机等生产设备2145台（套），项目建成后可形成年产15吉瓦高效光伏组件/年的生产能力。项目达产后实现年销售200亿元以上，年出口销售规模15亿美元以上，年缴纳税收2亿元以上。

（袁怡娟）

中瑞（常州）国际产业创新园

【概况】 中瑞（常州）国际产业创新园（以下简称“园区”）于2017年9月启动，2019年9月开园。园区位于滨江开发区，规划面积66.8公顷，包括27万平方米标准工业厂房和39.8万平方米绿地，总建筑面积超30万平方米。按照“产城融合、智慧园区、生态园区”的规划理念，园区以创新、智能、绿色为发展重点，产业布局锁定中瑞两国战略优先支持领域，以“两特三新”产业链为核心，主动对接瑞士及德语国家优势产业，重点发展高端装备制造、碳纤维及复合材料、生物医药及医疗器械、生产型服务业，构建中瑞特色鲜明、具有国际竞争力的现代产业体系。

【项目招引】 2022年，园区引进落地项目5个，包括总投资2.24亿美元中瑞二期载体项目、注册外资3000万美元韩国现代机器人项目、总投资1250万美元丹麦迪耐斯集团碳化硅载体项目、总投资2100万元高端快消品制造项目等。至年末，园区累计吸引瑞士美德乐母婴用品项目、瑞士碎得破碎机械项目、加拿大麦格纳工程中心项目、德国罗森伯格高端汽车电子项目、德国科泰思碳纤维材料项目、德国亮智LED整体解决方案项目、德国弗兰德高端减速机项目、德国莱尼新能源汽车线束项目、西班牙拉米装饰用纸项目、芬兰劳特机械设备项目、韩国现代工业机器人项目、日本SMC气动元件项目和美国李尔汽车座椅项目等22个国际领先的产业项目入驻，实现一期16栋单层厂房全部满租，累计总投资超7亿美元，达产后总销售额70亿元。

（黄　婷）

11月22日，中日智造交流大会举行。图为产业项目签约仪式（杨嘉文　摄）

中日（常州）智能制造产业园

【概况】 中日（常州）智能制造产业园（以下简称“园区”）筹建于2018年。2020年9月，常州国家高新区（新北区）与工业和信息化部国际经济技术合作中心签订中日产业园共建协议。明确将中日产业园打造成为集智能制造、创新研发、生产服务于一体的中日产业合作园基地。园区规划面积147平方千米，主体涵盖罗溪镇、奔牛镇、薛家镇及滨开区部分地块。按照“产业＋载体＋配套”的规划布局，重点突出创新驱动，实现产业区域联动，布局智能汽车与车辆网、5G与新一代信息技术两大战略先导产业，提升新能源汽车及核心零部件、机器人及智能装备制造、高端医疗器械及生命健康三大核心支柱产业，拓展数字娱乐、科技服务、智慧物流和人工智能四大创新赋能产业。2022年，园区加快基础平台建设，一期尤墅地块改造升级为载体基础设施，其中滨开区用地面积4.4万平方米。年内，开工建设标准厂房4栋、配套楼1栋。至2022年年末，园区累计注册成立日本企业总数超260家，投资总额30亿美元。以住友电工、SMC、三菱电机、富士通等世界500强和龙头企业为代表，集中聚焦智能智造、汽车核心零部件等重点行业。

【项目招引】 2022年，园区引进日本新项目5个，分别为沙特卡ADI高端新材料项目、小松中国总部职能搬迁项目、日本日工数控机床关键零部件项目、丸井商贸项目、荻野精密机械项目。沙特卡ADI高端新材料项目总投资2000万美元，注册资本1000万美元；该项目在园区开展ADI高端新材料的生产研发，用以代替钢件，可降低生产成本、减低工件重量，填补全市高端铸件材料的空白。小松集团计划将小松（中国）投资有限公司销售、服务、研发三大职能转移至常州产品技术发展中心，转移后小松中国常州分公司每年可贡献8000万～9000万元税收。日本日工数控机床关键零部件项目注册100万美元，主要从事真空泵研发、销售、跨境电商业务。

【交流推介活动】 8月4日，园区组织重点企业参加东亚企业家太湖论坛，宣传常州，携手日本、韩国企业共同发展。8月25日，组织园区企业参加在上海举办的常州—日本产业合作推介会，向众多日本企业推介中日（常州）智能制造产业园，扩大产业园影响力。9月14日，接待日本医疗考察团，向日本企业推介生命健康产业园。11月22日，借助RCEP正式生效、中日两国邦交正常化50周年的契机举办2022中日智造交流大会，邀请驻沪总领事、日本三大银行等知名企业高层参加，并为中日（常州）智能制造产业园揭牌。12月13日，区商务局以小分队形式出访日本，拜访12家企业及机构，推动在谈项目进展，发掘招商新渠道和新信息。

（张贝鸿）

区域合作

融入长三角一体化发展

【概况】 2022年，常州国家高新区（新北区）抢抓长三角一体化发展机遇，多措并举推动区域融合协作发展。开展长三角一体化项目梳理。至年末，全区有31个产业协作项目、9个平台载体项目、3个现代服务业项目纳入市级重大平台。加快推进省长三角一体化项目建设，常泰长江大桥及南接线高速公路建设进展顺利，常州—上海海铁联运班列、“常西欧”班列开通步入常态化运行。与上海市黄浦区、杨浦区及泰兴市等长三角地区开展多领域合作，推进区域营商环境一体化。

（区志办）

【长三角交通中轴建设】 参见P.221【长三角交通中轴建设】条目。

【常泰跨江融合】 常州国家高新区（新北区）和泰州市泰兴市作为常泰跨江融合发展的前沿阵地，自2020年以来，两地开展多轮互访交流合作，相继签订常泰跨江融合发展合作、园区共建合作、港口合作及职业学校战略合作“1+3”联动发展协议等，并把常泰跨江融合发展纳入两地“十四五”发展规划。2022年，随着新的战略合作协议签订及常泰大桥的加快建设，两地作为江苏中轴崛起的最佳支点，共建常泰跨江融合发展先导区。重点围绕应急跨江联动、政务服务一体化和信用共建三方面开启新一轮战略合作。

（区志办）

【常泰两地企业登记“跨江通办”】 2022年，区行政审批局与泰兴市行政审批局建立合作机制，联合印发《推进常泰两地企业登记“跨江通办”工作的实施方案》，协同推进企业登记等高频事项的“跨江通办”，提升企业登记便利度，解决异地办事“多地跑、往返跑”问题。9月28日，家住常州国家高新区（新北区）的泰州市同悦物流有限公司法定代表人，在区行政审批局“跨江通办”专窗工作人员指引下，成功办理经营范围、注册资金的变更登记业务，变更后的营业执照将由泰兴市行政审批局“跨江通办”服务专窗通过EMS免费送达企业。

（沈　霞）

3月19日，常泰大桥主塔下横梁浇筑全面施工　　（李祥云　摄）

【长三角现代物流中心建设】 参见P.177【长三角现代物流中心建设】条目。

【沿江都市快线建设】 2022年，常州国家高新区（新北区）协调推进沿江都市快线筹建。3月，常州政府采购网站公布《沿江都市快线铁路规划方案研究中标结果公告》，中铁第四勘察设计院集团有限公司中标。沿江都市快线常州段包括常州经江阴至张家港铁路、常州经丹阳至镇江至扬州铁路，提升常州对丹阳、江阴的辐射，支撑常州都市圈发展愿景。规划研究重点是稳定项目线站位、重要场站设施预控等关键要素，复合利用通道走廊资源，构筑常州城市北部枢纽，强化常州国家高新区（新北区）与周边重要城镇组团和交通枢纽、沿江轴线重要城市的联系。根据采购文件，沿江都市快线在常州境内长度为 17 千米，其中地下段 8.4 千米、路基段 200 米、高架段 8.4 千米。设站 4 座，其中地下站 2 座、高架站 2 座。初步拟定的 4 个站点分别为空港产业园站、薛家站、常州北站、环球港站，均位于区内。

（区志办）

年内，区级财政拨付紫阳县、岚皋县帮扶资金各 100 万元（区经发局 供图）

对口帮扶协作

【东西部对口帮扶】 2022 年，常州国家高新区（新北区）贯彻落实国家、省和市关于深化东西部协作的决策部署，在加强工作统筹、突出智力支援、深化产业协作、加强就业协作、促进消费协作、推进乡村振兴示范建设和引导社会帮扶七个方面持续发力，印发《常州市新北区 2022 年度对口支援协作合作工作要点》，携手紫阳县、岚皋县深化对口帮扶关系。

年内，区明确年度重点工作目标任务，两地党政主要领导分别带队互访，全年召开联席会议 4 次，10 个镇（街道）分别与对口协作镇签订年度合作协议，孟河镇南兰陵村与岚皋县南宫山镇宏大村、奔牛镇东桥村与紫阳县焕古镇大连村分别签订“四方双结对、共建示范村”结对协议。落实资金保障。优先足额安排援助资金，完成省统筹对口扶贫资金筹集上缴 1823 万元。区级财政拨付紫阳县、岚皋县帮扶资金各 100 万元。区红十字会、区残联、慈善总会新北分会累计捐赠紫阳县 19 万元、岚皋县 17 万元。由区卫健局捐助的一批价值 3 万元的防疫物资驰援岚皋县，助力岚皋县筑牢疫情防线。开展人才交流。4 名党政干部继续在紫阳县、岚皋县开展帮扶，新派出第五批 50 名“三支”人员（含市“组团式”帮扶人员 26 名）赴陕支教、支医、支农建设。举办乡村振兴干部培训班 4 期、乡村振兴专业技术人才培训 6 期，为巩固拓展脱贫攻坚成果和推进乡村振兴提供人才智力支持。年内，常州国家高新区（新北区）对口帮扶紫阳县、岚皋县联络组被评为 2022 年全省脱贫攻坚暨对口帮扶支援合作工作表现突出集体。

【产业援陕】 2022 年，常州国家高新区（新北区）遵循“优势互补、互惠互利、长期合作、共同发展”原则，推动产业合作。引导落地企业 9 家，完成投资 1.22 亿元，吸纳农村劳动力就业 421 人，其中脱贫劳动力 144 人。援建 21 家帮扶车间，吸纳农村劳动力 734 人就业增收，其中脱贫劳动力 425 人。引导社会各界参与消费帮扶行动，直接采购或帮助销售农畜牧产品和特色手工艺产品 4948 万元。深化劳务协作。组织开展苏陕协作线上线下专场招聘会，采取劳务派遣、补贴交通费等措施，精准开展岗位收集和推送，发布招聘岗位 3000 个，现场接受求职人员政策咨询 200 人次，免费发放各类宣传资料 1000 余份。年内新增转移农村劳动力就业 1306 人，其中脱贫劳动力 741 人。

（叶玮超）

【教育援陕】 2022 年，常州国家高新区（新北区）持续深化东西部教育帮扶协作，巩固脱贫攻坚成果。年内，与紫阳县、岚皋县实施“组团式”帮扶，选派常州市西夏墅中学副校长王强，新北区安家中学校长冯小强，江苏省奔牛高级中学教师翟建刚、吴亮业、吴祥铭，常州市新桥高级中学教师陈峰、徐永、范文玲，分别对口帮扶安康市紫阳中学和岚皋中学，提升当地学校教育管理水平。

（潘晨光　胡　跃）

【医疗援陕】 2022 年，常州国家高新区（新北区）卫健系统按照《医疗卫生领域南北结对帮扶合作实施方案》，继续开展医疗卫生对口帮扶，选派 12

名医疗卫生专业技术人才赴紫阳县、岚皋县，开展医疗卫生对口帮扶。医疗卫生帮扶人员在驻地开展门诊医疗、教学查房、疑难病会诊、病历书写、中医浮针治疗、预防保健指导、重点人群体检等业务，提升当地医疗卫生服务水平。是年，孟河中医医院医师贾祥勇被岚皋县评为2021年度乡村振兴帮扶工作先进个人。

（顾亚炜）

【新北—紫阳2022年苏陕协作工作联席会】 新北—紫阳2022年苏陕协作工作联席会于8月5日召开。区党工委（区委）副书记、代理区长石旭涌，紫阳县委副书记、县长向德刚出席会议并讲话。双方就进一步深化产业协作、消费协作、劳务协作、人才交流等工作进行交流，并表示将以更高水平、更实举措、更富成效推动两地对口协作。会上，常州市对外投资和经济合作协会、常州天目湖南山竹海食品有限公司分别与紫阳县三生网络科技有限公司、紫阳县苏秦农产品专业合作社签订合作协议。

（刘青霞）

【常高新集团与射阳县文明村结对共建】 11月17日，常高新集团有限公司与盐城市射阳县四明镇文明村“城乡结对、文明共建”签约仪式在文明村党群服务中心举行。常高新集团党委副书记、工会主席李丹菊代表集团，与文明村党总支书记、村委会主任严文梅共同签署结对共建协议。在签约座谈会上，四明镇党委书记李艳华介绍四明镇文明村的基本情况和特色产业。文明村有人口3984人，耕地面积542公顷，是全国有名的食用菌之乡。从事食用菌栽培有40余年历史，出产的食用菌远销省内外。2022年，文明村采取典型引路、以大带小、以富带贫等模式，食用菌产业从零星散户到成片连户，从家门口市场做到全国各地。9月，“射阳平菇”地理标志证明商标获正式批准注册。李丹菊详细了解文明村在特色产业发展方面取得的成果以及面临的困难，并实地走访平菇培育和西兰花种植基地。通过双方实施结对共建三年工作计划，优化提升村经济发展条件和村域环境。

（陈　升）

工 业

综 述

【工业运行质效】 2022年，常州国家高新区（新北区）工业经济稳步增长，全年实现工业总产值4030.8亿元，比上年（下同）增长11.2%；工业销售4432.2亿元，增长17.9%；工业利润401.4亿元，增长28.5%。其中，完成规模以上工业总产值3429.7亿元，增长11.9%，位列全市第一；规模以上工业增加值增长11.5%；规模以上工业销售3839.4亿元，增长22.8%；规模以上工业利润311.3亿元，增长34.8%。全区超百亿元企业新增2家，超50亿元企业新增1家，530家规模以上工业企业销售收入超亿元，年内增加46家；天合光能股份有限公司成为首家销售突破600亿元的企业，比亚迪常州制造基地销售超280亿元，常州合全药业有限公司成为首家纳税超10亿元的企业。常州国家高新区入围首批江苏省制造业高质量发展示范区建设地区，新型碳材料集群再度入选国家先进制造业集群，常州华威模具有限公司、常州捷佳创精密机械有限公司获工业和信息化部制造业单项冠军称号。

【工业项目招引】 2022年，常州国家高新区（新北区）全年招引优质项目100个，总投资超780亿元。引进总投资超1亿美元或10亿元以上重大项目14个，美敦力康辉常州科技园项目、常州合全新药生产和研发中心项目、常州比亚迪汽车有限公司二期生产厂房建设项目、国能常州二期两台100万千瓦机组扩建项目4个超100亿元或10亿美元项目成功签约；欧元圣戈班中国区总部项目、医沛生医疗器械制造（常州）有限公司项目等21个优质外资项目落户。项目引进“招推服”一体化成效凸显，268公顷工业用地实现提质增效，22个项目实现“拿地即开工”，全区营商环境评价位列全省城区第二位。

【工业企业运行监测】 2022年，常州国家高新区（新北区）完善重点企业监测机制，改变由原来的单一“过录表”扩展至对全区工业500强企业、“两特三新一智能”产业链重点企业、“1115”培育对象企业“产、销、效”的全面监测，并每月形成运行分析报告供领导参考决策。围绕打通纵向协同、横向协作的关键堵点，形成具体工作与负责人员“一对一”快速反应机制，精准划定企业成长区段，紧盯企业发展的“自变量”，打好向上争取

6月30日，美敦力康辉常州科技园项目签约仪式举行

（区委宣传统战部 供图）

的“提前量”，做足项目申报的“含金量”。助企惠企机制更加健全。出台《常州国家高新区（新北区）领导干部挂钩联系“1115”大企业集团暨建立部门专员服务企业长效机制》，畅通诉求反映渠道，健全诉求办理程序，落实“首问负责”和“限时办结”，提高企业满意度和获得感。

2022 年常州国家高新区（新北区）规模以上工业及主要产业产值统计表

表 34

	企业（家）	总产值（亿元）	增幅（%）	占比（%）	拉动百分点
规模以上工业	1400	3429.7	11.9	—	—
其中，“两特三新一智能”合计	788	2639.6	19.3	77	14
智慧能源	81	447.8	8.6	13.1	1.2
新材料	43	142.6	4.6	4.2	0.2
核心零部件	302	884.6	46.8	25.8	9.2
新一代信息技术	156	388.1	−0.9	11.3	−0.1
新医药及医疗器械	53	301.5	69.2	8.8	4
智能装备制造	153	475.2	-3.3	13.9	−0.5

（区统计局）

【工业用地提质增效】 2022 年，常州国家高新区（新北区）加强存量土地资源管理，破解用地增效难题。制定《推进工业用地提质增效、促进全区产业高质量发展的实施意见（2022—2025）》《推进产业载体建设的实施意见》，修订《工业用地提质增效实施细则（试行）》《“退二优二”工业用地收回工作流程（试行）》等文件，完善评价体系。围绕“亩均论英雄”的发展导向，把全区 3608 家用地工业企业、约 7370 公顷工业用地全部纳入评价系统。全年提质增效工业用地超 268 公顷，工业用地企业实现有效转型，支撑全区产业高质量发展。在全市新能源之都建设推进大会中，全区 11 家企业入围亩均效益 20 强，占全市比重 55%，获奖企业数量连续 4 年位居常州各辖市区首位。

2022 年度常州国家高新区（新北区）“明星企业家”

张　峰　高纪凡　韩贤云　周晓萍
唐　良　孙　泓　陈新星　许　航
张苏闽　LIU QING　王军祥　左国军
王耀方　潘燕萍　何志奇　刘海东
严全良　杨永岗　陈卫星　李景林
张　兵　韩东秀　王玉琴　洪昆煌
Marcus Malzahn　王宇飞　黄　霞
张文俊　石井康彦　张珍源　欧阳一
唐志华　张　健　左建球　华若中
王小平　郑发鲁　魏宝华　李陆雯
王海波　于　婧　郑建伟　张全旺
谈昆伦　盛昭宁　邵　俊　许　肃
Chuu,Ming chih　陈　斌　蒋玉华
芮新生　李　帆　葛建军　吴逸中
史　慧　张新联　坂部敬三　王立军
合田昌央　许世钟　中尾乾次
苏　丹　张宏道　王传明　吴啸林
余晟武　朱国敏　李月中　许　颉
吴汉强　范　云　吴玉飞　曹兴华
宋功成

2022 年度常州国家高新区（新北区）“上台阶”企业

天合光能股份有限公司
常州比亚迪汽车有限公司
常州合全药业有限公司
常州聚和新材料股份有限公司
国能常州发电有限公司
天地（常州）自动化股份有限公司
常州新东化工发展有限公司

2022 年度常州国家高新区（新北区）“亩均税收贡献十强”企业

森萨塔科技（常州）有限公司
安费诺－泰姆斯（常州）通讯设备有限公司
常州聚和新材料股份有限公司
安费诺汽车连接系统（常州）有限公司
常州富兴机电有限公司
常州合全药业有限公司
常州市乐萌压力容器有限公司
梅特勒－托利多（常州）测量技术有限公司
阿朗新科高性能弹性体（常州）有限公司
天地（常州）自动化股份有限公司

2022 年度常州国家高新区（新北区）“创新投入十强”企业

天合光能股份有限公司

常州星宇车灯股份有限公司
常州比亚迪汽车有限公司
常州合全药业有限公司
常州聚和新材料股份有限公司
天地（常州）自动化股份有限公司
常州市康辉医疗器械有限公司
江苏宏微科技股份有限公司
安费诺汽车连接系统（常州）有限公司
梅特勒－托利多（常州）测量技术有限公司

2022 年度常州国家高新区（新北区）“十佳重点项目”

比亚迪新能源整车及核心零部件产业园项目
北汽商用车华东基地项目
合全新药研发和生产一体化基地（三期）项目
九号科技高端智能电摩项目
澳弘高精密度线路板项目
欧胜高空升降平台项目
聚和导电材料研发及产业化项目
银河半导体分立器件项目
富士达绿色出行智造南方基地项目
维尔利总部研究院及环保智能云平台项目

2022 年度常州国家高新区（新北区）“开放经济贡献十佳”企业

常州市康辉医疗器械有限公司
常州合全药业有限公司
天合光能股份有限公司
新阳科技集团有限公司
森萨塔科技（常州）有限公司
华润化学材料科技股份有限公司
诺贝丽斯（中国）铝制品有限公司
立达（中国）纺织仪器有限公司
贺尔碧格压缩机技术（中国）有限公司
常州启赋安泰复合材料科技有限公司

（朱瑄磊）

工业转型升级

【概况】 2022 年，常州国家高新区（新北区）重点聚焦“两特三新一智能”产业集群，以工艺、装备为核心，以数据为基础，以制造单元、车间、工厂、供应链为对象，构建虚实融合、知识驱动、动态优化、安全高效、绿色低碳的智能制造系统，推进工业互联网集成创新应用，实现数字化转型、网络化协同、智能化变革。强化工业投资跟踪。紧盯省工信厅重大工业项目库、省级工信产业转型升级专项资金项目库、市级超亿元技改项目库、市级“智改数转”项目库、市级“532”项目库 5 类项目储备库，掌握工业项目推进成效和增长趋势，督促重点企业及重点板块完成工业投资时序目标。至年末，全区工业技改投入增长 14.3%，助力产业高质量发展。

【产业结构优化】 2022 年，常州国家高新区（新北区）以太阳能光伏及储能、新能源整车及核心零部件、风能氢能关键装备等产业链的创新升级为突破口，实施产业集群培育、创新能力提升、重点项目攻坚、产业赛道拓展、要素资源保障五大工程，打造新能源之都核心区。产业集聚度明显提升，“两特三新一智能”产业实现规模以上工业产值 2639.6 亿元，增长 19.3%，高于全区平均 7.4 个百分点，占规模以上工业比重 77%，占比提升 6.3 个百分点。

【一批企业入选专精特新“小巨人”企业】 5 月，常州市工业和信息化局公示 2022 年度常州市专精特新中小企业名单，常州市范群干燥设备有限公司等 52 家企业入围。是月，工业和信息化部公示第三批建议支持的国家级专精特新“小巨人”企业名单，常州捷佳创精密机械有限公司入围。8 月，工业和信息化部公布第四批专精特新“小巨人”企业名单，常州聚和新材料股份有限公司等 16 家企业入选。12 月，省工信厅公布 2022 年专精特新中小企业名单，常州银河世纪微电子股份有限公司等 81 家企业入围省级专精特新中小企业名单。至年末，全区累计专精特新企业突破 200 家，其中国家级专精特新企业 20 家、省级专精特新企业 123 家；累计超 800 家企业进入省“千企升级”培育库。

【13 家企业获转型升级专项资金项目支持】 6 月 16 日，省工业和信息产业转型升级专项资金（第三批）项目公示，区 13 家企业入选。2022 年度江苏省工业和信息产业转型升级专项资金重点支持智能化改造和数字化转型、关键核心技术（装备）攻关产业化、自主品牌企业培育、绿色低碳发展、产业升级平台建设等，为制造强省和网络强省建设提供支撑。区内企业特瑞斯能源装备股份有限公司、常州市乐萌压力容器有限公司、江苏容大减震科技股份有限公司、常州环能涡轮动力有限公司、常州同惠电子股份有限公司、常州吉恩药业有限公司 6 家企业获专精特新“小巨人”企业资金支持，单项占比接近全市一半。诺贝丽斯（中国）铝制品有限公司入选技术改造贷款贴息和设备补助项目；江苏凯特汽车部件有限公司入选智能化改造升级——服务化改造升级标杆示范项目；常州市赛嘉机械有限公司和常州市新创智能科技有限公司入围关键核心技术装备攻关产业化项目；有重大技改项目的常州澳弘电子股份有限公司和智能工厂项目的常州星宇车灯股份有限公司年内均竣工验收，获专项资金支持。

【2家企业被评为制造业单项冠军企业（产品）】 10月24日，省工业和信息化厅公示2022年度江苏地区的全国制造业单项冠军企业（产品）名单，常州华威模具有限公司被评为制造业单项冠军企业，常州捷佳创精密机械有限公司高效清洗制绒设备被评为制造业单项冠军产品。国家级制造业单项冠军是中国制造业在各自细分产品和市场的最高荣誉之一。至年末，全区累计拥有工业和信息化部制造业单项冠军企业5家。

常州华威模具有限公司成立于2005年4月，经营范围主要为非金属制品模具，汽车、摩托车模具的设计、制造，精冲模、精密型腔模的生产。公司作为全球汽车注塑模具制造企业之一，致力于汽车注塑模具的研发和制造，创建多项企业标准。公司拥有中国汽车注塑模具行业专业设计团队和管理团队及员工队伍，有加工中心400台，其中五轴加工中心100余台。主要为奔驰、宝马、奥迪、大众、通用、福特等中高端汽车制造商提供模具制造配套服务，产品50%出口欧美等国家。

常州捷佳创精密机械有限公司的高效清洗制绒设备是太阳能硅片制绒清洗环节关键设备，具有高产能、高补液精度、高均匀性、低成本、低能耗等优势。自投入市场后，占据国内90%、国外80%的市场份额，全球市场占有率连续3年排名第一。产品具有多项创新突破性的技术，20余项专利技术保护，其部分关键性能指标、加工工艺、能耗指标处于国际领先水平。

（朱瑄磊）

智慧能源产业

【概况】 2022年，常州国家高新区（新北区）智慧能源产业主要分布在光伏产业园区（龙虎塘街道）。智慧能源产业由原有的以太阳能光伏为主向太阳能、风能和氢能全领域转变。光伏发电行业重点龙头企业有天合光能股份有限公司、常州捷佳创精密机械有限公司，风能发电行业配套企业有常州优谷新能源科技股份有限公司、常州天山重工机械有限公司，氢能产业领域先行企业有江苏集萃安泰创明先进能源材料研究院有限公司、永安行科技股份有限公司。年内，智慧能源产业完成规模以上工业产值447.6亿元，比上年增长8.6%。常州聚和新材料股份有限公司上市。

常州华威模具有限公司生产车间 （区委宣传统战部 供图）

【天合光能获2项国家级绿色制造荣誉】 2022年，工业和信息化部先后公布2022年度“工业产品绿色设计示范企业”“绿色供应链管理企业”名单，天合光能股份有限公司入围。继2018年获国家绿色工厂、2021年入选工业和信息化部“绿色设计产品”名单之后，天合光能股份有限公司再获2项国家级绿色制造荣誉，是常州市首家绿色制造领域大满贯企业。

【“链上有约 邻里配套”智慧能源产业协同发展沙龙】 11月8日，以“智慧能源 追光逐梦”为主题的常州国家高新区智慧能源产业协同发展沙龙活动暨“龙虎创咖谈”发布仪式在区举行，辖区85家相关企业负责人出席，以龙头引领、协同发展为目标，共话行业发展，共谋发力方向。此次产业链主题沙龙活动，目的是建立“近距离、高效率、广范围”的链上企业沟通平台，帮助企业加强业务协同，共享机遇、共谋发展。

【优谷电气一期项目奠基】 12月29日，优谷电气大功率海上风力发电机和冷却系统产业化项目（一期）奠基仪式在区举行，项目总投资15亿元，预计年产能为2000台5兆瓦以上风力发电机和冷却器集成电机设备，达产后年销售收入40亿元。优谷电气一期项目的奠基，是常州优谷新能源科技股份有限公司加速自身跨越式发展重要节点，促进全区智慧能源特色产业的健康发展。常州优谷新能源科技股份有限公司成立于2016年，是专业为轨道交通设备、风力发电设备、工业机器人设备、新能源汽车设备、医疗器械以及航空航天等装备制造业领域提供关键零部件整体方案的供应商。

（朱瑄磊）

【天合光能股份有限公司】 天合光能股份有限公司位于龙虎塘街道天合光伏产业园天合路2号，成立于1997年，是全球领先的光伏智慧能源整体解决方案提供商，业务覆盖光伏电池、组件、光伏发电、储能、氢能、智能微网及能源物联网等，2018年获中国工业大奖，是首家在科创板上市的常州企业。设立在天合光能的“光伏科学与技术国家重点实验室”，是中国首批获得科技部认定的光伏企业国家重点实验室之一，25次创造和刷新光伏电池转换效率和组件输出功率的世界纪录。天合光能凭借在绿色制造、碳中和、可持续发展、ESG（环境、社会和公司治理）建设等方面的优秀表现入围2022福布斯中国可持续发展工业企业TOP50。年内，获国际工业设计大奖——红点奖，入围“2022中国民营企业500强”“2022中国制造业民营企业500强”“2022中国跨国公司100强”“2022跨国公司指数100强”“2022中国制造业企业500强”“2022中国战略性新兴产业领军企业100强”6个榜单，发明专利拥有量居光伏行业第一。全年实现销售收入576.2亿元，完成税收7.7亿元。

（朱瑄磊　袁怡娟）

【常州捷佳创精密机械有限公司】 常州捷佳创精密机械有限公司位于罗溪镇机电工业园宝塔山路9号，成立于2008年，注册资金2.1亿元，占地面积5公顷，隶属于深圳市捷佳伟创新能源装备股份有限公司的全资子公司。公司主要从事晶体硅太阳能电池片生产及制绒设备、链式湿法刻蚀设备、槽式碱抛光清洗设备、槽式黑硅制绒设备的生产，生产技术、工艺及产品性能国内领先。公司主导产品经中国光伏行业协会认定在同类设备中市场占有率位居前五名。建有江苏省光伏电池湿法工艺设备工程技术研究中心，自建国内光伏行业唯一300平方米的洁净车间。2022年，公司高效清洗制绒设备被评为制造业单项冠军产品，公司实现销售25.8亿元，入库税收1.3亿元。

【常州聚和新材料股份有限公司】 常州聚和新材料股份有限公司位于龙虎塘街道浏阳河路66号，成立于2015年8月，注册资本5750万元，是集光伏银浆研发、生产、销售于一体的高科技企业。公司具备10余年银浆开发背景，产品覆盖晶硅太阳能电池用导电银浆，满足市场单晶、多晶常规正银需求并不断升级；成功研发新型PERC电池、单晶双面ALD、单晶SE、N型双面等高效正银，下世代低温高效HJT银浆进入产业化阶段；半导体DAP（Die Attach Paste）银浆具备研发及产业化能力。公司在常州的万级洁净生产基地，通过ISO质量管理体系认证。2022年，公司在科创板上市，实现销售收入64.2亿元，入库税收1.2亿元。

（朱瑄磊）

新材料产业

【新材料产业发展】 常州国家高新区（新北区）新材料产业主要分布在滨江经济开发区，区新材料产业以碳纤维及复合材料、电子化学材料、新型功能材料为代表。产业龙头企业有高端碳纤维材料供应商中简科技股份有限公司、民用碳纤维生产商新创碳谷集团有限公司、航空航天碳材料供应商科泰思（中国）复合材料有限责任公司等，领军研发机构有江苏集萃安泰创明先进能源材料研究院有限公司，生产服务机构有常州达姆斯检测技术有限公司，形成结构合理、技术先进、产业链创新链融合发展的碳纤维及复合材料产业体系。2022年，新材料产业完成规模以上工业产值142.6亿元，比上年增长4.6%，拥有产业链相关规模以上工业企业16家、上市企业2家、高新技术企业8家。长三角碳纤维及复合材料技术创新中心获批全市首家省级技术创新中心，碳纤维及复合材料国家火炬特色产业基地成功创建，新型碳材料集群被评为国家先进制造业集群。常州高新区碳纤维及复合材料创新型产业集群列入省创新型产业集群建设名单。形成“1+3+X”产业发展格局，打造产业链完整、规模效应明显、服务功能完善、配套设施齐全的碳纤维及复合材料产业创新高地。

【2022年中国复合材料产业发展高峰论坛举行】 12月22日，2022年中国复合材料产业发展高峰论坛暨2022年中国复合材料工业协会年会在区举行。该届论坛以“变局中创新局，新局中谋发展”为主题，邀请来自全国高等院校、科研院所、知名企业的16位专家做报告，内容涵盖宏观政治经济、先进制造技术、智能制造装备、节能环保、军工新能源等领域，符合行业绿色低碳、创新发展的总要求，反映当下行业的方向和趋势。全国各地复合材料行业人员及会员代表共计150余人参加现场研讨会，线上图文直播频道累计互动6400余次。

【中简科技股份有限公司】 中简科技股份有限公司位于滨江经济开发区兴丰路6号，成立于2008年，注册资本2.2亿元，占地面积5.33公顷，厂房面积2万平方米。公司建有2条800吨级的原丝生产线和20吨级石墨纤维生产线，设有“高强中模（T700）级碳纤维工程中心”和“碳纤维高技术研究重点实验室”。产品涵盖军民两用的T300级、T700级、T800级及高模量石墨纤维，是唯一由科技部专家现场随机取样评价通过的碳纤维生产单位，公司有专利30项。2022年，公司实现销售收入8亿元，入库税收1.1亿元。

【新创碳谷控股有限公司】 新创碳谷控股有限公司位于滨江经济开发区黄海路329号，成立于2020年5月，注册资金1亿元，是一家致力于为全球碳纤维及复合材料应用市场提供低成本、工业化解决方案的知名领军企业。以高性能纤维复合材料为基础，涵盖集复材设计、复材生产、智能装备、检测测试于一体的全产业链业务体系，产品广泛应用于风电、轨道交通、汽车、航空航天等行业。先后被评为国家知识产权示范企业、国家火炬高新技术企业、国家单项冠军企业，建有国家碳纤维经编材料动员中心、江苏省高性能纤维复合材料重点实验室、省级“两站三中心”等研发平台和人才培养基地。集团依托常州市宏发纵横新材料科技股份有限公司、常州市新创智能科技有限公司在风电、航空、轨道交通、汽车等行业的技术和市场积累，以及复材设计和装备制造优势，投资50亿元，在区建设碳纤维产业基地，项目完成后，将成为全球最大的民用大丝束碳纤维及复合材料生产基地之一。2022年，公司实现销售收入30.4亿元，入库税收4513万元。

【常州市宏发纵横新材料科技股份有限公司】 常州市宏发纵横新材料科技股份有限公司位于西夏墅镇丽江路28号，成立于2003年，是新标准认定的国家高新技术企业。注册资本6665万元，总投资3.6亿元，2015年完成股改并在新三板上市。公司是全球领先的高性能纤维经编增强复合材料企业，致力于高性能纤维复合材料低成本、工业化生产与应用技术的研发，在美国、摩洛哥建有海外研发生产基地。产品广泛应用于风电叶片、轨道交通、航空航天等行业，在全球风电市场的占有率达30%，各类经编材料年产能20万吨。2022年，公司通过制造业单项冠军产品复核。

（朱瑄磊）

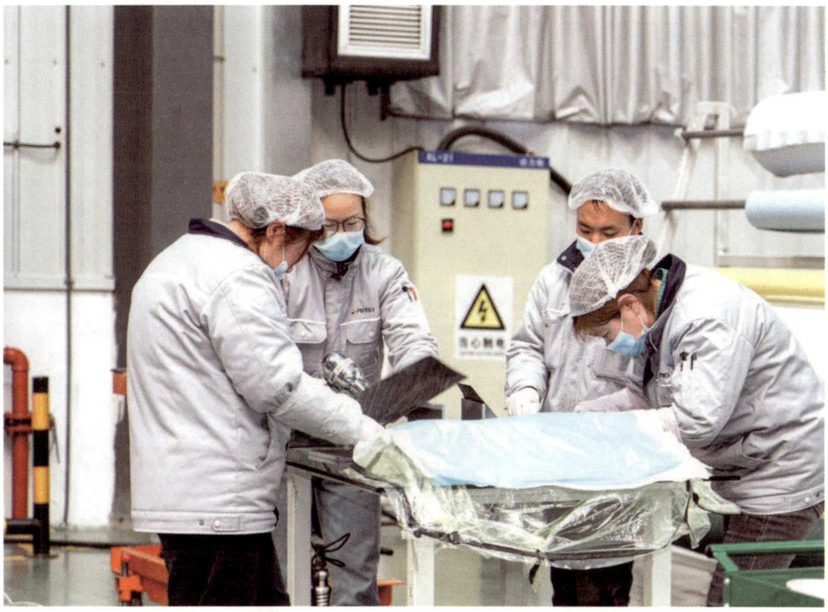

2022年，常州市宏发纵横新材料科技股份有限公司生产车间

（区委宣传统战部 供图）

新能源汽车及汽车核心零部件产业

【概况】 常州国家高新区（新北区）新能源汽车产业主要分布在空港产业园（罗溪镇）。经过数年的培育和发展，形成由38家动力系统、37家汽车电子、78家车灯及内饰企业为骨干组成的“汽车产业军团”，并具备较完整的产业链。龙头企业有常州东风汽车有限公司、常州比亚迪汽车有限公司、北汽重型汽车有限公司。至年末，全区新能源汽车及核心零部件企业超2000家，规模以上企业300余家，年产值超800亿元，涌现一批领军企业和隐形冠军。比亚迪常州基地销售突破280亿元，总产量超18万辆。

【“链上有约 邻里配套”新能源汽车及核心零部件产业协同发展沙龙】 6月28日，由区经发局、区工商联联手打造的“链上有约 邻里配套”主题系列活动之常州国家高新区新能源汽车及汽车核心零部件产业协同发展沙龙在富力喜来登酒店举办。常州比亚迪汽车有限公司、北汽重型汽车有限公司、常州市理想汽车制造基地、常州东风汽车有限公司四大整车厂商及70余家汽车核心零部件企业参加活动。该次活动以“协同赋能共赢——高速领航高新动能”为主题，分为开幕式、品牌发布、发起倡议、互动沙龙四个环节，区工商联组织20余家会员企业参会。开幕式上，“链上有约 邻里配套”品牌正式发布。区工商联主席、星宇车灯董事长兼总经理周晓萍受邀向全体企业家发出倡议。互动沙龙环节，常州市汽车行业协会秘书长林型新介绍常州新能源汽车产业链发展现状和邻里配套的重要性。企业代表分享未来发展方向和计划，与台下的汽车零部件企业代表就整车企业对配套的需求、供应商准入门槛、管理供应链网络等话题开展探讨和交流。

8月3日，罗森伯格集团常州基地一期工程启用 （区委宣传统战部 供图）

【罗森伯格集团常州基地一期工程启用】 8月3日，聚焦新能源汽车零部件研发及制造的罗森伯格集团常州基地一期工程在区正式启用。该项目1月签约。罗森伯格是高端电子连接系统细分领域行业隐形冠军和标准制定者、全球领先汽车品牌关键零部件一级供应商。随着该产业旗舰项目投产见效，区汽车零部件产业迎来全新发展机遇。

（朱瑄磊）

【比亚迪新能源汽车三电和智慧网联系统项目开工】 9月，比亚迪新能源汽车三电和智慧网联系统项目开工，项目占地面积71.2公顷，新建生产厂房、办公楼及其他附属用房，总建筑面积95万平方米，购置镀膜机、贴片高速机、激光线退火炉、电动注塑机等主辅生产设备计1064台（套），项目建成后可形成年产40万套新能源乘用车配套核心零部件的生产能力。

【比亚迪第300万辆新能源汽车下线】 11月16日，比亚迪第300万辆新能源汽车下线发布活动在比亚迪全球总部举行。比亚迪第300万辆新能源汽车为爆款车型——“海豹”，产自位于区内的比亚迪常州基地。该项目总投资100亿元，总占地面积172.1万平方米，主要生产王朝系列“元PLUS”车型及海洋系列“海豹”车型。从第1辆新能源汽车到第100万辆新能源汽车用时13年，从100万辆到200万辆用时1年，从200万辆到300万辆仅用时半年，比亚迪在新能源赛道上演全新“加速度”。第300万辆新能源汽车下线，是比亚迪发展历程中一个重要里程碑。

（史　薇）

【常州比亚迪汽车有限公司】 常州比亚迪汽车有限公司位于罗溪镇黄河西路999号，成立于2019年5月，用地面积200万平方米。至年末，常州基地建成年产40万辆新能源整车及核心零部件产业园，主要生产比亚迪王朝系列以及海洋系列纯电动车型，月产稳定达2.5万辆。母公司比亚迪集团是全球新能源汽车的领军企业，在全球设立30余个工业园，实现全球六大洲的战略布局，新能源车销量保持全球前列。2022年，公司全面投产，完成产值283亿元，实现销售收入272亿元，入库税收1.2亿元。

【常州星宇车灯股份有限公司】 常州星宇车灯股份有限公司位于三井街道秦岭路182号，成立于1993年，注册资本2.4亿元，占地面积43.22公顷。2011年2月于上交所挂牌上市，是国内车灯行业第一家上市企业和国内主要的汽车全套车灯总成制造商和设计方案提供商之一，在内资汽车灯具品牌中排行第一。2022年，公司实现销售收入80.5亿元，入库税收3.5亿元。

【诺贝丽斯（中国）铝制品有限公司】 诺贝丽斯（中国）铝制品有限公司位于滨江经济开发区兴塘路19号，成立于2012年6月，注册资本5670万美元。诺贝丽斯常州工厂是国内第一家汽车铝板生产厂商，为汽车结构件和车身件提供铝板。客户涵盖汽车、饮料罐、建筑和电子消费品等领域，在易拉罐材料、航空航天和汽车铝板方面建成闭环回收系统，促进环保和可持续发展。2022年，公司实现销售收入36.6亿元，入库税收1.7亿元。

【天纳克（常州）减振系统有限公司】 天纳克（常州）减振系统有限公司位于新北区龙虎塘街道浏阳河路36号，成立于2017年，注册资本1.16亿元。天纳克（常州）减振系统有限公司是世界汽车减振器龙头企业天纳克集团的全资子公司，年产机动车减振器、独立悬挂、减振器芯总成和专用减振器1800万只，客户涵盖理想、大众、通用、长安福特、奔驰、宝马、吉利汽车等40余家国内外知名主机厂。2021年，天纳克常州工厂成功投产国内首条电控减振器产线，产能120万支。2022年11月，天纳克常州电控减振器二期扩建项目启动建设，总投资2000万美元，公司全年实现销售超7亿元。

（朱瑄磊）

新一代信息技术产业

【概况】 常州国家高新区（新北区）新一代信息技术产业主要分布在三井街道、光伏产业园区（龙虎塘街道）。区新一代信息技术产业以智能传感、集成电路、电子元器件为代表。智能传感企业有梅特勒－托利多（常州）精密仪器有限公司、森萨塔科技（常州）有限公司、诚瑞光学（常州）股份有限公司，集成电路产业链企业有常州银河世纪微电子股份有限公司、江苏宏微科技股份有限公司。电子元器件企业有安费诺（常州）电子有限公司、常州晟威机电股份有限公司、江苏博之旺自动化设备有限公司、江苏常荣电器股份有限公司。年内，区抢抓全市发展集成电路产业的时代窗口，在原有功率芯片、智能传感基础上，通过头部企业引领带动形成三代半导体产业链上下游穿透式布局，突破以三代半导体为代表的集成电路产业。2022 年，常州国家高新区（新北区）新一代信息技术产业完成规模以上工业产值 388.1 亿元，与上年持平。

【森萨塔第三次在区增资】 5 月 16 日，在江苏省外资项目“云签约”暨外资总部企业“云授牌”活动上，森萨塔科技传感器项目作为市 5 个重点外资项目之一，第三次在区增资。

森萨塔科技（常州）有限公司主要从事打压力传感器生产，产品广泛应用于汽车、暖通及空调设备、家用电器、航空设备和工业设备等领域。2004 年，公司落户区内，引进数十条生产线用于生产具有业界领先技术的传感器产品和控制器产品。2010 年和 2012 年，基于对全区投资环境的认可和中国市场的信心，森萨塔先后增资 3000 万美元和 1000 万美元，持续扩大新产品的研发和生产。2022 年，常州工厂拥有员工 3700 余人，形成年产值 66 亿元的规模。森萨塔在区第三次增资，将投资 9000 万美元设立制造与研发中心，新引进应用于新能源、电动化、自动驾驶、智能网联等领域的车规级成像雷达及芯片、MEMS 技术压力传感器及芯片等近 30 个细分种类的产品。2022 年，公司实现销售收入 59.6 亿元，入库税收 5.4 亿元。

梅特勒－托利多(常州)测量技术有限公司生产车间（区委宣传统战部 供图）

【银河微电智能化改造】 2022 年，常州银河世纪微电子股份有限公司投入 100 余万元对电视半导体智能组装车间实施升级改造，引入手持 PDA 数据采集系统，提升车间信息化管理水平。通过智能化改造，提升生产效率，提高生产质量，车间的良品率达 99.94%。银河微电是一家专注于半导体分立器件研发设计及芯片制造、销售和服务的高新技术企业。公司成立于 2006 年，秉持“用创新提升优势，用品质赢得用户”理念，专注于小信号器件的创新与突破，建立智能用电、在线能效检测管理系统，走出一条高质量绿色发展之路。2021 年，银河微电登陆科创板，成为常州市第一家半导体上市企业。2022 年，公司实现销售收入 6.3 亿元，入库税收 1158 万元。

【梅特勒－托利多（常州）测量技术有限公司】 梅特勒－托利多（常州）测量技术有限公司位于三井街道太湖西路 111 号，成立于 2005 年，注册资金 1590 万美元。公司研发的精密仪器、高性能称重解决方案、滴定仪、热分析仪器、自动化化学解决方案产品广泛用于研发、质量控制、生产、物流和零售等领域。公司投资方为国际称重领域领导者梅特勒－托利多集团（占股 92%），集团在区设有梅特勒－托利多（常州）称重设备系统有限公司、梅特勒－托利多（常州）精密仪器有限公司和梅特勒－托利多（常州）测量技术有限公司 3 家公司，总注册资本 4600 万美元，总投资 1 亿美元。公司连续 18 年进入中国 500 家最佳经济效益工业企业排行，获全国高新技术百强企业称号，成为梅特勒－托利多集团在亚洲地区最大的衡器制造及研发基地。2022 年，公司实现销售收入 16.8 亿元，入库税收 3.3 亿元。

【江苏宏微科技股份有限公司】 江苏宏微科技股份有限公司位于三井街道华山路 18 号，成立于 2006 年，注册资金 6715 万元。公司专业从事新型电力半导体器件的设计、研发、制造及销售，产品绝大部分替代国外进口，个别产品在国内的市场份额占比超50%，产品销售网络覆盖全国，并进入亚洲、欧洲、北美等地区，服务500余家客户。2022年，公司实现销售收入9.5亿元，入库税收561万元。

（朱瑄磊）

新医药及医疗器械产业

【概况】 常州国家高新区（新北区）新医药及医疗器械产业主要分布在生命健康产业园区（薛家镇）。区新医药及医疗器械产业以高端影像设备、生物医药及高端新药制剂、医用手术净化室工程及医疗大数据产业为代表。龙头企业有扬子江药业集团江苏紫龙药业有限公司、常州恒邦药业有限公司、常州合全药业有限公司。高端影像设备企业有联影（常州）医疗科技有限公司，生物医药及高端新药制剂企业有常州恒邦药业有限公司、扬子江药业集团江苏紫龙药业有限公司、常州千红生化制药股份有限公司，医用手术净化室工程及医疗大数据企业有江苏达实久信医疗科技有限公司。全区坚持医药、医疗、医学“三医融合”发展，引进知名研发外包单位CRO（委托研究机构）、OEM（原设备生产商）等入区发展，集聚常州百康特医疗器械有限公司、常州百瑞吉生物医药有限公司、常州赛乐医疗技术有限公司、百格基因科技（江苏）有限公司等一批创新型中小微企业，布局体外诊断、牙科、基因编辑、细胞治疗等新业态、新赛道，构建以“生命信息+”为先导的智能生命健康产业集群。2022年，全区新医药及医疗器械产业完成规模以上工业产值301.4亿元，增长69.2%。

【全省首家医疗器械服务站落户薛家镇】 2022年，常州国家高新区管委会与江苏省医疗器械检验所签署合作协议，共同建设医疗器械服务站，服务站专职窗口设在薛家镇为民服务中心。年内，薛家镇围绕生物医药和医疗器械的特色产业发展方向及企业需求，主动开展各项服务对接，争取更多创新要素向地方、园区、企业集聚。薛家镇的生命健康产业尤其是医疗器械产业发展处于高速发展的黄金期，众多医疗器械研发、生产企业相继落户，形成一定的产业集聚规模。服务站建成后将立足生命健康产业园，服务全市医疗器械企业，就创新产品研发和注册，建立提前介入和服务机制，为创新企业申请优先检验提供指导帮助，为医疗器械创新产品的研发、注册、上市，缩短时间周期。帮助培养医疗器械检验检测相关人才，提升医疗器械产业的服务能力。

【常州合全药业有限公司】 常州合全药业有限公司位于滨江经济开发区玉龙北路589号，成立于2013年，注册资本16亿元，占地面积29.9万平方米，总投资超过50亿元。公司主要从事抗癌症、抗艾滋病、抗糖尿病、抗抑郁症、抗类风湿关节炎等重大疾病药物生产及研发。公司按照美国FDA、欧盟EMEA、中国CFDA的GMP标准，分三期建设。一期于2015年投入试运营，二期于2019年投入生产，三期项目建设年产脂肪肝新药原料药20吨、淋巴瘤药赞步替尼10吨、糖尿病新药原料药20吨、中试产品50吨的生产能力。2022年，公司实现销售收入169亿元，入库税收10.9亿元。

【常州千红生化制药股份有限公司】 常州千红生化制药股份有限公司位于薛家镇云河路518号，成立于2003年，是国内生化制药行业多糖类和蛋白酶类药品的龙头生产经营企业。生产的所有产品均通过中国药品GMP质量认证，其中出口的肝素钠原料和原料药、小分子肝素钠、门冬酰胺酶原料药还分别通过美国FDA等相关质量认证。2022年，公司实现销售收入21.3亿元，入库税收1.5亿元。

【江苏环亚医用科技集团股份有限公司】 江苏环亚医用科技集团股份有限公司位于三井街道通江大道301号，成立于1993年，是专注于医疗、养老、康复大健康领域的综合服务商。集团主营业务包括三大模块：医疗机构的设计、采购、建设、维保服务（EPCO商业模式），医疗机构服务业SPD集采（耗材）、设备、运维，智慧医院医疗数据中心、医疗信息化、医疗智能化、5G、机器人。公司参与全国约2000家医院建设，其中三甲医院超800家。2022年，公司实现销售收入21亿元，入库税收1978万元。

（朱瑄磊）

高端智能装备制造产业

【概况】 常州国家高新区（新北区）高端智能装备制造产业主要位于薛家镇，形成以工程机械、数控设备、环保装备等为重点发展方向的高端智能装备集群。其中，工程机械领域集聚小松（常州）工程机械有限公司、现代（江苏）工程机械有限公司、特雷克斯（常州）机械有限公司、欧胜高空升降平台设备制造（常州）有限公司、宝马格机械有限公司等整机生产企业；数控设备领域集聚乔治费歇尔机床（常州）有限公司、温康纳（常州）机械制造有限公司、江苏普拉迪数控科技有限公司、大族激光智能装备科技（常州）有限公司等成套装备生产企业；环保装备领域集聚维尔利环保科技集团股份有限公司、江苏瑞升华能源科技有限公司、常州厚德再生资源科技有限公司等整体解决方案供应商。2022 年，全区高端智能装备制造产业完成规模以上工业产值 475.2 亿元；特瑞斯能源装备股份有限公司在北交所上市，成为全区高端智能装备制造产业链首家上市企业。

【9 家企业入选市首台（套）重大装备企业名单】 12 月 9 日，常州市工业和信息化局公布 2022 年常州市首台（套）重大装备认定名单，全区 9 家企业入选。分别是常州市乐萌压力容器有限公司的六氟磷酸锂生产线（LM-2021-5000T），常州江南冶金科技有限公司的 JNHRQ 焦炉上升管荒煤气余热回收利用装置，江苏瑞升华能源科技有限公司的新能源材料 MVR 蒸发提取装备（MVR-N1），江苏沃尔夫智能科技有限公司的 WZS-60 固废资源化利用干法制砂智能成套装备，江苏筑一智能装备科技有限公司的联轴节产线物料生产智能管理系统设备，常州贺斯特科技股份有限公司的浸没式冷却系统（型号 5129），常州优谷新能源科技股份有限公司的 5～8 兆瓦大功率双馈式风力发电机集成式冷却系统，常州市赛嘉机械有限公司的 SGE2285 型智能控制超大隔距三维立体双针床经编机，硅密（常州）电子设备有限公司的槽式 12 英寸无片篮全自动清洗刻蚀设备 G-3000。其中，常州市乐萌压力容器有限公司的六氟磷酸锂生产线（LM-2021-5000T）同步入选江苏省首台（套）重大装备。2022 年，区鼓励企业以首台（套）产品研发和示范应用为突破口，提升高端化、智能化水平，助力全区工业高质量发展。

2022 年，现代（江苏）工程机械有限公司航拍 （区委宣传统战部 供图）

【小松（常州）工程机械有限公司】 小松（常州）工程机械有限公司位于薛家镇黄河西路 398 号，成立于 1995 年，于 2011 年建成，注册资金 4500 万美元，占地面积 28.1 公顷。公司具有年产 1 万台大型工程机械产品的生产能力，主要生产销售小松 WA 系列装载机、PC 系列液压挖掘机、HD 系列非公路自卸卡车、压力机等工程机械、产业机械及零部件，并提供产品售后服务。公司建有产品技术发展中心，具有发展小松产品展示、综合研修、循环事业三大功能，是中国国内工程机械行业唯一集各种复合功能于一身的现代化企业。2022 年，公司实现销售收入 15.5 亿元，入库税收 3803 万元。

【立达（中国）纺织仪器有限公司】 立达（中国）纺织仪器有限公司位于薛家镇河海西路 390 号，成立于 1998 年，原名为立达（常州）纺织仪器有限公司，是立达控股股份公司在中国投资建立的 100% 的全资子公司，注册资本 3864 万欧元。公司的主要产品包括清梳联、并条机、精梳机、环锭纺纱机、半自动转杯纺纱机等纺机设备。2022 年，公司实现销售收入 29.7 亿元。

【现代（江苏）工程机械有限公司】 现代（江苏）工程机械有限公司位于薛家镇河海西路 288 号，成立于 2003 年 11 月。公司专业生产“现代 ROBEX”系列挖掘机，日生产 40 台液压挖掘机，是国内挖掘机制造供应商之一。公司创新 HCBN（建设装备生产管理系统）网络信息系统，通过 SCM（供应链管理）供应商管理实现零件供应商与公司的物流、信息流等服务和组织整合化，通过 CRM（客户关系管理）客户管理使公司与全国各代理商、办事处实现同一平台的信息共享，实现标准化的情报信息沟通。2022 年，公司实现销售收入 19.8 亿元，入库税收 263 万元。

（朱瑄磊）

传统优势产业

【国能常州发电有限公司煤电转型发展】 2022 年，国能常州发电有限公司探索煤电转型发展路径，向综合能源服务商和绿色低碳能源供应端转变。年内，开展安全文明生产标准化建设，强化现场设备设施治理，率先采用 GE（通用电气）技术，实施 2 台机组汽轮机通流改造，供热煤耗降至 290 克 / 千瓦时，达到同类型机组领先水平。实施技术改造，相继攻克前后墙对冲旋流式燃烧器锅炉普遍存在的出口氮氧化物偏高、高温腐蚀、热偏差等问题，烟道阻力下降470Pa（压强单位）。强化环保治理减少源头污染，建成区域首个码头卸船机抑尘项目，环保指标相比国家标准降低97%。持续培育、拓展供热市场，主动参与供热环保替代，探索实施长距离供热技术，年供热量190万吨。开展供热技术、供热背压机改造，单机供热能力超400吨/小时。对接周边企业用能需求，在区域内首创电厂对外供应压缩空气，年供气量2.68亿标立方米。推进固弃物深度利用，“常源”粉煤灰品牌年销售量55万吨，得到当地及周边市场认可。探索循环水低位热源梯级利用，向码头液化天然气（LNG）项目提供天然气气化热源，在提升机组效率的基础上为冷能开发利用奠定基础。建设码头岸电装置，实现靠泊船只岸电接入率100%。在2021年实现光伏发电“从无到有”的基础上，2022年加快推进能源绿电转型，完成光伏项目备案236.75MW（兆瓦）、开工64.21MW、投产58.48MW，为2023年储备开工项目40MW，投产项目全投资收益率11.8%。助力绿色城市建设，建成国内首个大型燃煤机组污泥耦合处置示范项目，年处置生活、印染污泥超10万吨，占城市全年总污泥量的20%，全年实现销售33亿元，入库税收1.5亿元。

【华润化学材料科技股份有限公司化工新材料产业化建设】 2022年，华润化学材料科技股份有限公司围绕科技创新，以“做强做优做大聚酯业务，向高性能聚合物和高性能纤维领域转型创新”为阶段性创新目标，专注于优质高潜新材料产品的研发创新和产业化建设，突破关键领域“卡脖子”核心技术并加速国产替代。推进产业化项目建设，公司通过自主研发、联合开发、产业孵化及投资并购等方式培育多个新材料项目，涵盖高端聚酯、PET泡沫、高性能复合材料等板块，多个重点研发项目取得较大突破，产业化成果凸显。推进研发机制创新，公司在广东省珠海市、江苏省常州市分别建有研发中心，依托粤港澳大湾区“二十大产业集群”的战略布局及长三角一体化发展规划，融入国家区域发展战略。公司联合华润集团其他业务单元组建创新联合体，采用联合研发、成果共享的深度合作关系，运用合作双方的技术优势，打通从技术到产业化的创新链条，共建“绿色低碳环保建材创新联合体”和“绿色高性能PET啤酒包装材料创新联合体”。其中“绿色低碳环保建材创新联合体”项目形成自主知识产权和技术标准，并通过共同投资实施产业化落地，此项目开发出实验阶段技术壁垒较高的自结皮特种PET泡沫材料样品，入选市重点重大项目，解决常规PET材料难以满足啤酒行业高阻隔性能要求的痛点，减少加工和运输过程中的碳排放。2022年，公司实现销售收入89.8亿元，入库税收1.3亿元。

【新阳科技集团有限公司】 新阳科技集团有限公司位于滨江经济开发区龙江北路1569号，成立于2013年10月，是以制造业为主，集金融、贸易等于一体的多元化集团。公司注册资本1.74亿美元，总投资2.99亿美元，占地面积43.4公顷，建筑面积13.5万平方米。集团旗下有企业19家，形成25万吨/年粗苯加氢、15万吨/年顺酐（含富马酸）、80万吨/年苯乙烯、10万吨/年苯酐、18万吨/年的不饱和聚酯树脂、2.5万吨/年天门冬氨酸、1.6万吨/年硫氨以及1万吨/年L-丙氨酸的生产规模。公司不饱和聚酯树脂装置产能位居世界前列，苯酐装置和粗苯加氢装置规模国内领先，苯乙烯产量国内前三名。2022年，集团实现销售收入74.7亿元，入库税收7493万元。

（朱瑄磊）

农　业

综　述

【国家农业绿色发展先行区建设】 2022年，常州国家高新区（新北区）围绕农业绿色发展先行区建设，开展耕地轮作休耕，完成休耕面积1153.33公顷。贯彻落实《常州市新北区农田生态补偿管理办法（试行）》，通过苗木改稻、草坪改稻、闲置农田改稻等途径，新增水稻田面积335.53公顷。实施化肥减量增效行动，采购发放水稻专用配方肥1598吨、小麦专用配方肥1324吨、商品有机肥6135吨，补贴后发放给农户，减少化肥施用量。开展农药减量行动，采购小麦、水稻穗期病虫害防控农药11.83吨，发放用于病虫害防治。全区建立省级绿色防控示范区1个、市级绿色防控示范区1个，采购发放绿色防控产品，提高绿色防控技术覆盖率。西夏墅镇东南村被评为国家级生态农场。

（郝小燕　宋俊贤　吴　悠）

【农业综合行政执法】 2022年，常州市新北区农业管理综合行政执法大队在利用“双随机”平台开展常态化日常监管基础上，根据农业作业关键节点、执法薄弱点以及实际区情，推进16项专项执法行动和长江禁渔专项执法行动，加大对水利工程安全的执法监管力度。全年，查办案件49起，其中普通程序查办22起、简易程序查办27起，罚款11.75万元。长江禁捕技防、人防、设施防体系高效运转，信息化平台自动预警、智能触发警情数下降60%，非法捕捞垂钓发案下降55%，违规网具基本实现动态清零。5月，中国渔政32480执法船首航仪式暨常州市2022年长江渔业资源增殖放流活动在长江岸边举行，该艘船50吨级，是常州地区最大的渔政执法船。9月，大队在录安洲组织开展2022年常州市长江禁捕违禁渔具、“三无”（无船名船号、无船舶证书、无船籍港）船舶集中销毁活动暨“江湖联动”（长江、滆湖、长荡湖）专项执法行动，集中销毁2020—2022年在长江流域重点水域查获和清理整治收缴的所有违规渔具等。强化非主要农作物种子销售、卫生用农药、生猪定点屠宰企业等农产品重点生产单位的执法监管和行政处罚，确保菜篮子安全。监督抽检种植业农产品87批次、畜禽产品21批次、水产品29批次，查处农产品质量安全案件4起。强化抽查检查结果公示运用，把抽查检查结果纳入省级社会信用信息共享平台，接受社会监督。

（赵志敏）

位于孟河镇双亭村的水稻病虫害绿色防控示范区　（区农业农村局 供图）

【农业保险】 2022年，常州国家高新区（新北区）政策性保费总额2230.39万元，覆盖三大主粮、畜禽养殖、特种水产、高效设施农业及其配套设施等险种29个，区级及以上政府补贴总额1916.44万元。完成2021年开发的19个险种、26个地方特色商业保险评审，保费总额64.9万元，区财政补贴保费32.45万元。其中，商业性梨种植完全成本保险（含附加梨树保险）是市唯一入选省农业保险创新产品目录的险种。

（陈艳辉　是玉婷）

农业生产

【概况】 2022年，常州国家高新区（新北区）实现农林牧渔业总产值33.8亿元，按可比价计算，比上年（下同）增长0.5%，其中农业产值17.5亿元、林业产值0.6亿元、牧业产值3.3亿元、渔业产值7.7亿元、农林牧渔专业及辅助性活动产值4.7亿元。实现农林牧渔业增加值23.5亿元，按可比价计算，增长0.5%，其中农业增加值14.4亿元、林业增加值0.4亿元、牧业增加值0.9亿元、渔业增加值4.8亿元、农林牧渔专业及辅助性活动增加值3亿元。

【粮食生产】 2022年，常州国家高新区（新北区）继续以《常州市新北区农田生态补偿管理办法（试行）》为杠杆，督促各镇扩大粮食种植面积。建成高标准农田303.3公顷，在西夏墅镇建立省级水稻绿色高质高效创建示范片。

粮食播种面积7463.33公顷，比上年（下同）增长0.8%，其中新增小麦播种面积40公顷、水稻播种面积63.33公顷。夏粮播种面积2360公顷（含小麦2090公顷），秋粮播种面积5103.33公顷（含水稻3490公顷）。

粮食总产5.03万吨，其中小麦产量0.98万吨、水稻产量3.29万吨，分别增长1.7%、增长1.3%。粮食亩产449千克，其中小麦亩产313千克、水稻亩产629千克。夏粮总产1.048万吨（含小麦总产0.98万吨），秋粮总产3.98万吨（含水稻总产3.29万吨）。

新北现代农业产业园的高标准农田　　（区农业农村局 供图）

【蔬菜生产】 2022年，常州国家高新区（新北区）蔬菜播种面积3613.33公顷，总产量13万吨。新建奔牛镇何家塘村、魏村街道东蒋村2个市级精美小菜园。常州笙绿农业科技有限公司获江苏省省级农作物品种展示评价基地认定，是常州市唯一入选的蔬菜品种展示基地。制定全区“菜篮子”工程绿色蔬菜保供基地建设方案，计划到2025年建设“菜篮子”工程绿色蔬菜保供基地466.67公顷。

（岳灵芝）

【畜牧业】 2022年，常州国家高新区（新北区）出栏生猪4.49万头、出栏家禽2.9万羽，年产禽蛋2226.67吨、猪肉4026.96吨。至年末，生猪存栏3.54万头，减少13.4%，其中能繁母猪存栏3660头，增长37.6%；家禽存栏32.19万羽。畜禽规模化养殖比例逐年提高，生猪大中型规模养殖（年出栏超500头）比例92%。落实生猪稳产保供，生猪生产持续健康有序发展。提升重大动物疫病防控能力，未发生区域性重大动物疫情和畜产品安全事件。依托常州市兴华牧业有限公司楼房猪场，发展信息化管理、自繁自养封闭式养殖模式，年出栏商品猪5万头。规模畜禽粪便年产量17.46万吨，利用量17.2万吨，规模畜禽粪便综合利用率98.53%。建设省级畜牧生态健康养殖示范场6家。

（张　倩　莫雯婧）

【渔业】 2022年，常州国家高新区（新北区）水产养殖总面积1466.67公顷，实现渔业总产量9000吨、渔业经济总产值6.47亿元，主要养殖四大家鱼及河蟹、甲鱼等名优特品种，拥有“灵桥水乡”“青骢园”“银河村”等知名度较高的水产品牌。加强现代渔业建设，推广高效设施渔业及百亩连片水产养殖场标准化改造，完成养殖池塘标准化改造点2个、高效设施渔业建设点1个。至年末，建成国家级健康养殖示范场10家，江苏德春农业发展有限公司建成全国休闲渔业示范基地，常州青水城农业生态观光有限公司被评为省级示范家庭渔场，常州市元合水产养殖有限公司、常州青水城农业生态观光有限公司、常州新峰农业发展有限公司建成市级渔业标准化生产示范基地。

（曾疆雪）

【林果业】 2022 年，常州国家高新区（新北区）园林水果果园面积 327.53 公顷，年产量 0.59 万吨，林业产值 0.64 亿元，增加值 0.38 亿元。常州市润果农业科技有限公司在江苏省第四届优质早熟梨品鉴活动中获 2 金 2 银，送选的“苏翠 1 号”“苏翠 4 号”获金奖，“翠玉”“翠冠”获银奖。

2022 年常州国家高新区（新北区）园林水果生产情况统计表

表 35

种 类	种植面积（公顷）	总产量（吨）
梨	59.67	1595
桃	59.8	1000
葡萄	122.47	2574
猕猴桃	4.53	41
柑橘	9.33	372
其他	71.73	357
合计	327.53	5939

2022 年常州国家高新区（新北区）花卉种植情况统计表

表 36

指标名称	种植面积（公顷）	单 位	销售量
鲜切花	2	万支	100
盆栽植物	26	万盆	172

（岳灵芝）

【良种示范推广】 2022 年，常州国家高新区（新北区）引进优质水稻新品种 10 余种，在奔牛稻麦原种场水稻新品种示范基地、西夏墅镇东南村的优质稻米示范基地开展示范推广，并举办品尝评比活动，筛选适合当地种植的优质食味水稻品种，通过约 1 年试验示范，筛选出功能稻米品种 2 个、优质食味水稻品种 1 个，菜薹油菜品种 2 个、高产油菜品种 2 个。由常州市东南有机稻米种植专业合作社承担的江苏现代农业稻油产业技术体系建设项目在东南村落地，建立核心基地 1 个、示范基地 5 个。年内，奔牛农场开展小麦品种综合种植测试。

（郝小燕）

【笙绿农业入选省级农作物品种展示评价基地】 5 月 8 日，常州笙绿农业科技有限公司入选江苏省省级蔬菜品种展示评价基地。常州笙绿农业科技有限公司以蔬菜瓜果生产为主导产业，占地面积 40.87 万平方米，其中蔬菜面积 13.4 万平方米，年产果蔬总量 1000 吨，连续 10 余年保持产品抽检合格率 100%。此外，该基地展示国内外多家企业及科研单位育成的芋头、鲜食玉米、西红柿、辣椒、青菜等 8 类蔬菜品种 50 余个，并筛选出“桂芋 2 号”芋头、“金香玉 F1”鲜食玉米、“凤珠”西红柿等适合本地推广的优良品种。

（岳灵芝）

农业产业化经营

【农业企业和农民合作社】 2022 年，常州国家高新区（新北区）稳步推进农业产业化进程，通过项目带动、创先评优、教育培训等形式，助力新型农业经营主体发展，新型农业经营主体规模经营面积 9280 公顷，占总承包面积 75.26%。新增省级农业龙头企业 1 家、市级农业龙头企业 2 家、区级农业龙头企业 5 家，累计有区级以上重点农业龙头企业 25 家，全年实现销售额 16.74 亿元。有农民专业合作社 412 个，其中市级以上示范性农民合作社 15 家。对全区农民专业合作社开展动态监测，排查疑似“空壳”合作社160家，清理“空壳”合作社27家。开展农业产业化区级龙头企业（合作社）动态监测，11家企业（合作社）监测合格。润土瓜蔬专业合作社被认定为国家农民合作示范社，东南有机稻米种植专业合作社入选江苏省首批中高端稻米（油）全产业链发展模式优秀案例。

（汪建龙）

2022年常州国家高新区（新北区）省级农业龙头企业一览表

表37

序号	单位名称	所在乡镇（街道）	地址
1	常州万绥粮油有限公司	孟河镇	万绥齐梁路146号
2	常州菜根香生态农业有限公司	西夏墅镇	江苏省新北现代农业产业园
3	常州大江饲料有限公司	奔牛镇	机场南路2号
4	常州新区怡泰食品有限公司	三井街道	天山路8号
5	常州新博龙泉酒业有限公司	魏村街道	安园路9号

2022年常州国家高新区（新北区）市级农业龙头企业一览表

表38

序号	单位名称	所在乡镇（街道）	地址
1	常州市仁厚米业有限公司	孟河镇	万绥社区仁厚村
2	阿果安娜水果（江苏）有限公司	薛家镇	辽河路1013号
3	常州市东南有机稻米种植专业合作社	西夏墅镇	东南村
4	常州市三泉食品有限公司	三井街道	子牙河路1号
5	常州天目湖南山竹海食品有限公司		三井工业园清江路18号1号楼
6	常州春海园艺有限公司	魏村街道	灵桥村委邓家村168号

2022年常州国家高新区（新北区）区级农业龙头企业一览表

表39

序号	单位名称	所在乡镇（街道）	地址
1	常州市孟河事丰地鳖虫养殖场	孟河镇	南兰陵村委马家村
2	常州市元合水产养殖有限公司		郭河村
3	常州市孟河双峰中草药科技有限公司		固村村委
4	常州市纪刚农机专业合作社		双亭村路巷里19号
5	常州市猛将农机服务专业合作社		小黄山村委猛将村六组
6	常州市三新园艺有限公司	西夏墅镇	浦西村委
7	常州市金土地农牧科技服务有限公司		浦西村委巢家村68号
8	常州市圣王果蔬有限公司		江苏省新北现代农业产业园
9	常州恒鑫农业生态园有限公司		江苏省新北现代农业产业园
10	常州市伊斯特食品工程有限公司	三井街道	金沙江路3号
11	常州田妈妈农业生态园有限公司	春江街道	长江路1001号

续表 39

序号	单位名称	所在乡镇（街道）	地址
12	常州笙绿农业科技有限公司	魏村街道	安宁村
13	常州王者青城生态观光有限公司		青城组五组63号
14	常州新峰农业发展有限公司		灵桥村

（汪建龙　是玉婷）

【家庭农场】 2022年，常州国家高新区（新北区）新增省级示范家庭农场2家，累计15家，930家家庭农场纳入名录管理。出台《常州市新北区省级农村改革试验区家庭农场联盟专项资金使用管理办法（试行）》，推动工商企业、基金等社会资本多元化投入。家庭农场联盟加强主体间多样化的联合与合作，扩大联盟理事及成员单位，助力联盟协同发展。实施新北区家庭农场培育基地建设，完成“三区一园一田”（农业产业经营管理商务区、家庭农场集聚集约培育示范区、特色高效一品生产区，精美小菜园和优质水稻田）规划，吸引入驻培育家庭农场5家，示范带动家庭农场62家。在为一般农户、家庭农场主提供精准服务的基础上致力于市场化运营机制的探索和实践。全区253家家庭农场应用省农业农村厅开发的“家庭农场随手记”App，满足农户随时记账、成本核算等需求。

（是玉婷）

【2家农场被评为省级示范家庭农场】 11月，常州市桃花源家庭农场、新北区丁丁家庭农场被评为省级示范家庭农场。桃花源家庭农场成立于2013年8月，位于奔牛镇新市村刘介，经营面积12.33万平方米。经营范围包括果树、苗木种植，新品农作物的试验、推广，新技术、新品种引进，新品农作物种植的技术培训、技术交流和信息咨询服务。带动周边农户产业结构调整，增加村民的务工性收入。丁丁家庭农场成立于2014年12月，位于春江街道灵桥村下沟梢，为农旅一体化的家庭农场。经营范围包括蔬菜、水果、园艺作物种植，水产养殖，休闲观光服务，制售中餐，树木种植经营，花卉种植。

（蒋　叶）

【菜根香入选省级农业龙头企业】 12月10日，常州菜根香生态农业有限公司被认定为江苏省农业产业化省级重点龙头企业。常州菜根香生态农业有限公司成立于2009年6月，主要经营业务有蔬菜种植、农产品初加工服务、农业技术服务及中餐、成品、半成品配送。2022年，公司围绕创建省级农业龙头企业，加大科技投入，完善配套服务，强化企业管理，实现营业收入4776万元，带动周边636户农户实现增收。

（汪建龙）

【新农家庭农场联盟被评为省十佳家庭农场联盟】 9月20日，新北区新农家庭农场联盟服务中心被评为首届江苏十佳家庭农场服务联盟，是全市唯一入选的家庭农场联盟。2022年，新农家庭农场联盟吸收核心成员单位92家，组建10人的技术管理服务团队，初步建设模式化管理机制，构建产业化指导服务体系，在发展多样化的联合与合作、打造农业特色品牌和助力经营主体和一般农户增收上持续发力。

（陈艳辉）

【“庆丰收 贺盛会”常州·新北2022年中国农民丰收节】 10月23日，“庆丰收 贺盛会”常州·新北2022年中

10月23日，“庆丰收 贺盛会”常州·新北2022年中国农民丰收节在西夏墅镇东南村举行　（朱臻　摄）

国农民丰收节在西夏墅镇东南村举办。活动中，5家三星级精品观光采摘园获授牌，首批“常高新农”新北区农产品区域公用品牌授权给5家优质农业企业使用；区农业农村局与中国人民财产保险股份有限公司签订战略合作协议和联学共建协议；中国邮政储蓄银行股份有限公司与新农联盟签订合作协议；区教育局与西夏墅镇东南村“稻田理想”签订战略合作意向协议；约20家本土农业企业开展特色农产品展销。常州市新北区龙虎塘实验小学、常州市新北区西夏墅中心小学的学生深入田间、体验农事；在新北区乡村振兴发展成果展墙、地产农产品展销处、地方特色美食品尝处，吸引市民游客参观品尝。

（奚力中）

农业机械化

【概况】 2022年，常州国家高新区（新北区）有农业机械总动力9.82万千瓦，其中柴油发动机6.51万千瓦、汽油发动机5700千瓦、电动机动力2.74万千瓦；新引进无人插秧侧深施肥机8台、联合收割机9台、轮式拖拉机13台、播种机3台、烘干机17台、自动导航系统20套、喷杆式喷雾机2台。

推动粮食生产全程机械化发展，建设市级粮食生产全程机械化示范基地19个，基地面积1913.33公顷，粮食生产全程机械化水平达95%。奔牛镇刘伟家庭农场创建成市级特色农业全程机械化示范基地。实施农机购置和秸秆机械化还田补贴政策，受理农机补贴申请119份，补贴机具138台（套），农机购置补贴189.69万元；实施秸秆机械化还田5000公顷，下达秸秆还田补贴资金158万元。重点支持农业生产经营组织的设施蔬菜、设施渔业（水产养殖）和园艺林果、畜禽产品养殖、农副产品初加工、秸秆粉碎类机械化发展，引导农机专业合作社做优做强。加强重点农业机械推广，4台（套）粮食烘干机完成市级粮食烘干机空气源热泵风炉改造。加快培育现代农业生产经营主体智能、绿色农机发展，推进无人化智慧农机技术与现代农业的结合应用，组织开展特色农业机械演示推广会。

【农机监管】 2022年，常州国家高新区（新北区）强化农机安全生产，开展农机监管和安全隐患排查整治。对全区28家粮食烘干作业场所实施作业安全检查，完成27处隐患整改。把农机安全生产纳入网格监管，打通农机安全监管“最后一公里”。规范办理涉牌涉证业务，组织拖拉机和联合收割机集中送检下乡，检验小型拖拉机226台、大中型拖拉机146台、收割机71台；组织拖拉机和联合收割机驾驶证考试14人次。发放农机安全宣传图册，签订安全生产承诺书，为参检拖拉机和收割机及127台粮食烘干机投保农机保险，降低农机事故对农业生产的影响。

【特色农业机械演示推广会】 4月22日，区农业农村局组织召开特色农业（果园）机械化生产演示现场会，各镇（街道）果园条线人员、果园种植大户30余人参加。邀请4家农业机械生产企业参加果园机械演示，涵盖果园种植开沟、除草、植保、施肥、田间转运等机械化作业环节，参展作业机械40台（套）。通过现场机械作业演示讲解，展现农业生产机械装备在果园业种植的优势和作用，提升广大果园种植户对农业机械化生产作业的认识。

9月22日，区农业农村局在现代农业产业园举办特色农业（设施农业类）机械化生产演示现场会，周边地区设施农业、果园种植户40余人参加。邀请2家农业机械生产企业现场演示机械化蔬菜种植，涵盖蔬菜种植开沟、除草、植保、施肥、移栽等作业环节，参展作业机械40台（套）。现场通过机械作业讲解，提升种植户对农业机械化生产作业的直观认识。

【新北区被评为2022年省“平安农机”示范区】 11月11日，新北区被评为2022年省“平安农机”示范区，为全市唯一。自2020年起，全区围绕“平安农机”示范县（区）创建目标，强化农机安全源头化管理，拖拉机和联合收割机检验率均超87%，形成“专人负责、职责明确、运行高效”的区、镇（街道）、村、农机合作社四级农机安全生产监管体系。农机安全生产持续保持平稳态势，未发生农机死亡事故。新北区每年预算安排区级农机化资金800万元扶持发展农机化。推进农机报废更新补贴、农机政策性保险惠农措施落实，至年末，报废更新农机23台、落实农机政策性保险596台。规范实施农机涉牌涉证业务，组织村级农机安全协管员、农机操作人员开展安全知识培训。2022年开展各类农机执法检查，出动人员260余人次，检查机具300余台，查处农机各类违法行为30余起。开展应急演练，提高应对农机安全事故协调配合、应急处置能力。新北区农机安全生产网格监管平台手机App完成开发并投入使用。

（丁德广）

商贸服务业

流通市场建设

【概况】 2022年，常州国家高新区（新北区）实现社会消费品零售总额401.1亿元，比上年（下同）下降3%。租赁和商务服务业实现营业收入67.1亿元，增长32.9%，全区批发、零售、住宿、餐饮行业贸易额共3404.63亿元，增长5.3%。开展促消费系列活动，举办新北区“江苏味道”“食美常州”“生态美食促消费”主题活动，组织全区大型商业综合体开展各类促销活动280余场次。重点商品消费恢复明显，石油及制品类消费稳定增长，实现限额以上零售额31.9亿元，增长16.8%，拉动限额以上零售额增长3.1个百分点。丰富消费场景，支持常州新北万达广场等商业综合体打造星空市集，发展“夜经济”。办理民生实事，实施盘龙、万和城、滨江、奔牛星光城4家农贸市场升级改造，推进农业供销“十百千万”工程建设项目，增强经营服务能力。完成迪诺水镇步行街智慧化改造，改善和提升重点领域消费环境。在全市率先建立预付卡联席会议机制，加强预付卡监督管理，调解处理预付卡相关纠纷900余件，保障消费者合法权益。开展联合执法，严厉打击成品油非法经营行为；完成新北区成品油零售体系“十四五”规划研究，促进成品油市场健康发展。4月，新北区入选全省现代商贸流通体系建设示范创建区名单。

（施建伟　周红卫）

【商贸市场建设】 2022年，常州国家高新区（新北区）推进区域商业体系建设，完成明都春江乡镇商贸中心、荣顺家乐薛家乡镇商贸中心、汤庄乡镇农贸市场（菜场）建设，获中央服务业资金和省商务发展专项资金282.58万元，位列全市第二；开展一刻钟便民生活圈建设，龙虎塘街道玲珑社区入选全国一刻钟便民生活圈第二批试点社区。

（施建伟）

【商业促销】 2022年，常州国家高新区（新北区）统筹推进疫情防控、提振消费、规范市场秩序等重点工作。大型商业综合体举办促消费活动，其中江南环球港举办公共活动156场、促销活动114场，迪诺水镇举办团购活动15场。常州新北万达广场等商业体打造星空市集，活跃夜间商业和市场。全年全区限额以上社会消费品零售额146.8亿元。

（周红卫）

【农贸市场建设和管理】 2022年，常州国家高新区（新北区）加快农贸市场改造步伐，提升菜市场管理水平。完成盘龙市场、万和城市场、奔牛星光城市场、滨江市场4家农贸市场的升级改造。在实施改造过程中，外部优化交通流线提高停车能力，内部优化购物动线提高得铺率，提升消费体验感。盘龙市场、奔牛星光城市场、滨江市场3家农贸市场加装中央空调系统，盘龙市场安装具备市场公示、智能称重、数字农贸管理云平台等功能模块的智慧化管理系统，该系统具备短视频播放功能，是国内首创。开展2022年度农贸市场规范经营管理评比，11家农贸市场报名参加评比，经区商务局、住建局、市场监督管理局、属地镇（街道）和第三方安全服务公司综合测评，玲珑市场获一等奖，东海市场、新龙花苑市场获二等奖，河海市场、薛家市场获三等奖。

【“平价菜摊”试点】 8月起，常州国家高新区（新北区）在东海市场、新龙花苑市场、薛家市场等7家农贸市场开展“平价菜摊”试点，落实农副产品保价稳供和低收入群体基本生活保障。“平价菜摊”供应有“一元菜”“平价菜”2种，“一元菜”指销售价格不超过每500克1元的普通蔬菜（每天1～2个品种），重点保障较困难群体基本生活需求；“平价菜”指销售价格低于当日市场指导价20%及以上的蔬菜（每天3～5个品种）或销售价格低于当日市场指导价5%及以上的肉蛋粮油等其他农副产品。“一元菜”“平价菜”每天销售时间不少于3小时，供应的品种需经检验合格后方可上架销售。试点菜市场入口处设“平价菜摊”公示牌，公示当日市场“平价菜摊”摊位号、平价品种、价格、销售时段和供应量。

【汉江路国际街区打造城市网红街区】 2022年，常州国家高新区（新北区）汉江路国际街区在改造提升期间，吸引游客超280万人次，营业额超1.5亿元，成为常州市新晋文旅消费集聚区和网红打卡地。2021年，三井街道启动汉江路改造提升工程。通过对街区整体外立面改造、功能提升、场景营造等系列创新举措，打造集“国际化、年轻化、多元化”于一体的城市文旅新地标。启用全新视觉识别系统，设计“汉江路”IP形象——江宝，建设特色游览景点、时光文化馆、井井小剧场等标志性文化景观，培育阳光时尚的休闲娱乐方式，常态化组织开展烙画、刻纸、抖空竹等非物质文化遗产的活动，布局特色手办、文化咖啡馆、陶艺制作、撸猫馆等新型互动式业态，引领街区休闲消费新时尚。疫情后，汉江路国际街区发展夜市经济，定期开展创意市集，鼓励创业青年、大学生、残疾人、爱心人士等摆摊营业，3D灯光秀、音乐会、文艺表演、党建直播间打造网络红人，培育夜间经济发展，使汉江路国际街区逐渐成为“城市网红”。2022年，汉江路国际街区举办各类活动52场，覆盖人群2万人次，各类媒体刊登报道相关信息100篇。

【玲珑社区入选全国城市一刻钟便民生活圈第二批试点社区】 9月，龙虎塘街道玲珑社区入选全国第二批城市一刻钟便民生活圈试点名单。2022年，龙虎塘街道以玲珑社区为试点，建立“一站式”便民服务大厅、公园、超市等便民设施，完善“一店一早”（便利店、早餐点）、“一菜一修”（菜场、配钥匙和修鞋）、“一老一小”（老年康护、幼儿托管）等基础保障功能，提升居民的幸福感和获得感。着眼“小修小补”，玲珑生鲜市集便民服务点把缝补、修车、磨刀、配钥匙等服务纳入其中，集中多样化服务为周边居民提供生活所需。立足“商居和谐”，玲珑社区坚持便民网点建设与街区整理协同，打造特色街区、精品道路、特色文化景观，对社区周边人行道板、休闲座椅、公共绿地、文化公园实施改造提升。至年末，社区周边覆盖便利店、综合超市、生鲜市集、早餐店、洗染店、美容美发店等基础保障类网点36个，另有特色餐饮、社区居家养老服务中心、托育站、教育培训、鲜花店、蛋糕烘焙店等服务业态，满足各类人群的生活需求。

（施建伟）

【新北万达广场】 新北万达广场位于通江中路与太湖路交会处，占地7.33万平方米，规划总建筑面积38万平方米，拥有停车位1300余个，是集大型购物中心、国际电影院、大型电玩超乐场、大型健身房、室内步行街、餐饮娱乐风情街等业态于一体的大型城市综合体，辐射市区及周边100多万人口，是常州商业地标。2011年投入营运后，新北万达广场销售量和客流量逐年上升，销售额从2012年的6.9亿元上升至2022年的24亿元，日均保持4.8万人的客流量；每年创造就业岗位超1600个，解决就业3000余人次。2022年，万达广场调整90个品牌，新引进43个，其中常州市首进12个、新北区首进18个。新北万达广场始终保持高品质活动强度与密度，举办“618年中庆”“红动国潮”“万粉盛典”“美好生活节”等大型促销活动，创造单日10.6万人次的客流纪录。

【江南环球港】 江南环球港位于通江中路598号，总面积100万平方米，汇集旅游景观、文体休闲、游艺动漫、演艺秀场、主题酒店、美食餐饮、流行家居、时尚购物等服务业态，构成完整的休闲购物消费链和高级城市功

玲珑综合市场内的生鲜市集　（区委宣传统战部 供图）

能复合体，其品牌影响力辐射周边1小时经济圈3200万人口，先后被评为国家AAA级旅游景区、国家体育产业示范项目、2019年“一带一路”文化产业和旅游产业国际合作重点项目、江苏省品牌消费集聚区放心消费创建示范单位、江苏省体育服务综合体、2021华东商业地产杰出商业项目等。江南环球港整体以“环球风情、航海文化和邮轮体验”为主题，以世界城市地标建筑和港口微缩景观为载体，以游乐运动项目为核心，以天天演艺秀为特色，以时尚购物与环球美食为增值体验，被誉为“浓缩的城市”。2022年，江南环球港客流2350万人次，下降2%；总销售额44亿元，增长7%。

【山姆会员商店】 常州山姆会员商店于2015年5月在江南环球港开业，商场营业面积2万平方米，层高9米，过道3米，拥有宽敞、舒适、安静的购物环境和充足的停车位。店内设立专职试吃导购员，为会员提供试吃和产品品质、烹饪方式、使用小窍门等介绍，帮助会员在购买前了解商品、选择商品。店内设立品牌商品展示专区，有专业品牌工作人员与会员沟通并解答关于商品的各种资讯，便于会员一站式集中选购该品牌的热销商品，直观感受商品的特色和功能。2022年，山姆会员商店总销售额14.8亿元，增长20%。

（周红卫）

供销合作

【概况】 2022年，新北区供销合作总社开展化肥农药集中采购统一配供，全年配供小麦赤霉病防控农药1.22吨、水稻穗期病虫害防控农药10.61吨，发放水稻配方肥1598吨、小麦配方肥1324吨、有机肥6135吨。化肥农药集中采购统一配供面积4933公顷，实现涉农镇（街道）全覆盖。对5个农村合作经济组织联合会（简称“农合联”）加强管理督导，结合各镇（街道）农村工作局年度任务，开展农产品展销、职业农民培训等活动。细化农合联考核方案，按考核结果分等次下达补助资金。开展薄弱基层社改造提升，魏村农合联完成薄弱基层社改造提升建设项目，总投资27万元。

7月，区农业农村局在江南环球港举办“常高新农”2022新北区名特优农产品展销会 （区委宣传统战部 供图）

【供销合作社“十百千万”工程】 2022年，常州国家高新区（新北区）加快推进农业“十百千万”工程（常州市供销合作总社促进共同富裕先行先试行动“十百千万”工程，即“十四五”期间，组建十大农业特色产业“农合联”，建设百家供销综合为农服务中心，培育千名金牌农产品经纪人，带动万户低收入农民增收致富），促进农业增效农民增收。组建农业特色产业“农合联”1家（新北区优质稻米产业供销联盟），农村综合服务社3个（魏村街道农村综合服务社、孟河镇南兰陵村农村综合服务社、奔牛镇史陈家村农村综合服务社），农产品产销对接平台1个（“新苏合”），培育50名金牌农产品经纪人，帮助514户低收入农民增收致富。

【“常高新农”品牌推介】 2022年，常州国家高新区（新北区）在完成2021年“常高新农”新北区农产品区域公用品牌建设与推广项目验收基础上，启动2022—2023年度新北区农产品区域公用品牌宣传推广活动。6月，在区政府机关食堂举办地产名特优农产品进机关活动；7月，在江南环球港举办“常高新农”2022新北区名特优农产品展销会，为期2天，有20余家高新区优秀企业参展，实现销售额6万元；10月，在西夏墅镇东南村举办“庆丰收贺盛会”常州·新北2022年中国农民丰收节农产品展销活动，千余名游客参与。年内，组织百余家企业参加省、市各类展示展销活动，提升“常高新农”区域公用品牌在周边地区的知名度。

（奚力中）

【魏村街道农产品展销中心开馆】 10月，魏村街道农产品展销中心开馆。该展销中心是魏村农业产业品牌和农旅融合发展的对外推广窗口，集农产品展示、销售、农资供应、技术交流、快检服务于一体。展销中心设在集镇居民居住区，邻近安家新菜场，营业面积300余平方米。一层设有农业主体展示区、各类农产品展销区、直播区、鲜货专柜和快检室；二层设有农合联办公区、业务洽谈区、农业合作技术交流区和农业学习功能区。展销中心引入街道优质农产品品牌的农业企业、合作社、家庭农场、农业体验园，展销大米、蔬菜、瓜果、水产、黄酒等有魏村特色的农产品；通过线上线下合作模式，拓宽特色农产品流通和销售渠道，助力魏村街道乡村振兴高质量发展。

（陈　欣　陆俊楠）

住宿餐饮

【概况】 2022年，常州国家高新区（新北区）有各类餐饮店8000余家，从业人员8.5万人；有三星级以上旅游饭店25家；限额以上住宿业实现零售额1.4亿元，比上年（下同）下降18.2%；限额以上餐饮业实现零售额8.4亿元，下降16%。推进铂骊酒店等重点文旅项目工程建设和投资金额落实，完成年度投资额2.25亿元。激活社会消费潜力。6月，在魏村常恒大酒店举行“保护长江生态，共建绿色家园”新北区“江苏味道”“食美常州”“味在新北”生态美食促消费主题活动；11月，举行“食美常州、味在新北、香飘全球”外国友人学做常州菜厨艺交流活动；12月，举办新北区第八届羊肉美食文化旅游节。开展国家钻级酒家创建，28家企业通过创建评审。江苏省菜根香餐饮连锁有限公司的江南八宝菜粥、罗溪金宝大酒店的阿婆咸腻头入选江苏省百道乡土地标面食小吃名录，2家餐饮单位通过江苏省餐饮行业协会江苏绿色餐饮饭店验收。福记逸高酒店被评为江苏省展览服务类、会议酒店类重点企业。

（周红卫）

【“名特优”小作坊创建】 2022年，常州国家高新区（新北区）市场监管部门持续推进“名特优”小作坊示范创建工作。建立辖区小作坊主体经营台账，掌握小作坊主体的实际经营户数、经营状况，完善小作坊监管档案并依据实际经营情况及时更新，动态监管。对小作坊业主开展培训，提高小作坊责任意识、法律意识和管理水平，培训率100%。走访各小作坊主体，对生产加工场所卫生消毒情况、工艺流程、原辅料进货查验、生产全流程开展检查。邀请第三方评估专家，上门对申报“名特优”的小作坊实施检查指导，从生产环境、生产用工具、进货查验义务履行、标识标签、食品安全制度建立等方面开展全方位风险排查，有针对性地制订改造提升计划，引导扶持小作坊规范生产。年内，常州菜根香生态农业有限公司等6家单位被评为省级“名特优”食品小作坊，新北区春江顺泰酒坊等7家单位被评为省级食品安全示范小作坊。至年末。全区累计创成省级“名特优”食品小作坊7家、食品安全示范小作坊7家。

（高　成）

【生态美食促消费主题活动】 6月10日，“保护长江生态，共建绿色家园”常州市新北区“江苏味道”“食美常州”“味在新北”生态美食促消费主题活动在魏村街道新华村常恒大酒店举办。全体与会人员宣读“让拒捕、拒购、拒烹、拒食野生江鲜成为我们的自觉行动”宣誓词，区烹饪餐饮行业协会发布“江苏味道”“食美常州”“味在新北”生态美食促消费活动实施方案。常恒大酒店、常恒江园水产养殖有限公司、人君大酒店和良缘大酒店就生态养殖、餐饮发展、企业转型、优惠促销等方面开展交流。活动围绕《中华人民共和国长江保护法》、“十年禁渔”促消费等内容，开展有奖抢答。

【外国友人学做常州菜厨艺交流活动】 11月6日，常州国家高新区（新北区）

11月6日，“食美常州、味在新北、香飘全球”外国友人学做常州菜厨艺交流活动举行

（朱臻　摄）

在常州旅游商贸高等职业技术学校举办“食美常州、味在新北、香飘全球”外国友人学做常州菜厨艺交流活动，辖区摩诺克里斯光伏科技（常州）有限公司、威乐(常州)水泵有限公司等重点欧美、日本企业的外国友人参与活动。常州旅游商贸高等职业技术学校校长秦益霖向外国朋友介绍江南文人菜文化，学校3位老师现场指导演示糖醋小排、清炒虾仁、常州豆腐汤和小麻糕4道菜点的做法。参与活动的外国友人分为6组，在老师的指导下亲手制作4道菜点，指导老师分别对6组外国友人制作的常州菜作品开展点评。

（周红卫）

【常州富都大酒店】 常州富都大酒店位于通江大道398号，是常州首家国际品牌管理的五星级酒店。酒店拥有各类客房368间（套）、宴会空间2300平方米。酒店的5个餐厅酒廊分别为天香楼、咖啡苑、西村日本料理、大堂酒廊及巴克斯吧酒廊。天香楼中餐厅拥有300余个座位及25间贵宾厅，汇集创意淮扬菜、粤菜、常州家常菜等菜式；咖啡苑全天候供应自助餐及国际风味零点佳肴；西村日本料理因寿司和刺身而闻名；大堂酒廊及巴克斯吧酒廊备有小点及饮料，供客人休闲聚会。2022年，酒店实现营业收入4910万元。

【维景国际大酒店】 维景国际大酒店位于河海东路56号，由常州波尔曼旅游投资发展有限公司按照五星级酒店标准投资兴建，港中旅酒店有限公司经营管理。占地面积1.59万平方米，建筑面积3.5万平方米，拥有各类客房266间套、床位432个、员工322人。设自助餐厅、中餐厅、日式餐厅、欧式酒吧、多功能宴会厅、各类会议室、健身房、游泳馆、商场、儿童乐园、棋牌室、美容美发等配套设施，并与其他企业合作游艇及温泉服务。2011年5月酒店正式对外营业，打造具有常州特色的创意精品菜，形成以餐饮带动客房的独特经营模式。2017年，酒店西餐厅在2亿名群众投票评选的大众点评全国必吃榜单名列TOP50，江苏省排名第一。2021年被评为江苏省放心消费先进单位和常州礼遇品牌酒店。2022年，酒店实现营业收入8000万元，被评为2021—2022中国旅游住宿业金光奖最佳商务酒店、2022年常州市文明旅游示范单位。

【丽亭酒店】 丽亭酒店位于通江中路599号，是丽笙酒店集团（Radisson Hotel Group）旗下高端全服务品牌酒店，占地面积1.1万平方米，建筑面积2.66万平方米，是四星级酒店。拥有客房261间、停车位200个，设有咖啡厅、行政酒廊、中餐厅、自助西餐厅及多个不同风格的会议室和多功能厅。2022年实现营业收入2040万元。

【奥体明都国际饭店】 奥体明都国际饭店位于龙锦路1261号，是由常州晋陵集团有限公司投资建造、江苏华怡明都管理有限公司全权管理的四星级豪华运动型饭店。饭店占地面积7223.8平方米，建筑面积2.32万平方米，主楼高12层，登顶可俯瞰新北区城市风貌。饭店拥有现代豪华客房202间（套）；特设行政楼层，为商旅人士提供优质的商旅服务。饭店运营13年，不断完善各项基础服务，健全个性化服务机制流程，深化“亲情服务”382条细则。2022年，酒店实现营业收入4668.51万元。

（张　玮）

邮　政

【概况】 2022年,中国邮政集团有限公司常州市城北分公司(简称“城北邮政分公司”)下辖邮政支局（营业所）23个、揽投部8个、服务中心2个。年内，城北邮政分公司与区公安、司法、环保、教育、团委、关工委、综治办等部门联合开展“幸福树下欢乐成长”活动，宣传社会主义核心价值观、环保理念和法律知识，全区39所小学6.2万余名学生参与。协助新北区退役军人事务局发放退役军人优待证。

【快递包裹和增值业务】 2022年，城北邮政分公司快递包裹业务收入927万元；快递包裹收寄出口业务量超310万件，比上年增长6.08%在“双11”“双12”活动高峰期，优化组织作业流程，增加揽收投递力量，确保快递包裹有序进行。为方便广大私家车主，所辖奔牛镇、新桥街道、魏村街道安家片区、春江街道百丈片区等14个支局开设机动车、驾驶证换证等相关警邮业务服务，办理换证业务1.33万笔，提供EMS寄递服务6181笔。

【报刊发行】 2022年,城北邮政分公司发展报刊业务，优化党报党刊的收订与投递工作，以日常收订、零售业务及重点项目为抓手，拓展报刊发行业务。加强与学校互动，开展报刊发行进校园系列活动。完成报刊收订流转额2800万元。

（周　毓）

电子商务

【概况】 2022年，常州国家高新区（新北区）实现跨境电商4个代码6种模式（9610、9710、9810、1210）全覆盖，新注册跨境电商平台企业10家。1210（保税跨境贸易电子商务）特殊区域出口模式测试通关；以沁瑞（常州）国际物流有限公司为主的“1210”进口完成销售额573.34万元，比上年增长54%。常州大亚进出口有限公司（尼日利亚）、常州市宏发纵横新材料科技股份有限公司（印度、美国、加拿大）被评为2022年市级海外仓。把68家重点电商企业的经营情况纳入全市监测体系，实时了解企业的电商平台交易额等数据。更新电商企业数据库，为培育电商新示范打基础。组织电商企业参加“数字经济与技术驱动的行业数字化变革”“企业财税管控与节税方案”等线上线下培训活动14场，参会人数1000余人。创意产业基地通过国家电子商务示范园区综合评价，华夏艺博园通过省级电子商务示范园区综合评价。三井街道洪福社区、薛家镇橄榄城社区开展省级数字商务社区试点工作，推动社区商业数字化、网络化、智能化发展。

（区商务局）

【跨境电商业务】 2022年，常州综合保税区对跨境电商9710（跨境电商B2B直接出口）、9810、1210模式实施模块升级。7月，常州市新四仁电子商务有限公司完成常州首单9810模式下出口退税，解决长期困扰企业退税问题；9月，江苏虫洞电子商务有限公司完成常州首单9710模式下B2B直接出口；10月，沁瑞（常州）国际物流有限公司完成常州首单1210模式下B2C出口。11月举办“9710直接出口”“1210保税出口”通关仪式，常州国家高新区（新北区）成为全市唯一可同步开展跨境电商全业务的区域，常州制造的“跨贸出海”新通道搭建完成，“买全球、卖全球”的渠道完成贯通。常州综合保税区主办常州市首届云上保税购物季活动，推动本土跨境企业开拓保税仓直播、社区店下沉、中央商圈示范店等模式；协同市台湾事务办公室，在综合保税区举办台商服务系列沙龙之“台商台企看跨境电商”活动，帮助台企了解全区跨境电商产业发展情况。

【常州市跨境电商综合服务中心启用】 6月17日，常州市跨境电商综合服务中心启用，总面积280平方米，集创新展示、交流赋能和跨境交易三大功能于一体，展示涵盖化妆品、食品酒水、日用百货、母婴用品等线下优质进口商品2000余种、线上优质进口商品6万余种。常州综合保税区以常州市跨境电商综合服务中心为核心，布局线上线下“一中心多基地”。2022年，江苏壹佰跨境电子商务产业服务有限公司运营的初廿跨境体验店、常州市茹涵商贸有限公司运营的漫柏人才社区店、添月檀商贸运营的醇木醉酒海等试验基地落户新北区，实现“线上商城＋线下门店”融合发展。是日，常州市首届跨境电商云上保税购物节在常州综合保税区开幕。首届云上保税购物节围绕“潮、爆、型、范”四方面，汇集20余家优质跨境电商企业，精选化妆护肤用品、宠物食品等上千款商品开展销售。活动期间，商家进行线上直播，以折扣券、团购等方式开启优惠大促销。

（张佳杰）

商务服务

【人力资源服务】 2022年年末，常州国家高新区（新北区）有经许可、备案的经营性人力资源服务机构122家，从业人员660余人。年内，人力资源服务产业园载体入驻添薪数字新就业园区管理服务（常州）有限公司、江苏云创企服科技有限公司等人力资源服务企业7家，为447家单位提供人力资源配置服务，输送员工2.59万余人，服务人次20.82万人次。搭建线上线下联动供需平台，通过“新北人才”微信公众号、常州高新区人才网等，动态推送5469家企业5.7万余个岗位用工信息。开发并启用重点企业用工

综保区负责跨境电商业务的工人正在封装货物 （区委宣传统战部 供图）

服务监测小程序“新北用工通”。强化劳务协作，对接陕西省、安徽省等10余个劳务基地，发布32家企业6300个岗位需求。

（陈　胜　邹翠婷）

【会计服务】 2022年年末，常州国家高新区（新北区）有代理记账机构198户、从业人员784人，为企业提供会计核算、记账、保税等财务服务。2022年，全区实现业务收入1.78亿元，其中代理记账业务收入7513.19万元，代理客户1.63万户。全区规范代理记账行业秩序，对28家代理记账机构开展跨部门“双随机、一公开”联合监督检查，检查结果同步录入江苏省市场监管信息平台。推动代理记账行业健康发展，对以告知承诺方式申请并取得代理记账许可证书的34家机构加强事中事后监管，履行监督职能。开展代理记账行业违法违规行为专项整治，重点检查无证经营和虚假承诺行为。经筛选比对，248家企业被纳入检查范围，区财政局与市监局等部门开展联合检查，对问题企业限期整改，规范代理记账业务。

（潘婷艳）

【法律服务】 2022年，常州国家高新区（新北区）实施“法润江苏”村（社区）法律顾问巩固提升工程，按照“一对一”和全覆盖要求，为全区136个村（社区）配备法律顾问136人。落实村（社区）法律顾问挂牌服务、现场服务，区、镇两级在“三台融合”（公共法律服务实体、热线和网络平台）平台录入服务数据1995条，完成村（社区）法律顾问现场服务打卡2292次，6名村（社区）法律顾问被评为全省优秀村（社区）法律顾问。推进公共法律服务进园区工作，出台《新北区园区公共法律服务项目清单（试行）》，聚焦服务构建新发展格局，优化升级“产业链+法律服务”机制模式，联合薛家镇打造蒲公英公益法律服务联盟，“网格+法律服务”“产业链+法律服务”“青少年+法律服务”融合运作，加大公共法律服务护航社会经济发展力度。

（陈建丽）

【认证认可与检验检测服务】 2022年年末，常州国家高新区（新北区）有检验检测机构44家，其中机动车安检机构15家、环境与环保检验检测机构6家、建筑工程检验检测机构5家；管理体系认证证书5615张，其中质量管理体系认证证书3375张、环境管理体系认证证书1079张、职业健康安全管理体系认证证书829张、知识产权管理体系认证证书98张、信息安全管理体系认证证书48张、能源管理体系认证证书43张；强制性产品认证证书7050张（含自我公开声明5801张），涵盖机动车辆及安全附件、防爆电气和小功率电动机类等；自愿性工业产品认证证书7558张。年内，区市场监督管理局开展1家家用燃气器具、5家汽车、1家儿童玩具、3家消防产品、12家电动自行车、5家电线电缆强制性产品认证获证组织、12家机动车检验检测机构监督检查，发现问题整改项36项，并全部完成整改；完成认证行政监管平台10家强制性产品认证获证组织、1家有机产品认证获证组织、1家绿色产品认证获证组织“双随机、一公开”监督检查，发现问题整改项7项，全部完成整改；完成国家认监委系统下达的自愿性认证领域检查任务1家，发现问题1项，完成整改。

（糜汝佳）

【工业设计】 2022年，常州国家高新区（新北区）依托辖区制造业良好基础，通过工业设计引导转型升级，全区制造业企业产品创新能力不断增强。至年末，常州国家高新区（新北区）拥有全市唯一的国家级工业设计中心1家（常州星宇车灯股份有限公司）、省级工业设计中心14家、市级工业设计49家。6月，天合光能股份有限公司Vertex S至尊系列组件凭借着先进的设计理念和卓越的产品体验，获2022年度德国红点设计大奖（Red Dot Design Award），天合光能股份有限公司是国内首获此殊荣的一线组件厂商。8月，区内12家企业入选市级工业设计中心企业名单。

（区经发局）

【常州国家广告产业园】 2022年，常州国家广告产业园计划总投资23.37亿元，完成投资20.45亿元，投资完成进度87.5%。至年末，园区建成面积59.9万平方米，在建面积8.3万平方米。年内，园区集聚广告及关联产业企业691家，包括灵通展览系统股份有限公司、常州化龙网络科技股份有限公司、江苏金刚科技股份有限公司、江苏印象乾图文化科技有限公司、江苏赞奇科技股份有限公司等业内重点企业。园区重点发展数字内容设计、制作、发布，广告会展器材研发、生产、交易，广告新技术、新媒体研发与应用三大特色门类，依托“渲云”云渲染公共服务平台、ASK众创部落国家级众创空间孵化平台、区域互联网交流平台、广告人才培训平台和广告器材研发、生产、销售平台，推动园区广告企业由产业链中低端向中高端攀升，引导广告企业从传统型向新媒体转型。园区内广告经营额104.1亿元，纳税2.26亿元。

（区市场监督管理局）

物流业

综 述

【物流业发展】 2022年，常州国家高新区（新北区）把握“一带一路”倡议和长江经济带、长三角一体化发展等重大国家战略机遇，畅通国内国际双循环物流通道，打造区域物流枢纽品牌，加快推进长三角现代物流中心建设，持续优化物流网络，不断扩大市场主体，社会物流总费用占GDP的比重持续下降。深化物流体系建设，持续提升常州港、常州机场等通道结点的物流基础设施建设水平。推进物流业制造业融合发展，完善保税、快递、云仓等物流服务功能，推动重点物流企业深度嵌入产业供应链，为制造业企业提供一体化供应链服务。依托重点产业集群、生产性服务业集聚区载体优势和“公铁水空”的交通优势，全力争创国家物流枢纽经济示范区。年内，新增2家国家AAAA级物流企业（常州友好速递有限公司、常州跨越物流有限公司），新增1家省级重点物流企业（常州启凯德胜港口物流有限公司）；中通快递常州智能电商产业园改建项目、奔牛铁路物流港智能仓储基础设施建设2个项目被常州市政府列入全市“532”发展战略2022年度重点项目，全年完成投资1.2亿元。至年末，全区有国家AAAA级物流企业12家，省重点物流企业(基地)17家，市级重点物流企业6家，省级示范物流园区1家（常州综合物流园）。奔牛港物流中心入选省级现代服务业高质量发展集聚示范区。

常州港码头换能级提升中的录安洲码头　　（区委宣传统战部 供图）

2022年常州国家高新区（新北区）国家AAAA级物流企业一览表

表40

序号	企业名称	地址
1	江苏燕进石化有限公司	新北区罗溪镇塑化路25～1号
2	江苏政成物流股份有限公司	新北区奔牛镇东桥村委埂西村1号
3	江苏安邦物流股份有限公司	新北区魏村街道金牛路1～5号
4	欧普石油天然气集团有限公司	新北区衡山路18号

续表 40

序号	企业名称	地址
5	江苏天地纵横物流有限公司	新北区都市雅居10幢乙单元201室
6	常州市尚德物流有限公司	新北区奔牛镇新市村
7	江苏奔牛港务集团有限公司	新北区奔牛镇奔牛港
8	常州录安洲长江码头有限公司	新北区录安洲港区大道18号
9	江苏诚通物流有限公司	新北区通达路2号
10	江苏海航供应链管理服务有限公司	新北区河海中路99号
11	常州友好速递有限公司	新北区盛达路2号
12	常州跨越物流有限公司	新北区黄河西路1281号

2022 年常州国家高新区（新北区）省重点物流企业（基地）一览表

表 41

序号	企业名称	地址
1	江苏诚通物流有限公司	新北区通达路2号
2	常州新长江港口有限公司	新北区春江街道疏江路
3	江苏燕进石化有限公司	新北区罗溪镇塑化路25-1号
4	常州录安洲长江码头有限公司	新北区录安洲港区大道18号
5	江苏安邦物流股份有限公司	新北区魏村街道金牛路1-5号
6	江苏常州城北国家粮食储备库	新北区吕汤路99号
7	江苏政成物流股份有限公司	新北区奔牛镇东桥村委埂西村1号
8	江苏海航供应链管理服务有限公司	新北区河海中路99号
9	常州市双志石油化工储运有限公司	新北区江边化工区江花路18号
10	中集苏航(常州)物流有限公司	新北区港口大道18号
11	江苏天地纵横物流有限公司	新北区都市雅居10幢乙单元
12	江苏达实久信医疗科技有限公司	新北区汉江路103号
13	常州启凯德胜港口物流有限公司	新北区滨江二路99号
14	常州保税物流基地	新北区新竹路2号
15	江苏奔牛港务集团有限公司	新北区奔牛镇劲港路2号
16	中国物流常州综合物流中心	新北区通达路2号
17	常州聚盟物流园	新北区奔牛镇东桥村委埂西村1号

【长三角现代物流中心建设】 2022 年，常州国家高新区（新北区）聚焦常州市打造“一中心一高地一枢纽”要求，依据《常州市“十四五”现代物流业发展规划》，加快长三角现代物流中心建设步伐。优化物流网络工程，形成“核心区 + 物流枢纽 + 物流中心 + 末端配送”的物流网络体系。根据《关于推进我市国内国际双循环物流通道建设的若干政策》，推动区域国内国际双循环物流通道建设。整合公、铁、水运营能力，录安洲长江码头拓展“陆转水”作业新模式，在不改变原有贸易条款的基础上，利用驳船代替公路拖车，有效衔接常州—上海的通道，让货物搭船远航海外。常州至上海港“海铁联运”班列自 2019 年开通后，累计发送重箱 8.1 万标箱，发运量 116 万吨，为本地物流企业降低运输成本 4056 万元。奔牛机场先后开通北京、泉州、天津和深圳方向的全货机航班，通航境内外 30 余个城市；马尼拉国际货运航线恢复运营；开通欧洲全货机航线，打通国内国际物流通道。进一步促进物流业制造业深度融合，保持产业链供应链稳定，降低物流成本，促进制造业转型升级。立足本地制造业大宗

商品、工业品原材料、集装箱多式联运等生产物流需求，推进常州港港口、奔牛机场等建设，位于常州滨江经济开发区的启凯德胜港口年内月作业量最高达53.34万吨，完成营业收入比上年（下同）增长77%。加快常泰高铁的规划研究，围绕高端装备、新能源、新材料、医疗器械等特色产业，提前布局以供应链物流、商贸物流、高铁物流等为主的物流园区。针对以动力电池等为代表的新能源汽车及汽车核心零部件、高端装备等产业，加快集聚一批高铁快运、仓配物流、供应链管理等物流服务的优质资源，助力“新能源之都”建设。为满足大幅增长的货运吞吐量需求，年内启动总投资16.58亿元的奔牛机场改扩建工程项目。至年末，全区有31个物流产业协作项目、9个物流载体项目、3个现代服务业项目被纳入市级“物流汇”重大平台。

（余　湉）

【常州综合港务区】 常州综合港务区是常州国家高新区（新北区）港产城融合战略的核心区，集联运综合枢纽中心、航空物流集散中心、大宗商品交易中转集散中心、综合保税功能服务中心四大产业中心于一体。2020年，综合港务区在全省率先完成无感卡口等第一阶段改革措施，帮助企业大幅压缩监管卡口通行时间并降低物流费用。与常州长江港“区港联动”通过海关保税货物分批到货模式确认，为常州地区的生产、商贸企业在利用本地口岸通关实现降本增效方面带来便利。针对部分企业面临进出口物流、原材料零部件供应链运输不畅等问题，综合港务区拓展“陆改水”，提升多式联运服务水平，稳定出口业务，从上海港紧急调拨“陆改水”空箱，解决内陆成本高及箱量大的问题，为本地外贸企业提供运输保障。年内，全区海铁联运实现重箱发运4.65万标箱，增长26.12%，货物发送63.747万吨；中欧中亚班列“常西欧”实现重箱发运650标箱，货物发送总量9308吨；陆改业务水解决40余家企业货物运输问题，发运8779标箱，为企业节约物流成本100万余元。

（张佳杰）

物流园区

【常州保税物流基地】 常州保税物流基地位于新北区新竹路2号，占地面积1.76平方千米，拥有标准厂房面积16.3万平方米，仓储面积2.9万平方米，货物堆场面积2.1万平方米，综合服务大楼面积1万平方米，生活配套设施面积26.2万平方米。基地先后引进辰瑞光学（常州）股份有限公司、巴奥米特医疗器械有限公司、高博能源材料有限公司等知名企业或行业龙头入驻，累计吸引外商总投资14.2亿美元，注册外资9.7亿美元，就业人员2000余人。2022年，常州保税物流基地依托常州综合保税区内外资源，通过区区联动、区港联动形式带动常州港和常州机场拓展业务，利用海关特殊监管区域优势，复制上海自由贸易区的相关便利政策，简化核销手续、网上监管与业务受理等贸易便利化通关服务，提升常州保税物流基地内外现有资产空间效率和业务信息化水平。推进绿色物流建设，分类推动物流基础设施改造升级，合理化布局仓储容量。年内，常州保税物流基地实际到账外资3094万美元，完成外贸进出口11.4亿美元。

【常州综合物流园】 常州综合物流园位于新北区罗溪镇，占地面积1.31平方千米，拥有标准厂房面积60万平方米，仓储面积60万平方米，货物堆场面积2万平方米，综合服务大楼面积6000平方米，生活配套设施面积1.4万平方米。常州综合物流园具备多式联运、仓储分销、期货交割、智慧集配、航空物流在内的五大现代物流服务功能，实现水、铁、空、公联运无缝衔接，打造立足常州、服务长三角、辐射全国的长三角中轴生产资料物流与供应链枢纽。集聚奔牛港物流中心、政成智慧物流园、诚通物流中心、燕进联运、铁路奔牛站、木材交易市场、普洛斯仓储、中通智慧物流园等现代物流项目；集聚300余家物流相关企业，拥有铁路专用线16条、运河码头4个、新孟河码头10个。2022年，常州综合物流园实现营业收入104亿元，税收4200万余元，货物吞吐量超1000万吨。

【常州临港物流园】 常州临港物流园位于江苏常州滨江经济开发区，占地面积287公顷，实际运营面积167.8万平方米，仓储面积149.6万平方米，其中库房面积36.4万平方米，货物堆场面积115万平方米。常州临港物流园依托长江常州港资源优势，大力发展现代商贸物流产业，园区拥有常州市沿江25.8千米的全部自然岸线，规划港口岸线8.23千米，已开发利用4.44千米。园区道路、供水、供电、供热、供气、排污等基础设施和水路、公路、管道等集疏运体系配套完善，是常州市及周边地区对外贸易的重要门户和区域性综合物流中心。

常州港由录安洲港区、圩塘港区和夹江港区组成，2001年4月经国务院批准为对外开放的一类口岸，已建成生产性泊位28个，其中万吨级以上泊位10个、千吨级泊位16个，年货物设计通过能力3155万吨。港口主要承担常州及周边地区的机电产品、新能源汽车、光伏产品、金属矿石、件

奔牛铁路物流港常州—上海港海铁联运班列 （区委宣传统战部 供图）

杂货、粮食、化工原料及制品、集装箱等货种的装卸和运输。港内设有口岸联检综合服务大楼，建筑面积7910.5平方米，常州海关、常州海事、常州边检等职能部门提供24小时通关服务。2022年临港物流园实现物流营收20亿元，税收6532万元（不含增值税留抵退税4482万元），贸易营收64.2亿元，税收1182万元。长江港口完成货物吞吐量4672.6万吨，集装箱吞吐量31.2万标准箱。至年末，园区已入驻录安洲长江码头、新长江港口、安邦物流等50余家行业内领先的仓储物流企业。其中，国家AAAA级物流企业2家，AAA级企业2家；省级液体化工品进口交易中心1家、市级2家；省级三星级绿色港口企业2家、四星级1家；省级重点物流企业6家；市级示范物流企业4家。

【奔牛港物流中心入选省现代服务业高质量发展集聚示范区】 2022年，奔牛港物流中心（简称“中心”）入选江苏省现代服务业高质量发展集聚示范区。中心位于长三角现代物流中心核心区，是常州地区唯一的“多式联运”基地和枢纽。中心交通资源优越，有7条总长10千米的铁路专用线，具备同时接卸2个整列货物能力；长江码头、运河码头和内河码头泊位20余个，可实现水铁联运的无缝衔接。仓储资源丰富，有室内库房15万平方米，室外堆场30万平方米，是大连、郑州和上海三大商品交易所，聚氯乙烯（PVC）、聚丙烯（PP）、聚乙烯（PE）、纤维板、胶合板、锰硅、硅铁等9个货种的指定交割仓库。中心形成以现代物流业为主营业务，信息服务、金融、加工配送等产业协同发展的产业格局，自2019年起物流服务收入保持每年10%增速，先后获全国交通运输行业重点联系物流园区、省重点物流基地等称号。2022年，中心在发展大宗商品物流等主导产业的基础上，注重物流高新技术的研发和创新，重点布局“奔牛港智慧物流港”项目建设，全年实现销售收入1.5亿元。打造省内有影响力的“多式联运示范基地”和“公共物流服务平台”，建设辐射长三角的“生产资料集散中心”和“现代服务业集聚区”，实现业务向省内及长三角（苏浙皖沪）的拓展。至年末，中心完成货物中转量195万吨，货物操作量1582万吨。

（余 湉）

重点物流企业选介

【江苏政成物流股份有限公司】 江苏政成物流股份有限公司总部位于新北区奔牛镇东桥村委埂西村1号，占地面积9.93万平方米，拥有标准厂房面积4.13万平方米，仓储面积7.34万平方米，货物堆场面积2.01万平方米，综合服务大楼面积5500平方米，生活配套设施面积1260平方米。2022年，江苏政成物流股份有限公司（简称“政成物流”）“面向供应链、服务产业链”，为纺织服装、医疗器械、电子电器、新能源、新材料、机车零配件等产业链上下游客户提供服务。形成集产业园区、零担快运、整车运输、仓储服务、物流配送、国际货代、网络货运等产品于一体的全链路供应链管理服务平台。至年末，拥有员工300余人，自有各类货车289辆，可控社会车辆5000余台，年货运量140万吨。政成物流建设运营的常州聚盟物流园占地面积5.07万平方米，仓储面积6.13万平方米。2021年被认定为江苏省重点物流基地，集聚本土物流及配套企业65家，通过“线上信息化”和“线下一体化”运营，打造线上线下相结合的一点发全国的高效精品物流产品集聚区。聚盟物流园通过集约化管理，形成常州直发全国152个城市的线路产品，覆盖全国主要一、二、三线城市，2022年常州聚盟物流园实现营业收入7亿元。

【常州新长江港口有限公司】 常州新长江港口有限公司位于新北区春江街道疏江路，占地面积60.8万平方米，拥有仓储面积6000平方米，货物堆场面积45万平方米，综合服务大楼面积8500平方米，生活配套设施面积2500平方米。2022年，常州新长江港口有限公司加快长江码头改造，建设绿色智慧现代化港口，全年完成吞吐量874万吨。新长江码头于1997年年底正式开港，是常州市第一个国家一类开放口岸。有万吨级通用码头1座，可同时停靠3艘万吨级船舶，设计年吞吐能力为325万吨，其中万吨级通用码头平台长527米、水深11米，最大可停靠7万吨级货船；港区设备齐全，拥有门机9台，最大起重能力35吨。仓储资源丰富，配套设施有42万平方米堆场，6000平方米室内仓库。公司主要经营砂石料、钢材、木材、袋包货、设备等件杂货的装卸、集散、中转、仓储、联运等业务，是省重点物流企业。

【江苏安邦物流股份有限公司】 江苏安邦物流股份有限公司位于新北区魏村街道金牛路1～5号，占地面积7.4万平方米，拥有标仓储面积4.04万平方米，货物堆场面积3000平方米，综合服务大楼面积2463平方米，生活配套设施面积1500平方米。2022年，江苏安邦物流股份有限公司（简称“安邦物流”）加大科技创新力度，在自主研发“发货宝”物流标准化管理系统及物流电商金融平台基础上，完成“物流ERP系统”建设，并在安邦物流投入使用，帮助公司跳出国内中小型物流企业由于管理混乱、财务制度不健全、人力资源利用浪费、物流成本高导致物流企业处于微利润竞争的怪圈。安邦物流先后被评为“国家AAAA级物流企业”“江苏省智慧物流示范企业”“江苏省重点物流企业”“江苏省物流企业技术中心”。至年末，安邦物流旗下有3家子公司（江苏宝捷佳物流科技有限公司、江苏安邦精工科技有限公司、江苏安速物流供应链管理有限公司），为客户提供物流解决方案的咨询与设计、仓储装卸、国际货代、报关报检、公路网络运输、物流信息化软件开发、汽车零部件精加工、包装材料设计与加工、园区运营等综合服务。全年实现营业收入2亿元，货运物流15.5万吨。

（余　湉）

旅游业

综 述

【文旅业发展】 2022年，常州国家高新区（新北区）加快建设长三角文旅中轴，打造高水平文旅业态。出台《新北区全域旅游发展规划》，编印区人文旅游地图。建成新北区全域旅游展示中心，上线新北区智慧全域旅游平台，为消费者提供全面的文旅资讯。年内，创成省级文化和旅游消费示范单位，完成“新北区文体旅融合发展策划案”。至年末，全区有国家AAAAA级旅游景区1家、国家AAAA级旅游景区1家、国家AAA级旅游景区3家、国家水利风景区1个、国家级夜间文化和旅游消费集聚区1家（环球恐龙城）及新龙生态林、中央公园、三江口公园、新龙湖公园、春江民俗公园、飞龙体育公园、高铁生态公园等一批开放式公园；有全国农业旅游示范点2家、省级工业旅游区2家。

2022年常州国家高新区（新北区）主要旅游景区一览表

表42

序号	景区名称	类别	地址	电话
1	环球恐龙城	国家AAAAA级旅游景区	新北区汉江路1号	85106668
2	常州博物馆	国家AAAA级旅游景区	新北区龙城大道1288号	85165080
3	华夏艺博园	国家AAA级旅游景区	新北区薛家镇庆阳路68号	85966250
4	新北中心公园	国家AAA级旅游景区	新北区珠江路58号	85107618
5	江南环球港	国家AAA级旅游景区	新北区通江中路598号	88991111
6	迪诺水镇	—	新北区河海东路60号	81586788
7	新龙生态林	—	新北区长江北路1001号	69887626
8	新华村	全国农业旅游示范点	新北区魏村街道新华村	85713426
9	碧春缘	全国农业旅游示范点	新北区龙城大道2776号	83400178
10	光大常高新工业旅游区	省工业旅游区	新北区港区南路10号	80585289
11	新博龙泉工业旅游区	省工业旅游区	新北区安园路9号	85971999

【文旅重点项目建设】 2022年，常州国家高新区（新北区）推进江南环球港中沙文旅中心、百兴芝荟时光、铂骊酒店3项常州市“532”发展战略重点文旅项目工程建设和投资金额落实，以项目建设推动文旅产业高质量发展。年内，江南环球港中沙文旅中心项目实施桩基、支护施工，完成投资额1.18亿元；百兴教育孵化基地项目完成现场施工，进入设施逐步优化提升阶段，完成投资额2.5亿元；铂骊酒店项目建设完成星级标准酒店13层、经济型酒店13层施工，年度投资额2.25亿元。

（张 玮）

【农旅融合发展】 2022年，常州国家高新区（新北区）依托现代农业产业园良好的生态环境和特色农业资源，探索乡村振兴的实践路径。基于稻田艺术观景台打造稻田公园，引入农业高新技术展示。年内，培育一批市（区）级示范采摘园、区级示范家庭农场、区级示范农民专业合作社，四季观光采摘新业态初具规模。结合本土文化资源，以编制村庄规划为契机，推进居民集聚点建设，改善农村人居环境；西夏墅镇因地制宜打造匠心铺、梅林居、古银杏园等主题景观，引入高新纺织、融商智投等社会资本，建设东南小院、稻田理想等精品民宿，串联规划精品路线。建设“体验式”田园综合体，培育“民宿+”“文创+”等乡村旅游新业态。举办丰收节、插秧节、农场集市等各类活动，提升农旅资源人气和知名度。

（区农业农村局）

旅游资源建设

【概况】 2022年，常州国家高新区（新北区）立足区情，优化全域文化旅游发展格局。推进文旅重点项目建设，扩大“中华恐龙园”“江南环球港”两大文旅品牌效应，强化文旅特色亮点宣传，打造“龙城夜未央 醉美高新夜”、“龙虎夜里厢”、三井好声音、新龙森林音乐节、青氧艺术节等系列文旅惠民品牌。组织起草《常州高新区（新北区）促进文化和旅游高质量发展奖补办法》，推动文旅融合发展。年内，奔牛镇史陈家村、西夏墅镇东南村被评为市级乡村旅游重点村，文璞酒店成为“常州礼遇”示范店，汉江路国际旅游休闲街区入选省级旅游休闲街区培育单位。

（潘鹏飞）

【“大恐龙园”战略】 2022年，恐龙园集团继续全面践行常州“大恐龙园”战略，全方位赋能常州文旅发展。

“东扩”。作为集团在常州市全域启动“大恐龙园”战略的关键第一步，东方侏罗纪项目被列为省重大项目、省文旅重点项目，实现签约并于6月2日正式开工。东方侏罗纪项目以放大环球恐龙城溢出价值，打造国内顶级旅游目的地为目标，全速推进项目实施，年内完成配套用房主体封顶及样板区建设。加快推进东方侏罗纪项目一期“恐龙星球”项目实施。在创意设计端，发挥集团创意策划优势，协同国内外知名设计单位共同研究创作，通过对项目策划方案进行10余次调整优化，创新形成“围合组团+街巷动线”的项目布局，解决各类核心痛点、难点问题。在技术引领端，集国内外优秀文旅项目所长，将视觉工业、材料工艺、环境艺术和各项专业技术等进行高度融合，完成10余项创新型高科技沉浸式互动娱乐体验项目的策划与创作。在工程建设端，以绿色理念为指导，增强再生材料应用，采用多种清洁能源和转换技术，有效提升能源利用效率。

“西拓”。在金坛区文旅资源开发方面，梳理金坛茅山旅游度假区文旅资源，加大专业赋能服务，重点配合金坛区政府打造集爱立慕神秘王国等项目，与东方盐湖城实现有效联动，助力提升茅山旅游度假区经营质效；在金坛城旅产业拓展方面，聚焦钱资新城，加快涑渎村、陌上花开及城旅综合体等项目的策划与合作。

“南征”。推动“大庙弄”商业业态升级调整和整体运营，筹划常州经济开发区工业旅游，实施“三杰馆”系列红色展馆运营管理。探索谋划对武进片区景区点的赋能提升，对接常州市科技馆打造落位。

“北上”。探索“恐龙魔盒·艺术街区”青年中心项目在常州星耀城的落位，增强区域城市吸引力和辐射力；以完善功能、打造亮点和聚集人气为目标，加大“特尔美”高端水疗项目的招引落位工作。

（蒋培超）

【恐龙人防灾避险体验馆开馆】 7月15日，恐龙人防灾避险体验馆开馆仪式在中华恐龙园旅游度假区迪诺水镇举行，恐龙园集团“文旅+公共安全”事业进入发展新阶段。恐龙人防灾避险体验馆位于中华恐龙园旅游度假区恐龙人俱乐部3～4楼，占地面积4000平方米，是恐龙园集团打造的首个以生命健康和应急安全教育为主题

7月15日，恐龙人防灾避险体验馆开馆首日100余名游客模拟在“八级强震”中逃生自救 （区委宣传统战部 供图）

的沉浸式体验馆。馆内设置地震灾害、气象灾害、交通安全、日常安全、消防安全、紧急救护六大主题板块，并开设12堂应急安全教育课程。体验馆通过高科技设备，生动模拟各类灾害场景，营造逼真的体验环境，以智慧导览、数字化互娱等手段实现寓教于游。体验馆设置家庭厨房、街区楼道、地铁车厢等各种生活场景，均按1∶1还原。开馆首日100余名游客模拟在“八级强震”中逃生自救，在“火灾现场”参与灭火救援，在紧急情况下对“伤者”实施心肺复苏，体验真学真练。体验馆在短视频平台上开设账号，宣讲防灾减灾和疾病预防知识。活动现场，恐龙人防灾避险体验馆被授予“常州市公共安全体验馆”“常州市红十字会应急救护培训基地”“红十字国际学院生命健康教学体验基地”“常州市科普教育基地”牌匾。

【新北区入选省级文化和旅游消费示范单位】 11月21日，省文化和旅游厅公布省级文化和旅游消费示范单位拟认定名单，新北区入选。2022年，新北区高度重视文化和旅游产业发展，重抓文旅项目建设、丰富文旅消费业态、整合文旅产业布局、举办系列文旅品牌活动，不断释放文旅消费潜力。年内，以创建省文化和旅游消费示范单位为契机，开展文化和旅游消费便捷支付示范区建设，借助“常享游”“E游新北”等一站式智慧服务平台，推动消费预定、消费体验、消费结算数字化，提高文旅消费市场银行卡、云闪付App等各类移动支付产品使用便捷度，实现“一机智游新北”。依托主流在线旅游（OTA）在产品策划、品牌营销等方面优势，加强与线上旅游平台合作，探索利用抖音、马蜂窝等流量平台，输出文旅短视频、方案图片等内容，创新营销模式。至年末，新北区完成全域旅游智慧平台建设和运用，共享共用多部门数据，实现文旅监管精准化、实时化，推动文化和旅游消费场所5G网络全覆盖，提升景区、文博场馆数字化、智能化服务水平。

【环球恐龙城】 环球恐龙城位于三井街道，占地面积3.2平方千米，拥有中华恐龙园、侏罗纪水世界、恐龙人俱乐部、恐龙人俱乐部酒店、迪诺水镇商街、恐龙谷温泉、恐龙城大剧场等各类文旅商项目，是一座集观光、文化、休闲、商业、人居于一体的国家AAAAA级旅游景区。2022年，景区实现营业收入5.25亿元，接待游客638万人次。

【华夏艺博园】 华夏艺博园位于薛家镇，占地面积21.53公顷，由4幢工美展销大楼、十套别墅组成的大师村、中心广场、中心公园、常州市非物质文化遗产展示馆等组成，工美展销大楼全面营业，吸收乱针绣、留青竹刻、梳篦等工艺美术门类，形成1万余平方米的展销场所，是江苏省、常州市两级政府重点扶持建设的工艺美术特色产业园区及文化旅游区。园区先后获国家AAA级旅游景区、江苏工艺美术产业园、江苏省传统工艺美术特色产业基地等称号。华夏艺博园以雁荡河为圆心、传统非遗为骨架、公共艺术为创新要素、城市生活功能为补足，构建一个集艺术创新零售、传统工艺创新、美育研学教育、生态休闲体验于一体的艺术文旅生活产业园。串联工艺美术大师基地、临平书院、文如竹斋等文化空间组团，打造艺术文化新高地；猫山屋文驿宋风精品酒店、天田超市等功能业态，赋能城市新生活；猫山屋仕家雅寓、龙城红色驿站、青年驿站等服务空间，凝聚各方资源助力文旅产业高质量发展。

（潘鹏飞）

旅游开发宣传

【概况】 2022年，常州国家高新区（新北区）围绕文旅惠民，丰富城市文化内涵，持续打造“醉美高新夜”夜生活品牌。举办2022常州文化旅游节暨“龙城夜未央”夜生活节开幕式、“醉美高新夜”暨第三届“龙虎夜里厢”

7月，位于汉江路国际街区的“井井·有条街”青年创业市集启幕

（区委宣传统战部 供图）

文旅生活节。开展中华恐龙园艾琳世界惊奇趴、迪诺水镇迪诺奇妙夜·月来悦夜、江南环球港夏浪夜市集、新龙生态林常州动漫潮玩嘉年华、汉江路国际街区“井井·有条街”青年创业市集等系列文旅活动，助力夜经济持续升温。

【2022常州文化旅游节暨“龙城夜未央”夜生活节】 7月15日，2022常州文化旅游节暨“龙城夜未央”夜生活节在迪诺水镇启动。省文旅厅副厅长李川，市领导陈志良等出席开幕式，副市长蒋鹏举致辞。开幕式上发布2022常州文化旅游节重点活动，市文广旅局向一批“城市星拍客”颁发“常州文旅护照”，通过集结新媒体达人深度挖掘新玩法、新乐趣，推广常州文旅。该届常州文化旅游节持续至10月，推出“龙城夜未央”夜生活、文旅消费新产品、文化文艺精品、文旅惠民促销4方面13个系列200余项文旅活动，满足广大市民游客高质量休闲度假、高品质夜间消费的需求。环球恐龙城迪诺水镇在夜生活节推出“D新引力·躁音侏罗纪——DINO奇妙夜”多元夜市活动。用时尚潮流的水上项目、机车文化、电音节、运动文化等，融合音乐、文创、美食、露营、直播等时尚元素，打造常州青年的夜肆狂欢。

【“醉美高新夜”暨第三届“龙虎夜里厢”文旅生活节】 8月5日，“醉美高新夜”2022新北区夜生活节暨第三届“龙虎夜里厢”文旅生活节在新北区三江口公园启幕。首场活动以“向野而生——公园夜欢畅”为主题，首次把集市摆到公园，给市民游园带来一种全新的体验。连续3天，40余个特色集市摊位供游客参与互动，有玻璃瓶手绘、毛衣改造等艺术创作现场体验。白色帐篷摊位的时尚诗意、天幕特装摊位的文艺野趣，共同开启公园奇妙夜。为助力“532”文旅中轴打造，“龙虎夜里厢”文旅生活节活动延续至10月。其间，龙虎塘街道开展“文化进万家”精品文艺进社区、环球夏浪夜、人才夜市、喜迎中共二十大文艺演出、国潮古风魔术秀、创意芒草节等活动20余场。在少年“龙虎夜里厢”文旅生活节首推人才夜市的基础上，第三届文旅生活节人才夜市规模扩大，吸引100余家企业参与，提供岗位2500余个，搭建求职招工的双向平台。

【光耀龙城夜未央之2023常州灯会】 12月17日，光耀龙城夜未央之2023常州灯会在迪诺水镇启幕。该次灯会由市文广旅局、新北区政府主办，环球恐龙城旅游区管委会、常州迪诺水镇商业管理有限公司承办。以“天地人和·爱让希望永存”为主题，围绕“大”“奇”“特”及潮流审美，采用现代装置技术，打造沉浸式视觉盛宴。灯会持续至2023年4月，全程免费对市民游客开放。灯会采用全新灯光编程设计，组合超导纤维细丝、网骨架等新型材料及光源，打造一座虚实融生的AR元宇宙千灯之城，围绕“恐龙”文化母题，4大主题赏灯区、6大主题灯组、上万灯盏竞相讲述常州故事，点亮城市夜经济。同步展出百兔迎春艺术展、巨型木偶舞台秀、夜光市集等沉浸式演艺和静态少儿艺术展，以及“迪诺元音之夜 一起向未来”跨年活动，丰富市民文化式沉浸夜生活。

（张　玮）

旅游业态

【概况】 2022年，常州国家高新区（新北区）梳理全区非遗、街区、红色、工业、乡村等资源点位，根据不同主题及客源对象，推出夜间消费游、文化遗产游、工业企业游等。开展新北区网红景点宣传，推荐恐龙园大海啸、恐龙人主题餐厅、百丈楠木厅、龙王庙、观音禅寺、万佛禅寺、双坝念佛堂、常州市太平禅寺、新北中心公园、双拥公园10个热门景点。力推4条精品旅游线路，促进旅游业复苏。线路一：中华恐龙园—河海综合市场—汉江路国际风情街，感受“恐龙帝国”的神秘和现代都市气息。线路二：常州博物馆—常州大剧院—常州现代传媒中心—常州文化广场，4处景点是新北区的“打卡胜地”。线路三：新龙生态林—江南环球港，体验全区最大的深林氧吧和全市最大的商业综合体。线路四：孟河小黄山—奔牛老街，目睹小黄山“山、林、田、河、潭、宕”等多样性自然景观和奔牛古镇的旧貌新颜。乡村游精品线路推出新北区秋季粉黛花海亲子乡村休闲一日游，线路为壕熊庄园—西夏墅镇东南村—西夏墅镇梅林村—江苏齐梁生态园，让游客领略粉黛银杏天然秀色和五色稻禾农业科技。推出光大常高新环保、新博龙泉2处省工业旅游区，向游客展示企业文化。

【夜间消费游】 2022年，常州国家高新区（新北区）围绕特色夜间经济街区建设，推出特色消费新项目、新场景、新空间，打造“龙城夜未央”城市夜经济品牌。作为新北区夜间经济集聚区之一的汉江路国际风情街，形成以中式私房菜、日式料理、韩国料理、印度料理等为核心，西点、轻食、咖啡、茶饮等品类汇聚的国际美食集聚区。12月，汉江路每晚6时至10时进入街区人次超6000人，街区通过定期策划创意夜间市集，开发3D灯光秀、非遗互动、艺术表演等业态项目，把夜游、夜食、夜购、夜娱等要素整合，形成多层次的消费体验场景。江南环球港作为国家AAA级旅游景区，为夜间消费者提供大量体验场景和社交场景，包括具有880米国际专业赛道的环球燃擎卡丁车馆。邮轮酒店二楼的主题餐厅打造每月一季的美食节。江南环球港内拥有店铺421家，其中常州首店60家，业态覆盖文化、旅游、体育、家居等方面。

【文化遗产游】 2022年，常州国家高新区（新北区）通过"历史文化遗产（古迹）+旅游线路"等多元体验，构建丰富的非遗旅游场景，激发文化遗产旅游的活力。推出雁荡河水利风景区、小黄山风景区、孟河古镇等文化遗产游，传承历史文化。雁荡河水利风景区坐落于薛家镇，总面积7.2平方千米，水域面积0.4平方千米。景区内有常州市文物保护单位吴氏中丞第、华夏艺博园及江苏省特色文化广场——薛家中心广场等主要景点。小黄山风景区位于宁镇山脉的余脉，是历史文化名镇孟河重要的组成部分。小黄山之名源于春申君黄歇。公元前262年，黄歇坐船来到江东封地，曾在孟河的东山结庐读书。当时长江出水口就在小黄山的东北侧，是一片滩涂地，而孟河只是一个建在水面上的"凫庄"。黄歇看到当地百姓深受水患之苦，开始兴修水利。他提出沿着长江的喇叭出口"围滩造田"，并引用江河水建立自来灌溉系统，从而使孟河东北部的滩涂逐步变成稻麦两熟的良田，百姓过上有保障的农耕生活。百姓感念黄歇的恩情，将他读书处的东山取名"黄山"，以示纪念。孟河古镇为古代军事重地，依山濒江通运河，是齐梁两朝萧氏皇族的祖居地和孟河医派的发源地。作为中国历史文化名镇，孟河古镇保存完整的古街巷和老旧的商铺、风格浓醇的民国建筑，老街保留顺来园茶馆、东亚客栈等省、市级文保单位19处和万绥猴灯、斧劈石盆景艺术等省、市级非遗项目12个，吸引众多游客观光旅游。

（张 玮）

【工业观光旅游】 7月，常州国家高新区（新北区）聚焦"两特三新一智能"产业，开展"乐游高新 引凤回巢"回乡大学生工业旅游系列活动，让新北籍大学生感受并了解家乡变化，吸引大学生回乡就业创业。活动从7月中旬启动，先后举办5场，分别为汽车装备专场、生物医药专场、机械制造专场、新材料专场、电子信息专场。每场活动的第一站均是常州国家高新区创新展示中心，呈现全区工业制造、科教创新、文旅休闲、宜居美丽、和谐幸福五大明星城建设的实践成就和"十四五"规划愿景。针对不同专业的学生，区人社局结合"两特三新一智能"产业特色，联动镇（街道）行政审批局，制定5条工业旅游线路，通过参观区、镇（街道）重点企业，展现全区企业实力和人才需求。全区工业旅游从2020年开展后展现全新的活力，呈现蓬勃发展之势。该次活动首次组织新北籍学生，500余名新北籍大学生报名参加活动，通过工业旅游了解企业文化，其中80余名大学生与企业达成实习或就业意向。

（区志办）

旅游管理

【概况】 2022年，常州国家高新区（新北区）围绕文旅安全生产，调整常州国家高新区（新北区）文化体育旅游安全生产专业委员会，加强文旅行业

小黄山航拍　　（区委宣传统战部 供图）

安全生产工作的组织领导，与镇、街道行政审批局签订安全责任书，组织全区文化体育旅游企业签订安全自查承诺书。聚焦重点企业、重点环节、重点部位，开展文体旅行业场所日常检查督查，落实节假日安全生产措施。全年，辖区文旅企业申请省级文旅发展专项资金260万余元、市级旅游发展专项资金230万余元；全区旅行社申请市旅行社企业稳定就业岗位专项补贴14.3万元，为企业纾困解难。

【市领导督查恐龙园集团安全生产工作】 9月28日，市委书记陈金虎带队赴恐龙园集团督查节前安全生产工作，强调要全面落实中共中央“疫情要防住、经济要稳住、发展要安全”重大要求，统筹好安全与发展。在恐龙人防灾避险体验馆，陈金虎一行察看体验馆各项设施，肯定恐龙园集团把公共安全教育与文化旅游产业深度融合的创新成果。恐龙园集团董事局主席、首席执行官沈波汇报集团当前以体验馆为载体，在新北区、天宁区先期开展馆内实景体验、馆外课程送训的工作情况，以及集团下一步在全市和周边地区大力推进公共安全教育的整体构想。在景区安检口，陈金虎强调要加强游客有序管理，特种设备安全运行，制订各项安全预案，确保安全责任、安全投入、安全培训、安全管理、应急救援“五到位”。

（潘鹏飞）

旅游公共服务

【概况】 2022年，常州国家高新区（新北区）推进旅游公共服务高质量发展。年内，相继举办2022年“激情之夏”文旅节暨“龙城夜未央 醉美高新夜”夜生活节、“龙虎夜里厢”夜生活节、恐龙园迪诺水镇暑期狂欢节——D新引力、汉江路国际街区、新北中心公园美食拐角遇到AI，江南环球港环球夏浪节等文旅节庆活动。打响“龙城夜未央”夜生活节品牌，推动全区文化旅游市场全面复苏。

7月9日，荷花节启动仪式在新龙生态林核心区举行

（区委宣传统战部 供图）

【文旅惠民活动】 2022年，常州国家高新区（新北区）加强文旅新阵地建设。提升区文化馆、图书馆场馆智慧化水平，实现在线预约、实时客流监测、入馆无感通行等功能。打造都市化学习中心，开放24小时智慧书屋，向各阅读组织、社群组织提供互动式交流空间。举办第二届新北区文化艺术节、新北区首届读书节。年内，开展春天的邀约——2022年惠民艺术（常州市百幅名家作品）走进新龙生态林、新北区非遗展示展演活动暨新北区文物保护单位图片展、荷花节活动、萨尔瓦多·达利版画展等大型展览展示活动10余次。7—9月，组织开展“柒”乐无穷露天音乐集市、“青氧艺术节”仲夏夜之梦——露天公园音乐会、新北区音乐舞蹈类文化惠民演出、青氧音乐角、“新”好遇见你等文艺活动，惠及万余人。10月，开展“非遗魔术进校园”文化惠民惠校活动20场次，参与师生约7000人。11月，“两馆一中心”（新北区文化馆、图书馆、职工服务中心）正式对外开放，二楼剧场举办惠民演出活动10余场，吸引3000余人观看。

（袁 玲）

【公共安全及生命健康教育产业布局】 2022年，恐龙园集团以公共安全教育特色化、品牌化、标准化发展为目标，围绕课程、师资两大工作核心，研发构建课程体系，培养专兼职讲师45人。年内完成全区52所中小学校、3.7万名学生送训，形成样板并逐步向其他辖区拓展；筑牢专业护城河，取得“红十字国际学院生命健康体验基地”等授牌和“初级救护证”“两员培训”（救护员、救护师资培训员）资质，启动企事业单位“两员培训”、公共安全“五进”（进社区、进学校、进机关、进企业、进家庭）工程等工作，并签约金坛花山国防教育基地，开启研学素培阵地战及场景战新模式。7月15日，恐龙人防灾避险体验馆在中华恐龙园旅游度假区举行开馆仪式，促进“文旅+公共安全”融合发展。

（蒋培超）

【涉旅饭（酒）店】 2022 年，常州国家高新区（新北区）主要涉旅综合宾馆饭（酒）店有 15 家，其中星级酒店 4 家、准星级酒店 11 家。4 家星级酒店中，五星级酒店 2 家、四星级酒店 2 家。年内，常州福记逸高酒店被评为江苏省展览服务类、会议酒店类重点企业。维景国际大酒店获 2021—2022 中国旅游住宿业金光奖和 2022 年常州市文明旅游示范单位称号。

2022 年常州国家高新区（新北区）涉旅综合宾馆饭（酒）店一览表

表 43

序号	单位名称	星级标准	地址	电话
1	富都盛贸饭店	五星级	新北区通江大道398号	88109988
2	维景国际大酒店		新北区河海东路56号	82088888
3	常州丽亭酒店	四星级	新北区通江中路769号	85198888
4	奥体明都国际饭店		新北区龙锦路1261号	85608888
5	富力喜来登酒店	准评星	新北区通江中路88-1号	81588888
6	文璞酒店		新北区常州文化广场5号楼	85677777
7	金陵江南大饭店		新北区通江路466号	85119988
8	马哥孛罗酒店		新北区河海东路88号	81688888
9	福记逸高酒店		新北区汉江东路99号	85137888
10	万豪酒店		新北区龙锦路1590号	68018888
11	华美达国际大酒店		新北区晋陵北路85号	68000888
12	中天凤凰大酒店		新北区通江路555号	86187888
13	景尚恐龙主题店	主题酒店	新北区河海东路60号	4006998818
14	恐龙人俱乐部酒店		新北区河海东路60号	82007888
15	邮轮主题酒店		新北区衡山路58号	82006666

（潘鹏飞）

金融业

综　述

【金融支持实体经济】 2022年，常州国家高新区（新北区）推广“园区保”“小微贷”“增额保”“鑫科保”等批量化、标准化、模式化小微业务，借助现代金融科技，主动压降支持小微企业、支持“三农”融资担保费率，严控抽贷断贷压贷，弱化反担保条件，压降或减免担保费，减轻市场主体资金周转压力。至年末，新北区、江苏常州高新信用融资担保有限公司和区内银行合作的“园区保”普惠金融产品累计发生额35.87亿元，支持企业户数387户，在保余额9.55亿元，在保户数250户。担保规模、放大倍数等指标在全省市、县政府性融资担保机构排名中均位列第一。另有小贷公司5家、融资性担保机构5家、融资租赁公司4家。辖区担保机构、小贷公司申报省、市各类奖励资金1549.56万元，支持地方经济发展。

【龙城金谷（北区）建设】 2022年，常州国家高新区（新北区）从体制机制、运作模式、职责分工、服务运营等多维度保障龙城金谷北区发展。建立龙城金谷（北区）建设发展领导工作小组及办公室，设立龙城金谷（北区）服务中心；11月1日，与常州市晋陵投资集团有限公司签订战略合作协议，强化优势互补和资源整合，共建基金集聚新高地。年内，新入驻各类机构152家、认缴注册资本159.41亿元。至年末，累计入驻各类机构253家、认缴注册资本428.25亿元。

（奚晗悦）

企业上市

【概况】 2022年，常州国家高新区（新北区）按照“企业主动、政府推动、上下联动”要求，优化金融生态环境，打造资本市场有影响力的“常高新板块”。推进企业上市，年内新增上市公司2家。加快后备上市企业培育，新增省证监局辅导企业5家。直接融资再创新高，金融服务体系持续完善，区政府下发《2022年股改上市金融助企攻坚行动方案》，分解落实目标任务，年度走访调研企业120家次，组织开展股改、知识产权、公积金等各类专场培训10场，协调解决企业上市推进中各类问题40余个。年内，常州国家高新区（新北区）新增常州聚和新材料股份有限公司、特瑞斯能源装备股份有限公司2家上市公司，累计有境内外上市企业18家；新增首次公开募股（IPO）申报企业7家，为诚瑞光学（常州）股份有限公司、江苏天元智能装备股份有限公司、瑞泰环保装备有限公司、特瑞斯能源装备股份有限公司、江苏飞宇医药科技股份有限公司、永祺（中国）车业股份有限公司、江苏齐晖医药科技股份有限公司；新增新三板创新层企业7家，为常州化龙网络科技股份有限公司、常州瑞华化工工程技术股份有限公司、常州汉森机械有限公司、江苏常荣电器股份有限公司、莱赛激光科技股份有限公司、常州贺斯特科技股份有限公司、常州创盛智能装备股份有限公司；创新层企业11家，资本市场直接融资额108.29亿元，其中上市公司直接融资107亿元、新三板企业定向增发合计融资1.29亿元。

【上市后备企业培育】 2022年，常州国家高新区（新北区）加快上市后备企业培育，结合年度目标任务和梯队培育实际，分解下达各园区、镇（街道）股改上市年度目标任务。深化服务培训，组织开展走进上海证券交易所活动，邀请深圳证券交易所、北京证券交易所专家到区调研；区经发局走访调研企业120家次，组织开展股改、知识产权、公积金等专场培训10场，约1000人次参与。新增江苏齐晖医药科技股份有限公司、莱赛激光科技股份有限公司、永祺（中国）车业股份有限公司、江苏常荣电器股份有限公司、常州通宝光电股份有限公司5家中国证券监督管理委员会江苏监管局辅导企业。至年末，辅导企业8家，另有1家企业完成辅导验收。9家企业中，拟登陆北京证券交易所5家、创业板3家、科创板1家。在2022年度全市“双百行动计划”（培育100家左右龙头骨干企业，实施100项左右重点技改项目）中，全区有上市后备企业114家，比上年增长44%。

【2家企业上市】 2022年，常州国家高新区（新北区）新增上市公司2家，常州聚和材料股份有限公司与特瑞斯能源装备股份有限公司分别登陆上交所科创板和北交所。

常州聚和新材料股份有限公司于12月9日在上交所科创板上市，股票简称聚和材料，股票代码688503。公开发行股票2800万股，发行价格110元/股，募集资金超30亿元，刷新常州企业科创板首发募资纪录，募集资金用于年产3000吨导电银浆建设项目一期、常州工程技术中心升级建设项目及补充流动资金。常州聚和新材料股份有限公司成立于2015年8月，专注于光伏导电银浆、5G滤波器银浆、元器件浆料及半导体浆料的研发、生产和销售，是苏南国家自主创新示范区潜在独角兽企业、瞪羚企业，国家级专精特新“小巨人”企业。2021年光伏正面银浆产品市场占有率达全球第一，打破境外厂商在该领域的垄断地位。公司建有江苏省电子材料（银浆）工程技术研究中心，与中国科学院苏州纳米技术与纳米仿生研究所合作共建导电纳米材料联合实验室，并参与制定SEMI发布的晶体硅太阳电池N型层接触用银浆技术规范。

特瑞斯能源装备股份有限公司于12月13日在北交所上市，股票简称“特瑞斯”，股票代码834014。公开发行股票2415万股，发行价格16.18元/股，募集资金约4亿元，主要用于天然气输配及应用装备产能建设和研发中心建设项目等。特瑞斯能源装备股份有限公司成立于1997年，是国家级专精特新“小巨人”企业，主要从事燃气输配设备及燃气应用设备的研发、生产和销售，主要产品为标准燃气调压集成设备、非标撬装燃气集成系统、燃气调压核心部件及相关配套产品。公司累计获专利98项，其中发明专利14项，并参与编制国家标准和行业标准11项。公司主要客户类型为国家级管网集团、三大油气供应商、跨区域燃气集团及区域性燃气公司。

（张亦弛）

债务融资

【上市企业直接融资】 2022年，常州国家高新区（新北区）上市企业直接融资再创新高，上市公司直接融资额107亿元，其中首发融资34.7亿元、再融资72.3亿元。常州聚和新材料股份有限公司首发募资30.8亿元、特瑞斯能源装备股份有限公司首发募资3.9亿元、天合光能股份有限公司可转债转股47.3亿元、中简科技股份有限公司定向增发20亿元、常州银河世纪微电子股份有限公司可转债5亿元。2家上市公司发布再融资公告，募集资金93.15亿元。其中，天合光能股份有限公司88.65亿元可转债获上交所科创板审核通过后提交证监会注册，江苏宏微科技股份有限公司4.5亿元可转债申报获上交所受理。常州同泰生物药业科技股份有限公司、江苏常荣电器股份有限公司、常州化龙网络科技股份有限公司等4家新三板企业完成定向增发，合计融资1.29亿元。协调常高新集团等单位、部门，推动科创基金为企助力，累计为江苏天合储能有限公司、诚瑞光学(常州)股份有限公司、常州优谷新能源科技股份有限公司、常州欣战江特种纤维有限公司、江苏容大减震科技股份有限公司等7家企业开展资本赋能，总金额6.7亿元。

【安泰复材完成5亿元A+轮融资】 7月，常州启赋安泰复合材料科技有限公司（简称“安泰复材”）完成5亿元A+轮融资。安泰复材成立于2017年，发起股东包括安泰科技股份有限公司、国家先进制造业基金、中关村母基金、

常州启赋安泰复合材料科技有限公司研制的无人运输机机翼

（区委宣传统战部　供图）

中国钢研大慧九鼎、常州市政府投资基金、常高新集团等，注册资本10亿元。安泰复材于2018年全资收购德国COTESA GmbH公司（空客波音复材供应商）和德国EC公司（欧美超豪车复材部件供应商），至2022年年末，拥有基地3个（德国Mittweida基地、德国Mochau基地、常州工厂）、中心2个（欧洲研发中心、中德联合工程技术中心）。核心业务是航空级碳纤维复合材料结构件，业务覆盖航空航天、轨道交通、新能源汽车等领域。

（张亦弛）

【2支QFLP基金落地】 2022年，常高新集团下属常高新金隆控股（集团）有限公司（简称常金控）联合区相关部门，创新境内外投融资方式。8月10日，常州新程创业投资合伙企业（有限合伙）完成登记注册并落户区内，成为全市首支QFLP基金（QFLP基金指境外投资者通过资格审批和外汇资金的监管，将境外资本兑换为人民币资金，投资于境内股权投资基金）。该基金总规模5000万美元，重点将投向新一代信息技术产业、高端装备制造产业和其他科技及互联网等领域，是常州市在2021年年末发布QFLP试点文件后的首次尝试。

12月1日，经常金控与市、区两级部门对接，德同（上海）私募基金管理股份有限公司与香港企业AMC Advanced Mem Chip Limited共同设立江苏常州市德瑞创业投资合伙企业（有限合伙），常高新集团第二支QFLP基金落地。该基金注册规模5010万美元，主要投资于普通合伙人德同（上海）私募基金管理股份有限公司，通过基金管理人管理主基金，投向先进制造、医疗健康、新一代信息技术等领域。

（陈　升）

银行业

【概况】 2022年，常州国家高新区（新北区）银行业金融机构贯彻落实稳健的货币政策，维持信贷规模合理适度增长，持续优化信贷结构，加大对实体经济、重点领域、薄弱环节信贷支持，为统筹全区经济高质量发展提供金融支撑。至年末，有银行24家，其中分行4家、支行20家；营业网点110个。全区银行业金融机构年末本外币各项存款余额1835.40亿元，比上年（下同）增长23.24%；本外币各项贷款余额1841.26亿元，增长18.45%；存贷比100.32%。银行业金融机构普惠金融重点领域贷款余额351.4亿元，普惠金融重点领域贷款余额占比14.75%；普惠型小微企业贷款余额321.38亿元，增长35.51%；普惠型农户生产经营性贷款余额15.63亿元，增长21.45%；新发放普惠型小微企业贷款平均利率4.22%，降低6.64%；小微企业信用贷款余额79.57亿元，增长34.66%；政府性融资担保业务余额96.13亿元，增长184.82%。

【金融服务】 2022年，常州国家高新区（新北区）财政分批下达2022年度江苏省普惠金融发展专项资金1284.74万元，采用费用补贴、风险补偿、引导奖励等形式，推动降低小微企业融资成本和门槛，支持优质企业上市挂牌，撬动金融资源更多流向普惠小微、乡村振兴、科技创新等领域，惠及全区29家企业。按照政府主导、市场运作、风险共担模式，与江苏常州高新信用融资担保有限公司、江南农村商业银行合作，在全市推出中小企业融资扶持基金，破解广大中小微企业“融资难”“融资贵”的难题，累计支持贷款金额17.78亿元、贷款570笔，支持中小企业239户。高创科贷的“周转贷”、再担保机构的“增额宝”等特色产品，成为全区经济高质量发展的引擎。

【华夏银行常州分行】 2022年年末，华夏银行股份有限公司常州分行（简称“华夏银行常州分行”）下辖分支机构14家，在职员工399人；实现一般性存款余额331.63亿元，较年初增长46.15亿元；实现贷款余额349.91亿元，较年初增长35.41亿元。年内，华夏银行常州分行加大先进制造业的金融支持力度，项目储备覆盖104个省市级重点产业项目、绿色项目和文旅项目。年末储备融资余额105.42亿元、制造业贷款余额38.81亿元、制造业中长期贷款余额15.22亿元、绿色信贷余额45.11亿元。被市政府评为常州市现代服务业五星企业，被中国人民银行常州市中心支行评为2022年度银行业金融机构支付结算工作A级单位、金融消费者权益保护工作A级单位

（吴悦雯）

【兴业银行常州分行】 2022年年末，兴业银行股份有限公司常州分行（简称“兴业银行常州分行”）有支行8家、社区支行9家，有从业人员318人；本外币各项存款（不含非存款类金融机构存款）余额397亿元、较年初增加72亿元，增长22%，市场份额2.59%、较年初提升0.16个百分点；本外币各项贷款余额394.44亿元、较年初增加79亿元、增长25%，市场份额2.85%、较年初提升0.17个百分点；普惠小微企业贷款余额11.64亿元，较年初新增3.31亿元，增幅40%；制造业贷款余额61.4亿元，占比24%，较年初新增24.9亿元，增幅68%。零售业务围绕“安愉人生”“寰宇人生”零售信贷以及多元化的个人产品，为客户提供全方位的资产配置和服务。

（兴业银行常州分行综合部）

【广发银行常州分行】 2022年年末，广发银行股份有限公司常州分行（简称“广发银行常州分行”）下辖支行3家，有从业人员98人；各项存款余额92.97亿元，较年初下降11.43亿元，降幅10.95%；各项贷款余额108.03亿元，较年初增长18.53亿元，增幅20.7%；制造业一般贷款余额12亿元，较年初增长2.4亿元，增幅25%，较各项贷款增幅高出5个百分点，对公制造业中长期贷款实现零的突破专精特新企业贷款余额6.71亿元，较年初增长2.11亿元，贷款户数9户。全年走访省、市重大项目客户21户，新增合作2户，新增业务申请2户。

（广发银行常州分行办公室）

【工商银行常州新区支行】 2022年年末，中国工商银行常州新区支行（简称“工行常州新区支行”）有下属网点13个、在职员工163人。2019—2022年分别实现利润6亿元、6.55亿元、6.38亿元、6.9亿元，投入基础建设类贷款5.19亿元、4.81亿元、3.87亿元、2.4亿元。2019—2022年个人住房贷款分别投放16.05亿元、20.81亿元、16.97亿元、8.92亿元；普惠客户净增302户，普惠型小微企业贷款净增7.19亿元；人民币存款新增12.09亿元。工行常州新区支行在持续发展E抵快贷、经营快贷等原有普惠产品基础上，加大个人房产抵押消费与经营组合贷款的推广力度，该产品最高融资1200万元，含经营用途1000万元、消费用途200万元，期限最长10年，线上循环，随借随还。至年末，工行常州新区支行发放个人房产抵押消费与经营组合贷款1.62亿元，余额1.35亿元，较年初新增1.31亿元；新增普惠客户101户，较年初新增99户。

（工行常州新区支行综合办）

【农业银行常州新北支行】 2022年年末，中国农业银行股份有限公司常州新北支行（简称“农行常州新北支行”）下辖网点17个，在职员工254人；各项存款余额256.9亿元，较年初增加30.8亿元；本外币各项贷款余额191.8亿元，较年初增加23.7亿元，其中外币贷款余额1.4亿美元；制造业贷款余额55.6亿元，较年初增加10.4亿元。年内，农行常州新北支行通过小微贷、常信贷、抵押e贷、微捷贷、苏科贷、苏农贷、苏信贷、苏服贷等普惠特色产品，满足不同类型企业的融资需求，为8户省级专精特新企业投放贷款1.8亿元，为52户规模以上企业投放贷款5亿元；创新提供链捷、票据e融、应收e贷等供应链融资产品。至年末，普惠贷款余额31.9亿元，较年初增加6.3亿元，其中小微企业贷款余额17.4亿元，较年初增加4.3亿元；链捷贷用信余额超3亿元。

（农行常州新北支行）

【中国银行常州新北支行】 2022年年末，中国银行股份有限公司常州新北支行（简称“中国银行常州新北支行”）下设经营性支行12家，在职员工174人；各项存款余额167.64亿元，本外币各项贷款余额166.95亿元，国际贸易结算量37.18亿美元，市场份额10.34%。年内，对接2021—2022年度区重点项目135户，获得授信批复客户36个，金额105.22亿元。其中，新增大公司制造业批复18户，新增批复金额29.28亿元。构建特色化的普惠金融产品体系，开发中银知贷通、苏科贷、高企贷、创新贷、小微贷等系列产品。针对数字金融推出线上中银企E贷——信用贷、银税贷、抵押贷、E抵贷等产品。围绕外贸企业推出外贸贷、苏贸贷等产品满足出口企业需求。推进“接力通宝”业务，解决企业转贷难的问题；为服务天合光能上游供应商中的小微企业，推出线上“融易信”业务。全年，新北支行普惠金融新增6.78亿元，授信余额21.52亿元。至年末，制造业贷款余额29.25亿元，较年初新增7.11亿元，其中制造业中长期贷款余额11.88亿元，较年初新增3.99亿元；服务小微企业客户及个体工商户1150户，较年初新增275户。

（中国银行新北支行办公室）

【建设银行常州新北支行】 2022年年末，中国建设银行股份有限公司常州新北支行（简称“建行常州新北支行”）下设营业网点19个，在职员工220人；各项贷款余额220.69亿元，较年初增加39.39亿元，其中公司类、个人类贷款余额分别为127.53亿元、93.16亿元，较年初分别增加33.64亿元、5.76亿元；一般性存款余额227.4亿元，较年初增加41.28亿元，其中企业、个人存款余额分别为95.67亿元、131.73亿元，较年初分别增加18.94亿元、22.35亿元。年内，建行常州新北支行服务实体经济，新增国有企业和平台类企业融资额度85.6亿元，投放融资金额25.37亿元。向区内大中型制造业项目或企业新增授信额度合计22.41亿元，年末制造业贷款余额52亿元，较上年末增长13.11亿元。储备省、市、区重大项目20余个，涉及金额78亿元。创新普惠金融产品，在原有信用快贷、抵押快贷、苏才贷、苏知贷、云知贷、善新贷等产品基础上，推出小微贷、创新贷、代发收单善营贷等创新产品。全年建行常州新北支行普惠非贴贷款净新增6.24亿元，信贷客户净新增615户。

（蒋逸锋）

【交通银行常州新区支行】 2022年年末，交通银行股份有限公司常州新区支行（简称“交通银行常州新区支行”）下属营业网点4个，在职员工59人；实现本外币总存款余额81.64亿元，较年初增加13.33亿元；各项贷款余额72.50亿元，较年初增加6.39亿元；实现国际结算量8.69亿美元，较年初增加0.37亿美元。全年向制造业发放贷款17.65亿元，增加4.45亿元。年内，交通银行常州新区支行服务乡村振兴，创新农户贷项目，向184户农户投放贷款6281万元；支持绿色制造业，给予光伏龙头企业80亿元预授信；发挥交银全牌照优势，为企业引进战略投资10亿元，降低企业债务负担；加强场景金融建设，e商通和灵活就业人员缴费系统落地，提升“交银e办事”的品牌影响力；推进医疗生态圈建设，上线交行惠民就医系统；完善教育场景生态，与教育培训机构资对接交行资金监管系统，提供全渠道缴费支付方式，实现资金沉淀和个人金融客户的拓展。

（欧阳春）

【中信银行常州新北支行】 2022年年末，中信银行股份有限公司常州新北支行（简称“中信银行常州新北支行”）下设营业网点1个，在职员工19人；各项存款余额70.28亿元，较年初增加14.76亿元，其中个人储蓄存款余额15.51亿元、较年初增加1.94亿元；各项贷款余额99.81亿元（含票据融资），较年初增加35.3亿元，其中普惠金融贷款9.14亿元、较年初增加2.91亿元。年内，中信银行常州新北支行针对专精特新企业推出科创E贷，针对投保出口信用保险的出口小微企业量身打造出口E贷，2款产品均实现全线上化审批和放款、随借随还，降低企业各项成本；全年发放普惠贷款4.58亿元，惠及中小微企业62家，至年末普惠金融贷款余额9.14亿元，较年初增长46.71%。发挥集团协同优势，为企业提供全生命周期的金融服务。与中信建投证券股份有限公司参与常州市首家上市的半导体制造企业常州银河世纪微电子股份有限公司可转债配资业务。为区内重点光伏企业争取15亿元的可转债业务，满足企业及股东全方位的投融资需求。全年非金融企业债务融资工具承销规模超93亿元，其中为区内国有企业承销发行非公开定向债务融资工具12亿元。

（中信银行常州新北支行）

【招商银行常州新北支行】 2022年年末，招商银行股份有限公司常州新北支行（简称“招商银行常州新北支行”）下设营业部1个，在职员工27人；存款余额36.78亿元，贷款余额18.36亿元，不良率控制在全市平均数以下。年内，聚焦光伏、新能源汽车、新材料行业，对于有需求的企业，给予快速授信审批通道。运用金融科技，通过大数据筛选出上市、拟上市、专精特新、PE/VC投资、独角兽，战略层及价值层名单，对名单内客户在授信、贷款利率等方面倾斜支持。推广普惠金融双主体贷款产品，以住宅房为担保物，以经营实体公司为借款人，快速审批，从资料齐全到放款仅一周时间，利率约为中国人民银行贷款基准利率，利息费用可抵扣企业财务成本，年内新增贷款企业27户，金额7376万元。支持制造业发展，年末制造业贷款余额5.16亿元，制造业贷款占比28.1%，公司贷款中制造业贷款占比47.75%；新增首贷户39户，其中对小微企业贷款余额增加2.28亿元。利用招商银行金融科技力量，以供应链融资方式降低企业财务成本，发放此类融资约2亿元，至年末余额较年初增加1.54亿元。为配合企业“智改数转”升级，为20余家企业开通薪福通4.0服务，为2家企业上线跨银行现金管理系统CBS8，免费提供人、财、事等方面的数字化服务平台，为企业节省数字化转型开支1000余万元。

（王伟平）

【华夏银行常州新北支行】 2022年年末，华夏银行股份有限公司常州新北支行（简称“华夏银行常州新北支行”）下设营业部1个，在职员工20人。年内日均存款25.48亿元，年末各项存款余额29.88亿元。2022年，华夏银行常州新北支行完善和调整支行业务结构，推动各项业务全面发展，提升市场份额；推出小微贷业务，助力小微企业快速发展，为13户小微企业发放贷款5170万元。

（华夏银行常州新北支行）

【浦发银行常州新北支行】 2022年年末，上海浦东发展银行股份有限公司常州新北支行（简称“浦发银行常州新北支行”）下设营业部1个，有员工15人；本外币各项存款余额20.86亿元，较年初增加6.05亿元，其中对公、储蓄存款分别为17.36亿元、3.5亿元，日均分别增加4.58亿元、1.46亿元；本外币各项贷款余额38.19亿元，较年初增加3.85亿元，其中对公贷款26.67万元、零售贷款（含按揭）11.52万元。年内，浦发银行推出房抵快贷、小微企业在线融资产品、标准化科技金融贷款产品、成长贷等普惠金融产品，助力小微企业快速发展。

（浦发银行常州新北支行）

【兴业银行常州新北支行】 2022年年末，兴业银行股份有限公司常州新北支行（简称“兴业银行常州新北支行”）通过金融产品创新、组合、运用，利用债务融资工具、投行非标、公司债以及快易贷、快押贷、E票贷等线上融资产品解决中小企业融资问题，为中小企业提供多渠道的金融服务方案，帮助企业实现收益。与江苏常州高新信用融资担保有限公司常州市恒泰融资担保有限公司开展业务合作，为中小企业解决融资担保问题；与江苏省信用再担保集团有限公司签署小微贷合作协议；与区政府开展业务合作，签署相关合作协议，成为园区保、科技积分贷合作银行之一。年末，兴业银行常州新北支行本外币各项贷款余额41.04亿元，较年初下降1.53亿元，其中对公贷款、零售信贷余额分别为23.96亿元、17.08亿元，分别下降0.72亿元、0.81亿元；本外币各项存款余额37.72亿元，较年初新增12.04亿元，其中对公、个人存款余额分别为24.77亿元、12.95亿元，分别新增10.31亿元、1.73亿元。

（兴业银行常州新北支行）

【民生银行常州新北支行】 2022年年末，民生银行常州新北支行下辖社区支行3家，有员工31人；各项存款余额50.82亿元，其中储蓄存款7.58亿元、公司存款43.24亿元；贷款余额38.43亿元，其中个人贷款11.76亿元。年内，民生银行常州新北支行聚力普惠金融战略，打造有温度的普惠金融融资产品，推出民生小微抵押贷款、民生高抵贷、民生星火贷、民生微贷及民生云快贷等产品，助力小微企业成长。

（民生银行常州新北支行）

【光大银行常州新北支行】 2022年年末，中国光大银行股份有限公司常州新北支行（简称“光大银行常州新北支行”）下设经营网点2个，有员工20人；本外币各项存款余额25.6亿元，较年初减少4.35亿元；表内外贷款余额58.75亿元，较年初减少6.85亿元；个人九项资产余额13.54亿元，较年初增加0.23亿元。年内，光大银行常州新北支行增强金融支持实体力度，为北汽重型汽车有限公司、新苏环保产业集团有限公司、常州市常蒸蒸发器有限公司等制造型企业新增授信。年末，制造业贷款余额10.16亿元，较年初增加4.62亿元，增幅83.39%；普惠金融重点领域贷款余额1.82亿元，较年初增加1.33亿元，增幅271.43%。

（光大银行常州新北支行）

【南京银行常州新北支行】 2022年年末，南京银行股份有限公司常州新北支行（简称“南京银行常州新北支行”）各项存款余额超36亿元，其中储蓄存款余额8.1亿元；金融资产余额16亿元；零售客户1.72万户，其中“私钻”客户133户。年内，作为南京银行在常州唯一一家科技支行，为辖区小微企业投放金额6.06亿元，为全区154家企业、政府融资平台提供超90亿元的融资服务，被评为常州市放心消费创建先进单位；为区域内融资平台发行直融业务12笔29亿元，成功注册直融业务50亿元，其中注册的20亿元绿色中票业务属于市首单创新业务。

（王雅洁）

【江苏银行常州新北支行】 2022年年末，江苏银行股份有限公司常州新北支行（简称“江苏银行常州新北支行”）下属网点4个，在职员工83人；各项存款88.68亿元，比年初增加14.71亿元；贷款余额110.1亿元，较年初增加22.51亿元；普惠实贷余额13.5亿元，较年初净增3.72亿元，其中普惠科创类贷款4.5亿元，较年初新增1.6亿元，高质量科创企业客户净新增18户。涉农贷款余额5.7亿元，较年初新增0.4亿元，新型农业主体客户新增20户。年内，江苏银行常州新北支行被评为总行普惠金融示范支行和“1020”计划之普惠标杆支行。

（蒋　炜）

【苏州银行常州新北支行】 2022年年末，苏州银行股份有限公司常州新北支行（简称“苏州银行常州新北支行”）深化与政府合作，针对辖区内企业特征投放成长贷、快抵贷、增额保等普惠金融产品，助力中小实体企业发展。年末，苏州银行常州新北支行对公贷款余额30.17亿元，各项存款余额19.49亿元；投放普惠小微企业贷款余1.74亿元，较年初增长0.34亿元。

（苏州银行常州新北支行）

【江南农村商业银行常州市新北支行】 2022年年末，江苏江南农村商业银行股份有限公司常州市新北支行（简称“江南银行常州新北支行”）下设各级营业网点24个，各项存款余额397.04亿元，各项贷款余额355.61亿元；阳光贷余额超9亿元，普惠面超3.8万人。年内，江南银行常州新北支行业务规模、市场份额和服务“三农”、支持中小企业等方面均居全区金融机构前列。与市总工会联合发行工会卡，面向全市新市民发行常新卡。全面承接区内原新型农村合作医疗人群社保卡50万张，开展第三代社保卡的换发卡及每年居民的社保缴费。实施智慧医疗项目，在辖区公立医院布放集自助挂号、缴费、打印化验单和发票功能于一体的多功能自助机。迭代升级阳光信贷，把金融管道铺进农村地区。创新发展“两链金融”，结合具体供应链、产业链金融场景，推出融E链产品，为核心企业生态圈内的上下游企业提供金融支持，走访生态圈链属企业1168户，链属企业用信7.2亿元。打造线上化本地生活场景服务平台，释放消费新动能，新增平台商户约2000

户。把金融资源优先配置到农村经济社会发展的民生领域和薄弱环节，实现全区57个行政村普惠金融服务站全覆盖，形成“便民+金融+网格”的普惠金融服务体系。

（褚雯诚）

【邮政储蓄银行常州新北区支行】 2022年年末，中国邮政储蓄银行常州市新北区支行（简称“邮储银行新北区支行”）下辖支行营业网点2个，员工约50人；各项贷款余额86.22亿元，较年初增16.79亿元，其中实体贷款余额75.4亿元，增加13.63亿元，增幅22.07%；各项自营存款余额19.88亿元，较年初增加2.57亿元。年内，邮储银行新北区支行发挥零售银行战略优势，持续加大普惠小微贷款支持力度。中小微企业普惠贷款（高质量口径）结余3.19亿元，较年初净增0.77亿元，普惠贷款（高质量口径）占比53.92%；中小微企业普惠口径贷款增速31.82%，普惠贷款结余83户，当年净增28户；个人经营性贷款结余10.15亿元，当年净增1.26亿元，增幅14.17%。支持产业转型升级、先进制造业等信贷投放，新增公司授信客户8户，公贷客户合计17户；公司信贷投放22笔，金额22.4亿元。向星耀城、环球港西城市更新等项目投放贷款超7.5亿元，向中国保利集团有限公司和中国海运（集团）总公司房地产重点项目投放超9亿元。对接行业龙头企业，量身打造授信方案，为天合光能股份有限公司、新苏环保产业集团有限公司、维尔利环保科技集团股份有限公司等行业龙头合计授信超35亿元，当年新增授信超20亿元，涵盖公司贷款、银行承兑汇票、信用证、供应链等融资方式。利用在线供应链产品为天合光能股份有限公司、新苏环保产业集团有限公司等核心企业“扩圈、稳链”，为区域中小企业供应商融资、降本。

（邮储银行常州新北区支行办公室）

【无锡农村商业银行常州新北支行】 2022年年末，无锡农村商业银行常州新北支行（简称“无锡农商行新北支行”）下设营业部1个，有员工14人；存款余额10亿元，贷款余额21亿元。年内，无锡农商行新北支行主动对接制造业，配置专门奖励基金尤其是中长期制造业贷款鼓励制造业。启动对优质制造业客户优先政策，在前期支持措施的基础上，精准施策，落实业务营销推动措施，为制造业客户提供综合金融服务。加大小微企业帮扶金融服务，开展个人类微易贷产品，满足小微企业便捷高效的融资需求。

（陈　球）

保险业

【紫金保险常州中支公司】 2022年年末，紫金财产保险股份有限公司常州中心支公司（简称“紫金保险常州中支公司”）下设支公司5家、营销服务部4个，有专业保险从业人员150余人。年内，完成保费收入1.82亿元，其中车险收入8545万元、财产险收入5306万元、人身意外伤害险和健康险收入2100万元、农业保险收入2306万元。首创受托管理江苏省道路交通事故社会救助基金，为997起案件垫付金额4338.4万元。自常州市道路救助基金实施后至2022年，累计垫付案件6084件，垫付金额2.13亿元。加快业务拓展，开办农业保险、贷款保证保险、家庭财产综合保险、企业财产保险、燃气责任保险、诉讼财产保全责任保险、安全生产责任保险等建设工程保险，并实施快结快付，提升客户满意度。

（紫金财险办公室）

【中国人民财产保险股份有限公司常州市新北支公司】 中国人民财产保险股份有限公司常州市新北支公司（简称“人保常州新北支公司”）主要经营机动车辆保险、财产险、工程险、船舶货运险、责任信用险、意外健康险、高效特色农业保险、科技型企业贷款保证保险等业务，为常高新集团有限公司、龙城产业投资控股集团有限公司、天合光能股份有限公司、黑牡丹（集团）股份有限公司、新阳科技集团有限公司、常州吉恩药业有限公司、中简科技股份有限公司、常州比亚迪汽车有限公司等区域内龙头企业提供全方位的保险服务。2022年，下设部门6个、营业部3个，有职工108人；保费收入2.97亿元，较上年增长12.42%；受理报案22.09万件，结赔案件21.77万笔，付赔款1.49亿元，非大案结案率100%，另有6558万元未付赔款，赔付率72.4%。作为新北区农业保险项目首席承保人组建专业团队服务“三农”，开办农业商业性产品12个，年内新增2个。深耕民生保险，自2015年起，人保常州新北支公司持续为全区万名低保和低保边缘户提供保险保障和服务。实施阳光扶贫，累计为1.2万余名困难群众和困难家庭提供大病补充保险保障，牵头落实辖区政府、医院、学校、大型国有企业集体资产等保险保障，为公共服务领域资产保障编织安全网。

（人保财险常州新北支公司）

【中国太平洋财产保险股份有限公司常州市新北支公司】 2022年年末，中国太平洋财产保险股份有限公司常州市新北支公司（简称“太保新北支公司”）实现保费收入2.4亿元，其中车险保费收入1.93亿元、非车险保费收入4697万元；车险综合成本率91.14%，非车险综合成本率 82.87%，全险种综合成本率 89.61%，实现利润 2207.56 万元。参与乡村振兴、健康养老、科技融资、交通一体化建设的服务项目。7 月，在新北区 2022—2025 年度政策性农业保险遴选工作中中标，推出家庭农场种植业综合保险、苗木保险等业务；在 4 个重点乡镇签署农业保险协保员，设立三农服务站和农业保险便民服务中心，发展现代化农业保险。携手国际 SOS 救援中心，为公司的优质目标个人客户提供 24 小时电话医生、国际医疗援助、国际旅行救援、国内医疗救援等越洋关怀系列咨询服务。

（太保新北办）

【中国人寿财产保险股份有限公司常州市新北支公司】 中国人寿财产保险股份有限公司常州市新北支公司（简称“中国人寿财险新北支公司”）位于新北区通江北路金田雅居 110 号。2022 年，中国人寿财险新北支公司实现保费收入 3048 万元，为个人和企业提供风险保障 297.36 亿元，赔款 2086 万元。

（中国人寿财险新北支公司）

证券业

【华泰证券常州太湖东路营业部】 2022 年，华泰证券有限公司常州太湖东路证券营业部（简称“华泰证券太湖东路营业”）新增客户 2000 余人，实现营业总收入 2100 万元，客户总资产突破 40 亿元，市场交易份额占比稳步提升。围绕数字化赋能和资产配置服务能力提升，建立专业度高、执行力强的投资顾问队伍，并通过金融科技，持续赋能投资顾问服务。坚持“走出去，引进来”发展战略，深耕本地企业资源，实现与企业对接服务。全年拜访企业现场 115 家次，联合华泰总部投行部门共同走访企业超 30 次，为企业提供更全面更适配的全业务链服务。

（严　耀）

【中信证券常州高新科技园证券营业部】 2022 年，中信证券股份有限公司常州高新科技园证券营业部客户数量 1.1 万户，客户资产突破 53 亿元，交易总量超 100 亿元，实缴税金 190 万元。公司主要业务是为常州地区的投资者提供专业、全面的综合性财富增值服务和企业股份制改造、上市资本运作等提供整体的投融资服务。年内，营业部牵头投行业务团队签约江苏宏微科技股份有限公司，拟发行可转债融资 4.5 亿元。中信总部为常州滨江经济开发区投资发展集团发行私募公司债 10 亿元，营业部组团参与常高新集团发行私募公司债，拟发行 40 亿元。营业部继续协助中信总部投行服务辖区 2 家拟上市公司，常州长青科技股份已报深交所主板预披露，常州恐龙园股份完成上市前期辅导工作。

（陶咏凌）

其他非银行金融机构

【概况】 2022 年，常州国家高新区（新北区）有典当法人机构 4 家，分别为江苏恒联典当有限公司、常州天禄典当行有限公司、常州诚明典当有限公司、常州汇丰典当有限公司，注册资本总和 9920 万元。典当总额 46182.1 万元，比上年（下同）增长 17.05%；典当余额 7991.7 万元，增长 2.14%；营业收入 498.9 万元，增长 22.78%。全区正常经营的融资租赁公司 4 家，为顺泰融资租赁股份有限公司、常州信辉融资租赁有限公司、江苏遍球融资租赁有限公司、常州市永鑫融资租赁有限公司，注册资本总和 18.94 亿元；融资租赁资产总额 55.19 亿元，增长 25.2%；营业收入 44208 万元，增长 21.4%。

【典当公司】 江苏恒联典当有限公司于 2012 年 5 月成立，注册资本 4000 万元，业务以动产和财产权利为主。常州天禄典当行有限公司于 2010 年 5 月成立，注册资本 2200 万元，业务主要是动产。常州诚明典当有限公司于 2013 年 5 月成立，注册资本 3220 万元，业务主要是财产权利。常州汇丰典当有限公司于 2003 年 8 月成立，注册资本 500 万元，业务以动产和房地产为主。

【融资租赁公司】 顺泰融资租赁股份有限公司，2012 年 4 月成立，注册资本 116020 万元，主营售后回租和直接租赁。常州信辉融资租赁有限公司，2013 年 9 月成立，主营售后回租和直接租赁。江苏遍球融资租赁有限公司，2015 年 10 月成立，主营售后回租业务。常州市永鑫融资租赁有限公司于 2013 年 5 月成立，主营租赁咨询业务。

（全留藏）

建筑业

综　述

【产业规模与效益】2022年，常州国家高新区（新北区）完成建筑业总产值183.94亿元。发包工程项目453个标段，建筑面积442.4万平方米，合同价125.42亿元。其中，招投标项目130个标段，建筑面积81.11万平方米，中标价46.93亿元。受监建筑工程239个，建筑面积584.34万平方米；竣工工程270个，竣工面积609.81万平方米。至年末，全区有建筑企业473家，企业资质906项。其中，施工总承包资质220项，专业承包资质566项，施工劳务资质120项。年内，常州市圩塘建筑工程有限公司晋升建筑工程施工总承包一级资质。强化施工安全和工程质量管理，全区建设行业获2022年常州市优质结构33项、2021年度常州市优质工程奖金龙杯13项、2021年度江苏省优质工程奖扬子杯5项、2022年常州市建筑工程市级标准化示范工地87个、江苏省建筑施工标准化星级工地26个，江苏建设控股集团有限公司承建的孟河镇兴镇中路以南、239省道以西地块项目（17号、商业区地下车库）获中国建筑工程装饰奖。

常州国家高新区（新北区）获评2021年度江苏省优质工程奖扬子杯奖项目一览表

表44

序号	工程名称	申报单位	参建单位	监理单位	项目性质
1	科技转化楼	常州第一建筑集团有限公司	常州中泰装饰工程有限公司	江苏嘉越工程项目管理有限公司	房建工程
2	常州工学院产教融合发展项目B4-2	江苏溧阳城建集团有限公司	常州中泰装饰工程有限公司、江苏后肖幕墙装饰有限公司	江苏嘉越工程项目管理有限公司	房建工程
3	实训楼01	龙海建设集团有限公司	—	江苏嘉越工程项目管理有限公司	房建工程
4	新龙生态林二期工程项目景观绿化工程一标段	常州龙城生态建设集团有限公司	江苏金世纪环境建设有限公司	江苏嘉越工程项目管理有限公司	园林工程
5	太湖东路南侧、惠民路西侧地块装饰工程施工标段、异地交流人员周转房建设工程——幕墙工程	常州市华隆建筑装饰工程有限公司、常州黎明玻璃幕墙工程有限公司	—	江苏阳湖建设项目管理有限公司	装饰

【建筑业高质量发展】2022年，常州国家高新区（新北区）出台《促进新北区建筑业高质量发展三年行动计划的实施意见》，围绕加大政策扶持、促进市场拓展、激励创新创优、优化发展环境四个方面，明确目标任务、工作措施和组织保障，实施“建筑强企”培育行动，重点支持龙头企业加快发展，提高建筑业产值和税收贡献率。推进智慧工地信息化建设，完成智慧工地创建49个；推动建筑工程品质提升，建立培优、创优项目库，召开现场观摩学习活动，引导各建筑企业学先进、创先进，全年获金龙杯奖项13项，高铁新城板块开展绿色建造试点，

6 月 22 日，领航大厦工地开展区属国企安全生产工作现场督查

（区财政局 供图）

领航大厦被选为全省质量安全云观摩项目。12 月 8 日，常州国家高新区（新北区）召开全区建筑业高质量发展工作座谈会，区经发局、财政局、住建局、商务局、税务局等部门和滨开区、各镇（街道）主要负责人，以及区内 20 家重点企业的负责人参加座谈会。

（李 佳 姚 佳）

【重点项目建设服务】 2022 年，常州国家高新区（新北区）加快推进重点（重大）项目建设，实行重点（重大）项目绿色通道制度、“容缺办 + 承诺制”服务制度，优化办理流程，缩短办理时间。推进建设工程合同信息要素归集，实现建筑市场监管信息共享应用。持续推进工程总承包招标模式，重大项目保障开工手续 29 个，涉及建筑面积 111.42 万平方米。跟踪服务重大项目，办理完成 16 个重大项目“拿地即开工”预审流转，开展项目竣工前指导。通过组织重点项目现场服务，推进多图联审、联合验收工作，提高重大项目的建设效率。

（杨 凯 高 军）

建筑行业管理

【招投标管理】 2022 年，常州国家高新区（新北区）出台《关于进一步加强全区建设工程招标投标管理工作的通知》，规范招标投标活动。常州市建设工程交易系统 7.0 正式上线，70 个标段均采用“不见面”开标，全区建设工程交易项目“不见面”开标率 100%。持续推行全流程电子化电子投标保函，对常州市建筑业企业信用考核中排名靠前的投标企业减免投标保证金，减少投标企业流动资金占用成本。举办招投标专场培训会，召开区建设工程招标投标监管工作会，规范各项目建设单位招投标活动，夯实招标人主体责任。针对常州技师学院，常州工学院二期（I），晋陵北路以东、太湖东路以南地块和常州越新传动系统有限公司等项目，推行工程总承包和评定分离招标模式，预防围标串标，实现全程公开、公平、公正。

（姚 佳）

【建筑施工安全管理】 2022 年，常州国家高新区（新北区）下发《进一步加强新北区建筑施工高处作业安全管理的通知》和《小型建设工程高处作业安全工作指引》，制定钢结构、施工临时用房消防安全、施工现场电动车辆安全管理等监督指导意见，常态化落实危大工程监管制度，增设抽查频次，落实专家验收制度，完成季度安全生产大检查 4 次，专项检查 5 次。开展安全生产执法检查，检查企业 2350 家次，排查隐患 6520 处，全部完成整改；严查安全生产文明施工，立案查处 33 起，罚款 62.6 万元。对建筑施工安全生产立案查处 17 起，比上年增加 183%，对 15 家企业扣除信用分。组织开展“百团进百万企业千万员工”活动，开展各类安全应急演练 38 场、安全培训 11 场。开展建筑行业执法检查 759 次，开具整改意见书 560 份。

（赵 欣）

【建筑业市场管理和信用建设】 2022 年，区住建局加强建筑业企业信用信息管理，为 115 家区内建筑业企业办理市级年度建筑业企业信用手册。根据市住建局统一部署，组织开展全区建筑市场综合大检查 2 次，为建筑业企业主体信用分采集提供依据。组织开展全区 2022 年建筑工程市场行为专项检查，集中整治建设领域拖欠农民工工资问题。

（董 鑫）

【建设工程质量安全综合监管试点】 2022 年，常州国家高新区（新北区）深化建设工程质量安全综合监管试点工作。5 月，印发《新北区建设工程质量安全综合监管试点工作方案》，并选择百馨西苑五期、百馨西苑六期、恐龙人公共安全实训馆装修改造、月星国际家居广场三期四期、工具商贸街、常州威群车辆配件有限公司 6 个综合监管项目为首批试点项目，项目有公建、住宅、厂房和装修改造，包括日常监督工作中可能遇到的所有类型。至年末，首批综合监管项目陆续完工并交付，总体评价居前。其中，恐龙人公共安全实训馆投入运行，百馨西苑五期住户收房工作平稳有序。综合监管课题研究《综合监管检查用语标准》和《综合监管监督档案》完成编制。

（李　佳）

【消防设计审查验收】 2022年，常州国家高新区（新北区）推进建设工程消防设计审查和验收工作。全年办理特殊建设工程消防设计审查56件、特殊建设工程消防验收70件、建设工程消防验收备案抽查168件（含抽中项目）。开展易燃易爆项目消防技术专家评审（咨询）17场、涉及甲类生产车间建设项目10个，建筑面积3.72万平方米；涉及甲、乙类仓库建设项目11个，建筑面积5600余平方米；涉及甲、乙类化工装置及罐区6个，占地面积3600平方米。印发《新北区建设工程消防设计审查验收管理暂行规定》，规范消防审验的基本程序、验收标准，并对工作中遇到的部分既有建筑装修改造的难点问题提出处理方案。加大对建设工程消防设计审查、验收违法行为的执法力度，年内，行政处罚3起，罚款11.2万元。

（赵　欣　王坚志）

【安全监管机构设置调整】 2022年，区住建局向区机构编制委员会申请调整部分机构设置和职能配置，单独设置安全生产监督管理处挂建设工程消防管理处牌子，并取得常编办〔2022〕57号、常新编〔2022〕26号批复文件。区住建局调整安全生产工作领导小组成员，设置安全生产监督管理处，设处长1人，工作人员4人（派驻行政审批局消防窗口1人），联系城镇燃气及地下管网安全生产专业委员会、综合交通运输安全生产专业委员会和建筑施工安全生产专业委员会，牵头全局安全生产工作监理。

（赵　欣）

重点建筑企业选介

【江苏环亚医用科技集团股份有限公司】 江苏环亚医用科技集团股份有限公司位于武进区牛塘镇创新路88号(注册于新北区通江大道301号507室)，创建于1993年（2015年变更为现用名），注册资金11392.72万元，占地面积1.49公顷，有员工1000余人，其中国家注册一、二级造价师146人（国家一级注册造价师15人），拥有专利255项（其中发明专利39项），软件著作权167项，高新技术产品47项，软件产品56项，科技创新成果奖39项。集团旗下拥有全资子公司12家，业务涵盖智慧医疗、集成建设、平台服务三大板块，是覆盖医院建设全生命周期和全产业链的国家级高新技术企业和全国医建领域主力军。集团拥有建筑装修装饰工程专业承包一级资质、机电设备安装工程专业承包一级资质、建筑智能化工程专业承包一级资质、建筑幕墙工程设计与施工一体化一级资质、建筑装饰专项工程设计甲级资质等10余项工程建设类专业资质，是全国净化产业联盟主席、中国医疗建筑设计师联盟荣誉主席等10余个全国性行业协会主席、副主席单位，先后参与全国1500余家医院的建设。其中三甲医院超500家，有常州大剧院等5个项目获“鲁班奖”，有40余个项目获国家优质工程奖和全国建筑装饰工程奖。2022年，集团营业收入28.23亿元，完成税收6668万元。

【江苏天马万象建设集团有限公司】 江苏天马万象建设集团有限公司位于新北区天山路22号，成立于1994年6月，2003年10月更名，注册资金10080万元；占地面积2.62公顷；员工155人，有挖掘机、装载机、压路机、平地机、摊铺机等道路施工机械、水稳搅拌楼等各种工程机械。集团拥有市政公用工程施工总承包一级资质、装饰装修专业承包一级资质、房屋建筑工程、体育工程和园林等资质，承建的市政工程获市政优质示范工程和文明工地等称号10余项，承建的京沪

3月2日，江苏环亚医用科技集团股份有限公司建设施工现场

（区委宣传统战部 供图）

高铁站北区道路及排水工程、云河路及新七路道路工程、宝林禅寺市政工程获江苏省“扬子杯”奖。2022年公司市政中标额8.3亿元，营业收入2.58亿元，完成税收981万元。

【江苏后肖幕墙装饰有限公司】 江苏后肖幕墙装饰有限公司位于新北区河海西路400号，成立于1994年6月，2003年11月更名为江苏后肖幕墙装饰有限公司，注册资金6805万元。占地面积1.8公顷，在册员工118人。公司拥有建筑幕墙工程施工一级资质、建筑装饰装修工程施工一级资质、建筑幕墙专项设计甲级资质、建筑装修装饰专项设计乙级资质。先后创建新阳科技集团总部大厦项目、常州紫荆大厦项目、常州科技金融中心项目、常州月星环球商业中心项目、常州红星广场项目、常州工学院产教融合发展项目、常州英诺激光大厦项目、南通大学科技园项目、常州莱蒙都会A8项目、常州奔牛机场航站楼、常州报业传媒大厦、常州第四制药厂研发楼、常州创意产业基地二期项目、常州市德安医院迁建项目幕墙工程等国优工程奖项目及省优“扬子杯”项目。2022年，公司新建和续建项目25个，营业收入5.82亿元，完成税收1005.8万元。

【江苏河海新能源股份有限公司】 江苏河海新能源股份有限公司位于新北区秦岭路5号，成立于2000年，注册资金8346万元。企业占地面积666.66平方米，员工100余人。公司拥有建筑机电安装工程专业承包一级资质。2005年，公司被认定为省级高新技术企业。2009年，被评为江苏省民营科技企业，并获第十届中国土木工程詹天佑奖。2010年，自主研发的“可再生能源区域空调系统关键技术与产业化”课题获得国家火炬计划立项。2013年，公司城市浅表热能应用省级工程技术研究中心获批，与中国节能环保集团有限公司合作推进亚洲最大江水源热泵能源站项目；与中国华电集团有限公司合作投资建设具有标杆意义的中国博览会分布式能源项目。2014年，贵阳中天1#、2#站区域供能实现水源热泵在西南地区的推广，萍乡项目实现公司在江西地区零的突破，冷凝式热泵系统研发成功并在华威亚克项目投运。2015年，公司与常州工学院、界首中医院、顺德置业广场等单位签署电池兼容（EMC）协议，强化投资拉动作用。2022年，河南省焦作市孟州市新一中跨季节储能型热泵工程总承包（EPC）项目，设新型的跨季节储能地源热泵能源站1座，为孟州市新一中提供冬季取暖夏季供冷的需求；青岛即墨国际商贸城冷热电三联供项目，满足区域内的用冷、用热需求，同时所发电力在有条件的情况下可就近上网，满足区域内的用电需求，完成郓城县南湖新区公共服务提升工程水源热泵系统浅表水源智能高效冷热成套设备安装工程。公司营业收入2.81亿元，完成税收438万元。

【常州市通润建设工程有限公司】 常州市通润建设工程有限公司位于魏村街道安家振兴路1号，成立于2003年，注册资金21088万元，职工200人。公司配备塔吊、施工电梯、挖掘机、压路机等大中型施工机械设备。公司专业从事房屋建筑及市政工程施工，具有房屋建筑工程施工总承包一级资质、建筑装饰装修工程专业承包一级资质、市政公用工程施工总承包二级资质、消防设施工程专业承包二级资质。工程合格率100%，多项工程达省、市优质工程和省、市标准化工地。2022年，公司房建项目合同价10亿元，施工面积100万平方米；市政项目合同价6000万元。全年，公司营业收入4.42亿元，完成税收2000余万元，是常州市建筑、市政工程施工骨干企业之一。

（姚　佳）

房地产业

房地产开发经营

【商品房开发管理】 2022年，常州国家高新区（新北区）落实《关于进一步提升房地产开发建设与管理工作的实施意见》和正负面清单管理制度，化解雅居乐、碧桂园、蓝光、绿地等房地产项目交付矛盾，创新开展定向支付、封闭管理和应急响应三大工作机制，为项目建设和交付保驾护航。规范商品房开发管理，实施风险项目动态监管，确保房产市场平稳运行。落实“保交付，稳民生”工作。针对房地产建设资金不足问题，对存在交付风险的绿地名墩道和上坤云峯苑两个风险项目启动预售托管资金应急响应机制，定向拨付资金，保证项目正常建设。开展房地产领域信访矛盾排查，对有延期交付风险的项目早发现、早介入、早协调、早处置，围绕绿地、蓝光两个信访矛盾突出的项目，区成立由区住建局、市场监督管理局、公安新北分局、资规分局、新桥街道等单位和部门组成的工作专班，整体联动，调处化解交付矛盾，地产领域信访矛盾总体可控。至年末，完成壹号天禧、碧玥和鸣、印山风华、翡丽都会等商品房交付21批次，总建筑面积126.07万平方米。年内，完成住房保障、群租房管理、青年人才双资助、老旧小区改造、既有住宅加装电梯、党建引领物业、既有建筑安全排查整治、维修资金使用管理等年度目标任务。年内，阳光社区、新龙湖社区等8个绿色社区创建通过考核，绿色社区总体数量在全区城市社区占比63.6%。落实安全生产责任，开展既有建筑安全专项排查，出台《新北区自建房安全专项整治实施方案》，全区排查自建房137470幢，涉及面积2623.05万平方米，其中经营性自建房8472幢，涉及面积387.45万平方米。商品房维修资金使用管理在全市考评中位居第一。

（邵　平　金一敏　杨　凯）

8月，红色物业志愿者在中海锦珑湾布置党建基地　（区住建局 供图）

【商品房销售】 2022年，房地产行情延续2021年下半年的惨淡现状。下半年，在“房住不炒”的大前提下，国家支持房地产力度加大。11月13日，中国人民银行、中国银行保险监督管理委员会出台《关于做好当前金融支持房地产市场平稳健康发展工作的通知》16项举措，从保持房地产融资平稳有序、落实“保交楼”金融服务、开展受困房地产企业风险处置三个方面，推动房地产市场平稳健康发展。由于受到购房者资金、首付款、后期的还贷能力，开发企业的品牌，项目的地段、交通、环境等因素影响，全区商品住宅预售面积和销售面积双下降。全年，房地产开工总面积68.51万平方米、比上年（下同）下降67.64%，批准商品房预售面积133.07万平方米、下降19.36%，其中批准商品住房面积77.42万平方米、下降12.5%；销售商品房面积104.82万平方米、下降35.14%，其中商品住房面积54.15万平方米、下降39.31%。全年，商品房销售均价12701.47元/平方米、下降2.1%，其中商品住房均价19731.02元/平方米、上涨1.1%。全年成交商品住房面积为54.15万平方米、4050套，下降39.31%。商品住房面积以100～144平方米/套户型为主，多为三、四居室改善性住房；单价集中在15000～30000元/平方米，房屋成交总价范围以150万～400万元/套为主。至年末，全区商品房可售余量322.71万平方米，其中住宅房可售余量105.15万平方米，上涨23.14%，商品住宅均价2万元/平方米。

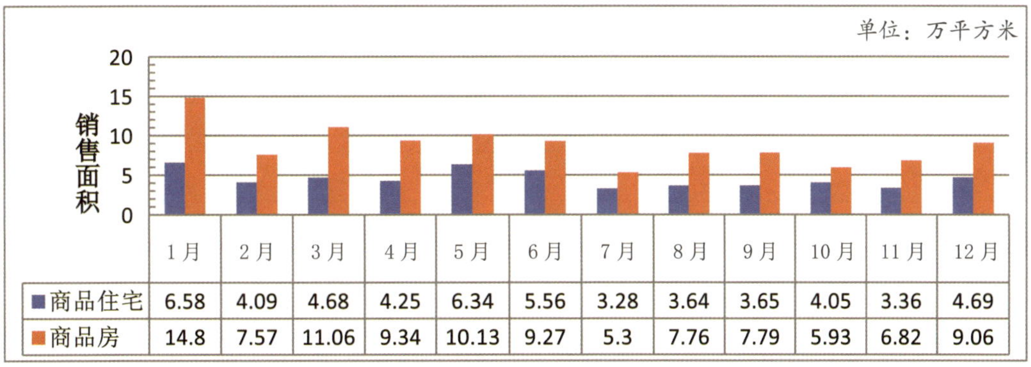

2022年常州国家高新区（新北区）商品住宅房和商品房月度销售面积统计图

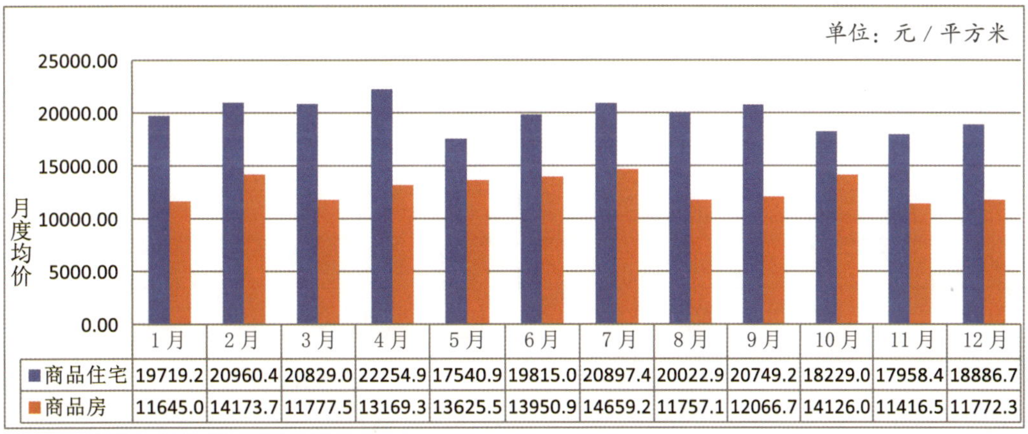

2022年常州国家高新区（新北区）商品住宅房和商品房月度销售价格统计图

2022年常州国家高新区（新北区）商品住房销售排行统计表

表45

序号	项目名称	销售面积（平方米）	销售套数	销售均价（元/平方米）
1	绿都万和城	62367.83	568	17908.4
2	泱境雅园	49929.41	293	31748.04
3	云镜花苑	44667.17	259	26131.56
4	星耀雅苑	44099.93	357	21715.46
5	春风雅园	34545.89	321	12306.2
6	璟尚雅宸园	27772.80	198	19658.61
7	美林湖花园	25430.36	162	19566.82
8	风华瓴著花园	24011.17	166	25613.15
9	澎湃雅园	23177.06	222	13856.5
10	港湾花园	22437.87	139	26738.43

2022年常州国家高新区（新北区）不同面积段商品住宅销售情况统计表

表46

分类	面积（平方米）	套数	均价（元/平方米）
≤60平方米	52.26	1	7398.39
60～80平方米	778.05	11	12415.85
80～90平方米	35284.07	406	13793.32
90～100平方米	31162.85	326	16266.07
100～120平方米	122901.24	1099	15005.82
120～144平方米	180336.13	1339	19368.21
144～180平方米	85466.55	522	24100.46
180～250平方米	85566.52	346	26702.7
合计	541547.67	4050	19731.02

2022年常州国家高新区（新北区）不同单价段商品住宅销售情况统计表

表47

分类	面积（平方米）	套数	均价（元/平方米）
5000～6000元/平方米	0	0	0
6000～7000元/平方米	12393	118	6675.87
7000～8000元/平方米	208.66	3	7332.63
8000～9000元/平方米	1061.01	6	8534.77
9000～10000元/平方米	9119.02	63	9758.13
10000～12000元/平方米	50191.78	416	11130.51
12000～15000元/平方米	97160.12	883	13218.34
15000～20000元/平方米	140472.61	1122	17770.36
20000～25000元/平方米	95856.72	657	22619.09
25000～30000元/平方米	79889.16	503	27082.72
＞30000元/平方米	55195.59	279	33190.59
合计	541547.67	4050	19731.02

2022年常州国家高新区（新北区）不同总价段商品住宅销售情况统计表

表48

分类	面积（平方米）	套数	均价（元/平方米）
30万～40万元	52.26	1	7398.39
40万～50万元	0	0	0
50万～60万元	2348.58	27	6682.1
60万～70万元	1914.05	20	6745.18
70万～80万元	7883.32	70	6669.72

续表 48

分类	面积（平方米）	套数	均价（元/平方米）
80万～90万元	1209.33	13	9236.53
90万～100万元	3275.25	37	10830.23
100万～120万元	31261.59	323	11657.34
120万～150万元	69140.68	653	12750.03
150万～180万元	62151.06	553	14695.62
180万～210万元	36272.16	300	16361.88
210万～250万元	52407.67	414	18173.81
250万～300万元	57713.27	408	19457.72
300万～350万元	58077.3	403	22595.99
350万～400万元	36406.93	241	24403.59
400万元以上	121434.22	587	29053.48
合计	541547.67	4050	19731.02

（曾红雨）

房地产市场监管

【房地产市场管理】 2022 年，常州国家高新区（新北区）印发《新北区人民政府关于进一步提升房地产开发建设与管理工作的实施意见》和《关于在我区房地产项目销售中实行正负面清单管理制度的通知》，规范样板房设置、沙盘设置和现场宣传等行为，并开展预售前现场踏勘和风险控制；区住建局、市场监督管理局等部门加强开发企业销售行为管理，严禁现场宣传上涨、盈利等倾向性词语，区行政审批局等部门规范房地产住宅项目地下停车位销售许可。整治规范房地产市场秩序，实行房地产市场销售正负面清单管理制度，化解相关矛盾，实施销售情况监测。探索房地产市场风险预警机制，下发《关于进一步加强我区房地产项目风险管控的通知》，规范保交付工作中采取的定向支付和应急响应机制。构筑反诈市场，开展打击整治房地产领域涉房养老防诈骗专项工作，制定《深入开展打击整治养老诈骗专项行动工作方案》，多轮次对售楼处开展检查，防止开发企业对老年人实施误导宣传和“洗脑”销售。通过宣传、检查和对一例线索的核查，未发现辖区内房地产领域涉老诈骗行为和“以房养老理财”等涉诈活动。

【房地产开发管理】 2022 年，区住建局对 13 宗拟上市经营性用地出具房地产开发项目建设条件意见书，完成 27 件房地产开发企业资质初审相关业务，办理 14 个项目的公建配套建设计划表，完成 28 个项目 215.49 万平方米的商品房交付使用备案。围绕“保交楼、保民生、保稳定”要求，出台《关于进一步加强我区房地产项目风险管控的通知》，梳理高铁新城商品房交付矛盾，查找问题根源。坚持全过程管理，确保精装品质和市政景观质量，关注房地产市场的发展和变化，提前谋划服务重点项目。年内，区住建局对高铁新城片区内 14 个项目，49 个标段/次开展成品房住宅第三方评估，包含 14 标段/次预评估、27 标段/次过程评估及 8 标段/次交付评估。加强建筑原材料和半成品质量检测，全年抽取建筑材料 104 组，包含干压陶瓷砖、防水涂料/浆料、抹面腻子/石膏、轻钢龙骨、纸面石膏板、水电材料、人造板材、五金配件等各类装修材料品类，确保建筑材料质量。

（杨　凯）

物业管理

【概况】 2022 年，常州国家高新区（新北区）有 48 个小区成立业主委员会，有物业管理委员会 23 个，在区注册的物业服务企业 126 家，有 56 家区外物业服务企业承接区物业服务项目。全区加强物业和维修基金管理。完善物业监督考核机制，开展物业行业“提质创优”活动，金地天地等 5 个小区入选 2022 年省、市示范培育项目，白马公寓等 2 个小区入选省党建引领物业管理服务示范点优秀案例，雅居乐星河湾等 3 个小区争创省级党建引领物业行业示范项目并通过市级验收。

9月13日，物业人员扛起沙包为小区筑起“防汛堤”

（区委宣传统战部 供图）

推进电动车规范管理。印发《新北区住宅小区电动自行车集中停放和充电设施建设管理专项行动方案》，在典雅花园、长江公寓等小区开展试点，推进增设集中充电场所和充电设施、办理申请主体变更及居民合表电价工作。至年末，新增充电端口9469个。

【物业服务企业分类定级管理】 2022年，常州国家高新区（新北区）推进物业服务企业分类定级管理，各镇（街道）加强对物管工作领导，监督、规范物业企业日常管理，实施物业企业分类定级。根据物业企业在管项目的考核平均分及企业评分定级的加减分，把全区有在管项目的67家物业服务企业分类定级。其中，A类企业40家（含A+级企业13家），B类企业21家，C类企业6家。依托“阳光物业”平台，出台《关于建立新北区物业行业“黑白名单”制度的通知》，把物管矛盾频发等问题较多的物业企业纳入黑名单予以公布，解决物业管理区域内的突发事件和矛盾纠纷。年内，新创省级党建引领物业服务示范点2个，全区累计创建省级党建引领物业管理服务示范点4个、市级党建引领物业管理服务示范点33个，打造区级党建示范基地30个。推进业主大会和业主委员会、物业管理委员会建设，指导完成12个小区业委会的成立及换届备案，提升住宅小区的管理水平。

（姚栋耀）

【维修资金管理】 2022年，常州国家高新区（新北区）收缴安置房专项维修资金31113.92万元，电梯、消防设施设备专项资金217.65万元，使用资金2478.2万元。商品房维修资金的申请使用年度通过2007项，完成结算审批940项，区住建局获全市商品房维修资金使用管理考核第一名。加强维修资金管理，委托第三方审计单位对2018—2021年度安置房维修资金的收缴、使用、结息情况开展审计。审计结果显示区住建局安置房专项维修资金管理中心核算准确，升级后的资金管理系统运行稳定，并逐步在各镇、街道受理所辖区域内的安置房维修资金使用中发挥作用。

（丁　盛）

【公有房屋修缮管理】 2022年，常州国家高新区（新北区）自有公房9处，其中2处交三井街道管理，3套住宅类公房作为区环卫职工保障性住房。开展直管公房常态化巡查和维养管理，房屋维修验收率、合格率100%，保障国有资产的安全稳定、保值增值。全年收缴租金8.36万元，全区公房租金综合收缴率、非住宅租金收缴率和住宅租金收缴率均为100%。

（马妍琳）

乡村振兴

农村改革

【概况】 2022年，常州国家高新区（新北区）出台《常州市新北区农村宅基地管理办法（试行）》《常州市新北区农村宅基地保障资格权认定管理办法（试行）》，完成宅基地相关业务培训10余场，覆盖区、镇、村三级1900余人次。各镇（街道）建立多部门联审联办机制，设立宅基地审批窗口，完成5.89万户20.9万人宅基地保障资格权认定及信息录入工作。对照改革试验任务计划表，对孟河镇南兰陵村年度重点工作开展验收，用足省级专项资金奖补。新北区闲置农房盘活利用改革试验工作通过省级组织的专家评价验收，奔牛镇史陈家村开展闲置农房盘活利用招商对接活动。举办第三届村长论坛，对接专业团队开展专业化村庄运营。

（曹金华）

【农村集体“三资”监管】 2022年，常州国家高新区（新北区）开展农村集体资金违规出借及资产资源违规出租专项整治工作，将全区606条问题全部录入集体资产监管平台，督促镇、街道逐一销号。开展集体经济组织负责人专项审计，试点完成奔牛镇2个村和三井街道一个股份经济合作社负责人审计。通过审计纠正不规范现象，以点带面提高全区基层“三资”管理能力。产权交易平台完成产权交易项目1467个，成交总金额1.24亿元，溢价金额296.8万元；完成线上交易项目110个，成交总金额1724.34万元，溢价金额140.83万元。

（孟敏月　张开娟）

【农村集体产权制度改革】 2022年，常州国家高新区（新北区）113个村（社区）组建股份经济合作社123家，并完成登记赋码，村级量化资产12.51亿元，享受股权人数41.48万人，股份证书发放11.61万份，发放率98.14%。推行股份合作社政经分开，理顺基层组织和农村集体经济组织关系。完成123家股份经济合作社的股改档案数字化工作。

（曹金华）

【宅基地改革】 2022年，常州国家高新区（新北区）完成宅基地“人、户、宅”数据摸底、业务培训、综合信息系统搭建试运行等各项基础工作。全区7个镇（街道）成立镇级工作领导小组和办公室。开展宅基地管理培训10余场，覆盖区、镇、村三级1900余人次。71个行政村（涉农社区）1799个组开展宅基地保障资格权认定，初步完成认定户数5.89万户，涉及人数20.9万人。10月，全区首本农村宅基地批准书颁发。至年末，受理农户线上宅基地申请12宗，完成宅基地审批1宗。

（是玉婷　曹金华）

富民强村

【概况】 2022年，常州国家高新区（新北区）创成全国农村一、二、三产业融合先导区、国家农业绿色发展先行区和国家农产品质量安全区，建成西夏墅镇东南村、西夏墅镇梅林村、奔牛镇史陈家村、薛家镇老西庄等市级美丽乡村示范项目，全区农村居民人均可支配收入稳步提高。开展农村人居环境整治、宅基地管理和农房改造试点，因村施策打造美丽乡村升级版，建设城乡融合发展示范区。以创建国家全域旅游示范区为目标，焕新乡村文旅带，聚力建设常州长江生态文化公园，打造高颜值文旅地标。

（区资规分局　区志办）

【农村一、二、三产业融合发展】 2022年，常州国家高新区（新北区）深化农村一、二、三产业融合发展，举办“庆丰收 贺盛会”常州·新北2022年中国农民丰收节活动，推荐沿省道122线和叶汤路“一横一纵”精品农业休闲旅游线路2条。建立“常高新农”

区域公用品牌，为当地产业发展和产品推介提供品牌保障。推进农业供销社“十百千万”工程建设项目，完成新北区优质稻米产业供销联盟组建、魏村街道和孟河镇南兰陵村2个农村综合服务社的建设及“新苏合”农产品产销对接平台建设等任务，50名金牌经纪人的培育和500户低收入农民增收致富工程按时序推进。推动家庭农场联盟高质量发展，建立家庭农场综合信息管理服务平台，发展核心家庭农场成员92家。开发新农家庭农场联盟服务中心（简称“新农联盟”）公众号、“农场小管家”、“农场在线销售平台”等小程序，围绕“1+5+N”（1个综合服务中心，5个专业服务站，提供N项服务）重点，初步完成辖区瓜果、水产、蔬菜、林果、水稻5个板块18个重要农产品生产技术管理标准的制定。对接金融保险机构，为家庭农场发展增效赋能。西夏墅镇东南村民宿由西夏墅镇平台龙西田园乡村建设公司和社会资本融商智投共同投资，并引入常州市乡村振兴发展基金之美丽乡村民宿一号子基金出资；薛家镇任葛村的闲置农房盘活项目带动社会资本投资2000万余元。

（杭　杰　是玉婷　张万里）

【村级公共服务经费保障】 2022年，常州国家高新区（新北区）推进村集体经济发展，多渠道探索富民强村，促进农民增收。通过农经条线对行政村下拨公共服务经费、村庄环境整治长效管理经费等补助资金1666万元，保障村级公共服务支出，增加村集体经济收入。探索村级集体经济增收的有效实现形式，以先建后补、以奖代补的方式加大扶持资金单项额度。申报省级、市级村集体经济物业项目4个，获扶持资金241万元。

（蒋　叶）

【农业农村重大项目实施】 2022年，常州国家高新区（新北区）围绕稳产保供、要害工程、产业融合、绿色发展、乡村建设等项目，推进农业农村重大项目建设。实施农业农村重大项目12个，计划投资23.2亿元，完成年度投资8.6亿元。培育区级农业龙头企业14家，建成高标准农田303公顷。“十四五”水利发展规划编制完成，新孟河、老桃花港等水利工程有序推进，新增市级示范幸福河湖2条、市级幸福小微水体示范片区3个。现代化宜居农房建设有序推进，西夏墅镇创成市乡村振兴新时代鱼米之乡示范镇，孟河镇南兰陵村被评为市美丽乡村建设项目。现代农业产业园“无人化”农场入选全国农业领域机器人应用优秀场景。

（汪建龙　沈秋娜）

孟河镇南兰陵村区　　（区农业农村局 供图）

【农业人才引育】 2022年，常州国家高新区（新北区）加强农业人才引育，实施高素质农民培训工程，培育高素质农民550余人次。以实施基层农技推广补助项目为契机，培育科技示范户120户，并向周边农户传授种植技术和生产经验。13名优秀农业经营主体被认定为第二期常州市“龙城英才计划”农业乡土人才，22人被认定为区级现代农业人才大学生类人才。

（郝小燕　吴　悠）

【惠农补贴发放】 2022年，常州国家高新区（新北区）完善惠农补贴发放，开展实际种粮农民一次性补贴和耕地地力保护补贴发放，发放金额2444.33万元。实际种粮农民一次性补贴总发放金额330.3万元，分三批发放：第一批发放136.56万元，补贴标准为16.39元/亩；第二批发放96.08万元，补贴标准为11元/亩；第三批发放97.66万元，补贴标准为11元/亩。耕地地力保护补贴发放2114.04万元，补贴标准为120元/亩。

（区农业农村局）

【西夏墅镇入选市级乡村振兴示范镇】 9月28日，西夏墅镇入选常州市首批乡村振兴（新时代鱼米之乡、新江南水乡）示范镇。2022年，区坚持农业农村优先发展，重点在西夏墅镇依托现代农业产业园发展现代都市特色农

西夏墅镇东南村田园风光 （区委宣传统战部 供图）

业，打造有机稻米、圣王果蔬等农业品牌；持续推进东南—梅林美丽乡村建设，并引入社会资本，为乡村注入活力，使村庄形成自我造血功能，逐步实现资源内循环的高品质发展。

（石 薇）

美丽乡村建设

【概况】 2022年，常州国家高新区（新北区）推进全域美丽乡村规划编制，提出全区美丽乡村架构和建设重点，印发美丽乡村示范项目建设计划和资金平衡计划。孟河镇南兰陵村郑塔里和魏村街道新华村德胜岛基础设施项目建设完成，文旅业态引进和招商引资有序实施。西夏墅镇东南村、李家村基础设施项目建设基本完成，提升美丽乡村建设运营水平。对全区2019—2021年美丽乡村专项资金开展审计调查，挖掘发展美丽乡村资产资源，推动乡村价值实现。区会同常州市伴城伴乡城乡振兴研究中心在奔牛镇史陈家村举办第三届村长论坛，对接化龙巷、小朱自驾等团队，助推美丽乡村开展专业化村庄运营。

【乡村公共基础设施建设】 2022年，常州国家高新区（新北区）围绕推进乡村建设，发挥财政职能，把公共基础设施建设重点放在农村，统筹资金持续改善农村生产生活条件，提升乡村宜居宜业水平。全年统筹市级财政农村公厕建设补助资金54万元，支持孟河镇、奔牛镇开展厕所革命，新建农村公厕27户。“一事一议”解民忧，全区公益事业“一事一议”财政奖补项目完成20个，总投资887.9万元，其中市级以上奖补资金240万元、区级配套100万元；涵盖道路项目14个，河塘整治项目4个，亮化项目1个，水渠项目1个。

（区志办）

【农村人居环境整治提升五年行动】 2022年，常州国家高新区（新北区）实施新一轮农村人居环境整治提升五年行动，开展村庄环境考核5226次，发现并整改问题5.05万处；开展河道巡查7391次，上传点位照片2.86万张。开展村庄清洁行动1120场，清理整治河塘沟渠4506处，清理农村生活垃圾、建筑垃圾等56.96万立方米。新改扩建农村公厕任务全部完成。创成江苏省生态宜居美丽乡村示范乡镇1个、示范村7个。落实市、区争创全国文明典范城市目标任务，线上新增“文明城市”农村测评板块，线下探索设立“红黑榜”、试行积分制。年末，新北区获常州市农村人居环境长效管理考核“七连冠”。

（陈艳辉 陈方敏）

【传统村落保护】 2022年，常州国家高新区（新北区）推进省级传统村落申报和保护工作，指导奔牛镇新市村塘上自然村和魏村街道青城村青城自然村开展保护工作。奔牛镇新市村塘上传统村落入选江苏省第五批省级传统村落名录，入选第四批江苏省传统村落名录的魏村街道青城村启动传统村落保护规划编制。

【农房改造】 2022年，常州国家高新区（新北区）成立现代化宜居农房和新江南水乡建设工程领导小组，编制《关于加快推进现代化宜居农房和新江南水乡建设的实施意见》并完成多部门审核，编制新北区农村住房建设工程技术导则并完成专家论证1次、审核2次。争取中央农村危房改造补助资金2.67万元、省农村住房条件改善专项行动省级财政奖补资金807万元，重点聚焦老旧农房、农村低收入群体危房等改造改善，为563户农户住房改善提供资金保障。完成604户现代化宜居农房建设任务。西夏墅镇集建点项目正式开工，完成施工场地水通、电通、道路通和场地平整。开展农房安全隐患排查，至年末，全区排查农房6.31万户，其中57个行政村农房4.67万户、57个行政村外的涉农社区集体土地房屋1.65万户，经鉴定，存在较大风险的C级、D级隐患农房272户，年内全部完成整治。

（刘 宏）

【农村生活污水专项治理】 2022年，常州国家高新区（新北区）完成“十四五”农村生活污水治理专项规划修编和“十四五”畜禽养殖污染防治规划编制。继续推行农村生活污水社会化治理省级试点工作，统一规划、设计、建设、运营，实现村庄污水“建、管、养、运”一体化。按照“双60”（1个行政村中不低于60%的自然村完成治理，且1个自然村中不低于60%的农户完成治理）标准治理率达45%的目标，投资4亿元，以政府和社会资本合作模式推进18个行政村农村污水治理，覆盖村庄109个，涉及农户5766户，处理生活污水4500吨/日。完成172个自然村生活污水治理工程建设。

（张志伟）

【厕所革命】 2022年，常州国家高新区（新北区）建立区、镇、村三级户厕长效管护联络网，组织开展农村户厕问题摸排整改“回头看”，农户主体、镇村落实、行业指导的齐抓共管格局基本形成。统筹市级财政农村公厕建设补助资金54万元，支持孟河镇、奔牛镇开展厕所革命，新建农村公厕27户。至年末，全区农村无害化卫生户厕建成率超99%，新改扩建农村公厕任务全部完成。

【南兰陵村被认定为市级美丽乡村】 9月，孟河镇南兰陵村被认定为2022年常州市美丽乡村，并获得市级专项资金扶持。南兰陵村郑塔里自从2020年被纳入区级美丽乡村试点后，整合村内资源要素，以传承与发展历史文化为抓手开展美丽乡村建设，把崇文、兴农、乐居三者有机结合，展现农村良好风尚礼仪，重构乡愁记忆，打造集田园建筑、田园生活、田园风光于一体的诗意乡村聚落。村庄深化产业融合，初步形成以乡村文化体验为亮点的“特色农+”产业体系。

（石 薇）

乡村休闲旅游

【概况】 2022年，常州国家高新区（新北区）结合区域文化资源，以编制村庄规划为契机，推进居民集聚点建设，改善农村人居环境。培育“民宿+”“文创+”等乡村旅游新业态，打造匠心铺、梅林居、古银杏园等主题景观，建设东南小院、稻田理想等精品民宿；绘制都市农业导览图，沿省道122线和叶汤路2条都市农业旅游线路，将26家（个）知名村庄、农企、合作社、家庭农场串联成线。举办丰收节、插秧节、农场集市等各类活动，提升农旅资源人气和知名度，西夏墅镇东南村举办以“庆丰收 贺盛会”为主题的常州·新北——2022年中国农民丰收节，吸引千余名游客参观游览。现代农业产业园区基于稻田艺术观景台打造稻田公园，培育一批市区级示范采摘园、区级示范家庭农场、区级示范农民专业合作社，四季观光采摘新业态初具规模。推进产业融合示范基地建设，组织常州田妈妈农业生态园有限公司申报江苏省休闲农业与乡村旅游三星级企业，促进农旅融合发展。开展名特优农产品进机关、进商场、进社区系列展销活动，宣传推介区优质农产品。

（汪建龙）

【东南村、史陈家村被评为第三批市乡村旅游重点村】 10月8日，市文广旅局发布第三批常州市乡村旅游重点村评定结果，西夏墅镇东南村、奔牛镇史陈家村上榜。年内，全区根据《关于开展第三批常州市乡村旅游重点村申报与评定工作的通知》，挖掘乡村旅游资源，优化乡村旅游产品和服务供给，组织指导西夏墅镇东南村、奔牛镇史陈家村申报第三批常州市乡村旅游重点村。奔牛镇史陈家村在建设美丽乡村的基础上，发展乡村特色旅游，全年实现农副产品和文创产品销售超400万元。西夏墅镇东南村保留传统农业耕种，走生态循环农业绿色发展之路，谋划创意田园新景，把稻田变公园，建稻田民宿，打造全过程、多阶段、立体化的精品乡旅路线，实现一、二、三产业的融合发展。

（潘鹏飞）

资料链接

古镇老街选介

孟河古镇，位于新北区西北部，是齐梁故里、孟河医派的发源地，中国历史文化名镇。在南北朝时，诞生齐梁两位开国皇帝及10余位帝王。清朝中后期，以费伯雄、马培之等为代表的孟河医派，创造“吴中名医甲天下，孟河名医冠吴中”的医盛时期。孟河城于明嘉靖三十七年（1558）依河筑城堡建成，孟河从孟河镇弯曲而过。河的一边是修建保存较为完好的孟城北街，保留顺来园茶店、益泰酱园、东亚堆栈等建筑。古镇内存有孟城古城墙定常门（大南门）附近的一段遗迹；建有费伯雄故居，为硬山式半木结构。

魏村老街，位于新北区魏村街道，初建可追溯至宋代。宋《毗陵志》有记载，初名烈塘寨，为江防要津，沿江诸水寨之一。宋咸淳年间，有一曹姓者从江阴虞门迁移到此落户，自称是三国曹魏后裔，此地遂改名为“魏浦”。晚清、民国时期，魏村人口聚集，市井繁荣，成为当时江南闻名的商业兴盛地。保存下来的老街，建造于清代，基本为晚清至民国建筑。老街由东街、北街、南街和闸北街组成，占地面积1.5平方千米。老德胜河把老街分成南北两半，架在河上的渡江桥有几百年历史。老街依河而建，临街的晚清至民国时期的商铺建筑排门而建，多数为“上宅下铺”“前店后坊”形式。街道上，均为花岗岩条石铺面。东街是旧时最为繁华的地方，商铺林立。

奔牛古镇，位于新北区西部，距今有2100余年历史。奔牛镇名出自一则神话故事，据《舆地记》载：“汉时，有金牛出山东石池，到曲河，入栅断其道，牛因骤奔，故名。”奔牛古镇自宋朝起是武进县经济重镇，历代为水路要冲、漕运枢纽，地理位置重要，早在1000多年前就建有堰闸，称为奔牛堰、奔牛闸；因人们怀念金牛，于是在镇西运河南筑台纪念，因此奔牛镇有别号“金牛”“金牛台”“金牛里”。苏东坡、陆游等历朝名人都有咏叹奔牛的诗和文章。老街仍保留有青砖黛瓦吊脚楼、古井古桥木牌门，是典型的江南小桥流水人家的格局。2019年，打造“江南运河第一河口公园”，整个古运河奔牛段生态廊道风景秀美。

（区志办）

乡村治理

【概况】 2022年，常州国家高新区（新北区）完善党组织领导的乡村治理体系，深化网格化治理创新，加强农村专兼职网格员队伍建设，加快农村网格化服务管理中心、综治中心规范化发展。强化农村人民调解组织建设，完善矛盾纠纷多元预防调处化解综合机制。深化平安法治乡村建设，加强农村社会治安突出问题治理，培育乡村“法律明白人”和村法律顾问，维护农村社会和谐稳定。新北区全国农村社区治理实验区通过民政部远程复核。

（区委政法委）

【基层党建赋能乡村振兴】 2022年，常州国家高新区（新北区）坚持把党建引领作为推进乡村振兴的“第一引擎”。完善组织保障，落实“三级抓村”责任，立项152个区、镇、村三级书记项目，确定基层党建调研课题，开展城乡基层党组织建设专项整顿，1万余名区镇村干部联动“到进访”活动，推动427项民生实事项目落地见效。实施带头人赋能提升工程，定期举办“头雁讲坛”等活动，组织开展乡村振兴专场比学竞赛。建立300余人的村（社区）后备人才库，加强动态管理、重点培养。组建第一书记导师“帮帮团”，结对帮带49名区派第一书记，推动集体经济再提升等102个项目实施见效。激活基层治理，织密“镇（街道）—村（社区）党组织—网格党支部—微网格党小组—党员中心户”五级组织体系。形成“社区点单、部门响应”工作机制，构建民生事项70%左右在网格处置、20%左右在社区办结、10%左右在镇街解决的“721”工作格局。“19:00议事厅”有事好商量议事平台让群众自己“说事、议事、主事”，拉近干部群众距离。

（区委组织部）

【全国农村社区治理实验区建设】 1月11日，常州国家高新区（新北区）全国农村治理实验区通过民政部远程复核。全区自2017年12月被民政部确认为全国首批全国农村社区治理实验区以来，围绕“建立和完善农村社区服务体系，全面提升农村社区服务供给能力”实验主题，提升农村社区服务能力、服务体系、服务设施、服务活力，以“4+”实践（居民需求导向+组织制度保障、服务设施惠民+特色产业富民、服务方式优化+服务主体赋能、社会力量参与+治理模式创新”）推进农村社区治理，并体现“五社联动”“城乡互动”“微自治”等8个治理特点。

（区人社局）

【农村土地承包经营纠纷化解】 2022年，常州国家高新区（新北区）在成立农村土地承包经营纠纷调解仲裁委员会基础上，设立仲裁庭等必要仲裁场所，启动农村土地承包经营纠纷调解仲裁工作，成功调解土地承包纠纷15件，信访答复12件。

（区委政法委）

城乡建设与管理

城乡建设规划

【区级国土空间规划】 2022年，常州国家高新区（新北区）完成全区产业布局研究，指引产业空间“增减留优”。深化高铁新城产城功能探索，谋划龙江路以西万亩产业园区规划，推进嫩江路以北8平方千米范围城市设计深化和星耀城、科创水镇三期、常州工学院二期等功能载体建设。统筹划定“三区三线”（“三区”指城镇空间、农业空间、生态空间三种类型的国土空间，“三线”分别对应在城镇空间、农业空间、生态空间划定的城镇开发边界、永久基本农田、生态保护红线三条控制线），落实耕地和永久基本农田保护红线、城镇开发边界。完成常泰铁路、苏锡常都市快线、通江货运铁路等重要交通廊道规划研究。强化土地整备与更新规划协同，开展环球港西、原常州工学院等重要地块城市设计。编制完成2022年度常州市新北区预支空间规模指标落地上图方案，落实118.8公顷预支空间规模指标和33.6公顷省重大项目空间规模周转指标。《2022年度常州市新北区预支空间规模指标落地上图方案》获省自然资源厅批准。

【控制性详细规划】 2022年，常州国家高新区（新北区）开展中心城区范围内控规修改项目13个，涉及面积454.71公顷。孟河镇、奔牛镇开展控规修改项目2个，涉及面积989.7公顷。年内完成中心城区8个、镇2个控规修改审批，为重大项目和重大基础设施落地、城镇生活区建设、产业园区发展提供规划保障。

（区资规分局）

城市更新

【概况】 2022年，常州国家高新区（新北区）推进重大项目征地拆迁、安置房建设、人才公寓建设、老小区改造、精品街道创建等重点工作。实施征迁项目26个，总面积96.32万平方米；实施安置房建设项目9个，安置房建筑面积186.56万平方米。超额完成全年人才公寓建设目标。实施老旧小区改造9个，既有住宅加装电梯13部，开展精品街道建设，新增区精品街道12条。

（钱晓琛）

【精品街道示范化建设】 2022年，区住建局负责打造汉江东路、河海中路2条区级精品街道，10个镇（街道）各自负责打造1条镇（街道）级精品街道（腾龙路、丽园路、通成路、微山湖路、迎宾路、云河路、建东路、创新一路、祁连山路、魏中路），12条精品街道计1.35万米，投入资金9583万元。打造项目涉及建筑立面改造、景观绿化提升、基础设施改造工程等，拆除户外广告、楼顶字、电子屏、违章店招灯箱等1228处，清理各类广告信息620处、乱张贴507处，处理乱堆放、占道经营65处，整治流动摊贩13处，拆除雨棚、外机架等174处，清洗建筑立面4.3万平方米，修缮出新建筑立面2.9万平方米，安装空调外机罩612个，迁移空调外机70个，规整线缆124处，铺设各类管道10.2千米，出新卷帘门857平方米，摊铺沥青路面18.9万平方米，新建、维修人行道板2.4万平方米、透水混凝土300平方米，更换各类井盖626套、果壳箱14个，装饰美化各类箱体45只，提升改造绿化5.2万平方米、口袋公园2处，出新停车标线2.58万米、停车位标线3921个，更换交通标志牌185块，增设机动车位265个、警示桩68个、限车桩324个。重点打造凤凰苑、天安花园、金城花苑3处退红线区域“网红停车场”。打开丰臣国际广场北侧绿化带，新建景墙，方便市民观赏休闲。

（芮益波）

【老小区改造】 2022年，常州国家高新区（新北区）对7个镇（街道）9个老住宅小区实施提升改造，项目投资9170万元，区财政补助2790万元，惠及居民1万户。项目涉及外墙防水、单元门破损修复、停车位增设、单元门口适老化坡道增设、雨污分流、绿化提升、小区道路拓宽、路灯等管线迁移等，同步统筹推进既有住宅加装电梯工作。河海新村和同德苑二期改造项目列入2022年新北区为民办实事项目，富民惠园二期等3个项目列为常州市民生实事项目。至年末，9个老旧小区改造项目全部完成。

（王超男）

【房屋征收】 2022年，常州国家高新区（新北区）实施征收拆迁项目26个，其中房屋征迁项目18个，涉及住宅973户、非住宅186户，面积分别为41.24万平方米、55.08万平方米。至年末，完成住宅签约916户、非住宅签约131户，涉及面积分别为39.18万平方米、19.29万平方米，主要包括魏村工业承载地块、春江工业承载地块、三井片区企业征收等项目。落地上图项目8个，涉及特殊附着物48户。完成特殊附着物33户，主要包括常州工学院南侧地块、高铁新城配套学校、生命健康产业园创新载体等项目。融合各方资源，持续开展遗留户攻坚。全年历史遗留征收拆迁项目14个，涉及住宅35户、面积1.79万平方米，非住宅12户、面积8.93万平方米。年内完成住宅签约12户、面积0.57万平方米，非住宅签约7户、面积5.16万平方米。

（殷钱众）

【拆除行业管理】 2022年，常州国家高新区（新北区）有从事拆除行业的服务单位47家，备案47家，其中评估公司22家、拆迁公司25家。区征收补偿办公室对参与全区房屋征收（搬迁）工作的服务单位实施备案制管理，至年末，完成备案29次，其中拆迁劳务10次、评估服务9次、拆房服务10次。加强房屋拆除项目管理。在年中专项检查的基础上，加大全区房屋建筑拆除工程现场检查频次和力度，发现的问题反馈至各板块并督促即时整改，确保项目进度。

（谭沛灵）

【安置房建设】 2022年，常州国家高新区（新北区）实施安置房建设项目9个，安置房建筑面积186.56万平方米。其中，续建小区5个，安置房建筑面积150.65万平方米。至年末，滨开区百馨西苑五期、奔牛镇金牛里小区、西夏墅镇香山福园四期3个项目竣工交付；新建小区4个，安置房建筑面积35.91万平方米，包括孟河镇景园五期、罗溪镇空港一村三期、春江街道百馨西苑六期、魏村街道安家苑四期，项目处于建设阶段。

（谭沛灵）

【既有住宅电梯加装】 2022年，常州国家高新区（新北区）在全市率先出台《新北区既有住宅加装电梯财政资金使用管理办法》《新北区既有住宅加装电梯工作经费补助标准》，对加梯业主的资金补助及管线单位迁移费用予以明确，对建成并投入使用的加梯项目所在镇（街道）和社区（村委）给予经费补助。年内，区住建局等有关部门召开加梯工作推进会，在大诚苑、阳光花园、太湖花园等小区开展加梯政策进小区宣传活动，并组织有意向的居民实地参观体验加梯项目。至年末，完成13部既有住宅电梯加装任务。

（王超男）

【新北区系统推进无障碍环境建设方案入选省试点名单】 9月16日，新北区系统推进无障碍环境建设方案成为省城市更新第一批试点项目。2021年，新北区被评为创建全国无障碍环境达标市县村镇，2022年，区持续完善、优化全区城市无障碍设施设备。通过前期调研通江路以东、建东路以西（南部晋陵路以西）、汉江路以南、太湖路以北区域的无障碍设施现状，针对其中设置缺失、不合标准等问题，提出改进意见，形成新北区系统推进无障碍环境建设方案，计划通过设计改造缘石坡道、盲道、无障碍电梯、无障

12月，改造后的孟河镇富民惠园小区（一期）（孟河镇 供图）

碍出入口、轮椅坡道等，创造和优化无障碍环境。

（刘　宏）

市政和公用事业

【市政道路养护】 2022年，常州国家高新区（新北区）完成市政道路养护总投资额6000万元，完成建设项目51个，其中沥青施工面积5.5万平方米、道路井盖维修500个，铺设人行道面积1.7万平方米。对汉江路、河海路、金惠商业街等道路实施改造提升，拆除老旧花坛，重新造景设计，增设步行便道、廊架，提升市民满意度与愉悦感；通过重新规划停车区域，实行人车分离，缓解周边停车压力。在玉龙路跨沪宁高速公路桥开展智慧监测试点，对紧急情况及时预警。

（沈　贤　李　烨）

【排水管网养护】 2022年，常州国家高新区（新北区）实施雨水管网修复工程及地理信息系统建设项目，完成管道修复工程一期招投标。落实汛前管道养护和防汛工作，开展防汛演练，对零星积水点及时处置。养护雨水管道875千米，清淤疏通检测141千米，对汉江路泰山路交叉口、飞龙桥北侧路口等15个积水点和管道缺陷处实施改造，维修管道1600米，检查井16座，收水井87座。对循礼路（红河路—嫩江路）、庄只里路（新龙二路—循礼路）、衡山路（藻江河—云河路）、刘和里路（乐山路—崇义路）、崇德路（云河路—刘和里路）、勤奋路（河海路—漕河路）开展雨水专项验收，新增雨水管道2067.5米，检查井67座、收水口197个。出台《新北区住宅小区排水工程服务手册》，加强管道养护清淤，完善市政排水管网。

（芮新江）

【供水】 2022年，常州国家高新区（新北区）持续推进老小区自来水管道更新改造工程，解决居民用水的水压水质问题，通过供水管网改造，控制供水管网漏损率和产销差，供水产销差降至5%以下。优化城市供水综合管理平台功能，把水厂生产、管网调度、管网运行、二次供水、用户热线服务、抄收管理等功能融为一体，保障供水运营流畅高效。提升德胜河应急取水口及泵站能力，开展德胜河应急备用水源快速启动演练。拓展实施管道净水项目，实现分质供水。

（鲍静文　陈　杰）

【排水】 2022年，常州国家高新区（新北区）建成污水管网6.89千米，续建并投运污水泵站2座，新增污水输送能力1.7万吨/天，污水管网基础设施得到完善。针对部分镇（街道）污水管网老旧等问题，继续开展孟河镇、西夏墅镇、魏村街道存量230千米污水管网排查整治，排查问题点位800余处，并全部修复。建成污水排放达标区1个，完成小散乱临街商铺污水排放整治10个、问题小区整治3个。原各镇建设的229座存量污水处理设施以及配套180千米主管网全部移交常州新美水务集团有限公司运维管理。至年末，全区有343座农村污水处理设施投入运行，收集处置农村污水118.9万吨，消减有机污染物163吨。

（张志伟）

【供热】 2022年，常州国家高新区（新北区）新龙能源站项目完成能源母站及蓄冷水池封顶工程、二次结构砌筑；1号能源子站完成乙二醇蓄冷系统及3号热泵机组安装工作，建成换热站5座，全年完成投资额5595万元。继续推进常州新龙国际商务区区域供冷供热能源站项目建设，至年末，新龙能源站项目具备供能能力规模150万平方米，实际供能面积39.96万平方米，全年供能3042万千瓦时。

（王　凭　陈　杰）

【供气】 2022年，常州国家高新区（新北区）总供气量4.04亿立方米，其中民用客户供气量5533万立方米、工商业客户供气量3.49亿立方米，客户总数31万户，管网总长1891千米。完成天然气管道建设82.8千米，投入资金6092.6万元，排查违章压占等隐患排查21处。完成二级供气站点建设5个、三级供气站点建设1个。薛家镇奥园路片区、三井街道大渡河路“瓶改管”主管施工，其中91家商铺接通天然气。强化燃气安全监管，开展燃气安全抽查65次，检查沿街餐饮店铺803家、学校幼儿园16家、居民用户122家，指导镇（街道）检查居民用户10.86万户，整改隐患3137项。开展打击违法燃气行动18次，处置黑气点7个，处理涉案气瓶1378千克；督促燃气供应企业对所属管线落实巡查；开展燃气安全宣传活动5次，组织培训1次。11月，新北区在环球港开展大型商业综合体火灾事故应急救援演练，提升企业安全责任意识。

【城市照明】 2022年，常州国家高新区（新北区）新增路灯2198盏，均为功能性路灯，新增功率117.13千瓦。年末，全区有路灯设施17.5万盏，其中功能8.13万盏、景观9.37万盏。

（陈　杰）

【公共交通】 11月，为实现孟河镇新建居民区与医院、学校、商业体、公交中心站等的公交化连接，常州国家高新区（新北区）新辟251路（起点站是孟河公交中心站，终点站是惜字洲公交站）；为连接生命健康产业园、薛家镇区与高铁新城核心区常州北站、轨道交通1号线、区行政中心、市第四医院等，新辟556路（起点站是市第四医院南门，终点站是新魏花园公交站）。同步终止运营公交236A路、T2路，原线路服务范围由新辟线路251路、556路替代。年内，区更新置换公交车60辆，新能源公交车占比74.5%。新建公交站台36座，其中常规站台14个、新款式站台22个。新款式站台中，有20个位于高铁新城核心区域，毗邻新北区政府及“两馆两中心”；2个位于奔牛镇集镇区域。站台设计融合周边环境，为市民出行提供候车、休憩、线路指示和夜间照明服务。

（钱佳云　陈　杰）

【城市共享单车】 2022年，常州国家高新区（新北区）有公共自行车站点86个，投入公共自行车1825辆，设置车桩2250个；有桩共享助力车站点850个，投放车辆1万辆。据测算，公共自行车每天骑行量约2000人次，共享助力车骑行量2.5万人次。城市共享单车主要包括有桩共享助力车及公共自行车，由永安行科技股份有限公司（简称“永安行”）负责建设和项目运营。公共自行车一般采取扫码和刷卡借还车方式，1小时免费骑行；有桩共享助力车采取扫码借还车，半小时收费2元。作为市政府解决市民“最后一公里”绿色出行的惠民举措，常州有桩公共助力车项目经过4年建设运营，累计建成站点2578个、停车架5.7万余只，投放车辆4.5万辆。项目运营站点覆盖全市。年内，永安行针对公共自行车大范围出现车身乱张贴、车辆破损维修不及时等现象，对公共自行车实施维护出新，更换电瓶6205次、故障锁头7125个、主板236次、GPS通信模块151次，对站点设备维修7535次，修理其他故障23次，调度车辆1万辆，维修自行车1878辆；推进有桩共享助力车项目新旧车辆置换计划，通过在全市投放新型Y3有桩助力自行车，更替市面的老旧Y1车型，全年置换老旧车辆1.5万辆；携手金坛茅山旅游度假区，根据园区整体规划，把共享助力车投放在景区售票处、公交接驳处、风景沿线等站点，解决景区内部交通接驳、节假日出行拥堵等问题。

（永安行）

永安行氢能自行车奥体中心站点　　　　（区委宣传统战部 供图）

【魏村污水泵站及出水压力管道改造完成】 2022年，常州国家高新区（新北区）完成魏村污水泵站及其出水压力管道改造，泵站按照远期1万吨/天的输送能力扩容，更换水泵和电气设备以及配套设施，新建5.06千米压力管道并连接江边污水处理厂，魏村片区的超量生活污水通过魏村污水泵站排入常州市江边污水处理厂。

（张志伟）

园林绿化

【概况】 2022年，常州国家高新区（新北区）新增公园绿地2个、口袋公园1个、附属绿地17个、广场用地1个，改扩建口袋公园3个、绿化景观路3条等；新增绿化面积144.07万平方米，改造绿化面积13.67万平方米。至年末，全区累计建成各类公园绿地98个，公园绿地总面积1638万平方米，其中大型综合公园7个、社区公园9个、专类公园7个、口袋公园18个，实现绿化覆盖率39.91%，建成区绿地率40.11%，人均公园绿地面积18.3平方米。年内，对通江路（黄河路—汉江路）、珠江路晋陵北路至建东路等路段实施改造提升，打造特色鲜明的城市精品道路。启动公园绿地景观品质提升、道路绿化提升、城市绿地增量、生态绿廊建设、绿色品牌建设、公众满意度提升六大工程，并通过省级初审。完成对6座星级公园标准化管理达标、7座三星级公园复评及2座三星级公园创建工作。开展古树名木资源普查、管护及修复。7个绿化工程建设项目获2022年戈玉良杯常州市园林绿化优质工程奖。

（陈　杰　郝　莹）

【绿地养护】 2022年，常州国家高新区（新北区）绿化养护围绕“安全第一、预防为主、综合治理”主题，开展各项安全生产自查自纠，消除安全隐患。加大对道路行道树、绿地内桥梁、沿河护栏、廊架凉亭、亲水平台等的巡查力度，对存在安全隐患的点位落实警示措施并安排整改。组织养护单位开展病虫害防治、高空修剪作业、道路养护作业等的安全工作及专业技能培训。多措并举抗高温干旱，落实极端恶劣天气防范。全区10支绿化养护队伍在全市2022年度园林绿化“双优”（绿化养护优秀标段和优秀养护个人）竞赛活动中被评为长效管理“双优”竞赛优质标段，区市政绿化所在全市园林绿化行业职业技能竞赛中获行道树修剪团体赛金奖，区被评为全市绿化“四新”（新材料、新工艺、新技术和新产品）技术应用示范点7处。

（郝　莹）

【公园管理】 2022年，常州国家高新区（新北区）完成20座城区公园日常管理考核工作，总面积660公顷。中央艺术公园、新龙湖公园、新北中心公园、飞龙体育公园、春江民俗文化公园、薛家中心公园标准化管理达标。开展新北中心公园、飞龙公园、高铁生态公园、薛家中心公园、中央艺术公园、新龙湖公园和春江民俗文化公园三星级公园复评及三江口公园和新景运动公园创建三星级公园工作。建设月季邻里中心8处，分别位于新北中心公园、太湖花园、河海新村、汉江东路与庐山路交叉口等地。在《常州高新区》报、“常州国家高新区”微信公众号等媒体推出新北区花情系列报道，每月报道花情1～2篇，形成新北区赏花月历。

（朱　嫣　叶　彤）

【园艺推广】 2022年，常州国家高新区（新北区）推进“政府引导、社会参与、市民受益”的园艺协同推广机制，由区住建局、区市政绿化管理所和区市民园艺中心共同举办多肉植物微景观制作、插花互动教学、以盆换花、绿植微景观制作4场系列活动，为广大市民群众提供科普、咨询、技能培训等综合性园艺服务。开展“住建邀约十大公园，携手献礼建区30周年”活动，举办荷花节、芒草节等专项园艺活动，增强园艺推广品牌效应。

（朱　嫣）

新龙湖公园鸟瞰　　（区委宣传统战部　供图）

【义务植树活动】 3月9日，常州国家高新区（新北区）在滨江生态绿带建设工地组织义务植树活动，市、区四套班子领导和机关工作人员、常州军分区官兵300余人参加，种植垂丝海棠等树木1000棵。植树场地原为滨江经济开发区化工企业地块，是市规划建设的长江大保护生态绿带重要组成部分，总面积4.6万平方米。是日，新龙生态林依托省级“互联网＋全民义务植树”基地，采用线上线下多重形式组织多场树木认养活动；常州栖凤山国际人文园在园区内重新规划的一片植树范围内栽种海棠树木500棵，并通过线上推介开展认领活动。各镇（街道）组织干部职工及热心市民参加义务植树活动。三井街道团工委组织辖区青少年开展“植树护绿，拥抱春天”植树节主题活动，春江街道各基层团组织的青年志愿者25人在滨江生态绿带参加由街道团工委组织开展的“公益植树添新绿，献礼建团100周年”植树志愿服务活动，罗溪镇青莲社区联合威林顿集团汤庄哈美校区开展“拥抱春天、播种绿色”植树节活动，奔牛镇五兴苑社区妇联联合奔牛实验小学开展以“珍爱绿色，珍爱我们共同的家园”为主题的植树节活动，薛家镇财政和资产管理局党支部联合薛家镇丁家村总党支部等单位开展“学党史明初心，植树添绿正当时”主题党日活动，新桥街道行政审批局开展“植一棵树，绿一方土，我和小树同成长”植树节主题亲子活动等。

（陈　杰）

【古树名木保护管理】 2022年，常州国家高新区（新北区）开展古树名木资源普查。经排查，全区有古树名木60株，其中一级古树5株。修复古树名木7株。其中，省级修复3株，分别为32041100146奔牛镇航空技校古银杏、32041100059魏村街道绿南村街楼下谢家祠堂基地古银杏、32041100060魏村街道绿南村南河上堂春桥古银杏；市级修复2株，分别为32041100084、32041100085孟河镇小黄山村村委卧龙桥村十四组古银杏；区级修复2株，分别为32041100055魏村街道柴家边村古银杏、32041100053新北区中心公园古银杏。区级修复由区市政绿化管理所实施，投入资金34.9万元。各镇(街道）组织人员定期对60棵古树生长情况实施巡查保护，对长势不良的古树建档记录。排查并纠正对古树名木的违法行为，其中罗溪镇32041100071号古树，树种为银杏，位于北汽重型汽车有限公司在建工地内，因现场未按图施工，区市政绿化所、区城管执法大队前往执法，并整改到位。

（朱　嫣）

【4个口袋公园开放】 2022年，常州国家高新区（新北区）新建及改扩建口袋公园4个。位于黄河路龙江路西北角的口袋公园，面积1.1万平方米，通过构建多层次软质景观，为周边居民提供舒适的休闲、活动环境，营造生态的邻里空间和唾手可得的自然空间。位于黄河路顺园路西北角的口袋公园，占地面积1415平方米，主要包括观景平台、城市家居宣传栏、网红打卡点、装饰球阵等，是街心口袋公园。位于九江路庐山路东南角的口袋公园，通过调整林带原有过密树木点位，增设园路和休憩座椅，点缀种植桂花、红枫等中层树木，提升景观层次感，打造市民的城市转角休闲空间。位于新景花苑南区的口袋公园，在满足周边居民的休闲娱乐需求基础上，寻求人与自然、人与社会、人与人之间和谐共存关系，构造宜居生态环境。

（郝　莹）

【珠江路晋陵北路至建东路段中分带绿化改造】 2022年，珠江路晋陵北路至建东路段中分带绿化改造完成。该次改造以月季爬藤网为辅助，种植勤花性强、花墙效果好的藤本月季艾拉绒球和藤和平，持续向东延伸珠江路的月季花墙，基本形成新北区特色月季花路。项目总投入35万元。

（朱　嫣　徐刘平　陈　杰）

【通江路龙城大道至黄河路段绿化改造提升】 2022年，常州国家高新区（新北区）对通江路龙城大道至黄河路段实施改造提升，改造路段总长度3300米，总改造面积2.7万平方米，总投资1000万元。该路段位于新北区核心区域，其中龙城大道至河海中路段在2021年完成改造。此次路段改造延续前路段风格和基础形式，全面升级道路节点和设计理念，保证通江路整体风格风貌与完成路段统一，局部特色化。道路景观以“城市绿脉”“历史渗透”形式呈现，让市民在休闲中了解新北发展脉络。

（郝　莹）

城市管理

【概况】 2022年，常州国家高新区（新北区）加强城市精细化管理，助力城市品质提升。落实公共服务业务，推进城市管家平台建设，形成“一网统管”治理新格局。多措并举优化环境，持续推进精品街道建设和市容环卫责任区信息化管理示范路创建。开展市容环境专项整治，解决一批人民群众急难愁盼市容环境问题。实施交通畅行工程，超额完成2000个公共停车泊位任务，缓解停车难问题。开展主次干道管理提升、居民小区治理提升、非机动车治理提升等7项专项提升行动，助力文明城市建设。实施楼宇亮化和箱体美化，在部分点位整体翻新基础上，强化对楼宇亮化设施维护单位维护效果的监测和安全生产监管，妥善处置长江塑化交易市场外墙亮化设施安全固定问题。

（洪　颖）

【市容市貌管理】 2022年，常州国家高新区（新北区）强化市容市貌管理，持续开展乱张贴、乱涂写集中治理行动。区建立执法部门与通信部门长期合作机制，形成“属地管理、部门履责、联动执法”格局，全年清理乱张贴乱涂写1.27万处，处罚28起，罚款金额5200元，予以停机处理12起，恢复6起；整治非机动车乱停放。完善非机动车停车线施划工作，拖移违停非机动车2.69万辆，罚款31.87万元。针对公共自行车大范围出现车身乱张贴、车辆破损维修不及时等现象，督促永安行科技股份有限公司履行维护责任，对公共自行车维护出新。全年完成各类电箱箱体美化1000余平方米，实现箱体隐形化、小型化、景观化。

（洪　颖）

【户外广告管理】 2022年，常州国家高新区（新北区）住建局、行政审批局规范对户外广告和店招店牌的审批，从源头实施户外广告管理。强化户外广告和店招店牌的批后监管，指导并督促各镇（街道）开展日常巡查，同步开展户外广告和店招店牌整治。在完成核心区楼顶字拆除的基础上，对全区镇（街道）范围内的楼顶字牌实施排查并拆除，拆除楼顶字牌、违法设置的字幕式电子显示屏及其他存在安全隐患的户外广告和店招标牌等4000余平方米。落实主体责任单位对高立柱广告实施钢结构检测，并进行相应的维护工作。开展店面招牌巡养、维护，通过招标聘请专业的维护团队对三井街道、龙虎塘街道、新桥街道、薛家镇范围内所有城市道路临街店面招牌实施日常巡查，及时发现安全隐患，全年维护店面招牌4500余平方米。

（芮益波）

【停车泊位建设】 2022年，常州国家高新区（新北区）新建公共停车泊位3359个，完成年度建设任务的167.95%。4546个公共停车泊位接入常州市智慧停车平台，年度完成率206.64%。新建、完善一批公共停车泊位，完成区政府东侧便民景观停车场、新龙国际商务区地下空间民防工程一期停车场、智富中心一期停车场等重点项目建设；新北区政府、三井大厦、龙虎塘街道办事处等30家单位内部停车设施开放共享，共计泊位5831个。围绕退红线区域停车场地管理，重点实施停车场国有公司集中管理模式，由常州龙城城市运营管理有限公司承接新北区范围内公共停车资源，实行统一标准的卫生保洁、秩序管理，年内，常州龙城城市运营管理有限公司承接公共停车资源6处，车位1235个。强化停车秩序综合治理，通过购买清障拖移服务持续开展违停拖移工作，拖移违停车3700余辆，处理违停2.53万余起，处置整改各类占用公共停车泊位行为800余起。

（洑　颖）

【退红线区域停车场地管理】 2022年，常州国家高新区（新北区）完成府琛广场、前桥小区、兰翔二村等5处退红线区域停车场基础设施改造并实施规范管理，改造机动车停车位800余个。探索新交付小区退红线区域停车场统一管理，根据市政府《关于推进临街建筑退红线区域机动车停车规范管理的通知》，督促小区物业把退红线区域停车场委托常州龙城城市运营管理有限公司经营管理。

【环境卫生管理】 2022年，常州市新北区环境卫生管理服务中心加强环卫作业监督检查，每周增加早查与夜查，对全区城市主次干道和背街小巷道路开展专项作业督查，发现问题即安排作业单位整改。开展菜场周边城市背街小巷的环境卫生整治，安排作业单位每日对道板实施冲洗，重点整治道板痰迹、烟头和动物粪便等问题。开展环卫公厕、垃圾中转站专项整治，增加各站点保洁和消杀冲洗频次，不产生异味影响周边环境。开展环卫垃圾运输车辆专项提升工作，各作业单位加强垃圾运输车辆运输过程中抛撒滴漏现象的处置，确保垃圾运输过程中无污染路面现象发生。

（耿　华）

8月，区住建局开展绿地停车专项整治　　（区住建局 供图）

【生活垃圾分类和治理】 2022年，常州国家高新区（新北区）生活垃圾分类工作建成区新增达标小区62个，达标小区累计完成比例不低于60%；完成2个示范达标小区创建，农村完成8个垃圾分类示范村创建。至年末，建成区生活垃圾分类设施覆盖率100%，垃圾分类集中处理率90%。1月15日，“党建引领开新局，净美高新谱新篇”环卫党建品牌发布暨垃圾分类宣教绿色公益行动在区中央公园垃圾分类宣教馆举行。

（刘丹琳）

【新北区装修垃圾综合利用项目】 10月19日，历时1年的常州新北区装修垃圾综合利用项目建成并投入试运行。该项目总投资1.87亿元，占地面积2.88公顷，年处理能力30万吨。项目采用政府与社会资本合作建设模式，由光大新苏再生资源（常州）有限公司建设，特许经营期30年。项目集成国内领先的“一级阶梯式复合筛＋三级滚筒筛分＋三级风选”分拣技术，可处理含有旧沙发、旧床等大件物品的装修垃圾。一车装修垃圾被卸载到全自动分拣系统的进口后，经过15分钟的综合处理，密闭管道最终分门别类“吐”出木料、塑料、混凝土砖块、金属等物质。整个流程无废气、无固体废物排放，可从根本上解决装修垃圾给城市带来的环境压力，为城市建设提供大量的再生建筑材料。

（耿　华）

【“智慧城市管家”龙虎塘街道试点项目】 11月3日，江苏龙城国有控股集团有限公司“智慧城市管家”龙虎塘街道试点项目启动仪式在三江口公园举行，标志“城市大管家”正式入驻龙虎塘街道，助推城市管理工作迈上新台阶。至年末，龙城国控集团全面承接全区城市公共业务，搭建智慧管家平台，成立城市管家团队，建立城市长效管理、文明城市管理、业务日常管理相融合的标准化体系。“城市大管家”是通过专业服务+智慧平台+行政力量相融合的方式，对区域内环卫保洁、市政绿化、市政设施维护、公共停车、水体维护等公共空间实施统筹管理，实现城市管理专业化、精细化、智慧化、一体化。启动仪式上，工作人员通过短片形式现场演示“龙城管家”智慧管理平台的管理模式与操作流程。“智慧城市管家”龙虎塘街道项目以智慧能力提升、协同能力提升、消除管理盲区、实现降本增效为目标，致力打造可复制的管理模式向全区全面铺开推广，为实现全区域、全周期、全要素“城市大管家”模式奠定基础。

（胡绍伟）

【10座公厕建成投运】 2022年，常州国家高新区（新北区）新增公厕10座，增加坑位63个，总投资1000万元。新建公厕强化外观设计、科技含量、功能配套、管理服务，增强室内外设计景观的和谐性与艺术性。其中4座公厕是便捷驿站，兼具城市会客厅功能，可供市民休息、阅读、饮水、充电等。

（刘宇杰）

4月，区城管执法大队开展渣土运输专项整治　　（区住建局　供图）

综合行政执法

【概况】 2022年，常州市新北区城市管理行政执法大队立案1632起，其中市容环卫类1078起、市政管理类274起、环境保护类62起、工商管理类68起、城乡规划类44起、园林绿化类91起、城乡建设类13起、物业管理类2起；处罚案件1412起，罚款123.75万元；完成行政复议2起，行政诉讼7起；处置平台各类投诉、舆情52件；办理省信访件4件、市信访件13件。区、镇两级联动互促行政执法机制建立。镇（街道）作为案件处理的第一责任人，巡查发现和制止违法行为，开展日常管理和立案查处等工作；区级城管部门主要负责执法监督，对属地开展业务指导，组织业务培训，协调重大整治活动。区城管执法大队密切观注84名下沉人员，建立并完善联席会议机制、培训指导机制、信息共享机制和保障监督机制；开展各类专项整治，承办全市违法建设拆除应急演练活动、全市城管和综合执法队伍规范化建设暨心理辅导小课堂。

【渣土管理和扬尘管控】 2022年，常州国家高新区（新北区）开展建筑渣土运输治理工作，落实渣土车“两点一线”全过程监管，强化专项整治，严格诚信考核，落实专项考评。企业诚信考核涉及扣分企业16家，运输车辆48辆，总扣分60分。实施行政约谈，责令相关企业开展整改，督促其依法依规从事渣土运输。镇、街道开展渣土整治240次，督促当事人加强进出车辆冲洗23次，清理路面污染30处。加强辖区工地巡查，督促运输车辆全密闭运输、强化车身冲洗，查处各类带泥行驶、抛撒滴漏、车身不洁等违法行为。立案查处扬尘等问题130起，处罚金额39.88万元。

【违法建设治理】 2022年，常州国家高新区（新北区）查处在建违建14起，拆除面积490平方米；查处建成违建22起，拆除面积1.35万平方米。

（朱　立）

【专项整治行动】 2022年，常州市新北区城市管理行政执法大队执法大队开展各类专项整治12项，涉及物业、绿化、市容、除患治违等城管领域。针对省环保督查问题开展重点巡查，立行立改、不留隐患；紧扣全国典范性文明城市建设要求，常态化开展市容市貌整治，联合属地、交警拖离违停非机动车2.81万辆，罚款1.87万元，排查出问题3.17万处，督促责任单位整改；推进噪声专项整治，立案62起，比上年下降50%；推进绿化专项整治工作，立案42起；对10个镇（街道）40处消防违建治理情况开展巡查，落实长效管理；针对携带燃气罐的流动摆摊行为开展专项整治，检查376次，涉及暂扣危险物品（煤气瓶）135件；开展56个小区物业公共收益专项执法检查，对全区物业企业实施地毯式检查、清零式整改；围绕8个镇（街道）60棵古树名木进行保护，开展打击破坏古树名木专项整治行动。发放专题普法宣传册2000余份。

（朱　立）

水　利

【概况】 2022年，常州国家高新区（新北区）统筹推进水安全巩固提升、水生态保护修复、水资源高效利用、水环境持续改善、水管理提质增效五大工作，有序推进水利工程建设。新孟河延伸拓浚工程新北段及水系调整工程完成投资6.4亿元，河道全线通水；老桃花港整治工程江边枢纽工程完成水下部分；浦河孟城闸闸外段整治工程新北段启动，年内完成投资2000万元；十里横河整治、城巷大沟东段整治、春江街道前横墩村水系综合整治、孟河镇茅庵大沟综合整治1期、罗溪镇邱庄村农村河道综合整治相继完工；12座沿江排涝站、3座城区泵站完成改造及设施更新。完成镇级河道新岱河、韶山河清淤疏浚，开挖土方1.06万立方米；完成村庄沟塘清淤329座，

新孟河延伸拓浚工程新北段　　（区委宣传统战部 供图）

开挖土方70.18万立方米。全区省级水利重点工程完成投资7亿元，占省下达常州市年度任务的47.5%；全区水利工程年度完成总投资14.67亿元，在省级项目完成投资及水利工程完成投资方面均居全市第一。完成水利部、省水利厅下发的43个图斑的核查认定，开展在建项目水土保持监督性监测99次，征收水土保持补偿费412万元。区水利局委托省水文水资源勘测局常州分局开展农田灌溉用水有效利用系数测算，通过对西夏墅镇北站灌区、孟河镇王家灌区、郑良灌区、魏村街道钱家桥灌区、北庄灌区5个样点灌区开展测算与分析，测出区农田灌溉用水有效利用系数为0.6939。

（薄贤波）

【农村生态河道建设】 2022年，新北区政府批复《常州市新北区“十四五”农村生态河道规划修编》，明确全区“十四五”规划末农村生态河道覆盖率不低于65%。加快农村生态河道建设步伐，明确各镇（街道）建设任务目标、考核评估及奖补办法。建设农村生态河道15条，总长34.86千米，覆盖率比上年增长10.5%，并全部通过省、市级考核，位居全市第一。至年末，全区累计建成农村生态河道157.19千米，覆盖率47.17%。

（沈秋娜）

【新孟河延伸拓浚工程新北段及水系调整工程】 作为国务院确定的重大水利工程项目的新孟河延伸拓浚工程，其常州国家高新区（新北区）段涉及孟河镇、西夏墅镇、罗溪镇、奔牛镇及魏村街道（奔土区）5个镇36个村，全长25.29千米。至2022年年末，工程累计完成投资53.34亿元。年度实际完成投资6.4亿元，占年度总投资量的119%。实现河道全线通水，新338省道新孟河大桥、老338省道新孟河大桥、罗溪镇新孟河桥、罗墅湾大桥、向阳桥、城巷桥、西夏墅南桥、养济桥、水塔口桥、银山桥、三茅殿桥、西夏墅大桥、罗溪大桥13座桥梁完成使用验收；西夏墅北桥、石桥、小河桥、东风桥、高速公路桥建成。配套水系工程完成招标，实现全面开工。新孟河延伸拓浚工程4个标段被评为省水利工程文明工地。

【浦河孟城闸闸外段整治工程（新北段）启动】 12月，常州国家高新区（新北区）启动浦河孟城闸闸外段整治

工程（新北段），年内完成投资2000万元。浦河位于太湖流域湖西区，南起城巷大沟，北至夹江，地跨新北区和镇江市丹阳市，是湖西区主要通江河道之一，全长24.1千米。自2013年起，新北区水利局对浦河开展综合整治，2013—2016年整治长度11.33千米，其中一期3.39千米、二期7.94千米。为发挥浦河整体效益，继续开展浦河剩余河段整治。2022年8月，河段整治初步设计得到市水利局批复，概算投资6755万元，主要建设内容为治理长度7.04千米、疏浚长度1.4千米，新建护岸13.19千米，新建防汛道路550米，堤防防渗加固350米，改造进、出水口8处，护砌4处等。

【十里横河整治工程】 2022年，常州国家高新区（新北区）继续实施十里横河整治工程。十里横河位于新北区罗溪镇，西起新孟河，东至德胜河，为连接新孟河和德胜河的骨干河道，河道总长9.2千米。工程主要建设内容为对全河段清淤、断面整治。工程包括河道清淤7.8万立方米、护岸修整1.27万米、仿木桩护岸611米、衡重式挡土墙护岸709米、现状护岸局部修缮、岸坡绿化等，批复概算2797.06万元。至年末，整治工程全部完工。

【城巷大沟东段整治工程】 2022年，常州国家高新区（新北区）继续实施城巷大沟东段整治工程，批复概算798.88万元。城巷大沟位于西夏墅镇，河道西接城巷大沟西段，东至城巷套闸，总长度1300米。主要建设项目为城巷大沟东段河道清淤、河道土方开挖、连锁型混凝土块护坡新建、透水砖平台新建、草皮护坡等。整治工程完成河道清淤1.21万立方米、连锁型预制混凝土块护坡2万平方米、草皮护坡1.5万平方米，新建透水砖平台2475平方米，开挖河道土方2.23万立方米。8月，整治工程全部完工。

（薄贤波）

水　务

【概况】 2022年，新北区"十四五"节水型社会建设规划通过专家审查。实行最严格水资源管理，全区总用水量控制在10.45亿立方米以内。区把节水指标纳入政绩考核，单位地区生产总值用水量指标纳入2022年度高质量发展综合考核，在全市实行最严格水资源管理制度考核中再次获优秀等次，实现"四连冠"。征收水行政规费3948.81万元，其中水利工程水费596.75万元、水资源费3352.07万元。获中央水利发展资金50.06万元、省级水利发展资金493.94万元，至年末全部拨付到位。保留取水许可证27张，计量收费，纳入规范化管理。利用地铁及公交移动电视投放水资源保护和节约用水主题宣传视频；通过常州交通广播FM90节目、微信公众号开展知识有奖问答，提升市民爱水、护水、节水意识；全年悬挂宣传横幅95条，开设电子屏宣传65处，发放宣传画册1000份。完成河长制组织机构、制度建设，实现河长巡河常态化。出台《新北区幸福河湖建设工作实施意见》，要求到2025年全区主要河道基本建成幸福河湖。年内，创成骨干幸福河湖2条、市级示范幸福河湖2条、市级幸福河湖管护样板1条，建成区级幸福河湖和农村幸福河湖43条。

【用水强度控制】 2022年，常州国家高新区（新北区）对辖区内年用水量6000立方米以上1077家用水单位下达用水计划，并纳入市节水管理信息系统，实行用水监督管理。开展用水定额管理和调查，按照全年目标任务，督促28家用水单位开展水平衡测试，核定单位用水定额。配合市水利局开展385家典型用水单位用水定额调查，为常州市农业、林牧渔业、工业、生活和服务力业用水定额提供依据。实施城区老管网改造，加强水表、消火栓管理，探漏巡管，实行管网压力、大用户流量、水质进行监测，城市公共供水管网漏损率9.2%。

（潘奔燕）

【农业水价综合改革成果提升行动】 2022年，常州国家高新区（新北区）开展农业水价综合改革巩固提升专项行动，完善改革"四项机制"（农业水价形成机制、精准补贴和节水奖励机制、工程建设和管护机制、用水管理机制），巩固提升改革成果。通过开展农田灌溉设施全覆盖春修行动，对薛家镇吕墅灌区、叶家灌区、西夏墅镇牛南站、牛北站灌区、奔牛镇九南灌区、魏村街道黄城墩严家沟灌区等实施典型灌区提升改造工程，工程内容包含维修灌排渠系，修缮泵房、改造泵站、更换配电设备等，保障农田水利设施良性运行和农业生产灌水需求，全年投入水利工程长效管护经费超400万元。全区125平方千米改革面积实现计量设施全覆盖，维修保养计量设施234套。常州国家高新区（新北区）在年度全市农业水价综合改革长效管理考核中名列第二。

（沈秋娜）

【节约用水监管】 2022年，常州国家高新区（新北区）开展节水监督检查、规划和建设项目节水评价，实施"新建、改建、扩建"项目节水"三同时"制度。把辖区内30万～50万立方米以内用水单位纳入区级重点监控用水单位名录，重点监控单位按时上报数据信息。配合市水利局开展辖区内18家重点监

光大常高新环保能源（常州）有限公司外景　（区委宣传统战部 供图）

控用水单位监督检查，点对点指导用水单位收集整理节水台账资料。开展常州市新港热电有限公司、常州新东化工发展有限公司、常州依丝特纺织服饰有限公司3家单位用水审计。加强地下水管理。对19个地下水取水工程（取水井、监测井）实施现场定位登记入库。开展地下工程建设疏干排水调查工作，对老桃花港整治工程江边枢纽土建施工疏干排水管网，实施规范化、标准化管理。

【节水型社会建设】 2022年，常州国家高新区（新北区）完成节水目标任务40个。制定《新北区创建国家级节水型社会达标县实施方案》，推进县域节水型社会达标建设。常州依丝特纺织服饰有限公司、住化电子材料科技（常州）有限公司、阿朗新科高性能弹性体（常州）有限公司、英特赛克医疗器械（常州）有限公司创成市级节水型企业，滨开区管委会、新桥街道办事处、新北区人民法院创成市级节水型机关，常州市中天实验学校创成市级节水型学校。光大常高新环保能源（常州）有限公司创成市级“生命之水”主题教育示范园区。常州市新港热电有限公司保证型合同节水示范项目地表水净化回收利用项目完成。江苏浩峰汽车附件有限公司废水处理回收利用等4个项目通过市级节水技术措施项目验收，总投资457万元，年节水能力33.73万立方米。

（潘奔燕）

【河长制工作】 2022年，常州国家高新区（新北区）调整区级河长责任分工，明确区级河长、区级河长助手和河长制工作领导小组成员单位职责，落实区级河长16人、镇级河长134人、村级河长139人。区总河长先后4次调研防汛及河长制工作，各级河长开展巡河履职8182次，发现并整改问题203个。持续完善“河长+检察长”工作机制，与区检察院开展联动巡查3次，完成2件检察建议书办理。与天宁区红梅街道、钟楼区新闸街道会商形成跨界镇级河道协同共治工作机制，推进水生态环境的共建共治共享。

【小微水体治理】 2022年，常州国家高新区（新北区）深化小微水体连片治理。5月，区政协开展全区小微水体污染整治视察性民主监督，并对小微水体连片治理工作提出意见和建议。区河长办对2021年完成整治的220个小微水体开展“回头看”，交办问题36个并全部办结。全年整治问题小微水体310个，创建区级小微水体河长制示范村5个，其中3个村被评为常州市市级幸福小微水体示范片区。

【“三乱”治理及支浜消劣】 2022年，常州国家高新区（新北区）推进河道“三乱”（乱占、乱建、乱排）整治、“清四乱”（清乱占、清乱建、清乱采、清乱堆）、“碍洪排查”和“清晏行动”，完成79个省级碍洪图斑现场核查，3个上级交办碍洪问题完成市级销号验收，实现存量问题全部清零，对新增违法行为零容忍。全区4个国考断面、4个省考断面稳定达标。对排查出的209个长江排污口，按照取缔一批、整治一批、规范一批要求实施“一口一策”治理，至年末全部完成整改。以孟河镇、西夏墅镇、奔牛镇及春江街道、魏村街道老集镇为重点，推进污水管网建设，对13条问题支流支浜采取控源截污、清淤活水、生态修复等措施，年内完成28条建成区内、骨干河道一级支浜劣Ⅴ类水体整治任务。

（韩建文）

交 通

综 述

【交通重点工程】 2022年，常州国家高新区（新北区）推进交通中轴建设、安全生产、环保监管、农路品牌等交通运输重点工作，助力苏锡常泰一体化建设。年内，加快实施常泰大桥及连接线高速公路、腾龙大道、龙江路高架北延、德胜河枢纽及航道整治、常泰铁路、苏锡常城际铁路、常州机场航站楼改扩建工程等重大交通基础设施建设，港口船舶污染防治和安全生产工作、绿色港口建设取得突破，农村公路建设管理、农路农桥安全防护、道路交通安全水平得到提升。推动和配合市交通局开展常州港总体规划修编、常州内河港规划修编、奔牛铁路物流基地方案研究，完成滨江多式联运规划方案研究；协调推动新长江码头改扩建项目按照新的定位实施报批，促进项目早日开工。加快智慧港口建设，组织实施陆改水、上港ICT（内河集装箱中心）中心建设等项目，推动港口转型，提升区交通枢纽地位。是年，全区18个道路建设项目（标段）被评为常州市市政优质示范工程，占全市获奖总量的41%。

【长三角交通中轴建设】 2022年，常州国家高新区（新北区）贯彻落实市委“532”发展战略，发挥区域交通的基础先导作用，提升综合交通体系覆盖广度、通达深度和连接速度，全力推进长三角交通中轴建设。在前期调研论证基础上，完成常泰铁路、苏锡常都市快线、德胜河航道整治各项前期推进工作；把“532”重点项目国土空间、“三区三线”（“三区”：城镇空间、农业空间、生态空间，“三线”：城镇开发边界、永久基本农田、生态保护红线三条控制线）调整等纳入全区国土空间规划；组织沿江都市快线、通江铁路支线等项目开展深化规划研究，并形成最终成果以便实施规划预控；推进项目建设，完成常泰过江通道、魏村枢纽拆迁遗留问题，提供施工环境保障；服务重点项目，就德胜河建设模式和码头整合等形成初步方案。

【交通路网完善】 2022年，常州国家高新区（新北区）逐步完善道路交通安全基础设施，持续推进全区骨干路网建设。年内，新竹路（华山路—武夷山路）等骨干路网建成通车，满足群众高效、畅通、安全、舒适的出行需求。织密支路路网，新建太湖西路延伸段等支路，畅通区域交通微循环。提升重点片区整体路网，推进紫金山路（延河路—京沪高铁）、瑶山路（青海湖路—丽江路）等规划道路建设，增加道路供给。持续开展区级主干道维养、县镇公路专项养护（道路改造），保障既有道路资源通行能力。全年新增及改扩建道路7.52千米；新增雨水管道1.05千米。至年末，全区市政道路总长970.48千米，其中主干路156.59千米，市政道路总面积1345.26万平方米。10项区级投资市政工程竣工项目通过验收，项目总投资额1.45亿元。

2022年常州国家高新区（新北区）市政设施竣工项目统计表

表49

序号	项目名称	专业类别	建设性质	开工时间	竣工时间	新建道路长度（米）	总投资（万元）
1	新竹路（华山路—武夷山路）工程市政施工总承包	道路	新建	2022.03	2022.10	480	2700

续表 49

序号	项目名称	专业类别	建设性质	开工时间	竣工时间	新建道路长度（米）	总投资（万元）
2	乐山路西侧河道（辽河路—新桥大街）景观绿化工程	景观绿化	新建	2021.12	2022.09	—	454
3	新桥大街（云台山路—龙六路）景观绿化工程	景观绿化	新建	2022.01	2022.12	—	300
4	新北区市政雨污水管网提升完善工程	排水	改建	2020.12	2022.01		4000
5	黄河路景观提升	园林	改建	2021.09	2022.04	—	2000
6	太湖西路延伸段（二期）	道路桥梁	新改建	2021.12	2022.05	400	300
7	勤奋路（澧河路—河海路）改造工程	道路桥梁	改建	2022.03	2022.09	540	700
8	机场周边河道综合整治项目一期	园林	改建	2021.10	2022.09	—	1000
9	2022年区级道路维修改造	道路桥梁	改建	2022.07	2022.10	2300	1000
10	比亚迪周边道路提升工程	道路桥梁	改建	2022.07	2022.09	1800	1000

【18 个项目被评为市级市政优质示范工程】 2022 年，常州国家高新区（新北区）加强市政项目精细化管理，提高项目质量管控水平，全年组织市政综合大检查 2 次，针对大检查中发现的共性问题，从设计源头提出解决方案，并督促整改。强化施工过程管控，促进市政企业提升安全文明施工能力水平。11 月，经市住建局现场检查、资料审查、综合评审并公示，嫩江路（龙江路—寒山路）、新龙三路综合管廊、港区西路（赣江路—东海路）等 18 个项目（标段）被评为常州市市政优质示范工程，占全市获奖数量的 41%。围绕创优示范工程，施工总承包单位牵头成立工程创优工作小组，会同专业分包单位，根据创优目标要求制订创优专项施工方案，落实创优申报和日常管理措施，定期对现场创优情况开展自查和自评，确保工程项目达到创优目标。区住建局负责制订辖区年度创优工程监督工作计划，开展日常监督考评检查，落实对创优工程的全过程监管。市政企业实施责任到人，把关考核标准，规范施工、科学养护、文明施工，扩大样板路段的覆盖面，全面提升道路施工及养护质量。企业主体加强领导，明确目标，完善责任。建设单位执行法定建设程序和发包制度，保证合理工期和造价，鼓励和支持工程项目创建质量安全优质工程。

2022 年常州国家高新区（新北区）市级市政优质示范工程获奖项目一览表

表 50

序号	项目名称或内容	施工单位
1	石桥路（齐梁大道—腾龙路）续建项目市政工程	常州市金建路桥工程有限公司
2	北部新城再生水利用一期管网及泵站工程市政工程	常州市市政建设工程集团有限公司
3	常州高新区清洁供热替代工程施工三标段（柱1705—柱2080）	常州天力建设集团有限公司
4	西源厂尾水管和廖沟污水输送管项目设计、采购、施工工程总承包（EPC 一体化）	江苏八达路桥有限公司
5	循礼路（辽河路—新桥大街北）市政工程	江苏天马万象建设集团有限公司
6	云河路（K0+360—通江路）市政工程	江苏龙江建设工程有限公司
7	常州市新北区新龙三路（辽河路—嫩江路）道路及综合管廊市政工程	江苏先达建设集团有限公司

续表 50

序号	项目名称或内容	施工单位
8	新桥中学北侧临时停车场市政工程	江苏泽誉建设工程有限公司
9	新桥中学周边道路工程项目景观绿化工程	江苏先达建设集团有限公司
10	新北区新桥大街北侧河道工程项目市政配套工程	江苏丰润建设有限公司
11	港区西路（赣江路—东海路）市政工程	江苏益豪建设有限公司
12	嫩江路（龙江路—寒山路）市政总承包工程	江苏常舜建设投资有限公司
13	北海中路（K0+000～K0+400）市政工程	常州市通润建设工程有限公司
14	常州市新北区春江镇污水管网建设和运维项目市政工程（魏村片区）	常州中航港建设工程有限公司
15	新北区市政雨污水管网提升完善工程管道开挖性修复市政工程	常州市金建路桥工程有限公司
16	常州市新北区区级污水管网及配套附属设施建设工程（一期）项目施工二标段（吕墅片区及其他片区）	江苏隔湖建设发展有限公司
17	常州市新北区污水收集与治理全覆盖项目农村污水管网施工十二标段	常州市市政建设工程集团有限公司
18	新孟河延伸拓浚工程（新北区）及综合配套整治工程污水管网八标段市政工程	常州市市政建设工程集团有限公司

（潘旭栋）

【交通行业安全生产专项整治】 2022年，常州国家高新区（新北区）进一步加强辖区交通行业安全生产管理，开展交通行业安全生产专项整治，全力预防和减少重特大道路交通事故的发生。年内，开展航道桥梁防碰撞排查，航道桥梁防碰撞治理项目进场施工；完善全区治超和交通专委会工作机制，引用“智慧交通”概念，组织建设5套不停车动态称重系统，彻底根治“百吨王”等安全痼疾。开展百日攻坚专项行动，实施第三方安全检查6次，排查问题855个，所查问题全部督促港口企业整改闭环。开展公路工程质量和安全隐患排查整治，严厉查处违法分包、转包行为。开展“两客一危”(从事旅游的包车、三类以上班线客车和运输危险化学品、烟花爆竹、民用爆炸物品的道路专用车辆）执法检查行动，严查客运车辆非法营运、押运危险货物运输人员无证上岗等违法行为，杜绝“病车”“问题车”上路。

（彭 辉）

航 空

【概况】 2022年，常州国家高新区（新北区）持续提升区域发展水平和产业辐射带动能力。年内，常州奔牛国际机场航站区改扩建先行工程开工，满足大幅增长的客货运吞吐量需求。全年常州奔牛国际机场旅客吞吐量194.73万人次，货邮吞吐量3.06万吨，其中国内全货机吞吐量1.62万吨，创历史新高。空港产业园依托常州奔牛国际机场和低空空域核心资源，重点发展通用航空、智能装备和现代物流等产业；实现地区生产总值170.7亿元，比上年（下同）增长11.5%；并通过2022年度江苏省新型工业化产业示范基地复核。

【常州奔牛国际机场航站区改扩建先行工程开工】 为顺应常州市长三角交通中轴、长三角现代物流中心建设需求，解决常州奔牛国际机场保障设施不足和航空业务量高速发展不相匹配的矛盾，6月29日，常州国际机场航站区改扩建工程开工。随着长三角一体化发展的快速推进，常州奔牛国际机场成为助推区域对外开放的重要窗口，在全国232个运输机场中，常州奔牛国际机场客货吞吐量保持在全国前50位。作为省重点交通基础设施项目和常州市“532”发展战略“交通中轴”建设重点项目，根据江苏省发改委批复的《常州奔牛国际机场航站区改扩建工程可行性研究报告（代项目建议书）》，常州国际机场航站区改扩建工程总投资16.58亿元，主要建设内容为扩建航站楼3.1万平方米，货运库1.93万平方米，新建综合停车楼、机场业务保障用房、场务用房及空管二次雷达站等，配套建设通信导航、气象、供电、供水、消防、供冷、供热等工程。依托干线铁路、城市群城际铁路、市域（郊）铁路 / 城市轨道的联动配套工程，打造轨道上的国际机场。

【常州奔牛国际机场】 常州奔牛国际机场筹建于1985年，1986年3月15日正式通航。为东部机场集团成员机场，下设机场公司、经营发展公司、物流公司、产业园开发公司4个子公司。常州机场建站后历经3次改造和扩建，至2022年年末，有航站楼面积3.8万平方米、停机坪面积16万平方米、货运仓库面积1.08万平方米，跑道长度3400米，拥有停机位20个、廊桥6个，飞行区等级为4E级，具备一类口岸开放条件，可满足年旅客吞吐量490万人次、货邮吞吐量20万吨的需求；拥有基地客运航空公司1家，驻场运力10架。“十三五”规划期间，常州奔牛国际机场提升保障能力、优化航线网络、加快发展航空货运，机场进入快速发展、跨越发展的新阶段。运输起降架次、旅客吞吐量、货邮吞吐量3项指标均保持年均20%以上增长。2019年旅客吞吐量突破400万人次，货邮吞吐量突破3.2万吨，客货吞吐量均保持在全国前50位。机场实现持续安全行驶37年。2022年，机场拓展优化国内航线网络，持续加密干线航班，新增西双版纳、银川、西宁等航点，通航境内外城市约40个，周航班计划总量创历年最高水平；提高客货运效能，开拓全货机市场，全年实现全货机吞吐量1.62万吨，创历史新高。

（彭　辉）

铁　路

【概况】 2022年，常州国家高新区（新北区）铁路基础设施完善，是京沪通道上的重要节点，辖区内有3条铁路开通运营（京沪高铁、沪宁城际铁路、京沪铁路），其中京沪高铁设置常州北站客运站、京沪铁路设置奔牛货运站。作为全市交通中轴建设重点项目的常泰高铁、苏锡常都市快线等铁路建设项目陆续开工，调整以“常西欧”中欧班列、“常州—上海港”海铁联运为代表的运输结构，助力企业降本增效。组织开展铁路沿线安全隐患整治和排查，落实双段长工作责任制，采取相应措施落实整改，确保铁路沿线环境安全。

【常州北站】 京沪高铁常州北站地处新桥街道，隶属中国铁路上海局集团公司常州直属站管辖，是京沪高速铁路的中间站，于2011年7月1日投入运营。占地总面积18.58万平方米，其中站房总建筑面积1.3万平方米、候车室面积5600平方米。设社会车辆停车场2处，一处位于高铁站屋南广场地下1～2层，共1.5万平方米，可停放车辆近400辆；另一处位于高铁站屋东侧高架线路下，划分小车位200个、大型客车位22个。常州北站是线下式站房，设站台4个，正线2条、到发线4条6股道，拥有包括军人、母婴候车室和商务座在内的候车区域5个。日停靠67.5对旅客列车，上行62列，包括北京、武汉、兰州西、西安北、郑州东等方向，下行73列，包括三明、昆明南、宁波、温州南等方向，另有高峰线4列、周末线6列。2022年，常州北站发送旅客196.2万人。

【常州奔牛火车站】 常州奔牛火车站位于奔牛镇，始建于1907年，是京沪铁路的三等站，隶属中国铁路上海局集团公司常州直属站管辖。该站按技术性质为中间站，按业务性质属货运站。中心里程位于京沪线下行1269千米187米（上行1269千米093米）处。主要担负列车编组、取送车等作业，以及货运、军运、装卸和列车到发、会让等工作。奔牛站设站台3个，正线2条、到发线5条、货物线1条，计8股道。2021年日均到达150车、卸车144车。2022年完成装车1337辆、卸车4.71万辆。

【“公转铁”运输结构调整发展】 2022年，宇常通多式联运（江苏）有限公司作为江苏省、常州市两级政府和上海市“海铁班列”补贴和奖励政策的常州地区海铁联运、中欧中亚班列操作平台企业，承接“公转铁”运输结构调整发展任务，为常州地区内外贸企业在物流运输环节实现大幅降本增效。公司运营的“常州—上海港”海铁联运班列稳定运行一周10班，连续3年（2020—2022）成为江苏省内发运量第一的城市，是与上海港合作的地市中发运量最大的城市，2020年获上海港海铁联运示范基地。2022年“常州—上海港”海铁联运班列完成重发4.65万标箱，增幅26.12%，实现“公转铁”货发63.7万吨；“常西欧”班列发送10列、650标箱，发运9308吨，为本地企业物流运输降本增效2326万元。

（彭　辉）

公　路

【概况】 常州国家高新区（新北区）公路网体系发达，境内有沪宁高速、江宜高速“一纵一横”高速公路体系和G346、S122、S338、S239、S238、S312等“两纵一横”国省干线公路网络，主城区涉及通江大道、龙城大道、长江路等183条主次干道，总里程332千米。2022年，全区深化农路品牌创建，配合市交通局开展全国农路示范市创建活动，推动农村公路民生工程（20千米农路、3座桥梁）建设和危桥改造。全年组织申报魏奔线、长江路、星港路、政泰路4条道路参与“平安放心路”“美丽农村路”评选。其中，长江路获市“美丽农村路”称号，魏奔线获市“平安放心路”和2022年度江苏“平安放心路”样板路称号。

【农村公路管理】 2022年，常州国家高新区（新北区）加强农村公路管理，出台《关于印发新北区农村公路“路长制”实施方案的通知》《深化农村公路管理养护体制改革实施方案的通知》等文件，明确农村公路管养职责，落实安全隐患排查治理责任人，提升农村公路管理水平。年内，对县、乡道680.26千米开展自动化技术状况评定，检测比例60%，超过省40%检测比例要求。检测结果作为全区农村公路改造及提档升级依据。对农村道路按季度实施养护考核，促使农村公路管理养护工作常态化、规范化。继续推进“四好农村路”建设，助力乡村振兴步入快车道。

【农村公路和桥梁养护】 2022年，常州国家高新区（新北区）有县道204.5千米，乡道468千米，村道301.6千米，农桥296座。年内，根据镇村道路危桥重建实施计划，改造镇村道路20.5千米，农村桥梁7座。完成黄河路等11条道路总计69.5千米的安防护栏整改，提升农村公路行车安全性。实施东圩线、安汤线、孟界线大修工程，并对3条道路沿线临水、高路堤、急弯、陡坡等危险路段安全防护设施开展查漏补缺。推进农村公路常规养护，加强日常管养和小修作业，开展县、乡道路路面隐患及病害排查，发现并整改问题1600余处，维修面积3.1万平方米。对电子地图中314.18千米村道开展平整度检测，年内完成全部检测数据采集，数据显示村道平整度整体状况良好。为全面提升农村公路桥梁安全水平，开展农村公路桥梁普查，对全区农村公路桥梁安全风险进行全面排查和信息采集，并委托第三方桥梁咨询检测机构开展农桥桥梁安全评估。全年检查桥梁145座（其中船闸桥拆除，剩144座），包括特大桥1座、大桥23座、中桥42座、小桥74座、涵洞4座。排查出危桥1座。经检测评定，至年末，全区有一类桥24座、二类桥112座、三类桥7座、四类桥1座。

（沈海波）

【常泰长江大桥和南接线高速公路建设】 2022年，常泰长江大桥及南接线高速公路建设完成各项节点任务。常泰长江大桥主桥常州侧，全年完成投资14.7亿元，主航道桥墩身全部完成，中下塔柱基本成型。录安洲专用航道桥钢桁梁制造和钢桁梁架设完成超50%。合建段引桥墩身全部完成，节段梁预制和架设完成超50%，普通公路引桥墩身和上部结构施工基本完成，为2024年年底通车目标奠定基础。南接线高速公路全年完成投资15亿元，完成征地、房屋拆迁、杆管线迁改等服务保障工作，工程各项节点如期实现，软基处理、小型结构物、路基土石方、预压土堆载基本完成，桥梁桩基、下部结构混凝土基本完成，上部现浇混凝土完成30%，上部预制混凝土完成超50%，钢箱梁厂内加工完成超50%。

（彭 辉）

常泰长江大桥和南接线高速公路建设现场　　（区委宣传统战部 供图）

【龙江路高架北延快速化改造项目建设】 2022年，常州国家高新区（新北区）推动龙江路高架北延重大基础设施建设，完成龙江路高架北延前期工作。龙江路高架北延快速化改造项目，总投资40亿元，南起汉江路，北至创业路，新建和改造里程8.9千米。项目能够完善常州快速路体系，实现交通高快一体化，带动和促进高铁新城、滨江产城、综合港务区组团发展；联系长江两岸，推动常泰区域跨江融合发展。

（陈 升）

港口航运

【概况】 常州国家高新区（新北区）港口由常州港和新北内河港组成，有沿江港口6家和内河码头38家。常州港是国家一类开放口岸和地区性重要港口，基本形成由录安洲港区、圩塘港区和夹江港区“一港三区”及德胜河口预留未来发展空间的总体格局。新北内河港依托内河航道网设置，主要服务于区内沿河企业。2022年，区推动港口岸线集约高效利用，完善重点内河港口服务功能，持续深化港口安全生产专项整治，实施绿色智慧港口建设，打造一批绿色港口标杆企业，绿色水运发展成效明显。

（陈　超）

【绿色港口建设】 2022年，常州国家高新区（新北区）引导辖区港口企业挖掘绿色发展潜力，实施污染防治与节能减排，推进绿色港口建设。完成71套岸电标准化和智能化改造，录安洲长江码头有限公司散货堆场气膜大棚环保提升项目完工，实现装卸、运输和存储过程全封闭。常州宏川石化仓储有限公司VOCs治理项目建成投产，在江苏省化工仓储领域首次使用恒负压废气回收+安全混风预处理+RTO焚烧处理达标排放，项目入选中央环保投资项目储备库。开展环保监管，实施扬尘项目治理，推动所有码头持续完善粉尘在线监测系统建设；落实省政府挂牌督办项目整改，组织港口企业开展自评估，完善各项污染防治措施。组织开展全区港口行业安全环保业务培训。坚持日常环保巡查，全年检查沿江、内河码头企业393家次，开具环保记录督查表74张。年内，常州启凯德胜港口物流有限公司、常州宏川石化仓储有限公司码头获评江苏省三星级“绿色港口”称号。

（陈　超　彭　辉）

【德胜河魏村枢纽工程】 2022年，德胜河魏村枢纽工程完成投资3.3亿元，船闸主体工程基本完工，导航墙工程完成近50%，装配式护岸工程开工；水利节制闸和泵站土建主体全部完成，进入节制闸泵站厂房、附属工程和设备安装施工阶段；上游停泊锚地完成超50%，上下游航道基本完成并交工；德胜河桥、滨江桥主体结构基本完成，实施钢结构焊接及临时支架落架；管理区用房完成超50%，进入办公楼、值班楼的屋面施工和宿舍楼的主体施工阶段。整个项目各项工程节点目标全部按时完成，为船闸在2023年年底具备通行条件并开通试运行创造条件。

（彭　辉）

常州港全貌　　（区委宣传统战部 供图）

【常州港】 常州港港口位于滨江经济开发区，东临江阴市，与泰兴市隔江相望，距省道338线约1千米，距沪宁高速公路14千米，方便通达南京、上海。常州机场、京沪铁路、京杭大运河及建设中的常泰长江大桥及南接线高速公路，形成多层次的集疏运输网络。常州港口岸分为长江常州港口岸和常州陆路口岸两部分。长江常州港口岸有码头4个，生产性泊位32个，具有集装箱、件杂、散货、液体化工等综合通过能力。常州港通用码头全长527米，水深10.5米，有万吨级泊位10个，最大可停靠7万吨级船舶，设计年吞吐量135万吨（散货80万吨、件杂55万吨）；石化码头全长301米，有万吨级海轮泊位（水工结构兼2万吨级海轮）1个，3000吨级泊位1个，设计年吞吐量65万吨。常州港口岸机构完善，有海事、海关、检验检疫、边防等查验单位和运输、代理、服务单位，能为出入境船舶、人员及货物提供全方位服务。2022年，常州港完成货物吞吐量4672.3万吨，外贸完成货物吞吐量1149.1万吨，集装箱完成31.2万标箱。

（陈　超）

生态建设

六大工程建设

【概况】 2022年，常州国家高新区（新北区）高标准实施修山、治水、育林、护田等项目，以国家生态文明建设示范区创建为契机，以生态源保护、生态廊道、城乡公园绿地、生态绿道、特色主题、生态细胞六大工程建设为抓手，开展小黄山风景区、大运河新北段等重点领域生态环境保护修复工程，提升区域生态环境质量。年内，新北区入选全省首批生态产品价值实现机制试点。

（翟　姝）

【生态绿城建设】 2022年，常州国家高新区（新北区）通过乐山河（辽河路—新桥大街）西侧景观绿化工程、运河奔牛镇区段景观建设延伸工程三期、薛家中心广场改造提升工程等10项重点工程，构建稳定、多样、健康的城乡双循环生态系统。增核面积23.33公顷，扩绿面积3.07公顷，连通城市生态和休闲网络空间12千米。提升小黄山水母宕、碧泉宕、彩菊宕周边区域生态景观，重塑矿宕景观，打造水鸟类栖息地，为生物多样性保护与恢复积累试点经验。薛家镇总长11千米的生态绿道实现镇域环通，薛家中心广场完成绿化提升改造工程。

2022年常州国家高新区（新北区）生态绿城建设一览表

表51

项目类型	工程项目名称	区域位置	建设规模	实施内容	建设主体
生态源保护工程	小黄山核心区生态环境提升项目	孟河镇	小黄山核心区23.33公顷	水母宕、碧泉宕、彩菊宕周边区域的生态景观提升，导视及警示标识等配套设施完善；小黄山路和东山路沿线生态景观提升；齐梁大道与小黄山路交叉点生态景观提升	常州龙城新型城镇化建设发展有限公司
生态廊道工程	运河奔牛镇区段景观建设延伸工程三期	奔牛镇	2.4千米	建设范围为南岸天禧桥—能仁寺，全长2.4千米，建设内容为景观步道延伸、绿化提升、历史文化节点设置等	区住房和城乡建设局
	邱庄村农村河道综合整治工程	罗溪镇	1.08千米	计划实施河道疏浚整治1条，全长约1080米，配合河道岸坡整治、河坡绿化、栽植灌木、配套涵管、道路修复等内容	罗溪镇
	孟河镇主要骨干河道整治及配套护岸工程	孟河镇	5.1千米	对孟河镇主要骨干河道实施整治及配套护岸工程，完成2条河道疏浚工程、2处水系贯通工程、闸站建筑物1座	孟河镇
城乡公园绿地工程	乐山河（辽河路—新桥大街）西侧景观绿化工程	新桥街道	0.6公顷	乐山河（辽河路—新桥大街），长度300米，河道蓝线30米，西侧绿化带15米，包括园路、座椅、观景平台绿化提升等内容	区住房和城乡建设局

续表 51

项目类型	工程项目名称	区域位置	建设规模	实施内容	建设主体
生态绿道工程	薛家镇区生态绿道建设	薛家镇	3.24千米	丽园路（薛冶路—顺园路）、顺园路（丽园路—汉江路）两侧步道及景观绿化工程	薛家镇
特色主题建设工程	薛家中心广场改造提升工程	薛家镇	1公顷	公园设施、绿化项目综合提升改造	区住房和城乡建设局
	新北中心公园改造提升工程	三井街道	1公顷	公园设施、绿化项目综合提升改造	区住房和城乡建设局
	飞龙公园改造提升工程	三井街道	0.47公顷	公园设施、绿化项目综合提升改造	区住房和城乡建设局
生态细胞建设工程	生态细胞建设工程	新北区	6个	争创国家生态文明建设示范区，创成省级生态文明建设示范村1个、市级生态文明建设示范村1个，开展创建国际生态学校3个	相关镇、街道

【生态文明建设示范单位创建】 2022年，常州国家高新区（新北区）落实《常州市新北区生态环境保护工作责任规定（试行）》，构建全区管发展必须管环保、管生产必须管环保、管行业必须管环保的生态环境保护工作责任体系。区生态环境部门把生态细胞创建工程作为生态文明建设的主阵地和展示台，指导各创建单位对标指标体系，统筹推进生态文明建设示范创建，形成条块结合、上下联动、齐抓共管、全社会共同参与的生态创建工作格局。年内，奔牛镇祁家村、魏村街道东蒋村分别被评为第五批省级生态文明建设示范村和2022年市级生态文明建设示范村；常州市新北区三井实验小学、常州市新北区龙虎塘实验小学、常州市新北区先启幼儿园获2022年度（第十一批）国际生态学校项目绿旗认证。

（姜　润）

【环保宣传教育】 2022年，常州国家高新区（新北区）强化环境保护宣传教育。“6·5”环境日，区生态环境局联合区教育局、团区委、邮政集团常州分公司开展“告白美好环境三行诗”主题书信比赛，发起“爱家园、守护绿、共参与”倡议。围绕《中华人民共和国噪声污染防治法》，开展线上普法讲座直播1场、线下专题培训3场，受众4500人；上门走访环保企业2次，开展环境保护普法宣传教育。6月，发布《新北区生态环境违法十大典型案例》。在常州市新北区三井实验小学、常州市新北区龙虎塘中学等学校举办《中华人民共和国噪声污染防治法》等环保专题讲座5场，提升学生绿色环保理念。央视网、新华网、《新华日报》、“学习强国”学习平台、交汇点等国家级、省级主流媒体刊登全区污染防治攻坚信息报道70余篇。

（刘如澄）

“6·5”环境日，区生态环境局联合区教育局、团区委、邮政集团常州分公司开展“告白美好环境三行诗”主题书信比赛　（区委宣传统战部　供图）

【新龙生态林项目获2021年“江苏人居环境范例奖”】 8月，江苏龙城国有控股集团有限公司旗下生态建设公司承建的常州新龙生态林园林绿化建设管理项目入选“江苏人居环境范例奖”，为全市唯一入选项目。新龙生态林位于新北区长江北路1001号，占地面积440万平方米，藻江河、德胜河穿流而过，园内种植各类乔（灌）木10万余株，植被覆盖率 70%；每年吸收二氧化硫 180 余吨，滞尘 7000 余吨，平均每天吸收相当于 100 万人呼出的二氧化碳量，释放出相当于可供 90 多万人吸收的氧气量，助力实现碳达峰、碳中和目标；通过创新打造中水回用示范区、节约型能源建设、科技助力绿化废弃物处置等措施助力生态环境改善。

（胡绍伟）

长江大保护

【长江岸线生态修复】 2022 年，常州国家高新区（新北区）推进企业拆除与沿江生态提升工程，构建化工企业、拆除公司、属地政府、职能部门和第三方监管单位“五方联动”安全拆除保障机制。完成 8 家低质低效腾退企业拆除和永达、常茂地块复绿面积 8.8 公顷。启动常州亚邦化学有限公司和常州市新华活性材料研究所 2 家化工企业拆除工作。以沿江自然生态林为基础，有机串联长江大保护展示馆、渔港码头渡江战役红色基地、十里生态绿廊，提升沿江 5 千米生态廊道品质内涵。至年末，全区累计拆除沿江化工企业 45 家，其中距江岸线 1 千米外的有 17 家；腾退土地面积 266.68 公顷，沿江 1 千米范围内连片复绿面积 220.11 公顷，长江常州段生态岸线建成比例 80.6%，位居全省第一。

（巢　飞）

【长江流域禁捕退捕和“三无”船舶清理】 2022 年，常州国家高新区（新北区）推进禁捕水域网格化管理，落实区、镇、村（社区）3 级网格化监管。区农业农村局、公安新北分局等部门全年出动执法人员 2500 余人次，开展打击非法捕捞长江刀鲚、“五一”禁捕执法、“四清四无”（清船、清网、清江、清河，无渔船、无渔具、无渔网、无捕捞行为）回头看和明察暗访、夏秋季联合巡查等专项执法行动。集中整治内陆水域“三无”船舶（无船名船号、无船舶证书、无船籍港的船舶）。印发《新北区内陆水域“三无”船舶集中清理整治“清源”行动实施方案》，7—9 月，以通江河道为重点，在全区所有内陆水域开展“三无”船舶集中整治，排查登记各类“三无”船舶 330 余艘，取缔清理 30 余艘；各地统一登记备案，编号涂标，签订禁捕承诺书，纳入乡镇农用自备船舶管理 297 艘，全面消除非法捕捞源头隐患。

（区农业农村局）

长江生态廊道　　（区委宣传统战部 供图）

【滨江毗陵潮水利风景区通过省级考评】 12 月 9 日，省河道管理局专家组对滨江毗陵潮水利风景区省级创建工作开展线上调研评价。通过直接现场点位连线互动，收看实景拍摄、观看创建视频、听取汇报、查阅资料和讨论交流，省专家组认为滨江毗陵潮水利风景区景观资源丰富，自然景观、工程景观及人文景观相互融合，符合省级水利风景区创建标准并通过省级考评。滨江毗陵潮水利风景区位于新北区滨江经济开发区，濒临长江，规划范围东起澡港河，西至德胜河，南至港区中路，北至长江，总面积 18.81 平方千米，其中水域面积 8.4 平方千米，工程管理范围面积 10.41 平方千米。景区沿线有排涝泵站 14 座、长江江堤、跨河交通桥梁 3 座。景区主要依托魏村水利枢纽、澡港水利枢纽及长江堤防（常州段）3 座水利工程而建，主要景观节点有长江大保护展示馆、生态廊道、生态林地等，主要河道水质达到地表水质量Ⅲ类标准。2022 年，新北区出台《常州市滨江毗陵潮水利风景区规划纲要》，以“毗陵潮”为主题，汇集管控保护、主题展示、文旅融合、传统利用四大功能，为市民游客提供亲水临江、感受自然的休闲胜地。

【长江大保护法治宣传教育馆开放】 8 月 12 日，全国首家长江大保护法治宣传教育馆在长江大保护展示馆正式开放。开放仪式上，常州市滨江中学学生代表青少年护江志愿者发出护江倡议，常州合全药业有限公司代表沿江企业作护江表态；常州市法治宣传教育领导小组办公室为长江大保护法治宣讲团成员代表颁发聘书，为沿江企业单位代表赠送长江保护法治书籍和典型案例汇编。志愿律师在馆内开展长江保护法线上普法直播。该法治宣传教育馆建筑面积650平方米，通过对中华民族依法治水历程展示、《中华人民共和国长江保护法》出台背景和重点内容解读、相关部门职能和执法成效介绍、依法治江护江和绿色发展理念宣传，为观众提供普法教育、观光游憩、亲江护江一系列全方位沉浸式体验。年内，长江大保护展示馆入选全省首批省级生态文化宣传示范点。

【长江经济带生态环境突出问题整改暨化工污染治理现场会】 9月23日，长江经济带生态环境突出问题整改暨化工污染治理现场会在常州市召开，推动长江经济带发展领导小组办公室综合协调组负责人、省市相关负责人、区长江大保护相关工作人员及有关企业负责人参加会议。会议学习习近平总书记关于推动长江经济带发展的重要讲话和指示批示精神，落实推动长江经济带发展领导小组工作部署，系统总结生态环境突出问题整改成效；强调要提高政治站位，认识保护修复长江生态环境的重要性，以问题整改为抓手，改善长江生态环境，推动长江大保护工作。常州国家高新区（新北区）沿江突出环境问题整改案例作为优秀案例在2022年长江经济带生态环境警示片中展示。与会人员实地调研长江大保护常州展示馆、警示片披露的化工污染问题整改现场、盛瑞（常州）特种材料有限公司、新龙生态林等，感受生态环境治理成效。

（巢　飞）

【“十年禁渔 守护长江”2022常州市长江禁渔主题宣传活动】 6月2日，由市农业农村局、公安局、人社局、市场监督管理局、生态环境局和常州海事局主办，江苏龙城国有控股集团有限公司等协办的“十年禁渔 守护长江”2022常州市长江禁渔主题宣传活动在新龙生态林启动，活动现场组织参观长江大保护展示馆和长江禁渔主题宣传展。展区详细介绍长江禁捕退捕的意义，禁捕退捕后长江渔民安置、禁渔执法、生态修复等成效，设置长江禁渔知识问答区、禁用渔具钓具和人工繁殖的胭脂鱼、长吻鮠等长江特有鱼类展示区。实地观摩渔政执法人员日常巡江执法，在新龙生态林云阳湖举行渔业资源增殖放流活动，放流花白鲢鱼苗5万尾。展示持续3天，接待游客3万人次。

（区志办）

自然资源保护

【概况】 2022年，常州国家高新区（新北区）坚持山、水、林、田、湖、草、沙一体化保护和系统治理，严守资源安全底线，夯实资源安全基础。全区林木覆盖率保持在18.9%，自然湿地保护率65%。新北区连续10次被评为江苏省土地执法模范区；在常州市2021年度市级耕地保护激励绩效评价中位列第二名，获13.4公顷建设用地指标奖励。

【耕地资源保护】 2022年，常州国家高新区（新北区）继续推进省委巡视组反馈的耕地“非粮化”（指不能利用耕地做除种植粮食之外的事）、耕地保护督察整改工作。落实耕地占补平衡和进出平衡机制，实施耕地转出面积47.66公顷，耕地转进面积77.27公顷。开展全国农村乱占耕地建房（非住宅）试点工作，以西夏墅镇开展先行先试，至年末，处置整改问题项目121宗，面积37.5公顷。

【林地保护】 2022年，常州国家高新区（新北区）衔接国土空间规划编制，深化细化新一轮林地保护利用规划方案，根据相关文件和技术规程要求，开展数据融合、公益林调整、林地落界、补充调查等。开展省级公益林优化落界专题研究，依托区情，厘清省级公益林范围界线，核准细化地类、林地权属和生态区位，上报初步成果。出台《新北区林长制区级会议制度》《新北区林长巡林制度》《新北区林长制区级督查制度》《新北区林长制信息报送和公开制度》4项制度。新增营造林面积13.4公顷，完成森林抚育面积134公顷。构建3级林长制责任体系，明确各级林长165人，全区竖立林长公示牌152块。创成奔牛镇贺家村严家塘自然村、奔牛镇金联村五墅自然村、西夏墅镇梅林村龙王庙自然村3个省级绿美村庄。推进沿江化工企业腾退整治试点，通过市级验收项目8个，面积50.85公顷。

（许　群）

【新北区自然资源“云监管”平台】 2022年，作为全省自然资源“实时智能监管”试点地区之一，新北区在全省率先建成自然资源违法行为“云监管”平台。6月21日，新北区自然资源“云监管”平台正式启用，形成具有新北辨识度的“1+8+3”智能监管新模式，即运用1套集自动巡查、自动识别、自动定位、自动分析、自动预警功能于一体的自动预警机制系统，对土地非农化、非粮化、设施农业用地、批后监管、供后跟踪管理、临时用地、森林防火、长江大保护八大核心业务场景开展监督预警，实现实时监测、智能分析、高效处置三大目标要求。该平台建立100万余份样本库，采用先进的AI技术，减少错误率和误判率，智能识别准确度超95%；采用高维超

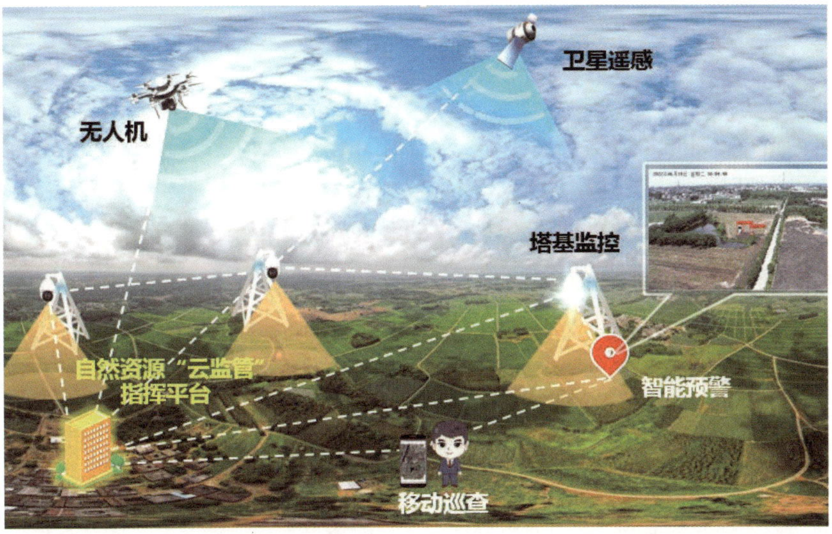

云监管平台运行模式示意图　（区资规分局 供图）

定方程的空间定位算法，辅助执法人员更精准地判断违法行为的具体方位，更迅速到达违法现场，及时展开核查工作；布设视频监测终端100个，覆盖耕地9400公顷、基本农田7600公顷、林地3300公顷，基本实现全区自然资源山、水、林、田、湖、草智能化的全要素监管。出台《新北区"云监管"平台运行规则（试行）》，从制度层面规范平台应用。至年末，"云监管"系统抓拍疑似违法项目742个，核实732个，有效核实处置率98.7%。

（钱里阳）

生态环境质量

【大气环境质量】 2022年，常州国家高新区（新北区）大气环境质量稳步改善。优良天数283天，优良率77.7%，改善幅度位列全市第二，行政中心站点改善幅度位列全市第一。$PM_{2.5}$为34.5微克/m^3，比上年（下同）下降8.5%，首次达到国家空气质量二级标准。

（邢　康）

【水环境质量】 2022年，常州国家高新区（新北区）8个国考、省考水质断面优Ⅲ比率100%，连续6年实现国考、省考断面水质优Ⅲ比率100%。其中7个断面达到Ⅱ类水质，占比87.5%，连续2年国考断面水质优Ⅱ比例达100%。澡港河常林桥、澡港河东支河海东路桥、扁担河扁担河桥、京杭运河连江桥等出境断面总磷负荷达标，改善幅度均达5%，完成市级考核指标。

（薛　科）

【声环境质量】 2022年，常州国家高新区（新北区）区域环境噪声昼间平均值54.8分贝，降低1.3分贝；道路交通噪声昼间平均值68.3分贝，上升0.9个分贝。依据《环境噪声监测技术规范城市声环境常规监测》（HJ640—2012），城市区域环境噪声总体水平等级（昼间）、道路交通噪声强度等级（昼间）均划分为二级，属于较好水平。全区功能区昼间噪声、夜间噪声达标率100%，与上年持平。

（邢　康）

污染防治

【水环境治理】 2022年，常州国家高新区（新北区）开展支流支浜消劣整治，完成26条河道整治任务，年度整治率100%。排查994家涉磷行业企业，完成整治任务50%。开展长江入河排污口监测溯源，2020—2022年完成生态环境部交办的299个排污口监测溯源相关任务。结合小微水体整治与乡村振兴战略、片区水环境治理和村庄环境整治，开展"截""清""修""绿"行动："截"指外防污染，彻底截除生活污染源；"清"指内源治理，有针对性地开展清淤疏浚，清除垃圾；"修"指水体修复，对重点小微水体采用微生物净化、水生植物修复、曝气复氧等生态技术，提高水体修复能力；"绿"指美化绿化提升，结合美丽乡村、小微水体河长制示范村等建设，在水体岸边修建慢行步道、生态覆绿，建设"一塘一景"。全年创成区级小微水体河长制示范村5个，其中3个村被评为常州市市级幸福小微水体示范片区。

（薛　科）

【大气环境治理】 2022年，常州国家高新区（新北区）推进细颗粒物（$PM_{2.5}$）和臭氧浓度"双降双控"工作，实施挥发性有机物（VOCs）和氮氧化物协同减排。开展夏季臭氧污染防治攻坚和秋冬季大气污染综合治理攻坚。实施VOCs集群化精细化治理，以源头替代为重点，推进重点行业超低排放深度治理改造。完成30项VOCs综合治理项目，50项VOCs无组织排放治理项目，30项重点行业、重点设施减排项目及98个有机储罐治理。制订重点企业挥发性有机物整治方案，组织全区第二批18家重点挥发性有机物排放企业编制并实施"一厂一策"整治方案；完成活性炭入户检查620家、VOCs填报系统390家。开展柴油车排放路查路检580次，入户监督抽测121次，非道路移动机械抽检120次。优化重污染天气预警流程，完善应急减排清单，细化管控要求，实现分级预警、及时响应。开展秋冬季秸秆和垃圾禁烧巡查100余次，采用科技手段与人工巡查相结合的方式，加大重点时段巡查力度。通过固定点位监测+移动巡查监测的搭配模式，滨开区新材料产业园实现污染问题发生即发现、企业工段污染精准溯源、管理责任到岗到人，提升园区大气污染物监测能力、环境风险预警能力以及恶臭异味溯源精度。定期与江阴市、泰州市相关部门沟通协作，开展环境交叉检查5次。组织3家省级以上工业园区完成污染物排放限值限量方案编制。实行结构减排和工程减排2项措施，引导企业高质量绿色发展。实施差异化配置总量指标，排污总量向省、市重大高精特新项目倾斜。收储"十四五"规划以来排污单位关闭、实施深度治理形成的污染物减排项目49个，可替代总量分别为二氧化硫36.62吨、氮氧化物209.96吨、颗粒物345.03吨、挥发性有机物487.37吨。

【土壤和地下水管控治理】 2022年，常州国家高新区（新北区）控制建设用地准入，确保32块经营性用地储备、出让、收回等流转环节无土壤污染环境风险，农用地土壤环境质量监测总体良好，重点建设用地和建设用地安全利用率均为100%。完成22个暂不利用开发地块的土壤风险管控。按照在产企业风险管控要求，全区80家土壤重点监管企业隐患排查、有毒有害报告、自行监测落实到位。推进滨开区新材料产业园地下水污染防治评估，建成地下水监测监控体系，覆盖园区11.25平方千米及周边1千米范围、园区沿江1千米范围内生态安全缓冲区域；依托监测监控体系逐步摸清园区地下水环境现状，为后续实现园区地下水环境质量趋势分析、变化预警及污染防控提供有效支撑。实施18家土壤重点监管单位周边土壤和地下水监测，完成7个超一类地块土壤污染调查，推进7个国控地下水点位"一井一策"质量保持和规范化整治。

（岳文泽）

【农业废弃物治理】 2022年，常州国家高新区（新北区）开展畜禽养殖场粪污资源化利用和水产养殖生态化改造，规模畜禽粪污综合利用率超98%，规模养殖场粪污处理设施装备配套率和规模养殖场治理率均达100%。协同推进农药包装废弃物、废旧农膜处理，完成农药包装废弃物回收54吨、废旧农膜回收80.84吨，改造更新80个农药包装废弃物回收点和22个废旧农膜回收点，建成省级"五有"（有固定防渗场地、有统一标牌、有专人负责、有废旧农膜储有量、有规范台账）废旧农膜回收点2个，全区废旧农膜回收率超94%。6月，区农业管理综合行政执法大队制作的《农膜的循环人生》被农业农村部评为农业农村普法优秀视频。

（赵志敏）

【生态环境损害赔偿】 2022年，常州国家高新区（新北区）探索创新生态环境损害赔偿工作思路和方法，深化区生态环境部门牵头，公检法、属地政府参与联动，专业机构提供技术支撑的工作机制。创新生态损害赔偿模式，组织磋商某企业因航空煤油泄漏造成的生态环境损害赔偿事宜，评估生态环境损害费96.7万元，该费用缴纳至区生态环境损害赔偿资金专户。至年末，全区完成生态环境损害赔偿磋商案件37件，数量位列全市第一。围绕全区新能源产业发展定位，结合大气污染无法原位修复的实际情况，首创全省低碳出行模式。在奔牛镇史陈家村便民服务中心建设便民汽车充电桩15台，把便民汽车充电桩项目作为生态环境损害替代性修复项目，减少碳排放和大气污染。奔牛镇4家企业联合开展的生态环境损害赔偿磋商案入选江苏省第二批生态环境损害赔偿十大典型案例提名表扬案例。

（钱雪莲）

环境监管

【环境影响评价审批】 2022年，常州国家高新区（新北区）完成209个项目的环境影响评价审批。区行政审批局配合中央第二生态环境保护督察组督察2018—2022年立项、环评等审批材料。1月，建立固废收集贮存、处置项目环评联合审查制度，在环评审批阶段，建立行政审批局、生态环境局多部门联合审查制度，把经营许可证审查关口前移，统筹考虑全区固废处置需求，避免建设主体盲目投资、重复建设造成损失。对常州厚德再生资源科技有限公司、江苏盈天化学有限公司等企业的18个项目开展联合审查，在项目立项、环评审批阶段提前与市区两级生态部门进行联审，在确保各类固体废物收集贮存、处置符合生态部门管理要求的前提下，开展立项及环评审批。

（沈　霞）

【环境执法】 2022年，常州国家高新区（新北区）环境执法部门下达行政处罚决定书306件，罚款金额3281.7万元，适用新《中华人民共和国环境保护法》配套办法办理案件123件，其中实施查封扣押案件47件、限产停产案件2件、移送行政拘留案件67件、移送司法案件7件。对142家重点企业开展专家预查，免费帮助企业查摆环境问题，为企业提出"一厂一策"整改措施，增强企业绿色发展能力。

7月，区环境执法人员在滨江化工园区举行高科技赋能环境执法

（区生态环境局 供图）

年内，区生态环境局被评为全国生态环境保护执法大练兵表现突出集体。

（马　静）

【环境风险防范】 2022年，常州国家高新区（新北区）完成194家重点风险企业突发环境事件隐患排查治理、1763台（套）6类污染防治设施安全评估辨识和安全隐患排查，完善化工园区及电镀行业“三级防控”体系建设，建成“绿盾工程”应急储备物资库17座，组织开展2次突发环境事件应急拉练和沿江地区突发水污染事件应急联动演练。妥善处置13起突发事件，未对周边环境造成影响。受理各类环境信访举报474件次，均按期按要求办结。第二轮中央生态环境保护督察交办环境信访件72件全部按要求反馈和推进整改。制订环境信访应急处置预案，全力保障特殊时期社会稳定和重点信访的化解，全年未发生涉环保群体性信访问题。

（马　静）

【生态环境监测】 2022年，常州国家高新区（新北区）开展对沿江28个泵站闸内河水每月不少于1次的检测分析，全年监测水质40轮664次。提供检测报告和检测月报服务，编制区建水站水质快报84期。完成新北区入江排水口水质检测优化方案，结论显示沿江片区2020—2021年的整体水质向好。提升“非现场”监管能力，开展覆盖全区范围的污染源自动监控及自行监测情况现场核查，推动300余家企业在线监控安装联网，完成排污单位全联全控目标任务；加快科技手段运用，常态化使用无人机、走航、红外热成像气体泄漏检测仪，为“非现场”监管工作提供数字化、智慧化支撑。

（姜　润）

【固体废物管理与处置】 2022年，常州国家高新区（新北区）危险废物处置能力38.5万吨，实际处置13.8万吨。围绕无害化处置产能升级，加速推进常州亚邦化学有限公司危险废物焚烧项目拆除淘汰，引导常州强力光电材料有限公司危险废物焚烧先进产能置换。遵循资源化优先的政策导向，提升危险废物利用处置能力，新增贵金属废料回收利用项目2个，回收利用贵金属能力1.3万吨/年。开展危险废物利用处置企业提标整治，制订提标整治工作方案，委托专业力量出具提标整治“一企一策”方案18个，定期定向、对标对表推进全行业提标整治工作。完成“无废城市”实施方案编制，推进“无废城市”建设，完善危险废物全生命周期管理和小量危险废物收集体系，发挥减污降碳协同增效作用，固体废物治理体系和治理能力得到提升。开展一般工业固体废物集中收集体系建设，对全区18家一般固体废物收集单位、3401家固体废物产生企业开展摸底调查，基本摸清本地一般固体废物产废特征和问题症结。初步建成一般固体废物信息化管理平台，制定一般固体废物收集行业建设和管理标准，启动2个固体废物收集项目规范化改造建设。

【危险废物全生命周期管理】 2022年，常州国家高新区（新北区）有纳入平台的产废企业2101家，比上年增长18.9%。发挥危险废物全生命周期监控系统功效，145家汽修企业、2家检测机构、1家高校按照最新的分级分类管理要求，纳入特殊行业监管。开展安全风险大数据辨识，通过全生命周期系统梳理各类数据7800余条，开辟库存量、种类危险程度、短期入库突变等异常情况安全风险辨识先例，辨识236家企业安全隐患236个，下发安全风险提示函3份。开展危险废物专项排查整治、安全生产大检查等专项行动，排查471家企业，发现环境隐患278个、安全隐患331个。开展危险废物减库存工作，至年末，全区危险废物贮存量2713吨，连续3年保持下降趋势。

【核与辐射环境管理】 2022年，常州国家高新区（新北区）对12家核与辐射重点单位实施全覆盖检查，对109家核与辐射一般单位开展执法抽查，全年开展执法检查33家次。委托专业机构对15家重点核技术利用单位开展核与辐射安全风险隐患排查治理，确保各类问题隐患排查整改率100%。对3类射线装置辐射安全许可证核（换）发24家次。完成121家辐射工作单位的年度评估，对辐射工作单位核查全国核技术利用单位辐射安全申报系统的申报信息。36家核技术利用单位完成人员培训、计量检测任务和信息维护。

（郭丽峰）

【孟河汽摩配产业集群VOCs整治】 2022年，常州国家高新区（新北区）落实第二轮中央生态环境保护督察反馈问题整改要求，开展孟河镇汽摩配产业集群挥发性有机物（VOCs）综合整治。对孟河镇1987家涉气企业开展摸底调查和污染排放测算，排出涉挥发性有机物（VOCs）排放企业840家，其中涂装类企业218家、注塑类企业480家、压铸等其他工艺企业142家。根据物料衡算、经验系数等办法测算，挥发性有机物（VOCs）排放总量985吨。制订《孟河镇汽摩配产业集群挥发性有机物（VOCs）整治实施方案》及《孟河镇汽配产业集群企业环境规范化管理指南》。按照“关停一批”“整治一批”“集中（进绿岛）一批”的原则，对汽摩配产业集群挥发性有机物（VOCs）排放实施综合整治，至年末，关停涉挥发性有机物（VOCs）企业68家，整治提升注塑类、印刷类企业98家，第二轮中央生态环境保护督察反馈问题整改落实15项。

（岳文泽）

化工产业安全环保整治

【概况】 2022年，常州国家高新区（新北区）依据长江大保护和化工企业转型补偿政策，关停化工企业16家，至年末，累计关停化工企业122家。全区化工企业总数由2017年年初的179家减少至2022年的43家，降幅76%，为化工产业高端化、绿色化转型奠定基础。开展“回头看”检查，对2020年江苏省化工产业安全环保整治提升领导小组办公室化工产业安全环保整治提升攻坚行动中明确的安全环保隐患，区化工企业综合治理办公室现场走访33家化工生产企业，逐一确认前期检查发现的问题隐患整改完成情况，确保隐患整改到位、风险消除到位。推进生态环境保护督察反馈问题整改，开展喷涂行业综合整治及百丈工业园、龙虎塘印染园等重点片区综合治理。华润化学材料科技股份有限公司成为市级化工企业重点监测点。区获化工产业安全环保整治提升省级奖补资金4882万元。

2017—2022年常州国家高新区（新北区）关停化工企业一览表

表52

序号	企业名称	关闭退出时间	属地
1	常州百裕化工有限公司	2017年	滨开区
2	常州晨宏合成材料有限公司		
3	常州红阳精细化工有限公司		
4	常州市常润复合材料有限公司		
5	常州市东亚添加剂厂		
6	常州市海洋润滑油有限公司		
7	常州市江东助剂有限公司		
8	常州市太平洋润滑油有限公司		
9	常州市通达化工有限公司		
10	常州市增佳粘合剂有限公司		
11	常州市长丰化工有限公司		
12	常州新区利进化工有限公司		
13	常州新区永庆化工有限公司		
14	常州优立康科技有限公司		

续表 52

序号	企业名称	关闭退出时间	属地
15	常州众博复合材料有限公司	2017年	滨开区
16	常州市绿缘涂料有限公司		
17	常州龙江江天化工有限公司		
18	常州石庄杰溶化工有限公司		
19	常州新区申达化工有限公司		
20	江苏江永新材料科技有限公司		孟河镇
21	常州市科发化学试剂有限公司		
22	常州伟杰化工有限公司		新桥街道
23	常州时发化工有限公司		薛家镇
24	常州市亚发特种油品厂		
25	常州希柯涂料有限公司		
26	常州市宏运油品有限公司		罗溪镇
27	常州市金元特种油品有限公司		
28	常州市长虹油品有限公司		
29	常州市苏南化工助剂厂（普通合伙）		
30	常州市安达路改性乳化沥青厂（普通合伙）		
31	常州市国民化工厂		
32	常州市玉兴化工厂		
33	常州市新纪元涂料厂（普通合伙）		
34	常州市新进助剂厂		西夏墅镇
35	常州市博天助剂厂		
36	常州市松盛香料有限公司		
37	常州市奔久化工有限公司		奔牛镇
38	常州迪利表面装饰材料有限公司		三井街道
39	江苏普兰纳涂料有限公司		
40	常州方圆制药有限公司		
41	常州吉旺精细化工有限公司	2018年	滨开区
42	常州市长源化工有限公司		
43	常州市惠强涂料有限公司		孟河镇
44	常州邦迪涂料有限公司		
45	常州之友梦琦涂料有限公司		薛家镇
46	常州胜明涂料有限公司		
47	常州市晨光树脂有限公司		
48	常州世杰新材料科技有限公司		

续表 52

序号	企业名称	关闭退出时间	属地
49	常州市捷达助剂厂	2018年	薛家镇
50	常州市拉特涂料有限公司		罗溪镇
51	常州市华耀助剂厂		
52	常州市良华清洗剂厂		
53	常州市溢润油品化工有限公司		
54	常州市润业合成油厂		
55	常州市南江医药化工有限公司		
56	常州市华联永盛化工厂		
57	常州康佳涂料有限公司		西夏墅镇
58	常州市吴门油脂化工厂		
59	常州市恒泰化工制造有限公司		
60	常州市水仙花化工有限公司		
61	常州市奔牛化工厂		奔牛镇
62	常州市武进奔牛电子化工有限公司		
63	常州市欣泽涂料有限公司		三井街道
64	常州市万事达涂料有限公司		
65	常州市长发装饰材料有限公司		
66	常州金隆生物医药有限公司	2019年	滨开区
67	江苏常隆化工有限公司		
68	常州江昇化工有限公司		
69	常州华捷化工有限公司		
70	常州市永祥车业有限公司		
71	常州市光泰涂料厂		孟河镇
72	常州市康宝涂料化工有限公司		罗溪镇
73	常州亚光艾德涂料有限公司		
74	常州市晨光超润油品有限公司		
75	常州市一阳精细化工厂		
76	常州市罗新防腐材料有限公司		
77	常州市波尔特种油品厂		
78	常州市环宇化工助剂厂		
79	常州市珠江助剂化工厂		西夏墅镇
80	常州市神彩化工有限公司		奔牛镇
81	常州市武进合鑫涂料有限公司		
82	常州武新制药有限公司	2020年	滨开区

续表 52

序号	企业名称	关闭退出时间	属地
83	常州高化环保技术有限公司	2020年	滨开区
84	常州豪邦纳米科技涂料有限公司		
85	江苏柏鹤涂料有限公司		罗溪镇
86	常州新兴华大明化工有限公司		滨开区
87	常州华大明化工有限公司		
88	新湖（常州）石化有限公司		
89	常州常京化学有限公司		
90	常州明谛树脂有限公司		
91	常州德科化学有限公司		
92	常州清红化工有限公司		
93	常州市润星化工有限公司	2021年	奔牛镇
94	江苏永达药业有限公司		滨开区
95	常州曙光化工厂		
96	常州诺德化工新材料有限公司		
97	莱依特化工（常州）有限公司		
98	常州市华荣化工有限公司		
99	江苏华达化工集团有限公司		
100	江苏艾维科技发展有限公司		
101	波林化工（常州）有限公司		
102	常州海克莱化学有限公司		
103	建滔（常州）化工有限公司		
104	常州龙宇颜料化学有限公司		
105	常州市广华化工新材料有限公司		
106	常州华狮化工有限公司		三井街道
107	常州市凯元化工有限公司	2022年	滨开区
108	常州东昊化工有限公司		
109	常州宝氢天辰气体有限公司		
110	常州君合科技股份有限公司		
111	常州沃富斯农化有限公司		
112	江苏科茵格特种沥青有限公司		
113	江苏力昊化学发展有限公司		
114	常州世鑫化工有限公司		
115	常州亚邦化学有限公司		
116	常州市智通树脂有限公司		春江街道

续表 52

序号	企业名称	关闭退出时间	属地
117	常州市寅鑫新材料科技有限公司	2022年	春江街道
118	常州新区华发油漆油墨制造有限公司		罗溪镇
119	常州市蓝航涂料助剂有限公司		
120	常州永丰涂料有限公司		
121	常州市同方机械油品有限公司		
122	江苏精科霞峰环保科技有限公司		三井街道

（芮凌燕）

【滨开区新材料产业园入选国家级绿色化工园区名录】 12月，常州滨开区新材料产业园入选国家级绿色化工园区名录。园区占地面积11.25平方千米，是省政府认定的14个化工园区之一、常州市唯一的化工园区。园区从空间布局、产业链设计、能源利用、资源利用、基础设施、生态环境、运行管理等方面贯彻资源节约和环境友好理念，严格把控各项污染排放指标，完善园区内产业的绿色产业链，系统性推进绿色化工园区建设。2022年，园区建成工业供水体系、双回路供电系统、工业废水收集处理系统、雨水管控系统、危险废物处理处置系统等基础设施，持续推进土地资源集约高效利用，实施严格的水资源管理，推进能源节约利用和副产物与废弃物再生利用。园区河道长期保持地表水Ⅲ类水质，地下水水质基本达到《地下水质量标准》（GB/T14848-93）Ⅲ类标准，区域内3类声环境功能区状况良好。

（黄　婷）

【新北区获省级环保奖补资金】 8月，新北区因完成2021年度化工产业安全环保整治提升目标任务，获省级奖补资金4882万元，比上年增长144%，占全市奖补资金总额的59%。2021年，全区开展长江大保护攻坚战，落实企业关停、“三断三清”（断水、断电、断天然气，清设备、清物料、清固废危废）、手续办理、联合验收等，推进化工行业整治、低端落后化工企业关闭退出，关停16家化工生产企业，完成年度目标任务。2022年，新北区所获奖补资金主要用于化工产业安全环保整治提升中关闭退出化工企业的生产设备设施补偿费、拆除费、处置费，关闭退出化工企业的物料、废料、污染物清除费等。

（芮凌燕）

节能与低碳

【概况】 2022年，常州国家高新区（新北区）落实煤炭消费等量减量替代要求，淘汰关停环保、能耗、安全等不达标的燃煤机组，全区35吨/时以下燃煤锅炉全部淘汰或以清洁能源替代，65吨/时以上锅炉全部实现超低排放改造，实现非电行业零煤耗。以热电联产规划引导全区热电行业科学发展，对已有燃煤热电企业实施布局优化，提升发热电企业综合能源使用效能。国能常州发电有限公司开展区域供热替代，单日最大供热量6482吨，年供热量190万吨，向区域内企业供应压缩空气2.7亿标准立方米，深加工发电副产品55万吨，创效超5800万元，综合能源产业创效2亿元，实现区域集约式节能。发展清洁能源，光大常高新环保能源（常州）有限公司实施

常州汉森机械有限公司生产车间　　（王　锐　摄）

煤炭替代，利用城市生活垃圾焚烧发电，日处理生活垃圾1500吨，可显著减少二氧化碳和二氧化硫排放，产生巨大的环境效益。推进“自用为主、余电上网”的屋顶分布式光伏发电项目，全区新增备案分布式光伏发电项目121个，光伏装机容量新增125兆瓦。

（白铁兴）

【绿色制造体系建设】 2022年，常州国家高新区（新北区）新增国家级绿色化工园区1个、国家级绿色设计示范企业1家、省级绿色工厂3家、市级绿色工厂10家；全区万元地区生产总值能耗下降3.6%。至年末，全区累计建成国家级绿色化工园区1个，国家级绿色设计示范企业1家，国家级绿色设计产品8个，国家级绿色工厂1家，省级绿色工厂5家，市级绿色工厂21家。年内，出台《常州国家高新区（新北区）工业绿色制造体系建设专项行动方案》，明确未来3年绿色制造发展路径。组织22家市重点用能单位开展2021年度重点用能单位能源利用状况报告填报工作。常州汉森机械有限公司农田污染处理设备产业化、江苏贝纳环保节能科技有限公司空压机合同能源管理、江苏兴荣高新科技股份有限公司楼式光亮铜管退火炉生产和常州华光建材科技有限公司建筑废弃物无害化资源化利用4个项目获2022年常州市节能及发展循环经济专项资金132万元。

常州国家高新区（新北区）绿色制造体系一览表

表53

<table>
<tr><th>序号</th><th>名称</th><th>类型</th><th>级别</th><th>获评时间</th></tr>
<tr><td>1</td><td>常州国家高新技术产业开发区</td><td>绿色园区</td><td rowspan="5">国家级</td><td>2018年</td></tr>
<tr><td>2</td><td>常州滨开区新材料产业园</td><td>绿色化工园区</td><td rowspan="2">2022年</td></tr>
<tr><td>3</td><td>天合光能股份有限公司</td><td>绿色设计示范企业</td></tr>
<tr><td>4</td><td>天合光能股份有限公司8个产品</td><td>绿色设计产品</td><td>2021年</td></tr>
<tr><td>5</td><td>天合光能股份有限公司</td><td rowspan="22">绿色工厂</td><td>2018年</td></tr>
<tr><td>6</td><td>常州银河世纪微电子股份有限公司</td><td rowspan="5">省级</td><td rowspan="2">2021年</td></tr>
<tr><td>7</td><td>扬子江药业集团江苏紫龙药业有限公司</td></tr>
<tr><td>8</td><td>常州星宇车灯股份有限公司</td><td rowspan="3">2022年</td></tr>
<tr><td>9</td><td>常州天马集团有限公司（原建材二五三厂）</td></tr>
<tr><td>10</td><td>常州市范群干燥设备有限公司</td></tr>
<tr><td>11</td><td>常州星宇车灯股份有限公司</td><td rowspan="16">市级</td><td rowspan="5">2019年</td></tr>
<tr><td>12</td><td>常州方圆制药有限公司</td></tr>
<tr><td>13</td><td>常州华威模具有限公司</td></tr>
<tr><td>14</td><td>江苏常胜电器股份有限公司</td></tr>
<tr><td>15</td><td>常州新东化工发展有限公司</td></tr>
<tr><td>16</td><td>常州银河世纪微电子股份有限公司</td><td rowspan="2">2020年</td></tr>
<tr><td>17</td><td>扬子江药业集团江苏紫龙药业有限公司</td></tr>
<tr><td>18</td><td>常州太平洋电力设备（集团）有限公司</td><td rowspan="4">2021年</td></tr>
<tr><td>19</td><td>常州天马集团有限公司（原建材二五三厂）</td></tr>
<tr><td>20</td><td>电装（常州）燃油喷射系统有限公司</td></tr>
<tr><td>21</td><td>常州市范群干燥设备有限公司</td></tr>
<tr><td>22</td><td>常州润邦模塑科技有限公司</td><td rowspan="5">2022年</td></tr>
<tr><td>23</td><td>常州吉恩药业有限公司</td></tr>
<tr><td>24</td><td>安莉芳（常州）服装有限公司</td></tr>
<tr><td>25</td><td>圣戈班科技材料（常州）有限公司</td></tr>
<tr><td>26</td><td>梅特勒-托利多（常州）精密仪器有限公司</td></tr>
</table>

续表 53

序号	名称	类型	级别	获评时间
27	常州西玛特电器有限公司	绿色工厂	市级	2022年
28	江苏新金牛线缆有限公司			
29	常州优谷新能源科技股份有限公司			
30	常州市瑞悦车业有限公司			
31	江苏国宏电力科技有限公司			

【天合光能被评为国家级绿色设计示范企业】 10月28日，天合光能股份有限公司被评为国家级绿色设计示范企业。绿色设计示范是企业按照生命周期理念，在产品设计开发阶段系统考虑原材料选用、生产、流通、使用、回收和处理等环节对资源和环境造成的影响，力求在产品全生命周期中最大限度降低资源能源消耗，尽可能少用或不用有害原料，从而实现减污降碳、绿色低碳循环发展。公司持续探索行业绿色设计路径，推动全链条绿色产品供给体系建设，带动产业链、供应链绿色协同升级。围绕低碳化、循环化、数字化等重点方向开展绿色设计，全方位全过程推行工业产品绿色设计，促进减污降碳协同增效，助力碳达峰碳中和目标实现。公司依据ISO 14001和ISO 50001体系，制定环境排放和资源使用、能源管理制度，在运营过程中注重节能减排以及资源的集约化和可再生化，致力于减少自身生产活动带来的不利环境影响。

【4项装备入选国家节能技术装备推荐目录】 11月3日，常州太平洋变压器有限公司的SSZ22-RL-180000/220-NX1有载调压电力变压器，江苏祝尔慷电机节能技术有限公司的XTY5 280M-4、XTY5 315L2-4、XTY5 355M-4三种型号的三相永磁同步电动机入选国家工业和信息化领域节能技术装备推荐目录（2022年版），4项装备具备能效水平先进、技术成熟可靠、节能经济性好、推广应用潜力大等特点，达到国际先进水平。常州太平洋变压器有限公司的有载调压电力变压器是采用硅钢片带料连续卷制成的封闭铁心，相比叠铁心，没有接缝，经过高温退火消除应力，空载损耗和空载电流得到大幅度降低，空载损耗比常规变压器下降超25%，空载电流下降60%，噪声水平下降5～10分贝。立体卷铁心变压器具有损耗低、噪声小、安全环保的特点，推广应用后将节约大量电能。江苏祝尔慷电机节能技术有限公司的XTY5三相永磁同步电动机可直接替代三相异步电动机，实现自行起动，效率比一般三相异步电动机高8%～20%，可实现10%～40%的节能，且具有起动能力强、通用性强、适应性广等优点。

（芮凌燕）

【节约型机关建设】 2022年，常州国家高新区（新北区）不断强化忧患意识、节约意识和责任意识，逐步形成"人人节能、事事节能、处处节能"氛围。年内，开展各类节能创建工作，推动机关厉行勤俭节约、提高能源资源利用效率、改善工作生活环境、发挥公共机构节能示范引领作用，全年创成省级节约型机关3家、市级节水型单位3家、节能低碳示范单位1家；节能示范领跑者单位1家，节能低碳示范单位2家、节水型单位通过复核1家。强化公共机构率先推行垃圾分类行为，全年区行政中心智能垃圾分类平台投放816次；加强区行政中心能耗监测平台建设，配置完善各类计量器具等设施设备，实行能源资源分户、分类、分项计量，优化能源使用，提高能源使用效率。开展低碳、节能、节水、粮食安全等宣传周活动，组织绿色低碳、节水节能及粮食安全主题宣传、智能垃圾分类投递表彰等活动10余场，发放宣传资料3000余份，营造节能降碳氛围。

（陶　雨）

数字新北建设

数字产业化

【概况】 2022年，常州国家高新区（新北区）聚焦“智能制造”，加速“数字赋能”，打造“智造强区”。年内，区出台数字产业化相关扶持政策，引导重点产业园区（集聚区）建设区域内互通互联体系的工业互联网示范园区，优化数字经济生态环境，从金融支持、人才招引、科技创新等方面，协调解决企业在智能制造发展中遇到的问题，形成资源共享、协同推进的工作机制，构成“联盟+服务商+科研院校+应用单位+政策”五位一体的协同运作模式，提供覆盖诊断、咨询、改造、提升全流程的“一揽子”服务，做强、做优智造生态。区先后获批江苏省“互联网+先进制造业”特色产业基地、江苏省大中小融通型发展特色产业基地；拥有天合能源物联网、星宇车灯模具管理等工业互联网平台与智慧工厂标杆项目30余个，推进数字产业化进程。

【数字基础建设】 2022年，常州国家高新区（新北区）持续推进数字基础建设，强化与三大运营商及中国铁塔股份有限公司的协调配合，在全市率先建立联席会议制度，深化“企企通”等专项行动，鼓励和支持企业开展内外网络改造，加快建设基于5G场景的网络环境。年内，全区建设建成5G基站超3100个，在全市率先实现核心区域5G全覆盖，工业企业网络覆盖率100%。

（朱瑄磊）

【常州市传感器产业促进会成立】 11月11日，常州市传感器产业促进会成立大会暨江苏省传感器产业联合会第一届会员大会第一次会议在新北区举行。常州市传感器产业促进会会员单位、江苏省传感器产业联合会主要发起单位和全体会员，以及从事智能传感器研发及运营服务和上下游产业链等相关行业代表参加会议。大会选举森萨塔科技（常州）有限公司亚太区高级总监孙建军为常州市传感器产业促进会理事会理事长，并选举产生副理事长、理事、监事等，特聘常州太平洋电力设备集团董事长高国凯为名誉理事长。会议举行“2022中国（常州）智能传感产业及技术应用峰会”，特邀国家发展和改革委员会原副主任、中国经济体制改革研究会会长彭森作主题演讲，南京邮电大学原副校长、物联网研究院院长朱洪波作主旨报告。

（袁怡娟）

【常州国家高新区云计算中心】 11月12日，在制造业集群数字化开放合作服务万里行（常州站）暨常州国家高新区“智能化改造数字化转型”产业论坛上，常州国家高新区云计算中心宣布正式启用。常州国家高新区云计算中心位于云河路69号“两馆两中心”内，建筑总面积约1792平方米，层高5.1米，整体规划228架IDC机架，一期107个机架投入使用，每个机柜最大可提供5千瓦输入功率。云计算中心是常州移动和新北区政府战略合作下建设的数据机房，用于政府政务上云和新北区企业上云，可安装高规格网络机柜，满足新北区政府自用发展要求和企业的主机托管、带宽、云计算等业务需求。

（朱瑄磊）

智能传感产业

【概况】 常州智能传感产业（常州智能传感小镇）位于新北区龙虎塘街道，占地面积3.28平方千米，分为南北两区。智能传感小镇先后获江苏省传感产业基地、中国国际传感谷（常州）、全国产业集群区域品牌建设传感器产业试点地区等称号。2022年，智能传感小镇持续加强传感产业链项目招引力度，打造传感产业集聚高地。传感产业产值占比从2017年的60%增长至2022年的70%。5年累计招引企业57家。引进全球白色家电温控传感器领军企业江苏常荣电器股份有限公司、全球光学模组领军企业、全球500强分支机构辰瑞光学（常州）股份有限公司、全国功率半导体领军上市企业江苏宏微科技股份有限公司、全国电子元器件测量仪器行业领军上市企业常州同惠电子股份有限公司，入驻各类智能制造企业160家，其中规模以上工业企业53家，产值从2017年的89亿元增长至2022年的190.59亿元，税收从2017年的4.4亿元增长至2022年的8.34亿元。森萨塔科技（常州）有限公司以70亿元产值、4亿元税收裂变发展为常州亩均贡献第一的企业。至年末，小镇拥有传感高新技术企业21家，产值超10亿元企业2家，超亿元企业25家，税收超千万元企业14家。新培育国家级专精特新“小巨人”企业5家、上市企业4家、新三板企业3家。2022年11月，常州市传感器产业促进会在新北区成立，推动传感产品优化和传感应用拓展。安费诺定制连接器（常州）有限公司、常州新关电子有限公司、常州常工电子科技股份有限公司等传感企业产业链向白色家电、新能源汽车、智能监测等工业生产和智慧生活等领域拓展。推进传感设计、研发、检验检测、科技金融等生产性服务发展，建成常州检验检测标准认证研究院智能传感器监测实验室、麦可罗泰克（常州）产品服务有限公司等一批检验监测公共服务平台，满足企业产品性能测试、产品质量认证等需求。

安费诺定制连接器（常州）有限公司生产车间　（区委宣传统战部 供图）

【产业规划】 2022年，常州国家高新区（新北区）围绕智能传感小镇建设，坚持“政府引导、企业主体、市场运作”，整合多方力量共治共建，提升小镇规划建设水平。突出规划引领。形成以区领导为组长，各职能部门协同配合、园区主要负责人一线落实的工作机制，专班推进特色小镇公共服务、基础配套、要素供给等工作。邀请华南理工大学设计研究院编制城市设计规划、波士顿咨询公司编制产业发展规划。新建小镇客厅占地面积5000平方米，总建筑面积7400平方米，集公共服务、规划展陈、特色产业、商务交往于一体，打造“一核三轴五板块”（产业服务核，沿通江中路的三生联动发展轴、沿创新一路的跨境商贸轴、沿新苑三路的生态绿轴，众创集聚板块、产学研孵化板块、产业智造板块、传感主题公园板块、智慧生活板块）总体规划格局。强化政策带动。市、区两级专项出台《常州市政府关于特色小镇培育创建的实施意见》等扶持政策，龙虎塘街道出台《鼓励企业高质量发展的实施意见》等惠企政策，自创建以来，市、区、街道年均拨付扶持资金超千万元，助力小镇产业结构优化，企业创新能力提升。完善运作机制。设立中一特色小镇运营管理公司，指导开展小镇规划、项目建设、产业引导、招商引资等工作。借力常创投、常金控等产业基金、双创基金，市场化吸引社会资本全流程参与小镇建设。聘请国际传感龙头企业森萨塔科技亚太区总裁常旌作为小镇镇长，发挥产业领军人物代表的示范引领作用，带动更多产业、人才集聚。

【平台载体建设】 2022年，常州国家高新区（新北区）发挥智能传感小镇品牌效应，举办常州智能传感小镇高层论坛、地面无人系统大会、天合光能能源物联网大会等重大活动。创建“龙虎创咖谈”服务平台，为小镇企业提供链上有约、邻里配套、专精特新企业培育、高企申报等服务，打造科技支撑、资本集聚的创新平台，至年末，拥有国家、省、市孵化器、众创空间、加速器7家。常州高新区智能传感众创社区入选第二批江苏省众创社区备案试点。突出企业创新主体地位，建成省级以上企业工程技术研究中心21家、企业技术中心10家（其中国家级1家）、工程研究中心3家。投资10亿元建设16万平方米联东U谷常州国际智慧谷、投资4.5亿元建设10万平方米黑牡丹常州智能智造产业园。围绕产业链延伸，小镇企业与复旦大学、浙江大学、南京大学等双一流大学国家重点学科开展产学研合作，推动产业技术创新联盟发展。诚瑞光学（常州）股份有限公司入选全球创新独角兽企业，江苏三恒科技股份有限公司获得国家科技进步二等奖2次、国家技术发明二等奖1次，森萨塔科技（常州）有限公司、江苏宏微科技股份有限公司等企业拥有国际国内专利千余项，常州太平通讯科技有限公司等企业主导制定省级以上高端制造产业相关技术标准。小镇拥有国家重大人才工程6人，累计引进“双创”团队2个、“双创”人才21人、省333工程6人、市龙城英才计划创业类64人、创新类20人、高级技术职工39人，其他管理、法律、金融等相关人才1545人。

（袁怡娟）

产业数字化

【概况】 2022年，常州国家高新区（新北区）坚持把数字经济作为转型发展的关键增量，增强产业发展韧性。发挥数字经济服务的引领作用，为制造业企业提供“一企一策”的个性化系统解决方案和顶层设计方案，建设更多智能（工业互联网标杆）工厂、智能车间和普及中小微企业数字化应用。年内，全区新增“星级上云”企业169家、总数429家，其中新增五星级企业3家、总数12家，全区累计星级上云企业和五星级上云企业总数均位居全市第一。22家企业申报市级以上企业技术中心。其中，10家获省级认定，新认定市级以上工业设计中心12家，新认定市级以上服务型企业6家。全年向上争取资金突破2亿元。5家企业入选省级智能制造示范工厂，3家企业车间入选省级智能制造示范车间；新增市级智能车间13家，比上年（下同）增长37%；市级以上智能车间累计159家。

【“智改数转”数字化转型】 2022年，常州国家高新区（新北区）全面挖掘整理“智改数转”成功案例，发挥标杆企业输出服务、成功案例示范带动作用，抢占未来发展制高点。依托专业平台赋能增效、信息设施支撑保障作用，加快建设在细分行业有影响力的工业互联网平台，引进培育品牌服务商，综合运用贷款贴息、征信支持、平台支撑等方式推动企业“智改数转”。至年末，超800家企业完成“智改数转”专题辅导，新增落户科技型中小企业106家，净增高新技术企业229家、总数达1065家。

【智能车间（工厂）建设】 2022年，常州国家高新区（新北区）强化制造业数字赋能，加强行业智能制造的分类指导和示范应用。年内，天合光能股份有限公司、常州澳弘电子股份有限公司、常州豪爵铃木摩托车有限公司、梅特勒－托利多（常州）精密仪器有限公司、华润化学材料科技股份有限公司5家企业入选省级智能制造示范工厂，常州现代液压机器有限公司液压马达智能制造车间、贺尔碧格传动技术（常州）有限公司5号汽车同步器智能制造车间、常州伟泰科技股份有限公司柔性钣金智能制造车间3家企业车间入选省级智能制造示范车间。12月，市工业和信息化局公示2022年常州市智能车间名单，全区23家企业入选，促进数字经济和实体经济深度融合。

（朱瑄磊）

【农业数字化】 2022年，常州国家高新区（新北区）推进农业数字化平台建设。启动新北区农业生产信息数字化管理平台（新北农业信息“一张图”）建设，至年末，完成全区水稻、小麦、果园、蔬菜等农作物，以及螃蟹、四大家鱼等水产的种植、养殖面积和具体地块位置的测量测绘，并基本完成平台和配套的农业调查App的开发，为科学掌握全区农业资源的空间分布、数据规模、品种结构等提供决策依据。推动农业数字化建设。组织指导兴华牧业申报省级数字农业农村基地。年内，新北现代农业产业园无人化农场建设、常州市兴华牧业有限公司的畜禽养殖数字化建设入选江苏省农业数字化建设优秀案例。

（奚力中）

【数字商务】 2022年，常州国家高新区（新北区）推进数字商务建设，打造薛家镇橄榄城社区和三井街道洪福社区2家省级数字商务社区试点，并在便民服务数字化管理平台建设、各类商业主体线上线下数字化融合、智能快递柜等基础设施建设方面取得进展。三井街道洪福社区依托恐龙园和迪诺水镇通过线上商城、微信小程序打造数字化信息系统，形成集品牌购物、主题餐饮、情景街区、创意零售、休闲娱乐、度假酒店等业态于一体的“互联网＋文旅＋商业”新模式；社区内龙湖原山小区通过“龙湖U享家”App为居民提供物业费缴纳、智能中介、线上采买以及房屋修理、家电维修、有偿保洁等在线便捷服务。薛家镇橄榄城社区面积25.6万平方米，实际居住人口1.049万人，通过整合社区内各类商业载体资源，布局建设完善的电商产业孵化链条和服务体系，把数字商务进社区与街道众创建设相结合，吸引高端人才、科技成果、资本等创新创业元素，打造电商资源富集、创业服务完善、产业特色鲜明、管理体制科学的数字商务社区。

（邹晓琳）

【2家企业入选2022年全国新一代信息技术与制造业融合发展试点示范】 10月31日，工业和信息化部公示2022年新一代信息技术与制造业融合发展试点示范名单，维尔利环保科技集团股份有限公司维尔利环保工业互联网平台、天地（常州）自动化股份有限公司采矿行业智慧矿山工业互联网平台2家企业入选特色专业型工业互联网平台示范。维尔利环保科技集团股份有限公司从2016年开始打造环保工业互联网平台，应用领域包括餐厨垃圾收运处置、渗滤液处理、建筑垃圾处置、工业油气回收、农业沼气利用、工业节能、污水处理、农村分布式水处理等。其中，面向城市区域的垃圾废弃物的收储与利用，运用物联网技术对废弃物的产生、收储、转运、处理、利用进行全过程的数据采集与跟踪管理，运用大数据技术、VR导航技术和云平台技术，优化提升区域垃圾、废水等废弃物无害化处置与回收利用。天地（常州）自动化股份有限公司的采矿行业智慧矿山工业互联网平台，面向煤矿为主的非金属矿和金属矿采掘行业，提供覆盖生产管理和安全管理等各环节的智慧矿山整体解决方案，构建具备“人、机、环”信息全面感知、自主融合、动态识别、有效预警、协同控制的工业互联网平台，帮助矿山企业实现全面数字化转型。

【星宇车灯入选国家智能制造优秀场景】 12月2日，工业和信息化部、国家发展改革委、财政部、国家市场监管总局联合公布拟入选2022年度智能制造示范工厂揭榜单位和优秀场景名单，常州星宇车灯股份有限公司“产品数字化研发与设计”场景入选2022年度智能制造优秀场景。该次入选的“产品数字化研发与设计”场景是把客户对车灯产品的需求进行结构化梳理，转化成具体技术要求后传递至车灯研发过程中的设计端，通过机械、光学、电子、软件等模块间的数据传递实现车灯产品的协同设计与仿真，实现客户要求的满足与验证。公司通过此次场景建设，在客户需求系统上执行分析过程，形成结构化数据，迅速解读客户需求；在研发设计过程实现数据平台传递，大幅缩短研发周期，提升研发效率；在车灯产品设计标准方面建立便捷查询，快速梳理行业规范并推广运用，提升产品质量。

【新博科技上榜中国工业互联网100佳】 12月19日，由工业和信息化部《通信产业报》主办的2022年度通信产业榜——工业互联网100佳发布，常州市新博科技有限公司“新博城市免疫感知平台系统”入选。该产业榜以“数字经济时代的能力与创新”为主题，旨在树立创新标杆企业，促进通信产业发展。常州市新博科技有限公司专业为各级政府部门提供全方位的IT信息化解决方案，有10余个省的60余个城市运用该方案。常州市新博科技有限公司位于常州国家高新区创意产业基地，专业为各级政府部门提供全方位的IT信息化解决方案。公司专注致力于为民政、社区、老龄、卫计等10多个部门，提供民生保障、智慧社区、智慧养老、数字卫计等全业务全流程解决方案，为政府提供精准服务。公司在全国率先研发了民政云平台、智慧社区、智慧养老、卫计综合管理等260余套综合性政务管理和服务信息平台并成功应用于江苏、安徽、山东、江西、广西、陕西、宁夏等10多个省市60多个城市，拥有30多万用户。

【太平洋电力获省级工业互联网标杆工厂认定】 9月，常州太平洋电力设备（集团）有限公司入选2022年度省工业互联网标杆工厂认定名单，成为区第二家入选的企业。常州太平洋电力设备（集团）有限公司作为一家专业生产智能化输配电开关及控制设备、真空断路器、变压器及箱式变电站等国家专精特新“小巨人”企业，围绕太平洋集团“一核两翼”发展战略方向持续推动“智改数转”，依托自建的集团工业互联网平台，通过SCADA、PLM、ERP、MES、WMS、BI等系统的应用实施，利用5G、AR、边缘计算等新一代信息技术手段，实现客户需求个性化定制、产品设计和仿真优化、生产工艺实时优化、能源消耗动态监测、生产进度智能管控、设备在线运行监控、质量在线检验分析、厂内物料精准配送以及产品全生命周期管理等能力的大幅度提升，建成数字化运营、柔性化生产和个性化定制的新型电力装备标杆工厂。太平洋电力工业互联网项目的打造，达到提升产品质量、缩短生产周期、降低生产成本的既定目标，人均产值提高80%，客户满意度超98%。

【维邦统计综合管理平台入围2022年省信息技术应用创新优秀解决方案】 11月28日，省工业和信息化厅、省委网信办、省党信办联合公布2022年江苏省信息技术应用创新优秀解决方案（应用示范案例）名单，江苏维邦软件有限公司研发的维邦统计综合管理平台入围。江苏维邦软件有限公司是政府统计信息化的软件服务商，提供统计大数据采集、处理、分析等解决方案。通过江苏省双高双软、CMMI5、ISO 9001、ISO 27001等资质认证，先后获江苏信创优秀解决方案、天津科技进步二等奖、江苏优秀软件产品奖等奖项。

【赞奇超高清云工作站入围2022年度省级中小企业公共服务示范平台】 12月8日，省工业和信息化厅公示2022

年度省级中小企业公共服务示范平台拟认定名单，江苏赞奇科技股份有限公司的赞奇超高清云工作站获三星级示范平台认定。省级中小企业公共服务示范平台的认定主要为促进全省中小企业公共服务平台高质量发展，提升中小企业公共服务能力水平。此次入选的赞奇超高清云工作站可以全面调用云计算资源，整合打通数字视觉前端生态应用与业务全流程，实现数字视觉内容的全云端制作。

【3家企业入选2022年度市数字经济示范企业】 2022年，天合光能股份有限公司、江苏宏微科技股份有限公司、永安行科技股份有限公司入选2022年度常州市数字经济示范企业名单。（天合光能股份有限公司、江苏宏微科技股份有限公司介绍参见“工业”类目。）永安行科技股份有限公司是一家以绿色低碳环保产品为核心的高新技术企业。公司主要业务是基于物联网和数据云技术的共享出行系统的研发、销售、建设、运营服务，依托永安行平台通过“永安行”App向消费者提供共享出行服务、智慧生活服务。公司2018年开始以绿色共享出行平台为基础布局氢能产业，作为未来重点发展方向，公司拥有相关核心技术的知识产权专利200余项。主要研发制造微型太阳能制充氢一体机、氢能自行车、燃料电池、低压储氢器等氢能产品以及酒店智能门锁系统等产品。

【13家企业参展2022中国（南京）文化和科技融合成果展览交易会】 11月24—26日，2022中国（南京）文化和科技融合成果展览交易会在南京新庄国际展览中心举办。创意产业园作为常州国家文化和科技融合示范基地的核心园区，牵头组织常州基地展区的设计搭建及企业参展。展区围绕国际化智造名城的城市定位及建设文旅明星城市目标，聚焦数字为城市赋能，以“数字携手制造，数字遇见文旅”为主题，集中展示数字文旅、数字智造、数字消费、数字展陈四大应用场景。环球恐龙城、常州恐龙园文化科技有限公司、江苏蓝创文化科技有限公司、常州灵通展览服务有限公司、吟飞科技（江苏）有限公司、云之端网络(江苏)股份有限公司、常州诗唯雅电子商务有限公司、江苏印象乾图文化科技有限公司、卓谨信息科技（常州）有限公司、江苏有维文化科技有限公司、常州新视界数字科技有限公司、江苏赞奇科技股份有限公司、常州麦拉风网络科技有限公司13家常州文化和科技融合领域代表企业参展，展现数字经济成果。

永安行科技股份有限公司制造的氢能自行车　（朱臻 摄）

【智能化改造数字化转型产业论坛】 11月12日，制造业集群数字化开放合作服务万里行（常州站）暨常州国家高新区“智能化改造数字化转型”产业论坛举办。中国经济体制改革研究会会长彭森，工业和信息化部国际经济技术合作中心副主任李毅锴，新北区代区长石旭涌出席论坛并致辞。俄罗斯工程院外籍院士、江苏省高档数控机床及成套装备创新中心主任夏志杰作主旨演讲。该次论坛由市工业和信息化局、常州国家高新区共同主办。论坛聚焦制造业数字化转型的先进理念和产业实践，推动数字化转型优秀系统解决方案的推广应用和供需对接，促进常州市制造业企业加快转型升级步伐。平台合作伙伴企业代表在论坛上作发言交流。会上，常州国家高新区云计算中心正式启用。华润化学材料科技股份有限公司、常州天合智慧能源工程有限公司、常州市永光车业有限公司、常州澳弘电子股份有限公司、北汽重型汽车有限公司、常州京江源纺织有限公司、西夏墅刀工具基地等一批5G、互联网和智能化升级项目成功签约。会后，平台合作伙伴企业代表赴区制造业企业进行实地考察调研。

（朱瑄磊）

数字政府建设

【概况】 2022年，常州国家高新区（新北区）以统筹规划、自主可控、归集共享为目标，推进区门户网站群、区电子政务外网、区大数据建设。主要建设内容包括区政府网站集约化建设和政府网站普查、区电子政务外网安全稳定运行、区政务数据共享平台建设及数据应用。年内，区党政办公室被评为2022年度江苏省政府网站工作先进单位和常州市政府网站建设管理表扬单位；在中国信息化研究与促进网举办的2022年中国优秀政务平台推荐及综合影响力评估活动中，区门户网站被评为中国优秀政务网站；杨广斌被评为2022年度江苏省政府网站工作先进个人。

【政府网站建设】 2022年，常州国家高新区（新北区）依托市政务云平台和市政府网站集群，实行政府网站集约化建设。完善政府信息公开板块，新增政府信息公开年报、优化营商环境惠企政策信息等栏目。围绕提高民生实事成效，向全社会公开征集2023年区民生实事项目，通过网站在线征集到建议20条。继续开展政府网站普查，出台《常州国家高新区（新北区）门户网站信息发布管理办法》，各单位加强网站信息内容的审核和管理，指定专人负责本单位网站信息的审核和发布工作，完成区网站敏感信息的清理工作。通过人工手段，检查信息更新情况、信息准确性、空栏目等内容，撤并长期未更新的栏目和空栏目。开展全站死链扫描和错别字检测，及时发现网页中的错链、死链和错别字并整改。完善网站助手软件的功能和字库，优化网站前端内容检测功能，加强网站信息中地名、附件中身份证号等审核，确保信息精准。

【电子政务外网运维】 2022年，常州国家高新区（新北区）网信办、电子政务中心联合开展“网安2022”常州行动攻防演练，未收到安全漏洞通报。结合全区软硬件特点，部署自主开发的透明防火墙，有效阻断网络扫描及爆出的有攻击行为IP；自主开发DNS防火墙，实现C&C通信（木马）可防护、可溯源；自主设计多网逻辑隔离统一管理方案，安全性高，管理方便；为区应急管理局等单位提供虚拟服务器，协助部署应用系统及备份数据；升级堡垒机、防火墙等安全设备，开通防火墙IPS功能，实施服务器区互联网出口与电子政务外网上行出口安全防护；更换网络行为审计设备，解决带宽瓶颈问题；完成电信APN的线路接入及多条专线向电子政务外网的并网工作。

【政务大数据体系建设】 2022年，常州国家高新区（新北区）依托市级政务数据资源共享交换平台，形成统一的政务信息共享交换渠道。年内，归集4个部门（区科技局、区残联、区住建局、区市场监督管理局）4个系统的数据，涉及14类、27万条数据。把市平台中归集的数据按调用频次排列，针对高频使用的数据优先编目下发至区平台。全年，编制目录146个，其中转发常州市政务共享交换平台接口3个、本区数据接口143个，下发数据涉及31个部门，数据量9975万条。利用政府数据开放平台发布各类政府开放数据，至年末，发布28个部门的76个数据资源，开放4万条数据。推进电子印章和电子证照应用，全年电子印章调用3539次，电子证照调用4822次。开展政务信息系统调研工作，上报政务信息系统152个，国企信息系统37个。

（徐　斌）

数字社会建设

【概况】 2022年，常州国家高新区（新北区）聚焦改革痛点和民生短板，加快推进数字化赋能基层治理工作，提升人民群众幸福感和获得感。年内，依托区网格化服务管理中心，以社会治理综合网格、公安警务网格为基础，形成“大数据+网格化+铁脚板”机制，打造集矛盾纠纷化解、社会治理事件处置等多项功能于一体的基层治理共同体和平安法治建设综合体。深化“一网通办”，为基层扩权赋能，持续推进审批服务标准化、便民化。推动审批服务综合执法一体化平台与江苏政务服务网、网格化平台、“12345”市民服务热线、治安监控等系统互联互通、信息共享，实现基层管理跨部门、跨层级协同运转。通过搭建“新北E家”数智社区研判平台，深化“社区点单、部门响应”工作机制，提升社区治理效能。全年，6个试点社区通过平台发布动态信息400余条，解决社会治安、民生服务等各类诉求1万余件。全区各级部门响应2.8万余次，网格事项办结率超97%，推动“问题清单”有效转化为“履职清单”。

【智慧公安】 2022年，常州国家高新区（新北区）围绕打造智慧公安，织密感知网络，推进新一轮治安防控体系建设。年内，区委政法委、公安新北分局、区住建局等部门联合出台《关于新北区新建居民住宅小区推广智慧技防建设的指导意见》，全区基础版居民小区智慧技防单元占比96%，智慧技防校园达100%。强化数据汇聚，主动协调接入40余类社会数据，月均采集各类数据700万余条。深化数字赋能工程，开展全警数据建模应用，新建赋能场景3类，创新研发新一代“智能单兵”。持续优化“情指行”体系，规范派出所“一室两队”运行，“室引领队”勤务模式及研判会商机制获省领导肯定。立足全市独有的25.8千米长江岸线优势，优化“智慧禁捕”平台，升级热感探测、无人机等智慧手段，

公安新北分局小河派出所综合指挥室　　（区委宣传统战部　供图）

非法捕捞案件发现率、破案率达 95%，涉渔违法犯罪警情数呈连续下降趋势。

（谈　蓓）

【智慧城管】 2022 年，常州国家高新区（新北区）依托“城市大管家”平台，探索运用大数据赋能基层治理，全年重点推进两个智慧化项目。搭建新北区综合执法平台，该平台由市、区两级城管执法部门统一部署，以新北区为试点，涵盖行政执法、队伍督察等“一体智能化”服务。年内，该平台上线试运行，后续普及至各属地综合执法局分批上线，助力精细化执法新模式。打造“地空一体化”巡查，运用无人机航拍技术助力城市管理，巡查内容包括违法建设、绿地侵占、垃圾堆放等方面，在全区形成“铁脚板＋信息化”的城市管理新格局。开展市容环卫责任区信息化管理示范路创建，通过智慧化手段，建立健全责任人信息库和履约情况库，强化责任人履约意识，重点解决占道经营、乱堆乱放、乱涂乱贴、乱拉乱挂、乱倒垃圾、乱设广告、乱停车辆等严重影响市容市貌的重点难点问题，为市容环卫责任区制度常态长效监管夯实基础。全年在 13 条道路安装监控 126 个，依托城市运行“一网统管”和政府数字化转型，推动城市管理向城市治理转变。

（芮益波　朱　立）

【智慧医疗】 2022 年，常州国家高新区（新北区）优化“银医惠民”举措，在各基层医疗卫生机构入口处增设闸机，自动获取市免疫感知平台相关信息。优化会议系统，全区基层医疗卫生机构统一部署“云视讯”视频会议系统，并接入区会议平台，实现视频会议国家、省、市、区、镇（街道）五级互联互通，有效减少基层医疗卫生机构会议人员聚集。推广智慧医学影像云应用，全区各基层医疗单位全面使用智慧影像云，全区影像设备均接入区影像平台，并完成新北区卫生数据中心与市东部中心网络互通，实现区与区之间、区与市之间影像数据的互联互通。推进全区卫健系统网络安全建设，搭建卫健系统网络安全监管服务平台，及时了解辖区内重要网站、医疗系统、患者数据、核心节点的网络及数据安全威胁、风险和隐患，监测其安全漏洞、数据脆弱性情况。及时通报预警网络及数据安全威胁，参加全区网络安全攻防实战演练，区卫健局被区委网信办评为优秀防守单位。

（叶　苗）

【智慧公园】 2022 年，常州国家高新区（新北区）对新北中心公园开展智慧化改造。该次改造涉及园区供配电监测系统、监控系统、智慧灯杆系统、信息发布系统、五码合一系统、游客中心系统六大系统。通过数字赋能，把公园前端硬件感知设备与公园管理平台相结合，对公园实施安全防护、维修保养、互动服务等智慧化管理，优化公园服务功能，提升公园品质和体验感。

（朱　嫣）

【智慧园区】 2022 年，滨开区全方位打造集安全、环保、应急、能源、封闭园区、公共服务等功能于一体的智慧园区指挥中心，滨开区新材料产业园创建成全国智慧化工园区。智慧园区项目第一期工程于 2015 年启动，并于 2016 年年底通过专家验收。一期项目投资 2396.95 万元，重点建设园区环境和安全预警网络；二期项目于 2017 年年初启动，2018 年年底前建成并投入试运行，投资 2035.65 万元，重点打造园区的环境、安全综合管理，建设园区封闭化管理，打造集园区环境、安全、安防、应急、危化品管理、智慧办公于一体的综合化管理平台；三期项目在一期、二期建设成果的基础上实施优化升级，主要建设内容包括安全、环保、应急、封闭等模块的完善提升以及视频智能应用、能源、公共服务、运维服务、综合驾驶舱等模块的新增建设。2022年，园区建立企业、园区、政府三级应急物资储备模式，投资1200万元配备146种应急物资的园区专业应急物资储备库。建立全省首家化工园区土壤和地下水智慧监管系统，填补“土壤管控园区模式”省内空白。整合前期匠人智慧《环保与安全监控预警应急一体化系统（环保)》、中安联科“滨江园区智慧安全与应急管理一体化云平台（安全封闭)”等系统，建设园区综合监管平台，打通底层数据，实现信息共享。智慧园区管理平台开发与运维一体化，实现24小时实时监管、实时问题响应，确保园区安全发展。

（滨开区）

【智能立体车库】 9月，常州国家高新区（新北区）首个智能立体车库——百兴芝时商业广场立体车库建设完成。该立体车库东临通江中路、南靠江南环球港、北依常州外国语学校，整个停车库建成停车楼形式，占地面积329平方米，设有2个独立的车辆进出口，高39层，有停车位156个。通过垂直循环立体系统，车主可利用全自动智能升降横移停车设备，自助完成存取车辆。该车库设备及安装投资1000万元，是全市利用升降横移停车设备建成的最高立体车库。该停车库拥有较高的智能化水平，可以通过在入口处的派库引导功能，有效、快捷地分配车辆，存取车直进直出，无须倒车入库，方便停车、缴费；市民把车辆停入车库后，只需下车刷卡选择存车，车辆便会被自动存入车库中；取车时，只需刷卡输入卡号或车位号即可取出，整个过程不超过2分钟，给市民提供全新的智能停车体验。

（区住建局）

【新北区被评为省智慧健康养老创新基地】 11月20日，省工业和信息化厅公布第四批智慧健康养老重点企业、优秀产品（服务)、示范体验馆、示范街道（乡镇）和创新基地名单，新北区智慧健康养老领域创新基地被评为江苏省智慧健康养老创新基地。2022年，全区老年人口13.78万人，约占总人口的21.67%。“十三五”规划期间，区重视健康养老工作，推动智慧康养产业高质量发展。2019年，区获江苏省居家和社区养老服务创新示范地区评估验收成绩全省第一；2021年，三井街道、薛家镇获“全国智慧健康养老示范街道（乡镇)”称号。全区建成以居家为基础、社区为依托、机构为补充、信息为辅助的多层次养老服务体系。结合区大健康产业规划，在三井街道打造国际健康养老产品展示中心；依托薛家生命健康产业园，打造智慧健康养老产业集聚区；全区形成以万家安、乐汇老、新博、贝慈、永安行、枝秀、中民、九悦等为主的养老服务圈；以丰臣国际广场、道生中心为核心的大健康产业商圈。实现智慧养老平台“线上”统管，形成老年人基础数据库、呼叫中心、机构养老管理系统等N系统组成的全区养老服务“一库一中心N系统”；把12项养老机构统计数据、1.8万名老年人居家上门服务、日均2000名老人刷脸刷卡助餐、全年400户老年人家庭适老化改造等场景业务，形成标准化数据流程，统一标准服务；所有养老机构实现智慧化全程监控。依托社区卫生服务中心，专业医生线上远程诊断等服务，创新“医养融合”新模式；以“时间银行”建设为抓手，推动基层自治组织、社区社会组织、志愿者等力量参与养老服务。

（区人社局）

通信建设和服务

·中国电信股份有限公司常州分公司新北区局·

【概况】 2022年，中国电信股份有限公司常州分公司新北区局（简称“电信常州分公司新北区局”）下设支局5个、政企分部6个。有本科及以上学历人员65人，技术员及以上职称47人；另有专司安装维护人员103人，专司电信业务咨询、新装、变更、缴费、拆机、应用辅导等受理接待人员112人。年内，公司秉承用户至上、用心服务理念，优化组织架构，助力经济社会健康发展。至年末，有宽带用户22.3万户，移动用户37.1万户。全年业务收入4.7亿元。

【网络建设】 2022年，电信常州分公司新北区局持续加快千兆光网建设，规模部署10GPON千兆网络设施，具备固移融合、覆盖全域的千兆连接能力，实现全区城乡一体100%光网深度覆盖，全年通信建设投资8100万元。年内，新增10GPON端口5000个，累计10GPON PON接入H端口用户33万个，实现90%以上城乡一体千兆光网覆盖，10GPON端口占比提升至80%。对滨江工业园、薛家工业园等一批科技型企业较多的园区实现5G及光网千兆全覆盖。整体三甲医院、各级各类学校、文化旅游区、机场、高铁站、重要道路等重点场所，5G通达率95.7%，全年新建5G基站328个，累计建成1072个，累计参与人员826人次。呼应国家及江苏要求促进2B行业应用发展需求，推进双千兆应用创新。在北汽重卡5G、合全药业、国能常州发电建成5G定制网，推动“双千兆”

网络与智慧工厂等行业深度融合。

【服务网点】 2022年，电信常州分公司新北区局推进智慧家庭建设，建立一支112名智慧家庭工程师队伍，主要服务辖区镇（街道）用户的宽带上网、固定电话使用等固网业务需求。提供用户智慧家庭组网、智能家居设计、施工和维护需求等服务。VIP高端客户服务团队主要服务于区内的党政军及千余家规模以上企业的重要会议保障、企业内部网络监测及企业组网设计、施工、维护等工作。电信门店主要为客户提供咨询、缴费、装拆、变更各类业务，并持续优化服务门店布局。至年末，全区设电信服务网点62家。

（顾宇炜）

·中国移动通信集团江苏有限公司新北分公司·

【概况】 中国移动集团常州新北移动分公司（简称“新北移动分公司”），位于新北区河海中路82号。2022年，新北移动分公司有经理1人，副经理3人，内设2部1组1中心，下设营业部5个，有员工146人，其中管理技术岗36人、基础生产岗110人；党员37人，占全体员工总数的25%。有自办厅11家，加盟店99家、宽带服务站及代理点；服务1.2万家集团，其中AB类集团542家。2022年，新北移动分公司完成CHN市场收入增量2342万元，互联网电视客户净增2.28万户，商务宽带新增5646条。年内，新北移动分公司组织青年志愿者参与“一袋牛奶的暴走”等公益活动，并提供网络保障，为热心市民爱心接力保驾护航。

【电梯场景5G覆盖推进】 2022年，新北移动分公司创新采用高增益天线顶部垂直安装覆盖法，增强电梯场景5G网络覆盖效果，满足广大市民在电梯中的数据业务使用需求。使用该方法仅需在每部电梯井顶部安装一部支持4G/5G的高增益特型天线，垂直向下覆盖整个井道，即可完成5G网络覆盖，效率较传统安装方法提升90%，大幅缩短居民区5G整体覆盖建设周期。把天线安装在电梯井顶部，可与楼顶配套网络设备直接耦合，路损小，更能发挥5G设备高功率优势。年内，部分高层居民区的电梯完成该方案的试点部署。经测试，试点电梯平均RSRP提升10db以上，平均SINR达32.83，电梯内应用层平均下载速率达342.72Mbps。

【老旧小区网络升级改造】 2022年，新北移动分公司配合推进城镇老旧小区改造，加大线路巡检与优化，提高居民满意度和幸福感。分公司选派多名党员挂职老旧小区改造工作专员，协调解决改造过程中网络线路问题，并组织专业队伍开展通信线路整治，通过实施入地埋设、线缆梳理、报废线缆清理等措施，清除老旧小区户外线缆低垂松垮、私拉乱接等现象，确保小区线缆整齐有序、牢固安全。年内，按序完成河海新村、长江公寓、同仁苑等老旧小区的网络线路改造，惠及千余用户。改造期间，公司同步开展信息惠民活动，为居民提供全屋Wi-Fi信号免费检测、业务上门办理、家庭宽带优惠提速等服务。

（孟　飞）

教　育

综　述

【教育机构】 至2022年年末，常州国家高新区（新北区）有中小学、幼儿园104所，其中高中2所、完中1所、初中14所、九年一贯制学校4所、十五年一贯制学校1所、特殊教育学校1所、小学29所、幼儿园52所，驻区高等（职业）教育机构5所。拥有省四星级高中2所；市优质初中17所（含九年一贯制学校、十五年一贯制学校），占比90%；市优质小学29所，占比100%；省优质幼儿园35所，市优质幼儿园17所，省、市优质幼儿园覆盖率93.02%。有中小学、幼儿园专任教师7723人，其中中学学段2186人、小学学段3594人、幼儿园1943人；在校（园）学生124905人，其中幼儿园28122人、小学63710人、初中25350人、高中7723人。学龄前儿童入学率100%，义务教育巩固率100%。

年内，常州国家高新区（新北区）完善集团化办学机制，组建32个中小学、幼儿园教育集团，实现义务教育阶段学校集团化办学全覆盖。5所学校被评为常州市基础教育综合改革实验乡镇和实验学校，5所学校创建成常州市主动发展示范校。

（朱庭欣）

【教育经费投入】 2022年，常州国家高新区（新北区）投入财政性教育经费26.71亿元，其中一般公共预算安排教育经费3.6亿元、政府性基金安排教育经费5.72亿元，一般公共预算安排的教育经费比上年（下同）增加8212万元，增长4.08%。投入学校基本建设经费2.15亿元。全区普通学校小学生、初中生、高中生生均一般公共预算教育经费分别为17772元、31507元、30515元。成立教育资源建设专班，精准落实政府教育财政投入，有序推进基建项目实施进度，重点加快区域教育资源紧缺学校建设，补足教育资源短板。新增学位11610个，破解“大班额”“入学难”等问题。继续实施全学段国家助学金及普通高中免学费资助，总计资助5279人次，资助金额539.4万元，增加62.4万元。其中，537人次获得学前教育阶段资助，资助金额112.8万元；4044人次获得义务教育阶段资助，资助金额338万元；698人次获得高中（含职中）及以上阶段资助，资助金额88.5万元。为155名高新区低保户家庭发放低保教育补贴24.2万元。

（徐　静）

【学校建设】 2022年，常州国家高新区（新北区）实施续建、新建学校建设项目19个，其中续建项目8项、新建项目11项，总计投入资金9.5亿元，

常州市新桥高级中学　　（区委宣传统战部 供图）

建设项目涉及中学6所、小学6所、幼儿园5所、九年一贯制学校1所、特殊教育学校1所。年内9所学校竣工。投入基建装备经费1800万元，重点用于安全改造、亮点特色打造等方面。实施为民办实事项目，全区所有学校新增视频监控点位2094个，15所学校建设路灯照明系统。推进智慧校园创建，创成国家智慧教育平台江苏省试点学校1所、江苏省智慧校园示范校2所，江苏省智慧校园创建率96%。

2022年常州国家高新区（新北区）教育设施建设项目一览表

表54

序号	建设性质	项目名称	建设规模	建筑面积（平方米）	总投资（万元）	2022年投资（万元）	建设时限	备注
1	续建	龙城初级中学	20轨60班	71444.99	36900	9000	2020年5月—2022年6月	竣工
2	续建	新龙实验学校	小学48班，中学24班	60573.06	31000	11566	2020年12月—2022年8月	竣工
3	续建	印山风华幼儿园	4轨12班	5040	2822	710	2020年6月—2022年5月	竣工
4	续建	常州外国语附属小学	10轨60班	56000	30000	20000	2020年8月—2022年12月	竣工
5	续建	西夏墅初级中学新建项目	12轨36班，新增24班	43000	20000	6400	2020年12月—2023年9月	
6	续建	碧玥和鸣幼儿园	5轨15班	6300	3528	1028	2021年4月—2022年9月	竣工
7	续建	新港幼儿园	6轨18班	9000	7195.49	2000	2021年5月—2022年7月	竣工
8	续建	安家中心小学求真楼及益智楼改扩建	无新增	3016.04	1927.35	1000	2021年7月—2022年4月	竣工
9	新建	圩塘小学多功能楼改扩建工程	无新增	5746	2800	2300	2022年3月—2023年3月	
10	新建	薛家中学易地新建	20轨60班，新增42班	65093	33500	12000	2022年3月—2023年8月	
11	新建	三井第二实验小学	10轨60班	64500	32732	17000	2022年3月—2023年11月	
12	新建	新北区万绥小学改扩建工程	新增6班	5250	3200	1716	2022年4月—2023年3月	
13	新建	滨江幼儿园	8轨24班	13000	8475.88	2000	2022年5月—2023年9月	
14	新建	新华小学特殊学校改造（二期）	新增1班	9000	390	250	2022年6月—2022年8月	竣工
15	新建	三井小学龙城大道校区修缮（二期）	新增24班	32224	1300	1300	2022年7月—2022年8月	竣工
16	新建	奔牛初中易地新建	16轨48班，新增18班	56200	38720.83	2000	2022年7月—2024年4月	

续表 54

序号	建设性质	项目名称	建设规模	建筑面积（平方米）	总投资（万元）	2022 年投资（万元）	建设时限	备注
17	新建	罗溪碧春湖幼儿园	8轨24班	16504	13770	1000	2022年8月—2023年7月	
18	新建	小河中学改扩建（四期）	无新增	6839.9	3848	1500	2022年8月—2023年11月	
19	新建	孟河中学改扩建工程综合楼项目	无新增	5800	4100	1805	2022年11月—2023年12月	

（区教育局）

【特殊（融合）教育】 2022年，常州国家高新区（新北区）新增常州市新北区阿兰贝尔国际幼儿园、常州市新北区小河中心幼儿园、常州市新北区圩塘中心幼儿园3个融合教育资源中心，累计有融合教育资源中心37个。持证残疾学生在读204人，其中就读特殊教育学校26人、随班就读普通学校178人，含学前教育23人、小学教育117人、初中教育37人、高中教育1人，义务教育阶段入学率100%。常州市新北区银河幼儿园、龙虎塘幼儿园、常州市新北区奔牛实验幼儿园、常州市藻江花园幼儿园、常州市新北区新桥第二实验小学创成市级优质融合教育资源中心；常州市新桥中心幼儿园、常州市新北区春江幼儿园、常州市新北区孟河实验小学、常州市新北区春江小学、河海实验小学、常州市新北区奔牛初级中学创成区级优质融合教育资源中心。推行医康教结合试点，龙虎塘中心幼儿园与康复机构星星益站、常州市新北区银河幼儿园与常州市儿童医院分别签订服务协议。新增10名融合教育资源中心教师参加省特殊教育上岗培训。区成立巡回指导教师团队，分片区开展巡回指导，制订送教上门方案，定期入户送教上门。37名融合教育资源中心教师被评为区最美融合资源教师。省级特殊教育工程深化区域融合教育资源中心建设项目在省中期视导评估中获评良好，“星星点灯：‘1+N’星星亮闪闪——特需幼儿发展支持教育项目实践探索”被立项为省融合教育示范校项目；常州市新北区银河幼儿园“融合背景下特需幼儿观察——支持的个性化支持”、常州市新北区奔牛实验幼儿园“自然环境中发育迟缓幼儿的个案研究”等课题入选市“十四五”规划期间备案课题并通过中期评估。

（张燕萍）

教育管理

【概况】 2022年，常州国家高新区（新北区）持续推进“区管校聘”人事管理体制，加强对校长和教师的流动管理，完善对教师和校长交流轮岗的考核与管理。依托城乡学校组建的教育集团，推动城镇优秀校长和教师向乡村学校、薄弱学校流动，促进交流轮岗方式更多元、程序更规范、保障更有力，243名校长和教师参与交流轮岗。推进公办幼儿园员额管理，探索建立相对统一的待遇保障体系。奔牛镇、龙虎塘街道被评为常州市基础教育综合改革实验乡镇；江苏省奔牛高级中学、常州市新北区实验中学、常州市新北区三井实验小学、常州市新北区新桥第二实验小学、常州市新北区龙虎塘街道中心幼儿园5所学校获评常州市基础教育综合改革实验学校。

（潘晨光　胡　跃　李　燕）

【教师队伍建设】 2022年，常州国家高新区（新北区）教育局按照“总量控制、保障必须、调整优化”原则，开展各类教师招聘工作。组织教师招聘3场、教师遴选1场。“优才计划”招聘优秀高校应届毕业生20人，其中硕士研究生17人、本科生3人，“双一流”名校毕业生11人。招聘事业编制教师10人，聘用制教师250人。遴选优秀教师13人至新龙实验学校任教。加大对优秀教师特别是高层次人才和乡村优秀教师的奖励力度，发放优秀教育人才资助经费合计690.36万元，涉及687人次。培育教育人才。1月，在新北区新桥实验小学举行新北区名教师成长营三年汇报展示活动。新增省名教师主持人、省名校（园）长主持人、省网络名师工作室主持人各1人，新增市区五级梯队教师200余人。开展全区中小学教师年度岗位晋升工作，1名教师晋升正高3级岗位，21名教师聘至副高7级岗位，68名教师聘至中级8级岗位。江苏省奔牛高级中学祝燕飞获省生物实验教学技能大赛一等奖、省基本功大赛一等奖，赵邢翔获省物理实验教学技能大赛一等奖。在常州市中小学班主任基本功竞赛中，区获一等奖、二等奖各5个。16名教师被评为市、区级特级班主任，37 名教师被评为市、区级高级班主任。区教育管理服务中心被评为 2021 年度江苏省教师和校长培训工作先进集体。

（章树超　孙晴晴　胡　跃等）

【校长队伍建设】 2022 年，常州国家高新区（新北区）教育局提拔正职校长 3 人、副职校长 15 人，交流任用校级领导 14 人。鉴于大多数校长从教学一线成长起来，长于教学而短于办学，区教育局通过组织开展暑期教育干部培训班、中青年干部培养对象培训班等，促进校长成长。1 月，召开全区教育高层次人才座谈会，全区 17 名省特级教师和 19 名市特级后备人才，共同为新北教育更快更好发展建言献策。完善学校领导干部考核指标体系，在校长专项绩效考核中，结合办学实绩、管理教学、专业发展、勤政廉政等要素，建立优绩优酬激励机制。开展 80 后青年副校长风采展示活动，重点发现和培养优秀青年校长，推动学校高质量发展。

（潘晨光　胡　跃）

【教育科研】 2022 年，常州国家高新区（新北区）推动以学习为核心的“范导式”课堂教学改革。定期开展集体备课和学科教研，以课堂教学改革为重点，中学逐渐优化“基于五要素”（备教材、备教学策略、备课题引入、备例题和习题、备课后反思）备课结构下的小组学习，小学深入探索“交往互动式”备课结构下的小组学习，幼儿园继续推进课程游戏化。各学科平均开设区级公开课超 15 节，在省市评优课、基本功竞赛中获省一等奖 1 人次、市一等奖 15 人次。代表常州市参加江苏省初中物理比赛，2 名教师获市级道法评优课一等奖。在江苏省第十七届蓝天杯“教师发展·课堂教学展评活动”中，24 人获一等奖。在“十四五”规划（2021 年）申报课题中，22 项课题被省教育厅批准为江苏省规划课题，7 项重点课题中 6 项课题被批准为省级教研课题。常州市新北区三井实验小学的“指向全人发展的全息阅读实践研究”、常州市河海实验学校的“小学数学结构教学的十六年探索实践”获省基础教育教学成果奖一等奖；常州市新北区三井实验小学、常州市河海实验学校获市基础教育教学成果奖特等奖，常州市新北区银河幼儿园、常州市新北区香槟湖小学、江苏省奔牛高级中学获市基础教育教学成果奖一等奖。

（袁定胜）

【教育督导】 2022 年，常州国家高新区（新北区）教育局出台《新北区责任督学挂牌督导工作实施细则》，构建全面覆盖、运转高效、结果权威、问责有力的教育督导体制机制。对区政府履行教育职责开展督导评价，对中小学（幼儿园）开展以“五项管理”（作业、睡眠、手机、课外读物、体质健康管理）为重点的挂牌督导，开展《江苏省职业教育校企合作促进条例》落实情况专项督导、中小学校体育工作专项督导评估、“双减”和规范民办义务教育发展工作专项督导检查。组织全区责任督学开展中小学安全工作督查，全面督查各校实验室危险化学品安全、消防安全、治安防控、食品安全、校车及交通安全等。针对督查出的问题隐患，责任督学现场指导学校整改或提出整改意见。实施规范办学行为随机督查、专项督查。依据区第六轮中小学素质教育督导考核和幼儿园综合督导评估年度督导工作计划，对常州市新北区河海实验小学、常州市新北区龙虎塘中学等 12 所中小学实施素质教育督导考核，综合督导评估常州市新北区大名城幼儿园、龙虎塘中心幼儿园等 8 所学校。

（吴　奎　吴文刚　王佳敏　陈　佳）

【校园安全】 2022 年，常州国家高新区（新北区）各学校全部实行封闭化管理。专职保安员配备率 100%，配齐配足安防器械 329 件（套）；设置校门口硬质防冲撞设施、校园周界报警系统、一键报警系统，“一键式”紧急报警、视频监控系统与属地公安机

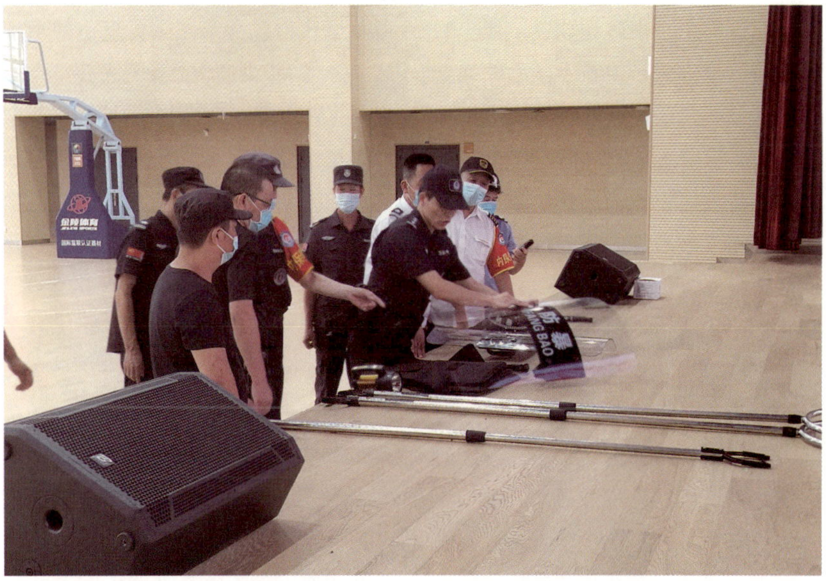

9 月 8 日，三井街道组织保安实操和应急演练培训，三井街道各中小学、幼儿园安全负责人、保安队长参训　　（区教育局 供图）

关联网率100%，校园监控覆盖主要场所。发挥校园安全生产专业委员会作用，开展校舍安全、校车安全、校园食品安全等专项检查72次。严格落实校园食品安全责任，强化学校食品安全风险隐患排查，确保学生集体用餐食品安全。组织各中小学、幼儿园开展食品安全线上线下宣传活动，同时做好食品安全自查自纠。常州市新北区吕墅小学、常州市新北区先启幼儿园、常州市新北区新龙湖幼儿园3家单位创成常州市平安校园，至年末，全区有省级平安校园21家、市级平安校园75家，市级以上平安校园占比超70%。

（区教育局）

素质教育

【思政育人】 2022年，常州国家高新区（新北区）持续推进中小学思政课一体化建设，开展《习近平新时代中国特色社会主义思想学生读本》学习，出台《关于深入推进高新区中小学思政课一体化建设的实施意见》，优化思政课一体化建设联盟学校布局。区级建立“家校社共育”研究联盟，深化新北区大中小思政课建设一体化联盟建设，推进大、中、小学思政课一体化建设。常州市新北区实验中学被评为江苏省中小学思政育人特色学校；常州市新北区香槟湖小学、常州市新北区实验中学被评为常州市思政育人特色学校。

（周丽芬　何科俊）

【德育教育】 2022年，常州国家高新区（新北区）教育局组织各校持续开展社会主义核心价值观教育、中华优秀传统文化教育、中小学生习惯养成教育、心理健康教育和劳动教育等内容的德育教育活动，提升中小学生核心价值观培育与核心素养培养。围绕未成年人道德建设，开展“喜迎二十大我为高新添光彩”“六小行动”（小善有我、小城有爱、小位有为、小岗有责、小困有帮、小病有医）、新北区中小学立德树人成果评选等活动。组织常州市新北区实验中学、常州市新北区香槟湖小学等学校参加2022年常州市中小学“讲好红色故事，争当时代新人”宣讲大赛活动，获特等奖2个、一等奖1个。常州市新北区三井实验小学德育老师徐静代表常州市参加省级优质课展评。

（秦　琳）

【体育教育】 2022年，常州国家高新区（新北区）初中毕业生升学体育考试采取送考到校的形式，50米项目未纳入现场考试，考试过程严格管理，现场操作公平、公开、公正。推进公益性暑期青少年阳光体育夏令营，面向全体学生，实行就近参加、自愿报名、免费开放，引导学生根据自己的运动爱好就近选择参与阳光体育夏令营活动。全区申报夏令营营地18个，常州市龙城小学、常州市新北区河海实验小学、常州市新北区香槟湖小学3所小学获市优秀阳光体育夏令营地评选一等奖。1名同学被评为常州市十佳校园体育之星，5名同学被评为常州市优秀校园体育之星。11月，常州市新北区河海实验小学承办常州市深化学校体育改革实验阶段展示活动（新北区专场），常州市新北区河海实验小学、常州市龙城小学、常州市新北区香槟湖小学3所小学作经验交流，全区各小学体育教师到场观摩；常州市新桥高级中学协办由江苏省中小学教学研究室主办、常州市教育科学研究院承办的2022年江苏省高中体育与健康优秀课评选活动，常州市新桥高级中学教师顾炎获优秀课一等奖。新增常州市新北区龙虎塘第二实验小学为手球项目后备点校。6月25日至8月12日，区教育局组织相关学校参加江苏省第二十届运动会青少年部体育竞赛，常州市新北区实验中学获女子手球甲组第一名，常州市新北区百草园小学获女子手球丙组第一名；常州市新北区实验中学获女子篮球14～15岁组第一名；常州市新北区新桥实验小学获小学棒垒球女子组第一名。常州市新北区实验中学参加2022年中国中学生手球锦标赛暨全国青少年手球传统学校锦标赛，获女子七人制U16组冠军。

（张玉玉　顾建伟）

【艺术教育】 2022年，常州国家高新区（新北区）组织各中小学参加第三届江苏省中小学教师美术作品展、常州市“奋进新征程，建功新时代，一起向未来”中小学教师基本技能竞赛、“翰墨润童心，喜迎二十大”常州市第三届青少年书法大会；联合区关工委、妇联等部门开展“高举团旗跟党走，砥砺奋进新征程”青少年书法作品精品展。在常州市中小学生艺术节比赛中，新北区获舞蹈节目特等奖6个、一等奖23个、二等奖3个，获器乐节目特等奖1个、一等奖10个、二等奖4个。扶持校园艺术特色培育与创建，组织常州市新北区泰山小学、常州市新北区罗溪中心小学申报常州市墨香校园；常州市新北区罗溪中心小学、常州市新北区新桥第二实验小学成为常州市艺术特色学校。

（顾建伟）

【劳动教育和食育教育】 2022年，常州国家高新区（新北区）推进劳动教育、食育“百千万”工程，获评市优秀劳动教育优秀校本课程14门、食育改革优秀校本课程12门，恐龙人防灾避险体验馆、新北区春江禾爸爸家庭农场

2个基地被评为常州市中小学生劳动教育实践基地。年内，350名学生被评为常州市劳动实践优秀学生，恐龙人防灾避险体验馆、新北区春江禾爸爸家庭农场2个基地被评为第三批常州市劳动教育实践基地。38名教师被评为市优秀食育工作者，525名学生被评为市食育优秀学生。

【心理健康教育】 2022年，常州国家高新区（新北区）教育局全面推进学校心理健康教育。探索“1+1+N”（1所领衔小学+1所合作中学+各所中小学）心理健康教育模式，打造区域心理健康教育研究中心。通过“1+1+N”建设布局，促进心理健康教育在区域的实践有基地、有土壤、有资源、有特点、有成效，实现区域研究资源共享、活动组织互通、项目成果共赢。6月，召开“心花·朵朵开——新北区心理健康教育三年行动计划（2022—2024）”发布会，成立“心育帮帮团”，启动“馨·热线”推广，构建“全员育心、全心育人”工作格局，培养学生健全的人格、充盈的内心和良好的个性。召开学生心理健康三年行动计划发布会，完善学校心理健康教育工作机制；出台《关于加强新时代中小学心理健康教育的实施意见》，完善全区中小学生心理成长指导服务平台。常州国家高新区（新北区）获市级心理健康教育精品案例特等奖2项、一等奖3项、二等奖4项；获市心理健康教育优质课程评选活动特等奖4项、一等奖4项、二等奖2项。常州市新北区三井实验小学被评为省心理健康特色学校，4所学校被评为市心理健康特色学校，2名心理健康专职教师被评为常州市德育先进工作者。

（秦　琳）

【常州市新北区实验中学创成江苏省中小学思政育人特色学校】 2022年，常州市新北区实验中学树立“大思政”“全员育人、全学科育人”思想，坚持教学目标一体化、教学内容一体化、教师队伍一体化、教学资源一体化，探究“大思政”课程改革。创新学科教学内容，挖掘思政教育资源，语文课开展红色经典阅读，历史课开展家谱研究，地理课开展红色研学路线探究，开发“历史上的今天”“每周博览”等思政校本课程。将传统德育活动与思政建设要求相结合，举办“建党百年”“团百年正青春”系列活动。通过跨界研学，由政治教师主讲“二十大思想学习会”、全体教师同观一堂思政课及观摩优秀班会课等，提升教师思政专业化水平。以专业思政教师为主体，有序推进德育研究大团队建设，充分挖掘和整合德育资源，联合常州图书馆、博物馆建设思政一体馆校共建研学课堂，联合中国安能集团第二工程局有限公司常州分公司共建国防教育联盟，与青年企业家协会组建联合生涯教育联盟，丰富思政教育内涵。

（区志办）

6月，“心花·朵朵开——新北区心理健康教育三年行动计划”发布会召开
（区教育局 供图）

学前教育

【概况】 2022年，常州国家高新区（新北区）加大幼儿园建设投入力度，扩大学位资源供给，完善学前教育保障机制。异地新建公办幼儿园1所（常州市新北区新港幼儿园），新增常州市新北区银河云峯幼儿园、常州市新北区景瓛天著幼儿园2所民办幼儿园，常州市新北区薛家中心幼儿园聚怡园区、常州市新北区银河香槟湖幼儿园通过2022年江苏省优质幼儿园复审，常州市新北区新龙湖幼儿园、常州市新北区国宾花园幼儿园创成常州市优质幼儿园。常州市新北区华山幼儿园园长陈英杰、常州市新北区银河幼儿园园长汪田田获常州市幼儿园园长专业领导力评比一等奖，8位园长获区幼儿园园长专业领导力评比一等奖，9位园长获区幼儿园园长专业领导力评比二等奖。常州市中央花园幼儿园课程游戏化项目入选2022年省前瞻性教学改革项目，常州市新北区新魏幼儿园教改项目入选2022年市前瞻性教学改革实验项目，常州市新北区春江幼儿

园、常州市新桥中心幼儿园、常州市新北区河海幼儿园教改项目入选区前瞻性教学改革实验项目。常州市新北区龙虎塘街道中心幼儿园被评为常州市基础教育综合改革实验学校，常州市新北区薛家镇中心幼儿园创成第三批常州市主动发展示范校。

（陈 佳 吴 奎 周丽芬）

【学前教育优质普惠发展】 2022年，常州国家高新区（新北区）推动省、市优质幼儿园创建，通过政策引导持续加大普惠性学前教育资源供给力度，把公办幼儿园占比列入区政府履责及年度考核目标内容，2所幼儿园通过省优质幼儿园复审，2所幼儿园创成市优质幼儿园，全区在省、市优质幼儿园就读幼儿占比95.75%，普惠性幼儿园覆盖率92.34%。对照常州市2022年县域学前教育普及普惠监测自评一览表中26个监测点要求，超额达成或达标的监测点有22个，比上年增加1个；未达成的有4个，总体达成情况较好。

（陈 佳 吴 奎）

【幼小衔接】 2022年，常州国家高新区（新北区）教育局立足幼小衔接工作现状，组织教育行政、教科研部门、幼小衔接工作室开展联合研讨，聚焦“对话·衔接·成长”宣传主题，确立学前教育宣传月方案，分阶段实施幼小衔接宣传行动，常州市龙城小学和常州市新北区春江幼儿园等6所学校的学前教育宣传月方案获区级一等奖，常州市河海实验学校、常州市新北区三井街道藻江花园幼儿园等20所学校推送的幼小衔接案例获区一等奖。9月，在常州市新北区薛家实验小学举行常州市幼小科学衔接专题联合调研，帮助学校提炼幼小衔接亮点经验。常州市龙城小学、常州市新北区银河幼儿园、常州市新北区天润幼儿园被评为常州市幼小衔接优质校（园）。

【幼儿园结对帮扶】 2022年，常州国家高新区（新北区）教育局继续推进集团化办学。10月，组织学前教育第五轮幼儿园携手共进帮扶结对活动，所有幼儿园全员参与，结对帮扶式集团化办园覆盖率100%。通过结对帮扶，促进教育理念的融合、教育内容和方法的多样，以及教学水平的提高，逐步实现“名园领衔、全员卷入、平等对话、经验辐射”的课程建设新样态。常州市新北区薛家镇中心幼儿园被评为常州市集团化办学工作表现突出集体，3名教师被评为常州市集团化办学工作突出贡献者。

（周丽芬）

九年义务教育

【概况】 2022年，常州国家高新区（新北区）义务教育阶段入学率100%、小学巩固率100%、初中巩固率100%。残疾儿童少年入学率100%并享受15年免费教育。符合入学条件的外来务工人员随迁子女100%进入公办学校就读并享受与户籍学生同等待遇。义务教育实施免试入学，公办学校采取户籍、居住地对口和教育行政部门统筹安排等方式入学。流动就业创业人员随迁子女符合入学规定的，由教育行政部门统筹安排；薛家镇、孟河镇、奔牛镇、西夏墅镇、春江街道实行积分入学。全面实行公办、民办学校同步招生，公办学校按当地教育行政部门核准的招生方案实施电脑派位招生，民办学校按市教育行政部门核准的招生方案实施招生。轻度残疾适龄儿童少年，原则上就近安排入学，随班就读；中重度的残疾儿童少年，安置到特殊教育学校就学。

（金 玲 张燕萍）

【义务教育“双减”改革】 2022年，常州国家高新区（新北区）建立“双减”工作联席会议和督导制度，制定下发《“双减”督导工作方案》，开展“双减”（指要有效减轻义务教育阶段学生过重作业负担和校外培训负担）专项实地督导，持续巩固“双减”改革成效。建立“双减”工作校外培训机构整治工作领导小组，将非学科类校外培训机构管理统一纳入“双减”工作专班议事范围，全面摸排区域内非学科类培训机构457家，24家机构完成整改问题65项。优化课后服务，指导各校制订个性化的课后服务方案和指南，实施“一校一案”，学生课后服务参与率不断提高，小学达95.51%，初中达98.32%。提高学生课后服务参与度和满意度，小学阶段满意度提升3.23%，初中阶段满意度提升1.7%。组织“双减”工作优秀实践案例展评，获市级奖项31项、区级奖项105项。开展中小学优秀作业设计方案评比，获市级奖项61项。5月，参加省课后服务学生活动优秀方案评比活动，区获一等奖5个、二等奖7个。

【基础教育前瞻性教育改革实验项目】 2022年，常州国家高新区（新北区）前瞻性教育改革项目省级立项2个、市级立项6个、区级立项18个。其中，江苏省奔牛高级中学的“中华优秀传统文化与课程教学深度融合的实践研究”项目被评为省前瞻性教改实验项目，常州市中央花园幼儿园的“呵护原色，助力成长——普惠性民办园践行课程游戏化理念的实践探索”项目被评为江苏省课程游戏化建设项目，常州市新北区新魏幼儿园的“多元体验场下‘游戏化、生活化’劳动课程的建构”、常州市新北区三井实验小学的“场馆学习：丰富小学生学习方式的创新实践打造”、常州市新北区安家中心小学的“‘综合实践活动’＋‘课程建设’”、常州市新北区小河中心小学的“基于汽摩配特色小镇的体验式课程的开发与实践”、常州市新北区龙虎塘中学的“分布式认知视角下合作学习课堂建构”、常州市新北区西夏墅中学的“‘三体空间’通用技术课程基地建设”6个项目被评为2022年度常州市基础教育学校品质提升建设项目暨前瞻性教学改革实验项目。8月，区教育局组织开展常州市基础教育学校品质提升建设项目暨前瞻性教学改革实验项目区级培育项目申报，全区18个项目入选，其中幼儿园3个、中小学15个。常州市新北区圩塘中心小学的“‘长江生态文明’主题课程基地”被评为江苏省课程基地和文化建设项目。

（周丽芬）

【薛家实验小学项目被评为省级品格提升工程项目】 2022年，常州市新北区薛家实验小学的“善真服务联盟：公共品格涵育的创享家行动”项目被评为省级品格提升工程项目。薛家实验小学依托“善真服务社”岗位和平台，创造性地开发岗位体验空间、教育者联盟行动计划，让学生在专业导师引领下，在挑战性的岗位实践中锤炼学生品格，凝练学生品格提升的理念体系和实践系统。以“学校就是社会”“公共品格是影响学生未来生活的重要因素”“每个人都想创造公共价值”的理念整体设计学生学习与活动样态，在小读者共享社、红领巾议事厅、小劳模服务团、小伙伴合作圈、小院士探究吧五大领域的推进过程中坚守学生立场，探索促进学生公共品格养成。学校利用优质资源和多维育人平台，将学生公共品格培育延展为学校、家庭和社区的教育大事，追求学校教育、家庭教育、社区教育的迭代升级和有效突破。在实践探索过程中，整体构建善真服务联盟，培育善真学生自律、担当、利他、共创的公共品格。

（秦　琳）

【新龙实验学校交付使用】 9月，南京师范大学附属新北区新龙实验学校交付使用。学校位于新龙二路以东、嫩江路以南、轩文路以西、庄只里路以北，地属新北区核心商圈，项目总投资3.1亿元，占地面积5公顷，总建筑面积6.4公顷，其中地上建筑面积4.94万平方米、地下建筑面积0.85万平方米。学校是九年一贯制学校，设计规模为8轨，其中小学48班、初中24班。学校建设采用田字格布局，融入庭院式和“海绵城市”理念，按照国家绿色建筑二星进行设计和施工。学校设立南京师范大学附属常州市新北区新龙实验学校管理委员会（简称校管会）和学校专家指导委员会，实行校管会领导下的校长负责制。校长由南京师范大学从全国范围选聘，实行校长年薪制。学校教师由区政府按有关规定配齐，其中有区级及以上专业称号教师人数不少于教师总数的30%。设立教职工年度管理专项奖励经费。2022年秋季，新招小学一年级4个班、初中1个班；常州市新北区新桥初级中学初一13个班搬至新龙实验学校。

（陈　升）

【西夏墅初级中学新建项目完工】 至2022年年末，常州市西夏墅初级中学基本完工。该项目于2020年6月启动，位于西夏墅镇丽江路以南、瑶山路以东，总投资2亿元，规划总用地面积3.87万平方米，总建筑面积4.27万平方米，其中地上建筑面积3.82万平方米、地下建筑面积4246平方米。项目包含教学楼、行政楼、实验楼、图书馆和体育馆等工程内容；配套建设地下停车场，有车位73个；配备体育运动场，环境绿化及水电气等综合配套设施。建成后可容纳学生2000人。

（王　娇）

常州市新北区薛家镇实验小学奥园校区　（薛家镇　供图）

普通高中教育

【概况】 2022年，常州国家高新区（新北区）高考本科达线率81.2%。江苏省奔牛高级中学高考特殊类型招生达线率83.6%，理科最高分643分，文科最高分616分，艺体双达线59人，并被评为新北区教育三十年突出贡献集体；

常州市新桥高级中学文化、艺体类达线517人，达线率90.1%，其中美术达线率99.3%、音乐达线率100%、艺体类本科达线率96.7%，2人考取985高等院校；常州市西夏墅中学本科达线率62.8%，其中艺体类本科达线率76.3%。江苏省奔牛高级中学被评为江苏省民族团结进步示范单位、江苏省红石榴家园、第一批全国青少年模拟政协活动基地、常州市基础教育综合改革实验学校、常州市文明校园标兵，“道德公社：涵育有志青年‘自奋品格’的德育实践”项目完成省中小学生品格提升工程项目结项验收；常州市新桥高级中学被评为常州市级教师发展示范基地校、常州市创意编程与智能设计大赛团体优秀学校；常州市西夏墅中学被评为江苏省青少年科技教育协会三星级先进集体，获常州市中小学教师基本技能竞赛优秀组织奖。

【奔牛高级中学高品质高中学科建设】 江苏省奔牛高级中学于2020年7月入选普通高中新课程新教材省级示范校后，聚力本位深耕，追寻“一个经验”的课程教学改革。一方面突出经验，体现各学科特点的教学模式，另一方面在课堂教学全过程实现“教一学一评”构建。在教学实施前运用设计思维，开展单元课时教学设计、学生学习设计和评价设计3类设计；课堂教学结束后持续关注课后的精准化诊断，关注学生在原有基础上的“增值”。学校在长期实践探索中，形成以项目引领为核心的教科研社群发展模式。2022年，江苏省奔牛高级中学基于学科本质的功能定位，在课程设置与开发、教学改革、校本教研、教师专业发展及学科组织创新等方面，促进高品质高中学科建设。学校被评为常州市基础教育综合改革实验学校，《融合中华优秀传统文化的“树人课程”体系的实践研究》案例获常州市基础教育教学成果一等奖，“中华优秀传统文化与课程教学深度融合的实践研究”项目入选江苏省前瞻性教学改革实验项目。

【奔牛高级中学入选全国青少年模拟政协活动示范基地】 7月，江苏省奔牛高级中学入选第一批全国青少年模拟政协活动示范基地。全国青少年模拟政协活动是在中国致公党中央委员会倡导下，在全国各级政协、教育行政部门等的支持下，由安生教育科学研究院具体推动，面向全国高中生开展的公益性、过程性、实践性创新活动。江苏省奔牛高级中学于2016年创办模拟政协社团，培育学生的政治情感归属、心理认可、创新意识，强化思政课实践育人功能。作为常州市首批思政育人特色学校，学校致力于培养学生的公民意识，模拟政协活动让学生们走进社会、接近民生、了解社会发展，把书本知识与社会实践相结合。至2022年年末，模拟政协社团选派12名骨干作为参赛选手，先后撰写政协提案2份，参加全国大学生中国人民政治协商会议提案大赛2次。

江苏省奔牛高级中学 （顾晓春 摄）

【省体育与健康优秀课评比活动在常州市新桥高级中学举行】 11月21—24日，由江苏省中小学教学研究室主办、常州市教育科学研究院承办的2022年江苏省体育与健康优秀课评比活动，在常州市新桥高级中学举行。常州市新桥高级中学教师顾炎作为常州市的代表选手，获江苏省高中体育与健康优秀课评比活动一等奖。本次评比活动有全省13支代表队展示120节课，规模和参赛人数均为历史之最，各市中小学体育教研员及千余名教师现场观摩，并进行全程现场直播。活动中，主持人孟文砚（江苏省中小学教学研究室教授）阐述常州学校体育改革的探索；中国教育学会体育卫生分会围绕体育教学过程中的重点、难点问题，就如何用好专家资源和平台，固化和应用优秀的学术研究、教学实践成果进行讲解；各市、各成员校代表队进行风采展示。

【西夏墅中学校外名师聘任暨市第四轮城乡牵手活动】 11月17日，常州市西夏墅中学联合常州市第一中学、常州市北郊高级中学、江苏省奔牛高级中学的名师团队举行校外名师聘任暨第四轮城乡牵手启动仪式，实现兄弟学校间优势互补、均衡发展、共同进步。活动中，学校向各位教师详细介绍西夏墅中学基本情况、学情现状和师资队伍情况，为7位名师颁发聘任证书；常州市第一中学、常州市北郊高级中学、江苏省奔牛高级中学的名师代表以及西夏墅中学名师代表就共同探索适合时代发展的全新先进教学模式提出意见建议。

（姚振平）

高等（职业）教育

【概况】 2022年，驻常州国家高新区（新北区）高（职）校有5所，分别是河海大学常州校区、常州工学院、江苏省常州技师学院、建东职业技术学院（民办）、常州旅游商贸高等职业技术学校，总计开设专业142个。有全日制在校学生40439人，其中高职学生18513人，本科及硕博研究生、留学生21926人；有教职工3043人。

（区志办）

【河海大学常州校区】 2022年年末，河海大学常州校区有学生6126人，其中在校博士研究生54人、硕士研究生1254人、本科生4818人。教职工544人，其中专任教师329人。专任教师中有正高级职称44人、副高级职称143人；181人有博士学位，占专任教师的55%；有博士研究生导师29人、硕士研究生导师168人。年内，建成常州市智能制造技术与装备重点实验室，8人入选江苏省“333人才工程”培养对象，13人入选江苏省“青蓝工程”培养对象，9人入选江苏省“六大人才高峰”高层次选拔培养对象。

学科建设。驻校区教学科研单位有信息学部物联网工程学院、机电工程学院、商学院，疏浚技术教育部工程研究中心、江苏省输配电装备技术重点实验室、特种机器人技术江苏省重点实验室等。设水利机械、物联网技术与应用2个二级学科博士点，机械工程1个一级学科硕士点，材料加工工程、社会经济统计学、通信与信息系统、物联网技术与应用、检测技术与自动化装置等7个二级学科硕士点，机械工程、电子与通信工程、计算机技术、工业设计、工程图书情报学5个专业学位硕士研究生授权点，以及通信工程、自动化、计算机科学与技术、电子科学与技术、物联网工程、机械工程、机器人工程、能源与动力工程、金属材料工程、工业设计、大数据应用与分析等15个本科专业。年内完成国家级、省级实验教学中心的建设任务；校区通信工程、物联网工程、自动化3个专业入选2022年国家一流专业建设点；通信工程通过工程教育专业认证；获批教育部第二批虚拟教研室建设项目1项；获教育部产学合作协同育人项目立项6项。机械工程和金属材料工程获批国家一流专业建设点；金属材料工程通过工程教育认证，机械工程通过认证中期检查；获教育部产学合作协同育人项目3项；智能制造工程专业通过学士学位授权审核。机械工程学科加强内涵建设，协同推进材料加工工程、能源与动力工程、工业设计等学科发展，入选江苏省重点学科建设，软科中国大学排名第62名。物联网工程学院负责电子科学与技术一级硕士点学科建设，参与3个一级博士点学科（信息与通信工程、计算机科学与技术、软件工程）及控制科学与工程一级硕士点学科建设。持续推动水安全与水科学、重大基础设施安全保障、世界水谷与水生态文明3个协同创新中心建设。

人才培养。2022年招收博士研究生13人、硕士研究生707人、本科生1180人。本科生毕业率97.67%、学位授予率97.35%、继续深造率42.28%。本科生在省部级以上学科竞赛中获奖183项，其中国家级27项；获ICPC国际大学生程序设计竞赛国家级奖项1项、第十三届中国大学生服务外包创新创业大赛奖3项、中国软件杯软件设计大赛国家级奖项13项、“蓝桥杯”全国软件和信息技术专业人才大赛国家级奖项4项、TI杯全国大学生电子设计竞赛奖1项、全国大学生电子设计竞赛奖1项。

科学研究。年内新增科研合同经费5276万元，到账经费3402万元；获批国家基金面上项目10项。发表SCI论文187篇、SSCI检索论文10篇、CSSCI刊源论文10篇；发明专利被受理153项，获发明专利授权205项；获省部级奖励项目4项。组织与政府、企事业单位对接活动20余场，组织学术报告40余场，邀请20余名国内外知名教授到学院开展学术交流，教师50余人次出访开展学术交流。

国际合作与交流。主办第四届机器人与智能制造技术国际会议（ISRIMT 2022），136名学生参加国际会议。教师发表国际联合高水平论文22篇，发表中外合作论文14篇；教师在海外组织、刊物任职12人，新增国际重要学术组织或期刊任职1人。留学生毕业率、学位率均为100%。学校获批科技部2022年度“一带一路”创新人才交流外国专家项目、科技部“高端外国专家引进计划”项目、学校国际合作交流引导资金项目。成功获批江苏省外国专家工作室。

（崔炳利）

【常州工学院】 2022年年末，常州工学院有普通全日制在校学生15860

人；有教职员工1371人，其中专任教师1064人、高级专业技术职务513人、博士522人、硕士614人。年内，招收全日制新生4065人、成人教育新生4767人；普通全日制学生毕业3730人，毕业生一次就业率84.48%，最终就业率95.04%。常州工学院获批国家“十四五”时期教育强国项目平台1个，被评为江苏省本科类产业教授6人、省高校优秀基层教学组织1个，被评为省高校“青蓝工程”培养对象优秀教学团队1个、中青年学术带头人培养对象2人、优秀青年骨干教师培养对象3人，入选“333人才工程”第六期第三层次15人，20名“双创”博士入选2022年度“双创计划”。

学科建设。2022年，学院设有航空与机械工程学院/飞行学院、汽车工程学院等教学单位18个，开设机械设计制造及其自动化、电气工程及其自动化等本科专业59个。新增国家级一流本科专业建设点2个、省级一流本科专业建设点11个、市级以上科研平台3家。测控技术与仪器专业通过工程教育认证。学院获批省级产教融合型品牌专业建设点3个、省级产教融合型品牌专业培育点1个、江苏省软件服务外包类专业嵌入式人才培养项目3个；获省教学成果奖一等奖2项、二等奖1项，省级产教融合一流课程6门；获批江苏省工程研究中心1个，碳纤维新材料产业学院获批江苏省重点产业学院建设点；获批复合材料与工程新专业1个和省级现代职教体系建设试点项目8个。

创新创业。2022年，学院出版“十三五”规划末江苏省高等学校重点教材，加强“大学生创新创业基础”通识教育必修课程建设。优化创新创业类选修课程，600余名学生获江苏省职业技能培训合格证书。成功孵化企业2家，获批市级大学生优秀创业项目1项。重点资助有较大影响力的主流学科竞赛52项，100余名学生获I级竞赛国家奖。获批大学生创新创业训练计划国家级项目40个、省级项目72个，学生在各级各类学术期刊上发表创新创业论文16篇，成功申请专利21件及计算机软件著作权2件。

科学研究。2022年，学院申请专利312件，授权专利139件。获批国家级科研项目20个、省部级科研项目34个、市厅级项目419个，其中国家自然科学基金项目18个、国家社会科学基金项目2个、江苏省自然科学基金项目4个、教育部人文社科项目4个、江苏省社科基金项目8个、省政策引导类计划（软科学）项目1个、江苏省高校哲学社会科学重大项目1个、江苏省高校自然科学研究项目25个。获江苏省第十七届哲学社会科学优秀成果奖5个、江苏省社科应用研究精品工程奖2个。

产学研合作。2022年，学院继续推进“一院一镇，百团百企”行动和“引企入校”工作，新增社会服务合作乡镇（街道、园区）7家、产学研合作机构4家，与101个科研团队签订产学研合作合同738份，总金额2.79亿元。获批江苏省产学研合作项目60个，19人入选2022年江苏省科技副总，2人获2022年中国产学研合作个人创新奖。

国际（地区）交流与合作。2022年，学院与6个国家9所大学新签或续签校级实质性合作协议11份。首次完成港澳台地区招生工作，录取香港地区学生1人。推进中德亚琛产教融合创新基地建设。培养留学生348人，获江苏省语言工作委员会第二届省教师国家通用语言文字教学能力大赛留学生组特等奖1项，“汉语连四海、云端常州行”项目入选省委外事工作委员会“1113工程”小而美项目。发布海外学习与交流项目46项，全校241名同学参加。学院被评为教育部中美人才培养121项目年度先进单位，获批自动化专业中外合作办学项目、常州市外国专家工作室，获批省“十四五”高校国际化人才培养品牌专业建设项目1个、联合实验室1个、常州市国际科技合作/港澳台科技合作项目4个。

（周　倜）

9月25日，常州工学院2022级新生开学典礼暨军训表彰大会召开

（常州工学院　供图）

【江苏省常州技师学院】 2022年年末，江苏省常州技师学院有普通全日制在校学生9049人；有教职员工606人，其中具有高级职称的210人。年内，招收学生2077人，毕业学生1711人，就业率98.01%。申报各类项目20个，投入资金1000万余元。继续推进中德合作。联合德国南图林根州手工业行会对中德汽车教学团队教师开展师资培训；赴德留学42人，32人取得IHK证书，35人回国就业，7人留德继续学习或就业。优化教师资源配置。公开招聘教师15人；完成岗前与入职培训42人；教师资格认定13人，教师资格证书持证比例95.38%；41名教师参加职称评审，185名教职工参加岗位竞聘。薛龙获全国五一劳动奖章，魏小兵、马再敏、吴辰晨、薛龙、周云飞5人获江苏省五一劳动奖章。投入50万余元改造学生心理成长指导中心，建成个体咨询室、团辅室等各类功能室8个。学校被省政府和第六届状元大赛组委会授予高技能人才摇篮奖；被评为省、市“三创”（创业、创新、创优）优秀集体16个，优秀学生、学生干部40人；学校智能制造团总支被评为江苏省五四红旗团支部。

学校建设。2022年，学校入驻企业15家，设备投资1.2亿元，使用面积3.4万平方米；建设高水平学生岗位实训基地、校企联合实训中心等10个；智能制造实训楼项目（常州市高技能人才公共实训基地三期）奠基开工；获批中央预算内投资4000万元。按产业标准，形成规范化的实习实训教学方案，安排学生实习6000人次。完成新能源车实训室、钳工实训室等教学场地改造和起重机械操作培训基地建设。完成33个项目教学设施设备的添置，投入资金2800余万元。龙城工匠馆投入使用。完成省人力资源和社会保障厅的技工院校办学水平督导评估，获得优秀等次。

学生教育。发挥班主任工作指导委员作用，开展校内外各类班主任培训500余人次、公开主题班会87场、智享沙龙活动2场。新增德育名师工作室2个，组织开展班主任技能大赛，4人在省市级技工院校班主任技能大赛和中职学校班主任技能大赛中获奖。持续开展争创宋彪班、职业适应能力规划、“劳动实践创造美，美丽校园我当家”劳动周教育活动等。持续推行“能娃”先锋计划，遴选53名学生党员、入党积极分子、优秀学生代表担任新生“小班主任”，创新学生“三自”（自我管理、自我教育、自我服务）教育载体。开展心理咨询教师专项培训20课时，定期开展“会心”下午茶和学生团体辅导等。举办“525”心理健康教育月主题活动，开展新生心理健康线上普测和建档工作，学生个体心理咨询250人次，处置化解心理危机事件20余件。帮扶困难学生，提供各类勤工助学岗位，发放奖助学金210万余元。

教学科研。2022年，全校学生成绩整体合格率97.38%。2022届技师班技师鉴定应知合格率94.17%，应会合格率98.23%。全校教学抽考一次及格率98%，技师班一次合格率100%。完成信息技术基础等37门数字化课程建设，维护和应用程序设计基础等25门数字化课程。完成国家“三科”（政治、历史、语文）中职语文教材参编任务和以世界赛为题材的开学第一课教材《匠心逐梦》《追梦少年》的编写，新编9本、修订11本校本教材投入使用。完成全日制高级技师班的研究，编辑出版《学报》4期、《职教资讯》10期。完成2022年度省厅委托合作课题“江苏技工教育联盟建设研究”，开展12项世赛校级课题研究，2项课题成功入选第一届黄炎培职业教育思想研究规划课题，9项课题获市人力资源和社会保障局年度课题立项；完成35项校级课题结题评审；5个作品获中国职工教育和职业培训协会优秀作品奖。

培训认定。2022年，学校有国家高技能人才培训基地项目，有优质技工院校、工学一体化教师培训基地和工学一体化建设项目等技工教育“十四五”规划任务（项目），有省级技能大师工作室项目、江苏省技工院校重点项目5个，常州市技能大师工作室、常州市技工院校示范（重点）专业等项目12个。学校瞄准企业“智改数转”转型升级需求，新开发高级技师专业1个、技师专业2个。扩大技师及以上层次培养规模，开办首家全日制智能制造技术高级技师班。技师层次的招生专业、班级数和人数占比均超50%。先后参与制定12个专业的工学一体化课程标准和课程设置方案，承担工学一体化师资培训标准、优质院校标准、优质专业标准、优质课程标准和优质课堂标准的制定工作，位于全国领先水平。

技能大赛。在第六届江苏省技能状元大赛上，学校获工业机械和无人机应用技术学生组技能状元2人、第二名1人、第三名2人、第五名1人。在第三届全国教师职业能力大赛省级选拔赛中，3人分别获公共课与通用职业素质课类、机械类和电工电子类第一名。在“江苏工匠”岗位练兵职业技能竞赛中，1人获职工组第四名，1人获学生组第一名，1人获学生组第四名；在2022“一带一路”暨金砖国家技能发展与技术创新大赛上，1人获三等奖。

（华晨磊）

【建东职业技术学院】 建东职业技术学院是由江苏省政府批准建立、教育部备案、从事高等教育的民办全日制普通高校。学院位于嫩江路1号，占地面积34公顷，总规划建筑面积45.36公顷，图书馆藏书30万册。学院秉承“忠诚、敬业、乐群、发展”的校训，坚持“立足常州、服务江苏、面向长三角”的服务定位，以传统优势专业为基础，以民航类专业为特色，通过改革人才培养模式、校企合作、工学结合等途径，全面提高学生的综合素质和职业技能。实行毕业证、职业资格证多证书制度，使学生的知识、能力、素质三者协调、健康发展，为学生的毕业与就业“零距离”对接奠定基础。在长三角等地区与数百家企业建立校企合作培养或人才输送关系，以订单培养方式实现校企合作、产教融合，进行定向人才输送。先后被评为江苏省平安校园、江苏省创新实验基地、江苏省高职实训基地。

2022年年末，学院有学生3904人；教职员工169人，其中具有高级职称及“双师”（双职称型、双素质型）素质的教师超70%；设二级学院6个，开设民航安全技术管理、民航安全空中保卫、机电一体化技术、工程造价、室内艺术设计、汽车制造与试验技术、高速铁路客运服务、空中乘务、大数据与会计等专业31个，涵盖工、理、文、艺等领域。智能制造与计算机学院对接区高端智能装备制造和新一代信息技术产业，契合区主导产业发展趋势；航空服务学院面向华东干线机场建设，重点打造客运服务专业群和民航服务专业群，助力区域航空服务体系完善；经贸管理学院融入区数字经济建设，服务区域贸易、金融、物流等服务业的发展；艺术与建筑学院发掘建筑和艺术传统专业优势，服务常州高铁新城和人工智能科创港等区域特色楼宇建设。

2022年，学院与省内40余所本科院校开展专转本合作项目，学生转本成功后可获计划内全日制本科毕业证书和学士学位，提升就业质量，促进充分就业；与南京工业大学、苏州大学、南京师范大学、南京艺术学院、南京信息工程大学、江南大学、南京财经大学、江苏理工学院等本科院校开展“专接本”合作项目，专科阶段与本科阶段之间的学分互认，3年获建东学院专科毕业证书，4年可获合作本科院校的本科毕业证书和学士学位证书，并以本科毕业生身份进行档案派遣，提升学生就业竞争力。

（夏海炜）

【常州旅游商贸高等职业技术学校】 常州旅游商贸高等职业技术学校是一所国有公办全日制职业技术学校，是江苏联合职业技术学院的分院。学校先后被评为国家改革发展示范校、首批国家级重点职业学、全国教育系统先进单位、教育部“十三五”首批职业学校数字化校园建设单位、江苏省首批领航发展学校、江苏省职业院校教学管理30强和学生管理30强单位。学校以“专注现代服务业，培养国际化人才”为办学定位，设运动健康系、旅游管理系、应用外语系、创意信息系、经济贸易系、继续教育部5系1部；开设专业20余个，其中省级以上品牌特色专业7个。年末，有在校学生5500余人；有正式在编教职工353人，其中全国、省、市优秀教师，省职业教育领军人才，学科带头人，骨干教师等167人，硕士研究生208人，高级职称149人（其中教授职称9人）。年内，学校关工委被评为全国教育系统关工委工作先进集体；学校被评为常州市首批食育改革示范学校、常州市首批中小学生食育实践基地、常州市优质融合教育资源中心校、江苏联合职业技术学院资助先进集体，获批2022年江苏省中等职业教育教师省级培训项目基地、常州市外贸新业态产教融合试点单位。烹饪专业成功申报江苏省职业教育常州菜技艺技能传承创新平台，旅游管理专业群被遴选为2022年学院五年制高职现代学徒制示范专业点，学校与常州晋陵中吴酒店管理有限公司共同建设的常州中吴国际酒店管理学院（产业学院）项目入选江苏省职业教育校企合作示范组合性培育项目和常州市职业院校产业学院立项建设项目；《西藏中专“三跨四融五阶梯”人才培养体系的构建与实践》案例被教育部民族教育司评选为2020—2021年度全国西藏班新疆班创新案例。

技能比赛。在2022年江苏省职业院校技能大赛职赛项中，获13金8银13铜；在高职赛项中，获1金2银3铜。在2022年全国职业院校技能大赛现代物流综合作业赛项（中职组）中，获一等奖，实现该项目赛四连冠；在2022年省教学大赛中，获一等奖1项、二等奖2项、三等奖3项。在江苏省第十六届大学生职业规划大赛中获特等奖、二等奖各1项。

国际交流与合作。2022年，学校与日本山梨学院大学、日本长崎国际大学合作推进课程共建、协同育人，合作举办“双师、双语，两国、两课堂”混合教学活动。与英国职业教育专家联合举办中英继续教育与职业教育比较介绍讲座。与意大利巴巴雷乔旅游管理学院、弗斯卡里尼人文学院签约。6月3日，与德国海德堡130多名华裔师生开展“讲民俗、做名点、赏民演”线上文化交流活动，讲述常州地方文化故事。成立“劲味”新媒体工作室，利用新媒体平台，宣传中餐文化。依托常州菜研究院、常州旅游文化研究院等，参与海外云课堂活动，推广常州菜文化。

校企合作。2022年，学校加强与江苏明都汽车集团有限公司、常州龙控集团有限公司、江苏九洲投资集团有限公司等知名企业合作，深化产教融合协同育人。至2022年年末，学校有合作企业120家，其中紧密合作型61家。学校自办常青藤产教融合型企业，开设分公司20余家，接纳师生实习实践3000余人次，惠及家庭3万户，创造服务产值超1.2亿元。

继续教育。2022年，学校继续推进五年一贯制高职“专转本”项目，297名学生报名参加考试，100余名学生被各高校录取。开展企业新型学徒制培训，培训中级营养配餐员及中级商品营业员100人；完成1012名学生的计算机维修工初级第二技能鉴定，通过率99.6%。蔡廷伟社区教育特色项目工作室开展党史国情、公文写作、地方文化等讲座，教师王东的江南美食技艺技能传承创新工作室入选常州市第六批社区教育特色项目工作室。

服务社会。学校承担教师资格证笔试、中职职教高考文化统考、体育单招文化统考、事业单位招考、法律职业资格考试、江苏省公务员考试、全国硕士研究生统一招生考试等考点服务，服务考生1.5万人次。

（刘增武）

社会教育

【概况】 2022年，常州国家高新区（新北区）有各类社区教育机构132个。其中，区社区培训学院（老年大学）1个、镇（街道）社区教育中心（老年大学分校）10个、村（社区）老年学习点121个。全区有社区教育志愿者168人，非学历教育机构7个，常年协助开展各级各类培训，城乡居民社区教育活动参与率30%。新北区社区培训学院联合全区10个社区教育中心成立常州市首批社区教育科研基地，提升“龙娃虎妞趣学堂”“五彩课堂”“楠木厅建设”等品牌活动的影响力，扩大社区教育宣传力度。区教育局指导镇、街道开展线上线下相结合的讲座、培训、论坛、展览等教育培训、学习宣传活动。龙虎塘社区教育中心全年对老年人免费开放，开设24个培训班，涉及14个类别，全年培训768课次，参加培训532人次；西夏墅镇将瑜伽、有氧操等季度化教学和摄影、插花、钉子画等单次授课相结合，全年安排课程种类20余项，超200课时，受益群众5000余人次。

【全民终身学习活动周】 12月9日，新北区2022年全民终身学习活动周启动仪式在新桥街道举办。区委宣传统战部、区教育局等相关部门领导及区各校（园）长250人参加启动仪式。活动周以“砥砺奋进启新程，全民学习再出发”为主题，采用线上线下相结合的方式，面向全社会直播。仪式期间，为新桥街道15位“学习之星”举行颁奖仪式；为新北区老年大学新桥分校举行授牌仪式；冰心奖获得者高建新阅读分享散文《蛰伏并快乐着》；各镇、街道社区教育中心以展板的形式，分享各自终身学习的做法和成果。

（张玉玉）

文　化

公共文化

【概况】 2022年，常州国家高新区（新北区）持续推进“书香新北”系列建设，打造“美好新北、幸福悦读”品牌。依托秋白书苑，从基础设施、品牌活动、队伍建设和平台创新等方面，完善全民阅读公共服务体系。推进基层公益性培训，实施“艺起来”全民艺术普及工程，通过线上、线下相结合和馆内、馆外相补充等形式，提升公益性培训服务成效。举办舞蹈、绘画、音乐等培训150场，培训4000余人次。组织公益讲座40余场，惠及2000余人。开展“20世纪最有代表性的画家之一萨尔瓦多·达利版画展”“国家级非遗项目周家刻纸展”等展览活动，观众达6万余人。举办“送万福进万家”书法文化惠民活动、“新”好遇见你文化艺术季、潮起高新——新北区首届文化艺术节等群众性文艺活动，惠及群众20万人次。至年末，全区人均接受文化场馆服务次数3.48次。新北区溪南文艺团和新北区柒号美术馆2支基层团队被评为江苏省2022年度优秀群众文化团队。

（袁　玲）

【文化设施建设】 2022年，常州国家高新区（新北区）有镇（街道）文化站10个、基层综合性文化服务中心139个，动态实现全区行政村（社区）综合性文化服务中心覆盖率100%。年内，孟河镇文化体育活动中心启用，新北区文化馆、图书馆新馆正式对外开放，丰富市民精神文化生活。委托南京大学编制《长江国家文化公园常州段建设保护规划》，重点推进长江国家文化公园常州段建设，系统收集归纳长江文化资源要点，并形成常州长江生态文化公园建设概念性方案。

（陆　娟）

【全民阅读】 2022年，常州国家高新区（新北区）完善全民阅读公共服务体系，持续推进“书香新北”建设。打造“15分钟阅读生活圈”。启动新北区2022全民阅读春风行动，成立全民阅读推广联盟，以“阅读新时代，逐梦新征程”为主题发布阅读推广活动285场。承办省级“9·28”经典诵读活动常州分会场活动，以“阅读新时代·喜迎二十大”为主题，开展走读大江大河活动，诵读名篇经典。开展暑期特色阅读活动15场，引导青少年养成良好的阅读习惯。加强农家书屋建设，为全区农家书屋更新图书5000余册。至年末，全区有秋白书苑9家、社区图书室34家、农家书屋103家，有实体书店、流动书屋、职

新北区图书馆一隅　　（区教育局 供图）

工书屋等 160 余家。

（王雨菲）

【《常州高新区》报改版】 12 月，《常州高新区》报正式改版。该报从《常州日报》夹报中独立出来，版面缩小，由原来对开四版改为四开四版。增加出版频次，由原来的每周 1 期改为每周 3 期，周一、周三、周五出报。改版后的版面设置为：一版“精要闻”，反映区委区政府决策部署、重点项目、重大活动、重要民生实事，并呈现精彩新闻图片；二版“全区要闻与高新在线”，衔接一版全区重要时政报道，立足高新特点，报道重点工作、创新举措、典型深度报道；三版“综合新闻与专题报道”，综合新闻反映各部门、镇街动态性新闻，专题报道包括特别报道（镇街、条线专版）、媒体聚焦、长三角、集思等；四版“今日新城与恐龙苑”，今日新城重点刊出贴近基层、服务百姓的民生类新闻、政务信息公开等，恐龙苑包括副刊和图片专版，副刊反映全区人文历史、市井百态，图片专版展示新城生活气息、人文景致。

（谢佳妮）

【秋白书苑建设】 2022 年，常州国家高新区（新北区）依托“政府 + 街道 + 企业”三方合作共建机制，新建秋白书苑春江馆和书香馆，全区累计有秋白书苑 9 家。

秋白书苑春江馆位于新北区祁连山路与赣江路交叉口西南 80 米，面积 500 平方米，由常州市图书馆、春江街道新时代文明实践所、春江街道综合文化服务中心合作共建，内设图书区、路演厅、会议室 3 个功能区，藏书 1.2 万余册，可与市区图书馆及其他秋白书苑系统通借通还。年内，书苑接待读者 1445 人次，图书借阅量 2534 册次，

11 月 22 日，“两馆一中心”对外开放　　（区委宣传统战部　供图）

举办阅读推广活动 13 场，组织“亲子闹元宵，好书带回家”、“三八”国际妇女节中式插花培训、“致敬抗疫英雄”晚会等活动 29 场。

秋白书苑书香馆位于新北区兴业路 9 号书香世家小区，由常州市图书馆、新北区三井街道、常州福地置业有限公司三方合作共建，面积 300 余平方米，坐席 50 余个，设成人区、少儿区、亲子阅读区、党建学习区等区域。有图书 7000 余册，可与常州市图书馆通借通还。

（区教育局　春江街道）

【“两馆一中心”对外开放】 11 月 22 日，新北区文化馆、图书馆、职工服务中心（简称“两馆一中心”）正式对外开放，“艺游未尽”2022 潮起高新文化艺术节同步启动。新落成的“两馆一中心”位于新北区云河路 69 号，总建筑面积 6000 平方米。设有多功能排练厅、展览厅，配置有可供 500 人同时观剧的精品剧场和小型书画活动室、文化沙龙室，集培训、演艺、展览、编创、阅读等功能于一体，成为新北区的文化客厅、文化地标、精神高地。

（袁　玲）

文学艺术

【概况】 2022 年，常州市新北区文体旅游管理服务中心组织开展“春天的邀约”常州市百幅名家作品展、庆祝中国人民解放军建军 95 周年常州市新北区第一届硬笔书法作品展、2022 年文化和自然遗产日新北区文物保护单位暨非物质文化遗产图片展等主题性文艺活动 16 场次，参与群众 20 万人次。组织各镇（街道）、学校等单位参加第十五届江苏省五星工程奖评选活动，歌伴舞《向幸福出发》、校园剧《祝你生日快乐》、小品《唱支山歌给党听》等节目进入初评阶段，戏剧《英雄的一家》代表常州市参加江苏省五星工程奖终评，获第十五届江苏省五星工程奖网络最佳人气作品奖。推进文艺精品内容和形式创新，打造一批具有新北区特色的文艺精品。区双拥办微视频《寻梦蓝天，感谢有你》获全国双拥主题文艺作品一等奖。电视纪录

片《常州三杰》、广播剧《谋将来永远幸福——张太雷》、图书《秘访青果巷》和《行吟图》、歌曲《百年生日百年歌》、动漫电影《恐龙飞车》6个项目获常州市第十届精神文明建设“五个一工程”奖。其中，区委宣传统战部等部门联合出品的广播剧《谋将来永远幸福——张太雷》获中宣部第十六届精神文明建设“五个一工程”奖，电视纪录片《常州三杰》获江苏省第十二届精神文明建设“五个一工程”奖。

【广播剧《谋将来永远幸福——张太雷》获全国“五个一工程”奖】 10月29日，广播剧《谋将来永远幸福——张太雷》获全国“五个一工程”奖。该剧由共青团中央宣传部、共青团江苏省委联合指导，中共常州市委宣传部、共青团常州市委、区委宣传统战部、薛家镇人民政府联合出品，由江苏亚细亚影视制作有限公司、江苏恐龙园赞奇影业有限公司联合制作，被列为共青团中央宣传部重点宣传协同项目。作品讲述张太雷短暂而光辉的人生故事，以及他为党的事业和共青团的建立所做出的贡献；从成长经历、革命历程到英勇牺牲，从亲情、友情到爱情，表现张太雷的人格魅力和为人民“谋将来永远幸福”的革命初心。该广播剧于4月23日在中央广播电视总台《中国之声》首播。

（陆　娟）

文化遗产保护

【概况】 2022年年末，常州国家高新区（新北区）有不可移动文物159处，其中全国重点文物保护单位1处（大运河）、省级文物保护单位4处（万绥东岳庙戏楼、梅村真武庙戏楼、巢渭芳故居、万缘桥）、市级文物保护单位30处；有非物质文化遗产（简称“非遗”）项目57项，其中省级非遗项目4项、市级非遗项目18项。年内，对全区35个市级以上文保单位开展文物安全隐患专项检查，并落实日常巡查，78个不可移动文物点位巡查情况为优秀，65个点位巡查情况为合格，依据考核结果发放工作经费25.35万元。举办2022年“文化和自然遗产日”新北区非遗展示展演活动暨新北区文物保护单位图片展。江南天然香制作技艺、孟河医派林氏脾胃病专科2个项目入选新北区第六批非遗名录项目。

（张　玮）

【文物遗迹保护】 2022年，常州国家高新区（新北区）文保部门开展不可移动文物和文博单位安全检查，开展不可移动文物现存状况摸底调查和红色文物调查，完成市级文保单位西夏墅西河沿35号民居、圩塘革命烈士墓、一般不可移动文物小河潘氏宗祠（江藻堂）等修缮工程。开展考古调查勘探项目6个，勘探面积29.13万平方米；发掘项目2个，发掘面积1200平方米，清理墓葬等遗迹单元92个，出土文物169件（套）；完成文物资源区域评估项目7个，面积944.55万平方米。

【非遗传承保护】 2022年，常州国家高新区（新北区）文旅部门组织非遗进校园活动，与常州市新北区龙虎塘实验小学、常州市新北区圩塘小学等学校合作开展堆花糕团、剪纸等非遗项目活动。推进非遗进景区，引进非遗打卡点、非遗市集、非遗小舞台等沉浸式互动体验项目，进驻环球恐龙城、江南环球港、迪诺水镇等景区，向游客免费提供新北区非遗进景区宣传册。6月，举办新北区非遗展示展演活动暨新北区文物保护单位图片展，邀请常州书法家现场写团扇，手工艺人捏面人、吹糖人、制作香囊，在非遗小舞台展示非遗魔术表演和投壶民俗活动体验等，约1500人参加。

【新增2项区级非遗名录项目】 2022年，常州国家高新区（新北区）新增区级非遗名录项目2项。江南天然香制作技艺。新北区的江南天然香制作，用料讲究，有选材、清洗、干燥、炮制、研磨、配伍、拌料、揉香、成型、阴干、分割、窖藏、包装等十数道工序，制作的产品类型有线香、盘香、塔香、香囊、香膏、香珠、香牌等，展现着独特的地方熏香文化。孟河医派林氏脾胃病专科。传承人林云鹏在全面继

市级非遗项目——常州堆花糕团　　（区教育局 供图）

承父辈和堂兄实践经验的基础上，通过对药物配伍使用规律的研究和认识，针对常见脾胃病的主要证型，拟定相应的效验方，并辅以针灸及膏方进行慢性调治。

（袁 玲）

常州国家高新区（新北区）区级非遗项目代表性传承人一览表

表 55

序号	项目类别	项目名称	传承人
1	民间文学	齐梁故里故事	郭重威 程协润
2		孟河医派故事	郭重威 郭海德
3		孟河小黄山传说	郭重威
4		孟河古河古城传说	郭重威 周 华
5		高山流水的故事	叶 茹
6	民间风俗	万绥东岳庙会	孔林芳
7	民间传说	三井的传说	陈丽琴
8	传统技艺	孟河中药香囊制作技艺	王 璇
9		西夏墅全羊宴制作技艺	张建龙
10		香牌制作技艺	过 贤
11		旗袍编织技艺	曹华芳
12		春江柳编	卜小娣
13		兔子灯制作技艺	曹金凤
14		青城玉白酒传统酿造技艺	黄正明
15	传统美术	民间刻纸	陈翠平
16		麦秆画	郭畅旭
17	传统医药	蒋氏世医喉科	蒋中丞
18	传统武术	太极拳	陈伟平

（袁 玲）

【《富春山居图》斧劈石盆景登陆央视】 1月30日，中央广播电视总台四套《海峡两岸》栏目以“传承•创新——斧劈石盆景合璧《富春山居图》”为题，对孟河斧劈石盆景合璧《富春山居图》作专题报道。《富春山居图》斧劈石造景放置在孟河斧劈石盆景园，盆景石材取自小黄山修长坚硬、棱角分明的奇特片石，整体长16米、宽2.5米，有层叠山峦、灵动植物、亭台楼阁、小桥流水，每一块山石力求精确模仿原图，兼有烟云变幻。作品由斧劈石盆景工艺江苏省代表性传承人魏达荣和斧劈石盆景工艺常州市代表性传承人魏玉宇（魏达荣儿子）历时4年余制作而成。魏达荣父子以盆景作品实现分别藏于浙江博物馆、台北故宫博物院的《富春山居图》前半卷与后半卷的合璧，表达两岸人民盼望统一的情感。

（区志办）

档案工作

【概况】 2022年年末，区档案馆馆藏档案58个全宗，43.17万卷26.17万件。2022年，接收档案1.85万卷3.02万件、政府公开信息304件，接待线上线下查档1200人次，查阅利用档案材料1.43万卷（件）、工程竣工电子档案4.76万卷，为高新区成立30周年庆祝活动、组织史编纂和群众办事维权发挥作用。

【档案资源建设】 2022年，区档案馆完成全区2016—2017年出生医学证明档案、股改档案等接收进馆工作。开展常州国家高新区成立30周年档案资料征集和庆祝活动档案资料收集，共征集到14家单位及个人的档案材料295件。完成建设工程档案归档入库1.85万卷。年内，区档案馆与203家单位签订建设工程档案报送责任书，对157家单位进行工程竣工资料专项验收，开具建设工程档案验收意见167份、建设工程档案接收凭证159份。做好城建档案管理系统平台数据更新工作，完成城建档案卷内条目录入11.29万条，完成数字化扫描3.15万卷。

【档案业务建设】 2022年，区档案馆聚力提升档案业务能力，不断夯实档案基础，召开全区档案方志工作会议，举办新北区部分住宅小区工程项目档案管理培训。加强业务联合，局馆联动对48家单位开展档案年检，年检覆盖面100%。助力全区城市建设，参与新孟河拓浚工程（新北段）拆迁安置、芜申线高溧线（南段—溧阳改线段）航道整治工程项目档案专项验收会议。推进村镇建设档案工作，指导村镇档案室升级达标，薛家镇省特级村镇档案室通过复查，西夏墅镇省一级村镇档案室通过省级验收。

【档案宣传开发】 2022年，区档案馆以“喜迎二十大·档案颂辉煌”为主题，结合“6·9”国际档案日开展系列宣传活动，发放宣传资料1000余份。以高新区成立30周年为契机，举办专题图片展——“档案见证历史——庆祝高新区成立30周年”，展出各类馆藏图片150余张，接待团体参观5000余人次；制作电子画册——《请输入“高新”密码：1992—2022》，各媒体浏览量4300余人次。注重档案成果转化，梳理近20年城建档案规范性文件，编制完成《城建档案规范性文件汇编》，1篇论文获2022年中国档案学会三等奖，3篇论文获省档案学会优秀奖。

【档案服务利用】 2022年，区档案馆依托全市政务服务一体化管理系统，利用民生档案“一网通查、即时出证”平台服务群众688人次，提供档案796页。推进馆藏到期档案的开放审核，建区以来首次向社会发布开放档案条目1200余条。提升档案检索效率，馆藏城建档案数字化率100%，实行建设单位网上申报“档案预验收”制度，建设项目实现同时申报、并联审批、同步领证，企业办理竣工备案的进度加快。

【新北区档案馆新址启用】 2022年，区档案馆从衡山路8号搬至云河路69号，历时40余天，搬迁档案资料40万卷6000余箱。12月12日，区档案馆新馆正式开馆，档案查阅中心同日启用。新馆毗邻新北区政务服务中心，位于区“两馆两中心”（档案馆、文化馆，政务服务中心、社会保障管理服务中心）建筑群，占地面积1736.7平方米，建筑面积4.03万平方米，地下2层，地上主楼22层，可满足全区未来30年的档案存储需要。先期启用档案库房、对外服务用房、技术用房等面积8500平方米，其中库房面积5100平方米，可承载容纳档案167万卷。新库房拥有智能照明密集架和手动密集架两套系统，配备恒湿净化测控机，为档案保存提供良好条件。

【新北区档案馆被评为省级“规范档案馆”】 11月，江苏省档案馆发布业务建设评价结果，新北区档案馆被评为省级“规范档案馆”。该评价系自《江苏省市县级国家综合档案馆业务建设评价办法》颁布以来首次评价，5年评价一次。自档案业务建设评价工作启动以来，新北区档案馆统筹部署，组织推进。2021年7月，区档案馆召开业务建设评价部署会，对照建筑与设备、馆务建设、档案基础业务、开发利用服务4个方面70项业务建设评价标准，编制《业务建设评价指标自评及分工表》，逐一明确责任人，分条梳理待完善事项，最终形成70盒2218页评价工作台账。2022年8月，常州市档案馆组织召开业务建设现场评价会，对区档案工作开展全面检查，对70项评价内容开展检查，提出8项评价意见。

（柏　锐）

方志工作

【概况】 2022年，区志办持续推进地方志编修、方志宣传推介等工作，发挥史志资政、存史、育人作用。《常州国家高新区　常州市新北区年鉴（2022）》《常州国家高新区　常州市新北区简志》出版发行。开展方志记录

6月、12月，《常州国家高新区　常州市新北区简志》《常州国家高新区　常州市新北区年鉴（2022）》分别出版发行　（区志办 供图）

历史——庆祝常州国家高新区成立30周年、“万人看高新”现场参观活动。组织志鉴编写人员参加全国地方志系统信息化业务培训，提升志鉴编写能力水平。年内，区志办继续推进《常州国家高新区 常州市新北区志》编纂工作。

【《常州国家高新区 常州市新北区年鉴（2022）》出版发行】 12月，由区管委会、区政府主办，区志办编纂的《常州国家高新区 常州市新北区年鉴（2022）》由江苏人民出版社出版发行，是1999年创刊后的第12卷。全书设区情概览、法治、军事、乡村振兴、旅游业、金融证券、城乡建设、生态环境保护等类目34个，含图片242幅、表格85张，总计92.4万字。区志办根据区情发展变化，适当调整年鉴篇目结构，将原党政社团7个分目及应急管理分目升格为类目，将法治·军事类目拆分为法治、军事2个类目，将开放型经济类目拆分为园区建设、对外及港澳台经济2个类目，全面系统反映2022年度高新区（新北区）行政区域内的大事要闻，体现区域特色和时代特征。该书同步在高新区(新北区)政府官网推出电子版。

【镇（街道）志编纂】 2022年，区志办继续对全区10个镇（街道）编纂或续修镇志、街道志工作开展督查和业务指导，并组织力量对送审志稿进行审核，指导镇（街道）志编纂人员修改完善志稿，对《春江镇志》《薛家镇志》等镇志编纂出版工作形成书面修改意见。年内，先后完成《罗溪镇志》《孟河镇志》验收工作；推进《三井街道志》验收后再修改。

【《新桥镇志（1983—2019）》通过终审】 7月27日，《新桥镇志（1983—2019）》终审会在新桥街道召开。《新桥镇志（1983—2019）》是1983年出版的《小新桥乡志》的续志，上自1983年，下迄2019年，大事记部分及部分资料记至2020年7月，总计105万字。该志记述范围为1992年4月后的新桥镇所辖地域内事件。该书采用大编结构和述、记、志、传、图、表、录7种体裁，以志为主；按照部类设9编，编下设章，章下分节，记述新桥镇自然、政治、经济、文化和社会等方面的发展及现状，反映新桥镇的区域特色和时代特点。

（刘梦萍）

文化产业发展

【概况】 2022年，常州国家高新区（新北区）文化产业增加值占地区生产总值的6.35%。155家规模以上文化产业单位实现营业收入229.03亿元。持续推进文化产业发展，6家文化企业、8家书店、3家印刷企业获常州市文化产业引导资金总计214万元；18个项目获2022年常州国家高新区（新北区）文化产业引导资金总计199.5万元。10月28日，举办以“遇见·英雄年代”为主题的第十九届中国常州国际动漫艺术周活动，推进文化产业高质量发展。

【文化人才引育】 2022年，常州国家高新区（新北区）引进文化领军人才1人、文化重点人才1人、文化拔尖人才4人，摸排“双创人才”（有创新精神和创业能力的人才）1人。开展文化人才普查，精准掌握各类文化人才具体信息。全息立体数字文物展示领域专项项目和三堡街历史街区改造设计项目入选市高层次文化人才项目，3人被评为常州市突出贡献人才。

（陆 娟）

【第十九届中国常州国际动漫艺术周举办】 10月28日，以“遇见·英雄年代”为主题的第十九届中国常州国际动漫艺术周在常州现代传媒中心开幕。本次活动由常州市文化创意产业联盟、龙城旅游控股集团主办，中国电影家协会副主席任仲伦、省委宣传部电影局副局长王明珠及众多业内人士、行业媒体出席。市委书记陈金虎致辞。开幕式上，ULight虚拟科技制作项目、股权投资暨媒资服务战略合作项目、恐龙园文化科技创新拓展项目、动画电影《白鲟回家》制作项目等一批项目签约；紫金文创研究院元宇宙研究

10月28日，第十九届中国常州国际动漫艺术周开幕。图为动漫周期间，“元宇宙·漫世界”元宇宙动漫产业融合发展高峰论坛举办（区委宣传统战部 供图）

中心、动漫人才交流培养基地揭牌成立。本届动漫艺术周聚焦动漫与元宇宙虚拟技术融合发展，旨在探索构建“动漫＋元宇宙”产业生态，推动文旅与科技融合发展，打造文旅行业交流平台。动漫周期间，举办“元宇宙·漫世界”元宇宙动漫产业融合发展高峰论坛、元宇宙动漫产业主题展、优秀民族原创动漫电影公益展映等活动。

（区志办）

文化市场监管

【概况】 2022年，常州国家高新区（新北区）文化市场在册经营单位有网吧45家、歌舞厅32家、游戏室3家、营业性演出场所3家。区加强文体旅行业安全生产管理，对中秋国庆期间安全生产风险开展研判管控，通过受理举报和日常检查等方式，及时发现处理网吧、娱乐场所等经营单位的违规行为，全年检查娱乐场所152家次，开具整改通知书12份。把小型游乐设施和游乐设备的安全管理纳入安全检查内容，不定期开展检查，夯实相关经营管理者的安全生产主体责任。强化对旅游、娱乐、上网服务、营业性演出等经营活动的监管，督促各类文化和旅游经营单位及时整改问题。配合市文化市场综合行政执法支队依法查处提供含有国家法律法规禁止内容的文化产品等违法违规行为。

（潘鹏飞）

【新闻出版和印刷业管理】 2022年，常州国家高新区（新北区）新闻出版物零售许可新设立事项35件，变更事项19件，注销事项2件。开展新闻出版行业安全生产大检查，检查单位224家，发现安全隐患142处，全部完成整改。组织辖区印刷企业开展安全生产月线上活动，通过“云讲座”学习常见意外伤害防治、企业安全风险辨识管控等知识；集中组织各镇（街道）及印刷企业代表观看安全生产典型事故案例警示教育片，增强印刷企业红线意识和底线思维；开展印刷企业和出版物零售单位年检，95家印刷企业、179家出版物零售单位通过年检，注销逾期年检单位9家。加强版权服务，成立常州创意产业园区版权工作站。开展冬奥版权保护集中行动，建立涉奥侵权快速反应机制，规范市场行为。

（陆　娟　王雨菲）

【电影业管理】 2022年，常州国家高新区（新北区）组织下发2021年度江苏省电影事业发展专项资金及2022年度常州市疫情纾困补助资金，帮助文化企业纾困解难。推进农村公益电影放映，全年放映1522场，惠及57个行政村。排查全区16家影院各类安全隐患，督促经营单位提高安全及防疫意识。

【“扫黄打非”进基层】 2022年，常州国家高新区（新北区）开展“扫黄打非”专项督查20余次，成立常州创意产业园区版权工作站。推进“正道”“新风”集中行动，“护苗2022”“净网行动”等专项行动。6月，常州国家高新区（新北区）以“扫黄打非”基层工作站点为依托，开展“护苗2022”专项行动暨整治涉未成年人非法有害出版传播活动联盟启动仪式，成立未成年人爱护联盟及区护苗宣讲队，把“绿书签行动”与全民阅读、知识产权等主题活动相结合，开展以互助少年儿童健康成长，拒绝有害出版物及信息为主题的宣传活动12次，2万余人参加。组织基层站点145人参加江苏省“扫黄打非”线上培训，提升站点工作人员业务能力。加强辖区书店、印刷场所、打字复印店和互联网上网服务场所的检查力度，开展“扫黄打非”进基层各项检查20余次，净化线上线下文化环境。薛家镇被评为2022年省级“扫黄打非”进基层示范点。

（王雨菲）

卫生健康

综　述

【基层医疗卫生机构建设】 2022年，常州国家高新区（新北区）推进奔牛人民医院二甲医院创建；魏村街道社区卫生服务中心、奔牛人民医院、春江人民医院分别和常州市第一人民医院成立专科医联体；创成专家工作室4个，联合病房3个。罗溪镇卫生院皮肤科、新桥街道社区卫生服务中心中医脾胃科、三井人民医院呼吸内科和奔牛人民医院儿科创建成市级基层特色科室，三井人民医院中医馆创成五级中医馆。孟河中医医院新大楼投入使用，奔牛人民医院新住院大楼主体完工。优化公共卫生服务，建成家庭医生签约工作室36家，组建签约服务团队153个，总签约35.9万人。

（汤晓璐）

2022年常州国家高新区（新北区）医疗卫生机构、人员情况一览表

表56

机构/人员	类别	数量
医疗机构（个）	乡镇卫生院	5
	社区卫生中心	7
	精神卫生防治院	1
	社区卫生服务站	41
	村卫生室	31
	专科医院	2
	护理院	3
	门诊部、诊所、医务室、护理站等	177
在编卫计人员（人）	初级职称	121
	中级职称	336
	高级职称	545

【健康促进】 3月3日，江苏省卫生健康委员会办公室下发《关于确认2020—2021年度健康促进县（区）评估结果的通知》，常州市新北区上榜。2020—2022年，新北区围绕“共建共享、全民健康”主题，按照《新北区健康促进区建设实施方案》，先后召开创建省健康促进区动员会和部门联络员会议、专业组联络员会议，涉及20个部门和10个镇（街道）。区卫健局部署成员单位组建工作网络，研究制定具体政策措施，把全民健康融入各项政策，在全面建设省健康村（社区）、单位的基础上，总结健康新北建设情况，提炼成功案例和特色做法。打造健康主题公园、健康广场、健康步道、健康教育基地及健康小屋等健康精品场所，营造健康支持环境。重点扶持罗溪镇溪南社区、奔牛镇祁家村、常州豪爵铃木摩托车有限公司等示范点建设。完善江苏省健康促进区建设台账、汇报视频等。至年末，全区建成健康主题公园8个、健康步道55条、健康小屋51个，创建示范健康家庭111户、

健康促进医院 13 家、健康促进学校 45 家、健康机关 11 家、健康促进企业 14 家、省级无烟机关单位 20 家，推动全社会形成健康氛围。启动省社会心理体系建设试点区创建工作。实施“小手拉大手”科学刷牙法——健康口腔促进行动，促进幼儿及家长共同形成健康口腔行为。对全区 50 家中小学校、7 家校外培训机构、13 家网吧、13 家基层医疗卫生机构、780 家餐饮店等公共场所开展禁烟治理专项督查，推进无烟环境建设。年内，薛家镇后肖社区创建成全国老年友好示范社区，三井人民医院、奔牛人民医院被评为省老年友善医疗机构优秀单位。

（刘国兴　汤晓璐）

【医疗服务】 2022 年，常州国家高新区（新北区）各级医疗机构门急诊量 420.22 万人次，比上年（下同）增长 7.07%，其中 13 家基层医疗卫生机构门急诊量 282.86 万人次、增长 11.27%；手术 5645 人次，其中三级手术占比 26.78%。开展“优质服务基层行”活动，春江人民医院、奔牛人民医院、孟河中医医院、薛家人民医院、三井人民医院和新桥街道社区卫生服务中心 6 家单位达到国家级推荐标准；罗溪镇卫生院、西夏墅镇卫生院、河海社区卫生服务中心、龙虎塘街道社区卫生服务中心、魏村街道社区卫生服务中心和安家社区卫生服务中心 6 家单位达到国家级基本标准。开展 2022 年世界献血者日宣传活动，组织无偿献血 2389 人，超额完成年度任务。开展“健康常州服务百姓”大型义诊周活动，组织基层医疗单位义诊服务 1329 人次、健康宣教 1468 人次。区代表队在常州市第十六届职工职业技能竞赛眼镜验光员技能竞赛中获团体优胜奖。

（戴红锋　赵建慧　张　煜）

【卫生人才培养】 2022 年，常州国家高新区（新北区）强化医疗卫生人才培养，招聘、引进编内医疗卫生人才 24 人，其中紧缺、急需专业卫生人才 19 人，高级职称 1 人、中级职称 6 人。遴选基层卫生骨干人才 98 人，其中省优秀骨干人才 48 人、区骨干人才 50 人。区疾控中心面向基层医疗卫生事业单位遴选公共卫生执业医师 3 人。区面向 2022 级高中毕业生招录农村订单定向免费培养医学生 20 人，柔性引进三级医院知名博士团队 3 个。举办常态化、系统化医疗人才培训班，助推卫健人才队伍整体能力提升。年内，赴徐州医科大学举办“名校优才”招聘会，设立引才工作站，建立校地合作沟通协作机制。

（顾亚炜）

妇幼保健

【概况】 截至 2022 年年末，新北区设有婚前医学检查机构 1 家，助产机构 7 家，计划生育技术服务机构 15 家，出生医学证明签发机构 8 家，其中补发机构 1 家、首次签 / 换发机构 7 家。2022 年，全区共计签发出生医学证明 974 张，未发生丢失、倒卖、制假贩卖等重大违法、违纪事件。实施妇幼健康服务能力提升项目，举办产后避孕、儿童心理发育、高危孕产妇管理等专项培训 10 期，全年累计培训 485 人次；定期开展全区孕产妇危急重症救治应急演练及孕产妇危急重症病例评审，全年无孕产妇死亡；实施妇女保健项目，开展适龄妇女免费两癌检查项目，提供免费宫颈癌筛查 2.49 万人、乳腺癌筛查 2.53 万人。

（钱　宇）

2022 年常州国家高新区（新北区）妇幼健康促进指标完成情况统计表

表 57

生命安全指标	单位	数值	“十四五”目标
孕产妇死亡率	1/10万	0.00	＜7/10万
婴儿死亡率	‰	2.53	≤4
5岁以下儿童死亡率	‰	3.71	≤5
妇幼保健服务指标	**单位**	**数值**	**“十四五”目标**
严重多发致残缺陷发生率		2.15	控制在合理范围
免费孕前优生健康检查目标人群覆盖率	%	148.00	≥90
产前筛查率	%	99.19	≥98
新生儿遗传代谢性疾病筛查率	%	99.56	≥98
新生儿先天性心脏病筛查率	%	98.75	≥98
新生儿听力筛查率	%	99.56	≥98

续表 57

妇幼保健服务指标	单位	数值	“十四五”目标
孕产妇系统管理率	%	92.20	≥90
孕产妇艾滋病、梅毒和乙肝检测率	%	99.97	≥98
孕产妇艾滋病梅毒乙肝早期检测比例	%	84.76	≥80
适龄妇女宫颈癌人群筛查率	%	80.09	≥70
适龄妇女宫颈癌早诊率	%	90.32	≥90
适龄妇女乳腺癌早诊率	%	80.00	≥70
7岁以下儿童保健管理率	%	98.36	≥98
3岁以下儿童系统管理率	%	98.85	≥95
6个月内婴儿纯母乳喂养率	%	85.31	≥50
0～6岁儿童眼保健和近视检查年覆盖率	%	98.19	≥98
在园儿童眼健康档案覆盖率	%	100.00	≥85
5岁以下儿童生长迟缓率	%	0.67	≤1
5岁以下儿童生贫血率	%	1.59	≤5

【孕产妇保健】 2022年，常州国家高新区（新北区）全面实施预防艾滋病、梅毒和乙肝母婴传播项目，免费注射乙肝高价免疫球蛋白22人。实施出生缺陷综合防治项目，新增叶酸服用2217人，婚前医学检查1101人，免费提供孕前优生健康检查222对，产前筛查、新生儿疾病筛查均实现目标人群全覆盖。执行高危孕产妇分级管理、专案管理等工作制度24项，规范孕产妇健康管理，加强母婴安全保障。早孕建卡5481人，纳入孕产妇系统管理5473人，产后访视5675人。全区助产机构剖宫产率43.45%。

【儿童保健】 2022年，常州国家高新区（新北区）婴儿死亡率2.53‰,5岁以下儿童死亡率3.71‰。全区活产数5936人,新生儿访视5649人。管理0～6岁儿童47926人，儿童中医药保健指导1.74万人次。推进儿童眼保健工作，为2.77万名在园儿童实施视力筛查，建立视力健康档案2.77万份。实施入园儿童孤独症谱系筛查民生实事项目，开展0～6岁儿童心理行为发育预警征象筛查与评估，探索建立儿童孤独症“筛—诊—康—管”全周期闭环服务体系,促进儿童健康成长。完成0～6岁儿童孤独症初筛2.02万人次，其中入园入托初筛8820人次、0～2岁儿童初筛1.13万人次，初筛阳性102例。至年末，全区在管托幼机构65家71个园区，其中30所幼儿园为示范园、12所幼儿园为一类园、13所幼儿园为合格园、7所幼儿园招生前评价合格园。开展托幼机构卫生保健综合评估19家、招生前评价23家，其中开展托育服务机构19家、托幼机构4家。新北区被省卫生健康委列入江苏省儿童孤独症筛查干预首批试点地区。

（钱　宇）

疾病防治

【概况】 2022年，新北区疾控中心核酸检测实验室检测诺如病毒66例、肠道病毒15例、流感病毒47例，为食品安全事故及学校疫情防控提供技术支持。开展医学检验与艾滋病检测网络技术指导,检测VCT(自愿咨询检测)门诊样本34份，其中艾滋抗体检测待复检并送上级确证7份。检测老年人艾滋病哨点监测样本800人份。检测风疹麻疹样本15份，均阴性。检测食物中毒样本146份、消毒效果样本280份、公共用品用具22份、尿碘盐碘样本680份。全区中小学校学生缺课监测网报率、预警信息处置率、伤害监测上报率均为100%；完成17所中小学校（占中小学校总数30%）教学环境监测；开展学生健康体检质量控制，学生视力健康电子档案建档率≥90%。举办健康教育讲座543次、公众咨询活动127次、控烟宣传活动17场，推进健康促进。

【传染病防控】 2022年，常州国家高新区（新北区）报告乙类传染病11种832例,发病率93.03/10万,比上年（下同）上升18.18%；丙类4种1616例，发病率180.69/10万，上升64.06%。重点开展新冠病毒感染、流行性感冒、手足口病、疱疹性咽峡炎、霍乱及其他肠道传染病监测。发现肺结核病人156例，阳性占比57.69%，病人转诊

9月17日，区卫健局联合区教育局在银河幼儿园举办“小手拉大手”科学刷牙法——健康口腔促进行动启动会　　（区卫健局 供图）

率100%，转诊到位率100%；网报疑似肺结核病人总体到位率97.6%。开展麻风病人家庭医生签约服务项目，保障病人基本医疗卫生及康复服务需求。全区医疗机构开展HIV（艾滋病）检测22.67万人次，初筛待复检54例，确证17例。全区3个VCT点开展HIV抗体自愿咨询检测753人次，初筛待复检0例。在基本公卫服务项目老年人健康体检中同步开展免费HIV检测7.81万人，除既往病人外，初筛待复检7例，确诊4人。全区随访管理存活的HIV感染者和病人493人，其中年内新增感染者和病人42例，死亡5例。

【血吸虫病与地方病防控】 2022年，常州国家高新区（新北区）查螺面积391.8万平方米，查获活钉螺48只，解剖结果均为阴性。开展常住人口血吸虫病检查2500人次，结果均为阴性。开展疟疾血检及RDT检测277人次，无阳性。开展人群碘营养监测和零售层次碘盐监测。5—10月，在奔牛镇开展省蚊媒监测试点工作，省疟疾管理App在区试点使用并在全省推广，接受省血液研究所血液安全督导。11月，在罗溪镇开展省级土源性线虫监测，发现蛲虫卵阳性1例，跟踪落实防治措施。

【慢性病管理】 2022年，常州国家高新区（新北区）建立电子健康档案75.58万份，建档率85.57%，动态管理率55.9%。管理高血压患者8.69万人、糖尿病患者2.79万人，管理任务完成率均≥100%；开展慢性病患者随访指导及体检，管理人群血压/血糖控制率均≥40%。全区有65岁及以上老年人口10.71万人，开展老年人健康管理7.96万人，管理率74.3%；接受中医药健康管理服务7.51万人，管理率70.11%。成立慢性病自我管理小组24个，其中13个小组按省级标准开展慢性病自我管理活动10次。完成适龄儿童口腔健康教育5.06万人、口腔健康筛查1.1万人、儿童龋病调查1.01万人、窝沟封闭9321人。严重精神障碍患者登记在册并录入省系统3108人，检出率3.5‰；在管2978人，管理率95.82%，规范管理率95.69%，服药率92.86%，规律服药率83.53%，面访率94.05%，全区无精神病患者肇事肇祸事件发生。

【免疫接种】 2022年，常州国家高新区（新北区）0～6岁儿童建卡7977人次，免疫规划疫苗实际接种12.95万针次，接种率99.56%；适龄儿童水痘疫苗接种1.7万剂次，1周岁儿童接种率90.11%，4周岁儿童接种率97.19%。处置免疫规划相关传染病91例，48小时采样、流调率均为100%。依托“听听专家说”平台（为预防免疫工作者提供学术交流、继教培训和科普宣传等服务的专业平台），开展预防接种人员上岗前线上培训4期。举办狂犬病暴露预防处置技术培训，邀请苏州专家授课交流，培训基层医务人员36人。完成冷链温度监测信息系统（4G网络与语音电话声讯预警）升级，确保疫苗储存和冷链配送管理高效安全。

（祝志军）

中医中药工作

【概况】 2022年，常州国家高新区（新北区）注重强化中医药标准化建设，不断提升中医科技创新能力，推动与完善中医预防保健服务体系。至年末，全区有二级公立中医医院1家、中医诊所20家、中医门诊部3家、中医综合诊所2家；有五级中医馆1家、四级中医馆4家、三级中医馆6家。建成张志坚、申春悌2个国家级名老中医工作室和陈岱等6个省市级名中医工作室，创建孟河中医医院肛肠科等特色专科7个。全区有中医执业（助理）医师123人，占临床执业（助理）医师总数的18.7%；中医类别全科医师88人，占全科医师总数的18.1%，其中副高级以上职称44人、中级职称29人；村卫生室（社区卫生服务站）医务人员144人。全区所有基层医疗卫生机构中医综合服务区（中医馆）中医药基础设施和装备均达到建设标准，50% 以上的村卫生室（社区卫生服务站）提供中医药服务。内容知晓率 86.6%，城乡居民中医药常识知晓率 91%，中医药服务满意率 90%。按照《常州市新北区推进医疗卫生人才引育的实施办法（修订）》，全区引进中医中药专业优秀人才 10 人，利用师承学习、中医药知识与技能培训、孟河医派百人传承培养及中医适宜技术培训等方式，培训中医药服务人员共 155 人次。

【中医药适宜技术推广】 2022 年，常州国家高新区（新北区）充分发挥孟河中医医院的龙头和标杆作用，以该院创建二甲医院为契机，依托孟河醇正堂中医综合服务区，推动 11 家基层医疗卫生中医综合服务区提档升级。围绕“灸法治疗、针法治疗、手法治疗”等内容在孟河中医医院实训基地举办中医适宜技术培训班，对前来参训的 85 名人员就“中医治疗策略、刺络疗法、浮针在临床的应用”等适宜技术进行系统培训。至年末，全区镇（街道）医疗卫生机构能提供 6 类 12 项及以上中医药适宜技术服务，50% 的村（社区）卫生室（站）能开展 4 类 4 项及以上中医药适宜技术服务。

【孟河医派传承】 2022 年，常州国家高新区（新北区）围绕梳理流派传承脉络、完善流派学术思想、提炼流派诊疗技术、培养流派传承人才、挖掘流派文化特色等，推动孟河医派传承与创新。孟河医派发源于常州市著名中医学术流派，曾留下许多富有流派特色、疗效显著的临证名方。年内，区专注孟河医派临证名方等代表性方剂的整理研究，设立孟河医派传承工作室、孟河中医医院工作站及常州市中医医院—孟河中医医院医联体。根据《孟河医派百人传承培养工程实施办法》要求，经个人申报、单位推荐、资格审核、综合评议等程序，在全区遴选出 17 人为常州市孟河医派百人传承工程培养对象，9 人完成跟师任务并通过相关结业考核。12 月，孟河医派传人用经验名方转化研究暨《孟河医派看家方精讲新用》编写启动会在孟河镇召开，省卫生健康委员会、省中医药管理局领导及孟河医派传人等 50 余人参会交流。

（奚天华）

卫生监督

【概况】 2022 年，常州国家高新区（新北区）规范开展卫生监督执法，督查医疗机构 735 家次，行政约谈单位 17 家次。完成国家、省级双随机监督抽检任务 219 家，抽查结果向社会公示。受理各类投诉举报 74 起，办结率 100%；实施卫生行政处罚立案 32 起。

【医疗机构监督】 2022 年，常州市新北区卫生监督所（简称区“卫生监督所”）开展民营医疗机构管理年和医疗乱象、产前筛查与诊断技术、医疗美容行业监管等 10 项专项督查，协同区市场监督管理局、住建局、检察院等部门开展联合督查行动 3 次。日常监管医疗机构 469 家次，巡查涉嫌无证行医 394 家次，取缔无证行医 27 家次，实施卫生行政处罚 22 起，移送公安 6 起。开展放射诊疗建设项目职业病防护预评价 21 家单位、竣工验收 23 家单位，完成放射诊疗许可证校验 54 家。对 41 家医疗机构传染病防治实施分类监督综合评价。

【公共场所卫生监督】 2022 年，区卫生监督所开展“放心游”夏季游泳场所卫生监督专项行动、公共场所集中空调通风系统专项检查等公共场所专项监督检查，检查单位 142 家次。监督抽检游泳场所 35 家，对不合格单位及时“回头看”确保整改到位。监督抽检 8 家大型宾馆公共用品用具，合格率 100%。开展“智慧卫监”管理，在 41 家大型宾馆、连锁酒店，1 家餐饮具集中消毒单位和 6 家游泳馆安装在线监控系统。日常监督二次供水单位 28 家，监督抽

7 月 29 日，区卫生监督所抽检新北区春江静心泉净水设备商行水木年华北门现制现售水点　（区卫健局 供图）

检10家二次供水单位和6家管道分质供水单位水质，合格率100%。开展春秋季学校卫生专项检查，现场指导及监督检查学校78家。通过卫生监督协管移动巡查系统巡查单位3747家次。按照“证照分离”要求，对572家公共场所单位开展事中事后监管。

（曹　筠）

【职业健康监管】 2022年，常州市新北区疾病预防控制中心审核全区职业健康检查机构各类职业健康检查个案信息7.02万条。对录入中国疾病预防控制信息系统的19名尘肺病患者开展随访及信息更新。对4家企业169名劳动者开展职业健康素养监测调查。对36家重点行业用人单位开展重点职业病危害因素监测。新北区卫生监督所完成488家企业的职业病危害项目申报审核。面向用人单位开展各类专项整治6项，监督检查单位数323家次，立案处罚3家。开展建设项目职业病防护设施监督工作，年内验收35个。加强对职业健康相关服务机构的延伸检查和行政约谈，完成职业健康各项任务。

（祝志军　曹　筠）

医政药政管理

【概况】 2022年，区卫健局持续推进孟河中医医院、奔牛人民医院新住院大楼的建设和投入使用，指导奔牛人民医院完善创建二级甲等医院建设方案。春江人民医院、奔牛人民医院和魏村街道社区卫生服务中心3家单位与常州市第一人民医院（简称“市一院”）分别在神经内科、消化内科、呼吸内科等科室签订多专科医联体合作关系，实施常态化门诊、病房联合管理，并长期安排市一院专家下基层帮扶门诊和病房建设，实现双向转诊良性互动。选派3名基层骨干人才赴市二院行政科室学习行政管理，为基层储备复合型管理人才。至年末，全区59家专科共建型医联体上转病人160人次，住院下转49人次。建成市级特色科室4个；12家基层医疗单位通过“优质服务基层行”评估验收，6家单位达国家推荐标准，6家单位达国家基本标准。

（戴红锋）

【药事管理】 2022年，区卫健局落实基本药物配备使用政策，衔接基层与二级以上基层医疗卫生机构的用药，满足群众常见病、慢性病及专科用药需求。全区一级基层医疗卫生机构和二级基层医疗卫生机构全年基本药物使用比例分别为65.3%和58.9%。实施合理用药监管，指导各基层医疗卫生机构建立药品使用动态监测和超常预警机制，定期分析通报基层医疗卫生机构用药情况，加强重点监控品种、抗菌药物使用监管。各基层医疗卫生机构抗生素平均使用占比15.5%。开展全区药事管理工作专项检查，规范各单位药品（器械、耗材）、中药饮片等采购、保管、销售行为和规范处方、合理用药等行为。加强全区药学学科建设，成立新北区药事管理质量控制中心，提升临床合理用药水平。

（杨　丹）

【医保支付改革】 2022年，区医保分局会同区财政局、人社局、退役军人事务局、总工会等部门，制定《常州市新北区困难群众罕见病患者补充医疗救助暂行办法》，从区财政资金和区慈善基金中筹集补充医疗救助资金300万元，对符合救助条件的30名困难群众罕见病患者实施补充医疗救助。推进支付方式改革，在6家二级医疗机构实行DRG（按疾病诊断相关分组付费）付费试点的基础上，实现全区二级住院医疗机构DRG付费全覆盖。拓展门诊DRG付费，实施中医优势病种门诊按DRG付费试点。在居民医保集中参保缴费期间，区医保分局对全区11类7537名医疗救助对象逐一进行身份认定、参保缴费和待遇享受全流程闭环服务。

（沈　洁）

【药品和医用耗材阳光集采】 2022年，常州国家高新区（新北区）调整基层医疗卫生机构医疗服务项目价格，优化医疗机构收入结构和项目间比价关系。督促相关医疗机构加强内部管理，按相关文件要求规范医疗服务收费行为。按照省、市要求落实药品（医用耗材）阳光采购政策，推进国家和省级集中采购成果落地落实。全区各医疗机构参与药品集采8个批次，涉及261个品种规格，采购金额1935.81万元，节约采购资金4956.49万元；参与耗材集采3个批次，涉及10个类别，采购金额232.83万元，节约采购资金274万元。

（顾　伟）

【特色科室及专家工作室创建】 2022年，常州国家高新区（新北区）推进基层医疗机构特色科室及专家工作室建设，提升基层医疗卫生机构综合服务能力。年内，创成罗溪镇卫生院皮肤科、新桥街道社区卫生服务中心中医脾胃科、奔牛人民医院儿科及三井人民医院呼吸内科4个市级基层特色科室，建成孟河中医医院叶小峰、罗溪镇卫生院与江苏省人民医院、西夏墅镇卫生院与市一院内分泌科、薛家人民医院与市一院徐天舒4个专家工作室，建成春江人民医院南京市第一医院内分泌科、市一院肾内科和西夏墅镇卫生院市一院内分泌科3个联合病房。

（赵建慧）

2022年常州国家高新区（新北区）各基层医院特色专科一览表

表58

单位	省级特色科室	市级特色科室
孟河中医医院	普外科	手外科
		眼科
		肛肠科
		普外科
薛家人民医院	—	口腔科
		呼吸内科
奔牛人民医院	康复科	康复科
		肛肠科
		手外科
		消化内科
		儿科
三井人民医院	—	中医脾胃科
		妇产科
		口腔科
		呼吸内科
春江人民医院	糖尿病科	糖尿病科
		颈肩腰腿痛科
		眼科
		骨科
罗溪镇卫生院	—	皮肤科
西夏墅镇卫生院	—	糖尿病科
新桥街道社区卫生服务中心	—	颈肩腰腿痛科
		中医脾胃科
河海社区卫生服务中心	—	糖尿病科
龙虎塘街道社区卫生服务中心	—	康复医学科
魏村街道社区卫生服务中心	—	中医脾胃科
		老年病科
安家社区卫生服务中心	—	儿科

医疗卫生机构

【概况】 2022年，常州国家高新区（新北区）有公立三级医院1家、民营二级医院5家。有区属各级各类医疗机构267家，其中卫生院5家、社区卫生服务中心7家、精神卫生防治院1家、村卫生室（社区卫生服务站）71家；编制床位3267张、卫生技术人员4805人。在民营医疗机构中，有专科医院2家、爱心护理院3家、门诊部74家、诊所71家，另有医务室、护理站等33家。

（戴红锋）

【常州市新北区德康医院】 常州市新北区德康医院位于春江街道白兴路。11月，常州市新北区精神卫生中心更名为常州市新北区德康医院（常州市新北区精神卫生防治院）。年内，公开招聘编内精神专科医生1人、编外康复士1人。至年末，医院有职工48人，其中卫技人员42人、高级职称13人。全年完成门诊8895人次，出院378人次，医疗收入974万元，病床使用率保持100%。开通24小时心理热线，接诊心理热线电话42个，为有需求的群众提供心理服务。参与上海华东师范大学附属精神卫生中心组织的线上培训9次。承担新北区属地管理约2300名精神障碍患者的免费发药任务，通过走访社区为患者提供用药调整计划，并对患者开展定期面诊。开设工疗和农疗项目，通过室内手工劳动和室外农业劳动，进行社会功能及生活、社交能力训练，促进患者康复。组织医务人员评估24名严重精神患者病情，确保重大活动期间无精神病患者肇事肇祸事件发生。

（翁杨剑）

【常州市新北区孟河中医医院】 常州市新北区孟河中医医院位于孟河镇金府路30号。2007年，因区域划分由原孟河、小河、万绥3家乡镇卫生院合并而成，2015年更名为常州市新北区孟河中医医院，2019年12月建成二级乙等中医医院。医院占地面积4.7万平方米，建筑面积3.5万平方米，有职工355人（含乡村医生30人），其中卫技人员270人、高级职称78人；核定床位数350张，实际开放200张。下设村卫生室和社区卫生服务站12个，服务人口15万人。医联体合作单位有市一院、市中医医院、武进人民医院等。医院设有400平方米的体检中心，配备联影1.5T磁共振、GE彩色多普勒超声诊断仪、奥林巴斯电子胃肠镜等医疗设备。有省级基层特色科室1个、市级基层特色科室4个。2022年，医院发热门诊接诊9045人次。优化医疗保障公共服务，在医院醇正堂一楼大厅设立医保综合服务窗口2个。深化医保支付方式改革，被市医保局定为DRG（疾病诊断相关分组）付费第二批试点单位。加强专科建设，柔性引进骨科专家1人，填补骨科多项新技术空白，全年开展骨科手术479例，其中关节镜手术23例；普外科手术535例，其中独立开展腹腔镜手术214例。11月，与常州市中医医院签订中医全科医师规范化培训基层培养基地协议，协同培养中医全科医师。全年完成门急诊37.57万人次，住院4192人次；发热门诊楼、外科综合楼投入使用；创成江苏省“15分钟医保服务圈”示范点建设单位。

（陈　花）

1月19日，全省唯一的镇级中医院——孟河中医医院醇正堂开诊

（孟河镇　供图）

【常州市新北区薛家人民医院】 常州市新北区薛家人民医院位于薛家镇瀛平路1号，始建于1952年，占地1.68万平方米，建筑面积1.32万平方米，是一家集医疗、预防、保健于一体的二级综合医院。2022年年末，有职工188人，其中高级卫技人员41人、中级卫技人员60人，开放床位114张，医院设有省级示范科室中医科和申春悌名老中医工作站，有市级特色科室口腔科和呼吸内科，与市一院联合成立徐天舒口腔科专家工作室、李翀呼

吸科专家工作室，与常州市武进人民医院、市一院建立专科医联体。先后被评为国家级群众满意乡镇卫生院、江苏省示范乡镇卫生院、常州市中心卫生院等，创成江苏省农村区域性医疗卫生中心基本建成单位、优质服务基层行国家推荐标准单位；通过省老年友善医疗机构评审和妇幼健康规范化门诊区级初评。全年完成门急诊22.28万人次、住院1146人次、业务收入5351万元。医院采取“送出去、引进来”模式，通过青年干部双向交流、江苏省中医馆骨干人才培训、全科医师规范化培训、公开招聘等方式，提升人才队伍能力和水平；选送外出进修学习人员4人，招聘录用专技人员11人。

（吴　蝶）

【常州市新北区奔牛人民医院】 常州市新北区奔牛人民医院位于奔牛镇天禧南路92号。始建于1951年，是一所集医疗、预防、保健、康复、计划生育及健康教育于一体的现代化二级综合医院。医院占地面积4.33万平方米，建筑面积2.56万平方米，下辖一体化管理村卫生室8个。至2022年年末，有在职职工347人，其中高级职称107人；核定床位200张，实际开放床位190张；全年门急诊人次45.5万人次，住院4613人次，手术1616例，业务收入1.1亿元。医院先后被评为江苏省农村区域性医疗卫生中心、江苏省健康促进单位、江苏省爱婴医院、江苏省基层医疗卫生机构妇幼健康规范化门诊示范单位、常州市新北区老年病医院，康复医学科创成江苏省基层特色科室，肛肠科、消化内科、手外科创成常州市基层特色科室。2022年，医院成立疼痛科，开设韩云芳创面修复门诊，1.5T磁共振开机，发热门诊启用；与常州市第一人民医院共建专科医联体，合作科室涉及皮肤科、内分泌科、神经内科、老年医学科、病理科；儿科创建成市级基层特色科室；康复科护士长谢红菊任中国康复医学会专业委员会第一届常务委员。

（高彩亚）

【常州市新北区三井人民医院】 常州市新北区三井人民医院位于新北区通江景观大道与太湖路交会处。成立于1964年，2013年由当地政府投入2亿元在原址（三井乡卫生院）重建，是一所集医疗、康复、预防、保健、健康教育、计划生育于一体的二级综合医院，建筑面积2.8万平方米，服务人口20万人。医院先后被评为江苏省示范城市社区卫生服务中心、江苏省首批社区医院、江苏省免疫规划（预防接种）工作先进集体。2022年，医院通过“优质服务基层行”国家推荐标准单位验收、江苏省老年友善医疗机构优秀单位抽查复核，呼吸内科创成常州市基层医疗卫生机构特色科室和全国基层医疗机构呼吸疾病规范化防诊治体系与能力建设项目优秀单位。医院开设住院病区5个，开放床位200张；设有急诊科、内科、外科、骨科、妇产科、儿科、疼痛科、口腔科、五官科、中医科等临床科室和放射科、B超室、检验科、病理科等医技科室，并配有体检中心、消毒供应中心、胃肠镜中心、康复中心。至年末，医院有职工327人、卫技人员292人、执业医师118人、护理人员121人，其中高级职称67人、中级职称74人、本科及以上人员196人（含研究生5人）。全年门急诊35.8万人次，出院1860人次，业务收入1.58亿元。

（薛　洁）

【常州市新北区春江人民医院】 常州市新北区春江人民医院位于春江街道兴民西路。2011年正式投入使用，2017年12月建成二级综合医院。2018年，医院内分泌肾病科与南京市第一人民医院联合成立南京市糖尿病防治中心常州分中心。2019年，春江片区医疗资源完成整合，圩塘卫生院整建制并入春江人民医院，百丈卫生院医疗功能并入春江人民医院。2021年，春江人民医院国家标准化代谢性疾病管理中心正式挂牌成为MMC（标准化代谢性疾病管理中心）区域分中心。医院占地面积3万平方米，一期总建筑面积1.6万平方米。医院先后建成江苏省示范中医科、江苏省示范乡镇卫生院、常州市中心卫生院。至2022年年末，拥有职工235人，其中硕士研究生5人、高级职称58人、中级职称65人、执业医师84人、执业护士83人；核定床位200张，实际开放床位100张；下设圩塘、百丈、徐墅、百馨苑、东海和黄海6家社区卫生服务站。全年门急诊人次25万人次，出院人次1862人，手术377台，发热门诊接诊5027人次，完成各项体检1.57万人次；医院参与南京市第一人民医院内分泌科牵头的一项针对2型糖尿病患者采用聚乙二醇洛塞那肽治疗12周疗效影响因素分析的多中心临床研究项目；通过“优质服务基层行”省级专家评审、老年友善医院现场评审、农村区域医疗中心专家组评审。

（杨　敏）

体　育

群众体育

【概况】 2022年，常州国家高新区（新北区）以提升群众获得感和幸福感为目标，持续推动全民健身工程。出台《常州市新北区全民健身实施计划（2021—2025年）》，初步形成政府主导、社会协同、公众参与、法治保障的全民健身公共服务体系。丰富群众体育健身赛事，举办新北区第三届运动会；鼓励各类群体参与体育健身活动，举办科学健身知识讲座20次，为2000名居民提供国民体质测试；加强群众体育健身文化建设，拓展公共体育设施网络。至年末，有体育协会18个（含AAAA级1个、AA级1个），镇级单项体育社团7个，体育类民办非企业单位3家，每万人公益社会体育指导员41.6人。

【社会体育指导员队伍建设】 至2022年年末，常州国家高新区（新北区）有社会体育指导员3751人，其中国家级14人、一级55人、二级280人、三级3402人。年内，培训三级社会体育指导员100人，选送25人参加市二级社会体育指导员培训班、50人参加市体育局一线社会体育指导员轮训、5人参加省体育局一级社会体育指导员培训班，提升社会体育指导员业务能力。

【新北区第三届运动会】 4—11月举办。设青少年部、职工部、老年人部、社会部4个部共36个比赛项目，全区12个部门、10个镇（街道）约5000人参加比赛。7月1日，由区教育局主办，常州奥体春江场馆管理有限公司承办的2022年新北区第三届运动会青少年部比赛在春江奥体全民健身中心开赛。设田径、游泳、篮球、足球、排球、羽毛球、乒乓球、棋类、跆拳道、手球、少儿体适能、冬季长跑跳绳踢毽12个比赛项目，1300名中小学生爱好者参加比赛。因新冠疫情原因，田径、乒乓球、羽毛球、棋类、跆拳道、手球、少儿体适能、冬季长跑跳绳踢毽8项比赛未能正常开赛。7月1—7日，青少年部足球比赛在常州市新北区春江中心小学和常州市滨江中学开赛，比赛设9个组别，全区高中、初中、小学40支队伍，400余名运动员报名参赛。常州市龙城小学获小学男子甲组与小学男子乙组冠军，常州市新北区薛家实验小学获小学男子丙组冠军，常州市新北区圩塘中心小学获小学女子甲组冠军，常州市新北区安家中心小学获小学女子乙组冠军，常州市新北区新桥第二实验小学获小学女子丙组冠军，常州市新北实验中学获初中男子组冠军，常州市新北区魏村中学获初中女子组冠军，常州市新桥高级中学获高中男子组冠军。7月8—14日，青少年部篮球比赛在常州市新北区春江中心小学和新北（春江）全民健身中心开赛，比赛设6个组别，全区高中、初中、小学37支队伍，450名运动员报名参赛。常州市新北区飞龙实验小学获小学男子组冠军，常州市新北区奔牛实验小学获小学女子组冠军，常州市新北区实验中学获初中男子组与初中女子组冠军，江苏省奔牛高级中学获高中男子组与高中女子组冠军。7月15—21日，青少年部排球比赛在新北（春江）全民健身中心开赛，比赛设6个组别，全区高中、初中、小学22支队伍，264名运动员报名参赛。常州市新北区薛家实验小学获小学男子组与小学女子组冠军，常州市新北区小河中学获初中男子组冠军，常州市新北区薛家中学获初中女子组冠军，常州市新桥高级中学获高中男子组与高中女子组冠军。10月22—23日，青少年部游泳比赛在新北（春江）全民健身中心开赛，比赛设2个组别，全区初中、小学10支队伍，160名运动员报名参赛。常州市新北区三井实验小学获小学组冠军，常州市新北区实验中学获初中组冠军。

8月23日，由区总工会、教育局主办，常州奥体春江场馆管理有限公司承办的2022年新北区第三届运动会

11 月 4 日，2022 年江苏省老年人体育节闭幕式暨新北区第三届运动会老年组秧歌比赛举行　　（区教育局 供图）

职工部比赛在新北(春江)全民健身中心开赛。职工部比赛设篮球、羽毛球、拔河、掼蛋 4 个项目，500 余名爱好者参加比赛。区教育工联会获篮球、羽毛球比赛团体冠军，高铁新城公司、常高新集团工会获拔河比赛冠军，区消防救援大队获掼蛋比赛冠军。

9 月 18 日，由区教育局主办，区老年人体育协会承办的 2022 年新北区第三届运动会老年人部比赛在薛家镇开赛。比赛设气排球、广场舞、健身秧歌、桌上冰壶 4 个项目，460 名爱好者参加比赛。薛家镇代表队获气排球、广场舞、健身秧歌比赛冠军，春江街道获桌上冰壶比赛冠军。

11 月 12 日，由区教育局主办，区社会体育指导员协会承办的 2022 年新北区第三届运动会社会部比赛在新桥街道开赛。社会部比赛设 5 人制足球、象棋、健身气功、乒乓球、门球、国家体育锻炼标准 6 个比赛项目，700 余名爱好者参赛。三井街道获 5 人制足球比赛、乒乓球比赛男女团体冠军，奔牛镇获象棋比赛冠军，新桥街道获门球比赛冠军，罗溪镇获健身气功比赛冠军。

【新北区全民健身日活动】 8 月 8 日，“喜迎二十大、共建新溪望——2022 年常州市新北区全民健身日暨罗溪镇篮球联赛”在罗溪全民健身中心启动。该次活动由区总工会、教育局共同主办，常州空港产业园（罗溪镇）、罗溪镇新时代文明实践所、罗溪镇行政审批局、罗溪镇总工会承办，常州飞步体育管理有限公司协办。区、镇（街道）、常州体育产业集团有限公司相关领导，各村（社区）负责人，运动员代表及体育爱好者 1000 余人参加活动。活动设歌舞表演、跆拳道等。启动仪式后，开启罗溪镇篮球联赛，16 支代表队参赛。

【《国家体育锻炼标准》达标测验活动】 11 月 26 日，新北区第三届运动会社会部《国家体育锻炼标准》达标测验活动在常州市旅游商贸高等职业技术学校举行，全区有 141 人参加活动，其中男性 106 人、女性 35 人。活动按照《国家体育锻炼标准》设置项目，涵盖 30 秒跳绳、300 米跑 /400 米跑、立定跳远、绕杆跑、坐位体前屈、1000 米跑（男）、800 米跑（女）、3000 米快走、一分钟仰卧举腿、掷实心球、曲线托球跑等体育锻炼标准测试项目，从速度、耐力、爆发力、协调力等方面测试参赛人员的身体素质。

（靳红炎）

竞技体育

【概况】 2022 年，常州国家高新区（新北区）坚持体教融合，逐步探索有重点、有特色的竞技体育发展路径，促进青少年竞技体育水平提升。年内，组织 210 人参加省第二十届运动会，获金牌 35.45 枚、银牌 25.81 枚、铜牌 24.55 枚，总分 926.58 分。至年末，全区有在训运动员 128 人，其中一级运动员 17 人、二级运动员 59 人，区少体校裁判员 11 人；有运动队 8 支，其中女子手球队 3 支、女子篮球队 1 支、棒垒球队 4 支。区青少年业余体校获省第二十届运动会青少年部蹦床比赛体育道德风尚奖、被评为市高水平体育传统特色学校（篮球）。

【区青少年业余体校手球等项目获奖】 2022 年，新北区青少年业余体校选手获中国中学生手球锦标赛暨全国青少年手球传统学校锦标赛女子七人制 U16 组第一名（一等奖）；全国 U16 射箭锦标赛混合团体第二名；江苏省第二十届运动会青少年部比赛手球女子甲组冠军，女子篮球（14 ～ 15 岁）冠军；江苏省青少年校园篮球联赛暨江苏省中学生篮球锦标赛初中女子组第二名；常州市第三十七届“育苗杯”田径运动会初中甲组、乙组均第一名，篮球运动会初中女子组第一名、初中男子组第三名，足球运动会初中男子组第二名；2022 年“奔跑吧 • 少年”常州市中小学生篮球锦标赛初中女子组第一名、初中男子组第二名，射箭锦标赛初中组第一名，射击锦标赛初中组第一名。

（石守葆）

体育设施与体育产业

【体育设施】 2022年，常州国家高新区（新北区）持续加强体育设施建设，培育经济增长新动能。年内，新建体育公园1个，新增体育场地83个，面积38万平方米，新设乐山路健身步道6千米，新建、更新全民健身路径点143个，人均新增体育场地面积0.39平方米。至年末，全区有区级全民健身中心1个，镇（街道）级全民健身中心8个，中小型体育场地3970个（室内834个、室外3136个），面积2.83万平方米，社区体育公园17个，各类足球场116片，篮球场地594片，全民健身路径点1448个，健身器材1.38万件，人均体育场地面积3.17平方米，体育产业单位832家，城乡一体“10分钟体育健身圈”覆盖率100%。

【公共体育设施建设】 2022年，常州国家高新区（新北区）全方位拓展公共体育场地设施建设渠道，龙虎塘智能传感小镇体育主题公园建成并对外开放，新北（薛家）全民健身活动中心完成工程总量的50%；更新全民健身器材132套，新建一代全民健身器材10套、二代全民健身器材1套。年内，开展全区室外全民健身设施管护普查，完成1298个站点、1.05万件全民健身设施信息录入。10月，新北区参加常州市足球训练基地开工仪式，与江苏省常州体育运动学校签订《常州市体育局、常州市新北区人民政府建设运营常州足球训练基地框架协议》，推动足球项目发展。

（靳红炎）

【市足球训练基地开工】 11月8日，常州市足球训练基地举行开工仪式。该项目由高铁新城公司代建，位于区新龙二路以西、龙须路以北、辽河路以南地块，占地面积7.67公顷，总投资2600万元，预计2024年6月竣工。建成后由江苏省常州体育运动学校下属常体足球俱乐部负责运营。基地有符合省级赛事要求的足球场地8片，其中标准11人制天然草足球场2片、标准11人制人工草足球场4片和8人制人工草足球场2片，篮球场2片，配套实施道路、管线、景观、智能设施、雨污水分流、管理及辅助用房等附属工程。

（陈　升）

【常州动源体育产业园入选省第五批体育服务综合体】 9月，常州动源体育产业园入选江苏省第五批体育服务综合体。常州动源体育产业园位于新北区华山中路21号，2018年10月开园，由立达纺织集团的老厂房改造而成。2019—2022年，江苏江源投资集团投资1亿余元，将老厂房改造成以体育文化为中心，集休闲、娱乐、赛事、购物于一体的综合性产业园。园区占地面积5万平方米，建筑面积3.39万平方米，其中运动场馆面积2.5万平方米。设置篮球、足球、蹦床、拳击、射箭、羽毛球、乒乓球、滑板、体操、游泳、健身、台球、动感单车、瑜伽、机车、探索、拓展、团建、自行车、舞蹈等运动项目。引进常州市第一家奇幻探索大本营——快乐星球、专业骑行体验生活馆——五羊本田机车、品牌工厂店——集品仓、仓储超市——味能、女性自创品牌——云恬、茶文化——茶源、国画——拾墨堂、常州汾酒体验店、礼服体验馆等商家，形成集运动、文化、购物和休闲于一体的产业集群。

（靳红炎）

收入与分配

居民收支

【居民人均可支配收入增长4.7%】 2022年，常州国家高新区（新北区）全体居民人均可支配收入58785元，比上年（下同）增长4.7%。城镇居民人均可支配收入71527元，增长4.1%；农村居民人均可支配收入39163元，增长5.8%；城乡居民收入倍差1.83，缩小0.03。收入来源呈现正增长。全区居民人均工资性收入36101元，人均经营净收入8607元，人均财产净收入4197元，人均转移净收入9880元，增幅分别为4.8%、3.2%、2.7%、6.7%，分别占可支配收入比重的61.4%、14.6%、7.1%、16.8%。

【居民人均消费支出增长3.4%】 2022年，常州国家高新区（新北区）全体居民人均消费支出36335元，增长3.4%。城镇居民人均消费支出41294元，增长2.6%；农村居民人均消费支出27955元，增长5.2%。全体居民恩格尔系数27.5%。八大类消费支出呈现正增长。

2022年常州国家高新区（新北区）居民家庭人均生活消费支出情况统计表

表59

生活消费支出项目	支出费用（元）	占人均消费支出比重(%)
食品烟酒	9996	27.5
衣着	2512	6.9
居住	7535	20.7
生活用品及服务	2303	6.3
交通通信	4683	12.9
教育文化娱乐	5360	14.8
医疗保健	2820	7.8
其他用品及服务	1126	3.1

（丁苏洁）

社会保险

【概况】 至2022年年末，常州国家高新区（新北区）有养老、医疗、工伤、失业、生育五险参保单位2.66万家，企业参保人数40.08万人，实现当年净增参保2.15万人（不含灵活就业人员），社保扩面净增缴费2.48万人，社保基金征缴收入61.01亿元；纳入社会化管理企业退休人员共计8.25万人。区机关事业单位养老保险参保单位203家，在职参保人员7742人，退休人员3605人，养老金发放率保持100%。全区城乡居民基本养老保险参保累计10.24万人，其中享受城乡居民基本养老保险待遇人员7.99万人。全区企业失业保险参保人员累计36.39万人，工伤保险参保人员累计36.7万人。开展社保卡申领制办，至年末，全区11个社会保障卡网点当期办理社保卡2.09万张。

（吴　劼）

【城乡居民基本养老保险】 2022年，常州国家高新区（新北区）城乡居民基本养老保险参保人数10.24万人，其中缴费人员2.25万人、享受养老待遇

7.99万人，参保率超99%，待遇发放率100%，每人每月领取养老金615元左右。城乡居民基础养老金标准提高至每人每月405元（1月从每人每月350元提高至每人每月400元；7月第二次提标，每人每月增发5元）。对65周岁以上享受城乡居民基本养老保险待遇的人员给予老龄补贴，年满65周岁不足75周岁、年满75周岁以上的老龄人员补贴分别为每人每月5元和10元。区、镇（街道）两级财政投入城乡居民基本养老保险配套资金3.09亿元，用于发放基础养老金、缴费年限养老金和补贴参保人员缴费等项目。

（史春来）

【社会保险征缴扩面】 2022年，常州国家高新区（新北区）加强社会保险扩面分析研判和精准管理，密切关注关停并转、减员较多、基数申报异常等企业，通过与税务、财政、市场监管等部门综合施策，比对相关参保数据，及时掌握社保扩面、基金征缴进展，加强社保缴费基数申报管理，切实维护和保障劳动者权益。至年末，全区有参保单位2.66万家，企业（含企业化管理的个体工商户）参保人数40.08万人。企业职工养老保险净增缴费2.15万人（不含灵活就业人员），完成全年指标目标的148.19%；企业职工养老保险基金征缴收入61.01亿元，完成目标任务的111.37%。

【单独工伤险政策落实】 2022年，常州国家高新区（新北区）继续推进工伤保险扩面增效专项行动，为保障劳动者权益，化解用工单位工伤风险，开展非全日制劳动人员、超过法定退休年龄人员、实习生三类人员单独参加工伤保险工作。至年末，全区有单独参加工伤保险的企业487家，单独参加工伤保险3016人，其中非全日制劳动人员769人、超过法定退休人员1268人、实习生979人。

【阶段性缓缴社会保险费政策落实】 2022年，常州国家高新区（新北区）贯彻落实企业社会保险费缓缴政策，扩大阶段性缓缴社保费，为全区产业链供应链生产经营困难的企业纾困解难。至年末，区人社局为全区64家企业的4060名职工办理社保费缓缴手续，缓缴金额2448.12万元，其中养老保险2222.89万元、失业保险91.70万元、工伤保险93.06万元。

（吴　劼）

【被征地农民养老保险】 2022年，常州国家高新区（新北区）出台《关于完善被征地农民社会保障程序的通知（试行）》《新北区被征地农民社会保障经办规程（试行）》等文件，规范即征即保项目被征地农民社会保障经办工作。1月，被征地农民养老年龄段人员保养金标准由每人每月970元调整至1020元；7月，保养金标准提高至每人每月1025元。年内，全区领取养老年龄段保养金人数2.98万人；全区有正常参保缴费的被征地农民1.43万人。

【退捕渔民社会保险】 2022年，区人社局建立退捕渔民社会保障基础台账，对退捕渔民的基本情况及安置保障信息同步调查、同步交换、同步核实，并同步录入人力资源和社会保障部退捕渔民安置保障实名制动态帮扶信息系统。根据退捕渔民社会保障基础台账，动态跟踪全区渔民社会保障变化情况。对于符合条件的城镇就业退捕渔民按规定参加职工社会保险，鼓励灵活就业的退捕渔民自主选择参加职工社会保险或城乡居民社会保险。年末，全区有退捕渔民119人，其中63人参加企业职工基本养老保险、44人享受企业职工基本养老保险退休待遇、12人享受养老补助金。

（史春来）

【医疗保险】 2022年，常州国家高新区（新北区）聚焦参保群众在医保领域的“急难愁盼”问题，深化医保制度改革，提升医保经办效能，推进参保扩面。开展医保宣传“六走进”（走进乡镇、走进社区、走进企业、走进医院、走进校园、走进机关）活动，提升人民群众、用人单位和定点医药机构对医保工作的知晓率和满意度。推进“15分钟医保服务圈”省级示范县市（区）建设，主动融合基层公共服务和社会治理体系，实现全区“15分钟医保服务圈”全覆盖。至年末，全区有医保定点单位452家，其中定点医疗机构148家、定点零售药店304家。基本医疗保险参保人数76.69万人、完成率102.72%。其中，职工基本医疗保险参保人数46.59万人，完成率102.26%；城乡居民基本医疗保险参保人数30.1万人，完成率103.44%。生育保险参保人数36.12万人，完成率103.02%。

（赵　剑）

【医保经办服务优化】 2022年，区医保分局建立健全长效管理机制，开展年度区医疗保障经办政务服务专项评价。加强综合柜员制建设，实现医疗保障“一窗式办理、一单制结算”；提高现场办理效率，开展帮办代办、容缺受理、预约办理、延时服务、自助办理等创新服务。全年，区医保经办窗口承接业务项目110项，接待各类咨询2.71万人次，办理参保业务量6.12万件，医疗费用零星报销业务771人次。医保待遇报销支付726.07万元，比上年（下同）增长259.24%；生育保险待遇审核4056人次，医保待遇报销支付5502.9万元，增长954.52%。推进长期护理保险试点，受理申请4831人次，3746人次通过评估，其中中度1590人次、重度2156人次；签订服务计划3090人，其中定点养老机构137人、定点医疗机构77人、纯亲情护理203人、纯居家上门2人、亲情护理+居家上门2671人。至年末，全区有长期护理保险服务机构22家。

（王新刚）

【定点医疗机构和定点零售药店管理】2022年，常州国家高新区（新北区）规范全区定点医疗机构和定点零售药店服务行为，加强监督考核，健全能进能出的动态管理机制，落实医疗保障分级分类精细化管理，维护参保群众合法权益。新增医保准入医药机构44家，变更医药机构信息356家，取消定点医药机构6家，定点医药机构坐标信息维护完成率100%。遴选便民药店39家、Ⅱ类药店5家、Ⅲ类药店1家。优化基本医疗保险异地就医相关待遇政策，全覆盖开通区级定点零售药店异地就医备案结算304家，依申请开通区级定点医药机构异地就医备案结算110家。

（王新刚）

【医保基金监管】2022年，区医保分局聚焦医疗风险防范，完善医保基金监管长效机制，开展医疗保障基金监管规范年行动。创新监管手段。建立医保基金社会监督员制度，聘用10名社会监督员参与医保基金监督管理；引进第三方专业审计机构审计辖区内10家零售药店药品进、销、存行为，探索引进第三方监管机构对辖区内5家医疗机构开展现场检查。完成全区449家定点医疗机构和定点零售药店的全覆盖现场检查，开展医疗机构专项治理“回头看”等专项行动。解除医保服务协议1家，出具医疗工伤生育保险处理意见书25份，处理定点医疗机构和定点零售药店138家，拒付医保基金本金393.26万元，查处违约金19.99万元。

（顾　伟）

【“15分钟医保服务圈”省级示范区建设】2022年，常州国家高新区（新北区）围绕创建全域“15分钟医保服务圈”省级示范区，推进组织管理、硬件配备、业务下沉、标准化服务、能力提升、便民利民等重点工作，助力参保群众办事“就近办”“一次办”。在全区范围内建成以区医保分中心为主体，各镇（街道）为民服务中心、有条件的基层医疗卫生机构、部分村（社区）便民服务中心及有合作意愿的社会资源网点为依托的“四位一体”的医保经办服务体系。至年末，奔牛镇为民服务中心、薛家镇为民服务中心、孟河中医医院3家单位创成“15分钟医保服务圈”省级示范点；全区8个“15分钟医保服务圈”市级示范点和4个村社区服务站完成创建并投入运行，实现高新区“15分钟医保服务圈”全覆盖。

（王新刚）

【住房保障】2022年，常州国家高新区（新北区）推进棚改、保租房等安居工程建设和筹集。3个棚户区改造项目按计划推进，其中百馨西苑五期进入小区内市政道路施工阶段，新景五期完成主体封顶，新景六期按计划推进主体施工；筹集完成8158余套保障性租赁住房并完成其中17个项目的政府认定。提升住房保障服务水平，全年为202户低收入、80户中等偏下收入家庭发放租赁补贴，计194万余元。按月审核新就业大学生租房和购房补贴，年内审核租房补贴5613人次、发放补贴300.89万元，购房补贴190人次、补贴866万元。

（邵　平）

社会救助

【概况】2022年，常州国家高新区（新北区）围绕各类困难群体，落实各项保障政策。开展特殊群体救助帮扶，排查特殊困难群体8875人，发现并解决问题49个，整改完成率100%。在奔牛镇、新桥街道和奔牛镇五兴苑社区、春江街道春江社区开展“党建+社会救助”改革示范点创建工作。继续落实低保对象大病补充保险，低保对象合规医疗费用实现医保内100%全保障，医保外保障限额提高至5000元。至年末，全区救助低保边缘困难家庭420户，发放边缘救助金75.6万元；实施临时救助222户519人，发放救助金50万元，救助金额比上年增长77.56%。

（缪冬至）

【最低生活保障】2022年，常州国家高新区（新北区）有在册城乡低保对象1165户1613人，其中城市低保对象397户556人、农村低保对象768户1057人，保障人数占户籍总人口数的0.25%。新认定城乡居民最低生活保障对象82户115人，其中农村49户73人、城镇33户42人；新认定低保边缘家庭54户。发放最低生活保障金1681.48万元。与上年相比，低保户减少185户，低保人数减少363人，低保金支出减少87.71万元。7月，区城乡低保对象最低生活保障标准由每人每月940元提高至每人每月1000元。

（王卫华）

【慈善捐助】2022年，常州国家高新区（新北区）持续探索慈善捐助与社

8 月，环卫工人领到防暑物资　　（区委宣传统战部 供图）

会救助的有效衔接，服务弱势群体，提高服务对象生活质量。1 月，区慈善分会下拨资金 55.6 万元，以每户 1000 元标准慰问辖区范围内 556 户困难家庭。5 月，将巨凝集团定向捐赠的 100 万元及区慈善分会下拨的 2 万元合计 102 万元，用于慰问全区 102 户低保对象重大疾病家庭。7—8 月，区慈善分会列支 14.97 万元，用于购买防暑用品 1500 份发放给特殊困难群体。结合 9 月 5 日中华慈善日，区慈善分会组织区各级机关事业单位干部职工参加“慈善一日捐”活动，募集捐款 105.72 万元。10 月，区慈善分会拨出 30 万元经费至区医保分局罕见病补充医疗专户。年内，区慈善分会资助区癌症（爱友）康复协会经费 18 万元；帮助血友病患者申请中华慈善总会科跃奇援助项目，获批救助金 3.46 万元；列支 10 万元用于陕西省安康市紫阳县、岚皋县对口帮扶。

（朱张远）

【特困供养对象救助】 2022 年，常州国家高新区（新北区）有特困供养人员 475 人，均为农村特困人员，其中集中供养 320 人、分散供养 155 人，总计发放特困供养金 736.03 万元。“五保户”基本生活标准按照市政府公布的 2022 年常州市居民最低生活保障标准的 1.3 倍发放，即每人每月 1300 元，集中供养和分散供养“五保”对象标准统一。

（王卫华）

【临时救助和“两节”补贴】 2022 年，常州国家高新区（新北区）实施临时救助 222 户 519 人，发放救助金 50 万元，救助金额比上年增长 77.56%。其中，低收入人口救助 35 户 61 人，救助金额 9.44 万元；一般困难群众救助 187 户 458 人，救助金额 40.56 万元。为保障低收入群体基本生活，1—2 月，全区发放临时补贴 125.4 万元。元旦、春节期间，发放城乡困难群众节日补助。全区慰问城乡低保对象 1954 人、特困供养人员 505 人、孤儿 7 人，低保边缘家庭 604 户，发放慰问金 173.19 万元，其中城乡低保对象 200 元 / 人、农村特困供养 500 元 / 人、孤儿 200 元 / 人、低保边缘困难家庭 1800 元 / 户。8 月，对在册的城乡低保对象 1775 人、农村特困供养对象 478 人，以每人 100 元的标准，发放一次性生活补贴共计 22.53 万元。

（朱张远　王卫华）

社会福利

【概况】 2022 年，常州国家高新区（新北区）加强对民政对象的关爱，提升孤儿和事实无人抚养儿童的基本生活保障水平。落实居家养老援助服务工作和尊老金发放，推进困难老年人家庭适老化改造。实施残疾人“两项补贴”（困难残疾人生活补贴和重度残疾人护理补贴）制度。以镇（街道）为主体，整合现有康复资源，建设多种形式的社区康复服务机构，年内，建成魏村街道精神障碍社区康复点。至年末，全区有精神障碍社区康复服务机构 3 家。

（方　波）

【困境儿童救助】 2022 年，常州国家高新区（新北区）有困境儿童（包含低保家庭儿童）513 人、留守儿童 2 人。提高社会散居孤儿、父母监护缺失、父母无力履行监护职责的儿童基本生活费保障标准，由每人每月 2018 元提高至每人每月 2194 元，重残重病儿童按照散居孤儿标准的 50% 发放。向 432 名享受基本生活费补贴的困境儿童发放补贴 4872 人次 402 万余元。

（王双青　唐敏明）

【老龄福利】 2022 年，常州国家高新区（新北区）为全区 1.8 万名 80 周岁以上老年人提供上门服务，补贴经费 1875.8 万元。投入 240 万元对 400 户困难老年人家庭实施适老化改造。推进尊老金发放等惠民服务措施，发放尊老金 1266.01 万元。对区内 16 家养老机构慰问 2 次，发放慰问金、各类物品等价值 27.9 万元。

（沈　宇）

【残疾人福利】 2022年，常州国家高新区（新北区）有享受困难残疾人生活补贴5025人、重度残疾人护理补贴4366人，残疾人“两项补贴”发放5298.83万元。投入10万元慰问200户困难残疾人家庭；为50名残疾学生及低保残疾人家庭子女发放助学资金11.85万元；投入72万元为持证残疾人投保意外伤害险，目标人群覆盖率100%，发生残疾人意外伤害报案54起，理赔29件，理赔金额27.65万元。为38户困难重度残疾人家庭实施无障碍改造，投入资金16.25万元；下发镇（街道）10万元用于200户贫困残疾人家庭春节走访慰问；为140名残疾人车主发放2022年度机动轮椅车燃油补贴3.64万元；加强与民政部门对接，符合“两项补贴”条件的困难残疾人100%得到生活救助。发挥区爱心助残基金会作用，为12户因突发重大疾病导致困难的残疾人家庭发放救助金总计8.5万元。

（汤文辉　王　静　吴喜燕）

劳动管理

【概况】 2022年，常州国家高新区（新北区）推进省级深化构建和谐劳动关系综合配套改革试点工作，建设完善劳动争议调处体制机制，严格把关特殊工时行政许可，高质量开展工伤预防与工伤认定工作，规范企业劳动用工管理，试点实施全供应链协同工伤预防项目，大力推广互联网云申请、云庭审、云调解，大力推进劳动监察站点建设，全力保障劳动者合法权益，确保全区劳动关系总体和谐稳定。年内，3家企业被评为省级和谐劳动关系企业，13家企业被评为常州市和谐劳动关系企业。

【省级和谐劳动关系示范园区创建】 2022年，常州国家高新区（新北区）落实《深化构建和谐劳动关系综合配套改革试点实施方案》，拓展具有高新区特色的和谐劳动关系“点线面”模式。年内，常州国家高新区被人力资源社会保障部等4个部门认定为全国和谐劳动关系创建示范工业园区。全区建成劳动人事争议巡回仲裁庭4个、基层劳动人事争议调解中心10个、个人调解工作室3个、规模以上企业劳动争议调解委员会63个、网格化劳动争议调解委员会9个。恐龙园文化旅游集团股份有限公司、常高新集团有限公司、江苏奔牛港务集团有限公司3家企业被省协调劳动关系三方委员会评定为2022年江苏省优秀劳动关系和谐企业。常州国家高新区入选全省第一批深化构建和谐劳动关系综合配套改革试点区。

（金旗锋）

【劳动争议仲裁】 2022年，常州国家高新区（新北区）劳动仲裁案件调解成功率65.4%。年内，区人社局、区委政法委、区法院、区总工会、区工商业联合会发布《关于进一步加强劳动争议联合调处工作的通知》，推进区创省级深化构建和谐劳动关系综合配套改革试点工作。强化庭前引导，化解积案300余件。发挥巡回仲裁庭作用，增加巡回仲裁庭使用频次，至年末，薛家镇巡回仲裁庭累计办理案件120件，孟河镇巡回仲裁庭累计办理案件50件，奔牛镇巡回仲裁庭累计办理案件65件。加强对镇、街道劳动争议调解员培训指导，开展机构改革后基层调解组织情况普查，编印《基层劳动人事争议调解员实用手册（2022）》《劳动争议调解中心指引手册》，设置调解中心服务监督热线，及时向调解中心属地反馈劳动者的意见建议。年内，薛家镇劳动人事争议调解中心被评为2021年度全国工作突出基层劳动人事争议调解组织。在2022年度常州市劳动人事争议调解员专业技能大赛中，新北区代表队总分位列第一梯队，2人获常州市调解员业务能手称号；青年仲裁员护航企业转型升级“双百行动”被评为2022年度常州市青年文明号。

（薛海强）

【劳动监察】 2022年，新北区劳动监察大队以构建和谐稳定的劳动关系为核心，开展普法宣传、监督检查和案件查处工作。宣传事关职工劳动权益保障、合理合法反映诉求方面的法律法规和政策措施，指导企业加强劳动用工管理，维护劳动者合法权益。发放各类普法宣传材料1万余册，组织拍摄劳动用工普法大讲堂系列宣传片2部。坚持问题导向，强化日常监管，对常见用工问题强化警示教育，提供行政建议，对突出问题依法查处，以案为鉴形成违法震慑。坚持“动态清零”总目标，从快调处各类劳动纠纷。加大源头治理力度，强化联合监管，对案件线索实时监测、跟踪、处理。加强劳动监察基层组织建设，就近防范化解潜在劳动纠纷，提高案件处置质效，在全市率先实现常州市劳动保障监察“和谐号”调解直通车镇（街道）站点全覆盖。8月，区劳动监察大队被评为全区高质量发展创新争先先进集体。

（李　洁）

【农民工工资支付保障】 2022年，常州国家高新区（新北区）围绕“不欠薪”城市创建目标，推进根治欠薪“四治”（以横纵联合的多部门“共治”，从严从细的源头化“制治”，促进欠薪问题快速调处的“善治”，实现社会面“不敢欠、不能欠、不想欠”的“无为而治”）工作。畅通线上线下欠薪维权渠道，落实首问负责制，通过定期会议、专题培训、典型案件研讨等方式，提升欠薪案件联动处置水平；完善欠薪案件限期分类化解机制，由区人社部门牵头，各行业主管部门加强整体制度监管，司法、工会等部门提供法律援助服务，强化镇（街道）基层欠薪纠纷诉源综合治理，整合各级各条线调解力量，促进案件快办快结；全年拖欠农民工工资举报投诉案件结案率100%。推进工程建设领域在建工程项目落实保障农民工工资支付“四项制度”（实名制管理制度、农民工工资保证金制度、农民工工资专用账户制度、按月足额支付农民工工资制度），从源头上遏制和防范欠薪风险。开展建筑市场行为检查，依法查处违法分包行为1起，涉及施工单位1家，处罚金7.15万元。全年128个在建项目农民工工资专户代发总额24.43亿元，代发人次27.4万人，项目开户率和考勤率100%。为154个项目办理新北区建筑工程项目竣工验收前农民工工资专户制度落实情况审查，压紧压实农民工工资支付主体责任。年内对全区在建工程项目工程款和农民工工资支付情况开展两轮排查，针对建设单位因资金困难、延误工期等原因导致拖欠工程款影响农民工工资支付等问题，督促责任单位尽快筹措资金，确保工程款和农民工工资支付到位。2月，区住建局通报9家企业清退出新北区建筑市场，将2家企业列为市重点监控企业，将3家建设单位作为典型问题予以通报，将5家劳务作业企业清出新北区建筑市场，将8位农民工组织者作为典型问题予以通报，提醒施工企业慎用，促进社会和谐稳定。

（董　鑫　李　洁）

就业创业

【概况】 2022年，常州国家高新区（新北区）围绕促进就业创业、强化人才培育、优化用工服务、职业技能提升、园区建设升级等方面综合施策。以服务重点企业为重点，通过“阳光”政策落地、厚植引育“土壤”、优化服务“养护”，出台政策，搭建平台，完善服务，促进全区人力资源服务业高质量发展。全区实现城镇新增就业3.46万人，失业人员再就业7303人，就业困难人员再就业1656人，引育各类产业人才2.73万人，开展各类补贴性培训1.41万人次。

（程　雪）

【就业服务】 2022年，常州国家高新区（新北区）落实常住地失业登记管理制度和就业困难人员常住地服务制度，面向重点群体开展“131”服务（提供至少1次职业指导、3个适合的岗位信息、1个培训项目），提供就业服务5000余人次，认定审核就业困难对象1753人次。实施低收入人口就业帮扶，对1205户2203名低收入人口开展实名制登记调查，实施“一户（人）一档”管理制度。全年落实灵活就业人员社保补贴1.35万人次，涉及金额2300万余元；落实小微企业招用应届高校毕业生社保补贴政策，发放社保补贴40.05万元、单位招用就业困难人员社保补贴14.59万元；落实企业失业保险稳岗返还业务1.75万家次，涉及金额1.14亿元。开发各类公益性岗位30个，兜底安置各类就业困难对象就业30人，发挥就业保障作用。开展“人才落户秒批”网办业务，全年受理网办业务129人次，档案流转5376份次，档案利用1396份次。组织开展180余名人社基层平台工作人员能力提升线上培训工作。通过“新北人才”微信公众号、常州高新区人才网等平台，动态推送4081家企业5.6万个岗位用工信息。实施线上招聘活动，全年组织开展网络直播招聘会48场，662家企业供岗1.5万余个。开展“春风行动暨就业援助月”“民营企业招聘月”等线上线下招聘对接活动70场，提供就业岗位8万余个。

（陈　胜）

【创业服务】 2022年，常州国家高新区（新北区）在省人力资源和社会保障一体化信息平台为1.5万名创业者开展实名制登记服务，其中精准扶持成功自主创业7275人、创业带动就业1.08万人、指导大学生创业975人、扶持农民自主创业1243人。受理并成功申领常州市创业扶持资金128人次，涉

5月19日，2022年江苏大学生就业“汽车产业＋智能制造”专场直播荐岗活动举行
（区委宣传统战部 供图）

及补贴资金76.26万元；落实常州市富民创业担保贷款政策，涉及创业者644人，金额1.31亿元。加强创业基地建设，ASK众创部落创成省级大学生创业示范园，南京师范大学常州创新发展创业中心和常州西夏墅工具创业孵化基地获评市级创业孵化基地。组织开展首届“青创新北 智汇龙城”创业大赛，征集参赛项目42个，最终确定30个项目进入总决赛。推荐14个创业项目参加第五届“中国创翼”创业创新大赛江苏省选拔赛，其中高能量密度柔性储能解决方案项目晋级省级选拔赛，并获提名奖。开展2022年度省、市级大学生优秀创业项目申报推荐，摸排大学生创业企业72家，择优推荐符合条件企业23家，最终入选省级优秀项目14个、市级优秀项目6个；落实项目资金发放，对入选2021年度省、市级大学生优秀创业项目的19家企业开展回访，走访、核实经营状态，确保资金发挥作用。

（王　贞）

【大学生就业】 2022年，区人社局组织青年（含高校毕业生）参加就业见习1569人，发放青年就业见习补贴460.9万元。落实新就业大学生租房补贴120.68万元、紧缺人才资助699.48万元、大学生实习补贴260.2万元、青年人才生活居住双资助生活补贴1367.2万元。年内，联合辖区630家企业，举办“博揽人才 集聚新北”校园招聘活动19场，其中线上云聘会5场、线下招聘会14场，提供优质岗位3250个。举办“乐游高新，引凤回巢”新北区大学生暑期工业旅游活动，吸引超500名新北籍大学生报名参加。

（邵　杨）

【技能人才队伍建设】 2022年，常州国家高新区（新北区）坚持人才引进与技能培育并举，完善区级培训政策措施和培训服务体系。修订《关于推进技能人才引育的实施办法》，新增技能等级认定试点企业13家；新增技能人才7474人，其中高技能人才2323人。新增省级企业首席技师3名、市级企业首席技师4名、市级技能大师工作室1家、市级高技能人才培养示范基地2家、培养基地2家。持续开展新北区第五届职业技能竞赛活动，全年举办各类职业技能竞赛12场，参与人数2300余人次，发挥职业技能竞赛在技能人才培养、选拔和激励等方面的作用。

（冷夏艳）

【企业用工服务】 2022年，常州国家高新区（新北区）出台《常州高新区进一步加强重点企业用工服务实施方案》，面向全区重点制造业企业推行“一对一”服务模式。开发启用用工服务监测小程序“新北用工通”，对173家重点企业开展企业春季用工需求调查3期，为企业提供“一对一”用工服务550余次，并发放《服务企业用工手册（2022版）》，实现就业政策和经办服务“随手看、随时用、随心查”。对接陕西省、安徽省等数十个劳务基地，发布97家企业8137个岗位需求。组织区属企业赴陕西省安康市平利县、旬阳市和岚皋县参加现场招聘会3场，提供岗位约200个。根据企业复工复产需要和职工返常州返岗需求，组织提供到常州务工人员“点对点”接送服务112人次。

（陈　胜）

社会事务

人口家庭发展

【概况】 2022年，常州国家高新区（新北区）出生人口4284人，其中二孩出生1487人、多孩出生237人，二孩占新出生人口的34.6%，人口出生率5.13‰，自然增长率-0.04‰。农村部分计划生育家庭奖励扶助对象1.81万人，计划生育家庭特别扶助对象1327人，企业持证退休人员一次性奖励计生对象4582人，市、区级公益金对象35人，总计发放奖扶金4622.52万元。

（殷文彬）

【婚姻登记】 2022年，常州国家高新区（新北区）办理结婚申请3588对、离婚申请1754对、离婚发证1153对，补领结（离）婚证473对，婚姻登记合格率100%。全区办理跨省通办结婚登记216对、跨市通办321对、跨区通办726对。年内，按照省人民政府下发的《江苏省内地居民离婚登记“省内通办”实施方案》，办理江苏省内地居民离婚申请12对、离婚发证4对。

（李　敏）

【户政和流动人口管理】 2022年，常州国家高新区（新北区）常住人口90.03万人，流动人口43.7万人，出租房14.5万户。全年核查清理“错重假”户口400人；开展无户口人员落户挂牌攻坚行动，解决无户口人员（共10人）问题。区户籍窗口办理户口3.5万余人次、办理居民身份证6.37万余张、制发临时身份证8095张，发放港澳台居民居住证83张。全年查获群租房违法案件391起，取缔违规群租房16户，比对抓获逃犯25人，出租房内的火灾警情和治安、刑事警情比上年下降26.32%，全区未发生涉及群租房的重大案件事故。

（于莉芬）

【0～3岁托育服务】 2022年，常州国家高新区（新北区）推进“常有善育”民生实事项目，龙虎塘天禧幼儿园、魏村街道魏村中心幼儿园建成省级普惠托育机构；三井街道藻江幼儿园、哈佛摇篮幼儿园开设托班，建成市级普惠托育机构；三井街道世茂香槟湖社区、龙虎塘街道腾龙苑社区建成省级社区示范托育点；设置标准化母婴室7个，新增普惠托位120个。制定《新北区提供托育服务的机构排查整治工作实施方案》，区人社局、教育局、住建局等部门开展集中清理活动，关停提供托育服务的机构30家。

新北区天禧幼儿园外景　　（龙虎塘街道 供图）

【计生特殊家庭帮扶】 2022年，常州国家高新区（新北区）印发《关于切实做好元旦春节期间计划生育特殊家庭扶助关怀工作的通知》和《关于中秋、国庆期间开展计划生育特殊家庭“暖心行动”的通知》，在全区范围内开展节日走访慰问计生特殊家庭活动。各镇（街道）发动社区帮扶联系人、计生协志愿者、社工开展走访慰问计划生育特殊家庭“暖心行动”，为特殊家庭送上节日礼包和节日问候，面对面倾听诉求，解决计生特殊家庭实际困难。春节、中秋、国庆期间，全区走访慰问计生特殊家庭1131人，发放慰问品、慰问金价值92万余元。

（殷文彬）

【和谐家庭建设】 2022年，常州国家高新区（新北区）持续推进和谐家庭建设，开展主题实践系列活动，推动家风家教宣传活动广覆盖。10月，成立陈卓林全国最美家庭工作室。组织最美家庭联盟开展“喜看高新30年”、“喜迎二十大 弘扬好家风”、家庭防灾体验实践活动19场。打造“家育清风”特色品牌，区妇联联合区纪委监委开展“家风微课堂 家训大家讲”活动，征集微视频20个，引导党员干部弘扬清廉家风。结合“科学家教进万家”活动，组织开展菜单式公益巡讲活动5场，发布亲子研学路线2条。推动家庭图书馆共建项目，建成家庭图书馆61个。开展“守‘沪’有你，礼遇有我”行动，以“幸福家、清洁家、健康家”服务礼遇援沪医护人员及其家庭。选树各具特色的最美家庭，至年末，全区被评为全国五好家庭1户、省书香家庭2户、省教子有方家庭1户、市五好家庭2户、市最美家庭9户。“送法进万家 家教伴成长”家庭教育大家谈案例被省妇联评为优秀融媒体工作案例。

【“三全”社区家庭教育】 2022年，常州国家高新区(新北区)推进“三全”(社区全域、父母全程、家庭全类型）社区家庭教育工作。出台《关于联合开展家庭教育指导工作的实施意见》，开展分类分层和全域家庭教育指导。以特色化、个性化主题活动满足家庭需求，举办区第七届“童心向党 筑梦未来”亲子绘本剧大赛，500余人参加；开展“救在身边 幸福万家”家庭心肺复苏技能培训20场；“少年儿童心向党 用心用情伴成长”暑期儿童关爱服务活动310场。宣传《中华人民共和国家庭教育促进法》，开展家风家教宣传月、家庭教育宣传周系列主题活动15场。创新“三全”社区家庭教育普法形式，制作《漫说〈家庭教育促进法〉》短片，印制宣传折页13万余份，推送家庭教育公开课、微视频20余期。开展家庭教育主题系列直播课程，观看人数15万人次。至年末，全区建成省级“三全”社区家庭教育指导服务示范社区6个、家庭教育指导站5个，三井街道衡山社区和薛家镇后肖社区建成市级儿童友好社区。

（施 雯）

【未成年人保护】 2022年，常州国家高新区（新北区）成立区未成年人救助保护中心，新建三井街道省级示范性未成年人保护工作站（关爱之家）。139个村（居）设立妇女和儿童工作委员会，配齐配全儿童主任，专人专岗负责未成年人保护工作。召开区未成年人保护工作联席会议和座谈会。组织开展以“五个一”（撑起一把伞、点亮一盏灯、建好一间屋、温暖一个家、打开一扇窗）为主要内容的未成年人保护宣传月活动，举办网络普法直播，开展恋爱观教育。滚动播放未成年人权益保护主题系列海报标语，布置未成年人权益保护主题展板，发放《中华人民共和国未成年人保护法》宣传折页，组织儿童自护授课，参观体验迪诺水镇防灾避险馆等，推动未成年人“六大保护”（家庭保护、学校保护、社会保护、网络保护、政府保护、司法保护）落地落实。开设爱心暑托班34次，免费服务儿童560余人次。儿童工作服务品牌“七色彩虹计划，关爱儿童成长”被市民政局通报表扬。

（王双青　唐敏明）

社区建设

【概况】 2022年，常州国家高新区（新北区）开展社区建设提升年活动，推进全区城乡社区治理创新和服务创优，提升广大居民的获得感和幸福感。全年推进并高标准完成村（社区）综合服务中心改造、村（社区）规模调整、村（居）委会组织建设、城乡社区治理创新等重点工作。年内，新北区被民政部命名为全国首批农村社区治理实验区。

【城乡社区治理创新】 2022年，常州国家高新区（新北区）持续推进城乡社区治理创新和服务创优，促进城乡社区和谐稳定。三井街道汉江路社区基层治理案例《“骑手网格员”参与社区治理新机制》被市民政局评为2022年常州市优秀基层治理创新典型案例，孟河镇万绥社区、薛家镇后肖社区、罗溪镇高巷村、西夏墅镇华墅社区创建成2022年常州市平安法治和谐示范点，罗溪镇龙珠山村、薛家镇橄榄城社区、奔牛镇新市村、新桥街道望湖社区、三井街道衡山社区创成2022年常州市全科社工示范窗口，新桥街道江湾社区《邻心亭》、奔牛镇东桥村《三治融合共建和美乡村》分别获常州市城乡社区治理与服务品牌展示二等奖和三等奖，罗溪镇王下村村恽丽丹和

3月3日，三井街道为骑手网格员志愿队授旗　　（区人社局　供图）

孟河镇齐梁社区刘鹏凯分别获2022年常州市“全科社工”业务技能竞赛活动一等奖和二等奖。

（陈华兴　蒋宇涵）

【村（社区）规模调整优化】 2022年，常州国家高新区（新北区）调整优化村（社区）规模布局、资源配置方式、村（社区）组织结构、基层治理体系，促进村（社区）组织统筹能力提高、中心村辐射带动作用发挥。年内，先后调整三井街道河海、兰翔、天安社区居民委员会的辖区范围。6月，设立奔牛镇金牛里社区居民委员会。至年末，全区建有村民委员会57个、社区居民委员会83个。

（陈华兴）

【8个村（社区）综合服务中心改造提升项目完成】 2022年，常州国家高新区（新北区）继续推进村（社区）综合服务中心改造提升，推动社区服务扩能提质。在8个改造提升项目中，孟河镇代英社区和新桥街道新龙湖社区改造被列入省级改造工程，罗溪镇青莲社区、西夏墅镇浦西社区、三井街道府田社区、春江街道东海社区、魏村街道临江社区和长江社区的改造被列入区级改造工程，至年末，8个村（社区）综合服务中心改造提升工程全部完成。

【社工队伍服务保障】 2022年，常州国家高新区（新北区）加强社会工作人才队伍建设，鼓励社会工作者参加全国社会工作职业水平考试，提高社会工作专业化、职业化水平。全年通过全国社会工作职业水平考试106人，其中初级社会工作者82人、中级社会工作者24人。发放社工考试一次性补贴23.6万元。按照全市统一部署，公开招聘社区工作者66人。优化全区城乡社区工作者薪酬待遇和奖惩机制。从2022年1月起，全区社区工作者基础工资标准从每月3500元调整至每月4500元。推进镇（街道）社会工作服务站建设，提升基层民政服务能力。至年末，全区镇（街道）社会工作服务站实现全覆盖。

（蒋宇涵）

社会组织管理

【社会组织培育】 2022年，常州国家高新区（新北区）围绕“做亮一块牌子、做强一个班子、筑牢一个阵地、完善一张网络”思路，推动社会组织在促进经济社会发展、创新社会治理等方面发挥作用。全区通过筑牢“1+11+N”（1个区级社会组织党群服务中心，11个镇级，N个社会组织基层党支部）的社会组织党群服务全域矩阵，形成“3+4”工作法［1个服务阵地体系，1个公益组织联盟，1支党员先锋队伍建设；社会组织服务平台和党员活动阵地同步建设，社会组织与社会组织党组织同步培育，区、镇（街道）两级社会组织党建同步推进，社会组织公益服务与党员活动同步开展］，推动社会组织培育发展。举办“北斗星·社创+”活动，实施“3个支持”（社会组织成长支持、参与社会服务支持、优质项目推广支持）和“2项工程”（公益品牌建设工程、特殊群体关爱工程），延续社会组织成长、参与社会服务、优质项目推广和公益品牌4个类型建设工程，注重不同阶段的社会组织培育。

【社会组织年检评估】 2022年，常州国家高新区（新北区）通过数字赋能，开设新系统，简化审批流程，提高社会组织服务效能；依托业务主管单位模块，打破信息孤岛，实现数据共享；加强社会组织监督管理，落实社会组织年度检查、报告工作制度。继续开展“僵尸型”社会组织专项整治行动，对不符合登记条件和长期不开展活动的社会组织动员注销登记，全年注销社会组织9家，取缔非法社会组织1家。开展社会组织等级评估，全年被评为社会组织AAAA级3家、AAA级4家、AA级1家、A级33家。

（郑　茜）

地名勘界

【平安边界共建】 2022年，常州国家高新区（新北区）完成常镇线新北段行政区域界线联合检查暨矢量数据接边工作，区政府分别与丹阳市、扬中市共同签发行政区域界线联合检查报告。继续推进平安边界创建，实现边界地区人民群众和睦友好。是年，常州国家高新区（新北区）与丹阳市、扬中市的相关镇（街道）、村（社区）签订平安边界共建协议书，界桩维护完好率100%。

【地名管理】 2022年，常州国家高新区（新北区）落实国家地名信息库质量建设要求，全年完善数据库条地名信息5000余条。开展地名文化遗产评定，公布《常州市新北区地名文化遗产名录（第一批）》，孟河镇、奔牛镇等9个地名入选名录中古镇、古村落名单，孟河镇、奔牛镇入选古镇，万绥、青城、魏村老街、史陈家村、韩村、金家村、塘上村入选古村落。奔牛镇、孟河镇、青城村、金家村4个地名入选省级地名文化遗产名单。参与编写市民政局组织编纂的地名文化系列丛书——《常州镇街与村居》的新北区章节。

（王卫华）

殡葬管理

【概况】 2022年，常州国家高新区（新北区）深化殡葬领域改革，开展殡葬设施布局规划编制，保障殡葬领域生产安全，提升殡葬领域规范化、法治化水平。推进常州天府陵园改制；以实施绿色殡葬改革为重点，开展常州栖凤山国际人文陵园“名人回家”行动。建立殡葬改革工作联席会议制度，完善殡葬管理领导协调机制和工作运行机制。根据殡葬服务机构安全生产现状，列出7大类20小类清单，全面规范殡葬服务机构安全管理。加强殡葬机构重大节日祭扫管理和移风易俗宣传，依法处理1起违规私建坟墓事件。强化服务保障，提供代客祭扫服务3000余次，依托市级网上祭扫平台，开通区级网络祭扫平台3个，提供网络祭扫4000余次，满足群众需求。区投资270万余元完成省级民生实事项目——西夏墅镇天堂园公益性骨灰安放设施建设，新增格位9500个。

【常州天府陵园】 地处龙虎塘街道，占地面积3.35公顷，是省民政厅批建、“三证齐全”的永久性合法墓园。1996年4月筹建，1997年对外经营，至2022年年末，接收安葬骨灰37988具。陵园环境优美交通便利，离市区8千米。陵园建有壁葬、墓葬，高、中、低不同档次的安葬形式满足群众需求。陵园实行封闭式管理，24小时接待，2003年在省内首家通过ISO 9001—2000国际质量体系认证，保障陵园的科学管理和持续发展。陵园设立天府殡仪服务中心，为丧户提供从穿衣、接尸、守灵、车辆直至代办火化手续等整套服务。

【常州栖凤山国际人文陵园】 位于孟河镇，紧邻308省道。常州栖凤山国际人文陵园是中国殡葬协会会员单位、江苏省殡葬协会理事单位、常州市优秀公益企业。于2007年成立，2015年加入福寿园国际集团。依托集团经营理念，以“文化传承、人文荟萃、生态营造”为品牌导向，建成一个集生态葬、文化旅游、人文纪念于一体的人文纪念公园。至2022年年末，栖凤山先后获中国公益节公益创新奖，被评为中国红十字会团体特别会员、常州市红十字会先进集体单位、常州市绿色生态殡葬示范单位等；美术大师刘海粟、语言学家周有光、抗日将领冯仲云、百科全书奠基人姜椿芳、史学家吕思勉等常州籍名人魂归栖凤山国际人文陵园。

（王双青）

老龄事务

【概况】 2022年，常州国家高新区（新北区）有60周岁及以上户籍老年人口13.78万人，占户籍总人口的21.67%，其中70～79周岁老年人口5.04万人，80周岁及以上老年人口1.89万人（百岁老人80人）。年内，全区持续构建养老、孝老、敬老政策体系和社会环境，助推老年友好社会建设。加强统筹协调，开展医养结合、老年健康、智慧助老、安康关爱等工作，增强全区老年人的获得感、幸福感、安全感。奔牛人民医院建成挂牌新北区老年病医院，薛家镇后肖社区入选第二批全国示范性老年友好型社区，春江街道春江社区入选全国基层老年协会建设典型案例。

（于莉芬　高　丹）

2022年常州国家高新区（新北区）百岁老人一览表

表60

序号	姓名	性别	出生日期	镇、街道	所属地区
1	邱西西	女	1917年3月6日	孟河镇	南兰陵村
2	王玉龙	男	1920年12月2日		小河社区
3	王美兰	女	1921年11月16日		银河村
4	张玉珍	女	1922年1月13日		小河社区
5	费纪凤	女	1922年11月10日		润江村
6	蔡贞贵	男	1923年3月16日		银河村
7	徐秀英	女	1923年8月21日		通江村
8	恽阿娣	女	1923年9月25日		石桥村
9	潘纪生	男	1923年12月16日		小黄山村
10	郭祥娣	女	1923年12月16日		银河村
11	顾忠方	男	1921年3月21日	薛家镇	中巷村
12	吕培生	男	1921年10月5日		后肖村
13	杨凤娟	女	1921年10月17日		中巷村
14	张爱华	女	1922年5月25日		任葛村
15	许寿英	女	1922年12月6日		丁家村
16	张仁秀	女	1923年2月2日		新晨村
17	包如海	男	1923年2月11日		丽园社区
18	吴达如	女	1923年4月2日		玉龙社区
19	蒋细凤	女	1923年9月9日		中巷村
20	盛华英	女	1923年11月5日		任葛村
21	宋惠英	女	1921年11月22日	罗溪镇	王下村
22	蒋腊娣	女	1921年12月9日		溪南社区
23	黄玉轩	女	1922年2月16日		高巷社区
24	侯来大	男	1923年2月18日		罗墅湾社区
25	顾玉珍	女	1923年3月6日		溪南社区
26	芦留珍	女	1923年5月25日		龙珠山村
27	蒋惠英	女	1923年9月15日		罗墅湾社区
28	邹明坤	男	1923年9月25日		王下村
29	季凤英	女	1923年9月26日		青莲社区

续表 60

序号	姓名	性别	出生日期	镇、街道	所属地区
30	张惠珍	女	1923年8月24日	西夏墅镇	池上社区
31	王兰英	女	1916年1月9日	奔牛镇	奔牛社区
32	孙敖齐	女	1918年7月2日		金联村
33	沈焕荣	男	1922年9月3日		奔牛社区
34	陈仁娣	女	1922年12月24日		五兴村
35	杨留生	男	1923年4月9日		祁家村
36	顾菊英	女	1923年9月23日		金联村
37	谢苏煜	女	1923年11月6日		奔牛社区
38	沈彩凤	女	1923年11月12日		祁家村
39	沈中英	男	1923年11月16日		陈巷村
40	贡淑生	女	1923年11月21日		中街社区
41	俞家询	女	1923年12月26日		中街社区
42	张敖生	男	1922年3月4日	新桥街道	新龙湖社区
43	丁小英	女	1922年6月15日		道乡社区
44	高树生	男	1922年12月26日		茶庵村
45	仲纪全	男	1923年3月26日		仲家村
46	金留兴	男	1923年5月8日		新龙湖社区
47	邹桂珍	女	1923年7月22日		茶庵村
48	邵桂明	男	1923年8月16日		史墅村
49	茅玉梅	女	1921年1月26日	三井街道	巢湖社区
50	冯金坤	男	1922年2月1日		府新社区
51	王兰妹	女	1922年2月14日		汇丰社区
52	陈国英	女	1922年2月22日		三井社区
53	路仲金	男	1922年5月30日		河海社区
54	杨永珍	女	1923年4月1日		天安社区
55	朱忠德	男	1923年1月6日		华山社区
56	赵联纳	男	1923年8月25日		兰翔社区
57	蔡英芳	女	1923年9月24日		府新社区
58	张产荣	男	1923年11月8日		河海社区
59	顾全荣	男	1923年12月28日		巢湖社区

续表 60

序号	姓名	性别	出生日期	镇、街道	所属地区
60	徐福娣	女	1920年9月2日	龙虎塘街道	腾龙社区
61	周凤妹	女	1922年4月10日		玲珑社区
62	吴菊秀	女	1922年6月28日		玲珑社区
63	管玉凤	女	1922年7月29日		盘龙社区
64	杨产根	男	1922年10月20日		腾龙社区
65	李爱珍	女	1923年12月9日		腾龙社区
66	郑秀英	女	1922年8月24日	春江街道	龙圩社区
67	谢仁海	男	1922年9月23日		滨江社区
68	颜正妹	女	1923年1月21日		友谊河社区
69	陈秀秀	女	1923年9月28日		黄海社区
70	曹和珍	女	1923年12月17日		录安洲社区
71	张兰娣	女	1916年12月7日	魏村街道	魏村社区
72	范腊度	男	1920年12月23日		安家苑社区
73	钱黑度	男	1922年1月27日		安家村
74	赵巧妹	女	1922年7月3日		绿城墩村
75	周汉兴	男	1922年11月26日		黄城墩村
76	王三娣	女	1922年12月5日		绿城墩村
77	金汉堂	男	1923年2月4日		绿城墩村
78	吴凤娣	女	1923年4月15日		济农村
79	钟根娣	女	1923年8月16日		青城村
80	钱洪英	女	1923年9月26日		新华村

说明：此表统计的百岁老人为按农历惯例虚岁 100 岁及以上的老人

【老年人安康关爱】 2022 年，常州国家高新区（新北区）聚焦老龄健康工作重点，推进医养融合发展。年内，12 家基层医疗卫生机构、3 家护理院创成省级老年友善医疗机构，其中奔牛人民医院和三井人民医院被评为省级老年友善医疗机构优秀单位。实施健康促进工程，把老年人健康体检纳入全区高质量考核，全年完成 65 岁以上老年人健康体检 8.01 万人，体检率 74.8%；制定《新北区 2022 年老年人心理健康关爱项目实施方案》，对孟河镇、薛家镇、西夏墅镇、奔牛镇、春江街道、魏村街道合计 2737 名 65 岁以上老年人开展心理健康评估筛查。推进爱老助老服务，免费为老年人提供智能手机培训 7683 人次。通过优化理赔服务、拓展服务内容、缩短理赔时长等举措，全区老年人意外伤害险覆盖率 96.6%。营造敬老孝老氛围，组织开展“悦动重阳，情满高新”主题活动，区四套班子领导带头走访慰问百岁老人及薛家爱心护理院、新桥敬老院等养老服务机构。贝慈 369 康养照护中心、奔牛人民医院、常乐长者养老服务中心、春江街道徐墅社区、薛家爱心护理院被评为常州市第四届“敬老文明号”；新桥街道道乡社区高国喜被评为市级十佳老年道德模范；陈亚屏、诸荷芳、钱纪法、许祥梅被

8月，志愿者陪老人做手工　　（常逸非　摄）

评为常州市第六届“幸福金婚夫妻”。

（高　丹）

【养老服务】 2022年，常州国家高新区（新北区）立足养老服务需求，提升优质养老服务供给能力，出台《新北区社会化养老专项资金管理办法》，明确养老机构建设、运行补贴、老年人助餐服务中心（点）建设补贴及运行补贴等。强化养老服务机构安全管理，为全区16家养老机构配发口罩10万只、血氧仪140台、制氧机3台等物资。开展安全警示教育培训、消防知识培训和应急演练等活动30余场，参与人员2000人次。开展养老防诈骗活动，向16家养老机构及1400余名住养老人及其家属普及反诈骗知识。通过养老机构自查、部门联合督查、第三方检查等方式开展安全大检查，保障入住老人身体健康和生命安全。全年开展检查督查235次，检查养老机构16家，排查发现问题隐患158个，至年末全部完成整改。优化升级智慧养老应用场景，形成老年人基础数据库、呼叫中心、机构养老管理系统等N系统组成的全区养老服务“一库一中心N系统”，明确标准化数据流程，统一标准服务；为养老机构安装联网摄像头、智慧用电、烟雾感应、水压监测等设施，实现智慧化全程监控、在线实时监管。

（沈　丹　钱　隆　沈宇等）

2022年常州国家高新区（新北区）省级老年友善医疗机构一览表

表61

序号	名称	性质
1	孟河中医医院	基层公立医疗卫生机构
2	薛家人民医院	
3	罗溪镇卫生院	
4	西夏墅镇卫生院	
5	奔牛人民医院	
6	新桥街道社区卫生服务中心	
7	三井人民医院	
8	三井街道河海社区卫生服务中心	
9	龙虎塘街道社区卫生服务中心	
10	春江人民医院	
11	魏村街道社区卫生服务中心	
12	魏村街道安家社区卫生服务中心	

续表 61

序号	名称	性质
13	常州远晖康养爱心护理院	民营护理院
14	常州新北薛家爱心护理院	
15	常州新北金安爱心护理	

【养老机构建设】 2022年，常州国家高新区（新北区）推进养老院服务质量标准和评价体系建设。开展区养老机构2022年等级评定，奔牛镇福利院、孟河镇敬老院、罗溪镇敬老院、西夏墅镇幸福院4家养老机构被评定为一级机构，金安老年公寓被评为二级机构。区民政局联合区消防救援大队开展养老机构消防安全标准化达标创建，罗溪镇敬老院等4家养老机构创成区消防安全标准化管理达标创建示范单位。推进康而寿养老服务中心、新魏老年公寓护理院等医养项目建设。至年末，全区有护理型床位3355张，占全区养老机构床位数的97.2%。全年新备案1家养老机构（桑榆堂颐养院），奔牛镇福利院委托常州三六九怡康养老服务有限公司运营。

（钱　隆）

退役军人事务

【概况】 2022年，常州国家高新区（新北区）退役军人事务工作以服务保障体系建设为依托，强化尊崇关爱理念，实现省双拥模范区“四连冠”。出台《常州国家高新区（新北区）退役军人创业创新扶持奖补办法》，首批发放兑现奖补资金20万元。以“喜迎党的二十大”为主线，组织开展“红色五角星·巾帼心向党”“三八”女性退役军人活动、“翰墨丹青颂军魂·庆祝八一建军节”活动、好书分享会、“喜看三十年、共走幸福路——退役军人看高新”、全区首届退役军人篮球赛等活动。年内，区“两新”组织拥军优属协会、中国人民解放军92138部队被评为江苏省双拥模范单位，龙虎塘街道退役军人服务站被评为全省优秀退役军人服务中心（站），公安新北分局罗溪派出所、中国安能集团第二工程局有限公司常州分公司被评为江苏省优秀“戎耀之家”，“迷彩先锋”退役军人志愿服务队项目入选第七届江苏志愿服务展示交流会展示项目。

（吕晓倩）

【退役军人服务体系建设】 2022年，常州国家高新区（新北区）落实“五有”（有机构、有编制、有人员、有经费、有保障）区、镇、村三级全覆盖要求，完善退役军人服务保障体系。推进区、镇（街道）、村（社区）三级退役军人服务中心（站）标准化规范化建设，组织开展首批8家示范型退役军人服务中心（站）回头看活动，推进服务对象100人以上的村（社区）示范服务站建设。创建一批特色服务站，罗溪镇打造“党建＋社会拥军”特色服务站，西夏墅镇建强红色精品型退役军人服务站，新桥街道创建以茶庵村“包您满意”为代表的“邻里型”退役军人服务站。组织开展全区退役军人事务系统工作人员优待证申领等专项培训6场，强化工作人员履职能力和业务水平。指导各级退役军人服务中心（站）推进优待证申领发放及建档立卡等工作。至年末，全区建档立卡1.72万人，申领优待证1.68万人，制卡1.66万张。

（卞涵佳）

【退役军人优待抚恤】 2022年，常州国家高新区（新北区）规范优抚保障服务，制定《新北区优抚资金监督管

11月2日，新北区退役军人事务局举行优待证集中发放仪式（吴双栋 摄）

理暂行办法》，规范落实各项优待抚恤政策。全年发放优抚对象国家抚恤补助金2100万余元，水、电、气补贴170万余元，节日补助金44.22万元，专项门诊补贴50万余元，义务兵家庭优待金及大学生入伍奖励金2516万元，现役军人立功奖励金18.96万元，企业退休“两参”退役人员专项慰问金156.15万元。下拨重点优抚对象大病补助金14.28万元。投入5.3万元，安排26名重点优抚对象参加短期疗养活动；投入30万余元，组织950余名优抚对象参加年度健康体检。

（陈　山）

【转业、退役军人安置就业】 2022年，常州国家高新区（新北区）运用信息化手段，通过军人退役“一件事”网上服务平台，为退役军人集成提供退役报到、预备役登记、恢复户口登记、参保登记等“一站式”服务，实现军人退役相关事项一次申请、一窗受理、联动办理、限时办结，完成2022年秋季退役士兵集中接收报到工作。举办为期10天的2022年秋季退役士兵适应性培训班，帮助退役士兵加快融入地方经济社会发展；举办退役军人、随军家属春季专场招聘会，300余名退役军人、随军家属参加，60余人达成初步就业意向；举行区第三届退役军人创业创新大赛，选拔13个项目报名参加省、市退役军人创业创新大赛，获省二等奖1个，市二等奖、三等奖各2个；举办退役军人“订单式”职业技能培训班，开设特种车辆驾驶、新能源汽车与传感器技术、制图员等7类工种培训，151名退役军人报名参训；开展退役军人工业旅游活动，开发“老兵专岗”，提高入职匹配率，拓宽就业渠道方向；举办“军创学堂”主题圆桌论坛、“思享汇”等活动6场和创业沙龙活动1场，邀请人力资源、海关、财税等方面专家解读最新政策，交流分享创业经验，为退役军人创业赋能；组织2家退役军人企业申报市第二批退役军人就业创业示范基地。至年末，全区完成4名转业军官、2名随调家属、6名政府安排工作退役士兵及1名因公四级伤残退役士兵的年度移交安置任务。

（陈洪南）

【烈士褒扬】 2022年，常州国家高新区（新北区）推进烈士褒扬工作，出台《新北区烈士纪念设施保护管理暂行办法》《新北区烈士纪念设施管理保护考核奖补细则》，组织对镇、街道烈士纪念设施整修，规范日常管护，动员迁移零散烈士墓，下拨烈士纪念设施区级奖补资金40万元，投入80万元对区烈士陵园提升改造。4月，组织开展“2022奋进·清明祭英烈”代为祭扫和网上祭扫活动，激励广大党员干部继承革命英烈遗志。9月，在区烈士纪念广场开展“向革命烈士敬献花篮仪式”烈士纪念活动，缅怀革命先烈。

（陈　山）

5月12日，市委常委、统战部部长杨芬（中）调研孟河镇的九龙禅寺

（区委宣传统战部 供图）

民族与宗教事务

【概况】 2022年年末，常州国家高新区（新北区）有少数民族43个，少数民族常住人口4102人、族别34个，少数民族流动人口15805人、族别52个。批准登记的宗教活动场所28处，其中寺观教堂类6处、固定处所类22处，在批准登记的场所中佛教场所14处、基督教场所10处、道教场所4处。正在筹备的佛教场所2处、道教场所1处。天主教和伊斯兰教无场所但有信众。全区经认定备案的教职人员61人，其中佛教52人、道教4人、基督教传道员以上教职人员5人。有区佛教协会和区基督教三自爱国会2个宗教团体。年内，区民宗局组织民族宗教界人士在线收听收看中共二十大开幕会，召开全区宗教领域中共二十大精神专题学习会，帮助民族宗教界人士凝聚共识。开展民宗系统“奋进新征程、建功新时代”主题宣传教育活动、民族宗教政策法规学习月活动和“三爱四史五个认同”（“三爱”为爱国、爱党、爱社会主义，“四史”为党史、新中国

史、改革开放史、社会主义发展史，“五个认同”为认同伟大祖国、认同中华民族、认同中华文化、认同中国共产党、认同中国特色社会主义）教育，全年组织开展民族团结进步宣传月、政策法规学习月进机关、进园区、进社区等活动9场，制作发放宣传资料8000余份。

【“红石榴家园”创建】 2022年，常州国家高新区（新北区）落实《深化新时代大统战工作格局机制建设的实施方案》，继续开展“红石榴家园”创建，江苏省奔牛高级中学创成全省第三批“红石榴家园”，奔牛镇五兴苑社区创成全市第二批“红石榴家园”。奔牛镇奔牛社区、三井街道兰翔社区被评为平安常州建设民族团结进步工作先进集体，江苏省奔牛高级中学获省民宗委命名第一批全省民族团结进步示范单位。深化“红石榴家园”建设，引导各族群众手足相亲、守望相助，办理涵盖各族群众户口迁移、子女入学等服务21项，为各族群众搭建“一站式”服务平台。开展少数民族困难家庭帮扶，全年走访慰问困难家庭28户，发放慰问金2.8万元。加强江苏省奔牛高级中学西藏班民族团结进步教育进校园工作，构建以铸牢中华民族共同体意识为重要内容的“融情教育”平台，引领西藏学生增强对中华优秀传统文化的理性认识。引导各族群众参与社区公共事务162人次，关注全区156家清真餐饮店经营情况，发放清真食品补贴7万余元。

【宗教领域平安建设】 2022年，常州国家高新区（新北区）聚焦宗教领域安全稳定，开展“大排查大起底大化解”行动，推进安全生产专项整治、安全大检查、百日攻坚和全省宗教领域自建房等整治工作，全区宗教活动场所全面完成安全鉴定评估。对宗教活动场所开展安全检查57次，排查并落实整改安全隐患25处；指导宗教活动场所提升温度传感、烟雾监测、电力智能、燃气警报等智能安全设施。加强基督教“以堂带点”、佛道教“管带场所”的长效管理，建立健全宗教活动场所法人治理结构，推进民间信仰活动场所管理制度化、规范化建设。组织宗教界开展“崇俭戒奢”主题教育活动，通过场所、团体内部会议、座谈、线上学习等形式，召开以“崇俭戒奢”为主题的宗教交流会，发扬勤俭节约的优良传统。针对场所实际情况，对场所人员防护知识教育及环境卫生消毒工作开展指导，通过微信、公众号、张贴公告等形式开展信众思想引导工作。落实《互联网宗教信息服务管理办法》，指导区佛教协会、九龙禅寺等8家宗教活动场所申领“互联网宗教信息服务许可证”，东林寺、龙泉寺2家宗教活动场所取得许可证。

（蒋　琳）

公共安全

安全生产

【概况】 2022年，常州国家高新区（新北区）开展应急管理综合行政执法改革和队伍规范化创建，推进安全生产专项整治三年行动和公共安全体系建设，全面排查问题隐患，强化依法治理，全区安全生产形势总体稳定。全年发生各类生产安全事故15起、死亡13人，比上年（下同）分别下降31.8%、上升30%。其中，道路运输类事故12起，死亡7人，分别下降33.3%、上升16.7%；工矿商贸事故3起，死亡6人，分别下降25%、上升50%。

【安全生产责任落实】 2022年，常州国家高新区（新北区）制定区党政领导班子成员年度安全生产重点工作清单和镇（街道）履行安全生产工作责任考核评价细则，健全由区分管领导牵头的19个安全生产专业委员会，完善区安全生产委员会、专业委员会工作规则。把安全生产目标任务纳入对区级部门、镇（街道）高质量发展综合考核内容，健全各司其职、各负其责、协调联动、齐抓共管的工作机制。召开区委常委会、区政府常务会、调度会、现场会、推进会50余次，研究部署安全生产重点工作、协调解决难点焦点问题。落实企业深入推进安全生产专项整治20条重点事项清单，强化监督检查和执法力度，压紧压实主体责任。加强高危行业主要负责人、安全管理人员、新进员工、特种作业人员、高危岗位班组长的安全教育培训，增强安全意识，提升安全技能。

【安全生产监察执法】 2022年，常州国家高新区（新北区）应急管理局结合“精准执法年”活动主题，聚焦危险化学品、金属熔融和粉尘涉爆等重点行业领域和近3年发生过亡人事故的企业以及安全生产技术服务机构，加强对企业有限空间、动火作业、高处作业等危险作业环节违法违规行为的打击力度，从严查处典型违法违规行为，倒逼企业及其主要负责人落实安全生产主体责任。全年行政处罚立案201件，罚款698万元。其中，事故立案5件，罚款108.6万元；事前行政处罚立案196起，罚款589.4万元，案均值3万元。“一案双罚”（因企业主要负责人不履行法定职责导致企业违反安全法律法规，在对企业进行处罚的同时，还将处罚企业负责人）立案106起，占立案总数54.08%；重大事故隐患相关立案40起，重大事故隐患立案率92.86%。

【安全生产专项整治】 2022年，常州国家高新区（新北区）应急管理局出台《关于深化提升安全生产专项整治三年行动的实施方案》，明确36项重点任务，对全区23个行业领域开展大排查大整治。在化工领域，对照化工企业安全整治提升要求，建成安全生产监控预警一体化平台；组织中国化学品安全协会专家团队对全区重点化工企业开展安全生产专项复核，督促园区企业完善安全生产工作体系和标准；开展危险化学品综合治理和危险化学品使用大检查，建成危险化学品车辆专用停车场，推进化工园区风险由C类（一般风险）转为D类（较低风险）。在城镇燃气领域，对存在重大燃气安全隐患的场所，一律暂停供气；落实餐饮场所老化橡胶软管更换要求，对发现老化问题的746家餐饮场所全部更换为金属包覆管。开展燃气市场“黑气”（指无燃气经营许可证和无瓶装燃气供应许可证的企业或个人在非法经营网点出售的瓶装液化石油气）、违规充装、违规配送联合执法行动，维护市场秩序。在冶金等工贸领域，关注粉尘涉爆、金属熔融、有限空间等重点部位，推行“五个一”（设置一个明确的安全管理机构，配强一支安全管理队伍，穿戴一件红马甲，

6月16日，区应急管理局深入车间检查安全生产工作（区委宣传统战部 供图）

佩戴一只红袖章，牢记一张基本职责清单）安全生产举措，至年末，区规模以上企业、重点监管企业“五个一”落实率100%，规模以下企业落实率超85%。在交通运输领域，聚焦重点路段开展“利剑1号”道路运输打非治违专项整治行动，全面加强“两客一危”（从事旅游的包车、三类以上班线客车和运输危险化学品、烟花爆竹、民用爆炸物品的道路专用车辆）安全监管，加快重点营运车辆联网联控和主动安全智能防控系统平台的应用，聘请第三方专家对辖区39家重点运输企业开展全覆盖安全生产工作评析，完成常州市首例运输危险化学品入刑案件。在建筑施工领域，加强特种机械安全管理，严禁机械设备带“病”运转。加强临建设施、易燃易爆危险品的消防管理；加强深基坑工程安全管理，落实应急消险措施，严查施工现场“三违”（违章指挥、违章作业、违反劳动纪律）行为。在消防领域，开展消防安全“除患清违”专项行动，拆除违建面积43万平方米。对宾馆、商场、超市等人员密集地、易燃易爆场所和重大集会、活动举办场所开展火灾隐患大排查大整治。对全区特种设备、油气管道、危险废物和固体废物及旅游、宗教、商业场所、农业机械、加油站、校园校车等领域开展专项整治，全面排查整改风险隐患。全年，派出检查组5722个，督查检查企业2.6万家，发现整改企业隐患4.32万项。

【安全教育培训】 2022年，常州国家高新区（新北区）开展安全宣传教育拓展行动。推进安全宣传“五进”（进企业、进农村、进社区、进学校、进家庭）、新《中华人民共和国安全生产法》宣贯等活动，举办宣讲活动230场，4800余家企业2.56万名员工参与；举办企业“两员”（主要负责人和安全员）、“三员”（危险化学品企业主要负责人、分管负责人、安全管理员）等各类培训650期，培训人数2.6万人次。推广“盛瑞工作法”，解决化工企业安全管理缺陷和漏洞，实现安全生产标准化、信息化、自动化和人才队伍专业化“四化”融合。全区88家化工医药企业全部达到常州市化工（医药）企业工作法考核标准达标线（基本要求），50%达到提标线（提升要求），10家企业达到示范线（鼓励推行要求）。

【安全生产信息化建设】 2022年，常州国家高新区（新北区）有7757家工业企业完成风险报告工作，其中首次报告498家、定期报告7259家；较大以上风险企业完成风险报告数占比82.31%。系统内7605家企业使用“常安码”扫码，完成率99.99%。组建成立系统信息化监管网上巡查分队，通过线上排查，提醒在诚信承诺申报、风险申报、管控措施制定等方面存在问题的企业；开展线下走访，梳理摸清全区工贸企业重大风险点位，核实企业风险等级。全面推动企业网上申报信息标准化建设。推进危险化学品企业安全管理信息平台建设，80家化工生产和危险化学品储存企业建成并投用安全生产信息化管理平台，滨江新材料产业园46家化工企业与园区安全监测预警应急一体化平台实现信息联通。

（谢至立）

防灾减灾

【概况】 2022年，常州国家高新区（新北区）强化减灾委员会责任落实，督促区减灾委员会各成员单位落实应急值班值守制度，防范应对各类气象灾害天气。第一时间向行业监管部门、辖区企业负责人、安全管理员、村（社区）灾害信息员、居民群众等群体发送预警安全提示及相关防御措施建议。部署开展“5·12”全国防灾减灾日、国际减灾日等宣传教育活动，线上线下推广防灾减灾安全教育，发放宣传资料6000余份。统筹部署全国综合减灾示范社区管理工作，三井街道绿都万和城社区被评为全国综合减灾示范社区。对区救灾救援能力、救灾物资保障能力、应急避难（疏散）场所、紧急联络方式等情况登记造册，编制《新北区应急救援工作手册》。出台《常州国家高新区（新北区）应急救援队伍管理办法》，明确24支专业应急救援队伍的牵头组建部门和专业类别，初步形成上下联动、齐抓共管的合力。出台《常州国家高新区（新北区）突发事件应急演练管理办法（试行）》，区级部门、镇（街道）、村（社区）、企业完成应急演练1996次。村（社区）制定现场处置方案139个。

（区应急管理局）

【防汛抗旱与减灾工作】 2022年，常州国家高新区（新北区）召开专题会议部署防汛抗旱工作，落实以一把手行政首长负责制为核心的防汛抗旱责任制。下达易淹易涝区域、防汛隐患分类责任表和2022年防汛抗旱工作任务清单。修订完善区防汛抗旱、防台风等各类应急预案及防汛调度规程。完成汛前检查，9处防汛隐患全部整改到位。修复沿江2座穿堤涵洞破损的区管排涝泵站（川心港站、茅庵站），重建老旧漏水的新华北站，完善并加固沿江防洪除涝体系。6月11日，举办2022年老桃花港整治工程江边枢纽防汛应急演练，提高防汛应急管理水平。加强防汛抗旱队伍建设，更新防汛抗旱设备物资储备，增加防汛抗旱水泵20台（套）。应对高温干旱天气，市管沿江泵站开机引水，维持全区骨干河网水位。落实水资源调配，协调各镇（街道）总计开启灌溉泵站174个，临时设置抗旱设备近20台（套），争取并下达中央农业生产和水利救灾资金100万元。

（朱笑侃）

【森林防火和地质灾害防治】 2022年，常州国家高新区（新北区）加强森林防火源头管控，全面筑牢森林防火安全屏障。新建森林防火语音播报器5套，启用森林防火物资储备库2座120平方米，新建防火通道700米；栖凤山以水灭火设施、智慧监控系统设计方案通过区级评审。组织开展地质灾害隐患排查，年内未新增地质灾害隐患点。出台《新北区地质灾害群测群防员管理办法（试行）》，明确地质灾害群测群防员的筛选、聘用、培训、管理等内容。执行“汛期零报告”“24小时值班”等制度，全年开展各类地质灾害巡查和督导37次，上报并整改隐患22条，年内未出现灾害灾（险）情。

（邢　妍）

6月11日，区在老桃花港整治工程江边枢纽施工现场开展防汛应急救援演练

（区委宣传统战部 供图）

【三井街道绿都万和城社区被命名为全国综合减灾示范社区】 12月8日，新北区三井街道绿都万和城社区被国家减灾委员会、应急管理部、中国气象局、中国地震局命名为2021年度全国综合减灾示范社区。年内，为全面提升基层社区的综合防灾减灾能力，三井街道绿都万和城社区开展隐患排查、预案演练、科普宣传等活动。通过发放系列防灾减灾科普读物、挂图、案例教材等资料，全年2800余人次接受宣教。每半年聘请专业老师开展急救知识培训；每季度开展社区治安、火灾事故、紧急疏散等应急演练，累计1500余人参与。针对不同家庭、住宅环境等情况，制定社区居民家庭避险方案，编列储备应急设备和紧急情况下携带物品清单，为居民提供应急性、实用性、有效性指导，提高居民群众的防灾减灾救援意识。至2022年年末，社区设有宣教场所1处、防灾减灾知识宣传栏7个；有微型消防站6处，满足40个消防员全套装备数量；储备各类应急物资200余件。

（谢至立）

应急管理

【应急管理综合行政执法改革】 5月，常州国家高新区（新北区）出台《全区应急管理综合行政执法改革实施方案》。6月，常州市新北区安全生产监察执法大队更名为常州市新北区应急管理综合行政执法大队，受区应急管理局委托，以区应急管理局名义集中统一行使应急管理方面的执法权。把全区11个板块分为“滨江、城中、城西和城区”4个综合行政执法片区，组建“2+1+N”中队模式，即由区应急管理综合行政执法大队向每个片区派驻在编执法人员2人，各园区（镇、街道）选调1名以上在编执法人员，另聘技术检查员10人，分别组建新北区应急管理综合行政执法大队一中队（危化中队）、二中队（工贸中队）、三中队、四中队，同时单独设立事故调处中队，每个派驻中队人员不少于6人。10月，4个派驻中队（派驻滨开区、孟河镇、薛家镇、新桥街道）和1个事故调处中队完成驻点建设，派驻中队负责辖区范围内的应急管理综合行政执法工作，并督促、指导辖区内应急管理部门行政执法和规范化建设；事故调处中队负责全区生产安全事故的调查和处理。年内，区应急管理局创新探索“局队合一 ”新模式，实行行政执法集中办案和案件线索移交区执法大队；取消执法大队综合保障类机构，人员编制向执法岗位倾斜，综合行政执法大队与应急管理局内设机构实行协调联动。制定《关于印发常州国家高新区（新北区）应急管理局行政处罚案件集中办理规定（试行）》，厘清区镇监管执法职责分工，理顺执法体制机制。

【公共安全体系建设】 2022年，常州国家高新区（新北区）在2021年完成公共安全体系规划编制的基础上，出台《公共安全体系建设总体实施方案》《公共安全体系“1+26”规划》，作为指导镇（街道）、相关部门开展公共安全体系建设工作的总纲。以“五年规划、年度计划”的方式，将规划目标和任务，分解细化为2022年度重点工作任务清单；在26个专项规划基础上制定年度100项重点工作任务，明确工作目标，确定责任单位及配合单位。年度100项重点工作突出市级试点项目区域公共安全风险评估，聚焦化工园区安全管理升级、“盛瑞工作法”[盛瑞（常州）特种材料有限公司安全管理的先进经验和方法，2020年被列入《江苏省安全生产专项整治经验做法清单》]推行、工业企业风险管控能力提升、高温熔融金属和粉尘涉爆企业安全监管难题破解、城镇燃气安全、危险化学品运输车和渣土车联管联治、应急救援体系健全等难点重点问题的解决，为全区高质量发展保驾护航。

（谢至立）

消防安全

【概况】 2022年，新北区消防救援大队接处警2274起，出动车辆4569辆次，出动警力2.37万人次，抢救被困人员90人，疏散人员120人，保护财产价值4.3亿元。其中，火灾扑救1025起，成功处置常州万博塑胶有限公司、常州市九龙汽车灯具厂等有影响的火灾救援事故，完成中共二十大消防安保任务。提升消防安全专业水平，对重点场所和行业开展研学研训和实战演练；实体化运行消防安全委员会办公室、消防管理服务所，固化会议、通报、督查、警示、督办、约谈、报告、考核制度8项消防工作议事协调制度，常态化推进消防重点工作落实；将专职队、微型站纳入指挥调度体系，建立国家队与专职队联勤联训机制，提高应急联动和快速响应水平；健全滨开区、镇（街道）消防工作责任体系，规范基层消防管理服务所设置，确保实体化运行。年内，区消防救援大队被评为江苏省精神文明单位、常州市工人先锋号，泰山路消防救援站被省消防救援总队评为基层建设先进消防救援站。

【消防安全隐患整治】 2022年，常州国家高新区（新北区）打造消防安全示范样本，召开在建工地、化工、医院、学校、居民住宅、劳动密集型企业、公共娱乐场所7类现场会7场次。统筹开展“除患治违”、自建房、商场市场和大型商业综合体、工业园区、电动自行车、“口袋式”工厂（因分隔出租导致厂区仅一个出口，消防车难以通行）、“三合一”场所（人员住宿场所与加工生产、仓储、经营等场所在同一建筑内）、文物古建筑、醇基燃料等各类消防专项整治行动21场次。在“除患治违”消防安全专项行动中，检查单位8593家（次）、发现隐患1.31万处，下发拆违整治通知书531份，督促45家企业增设自动喷水灭火系统，取缔9家存在较大火灾隐患、不具备整改条件的单位。拆除违章面积47万平方米。其中，拆除占用防火间距、消防车通道违章27.9万平方米，拆除使用可燃易燃材料违章19.1万平方米。组织全区65家公共高层建筑及为其提供维保业务的消防技术服务机构开展全覆盖式交叉互查；挂牌督办2家重大火灾隐患单位，年内整改销案。新北区消防救援大队被市消防救援支队评为2022年除患治违专项整治先进大队。

【消防救援综合应急能力建设】 2022年，新北区消防救援大队制定修订灭火救援预案132份，对全区7幢超高层建筑开展调研测试。区、镇两级协调保障经费4780万元、消防车购置专项经费1190万元、正规化改造经费170万元。区政府常务会议审议通过《关于新建新北区消防救援中心、西夏墅专职消防救援队和常州港专职消防救援队的方案》，落实1.2亿元专项资金用于启动区级消防救援中心（含高铁新城专职消防救援队）、西夏墅专职消防救援队、常州港专职消防救援队3个队、站建设，推进构建全区“1+3+9+N”（1个区级消防救援指挥中心，3个国家综合性消防救援站，9支政府专职消防救援队，N个微型消防站），承担全区火灾扑救、抢险救援和社会救助等其他重大灾害事故的应急救援工作。组建化工专业队、高层建筑救援专业队、地下建筑救援专业队，根据辖区情况和产业特点开展训练。固化重大安保前置备勤做法，建立与派出所联勤值班机制，在特殊场所、区域设置4个前置备勤点，确保突发事故应急处置时效。督促社区和消防安全重点单位建设微型消防站464个，将消防安全纳入治安联防队、保安巡逻队夜间巡查内容，开展联勤联训。强化消防技防措施，推广安装点式报警器963个、简易喷淋88套、电气火灾监控设备39套。全区625家二、三级消防安全重点单位接入应用管理系统，分层级开展专题培训，完善消防安全制度和操作规程，确定消防安全责任人和管理人及消防安全重点部位，规范灭火和应急疏散预案、消防档案、消防安全标识等，开展防火巡查、检查，落实消防设施、器材定期检验、消防演练、员工教育培训等，推进其他消防安全职责落实。

【消防宣传教育】 2022年，新北区消防救援大队依托各类媒介投放“消防安全说”公益视频，普及消防安全常识。采取积分换奖、集中宣讲、上门宣传等形式，引导10万余名群众注册使用全民消防安全学习平台。以消防站开放活动为契机，邀请重点单位、社区居民、中小学师生到队参观。联合环球港影院打造消防主题影院和三江口主题公园，发布“高高”“新新”消防卡通形象并制作系列衍生品。11月，在江南环球港组织开展区大型商业综合体火灾事故应急救援演练暨119消防宣传月启动仪式。至年末，区消防救援大队在中央广播电视总台《新闻直播间》等栏目播出报道11篇，在江苏卫视等省级媒体刊文报道21篇，《夏季溺水事故多发，科学施救，未成年人勿盲目下水救援》专题报道在中央广播电视总台滚动播放8次。

（区消防救援大队）

市场安全监管

【特种设备安全监察】 2022年，常州国家高新区（新北区）市场监督管理局向4883家特种设备使用单位发放《江苏省特种设备安全管理基本规范》，督促2681家使用单位签订《特种设备使用单位承诺书》，2760家使用单位完成自查自纠。举办特种设备安全大讲堂活动暨“百团进百万企业千万员工”专题宣讲，帮助特种设备企业强化安全责任意识。借助“新市管”微信公众号，开办特种设备云课堂，提高特种设备企业安全管理水平。开展特种设备专项整治，出动检查人员5259人次，检查特种设备使用单位1793家次，发现隐患908条，均完成整改。检查特种设备生产单位7家，处理投诉举报329起，立案查处特种设备案件57起，处罚金额198万元。在“五一”“十一”等重点时段，检查公众聚集场所的电梯、大型游乐设施等在用特种设备的安全管理情况。更新涉危化品使用单位清单，联合技术专家完成82家涉危化品使用单位全覆盖检查。完成全区9家工业气体、2家车用气瓶、7家移动式压力容器充装单位和2家气瓶检验单位全覆盖检查。对江苏省特种设备安全监督检验研究院常州分院转交的重大问题及事故隐患538件，督促使用单位限期整改到位。针对省安全生产督导反馈的LNG（液化天然气）储罐问题，组织开展LNG储罐“回头看”。创新安全监管，基于区块链技术的气瓶可追溯监管系统进入实质性运用，全区气瓶上链数据超7万条，实现气瓶底数清、状况明、可追溯。持续推进全区电梯安全公共服务平台建设，年内为7个安置小区409台电梯安装物联网设备，累计有1177台电梯上线运行物联网。修订《新北区特种设备事故应急预案》，成立区特种设备事故应急队，开展特种设备事故应急演练，强化特种设备应急管理体制和队伍建设。至年末，全区有在用特种设备4.18万台，压力管道777千米，年内办理开工告知3648台，使用登记5790台，发放特种设备作业人员证2508张。

（徐　敏）

11月18日，学校消防安全标准化现场会召开。图为消防人员讲解消防器材使用方法（区消防救援大队 供图）

【成品油市场监管】 2022年，常州国家高新区（新北区）有成品油零售企业（加油站、点）62座。其中，加油站52座、加油点3座、加油船7条。62座成品油零售企业中，中石化加油站22座，中石油加油站7座，其他国有加油站1座，民营加油站29座，外资企业加油站3座。全年销售汽油14.99万吨，柴油5.66万吨。全区油价保持平稳，市场供应充足。区商务局组织编写《新北区成品油零售体系“十四五”规划研究》，加强成品油零售体系建设，制定《常州市新北区开展加油站（点）安全专项整治推进方案》，与有资质的第三方安全评价机构签订服务协议，并联合属地政府，成立“局领导＋业务科室＋属地政府＋安全专家”检查组，开展全区各加油站的加油区、卸油区、油罐区、配电间等重点场所及安全教育培训情况、应急演练情况等检查，督促企业整改安全隐患。推进“江苏加油安全”App使用，强化企业主体责任。

（朱丽珺）

【食品安全监管】 2022年，常州国家高新区（新北区）有持证食品销售经营企业7985家，比上年（下同）减少4.8%；餐饮服务经营企业8521家，增加2.9%；单位食堂1086家，减少1.7%；食品生产企业87家，减少9.3%。年内，编制《2022—2025年度常州市新北区食品安全工作实施方案》，印发《2022年常州市新北区食品安全重点工作安排》等，制定《新北区“一老一小”食品安全提升行动计划》，确保食品安全形势总体平稳可控。推进基层食品安全委员会规范化建设，薛家镇、三井街道食品安全委员会被评为市镇（街道）规范化基层食品安全委员会。开展“守底线、查隐患、保安全”专项行动，全面排查处置风险隐患，检查食品（食品添加剂）生产企业162家次、小作坊48家次，检查覆盖率100%，整改完成率100%。检查食品经营单位1.14万家，检查覆盖率100%，排查问题隐患13.14万个，问题发现率9.35个/户，处置率100%。组织80家食品生产企业的法人、质量负责人、生产负责人参加食品安全员考试，合格率100%。组织第三方对全区142所学校、30家农贸市场、65家大中型商超、32家集体配餐单位开展专家评估和专项检查，发现问题隐患1890个，所有问题闭环处置。排查全区进口冷链食品经营重点单位256家，上报应检尽检从业人员131人，立案查处未执行市《关于加强常州市进口冷链食品疫情防控工作的通告》规定的单位8家。全年开展食品安全抽检6168批次，合格率89.19%。对全区14家养老机构、65个养老助餐点开展食品安全风险排查评估，改造和更换工艺布局和老旧设施设备。开展“你点我检面对面、食品安全天天见”活动10场，快检食品2000余批次。

（高　成　夏文倩）

【药品及医疗器械安全监管】 2022年，常州国家高新区（新北区）有药品经营企业352家，药品连锁企业2家，单体药店155家，连锁门店197家；有器械经营企业530家，其中批发企业185家、零售企业345家。年内，区市场监督管理局通过问卷调查、实地检查等方式，推进全区零售药店使用电子处方系统，全区345家药店中有292家使用电子处方系统，使用率84.64%。全年对全区150家药店、1家疾控中心、176家医疗器械经营企业、83家医疗机构开展检查，发出责令整改通知书21份、警告通知书9份，完成全年药品抽样105批。开展化妆品“线上清网线下清源”专项检查，检查化妆品经营单位600余家，查办化妆品案件21件，罚没金额33.55万元。开展彩色隐形眼镜专项整治，检查有证隐形眼镜经营单位15家，检查其他单位122家，查办案件3起，查处无证经营单位2家。组织开展隐形眼镜及医疗美容相关药品医疗器械监管要点培训、全区医疗机构药品医疗器械不良反应（事件）报告和监测工作培训等活动，惠及企业单位600余家、1000余人次。通过播放科普视频、开展化妆品和医疗器械安全科普宣传周、药品安全月活动等，普及药品、医疗器械化妆品、儿童化妆品安全知识。

（汤秋香）

【农产品安全监管】 2022年，常州国家高新区（新北区）围绕省委农村工作领导小组办公室印发的“十万规模主体入网监管行动”方案，强化对8个涉农镇（街道）、84个涉农村（社区）的5225户入网主体实施“三定一考核”（定监管人员、定监管对象、定监管任务，年底绩效考核）网格化监管，确保入网主体更新完善、日常巡查、合格证开具、检测等全覆盖。创成省级五星级农产品质量安全监督管理站1家、市级四星级监管站3家，建成人员完备、设施完善、功能齐全的村级服务站23家，全区形成三级网格化监管服务体系。推进食用农产品承诺达标合格证开具和监管，开具合格证682万余张。开展农产品质量安全监测，完成区级定量抽检1350批次，省、市级抽检360批次，合格率99.2%。围绕绿色食品、有机农产品、农产品地理标志和达标合格农产品创建，加强技术指导，鼓励农产品生产主体申报绿色食品、有机食品和地理标志农产品，获绿色食品证书21个。至年末，有绿色食品49个、有机食品9个、地理标志农产品1个，省水稻绿优基地面积3095.4公顷，绿色优质农产品占比58.01%，比2021年上升4个百分点。

（宋俊贤）

2022年常州国家高新区（新北区）获证绿色食品一览表

表62

序号	产品名称	生产单位	地址
1	优质软米	常州常金农业发展有限公司	孟河镇
2	软香米	常州纪刚农机专业合作社	
3	吕墅香大米	常州薛家丁家农地股份专业合作社	薛家镇
4	优质大米	常州市罗溪铁农农机服务专业合作社	罗溪镇
5	翠冠梨	新北区罗溪新科园艺砂梨种植家庭农场	
6	妙本葡萄	江苏天润本草生命科技有限公司	西夏墅镇
7	绿咪牌西瓜	常州市润土瓜蔬专业合作社	奔牛镇
8	绿咪牌迷你西红柿	常州市润土瓜蔬专业合作社	
9	绿咪牌甜瓜	常州市润土瓜蔬专业合作社	
10	软玉大米	常州佳创农机服务专业合作社	
11	田园珍珠米	常州坤明农机服务专业合作社	
12	葡萄	新北区奔牛祁家家庭农场	
13	翠冠梨	新北区奔牛云邦家庭农场	
14	软香米	常州沛兴农机服务专业合作社	
15	新阳红西红柿	新北区奔牛贤春生态农场	
16	梨	常州都市易农信息科技有限公司	春江街道
17	梨	常州市周氏银兴农业科技有限公司	魏村街道
18	火龙果	常州慢禾生态农业发展有限公司	
19	西红柿	常州笙绿农业科技有限公司	
20	桃	常州笙绿农业科技有限公司	
21	青菜	常州笙绿农业科技有限公司	

（宋俊贤）

【农作物种子管理】 2022年，常州国家高新区（新北区）加强非主要农作物种子销售管理，向全区农资店发放行政指导意见书和第一批非主要农作物登记目录，督促所有在售的种子落实网上种子销售备案，对种子包装不合格的非主要农作物种子及时下架，规范种子市场。区农业综合执法大队以种子包装标签不合规、种子经营台账不记录、种子经营不备案为重点，开展种子普法宣传，辖区内种子经营门店监督检查覆盖率不低于60%。强化种子生产管理。督促农资经营店不再经营种子再分装备案业务；加强种子市场监管，开展春季水稻、秋季麦油用种抽样，保障农业经营主体用种安全。加强转基因监管。对未米生物科技（江苏）有限公司、百格基因科技（江苏）有限公司开展农业转基因生物安全监管，要求企业严格落实《农业转基因生物安全管理条例》规定，确保源头和流向可追溯。

（郝小燕　赵志敏）

网络数据和用户信息保护

【网络信息安全监管】 2022年，常州国家高新区（新北区）印发《2022年新北区网络安全工作要点》《关于开展2022年网络安全工作责任制落实情况督查检查的通知》，推动网络安全责任制落实。对全区17家单位的在册网络资产开展现场检查，并跟踪督办问题整改，开展网络安全现场督查检查3次和联合约谈2次。组织开展为期20天的网络安全实战攻防演练，收到漏洞报告604份，攻陷辖区目标单位（除民企）48家，发现目标单位应用系统中高危/紧急漏洞114个、漏洞类型22种，并采取措施解决技术上存在的问题，消除网络安全隐患。开展网络安全宣传周活动，举办各类活动20场，发放各类宣传材料4.3万余份，各镇（街道）线上线下同步开展网络安全进基层活动，线下活动参与人数3万人次，线上覆盖人数超15万人次，为全区高质量发展营造良好的网络安全环境。

（刘自力）

【网络文明】 2022年，常州国家高新区（新北区）推进网络文明志愿者队伍建设，重新组建网络文明传播志愿者队伍，助力打造积极健康的网络文化。年内，新北区委网信办被评为全市互联网违法和有害不良信息举报、受理、处置、辟谣工作先进集体；4人被评为全市互联网违法和有害不良信息举报、受理、处置、辟谣工作先进个人；1人被表彰为全市先进个人；1人被市文明办评为网络文明传播先进个人；1人被江苏省委网信办评为络安全宣传周活动先进个人。常州市新北区新桥第二实验小学“星巢”青少年网络素养和网络安全教育基地，成功申报第二批省级网络素养基地。

（区委宣传统战部）

卫生应急

【概况】 2022年，常州国家高新区（新北区）围绕省、市、区突发公共卫生事件应急工作总体部署，完善卫生应急体系建设，提升卫生应急队伍能力。开展社会动员，强化监测预警分析，规范开展应急处置，完善后勤保障措施，巩固“江苏省卫生应急工作规范区”建设成果。

【学校突发公共卫生事件处置】 2022年，常州国家高新区（新北区）规范处置各类学校传染病突发公共卫生事件、聚集性疫情66起，涉及病种主要为水痘、上呼吸道感染、肠道病毒感染及病毒性胃肠炎。及时、规范处置学校结核病散发疫情7起，筛查554人，均无死亡病例，疫情得到妥善有效处置。完善学校—属地医疗机构—区疾控中心三级疫情监测网络，开展师生员工症状监测。在学校开展传染病专题教育和PPD强阳性学生预防性服药宣传工作。开展春、秋学期学校传染病防控及学校卫生专项检查，组织开展中考、高考期间传染病防控专项指导及保障，确保教育教学工作正常有序开展。

（区卫健局）

镇 街道

孟河镇

【概况】 孟河镇位于常州国家高新区（新北区）北部，东邻镇江扬中市，南连西夏墅镇，西接丹阳市后巷镇、访仙镇，北与丹阳市界牌镇接壤。至2022年年末，全镇行政区域面积88.66平方千米，辖行政村13个、社区5个。有户籍人口8.18万人，常住人口9.13万人。有省级文物保护单位2处（万绥东岳庙戏楼、巢渭芳故居），市级文保单位17处，省级非物质文化遗产2个（万绥猴灯、斧劈石造景艺术）。先后获中国汽摩配名镇、国家级生态乡镇等国家级荣誉9项。2022年，全镇实现地区生产总值131.56亿元，比上年（下同）增长2.5%。其中，第一产业增加值5.2亿元，增长0.9%；第二产业增加值71.41亿元，增长5.6%；第三产业增加值54.95亿元，下降1.3%。实现地方一般预算收入4.91亿元，增长9.35%；全社会固定投资28.34亿元，下降29.2%；农村居民人均可支配收入为39163元，增长7.5%。全年镇农村产权交易服务中心完成交易450笔，成交总金额4106.59万元。其中，经营性资产出租100笔，成交金额1595.36万元；资源出租350笔，成交金额2511.23万元。

2022年孟河镇经济和社会主要指标统计表

表63

指标名称		单 位	数 值
行政区域面积		平方千米	88.66
行政村		个	13
社区		个	5
年末户籍人口		万人	8.18
地区生产总值		亿元	131.56
财政总收入		亿元	19.96
地方一般预算收入		亿元	4.91
居民人均可支配收入		元	39163
农业总产值		万元	73762
粮食总产量		吨	16710
工业总产值		亿元	333.07
工业产品销售收入		亿元	323.19
工业利税总额		亿元	44.11
企业	全部企业	个	3617
	其中，工业企业	个	2666
全社会固定资产投资		亿元	28.34
中小学数		所	6
医院、卫生院机构数		个	1

【农业】 2022年，孟河镇种植粮食面积2653.3公顷，其中水稻面积1351.21公顷（新增38公顷）、小麦面积1289.6公顷。推广优质水稻品种“南粳5055”“软玉”，推广面积1113.33公顷；实施机插稻轻型栽培技术，全镇种植机插稻面积885公顷。推进高标准农田建设。小黄山村、树新村200公顷省级高标准农田项目通过市级验收，润江片33.33公顷区级高标准农田完成区级验收，树新孟城片高标准农田建设项目于9月开工建设。一期万绥粮油恒温大米成品库项目、常州市猛将农机专业合作社大米加工和烘干

中心项目、东陆村股份经济合作社粮食加工中心项目完成建设，并通过镇、区验收。开展硕丰水产养殖场、丁氏家庭农场、三友水产场和洲洋水产场池塘标准化改造，面积32公顷。其中，硕丰水产养殖场和丁氏家庭农场完成池塘标准化改造，并通过常州市一、二、三产业融合项目验收。制订银河村和荫沙村尾水区域化改造计划，聘请上海市政总院制定方案。申报区优秀示范家庭农场6家（新北区孟河母子圩水产养殖场、新北区孟河三友水产养殖场、新北区孟河葛记家庭农场、新北区孟河石牛沟家庭农场、新北区孟河丁建国家庭农场、新北区孟河施建中生态水产养殖场），示范合作社4家（常州市小河永福农机服务专业合作社、常州市益民水产养殖合作社、常州市红野农作物专业合作社、常州市新北区孟河镇树新农地股份合作社），市级示范家庭农场2家（新北区孟河云国家庭农场、新北区孟河渔悦农庄）、示范专业合作社1家（常州纪刚农机专业合作社）。开展为期24学时的新型职业农民培训，区级培训300人次、镇级培训70人次。年内，孟河双龙三元生猪养殖场出栏肉猪230头；常州市华美盛养鸡场出栏蛋鸡3.5万羽，产蛋700吨；水产养殖总面积618.63公顷，以养殖螃蟹和淡水鱼为主，水产品总产量1745吨，渔业经济总产值7822万元。

孟河镇稻田航拍　　（区委宣传统战部 供图）

【工业】 2022年，孟河镇实现工业总产值333.07亿元，增长2.35%；工业产品销售收入323.19亿元，增长2.56%；工业利税总额44.11亿元，增长4.96%。完成总投资1亿元以上技改提升项目3个，新签约乐萌高端半导体晶体生长、利旺压缩天然气（CNG）压力容器、瑞联高端汽车零部件全球生态链3个先进制造业项目。实施市、区重点产业项目14个，新增入库市重点项目3个。常州市乐萌压力容器有限公司全年销售额27亿元，纳税金额1.3亿元，被工业和信息化部认定为国家级专精特新企业、省级服务型制造示范企业。常州市豪凌车业公司建立跨境贸易及海外仓储服务体系，被省商务厅认定为“省级海外仓”。年内，镇新增高新技术企业32家，累计71家；新增工程技术研究中心省级1家、市级5家、区级8家、市企业技术中心2家；新增国家、省、市各级专精特新企业7家，省级专精特新产品1件、省级首台（套）重大装备认定1项。引进国家级人才项目1个，“龙城英才”计划创新创业类项目6个，科技型中小企业6家。新建产业、科创载体10.1万平方米，其中喷涂中心提供5.3万平方米场地用于招引产业相关优质项目；永光汽车零部件产业孵化项目开工，建筑面积4.8万平方米。

【服务业】 2022年，孟河镇实现服务业增加值54.95亿元，下降1.3%。其中，批发零售业29.05亿元，增长1.97%；住宿餐饮业2.6亿元，增长15.42%。服务业法人企业932家，开票销售90.19亿元。其中，规模以上批发零售企业37家，批发零售额64.23亿元，增长19.85%；规模以上服务企业2家，销售额1.09亿元，下降6.6%。年内，孟河镇推进中医康养特色小镇建设，形成孟河医派故居、斧劈石盆景园、东岳庙等文旅观摩点。孟河星光城作为全镇首座一站式全业态商业综合体，引入常州嘉宏温德姆酒店、肯德基、星巴克、同庆楼、幸福蓝海国际影城等知名品牌进驻。12月，位于镇中心地段的常州嘉宏温德姆酒店试营业，设客房和套房190间，配备国际全日制餐厅、特色主题餐厅、会议宴会厅、健身中心和室内恒温游泳池等设施。常州栖凤山国际人文陵园有限公司实现销售9347万元，缴纳税收1855.67万元。打造孟河红色印记寻访党建品牌，完成恽代英广场改造工程；推进小黄山旅游度假区建设，景区全年接待游客46万人次。孟河镇建成国家全域旅游示范区。

【城乡建设】 2022年，孟河镇投入1282万元维护全镇交通设施、市政和农村道路、绿化带、景观亮化项目；

投资300万元提升改造大三桥等农路农桥；投入284万元完成安定北路、南阳路、环山公路亮化改造项目，安装路灯260盏；投入120万元提升通江园区交通设施。景孟苑、富民景园2.1期完成竣工备案并交付使用；富民惠园（二期）老小区整改项目竣工并通过验收；富民景园五期完成投资监管协议。小河农贸市场改造项目主体竣工并通过验收。水环境全域综合治理工程启动一期建设，同步推进安定河、黄山河、老孟河、新孟河、晨风河沿线相关道路施工设计。54个自然村污水接管项目进场施工。投资467万元实施茅庵大沟综合整治工程。清淤土方1.01万立方米，河道综合整治1.3千米，打设密排木桩护岸970米、管桩护岸759米，并实施相应水生态及景观岸线修复，7月完工并运行。小黄山村委十圩埭村创成市级小微水体示范村。针对2018—2021年实施的拆迁项目，全年安置470户542套房屋。投入1200万元对14个安置房小区开展物业管理。投入100万元实施老安置小区日常维修管养。镇建设局连续3年被评为区物业管理工作先进单位。

【社会事业】 2022年，孟河镇投资1.4亿元实施常州市新北区小河中学、常州市新北区孟河中学、常州市新北区小河中心小学、常州市新北区孟河中心小学、常州市新北区万绥小学和孟河中医医院的改扩建工程。完成代英幼儿园建设施工图审图及招投标。流动就业创业人员随迁子女积分入学试点录取415人。新北区齐梁教育基金会对优秀学校、优秀教师、优秀学生发放教育奖励金172.65万元。便民服务中心全年受理各类事项12.18万件。其中咨询服务5.03万件、个人事项7.02万件、企业事项1269件；网上受理1683件，窗口受理6.98万件，年内全部办结。全年发放优抚补助金545.3万元、义务兵家庭优待金263.3万元。落实企业下岗失业志愿兵公益性岗位18人，发放公益性岗位用工补贴115万元、退休人员生活补贴19.19万元。全年在册社区矫正对象60人，安置帮教对象258人。劳动监察涉及处罚童工1起，仲裁调解裁决、调解案件20起，处理协调各类欠薪案件531起，调解率95%，金额174万元；创建常州市劳动监察“和谐号”调解直通车孟河站点和常州市劳动争议金牌调解组织；针对10家工地开展农民工工资专项检查行动。开展特殊困难群体摸排，梳理排查A类对象1341人。在册享受城乡低保220户315人，发放低保金308.28万元。全年发放“五保”供养金91.79万元。新增、核销80周岁以上老人信息，为全镇2928名老人发放尊老金196.02万元，为3.08万人次老人提供价值475.8万元居家养老援助服务。全年在册享受重度残疾生活补贴942人，发放救助金832.37万元。全镇有特殊家庭140户216人，其中失独家庭92户141人、失独后收养2户2人、伤残家庭46户73人。全年办理企业持证退休人员一次性奖励370人。组织1.18万名65岁以上老年人和3349名企业退休人员开展免费体检。举办春节、退捕渔民专场现场招聘会2场，参展企业120家，提供各类招聘岗位2860个。支持自主创业569人，带动就业1230人，职业技能培训250人，创办你的企业（SYB）创业培训70人；创成市级高技能人才培养基地2家、高技能人才培养示范基地2家、区级高技能人才培养示范基地1家。举办“喜迎二十大，幸福连万家”系列惠民文化演出和书画展20余场次。强化全镇文保单位、文物点日常巡查制度，规范全镇66处不可移动文物保护巡查制度。完成潘氏宗祠修缮工程，启动孟河马氏宅第修缮工程。新建5万平方米小黄山健身步道。开展普法活动20场，发放宣传品1万余件，普及群众2万余人次。完成2022年度“防贫险”理赔工作，为50名建档立卡人员赔付医疗保费6.9万元。

【汽摩配产业】 2022年，孟河镇依托传统汽摩配产业基础，招引优质项目，重点关注驱动器、发动机等核心零部件、智能网联汽车零部件及发动机和整车再制造等领域的项目，打造“金融+制造”新模式，推动产业升级和经济增长。年内，实现汽摩配产值239.81亿元，占全镇工业总产值的72%。汽摩配规模以上工业企业113家，实现产值99.15亿元，增长4.87%。有效期内高新技术汽车零部件企业46家，新增省级工程技术研究中心1家、市级工程技术研究中心5家、区级工程技术研究中心8家，科技型中小企业通过评审1家；“龙城英才”计划创业类项目3个、创新类项目1个，累计有效发明专利160件。

【“5·30”常州市九龙汽车灯具厂火灾事故】 5月30日14时37分，市消防救援支队指挥中心接到报警，孟河镇九龙路98号的常州市九龙汽车灯具厂着火。14时47分，市区应急、消防、公安、卫健等部门紧急调派人员陆续到达救援现场。16时20分火势被控制，20时35分明火被扑灭。起火场所为企业东侧仓库的5楼，起火原因为工人违规吸烟遗留火种。火灾主要燃烧物质为汽车塑料配件，过火面积4500平方米，4人当场死亡，直接经济损失1719.25万元。

【“除患清违”攻坚行动】 7月14日，孟河镇召开消防安全“除患清违”攻坚行动动员大会，从区级层面成立孟河镇“除患清违”攻坚行动领导小组和5个专项工作组，对全镇企业开展集中压茬式整治，破解孟河镇工业企业安全、消防、环保突出难题，提升企业本质安全水平。区消防救援大队、镇建设局等部门联合成立检查组，检查企业250家，其中108家企业存在彩钢棚占用消防车通道和防火间距等情况，发现占用消防车道和防火间距293处，当场向企业下发限期整改通知书，年内企业自行拆除彩钢棚面积11万平方米（含泡沫夹心板拆除面积2.5万平方米）。10月20日，召开规模以上企业增设喷淋消防设施现场推进会，区消防救援大队作专题培训，引导企业对大面积可燃物料仓库场所安装喷淋设施。至年末，全镇企业喷淋设施覆盖面积10万平方米。

【孟河镇文体中心启用】 9月，孟河镇文体中心投入使用。中心位于孟河镇北舍庄路21号，建筑面积2400平方米，配备专职人员5人，内设综合展示厅、代英书院、书画创作室、体育健身房、报刊阅览室、电子阅览室、文艺节目排练厅、多功能报告厅等功能室。展示大厅常年有书法、绘画等各类作品展示，免费对外开放。年内，孟河镇文体中心依托镇文化志愿服务团队和新媒体平台，开展线上线下各类文化活动，丰富群众精神文化生活。至年末，组织开展戏曲进乡村、孟河非遗展演等各类文艺演出活动40余场。

【代英社区党群服务中心建成】 10月，代英社区党群服务中心投入使用。中心位于孟河镇东亭路与石桥路西北，建筑面积6000平方米。代英社区党群服务中心以服务居民为导向，根据区位特点、人群特征，划分全科社工服务、亲子同乐互动、党建红色阅读、老人书画探索、谈心交流活动五大功能；以“党建引领幸福共享”为理念，设置红色议事厅，吸引居民参与社区事务；利用社区文化空间，传播与展示社区红色故事、社区名称典故等，提升社区居民的归属感和荣誉感。

（沈婷婷）

薛家镇

【概况】 薛家镇位于常州市西北部，常州国家高新区（新北区）中部区域，东与新桥街道及三井街道接壤，南与钟楼区新闸街道毗邻，西与奔牛镇及罗溪镇相连，北与春江街道交界。至2022年年末，全镇行政区域面积37.37平方千米，辖行政村3个、社区11个。有户籍人口5.48万人，常住人口5.52万人。先后获全国文明村镇、国家外贸转型升级基地、国家级智慧健康养老示范乡镇等国家级荣誉23项，首批省级“十三五”先进制造业基地、江苏制造突出贡献奖等省级荣誉57项。2022年，全镇实现地区生产总值212.72亿元，比上年（下同）增长11.11%。其中，第一产业增加值1.34亿元，增长1.4%；第二产业增加值133.81亿元，增长0.1%；第三产业增加值77.57亿元，增长8%。实现地方一般预算收入14.44亿元，下降28.8%；全社会固定资产投资45.7亿元，增长1.2%；居民人均可支配收入60439元，增长4.7%。

（顾　诚）

2022年薛家镇经济和社会主要指标统计表

表64

指标名称		单位	数值
行政区域面积		平方千米	37.37
行政村		个	3
社区		个	11
年末户籍人口		万人	5.48
地区生产总值		亿元	212.72
财政总收入		亿元	25.25
地方一般预算收入		亿元	14.44
居民人均可支配收入		元	60439
农业总产值		万元	11000
粮食总产量		吨	2209
工业总产值		亿元	633.57
工业产品销售收入		亿元	643.4
工业利税总额		亿元	62.33
企业	全部企业	个	4786
	其中，工业企业	个	2345
全社会固定资产投资		亿元	45.7
中小学数		所	5
医院、卫生院机构数		个	1

【农业】 2022年，薛家镇完成农业总产值1.1亿元。实际种植经营耕地面积501公顷。水稻种植面积完成144.29公顷，增加16.34公顷，种植品种主要有南粳46、南粳5055和软玉等。“三麦”种植面积155公顷，增加74.67公顷。其中，小麦种植面积149.73公顷，种植品种主要有扬麦23号、扬麦28号、扬辐麦4号等。全年粮食总产量2209吨，增加509吨；完成轮作休耕面积15公顷；蔬菜、瓜果种植面积83.33公顷，其中丁家村和吕墅社区种植吕墅萝卜面积37.06公顷。花卉苗木种植面积135.33公顷，全年生产生鲜蔬菜瓜果2700吨。年内获73.33公顷“吕墅香”绿色大米认证证书，完成33.33公顷绿色萝卜申报。全年组织完成34辆手扶型拖拉机年审年检，机插秧率、夏秋季秸秆还田率均为100%。2022年，镇家禽养殖草鸡4000余只；水产养殖面积4.67公顷，主要品种有鲫鱼、青鱼、草鱼、鳊鱼。

（王 丽）

【工业】 2022年，薛家镇形成以智能装备制造及汽车核心零部件、生命健康为主导，新一代信息技术、新材料、智慧能源为特色的产业集群。全年实现工业总产值633.57亿元，下降6.77%；工业产品销售收入643.4亿元，下降1.11%；工业利税总额62.33亿元，增长1.83%。智能装备制造及汽车核心零部件、生命健康两大主导产业全年实现产值390.16亿元，占全镇规模以上工业总产值的72.45%。外资规模以上工业企业69家，实现产值298.17亿元，下降11.1%。重点企业进出口总额完成223.3亿元。年开票收入超10亿元工业企业14家，超亿元工业企业115家，利税超1000万元企业36家。新认定高新技术企业29家，有效期内高新技术企业总数157家；新增瞪羚企业5家，总数45家，赛乐医疗技术公司被江苏省生产力促进中心认定为潜在独角兽企业；天地（常州）自动化股份有限公司入选省科技成果转化项目；2家企业获省科学技术奖三等奖3个[天地（常州）自动化股份有限公司1个、中车铁马科技实业公司2个]；省、市、区级工程技术研究中心分别认定4家、8家、11家；技术合同成交额完成8.84亿元；新增省级孵化器1家（昆仑66联合智创）。入选国家重大人才工程A类1个，入选龙城英才创业类项目13个、创新类项目6个。至年末，全镇有国家级专精特新企业5家，省级专精特新企业8家，市级专精特新企业14家，105家企业进入江苏省“千企升级”培育库。

【服务业】 2022年，薛家镇服务业增加值完成77.57亿元，增长8%。全镇围绕产城融合，加大商贸、金融等服务业投入，天宇购物广场、奥园路购物街、聚怡花园步行街等商圈业逐渐成熟，集镇生活区配套日益完善。薛家国际4S汽车城新入驻宝马、蔚来等国内外一线品牌，与雷克萨斯、英菲尼迪等12家知名品牌形成汽车消费商圈。汽车城全年销售额23.43亿元。

（王 光）

薛家镇吕墅萝卜晾晒现场　　（区农业农村局 供图）

【城乡建设】 2022年，薛家镇推进城镇污水处理提质增效达标区建设，完成顺园五村老小区改造，丽园路（薛冶路—顺园路）、顺园路（丽园路—汉江路）健康步道环通，常州市新北区薛家实验小学、常州市新北区薛家中心幼儿园、常州市新北区吕墅小学、常州市新北区吕墅中学场地及市政改造等项目。开展小微水体整治，完成农村生态河道二期项目建设。太平禅寺室外、敬老院东侧门牌等建设项目，年内均投入使用。实施薛家中学易地新建并完成主体基础施工，薛家全民健身中心、东坡商贸中心“瓶改管”（由使用瓶装液化石油气改造为使用管道天然气）、现代化宜居农房、新北应急管理综合行政执法大队二中队内装改造，五村猫山屋东侧铺装等建设项目。完成既有建筑安全隐患排查、既有住宅加装电梯、德胜河沿线码头整治提升、燃气安全专项整治等。开展“扬尘管控”专项整治，对全镇18个在建工地、15个非受监项目、辖区内7家混凝土企业、2家沥青生产企业、2家超细矿粉企业、2家散货企业、1家废钢企业、1家粮库、2家水泥企业等17处内河码头企业，落实巡查27次，发现问题126处，年内全部整改完毕。全年投入18万元完成13条沟塘疏浚，清淤土方2.4万立方米；投入200万元完成北漕河、环园河、护社河、建业河4条省级农村生态河道创建；投入90万元完成松林河、护社河、雁荡河清淤工程，清淤土方量2.8万立方米；投入90万元完成32条小微水体整治。年内，薛家镇叶家村创成区级小微水体示范村。

【社会事业】 2022年，薛家镇有登记在册社会组织30家，其中社会团体20家、民办非企业单位9家、基金会1家；有养老机构2家，养老床位数882张；有低保67户90人，低保边缘36户73人，享受残疾人“两项补贴”582人、困境儿童救助48人。年内，镇便民服务中心新增市场准入、公积金、医保医疗待遇报销等36项直办事项，实现人力资源和社会保障、社会事业、建设、城管、税务、退役军人、公安、交警等25个条线363项公共服务事项的集中办理。全年发放尊老金98万元，开展居家援助上门服务2万人次，为71户老年人家庭提供适老化改造。累计开设“夕悦薛家”居家养老服务站点12个，全镇居家养老站点全年开展为老服务活动164场。镇慈善协会全年慰问困难群众92人次，为85名困难群众购买“常州惠民保”，发放困难群众救助券189张。市、区慈善分会慰问镇困难群众100人，发放慰问金15万元。全年有264名流动人口随迁子女申请就读公办小学起始年级。全年办理生育服务联系单729份，对52户计生特殊家庭开展节日走访，对失独人员开展生日慰问。2022年，全镇新增就业2155人，企业职工基本养老保险和基本医疗保险参保4.1万人，城乡居民基础养老金提高至每人每月405元（60周岁以下）、410元（60～75周岁）、415元（75周岁以上），被征地农民老龄段保养金提高至每人每月1020元（65周岁以下）、1025元（65～75周岁）、1030元（75周岁以上），全年就业困难人员123人，享受社保补贴288万元。至年末，聚怡幼儿园通过省优质园复评，常州市新北区薛家实验小学通过新优质学校创建验收，薛家镇创成国家级智慧健康养老示范乡镇，后肖社区创成全国老年友好型社区、常州市平安法治和谐社区、常州市儿童友好社区，镇便民服务中心创成省级“15分钟医保服务圈”示范点，橄榄城社区被评为常州市全科社工示范窗口、邻里互助试点。

【4家企业被评为国家级专精特新“小巨人”企业】 8月，江苏博之旺自动化设备有限公司、江苏达实久信数字医疗科技有限公司、常州环能涡轮动力股份有限公司、天地（常州）自动化股份有限公司4家企业被工业和信息化部认定为第四批专精特新“小巨人”企业。江苏博之旺自动化设备有限公司位于新北区奥园路50号，是一家从事线束智能化自动化设备的生产企业，厂房面积4.5万平方米，在职员工400人，产品主要应用于汽车、光伏和新能源等行业，并远销欧美、中东、东南亚等市场。江苏达实久信数字医疗科技有限公司，2009年注册成立，致力于中国智慧医疗、数字化医院建设。公司专注于医疗卫生信息管理系统软件的研发与系统集成，涉及到手术导航与规划、一体化手术室、手术室及ICU信息系统、视频网络会议系统、数据安全与管理、手术机器人的研发与应用等多个高新技术行业领域。公司具备国内完整的医疗卫生信息化建设资质，包括：ITSS，ISO9001，ISO27001，CMMI5，计算机信息系统集成资质一级等。常州环能涡轮动力股份有限公司成立于2002年，位于新北区勤奋路80号，是从事涡轮增压器销售、配件销售、系统销售等业务的企业。天地（常州）自动化股份有限公司成立于2007年，位于新北区黄河西路219号，是从事电子产品销售、计量器具制造、防爆电气制造等业务的企业。

（顾　诚）

罗溪镇

【概况】 罗溪镇位于常州国家高新区（新北区）西南部，东与薛家镇毗邻，南与薛家镇吕墅村、奔牛镇接壤，西与镇江市丹阳市运河镇交界，北与西夏墅镇、魏村街道相连。至2022年年末，全镇行政区域面积53.79平方千米，辖行政村6个、社区6个，有户籍人口4.37万人，常住人口5.01万人。罗溪镇是常州市发展多式联运的重要基地之一，先后获国家卫生镇、江苏省生态文明建设示范镇、江苏省高端装备制造业特色基地、江苏省新型工业化产业示范基地等称号。2022年，罗溪镇实现地区生产总值170.69亿元，比上年（下同）增长11.5%。其中，第一产业增加值2.49亿元，增长1.2%；第二产业增加值119.39亿元，增长10.5%；第三产业增加值48.81亿元，下降2.5%。实现地方一般预算收入8.83亿元，增长50.7%；全社会固定资产投资71.36亿元；实际到账外资2155万美元。

2022年罗溪镇经济和社会主要指标统计表

表65

指标名称		单 位	数 值
行政区域面积		平方千米	53.79
行政村		个	6
社区		个	6
年末户籍人口		万人	4.37
地区生产总值		亿元	170.69
财政总收入		亿元	32.71
地方一般预算收入		亿元	8.83
居民人均可支配收入		元	54449
农业总产值		万元	41372
粮食总产量		吨	4737
工业总产值		亿元	625
工业产品销售收入		亿元	620
工业利税总额		亿元	55.1
企业	全部企业	个	3160
	其中，工业企业	个	1952
全社会固定资产投资		亿元	71.36
中小学数		所	3
医院、卫生院机构数		个	1

【农业】 2022年，罗溪镇村级集体经济总收入5813.03万元。小麦种植面积254.53公顷，每公顷单产5.7吨；水稻种植面积318.8公顷，每公顷单产9.9吨；粮食总产4737吨。农田休耕轮作面积30.1公顷。投入230万元建成温寺村区级高标准农田20公顷，新增灌排渠系3.6千米；11月，启动2023年度龙珠山村20公顷高标准农田建设。年内，创成区级粮食全程机械化示范基地1个，新增植保无人机2架、轮式拖拉机1台、谷物联合收割机1台。全镇完成年检小型拖拉机23台、大中型拖拉机12台、收割机4台。建设全程机械化作业示范基地面积71.89公顷，全年完成夏秋季秸秆机械化还田面积506.65公顷。举办职业农民技能培训班，完成培训发证50人次。新北区罗溪科新园艺砂梨种植家庭农场、常州市罗溪铁农农机服务专业合作社获绿色食品证书。2022年年末，罗溪镇羊存栏272只、鸡存栏14.4万羽、鸭存栏1800羽、鹅存栏600羽，年产禽蛋150吨。水产主要养殖品种为鲫鱼、鲢鳙、草鱼、青鱼。水产养殖总面积86.67公顷、渔业总产量500余吨。

（周　娜　刘　超　周丽芬等）

【工业】 2022年，罗溪镇实现工业总产值625亿元，增长95.9%；工业产品销售收入620亿元，增长93.5%；工业利税总额55.1亿元，增长74.1%。全镇有各类企业3160家，规模以上企业274家，其中工业企业167家。全年申报省级以上研发机构32家，市、区级工程技术研究中心超90家。常州捷佳创精密机械有限公司打造区内首个国家制造业单项冠军产品，被评为国家专精特新重点“小巨人”企业，常州江南冶金科技有限公司等4家企业获省级瞪羚企业称号，江苏凯特汽车部件有限公司获江苏省科学技术奖三等奖，常州江南冶金科技有限公司等3家企业获江苏省碳达峰碳中和科技创新专项资金。常州比亚迪汽车有限公司等3家企业被评为市工业五星企业，常州新泉汽车零部件有限公司获评市工业四星企业，蒂森克虏伯动力部件（常州）有限公司等3家企业被评为市工业三星企业；常州润邦模塑科技有限公司被评为市级工业互联网标杆工厂和市级绿色工厂；常州新泉汽车零部件有限公司被评为市级智能车间；常州宏创车辆部件有限公司等4家企业被评为市级企业技术中心；常州江南冶金科技有限公司等2家企业获市首台（套）重大装备认定；常州捷佳创精密机械有限公司等3家企业获2022年常州市工业高质量发展专项支持重大项目设备投入奖励1621万元；常州厚德再生资源科技有限公司等5家企业被评为2022年常州市互联网专项资金标识解析二级节点项目；常州空港产业园通过省级新型工业化产业示范基地复核，被评为常州市外贸转型升级基地（新能源车辆及核心零部件）。至年末，罗溪镇有市高新技术产品认定61个，有效发明专利323件，高维持发明专利105件。

（金　军　刘荷琴　丁　丽）

【服务业】 2022年，罗溪镇持续推进现代服务业集聚化、规模化、高效化发展。至年末，常州综合物流园区货物吞吐总量1158万吨，实现总收入

180亿元，税收总额4200万元，入园企业355家。江苏万商商贸城市场成交额61.98亿元；限额以上批零业销售额88.99亿元，下降27.4%；列入统计重点服务业营业收入15.67亿元，下降6.2%。江苏燕进联运有限公司被评为市级保障供应链畅通创新应用示范企业，获批2022年现代服务业发展专项补助资金25万元；江苏润联再生资源科技有限公司新建拆解利用电子类废弃物项目，获批省级现代服务业发展专项资金扶持160万元。

（左　瑜　刘　倩）

【城乡建设】 2022年，罗溪镇实施延河路（同德苑段）、人民路等4条道路抓拍设备安装工程，在黄河西路与罗浮山路、兴邦路与盛达路等4个路口分别增设信号灯。完成红星东巷道路、汤王线西段道路、东风三号桥南侧道路3条农路及喜鹊桥1座农桥改造，开展农贸市场商圈、镇政府周边3.5千米雨污水管网清淤检测，完成涉及5个小区和8条道路的市政管网修复工程改造、通达路34盏多功能路灯改造。完成同德苑小区改造（二期）工程及同仁苑共建共享改造工程；空港社区一村、二村完成管网修复工程，增补车位236个；完成汤庄中心绿地护栏提升，同仁苑27幢、36幢屋面防水维修，空港三村、五村住宅及商铺屋顶消防管保温材料更换，空港五村28号屋面漏水维修及空港八村1000个电动车充电桩安装、停车棚建设；联东U谷配套污水改造工程完工并接管；老孟河人行桥改造工程（比亚迪配套工程）、镇服务中心交警中队改造工程项目、镇服务中心农业局、招标中心、商会改造工程于12月底全部竣工。完成西绕河生态河道建设；老孟河（罗溪段）被评为市级示范幸福河湖；完成十里横河、新孟河两岸5个行政村24个自然村1064户村民污水接管工作；投入460万元完成邱庄村农村河道综合整治工程；投入50万元开展水环境综合整治，涉及6个村48个沟塘的清淤疏浚及小微水体整治提升工程，清淤总量7.1万立方米；区重点水利项目十里横河综合整治工程基本完工。9月，完成碧春缘夜公园一期提升改造工程。完成园区企业贸联电子、东航食品周边地块、欧胜地块周边绿化工程，完成配套项目建设的绿化迁移2处、配套企业建设的绿化迁移3处及其他零星移栽补种26次。全年新增绿化面积2.84万平方米，完成市政绿化开挖行政审批9次，收取占用绿地赔偿费49.48万元。开展房屋安全检查，制定《罗溪镇自建房安全专项整治实施方案》，成立排查小组12个，排查自建房1.61万栋，并完成76栋C级、D级危房整治。加强燃气安全检查，排查发现908户车库违规使用瓶装液化气，全部整改到位；发现35个车库私拉乱接天然气，配合港华燃气公司依法拆除28户。

（蔡志炜　沈　冬　谢黎明等）

新建中的常州市新北区罗溪碧春湖幼儿园　（罗溪镇 供图）

【社会事业】 2022年，罗溪镇完成空港六村大产权证办理；完成空港二村1560套安置房预收件800余套，房产预约公正登记120户，出证30余本。年内，投入1500万元对罗溪卫生院实施升级改造，新建预检分诊、保健大厅、CT室等，投入1.37亿元新建常州市新北区罗溪碧春湖幼儿园。全年开展文化活动服务16.42万人次、图书借阅12.85万人次，组织送戏下乡活动30次，开展综合性大型群众文化活动2场。举办罗溪镇篮球联赛，16支团队参赛，举办赛事32场，发放5万元体育消费券，惠及人数2620人次。更新全民健身路径器材25套，新增新孟河两侧健身步道2.6万平方米。发放困难和重度残疾人“两项补贴”422万元、低保家庭最低生活保障金257万元、大病救助58万元、尊老金114万元。向260名优抚对象发放补贴538.6万元，办理优待证1403张，镇建档立卡1432人，退役军人服务保障率100%。镇“12345”政府公共服务平台全年处理群众诉求2547件，办结率100%。全年新增就业6523人次。发放被征地农民社会保障支出4435.06万元、各类民政资金869万元、临时救助金14万元、慈善资金12万元。

（王文思）

【罗溪镇被评为市外贸转型升级基地】 10月，罗溪镇被市商务局认定为常州市外贸转型升级基地（新能源车辆及核心零部件）。常州市外贸转型升级基地是常州市重点扶持和发展的集生产、出口功能于一体的产业集聚体，是“产业＋贸易”有机结合的重要平台，在推动地方外贸创新发展、优化和稳定产业链供应链等方面发挥作用。罗溪镇协助企业拓展国内外市场，增强品牌效应，助推新能源车辆及核心零部件产业集群化、高端化、规范化发展。先后引进总投资100亿元的比亚迪华东新能源乘用车及核心零部件产业基地、总投资30亿元的北汽重卡商用车华东基地、总投资1.8亿美元的日本住友电工新能源汽车机电线、总投资10亿元的星宇车灯智能制造产业园、总投资1.2亿美元的贸联电子线缆等项目。通过全方位“链式”布局，形成涵盖新能源车辆整车、重卡及商用车、“三电”核心系统、内外饰件、发动机关键部件、汽车灯具等相对完整的产业链条。

（刘　倩）

西夏墅镇

【概况】 西夏墅镇位于常州国家高新区（新北区）西部，东连春江街道，南邻罗溪镇，西接丹阳市吕城镇，北靠孟河镇。至2022年年末，全镇行政区域面积51.99平方千米，辖行政村5个、社区5个，常住人口5万人，户籍人口4.2万人。镇拥有始建于500余年前的孔庙、200余年前的东林寺及160年前的梅村古戏楼，其中梅村古戏楼被列入省古戏楼群保护名录。2022年，镇被评为农村生活垃圾分类省级试点乡镇优秀等次，创成市乡村振兴新时代鱼米之乡示范镇；梅林村被评为美丽家园省级示范点；观庄村被评为省级民主法治示范村；

2022年西夏墅镇经济和社会主要指标统计表

表66

指标名称		单 位	数 值
行政区域面积		平方千米	51.99
行政村		个	5
社区		个	5
年末户籍人口		万人	4.2
地区生产总值		亿元	82.58
财政总收入		亿元	5.9
地方一般预算收入		亿元	3.5
居民人均可支配收入		元	53652
农业总产值		万元	24600
粮食总产量		吨	7575
工业总产值		亿元	220
工业产品销售收入		亿元	218
工业利税总额		亿元	2.9
企业	全部企业	个	3262
	其中，工业企业	个	1805
全社会固定资产投资		亿元	18.42
中小学数		所	4
医院、卫生院机构数		个	1

镇中心幼儿园获全国幼儿基本体操视频展示金奖；镇商会被评为2021—2022年度全国“四好”商会。全年镇实现地区生产总值82.58亿元，实际利用外资340万美元，自营进出口总额完成26.4亿元；全社会固定资产投资完成18.42亿元，其中工业技改投入完成13.14亿元、服务业投入5.02亿元，实现地方一般预算收入3.5亿元。镇科技工作考核位列全区第一。

【农业】 至2022年年末，西夏墅镇耕地总面积3170公顷，其中水稻小麦面积727.95公顷，总产量6612吨，总产值1837万元。全年新增水稻种植面积60余公顷，水稻平均公顷产10.37吨、小麦平均公顷产5.68吨。西夏墅镇农业区域由常州市东南有机稻米产业园、新北区西夏墅现代草坪产业园、新北区西夏墅特色林果产业园三大园区组成，拥有以常州东南有机稻米种植专业合作社为代表的4家龙头企业，重点涉及粮食、菌类、林果及畜禽等产业。农业产品形成品牌化地方特色，拥有的夏墅牌软米、绿秀牌珍稀菇、巢媛牌无花果系列产品为省名优产品。镇协同省农业科学院，推广绿色生态种植、先进农业机械应用、良种繁育等技术128项，运用高标准农田＋科技推广的运作模式，主导产业良种率100%。组织上报水稻示范户、蔬菜示范户22户；完成产地检疫生猪1.2万余头，生猪尿样“瘦肉精”检测300余份；完成区级蔬菜农药残留速测

3000余个，合格率100%；800个纳入省农产品质量追溯平台的农业经营主体全年开具合格证90万余张，提升农产品生产主体信息化管理水平。落实防汛应急预案、指令，新增各类潜水泵、汽油泵等10余台。推进节水型灌区建设，对照《江苏省节水型灌区评价标准（试行）》，北站灌区被评为常州市节水型灌区。年末，镇家禽存栏18.67万羽，羊存栏520只，生猪存栏3.07万头；水产养殖以鲫鱼、青鱼等四大家鱼为主，总面积408.73公顷，总产量299.04吨；全镇28台小型拖拉机、23台大中型拖拉机和收割机在年检年审工作中均检验合格。

【工业】 2022年，西夏墅镇实现工业总产值220亿元，比上年（下同）增长33.25%；工业产品销售收入218亿元，增长41.61%。其中规模工业产值、销售分别完成117.7亿元和112.8亿元；工业利税总额2.9亿元，下降77.69%。新材料行业完成纳税销售55亿元，增长13.36%；刀工具行业完成纳税销售46.55亿元；新材料、刀工具行业分别完成纳税0.65亿元、0.77亿元。至年末，全镇拥有年销售亿元以上企业18家，税收超千万元企业7家、超500万元企业10家，新增规模以上工业企业12家。西夏墅工具孵化器被评为国家级科技企业孵化器优秀等次，西夏墅工具研究院孵化器被认定为省级科技企业孵化器。全年申报高新技术企业60家，申报率118%；净增高新技术企业25家，净增率192%。常州市宏发纵横新材料科技股份有限公司获国家博士后科研工作站认定，公司的高性能纤维经编增强材料通过制造业单项冠军产品复核；常州凯旺金属材料有限公司获省级工程技术研究中心认定，完成技术合同登记备案5.6亿元，招引科技型企业8家。年内，启动全镇市、区重大建设项目10个，其中新建项目6个、续建项目4个。全年完成计划总投资14亿元。其中，市级重大项目完成总投资3亿元，完成进度100%；新入库市重大项目完成1个；市重大项目竣工项目完成1个。全年完成项目招引8个，其中总投资1000万美元或1亿元以上的“两特三新”产业及其他先进制造业项目3个，注册资本500万元以上优质服务业项目1个，新增销售超5000万元人才企业2家，科技项目完成1个，精品外资项目引进注册外资超500万美元的德国、瑞士、日本等欧美及亚太优质制造业项目1个。编制《新北生态织染工业园发展规划（2020—2030年）》，完成规划环评报告，并取得市生态环境局审查意见。全年新增“智改数转”企业70家、“上云”企业19家、专精特新企业2家，盘活低效用地23公顷。新增省高新技术企业入库培育29家，新增认定高新技术企业36家，其中工具行业省高新技术企业25家。重新申报省高新技术企业5家，有效期内高新技术企业78家；新增市高新技术产品53个，新认定瞪羚企业2家，新增省级、市级科技企业孵化器各1家，累计拥有有效发明专利432件，其中高维持年限发明专利60件。全年举办产学研活动3场，与上海交通大学、江苏海博工具产业研究院等科研院所签订产学研协议23项，申报省级、市级科技项目22项，新增市级以上工程技术研究中心3家。

【服务业】 2022年，西夏墅镇完成服务业增加值31.37亿元，占全镇GDP的37.98%，服务业投入5.02亿元。常州市西夏墅雅居乐科技园签约入驻企业40余家。至年末，全镇新增贸易规模企业4家、现代服务业企业2家、文化产业企业1家。全镇拥有各类金融机构4家、规模餐饮业企业10家、小吃排档300余家、休闲娱乐场所13家、大型超市商场10家。西夏墅工具产业带动1000余家各类工具原辅材料、工具产品营销、平台企业或个体工商户发展。推进乡村观光农业项目建设，稻田理想精品民宿全年客流量6万人次，区农民丰收节连续4年在东南村举办，带动地方特色农产品销售，其中东南大米全年销售额200万余元。10月11日，西夏墅工具小镇智能智造服务集聚区被评为市级现代服务业集聚发展示范区。

位于西夏墅镇东南村的稻田理想精品民宿 （西夏墅镇 供图）

【城乡建设】 2022年，西夏墅镇重点推进香山福园四期安置房建设、西夏墅初级中学新建项目、市政类设施（污水管网）建设和农村道路桥梁、危桥修复4大项目。香山福园四期交付使用，西夏墅新初中项目基本完成。创成省一级村镇建设档案室。办理香山欣园不动产证300套；解决工业园区项目、瑶山路项目、小学地块项目、汽摩配项目和历史遗留户等安置房410套，安置176户；完成零星工程招投标项目38个，涉及开标金额3470万余元。完成12条道路、2座桥梁改造维修工程；开展排水、灌溉渠、护堤止塌等10余项冬春水利修复工程，涉及8个行政村（社区）38座沟塘、3.8万立方米的清淤工程；完成东风河省级生态河道整治工程以及47条小微水体整治；完成涉及11条河道、总长20.52千米的园区农田水利项目；新建生态护岸河道长7.73千米、涵洞2.13千米，水环境提升工程18处，巡河道路铺装13.36千米，获批上级资金1.3亿元。推进镇区农村污水管网建设，完成新孟河沿线3个排放口雨污水混流管污水截流建设、浦河沿线雨污水截流、新孟河沿线排放口污水截流接管和全镇雨水管网视频检测排查；配合常州新美水务集团有限公司及中国中车集团有限公司完成30个自然村农村污水管网建设，推进54个自然村污水管网建设。全年完成产权交易128笔，交易金额441万元；开展宅基地保障资格权认定，涉及村民小组282个，村民9000余户、3万余人。深化美丽乡村和居民集聚点建设，东南村李家村建成美丽乡村；完成稻田民宿项目基础建设，占地面积1700平方米，建筑面积2299平方米；梅林村居民集聚点一期现代化宜居农房96套全面开工。全年完成镇区、工业园区、浦河集镇区19条道路行道树修剪，全镇绿化补种面积2.1万平方米；完成微山湖路（天柱山路—岳山路）精品道路建设，在阿里山路、微山湖路新设智慧市容探头5处。落实大气网格监管，对28个热点网格实施24小时全天候监管，报警341次，全部处理完毕。推进挥发性有机物（VOCs）治理，完成12家涉挥发性有机物企业集群企业的排查整治；新建空气质量监测站。加强秸秆禁烧和综合利用，派出巡查人员1500余人次，转运秸秆杂草3000余车。加强环保设施治理督查，对园区内涉及活性炭使用的30余家企业进行入户排查。开展12条支流支浜消劣整治专项行动，完成18个入河排污口专项整治；督促20家企业完成雨污水分流整改；推进华墅社区新孟河沿线企业污水接管。规范化运行“12345”环境信访及污染防治综合监管平台，处理信访交办件440余件。

【社会事业】 2022年，西夏墅镇居民人均可支配收入53652元，有低保户127户，全年发放最低生活保障金180余万元，发放散居“五保”生活补贴64万余元。月均发放残疾人“两项补贴”41万余元，发放残疾人临救金12万余元、租赁补贴4.5万元、残疾学生及残疾人家庭子女助学金9750元，保障全镇553名残疾人基本生活。开展关爱困难残疾人活动，全年发放免费辅助器具10件，精神病免费服药138人，为345名老年人开展“防残助残·光明行”白内障脱盲复明筛查，完成区残联下达的残疾人就业圆梦中心产值任务指标26.8万元，发放困境儿童生活补助25万余元。全年享受上门服务的老年人1450余户，发放居家养老服务费170万余元，发放尊老金100万余元。通过开展“慈善一日捐”募集善款8万元，慈善基金会向各村（社区）下拨临时救助款80万余元。全年社保净增750人，办理居民养老退休413人，新增居民医保645人，办理江苏省社会保障卡1044张；办理就业证16人，灵活就业人员社会保险优惠补贴126人；企业退休人员社会化管理入库396人；开展离校未就业高校毕业生实名制登记38人，就业率100%；立案调处劳资纠纷50起，责令单位支付职工工资、补偿金等267万元；“15分钟医保服务圈”示范点通过市级验收；开展多形式就业服务，组织100家企业参加春风行动新年专场招聘会，提供岗位1500个，达成岗位意向200余人，全年新增城镇就业人员2725人；联合江苏大学建成3所引才工作站。依托镇域内创办的常州斯乃克技术培训学校，开展就业创业培训，全年组织申报大学生创业项目2个；组织举办新北区化学检验员技能竞赛，创业人员登记120人。开展电工、数控磨工等技能提升培训，1012人完成培训并取得相应技能证书；开展退休职工、老年人、“五保”老人免费体检，惠及企业退休并纳入社会化管理人员约2600人。举办第六届“乐动四季——舞动小镇”广场舞展演、精品戏曲进社区等各项文体活动。实施积分入学，服务流动就业创业人员随迁子女179人次。组织走访慰问计生特殊家庭89户138人次，发放慰问金和慰问品12万余元；慰问计生特困家庭10户，发放慰问金1万元；开展“六一”助学行动，慰问贫困儿童10人；完成1000余名退役军人优待证申领工作以及就业创业需求调查，组织2人参加退役军人职业技能培训，推进退役军人活动之家建设。提升社会治理能力，61个基础网格上报网格事件9569件。走访房屋5.38万次，接待信访事项432件次，1320人次；阳光信访平台交转办件53件次，初次信访事项办结率100%，开展“法律明白人”普法、“心航家园”特殊人群心理矫治帮扶项目，受众人数1500余人；发挥镇、村两级及老娘舅调解工作室、公调对接、访调对接等调委会作用，全年调处各类纠纷920起，未发生因调解不力而引发的群体性事件。

【刀工具产业】 2022年，西夏墅镇刀工具行业有企业2199家。西夏墅镇刀工具产业发端于20世纪60年代，后发展为西夏墅镇重点发展的特色产业，打造成“中国工具名镇”的金字招牌，拥有从国外引进的先进生产设备400余台（套），具有国内较先进的研发能力、制造设备和生产技术。年内，江苏省高新技术企业常州市海力工具有限公司，与上海交通大学共建高效精密工具研究基地，年销售额1.3亿元；常州创伟工具制造有限公司全年实现销售额6500万余元，亩均税收33万元。至年末，西夏墅镇刀工具行业完成销售额46.55亿元，占全镇工业销售总额销售总额的21.18%，入库税收0.77亿元。

【纺织印染产业】 至2022年年末，西夏墅镇纺织印染产业园区有纺织印染企业48家，其中印染企业22家；规模以上企业17家，其中印染企业12家。镇纺织印染行业全年完成销售额21.67亿元，入库税收0.55亿元，增长12.21%。常州德易印染有限公司、常州京江源纺织有限公司等纺织印染企业全年入库税收4227.1万元，占西夏墅镇纺织印染全行业的70%。西夏墅镇高新纺织工业园成立于2003年，重点发展纺织印染和服装行业，适当发展机械和金属加工等行业的工业园区。年内，西夏墅镇加快纺织印染行业整治提升，全面摸排掌握22家印染企业生产经营现状和生产工艺装备状况，打造“一企一档”，建立纺织印染企业全生命周期数字档案，汇聚纺织印染企业全生命周期行为数据。

【西夏墅工具研究院孵化器被评为省科技企业孵化器】 2022年8月，西夏墅工具研究院孵化器被评为省科技企业孵化器。西夏墅工具研究院孵化器依托西夏墅镇工具特色产业而建，集聚国家工程实验室和高校、科研院所创新创业联盟，为加速高端工具技术成果转移转化的公共服务平台，于2019年投入运营，通过扩载体、创环境、聚资源、壮主体、引人才、扶骨干，提供包括产学研合作、专利代理、财税代理、技能培训、企业推介及产品展示等全生命周期服务。至2022年年末，西夏墅工具研究院拥有孵化面积2万平方米，在孵企业32家，其中引进高层次创业人才企业2家、高新技术企业3家，涵盖工具从原材料到生产、售后的全产业链，为当地经济结构转型升级增添新动能。

【斯乃刻阳光帮扶基地被评为省级阳光帮扶基地】 10月31日，位于西夏墅镇的常州斯乃刻职业技能培训学校有限公司的斯乃刻阳光帮扶基地被评为省级阳光帮扶基地。该基地建于2022年7月，由西夏墅司法所会同常州斯乃刻职业技术培训学校有限公司联合打造，内设教育培训、法规宣传、心理咨询、文体活动、宿舍食堂等配套设施，针对社区矫正、安置帮教及后续照管“三类”对象中无家可归、无亲可投、无业可就等重点特殊人群，开展职业技能培训和职业技能等级认定。年内开展低压电工、叉车工两类培训，提供爱心企业两类特殊工种需求的就业安置类服务。

【景西华庭商品房不动产权证办理】 景西华庭项目于2008年1月开工建设，2009年4月竣工，占地面积6500平方米，总建筑面积1.3万平方米。2009年10月，开发公司在未完全办理竣工验收的情况下私自将小区房屋交付使用，且由于开发公司资金链断裂，营业执照被吊销，导致小区大部分材料遗失，一直未能办理地名命名，无法办理商品房不动产权证。为满足民生要求，西夏墅镇多次与常州市不动产登记中心联系沟通、洽谈，常州市不动产登记中心重新启动景西华庭商品房不动产权证办理。至2022年年末，景西华庭商品房不动产权证办理83套，其余11套业主明确表示暂时不办。

【香山福园四期安置房项目完工交付】 2022年年末，香山福园四期安置房项目竣工交付。项目位于镇丽江路以南、钟山路以西、葛家路以北地块，规划总用地面积2.4万平方米、总建筑面积7.14万平方米，其中地上建筑面积5.29万平方米，地下建筑面积1.78万平方米，计490套安置房。主要建设内容为住宅及公建配套，同步配套绿化、地上地下停车位、水电气设施等。香山福园四期主要用于安置工业园区、汽摩配市场、常州市西夏墅初级中学新建项目地块拆迁户，完成居民安置户199户，安置率100%。

（张湖渊）

奔牛镇

【概况】 奔牛镇地处常州市西侧大运河畔，位于常州国家高新区（新北区）西南部，东与薛家镇、钟楼区新闸镇及北港街道接壤，西与丹阳市吕城镇及皇塘镇蒋墅社区毗邻，南与钟楼区邹区镇相连，北与罗溪镇衔接，有2100余年历史。至2022年年末，全镇行政区域面积56.31平方千米，下辖行政村11个、社区5个，常住人口6.8万人，户籍人口5.35万人。先后被评为国家级卫生镇、全国综合实力千强镇、江苏省文明乡镇。年内，东桥

2022年奔牛镇经济和社会主要指标统计表

表 67

指标名称		单 位	数 值
行政区域面积		平方千米	56.31
行政村		个	11
社区		个	5
年末户籍人口		万人	5.35
地区生产总值		亿元	83.65
财政总收入		亿元	10.4
地方一般预算收入		亿元	3.42
居民人均可支配收入		元	51431
农业总产值		万元	36278
粮食总产量		吨	4268
工业总产值		亿元	107.08
工业产品销售收入		亿元	104.72
工业利税总额		亿元	5.96
企业	全部企业	个	3487
	其中，工业企业	个	1428
全社会固定资产投资		亿元	24.15
中小学数		所	7
医院、卫生院机构数		个	1

村、何家塘村、新市村被评为2019—2021年度江苏省文明村，东桥村、新市村被评为省级生态文明建设示范村。2022年，镇实现地区生产总值83.65亿元，比上年（下同）增长4%；地方一般预算收入3.42亿元，增长22.46%；规模以上工业产值99.85亿元，增长0.5%；规模以上服务业销售额8.23亿元，增长9%。完成进出口总额14亿元，固定资产投资24.15亿元；规模以上企业173家，净增19家。

【农业】 2022年，奔牛镇完成粮食生产总面积541.53公顷，其中种植水稻面积250.67公顷、小麦面积109.07公顷，祁家片区53.33公顷高标准农田建成。至年末，全镇苗木面积1092公顷，蔬菜面积324公顷，瓜果面积81.13公顷、产量2538.5吨、产值2936万元。水产养殖总面积273.8公顷，渔业总产量860吨，渔业经济总产值2750万元。饲养家禽3.85万羽，年末，生猪存栏96头，禽蛋产量394吨。全镇年审年检小拖拉机47台，大中拖拉机、收割机18台。购买大中拖拉机3台、插秧机1台、植保飞机2台，总价79.8万元，中央农机购置补贴12.74万元。通过五兴菜场改造、九里村企联动等项目盘活村集体经营性资产，创收100万余元。发挥“合作社＋农户”运营优势，区新农家庭农场联盟服务中心被评为省十佳家庭农场服务联盟，是全市唯一，带动近1000户农民增收致富。完成全区新审批制度下第一宗农村宅基地使用审批管理业务。年内，镇农产品质量安全监管站被评为江苏省五星级乡镇监管机构。

【工业】 2022年，奔牛镇实现工业总产值107.08亿元，下降3.66%；规模以上工业产值99.85亿元，增长0.5%；工业产品销售收入104.72亿元，下降2.87%；工业利税总额5.96亿元，下降9.42%。全年推进省、市、区重点项目14个，完成投资13.47亿元。其中，区重点项目大族锂电项目完成签约并投入生产。64家规模以上企业营业收入增长，其中九号科技有限公司成为全镇首家产值突破20亿元的企业，年产值27亿元，增长97.08%。年内新增省级专精特新企业4家、市级企业技术中心2家，入选省瞪羚企业2家，认定高新技术企业15家、净增8家。新建科创载体、产业载体面积12万平方米，引进科技型中小微企业5家，“龙城英才计划”创业类人才3人、企业创新类人才1人。江苏容大减震科技股份有限公司研究的复杂荷载—环境耦合作用下桥梁多灾害推演及防控关键技术与应用项目获江苏省科学技术奖一等奖。建立闲置厂房利用库，盘活利用闲置厂房面积3.9万平方米，增效总投资3.8亿元。加快推进低效用地提质增效，全年增效地块面积94公顷，工业用地亩均税收5.6万元，增长43.6%。年内，江苏华宇建设有限公司获江苏省五一劳动奖。

【服务业】 2022年，奔牛镇11家规模以上服务业企业增加值48.15亿元、增长3.2%，营业收入10.72亿元、增长9.32%。其中，支撑GDP核算的8家企业完成增加值8.58亿元，增长7.45%。贸易业58家企业销售额72.1亿元，增长5.08%；批发业33家企业销售额70.06亿元，增长5.02%；零售业19家企业销售额1.64亿元，增长15.43%。至年末，全镇有交通运输企业198家，拥有奔牛港务集团、江苏政成物流有限公司2家省级重点物流企业。江苏奔牛港务集团投资建设的长三角智慧供应链服务中心，成为常州地区唯一的“多式联运”基地和枢纽；市重点项目奔牛港智慧物流港正式开工。江苏政成物流股份有限公司投资建设的聚盟智慧物流园，聚合全国多家核心城市物流领军企业，实现产品化、标准化、信息化、集约化发展，形成覆盖全国一、二、三级城市稳定、高效、经济的全直达运输体系。史陈家村串联大运河文化带，全年接待游客35万人次，农副产品和文创礼品销售超400万元，被评为市旅游乡村重点村。7月25日，由区税务局牵头的“纳税人之家”在江苏福曼国际家居有限公司挂牌，助力企业健康发展，多角度支持企业退税、融资、创业。

【城乡建设】 2022年，奔牛镇完成《镇村布局规划》《南部新镇区城市设计》《村庄规划编制》《消防专项规划》《国土空间规划法定化》《产业发展规划编制》《智能制造产业园规划环评编制》7个设计规划，构建北部工业园区、中部老镇区和南部新镇区“三区”并进发展新格局。持续推动老镇区3年综合整治、南部新镇区城市提升项目实施，完成运河路、润园路等主干道路改造提升工程，天禧北路污水管网改造工程及2座农桥改建、7座通航桥梁防撞设施工程。完成中日（常州）智能产业园201户、星宇车灯股份有限公司81户搬迁任务。完成金牛里安置小区1730套分房，涉及770户。常州市新北区奔牛初级中学异地新建项目主体工程完成超50%。成立金牛里社区居民委员会。投资6500万元推进大运河生态廊道工程，一期、二期、三期（南岸）工程及北岸立面修复工程完工。规范道路交通、沿街立面、环境卫生等管理，迎宾路通过市级精品道路验收，星光城菜场建设和奔牛农贸市场改造提升工程有序推进。持续开展重点河道消劣整治，完成西河沿线9家企业和九里集镇3家企业厂区雨污水分流改造。全年整治问题小微水体37个，金孟河生态河道通过市级验收，河道长效管理考核居全区第一，奔牛镇金联村被评为市小微水体河长制示范村。推进大运河镇区段水环境综合治理项目一标段工程，20个自然村农村污水处理项目进场施工，运河奔牛段出境水质得到改善。农村生活垃圾分类回收和20个规划发展村污水治理设施实现全覆盖，村庄环境长效管理考核实现全区“六连冠”。全年创成省级特色田园乡村2个、省级生态文明村2个、市级美丽乡村1个、区级美丽乡村2个以及区级美丽宜居示范村20个。

大运河奔牛段　（区委宣传统战部 供图）

【社会事业】 2022年，奔牛镇农村居民人均可支配收入51431元，新增就业1250人，支持成功自主创业250人，帮助就业困难人员再就业215人，补贴职业技能培训500人，发放困境儿童基本生活费补贴、尊老金、残疾人“两项补贴”570万余元，新增农村奖励扶助409人，农村奖扶金惠及2924人。推进奔牛初级中学异地新建和中天实验学校（九年一贯制）建设，率先在全区开展幼教员额制试点工作。年内，各校（园）获集体荣誉131项、入选市“三名”（名校、名校长、名老师）工程22人，常州市新北区奔牛实验小学等3所校（园）获区“教育三十年突出贡献奖”，江苏省奔牛高级中学被评为全省首批民族团结进步示范单位；“银杏”教育基金全年奖励金额99.5万元，表彰先进个人122人、优秀项目15个；镇被评为市基础教育综合改革实验乡镇。启动常州市新北区奔牛人民医院二级甲等医院创建工作，新发热门诊正式投用，新住院大楼竣工交付。常州市新北区奔牛镇福利院公建民营项目正式运营，新增养老床位113张，全年居家援助服务对象2089人。开展“喜迎党的二十大”主题系列活动，举办“百姓名嘴”宣讲、文艺会演、道德讲堂等各类活动100余场，开展送戏下乡、戏曲大家唱活动300余场。镇自编自演的小品《英雄的一家》获江苏省第十五届五星工程奖网络最佳人气作品奖。推广"奔牛有故事"文化项目，12期节目累计传播量超200万次。与南京林业大学、常州工学院等高校合作编撰《奔牛镇文化遗产重要文献与史料研究》，挖掘地方文化内涵。设立全区首个镇级"办不成事"反映窗口，行政事务开放式接受群众监督，社会公众满意度评价连续2年位居全区前列。年内，镇司法所被评为省公共法律服务工作成绩突出集体和省后续照管工作成绩突出集体，镇综合行政执法局被常州市城市管理综合执法局评为AAAAA级综合行政执法局；五兴村农家书屋被评为常州市2021年度四星级示范农家书屋。

【新市村甲鱼】 奔牛镇新市村甲鱼人工养殖始于1985年，20世纪90年代，随着市场对甲鱼需求的增加，温室养殖逐渐兴起，并出现养殖甲鱼水产专业户。2020年，温室甲鱼产业行情下滑，新市村对甲鱼的野生资源开展收集与保护，尝试把甲鱼放在外塘水域，为甲鱼创造原生态的成长环境，探索和研究甲鱼生态养殖技术，先后开展池塘生态鳖套养应用、中华鳖高效安全规模化养殖技术集成与综合示范、稻田生态综合养殖技术研究与开发等科研项目。经过3年发展，全村形成集池塘专养、鱼塘套养、稻田套养、大水面放养于一体的具有新市村特色甲鱼生态养殖模式。新市村甲鱼产品远销上海、浙江、江西、广东等地。2022年，有甲鱼养殖户8户，甲鱼养殖量600吨，产值1950万元。

（奔牛镇市场监督管理分局）

【奔牛黄酒】 奔牛黄酒始于唐宋时期，漕运业兴旺带动奔牛镇酒肆兴起，至清末，全境有百余家糟坊，成就邵公记、合盛、协和等奔牛酒糟坊，酿酒业发达。中华人民共和国成立前夕，12户糟坊专制奔牛本地黄酒，年产1350吨，远销沪宁线和京津线上的各大城市。中华人民共和国成立后，奔牛黄酒年产量达257吨。奔牛黄酒原料采用西南诸乡所出上等糯米，色微黄，味醇厚饱满，酒精度与绍酒相仿。所榨剩之糟，香味浓郁，俗称"香糟"，可制作名菜"糟扣肉"。2022年，奔牛黄酒销售额200万余元，带动当地村民就业及城市青年返乡创业。

【奔牛镇被评为2019—2021年度省文明村镇】 1月，奔牛镇被评为2019—2021年度江苏省文明村镇。2019—2022年，奔牛镇对照省级文明村镇的创建标准，开展精神文明系列创建活动。推动新镇区、老镇区、产业园区"三区融合"和镇村一体化发展，星港大道等10余条市区主干道路建成通车，运南路等百余条镇村道路修建完善，新孟河延伸拓浚工程（奔牛段）基本完工并实现通水。优化全镇村庄布局规划，持续开展美丽乡村建设，塘上村获批第四批省级特色田园乡村，东桥村、何家塘村、新市村被评为2019—2021年度江苏省文明村，史陈家村入选市级美丽乡村示范点，五兴村等4个行政村被评为市级农村人居环境整治综合示范村，塘上村、祁家塘入选区级美丽乡村试点，全镇建成区级美丽宜居示范村20个。持续完善"奔牛事·奔跑办"审批服务品牌，推动形成网上办、集中批、联合审、代办制、不见面的办事模式，增强企业群众满意度。推动教育优质均衡发展，发挥"银杏"教育发展基金会作用。全年开展志愿活动1864场次，服务超6万人次。推进文明单位、文明村、文明家庭等创建活动，张贴各类公益广告，发放宣传手册，引导广大群众文明用语、文明出行、文明就餐。全年开展文艺活动30次、惠及5万余人次，举办培训班36次、惠及2000余人次，展览7次惠及10万余人次，送戏下乡89次、惠及7万余人次。

（闫建勇）

【"龙城e诉中心"新北奔牛站成立】 8月30日，"龙城e诉中心"新北奔牛站成立。"龙城e诉中心"设诉讼服务区和视讯服务区2个工作区，其中诉讼服务区通过电脑可实现网上立案、提交材料、联系法官、案件查询、网上阅卷、文书打印、网上信访等功能；视讯服务区可远程进行在线调解、在线听证、在线开庭等，为在线诉讼活动提供场所、技术、环境保障，提升庭审质量、提高庭审效率。奔牛镇群众依托"龙城e诉中心"，在线可以办理从立案、调解、开庭，到执行、信访的全流程诉讼服务，打通诉讼服务"最后一公里"。

（蔡文娟）

【"办不成事"反映窗口设立】 9月17日，奔牛镇便民服务中心设立全区首个镇级"办不成事"反映窗口，畅通群众诉求渠道，促进办事效率提高。群众如在事务办理过程中遇到疑难事项及复杂问题，或者对拟办理事项因政策限制无法进行办理的情况存疑，可找到"办不成事"反映窗口进行反映或寻求帮助，"办不成事"反映窗口接到问题诉求后，将由窗口受理员首问负责，建立起"接待受理、沟通协调、分类处办、综合研判、答复反馈"的全流程管理机制，并将处理进度实时告知，持续跟踪，确保问题诉求得到解决。至年末，"办不成事"反映窗口共解答群众咨询24件，解决"办不成事"反映问题10件。

（吴 燕）

【大族锂电常州公司锂电模组整线下线暨机加中心开工仪式举行】 11月9日，深圳市大族锂电智能装备有限公司常州公司锂电模组整线下线暨机加中心开工仪式在奔牛镇举行，省储能行业协会相关人员，区、镇相关领导，大族锂电常州公司高层领导以及供应商代表300余人参加。大族锂电常州公司是深圳市大族锂电智能装备有限公司子公司，专门为华东地区新能源客户提供锂电设备及整包服务，客户涵盖中创新航、宁德时代、零跑汽车、零湃新能源等知名企业，生产的主要产品有锂电模组整线、PACK整线等。公司配备大族机加中心，实现关键配件、机加件的独立生产，确保产品品质和供应稳定。

（周翔宇）

新桥街道

2022年新桥街道经济和社会主要指标统计表

表68

指标名称		单 位	数 值
行政区域面积		平方千米	27.14
行政村		个	7
社区		个	5
年末户籍人口		万人	4
地区生产总值		亿元	88.84
财政总收入		亿元	14.87
地方一般预算收入		亿元	6.25
居民人均可支配收入		元	56896
农业总产值		万元	14441
粮食总产量		吨	3031
工业总产值		亿元	95.28
工业产品销售收入		亿元	94.32
工业利税总额		亿元	11.37
企业	全部企业	个	1399
	其中，工业企业	个	571
全社会固定资产投资		亿元	59.7
学校		所	5
医院、卫生院机构数		个	2

【概况】 新桥街道位于常州国家高新区（新北区）中心地带，东临澡港河，南接龙虎塘街道、三井街道，西依薛家镇，北靠常州滨江经济开发区。至2022年年末，街道行政区域面积27.14平方千米，辖行政村7个、社区5个，户籍人口4万人，常住人口8.6万人。全年完成地区生产总值88.84亿元，公共财政预算收入6.25亿元，全社会固定资产投资59.7亿元；全年第二产业增加值34.22亿元，第三产业增加值53.77亿元。18家工业企业销售收入超亿元，新增规模以上工业企业6家。全年实际到账外资3351万美元，外贸进出口额实现41.5亿美元。年内，街道被评为江苏省文明单位，马鞍桥村被评为江苏省文明村，道乡社区被评为新型农村社区治理服务省级示范点建设单位。

【农业】 2022年，新桥街道在朱家弄村大丁家村、马鞍桥村包墅村开发平整原村基地块总计20.67公顷，用于粮食生产，通过架设加压水泵、电路改造、采用倒虹吸技术等措施修建临时泵站，解决水源问题。经第三方核查，街道“三麦”种植面积143.33公顷，水稻种植面积219.27公顷，新增水稻面积18.53公顷。完成休耕轮作面积62.2公顷；下发农户水稻专用配方肥84吨，商品有机肥250.2吨；推广种植水稻优质品种“武科粳7375”“银香38”等180公顷；引进双抗（抗赤霉病、白粉病）优质高产小麦品种“扬麦33”1.675万千克。落实国务院粮食稳产保供措施，收获小麦、玉米、水稻面积分别为143.33公顷、44公顷、219.27公顷。全面推进农产品质量安全建设，设立农产品质量安全服务站，辖区内农业生产主体和农资经营店均签订农产品质量安全承诺书，街道农业农村局通过智慧农业移动监管平台下乡抽查232次，抽样检测1788批次，合格率100%。开展农业机械设备年审工作，18台设备通过年审。开展农业机械设备安全检查5次，发现安全隐患5处，年内全部整改到位。支持农户购买智能大中拖、植保飞机、智能插秧机各1台，总计40.7万元。

【工业】 2022年，新桥街道全年完成工业总产值95.28亿元，实现工业产品销售收入94.32亿元，实现工业利税总额11.37亿元。57家规模以上工业企业销售收入84.74亿元，规模以上工业总产值81.77亿元。装备制造、新材料、新能源汽车核心零部件三大支柱产业全年完成产值79.32亿元。围绕“千企升级”总目标，指导45家企业纳入专精特新培育库，其中被评为省级专精特新企业7家，被评为市级专精特新企业5家；被评为星级上云企业10家，完成“智改数转”诊断企业50家；被评为市级企业技术中心3家。全年招引符合区“两特三新一智能”产业方向的先进制造业项目2个，其中超10亿元重大产业项目1个。推进常州天山重工机械有限公司海上风电齿轮项目、越新传动齿轮箱总成生产项目入库市重点项目并开工；13个在库市、区重点项目完成投资26亿元。新增高新技术企业14家，有效发明专利659件，完成技术合同成交额8.7亿元。新增落户科技型中小企业类项目19个，入选“龙城英才”创业类项目11个、创新类项目1个。加快产业载体建设，完成增效地块4宗，盘活低效用地面积6.67公顷，新开工各类产业载体面积超16万平方米。

【服务业】 2022年，新桥街道33家规模以上服务业企业完成营业收入16.48亿元，比上年（下同）增长16.81%；限额以上批零住餐企业销售额57.58亿元，增长43.73%；限额以上社会消费品零售额24亿元，增长31.7%。全年招引注册资本超500万元的优质服务业项目8个。街道有商办楼宇8座，总面积34.81万平方米，入驻企业280余家。推进国际人才广场、领航大厦、创智大厦、星耀城等建设，全年新增科创载体面积2.2万平方米；东奥新谷普顺达科技园、帝亨科技园、环申智谷孵化园等民营双创载体建成投入运行，入驻企业30余家。常州工学院退役光伏组件资源化利用工程研究中心、长三角碳纤维及复合材料技术创新中心被评为省级企业研发机构，其中长三角碳纤维及复合材料技术创新中心获批全市首家省级创新中心；盛泰科技智造园被评为市级孵化器。

【城乡建设】 2022年2月，新桥街道对朱家弄村仇市桥启动提前拆迁，拆除民房25户，拆迁面积1.4万平方米，乐山路两侧民房基本拆除完毕。7月，启动长江路以东、浏阳河路以南史墅、仲家拆迁项目，完成162户住宅、5户非住宅拆迁工作。推进旅游商贸西、新桥高中东、常州工学院南、新景五期东等7个闲置地块整理工作，平整土地面积40.53公顷。开展云河路精品街道和市容环卫示范路创建工作，滨江农贸市场全面改造。实施老小区改造工程，通过消防设施改造、雨污水乱接整改、建筑物外墙翻新等措施，排除部分老住宅小区安全隐患。完成锦海星城一期二期、滨江明珠城、新立名园小区消防整体改造方案编制。推进新景花苑、新龙花苑及馨都苑安置房产权证办理，全年办理不动产权证约600套。与龙控集团对接，推行“城市大管家”模式，云河路试点智慧停车管理，新景四期物业正式进场，6个小区完成垃圾智能分类省级、市级达标创建。开展秸秆、散煤禁烧等专项行动，强化施工工地扬尘管控，街道$PM_{2.5}$年平均34.1微克/米^3。全域推进入河排污口排查整治和农村水环境综合治理，开展6个村20条沟塘清淤工作，全面消除黑臭水体。对6条河道实施岸坡修复、绿化整改，东风大沟通过农村生态河道验收，澡港河西支被评为常州市幸福河湖管护样板河道，6条河道创成市级幸福河湖。开展危险废物、固体废物专项整治，组织现场核查30余次，排查安全隐患40余处，完成104家企业固废信息化管理，63家产废单位纳入全生命周期系统管理。

【社会事业】 2022年，新桥街道以“社区建设提升年”为契机，推进社区治理。成立街道社工站并通过市级验收，望湖社区创成全科社工服务示范窗口。开展“社区建设提升年”活动，新龙湖社区党群服务中心“15分钟便民服务圈”提档升级，打造江湾社区、锦海社区“一社一品”优秀社区服务品牌。不断发展教育医疗事业，9月，常州市新北区银河云峯幼儿园开园，常州市新龙实验学校（南京师范大学常州实验学校）投用，启动实施新桥卫生服务中心中医馆改造工程。持续提

位于新桥街道的新龙湖音乐公园　　（新桥街道 供图）

升政务服务能力，街道便民服务中心在全市率先采用“零距离、敞开式”服务方式，设置服务窗口19个，其中“无差别”综合窗口6个、税务专窗3个、市场监管专窗2个、公安专窗5个，全年窗口业务量突破3万件。落实惠民保障政策，常态化开展低收入人口认定工作，加强低收入人口的常态监测、动态管理和精准救助。全年清理低保户2户4人、边缘户4户7人，临时救助4户。专项排查特殊困难群体，累计排查419人；重视残联工作，升级改造爱立方工作室，新建郭塘桥村残疾人之家；全年完成623名残疾人数据核查，为231名残疾人及家属提供免费体检，推进“防残助残光明行”白内障脱盲复明工作，完成街道和村（社区）两级残联换届选举工作。强化劳动权益保障，开展就业帮扶和职业技能培训，全年登记就业141人、培训162人。推进“线上线下”就业服务，提供就业岗位827个。受理调解劳动纠纷121起，调解率87.6%。开展企业劳动监察130家，宣传社保相关政策，及时化解苗头性案件。依托街道为民服务中心创建常州市“15分钟医保服务圈”示范点，承接23项医保经办服务事项，为居民办事提供便利。丰富群众文化生活，开展文化“三送”工程，新设立免费电影放映点10个，开展送戏下乡活动12场，社区天天乐活动18场，送书到村（社区）1000余册，惠及群众5万余人。

【新桥街道被评为示范性常州书法街道（镇）称号】 12月，新桥街道被市书法家协会授予示范性常州书法街道（镇）称号。新桥街道是宋代大文学家邹浩的故乡，以其号起名的道乡书院，曾坐落在街道的文昌阁内。1985年2月，新桥书画学会成立；2010年，常州市老年书画研究会在新桥街道设立分会；2022年1月，常州市书法家协会创作基地在新桥街道综合文化服务中心落成。街道综合文化服务中心开设春季、秋季书法培训，暑期少儿书法培训，聘请书画协会成员担任老师，吸引辖区内众多居民和儿童参与书法学习；鼓励书画爱好者加入并壮大协会队伍，助力街道文艺事业发展。

（于　杰　李　衡）

三井街道

【概况】 三井街道位于常州国家高新区（新北区）东南方，常州市行政服务中心坐落境内。至2022年年末，全街道行政区域面积24.42平方千米，户籍人口16.26万人，常住人口25.2万人，辖社区24个。2022年，街道完成地区生产总值558.11亿元，地方一般预算收入26.35亿元，固定资产投资79.8亿元，实现外资到账2.08亿美元。年内，三井街道被评为全国智慧养老示范街道、全国妇女儿童权益先进集体、江苏省文明单位、2021年度全省基层党员冬训工作示范街道；“井”钟常鸣新媒体普法项目被“长安评论”微信公众号刊载并在全国推广；藻江社区被评为第五批国家级充分就业社区，绿都万和城社区被评为全国综合减灾示范社区。辖区创意产业园区被评为2021—2022年度省级电商示范基地，三晶科技园第八次被评为国家级科技企业孵化器年度评价（A类）；有效期内高新技术企业数276家，技术合同登记成交额14亿元。62个社会组织项目在市、区各类公益创投活动中获奖；开展第5届

2022年三井街道经济和社会主要指标统计表

表69

指标名称		单 位	数 值
行政区域面积		平方千米	24.42
社区		个	24
年末户籍人口		万人	16.26
地区生产总值		亿元	558.11
财政总收入		亿元	50.69
地方一般预算收入		亿元	26.35
居民人均可支配收入		元	72157
农业总产值		万元	—
粮食总产量		吨	—
规模以上工业总产值		亿元	362.7
规模以上工业产品销售收入		亿元	371.2
规模以上工业利税总额		亿元	57.3
企业	全部企业	个	—
	其中，工业企业	个	—
全社会固定资产投资		亿元	79.8
学校		所	11
医院、卫生院		个	2

“微创新·微公益”项目设计大赛，37个项目获奖。街道各社区（部门）购买社会组织服务项目26个。年内，三井人民医院被评为国家级基层医疗卫生机构专科建设优秀单位。

（王茹燕）

【工业】 2022年，三井街道实现规模以上工业总产值362.7亿元。列入市、区重点项目13个，其中市重点项目4个、区重点项目9个，完成投资34.94亿元。引进总投资1000万美元或1亿元以上的“两特三新一智能”产业项目4个；注册资本500万元以上优质服务业项目16个、科技型中小企业28个。鼓励企业加大技改投入，组织重点企业完成专精特新、智能车间、“两化融合”和企业上云等专项申报，全年经济、科技发展条线获上级扶持资金9000万余元。年内，常州星宇车灯股份有限公司通过国家级智能制造优秀场景认定；常州华威模具有限公司通过国家级单项冠军企业认定；江苏宏微科技股份有限公司通过国家级专精特新“小巨人”企业认定，15家企业通过省级专精特新中小企业认定；宏微科技股份有限公司通过发改部门的省级、市级企业工程研究中心认定，华威模具有限公司、江苏金刚文化科技集团股份有限公司通过工业和信息化部门的省级企业技术中心认定；江苏环亚医用科技集团股份有限公司获得苏锡常首台（套）重大设备认定；2家企业获得省级工业化信息化融合贯标企业AA级认定，18家企业通过省级星级上云企业认定。

（钱渊源 周 晶）

【服务业】 2022年，三井街道大力发展科创文创、现代金融、高端商贸等主导产业，培育健康养老、教育培训、文化旅游等服务类项目，丰富“互联网+”应用场景，优化“三新”经济（楼宇经济、街区经济和总部经济）培育。全年，街道完成规模以上服务业营业收入145.55亿元，比上年（下同）增长11.24%；完成服务业投入70亿元，占固定资产投资比重87.7%；第三产业占GDP比重71.6%。至年末，楼宇企业全口径税收18.5亿元；规模以上贸易企业385家，现代服务业企业220家，住宿餐饮企业32家。

（黄 洁 曹 晖）

【城市建设】 2022年，三井街道景鳞天著幼儿园建成投用，常州市新北区三井实验小学完成新校区改造，常州市新北区三井第二实验小学主体封顶。实施河海新村老小区改造工程，涉及住宅楼18幢、单元50个、居民户590户。建筑物外墙出新面积44平方千米，内墙出新面积15平方千米，道路硬化面积9平方千米，停车位改造面积3平方千米，雨污管网改造3.2千米，绿化提升面积1.9平方千米，外墙排水管改造8千米。全年完成安置小区、幼儿园、自然村、河道、公共区域小微修缮申请221单，推进10万元以内零星工程19项。对8个安置小区实施渗漏水维修，涉及居民户120户。落实河长制工作，建立河长制工作交办单制度，对辖区内2条市级河道、6条区级河道、10条镇级河道开展巡查。推行小微水体河长制，开展长效管护，10个待整改小微水体均落实养护单位，小微水体脏乱面貌得到改善。三井街道澡港河东支创成市级示范幸福河湖。

（何 秦）

【社会事业】 2022年，三井街道落实基础养老和高龄居家政策，全年发放尊老金183.9万元，对在册低保71户104人、在册低保边缘86户133人、突发困难的家庭39户、困境儿童108人及在册享受“两项补贴”的残疾人716人等民政对象发放补贴681.58万元；兑现计生奖励优惠政策，发放独生子女父母奖励金3.67万元。街道退役军人服务站落实各项优抚政策待遇，办理并闭环发放优待证3352张，组织退役士兵参加适应性培训及补贴性教育培训，三井街道退役军人服务站被评为2022年度市优秀退役军人服务站。全年调解劳动纠纷案件1887件，其中一般劳资纠纷案件1521件、农民工工资纠纷案件366件；就业培训1836人，办理申请就业困难补助406人。全年开展“我爱我家”文化艺术节文艺演

常州市新北区三井实验小学外景　　（三井街道 供图）

出2场、文艺会演2场、优秀文艺作品巡演2场，开展文化艺术节之舞蹈培训16场、文化讲座10场，举办艺术展览6场，联合市文化馆开展市民艺术课堂60余场。新增市级健身器材1处10件，更换市级小区健身器材86件，维修其他健身器材50余次。举办五人制足球比赛，组织街道气排球队参加2022运动龙城大联赛市“美丽乡村”老年人气排球健身站点展示交流比赛等。年内，街道创成全国智慧健康养老示范街道，汉江路国际休闲旅游街区被评为省级旅游休闲街区培育单位，青氧艺术生活馆被评为2022年度江苏省“最美公共文化空间”打造对象，世茂香槟湖托育园被评为江苏省社区托育示范点，三井街道藻江幼儿园、天安幼儿园被评为常州市普惠托育机构。

（赵砚香）

【科技创新成果】 2022年，三井街道通过项目辅导、融资路演等方式，分层培育开展创新企业梯队建设。全年组织申报高新技术企业151家，认定100家；新建省级企业工程技术中心2家，市级企业工程技术中心10家。至年末，街道拥有潜在独角兽企业2家，瞪羚企业27家，高新技术企业276家，科技型中小企业落户33家；有国家级科创载体6个，省级以上技术研发机构54个；国家级重大人才计划33人，省“双创”团队4个，省“双创”人才50个，市“龙城英才”317个；永安行科技股份有限公司孙继胜入选国家重大人才工程B类；入选省双创项目6个，其中创业项目入选1个、创新项目入选4个、团队项目入选1个；大洋智能科技（常州）有限公司曹阳获省人力资源和社会保障厅创新创业大赛三等奖；市“龙城英才”创业类项目落户19个，创新类项目入选5个。年内，常发玉兰SPACE（空间）被省科技厅认定为省级众创空间，浙江大学常州工业技术研究院国家级孵化器获省科技厅申报推荐，浙江大学常州工业技术研究院、三晶世界科技产业园获市双创载体五星级评定，ASK众创部落、嘉壹度党群服务中心获市双创载体三星级评定。

（吴科飞）

【网格化治理创新】 2022年，三井街道建立街道党工委—社区（“两新”组织）党组织—网格党支部（网格党小组）—党员中心户（党员志愿者）纵向到底的四级网格管理机制，依托“1+3+N”（网格长，专职网格员、党员兼职网格员、微网格联络员，网格志愿者）的网格力量体系，深化社区点单、部门响应工作机制，把各类网格统一整合成“一张网”，全年办结联动处置事项3.5万条。科学划分园区企业、楼宇经济、菜场市场和街区商业网格，细化完善专属网格员职责任务清单，建成覆盖221个基础网格和67个专属网格的横向到边、纵向到底的全域网格化管理服务脉络。年内，三井街道建成衡山社区商圈专属网格党群服务站，专属网格“小微治理”赋能汉江路街区治理项目获年度市域社会治理创新项目二等奖，汉江路街区外卖送餐行业党委服务驿站“骑手网格员”治理模式被新华网报道。

（章　坚）

【兰翔社区空巢老年人关怀项目获省级二等奖】 3月，“微霞尚满天——兰翔社区空巢老年人关怀项目”获2020—2021年度第一批省优秀社会工作项目二等奖。兰翔社区针对“双高”（老龄化程度高、空巢老人比例高）难题，整合多方力量，通过编制蓝色服务手册、打印《养老服务目录清单》、成立“小老人”志愿者队伍，创建“抱团养老”新模式，为空巢“老老人”提供志愿帮扶。至2022年年末，“小老人”志愿者队伍为社区100名空巢老人提供“微爱定制”生活照料服务497次，“微爱添翼”小组活动18场，“微爱赋能”个案服务30次，“微爱有嘉”系列团体活动10次。

（郭　薇）

【兰翔社区被评为2021年度市优秀志愿服务社区】 2022年，兰翔社区被评为2021年度市优秀志愿服务社区。兰翔社区有针对性地先后建立老兵、文体、养老照护等志愿服务队13支，有志愿者960余人。志愿服务队为老年居民义务理发，常态化开展文艺演出、治安巡逻、养老助老、绿地养护等服务活动60余场，惠及6000余人。社区引导志愿服务队将志愿服务与基层治理深度融合，创新打造出党建引领+志愿服务、居民自治+志愿服务、暖心“五托”（一托“民情恳谈室”开通民情“直通车”，二托“民情联络员”架起民情“连心桥”，三托“民情日记”反映民意“晴雨表”，四托“民情热线卡”畅通民情“快车道”，五托“民情信箱”开设民意“新窗口”）+志愿服务的兰翔模式，助力缔造幸福社区。

（郭　薇）

龙虎塘街道

【概况】 龙虎塘街道位于常州国家高新区（新北区）东部，东临江阴市，西接常州高铁北站，南与中华恐龙园接壤，北与春江街道毗邻。至2022年年末，街道行政区域面积17.12平方千米，辖社区6个，有户籍人口3.4万人，常住人口7.8万人。全年完成地区生产总值232.08亿元，其中第二产业增加值130.71亿元、第三产业增加值101.37亿元，完成全社会固定资产投资53.71亿元，实现地方一般预算收入

2022年龙虎塘街道经济和社会主要指标统计表

表70

指标名称		单 位	数 值
行政区域面积		平方千米	17.12
社区		个	6
年末户籍人口		万人	3.4
地区生产总值		亿元	232.08
财政总收入		亿元	35.17
地方一般预算收入		亿元	17.84
居民人均可支配收入		元	70579
农业总产值		万元	—
粮食总产量		吨	—
工业总产值		亿元	593.45
工业产品销售收入		亿元	990
工业利税总额		亿元	66.25
企业	全部企业	个	6548
	其中，工业企业	个	410
全社会固定资产投资		亿元	53.71
学校		所	3
医院、卫生院机构数		个	1

17.84亿元，完成到账外资7414万美元。全年有市重点项目12个、区重点项目5个，新入库重点项目4个、竣工重点项目4个、新开工重点项目6个。年内，街道被评为江苏省文明单位、江苏省群众体育先进单位、常州市基础教育综合改革实验乡镇，牡丹国际花园被评为第二批党建引领物业管理服务工作省级示范点。

【工业】 2022年，龙虎塘街道拥有规模以上工业企业96家，完成规模以上工业总产值568.63亿元，比上年（下同）增长7.1%；全部工业销售收入990亿元，增长50%；实现进出口总额347亿元，增长12.9%。智慧能源产业完成产值350亿元，增长8.55%；新一代信息技术产业完成产值122亿元，增长5.56%。有效期内高新技术企业78家，有效发明专利1125件、高维持年限发明专利231件，技术合同登记成交额9.19亿元。申报省“双创人才”创新类项目4个，入选国家重大人才工程B类2人、市“龙城英才计划”创业类项目15个、市领军型创新人才4人。新增国家级专精特新企业5家、省级专精特新企业9家。新增企业技术中心、工程技术研究中心、省级工程中心计19家，其中省级8家、市级11家。净增高新技术企业22家，高新技术企业保有量84家。年内，江苏常荣电器股份有限公司、江苏天合储能有限公司创成博士后科研工作站。常州天合光能有限公司入选苏南研发投入百强企业，江苏宏微科技有限公司入选新一轮省创新型领军企业培育库。至年末，街道有博士后科研工作站4家。

【服务业】 2022年，龙虎塘街道有江南环球港、常州月星国际家居广场、江苏长江塑料化工交易市场、江南五金机电城、常州长江自由贸易中心、常州农机机电市场、4S汽车市场、常州美卡摩二手车市场、常州美特现代机电城9个市场。限额以上批零售住餐企业有182家，年销售额528.6亿元，增长38.5%；规模以上服务业企业21家，涉及运输业、租赁和商务服务业、科学研究和技术服务业、文化体育和娱乐业等行业门类，全年实现营业收入10.48亿元，增长19.26%。

【城市建设】 2022年，龙虎塘街道完成传感小镇融创中心场外施工，完善街道党群服务中心公共服务配套设施，实施新苑三路和小塘路提升工程、创新一路建设精品街道工程等项目33个。启动“城市大管家”服务模式，龙控城服·智慧管家平台系统正式上线。提升水生态，优化水环境，街道在2022年区级河道长效管理考核中位列第一；完成南街公园景观河小微水体整治和区级生态河道李大河的整治，澡港河东支创成市级示范幸福河湖，新龙河（龙虎塘段）、玲珑景观河创成区级幸福河湖。全年养护绿地面积66.4万平方米，营造优美整洁绿化环境。年内，街道实现全域智能化垃圾分类，创成省级垃圾分类达标小区6个，累计14个。

【社会事业】 2022年，龙虎塘街道被评为常州市基础教育综合改革实验乡镇，常州市新北区龙虎塘中心幼儿园被评为常州市基础教育综合改革实验学校、常州市优质融合教育资源中心；常州市新北区龙虎塘第二实验小学创成常州市新优质学校，常州市新北区龙虎塘中学被评为江苏省青少年科技教育工作四星级先进集体。全年，龙虎塘社区卫生服务中心完成门急诊13.86万人次，出院388人次。推进常州市新北区龙虎塘中学改扩建项目，完成老年友善医院基础设施建设，漫柏未来人才社区服务站投入使用，推进红溪龙贝贝托育园建设。推动文体旅融合发展，举办“龙虎夜里厢”文旅生活节等特色活动；文化场馆全年举办活动915次，服务54万人次。“龙娃虎妞趣学堂”项目被评为江苏省社区教育、老年教育特色品牌培育项目，常州市终身学习品牌项目；举办江苏省长江经济带全民健身大联动主题活动，街道被评为省群众体育先进单位。坚持就业优先，全年开展线上线下招聘活动8次，提供岗位5000余个，困难人员就业92人；建立农民工工资案件协同处理机制，全年调解劳动争议案件420起。落实低保标准自然增长机制，全年发放低保金、残疾人“两项补贴”、临时生活救助等316万余元；为高龄、经济困难、失能老年人提供居家养老服务，全年服务631人，为80周岁以上老人发放尊老金共47.7万元。深化“放管服”改革，承接市场监管事权5项、市民卡业务及医保业务，设立“办不成事”反映窗口，新增业务30余项，创成“15分钟医保服务圈”市级示范点，办理23项医保业务。年内，街道便民服务窗口办件4.26万件，“12345”热线工单数2733件，办结率100%，街道为民服务中心被评为“家门口办好事”示范点。成立矛盾纠纷化解联合工作小组，全年调解案件407件，涉及金额417.2万元，调解成功率100%。完成退役军人建档立卡及优待证申领工作，发放优抚对象补助金和无军籍职工工资797万元。街道被评为区双拥先进集体，街道退役军人服务站被评为2022年省优秀退役军人服务站。

【“龙虎创咖谈”发布仪式举行】 11月，常州国家高新区智慧能源产业协同发展沙龙活动暨“龙虎创咖谈”发布仪式在常州福记逸高酒店举行，市、区、街道领导及企业负责人共300余人参加活动。活动现场，区委书记、区党工委副书记周庆致辞，上市企业负责人分享经验，专业人士为重点上市后备企业答疑解惑。年内，龙虎塘街道为持续优化产业发展和营商环境，架好政企“连心桥”，启动“龙虎创咖谈”品牌系列活动。活动以共建共享方式构筑产业发展创新交流服务平台，实现企业、政府各类资源共通共享。

8月4日，“龙虎夜里厢 文化进万家”精品文艺进社区活动场景

（龙虎塘街道 供图）

【“城市大管家”试点项目启动】 11月，“城市大管家”龙虎塘街道试点项目启动仪式在新北区三江口公园举行。“城市大管家”项目通过大数据平台赋能城市智慧运营，搭建涵盖环卫保洁、园林绿化、市政设施养护等多板块智能化管理系统，对散落在城市生活中的数据整合分析，打破原有管理“碎片化”、作业内容零散化的格局，建设城市服务“一盘棋”新局面。“城市大管家”模式以“管理+服务+运营”模式实施系统性、体系化城市运作，由龙控集团为运营商，依托智慧管家平台，开展城市环境、市容市貌的一体化、标准化协同管理，解决区域间、项目间因边界模糊造成的推诿扯皮现象，加强社会资源的通盘调度和协同管理。“城市大管家”试点项目启动标志着龙虎塘街道城市管理由传统模式向“全要素”管理模式转型。街道在片区内设置大管家4人和片区组长6人，结合城市管理网格，开展拉网式摸排、市容环卫大扫除，提高作业标准，扩大作业时间，推进街道城市管理工作智能化、规范化、精细化。

（袁怡娟）

春江街道

【概况】 春江街道位于常州国家高新区（新北区）北部，东邻无锡江阴市，南临沪宁高速公路，西接魏村街道，北靠长江。至2022年年末，街道行政区域面积45.6平方千米，辖社区11个，户籍人口5.04万人，常住人口8.47万人。街道有限额以上批发零售业21家，规模服务业企业12家，行政事业单位

2022年春江街道经济和社会主要指标统计表

表71

<table>
<tr><th colspan="2">指标名称</th><th>单 位</th><th>数 值</th></tr>
<tr><td colspan="2">行政区域面积</td><td>平方千米</td><td>45.6</td></tr>
<tr><td colspan="2">社区</td><td>个</td><td>11</td></tr>
<tr><td colspan="2">年末户籍人口</td><td>万人</td><td>5.04</td></tr>
<tr><td colspan="2">地区生产总值</td><td>亿元</td><td>218.16</td></tr>
<tr><td colspan="2">财政总收入</td><td>亿元</td><td>31.74</td></tr>
<tr><td colspan="2">地方一般预算收入</td><td>亿元</td><td>11.46</td></tr>
<tr><td colspan="2">城镇居民人均可支配收入</td><td>元</td><td>55812</td></tr>
<tr><td colspan="2">农村居民人均可支配收入</td><td>元</td><td>—</td></tr>
<tr><td colspan="2">农业总产值</td><td>万元</td><td>17000</td></tr>
<tr><td colspan="2">粮食总产量</td><td>吨</td><td>209</td></tr>
<tr><td colspan="2">工业总产值</td><td>亿元</td><td>554</td></tr>
<tr><td colspan="2">工业产品销售收入</td><td>亿元</td><td>548</td></tr>
<tr><td colspan="2">工业利税总额</td><td>亿元</td><td>11</td></tr>
<tr><td rowspan="2">企业</td><td>全部企业</td><td>个</td><td>2709</td></tr>
<tr><td>其中，工业企业</td><td>个</td><td>1349</td></tr>
<tr><td colspan="2">全社会固定资产投资</td><td>亿元</td><td>77</td></tr>
<tr><td colspan="2">学校</td><td>所</td><td>5</td></tr>
<tr><td colspan="2">医院、卫生院机构数</td><td>个</td><td>1</td></tr>
</table>

6家，有资质的建筑业企业5家，房地产企业3家。全年完成地区生产总值218.16亿元，其中第二产业增加值153.2亿元、第三产业增加值63.26亿元；完成规模以上工业企业总产值503.9亿元，完成规模以上工业企业开票销售497.8亿元；规模以上工业企业实缴税金9.1亿元；实现地方一般预算收入11.46亿元；完成进出口总额9.26亿元。全年街道直接服务企业投资超500万元项目有17个，其中当年完成投资超5000万元项目5个。

【农业】 2022年，春江街道完成粮食播种面积目标任务，实现农业总产值1.7亿元，粮食总产量209吨，耕地总面积751.45公顷，其中小麦种植面积158.64公顷、水稻种植面积138.36公顷、大豆种植面积75.33公顷。全年创成区级示范家庭农场5家，区级优秀示范家庭农场3家；全街道有家禽鸡2178羽、鸭969羽、鹅258羽、羊74只；渔业养殖面积13.33公顷，主要品种有鲫鱼、鲢鱼、草鱼、青鱼、鳊鱼。

【工业】 2022年，春江街道有规模以上工业企业158家。其中，街道服务区域内规模以上工业企业61家，完成街道直接服务规模以上工业总产值49.9亿元，实现工业产品销售收入49.4亿元。13家企业通过2022年高新技术企业认定，至年末直接服务有效期内高新技术企业数28家。常州晟威机电股份有限公司通过省级和市级专精特新中小企业认定，入选江苏省服务型制造示范企业、市级工业设计中心；常州大千科技股份有限公司入选省产教融合型试点企业；常州赛达电气有限公司入选省高新区瞪羚企业；江苏中江焊丝有限公司创成省级工程技术研究中心，入选市级重点培育和发展的国际知名品牌名单；常州凯恩迪斯汽车零件分选服务有限公司通过省三星级上云企业认定；常州大千科技股份有限公司创成常州轨道交通精密零部件科技企业孵化器；常州滨江资产投资有限公司创成滨江创客工寓众创空间；医用氯磺化聚乙烯含铅干箱手套项目、新能源汽车热泵空调温压传感器项目、电子胶粘剂与特种化学品项目入选市“龙城英才”计划创业类项目；常州常超模具有限公司创成常州市工程技术研究中心；有3家企业入选2022年度区工程技术研究中心。

【服务业】 2022年，春江街道直接服务仓储物流企业3家，规模餐饮企业1家。年内新增直接服务限额以上贸易企业4家，有直接服务各类重点贸易企业、现代服务业企业33家。以星河国际为中心，引进新华书店、世纪联华超市、明都超市各1家，首次引进明星商铺麦当劳；加快推进百丈工业园转型升级，建成缔豪产业园、超云科创园，全面提升产业层次，推动园区产业迭代升级。

【城乡建设】 2022年，春江街道完成团结路精品街二期项目建设，街道核心区面貌全面提升。推动老澡港河水环境质量提升及服务一体化项目，全面提升河道水质。推进常规道路养护，重建农村桥梁1座，开展辖区农村公路桥梁常规检测，发现问题均整改到位。全年完成23万平方米绿化养护日常巡查，处理平台上报绿化事件205件。实施集镇区天然气供应管线改造工程，惠及居民户412户。印发《春江街道2022年度拆迁闲置地块综合管控考核方案》，启动长江路东侧、西侧土地整理项目签约率100%，腾空率100%；老桃花港河道整治工程项目，完成签约率83%，腾空率50%。推进百馨苑五期安置房抽签工作，完成第一批1568户、共3409套安置房屋的抽签工作。通过实施技防，红外感温遥测、自动报警、监控抓拍、协同调度网格员赶赴现场处置指令，形成与人防日常巡视监管相结合的综合管控体系。定期使用无人机巡航扫描，运用专业软件开展图斑比对，精准遏制新增违章建筑和违法用地，有效管理拆迁闲置地块面积775.33公顷。

【社会事业】 2022年，春江街道完成常州市新北区圩塘中心小学多功能楼项目建设并投入使用，春江医院发热门诊项目建设完成主体封顶。1月，常州市新北区圩塘中心小学和常州市新北区百丈中心小学被评为江苏省智慧校园、常州市新北区百丈中心幼儿园被评为江苏省近视防控示范校；5月，圩塘中心小学被评为省级长江生态文明主题课程基地；8月，春江楠木厅被常州市归国华侨联合会命名为常州市华侨文化交流基地。春江街道便民服务中心设置综合窗口14个，提供政务服务170项，全年服务6万人次；制定助残服务“一件事”办理联系单，服务事项涵盖10大类、30个事项。10月，街道行政审批局联合综合行政执法局，为圩塘菜市场24户经营者提供营业执照帮代办服务。至年末，街道新增就业人数6000余人，灵活就业人员社保补贴230余人，就业困难人员再就业80余人。开展3场线上线下专场招聘会，联合江苏理工学院举办校园招聘会1场，服务企业226家次，提供就业岗位5300余个，达成就业意向670人。引进企业紧缺人才800余人，其中包含高级技工、技师200余人。引进高层次人才133人，为68人申报新就业大学生租房补贴。城乡劳动力培训30人，创业培训70人，辖区企业新增高技能人才200余人。全年调解劳动监察直通车案件15件，创建常州市和谐号调解直通车站点。年内，完成退役军人的建档立卡工作，并发放优待证。对2021年退役军人开展培训和推荐就业。实施康复救助工程，为150名老年人提供免费白内障检查，对15名长期住院的精神病人实施医疗救助，为212名精神残疾患者开展健康体检。提升改造残疾人之家，为28名残疾儿童实施康复救助，减免金额54.98万元，为4户困难残疾人家庭提供无障碍改造。组织38名特扶对象参加健康检查，为77名特扶家庭成员提供家庭医生签约服务；持续推进特扶家庭投保“住院护理险”，投保率100%。全年开展文艺演出278场，各类文化培训15场，社区天天乐18场，优秀电影展映198场，各类文艺活动47场，服务32万余人次。新增体育场地2处、健身器材6套、面积4.16公顷。开展全民阅读春风行动——好书带回家系列活动3场，“书香楠木”亲子阅读活动12场，农家书屋主题阅读活动88场。9月，举办“春江花月夜”中秋晚会，楠木厅全年接待调研活动64场2088人次；春江书院全年接待阅读人员1.82万人次，借阅图书2.34万次。

（江　越）

春江书院一隅　　（春江街道 供图）

魏村街道

【概况】 魏村街道位于常州国家高新区（新北区）北部，东邻春江街道，西接孟河镇、西夏墅镇，南临新桥街道、薛家镇，北靠长江，至2022年年末，街道行政区域面积106.5平方千米，下辖行政村12个、社区5个，常住人口9.2万人，其中户籍人口7.2万人。街道拥有1000余年历史的古银杏树，800余年的魏村老街、渡江桥等历史遗址，以及集加工、销售、维修服务于一体的魏村眼镜市场。6月，街道成立议政代表会并召开第一次会议，拓展政情民意传递渠道。全年街道有重点项目22个，其中区重点项目3个。

【农业】 2022年，魏村街道完成农业总产值约8.27亿元。新增水稻种植面积91公顷，完成指标任务766.6公顷，规模水产养殖总面积142公顷，年产值6360万元。开展农业技术指导，发

2022 年魏村街道经济和社会主要指标统计表

表 72

指标名称		单位	数 值
行政区域面积		平方千米	106.5
行政村		个	12
社区		个	5
年末户籍人口		万人	7.2
地区生产总值		亿元	由滨开区统筹
财政总收入		亿元	由滨开区统筹
地方一般预算收入		亿元	由滨开区统筹
居民人均可支配收入		元	55812
农业总产值		万元	82695
粮食总产量		吨	10174
工业总产值		亿元	94.1
工业产品销售收入		亿元	107.1
工业利税总额		亿元	7.3
工业利税总额		亿元	11
企业	全部企业	家	2950
	其中，工业企业	家	1930
全社会固定资产投资		亿元	6.2
学校		所	6
医院、卫生院机构数		个	2

放农业技术资料 3.5 万份，组织职业农民和专技人员参加各类线上线下培训 260 人次；发放水稻配方肥 353 吨，绿色防控农药 2.3 万瓶；申报农机购置补贴 24.43 万元，协助理赔政策性农业保险 115 件，理赔金额 99.7 万元；全年畜禽防疫使用各类疫苗 30.8 万毫升，免费犬只防疫 1800 只。完成农资、农企、农户监管工作 90 次，推动 2000 户农户入省级监管网。建设农产品快速检测村级服务站 5 家，开展抽检蔬果样品 120 批次 3825 个，水产样品 10 批次 50 个，畜产品 2 批次 10 个。全年登记在册家庭农场 136 家，指导申报省级示范家庭农场 1 家、市级示范家庭农场 2 家、区级示范家庭农场 11 家。

【工业】 2022 年，魏村街道辖区内有工业企业 1930 家，其中规模以上工业企业 188 家，高新技术企业 59 家。全年完成规模以上工业产值 94.1 亿元，占工业总产值的 79%；完成新登记法人企业数 257 家，固定资产投资项目 22 个，完成全社会投资额 6.2 亿元。江苏常胜电器股份有限公司通过 2022 年度省级工程技术研究中心立项审批；江苏君斯特企业孵化器项目通过区级验收；引入高新技术企业武汉三生精机有限公司；“龙城英才计划”创业类计划落地 1 个；获市级工业设计中心认定企业 4 家；获 2022 年市专精特新企业认定 2 家，申报省级专精特新中小企业 9 家，完成专精特新千企入库企业 39 家。规模以上工业企业中 82 家设立首席质量官，27 家设立计量执行官；获 2022 年省质量信用 A 级企业 5 家；申报省质量信用评价 AA 级企业 3 家。被评为首批四星级上云企业 1 家（常州梓扬机电设备有限公司）、首批三星级上云企业 3 家。7 月，江苏欣战江纤维科技股份参与制定的 4 项国家标准《纺织品色牢度试验耐母乳色牢度》《纺织品遮热性能的测定》《纺织品定量化学分析芳香族聚酰胺纤维与某些其他纤维的混合物》《纺织品织物硬挺度的测定槽缝法》和江苏常胜电器股份有限公司参与修定的 2 项国家标准《家用和类似用途双金属温度控制器》《家用和类似用途用装入式电动机热保护器》正式发布；江苏常胜电器股份有限公司获市级重点培育和发展的国际知名品牌支持；常州金源机械设备有限公司参与制定团体标准《垃圾筛分分选资源化处理装备技术规范》。

【服务业】 2022 年，魏村街道完成规模以上服务业营业收入 4.1 亿元，比上年（下同）增长 0.8%。街道有各类金融机构 14 家，眼镜零售企业 195 家，物流快递企业 86 家，餐饮企业 72 家，小吃排档 467 家，休闲娱乐场所 108 家（休闲娱乐公司 6 家、休闲娱乐个体 29 家、浴室 42 家、足浴 31 家），大型超市商场 9 家。新增贸易规模企业 18 家、现代服务业规模企业 8 家。年内，街道有各类重点贸易企业、现代服务业企业 51 家。

【城乡建设】 2022 年，魏村街道推进魏中路精品街道建设，魏安路、浦中路、花苑路等主干道完成提升改造并通车。实施魏村、安家集镇片区 570 户居民天然气入户工程，完成常州市首个成片自然村天然气接管通气288户；实施魏村花苑、魏东花苑等老小区雨污水分流改造，开展55个自然村农村污水收集与处理工程；升级改造辖区内500处高清视频监控和杨园警务站，街道联合公安新北分局排查群租房214户。辖区内3个垃圾中转站实施升级改造；新建临江大型停车场，新增大型车辆停车位75个；安家新菜场搬迁启用。规范集体“三资”（农村集体资金、农村集体资产和农村集体资源）管理，完成农村产权交易项目219个，总价942万元。推动宅基地改革，完成首批农村宅基地资格权认定1.29万户，4.76万人获得资格权，所有名单进入专网系统。全年完成565户民房、7户非住宅签约、腾空和拆除工作，同步完成235户、166.67公顷特殊附着物处理。年内，常泰高速配套供电改线工程完成25个高压铁塔改移新建，常泰大桥、德胜河水利枢纽扩容改建工程4户拆迁遗留户清零。强化用地保障，全年通过改扩建、拆迁收回、空置厂房出租等模式，完成7家企业土地增效14.87公顷，集中处置收回老集体资产危旧房屋5户，收回土地面积558.03平方米。开展常态化长江护渔巡查1460人次，劝阻意向垂钓人员300余人次，完成21条“三无船只”（无船名船号、无船舶证书、无船籍港）清理。

【社会事业】 2022年，魏村卫生院创成常州市脾胃中医特色专科，与常州市第一人民医院合作成立医联体，全年完成胃肠镜检查950例。安家卫生院中医门诊部完成改造，全年服务1.57万人次。魏民书苑开展全民阅读、红色观影、健康知识讲座、非遗文化传承等活动45场。3月，新北区老年大学魏村分校成立，开设班级9个，为老年人提供授课服务5311人次；常州市新北区安家中心小学求真楼、益智楼改扩建工程完工并投入使用，投资134.5万元，建筑面积3016平方米；常州市新北区魏村中心幼儿园和常州市新北区孝都幼儿园联合创办托育服务班，普惠托育服务36人。街道向111名“五保户”、258名低保户、953名困难残疾人发放资金706.59万元，为1818名残疾人免费办理意外伤害保险。开展职业技能、高技能人才、创业等各类培训班，培训350人。失地农民新增（续保、停保）389人、死亡158人、退休189人，发放保养金、奖励待遇6639.81万元；城乡居民养老保险新增（续保、停保）258人、退休341人、死亡316人。全年登记退役军人及家属2200人，办理优待证2146张，帮助10余名退役的义务兵就业和复学；享受抚恤补助待遇的优抚对象404人，发放各类补助300万余元；走访慰问75人，发放慰问金12.8万元。深化“魏民事·为民办”政务服务品牌建设，主动承接服务事项154项。年内，建成魏村街道便民服务中心安家分中心，办件3.49万件，“12345”承接平台接收交办单2343件。与市中级人民法院行政庭开展“审务进基层、法官进网格”合作共建。街道人民调解委员会全年调解劳资争议260起，涉及金额300万元。魏村司法所被评为市优秀司法所；街道人民调解委员会被评为市优秀人民调解委员会。

德胜河水利枢纽扩容改建工程　　（区委宣传统战部 供图）

【新时代文明实践所揭牌暨“魏民之家”综合馆开馆】 8月6日，魏村街道举行新时代文明实践所揭牌暨“魏民之家”综合馆开馆仪式。“魏民之家”综合馆是魏村街道践行共建共治共享理念，打造集理论传播、志愿公益、文化宣传、教育培训、体育健康、关爱帮扶等功能于一体的综合服务平台。场馆建筑面积800平方米，设道德讲堂、理论宣讲平台、桥见时光馆、魏民微书房、银发无忧馆、健身房、乒乓球室、瑜伽室8个功能空间。道德讲堂用于宣传道德模范和身边好人，加强公民道德建设；理论宣讲平台集中展示街道理论宣讲工作；桥见时光馆以桥梁科普为主题，展示魏村与桥梁的深厚渊源；魏民微书房摆放各类报刊书籍，营造读书氛围；银发无忧馆开展文化活动，满足老年群体多样化的精神文化需求；健身房、乒乓球室、瑜伽室为群众运动健身提供平台，把多样的锻炼形式带入群众日常生活。全年，“魏民之家”综合馆开展各类活动800场次，参与群众3000人次。

（陈　欣　陆俊楠）

人物　荣誉

新任区级领导

【周庆】 2022年1月，任常州市新北区委副书记、区人民政府区长、党组书记；3月，任常州高新区党工委（新北区委）副书记，常州市新北区人民政府区长、党组书记；6月，任常州市新北区委书记、高新区党工委副书记。

江苏常州人，1969年7月出生。中央党校大学学历。1993年6月加入中国共产党。1990年8月至2010年12月，历任金坛县人民医院团委副书记、书记、办公室主任，金坛市指前镇人民政府副镇长，金坛市指前镇党委委员、副镇长，金坛市建设局党委委员、副局长，金坛市建昌镇党委副书记、镇长，金坛市薛埠镇党委副书记、镇长，金坛市朱林镇党委书记，金坛市朱林镇党委书记、人大筹备组主要负责人，金坛市朱林镇党委书记、人大主席，金坛市薛埠镇党委书记、茅山风景旅游区党工委副书记、金坛经济开发区管委会主任，江苏省金坛经济开发区党工委副书记、管委会主任，江苏省金坛经济开发区党工委书记，金坛市人民政府副市长；2013年3月，任常州市精神文明建设指导委员会办公室副主任；2015年6月，任常州市人民政府副秘书长；2017年8月至2021年1月，历任常州市钟楼区委副书记、政法委书记，常州市人民政府副秘书长，钟楼区人民政府副区长、代理区长，区委政法委书记、党组书记，钟楼区人民政府区长。

【石旭涌】 2022年5月，任常州市新北区人民政府区长提名人选，常州市商务局党组书记、局长；6月，任常州高新区党工委（新北区委）副书记、常州市新北区人民政府区长、党组书记。

江苏常州人，1974年10月出生。南京航空航天大学管理工程系工业管理工程专业本科毕业，工学学士学位。1994年12月加入中国共产党。1996年8月至2021年7月，历任江苏省武进高新技术产业开发区管委会招商部副主任、武进市21世纪议程项目管理中心办公室副主任（兼）、江苏省武进高新技术产业开发区管委会主任助理、招商局局长，江苏省武进高新技术产业开发区管委会副主任、党工委委员，江苏武进经济开发区党工委副书记、管委会主任，常州市武进区西太湖生态休闲区党工委副书记，常州西太湖科技产业园（江苏省武进经济开发区）党工委副书记、管委会主任，常州西太湖科技产业园（武进经济开发区）党工委书记、管委会主任，常州市武进区人民政府副区长，常州市武进区委常委、武进国家高新区党工委副书记、管委会副主任（主持日常工作）；2021年7月任常州市商务局党组书记；8月任常州市商务局党组书记、局长。

【张敏】 2022年9月，兼任常州市新北区委副书记、新北区人民政府副区长（挂职）。

安徽当涂人，1980年11月出生。中国人民公安大学外语系英语专业本科毕业，公共管理硕士学位。2002年5月加入中国共产党。2002年8月，任江苏省公安厅出入境管理处干部；2003年8月，任江苏省公安厅出入境管理处科员；2008年10月，任江苏省公安厅政治部人事处科员；12月，任江苏省公安厅政治部人事处副主任科员；2009年8月任江苏省公安厅政治部人事处干部调查监督科副科长；2013年11月，任江苏省公安厅政治部人事处机关组织科科长；2017年7月，任江苏省公安厅政治部人事处副处长，兼任南京市公安局建邺分局政工办副主任（挂职）；2020年4月，任江苏省公安厅政治部人事处处长。

【王宇伟】 2022年1月，任常州市新北区人大常委会主任、党组书记、区红十字会会长、一级调研员。

江苏江阴人，1966年2月出生。

省委党校研究生学历，工学学士学位。2002年4月加入中国共产党。1988年8月，在常州市农机研究所拖拉机室工作；1994年2月，任常州奥华机电公司总经理；1997年8月至2021年7月，历任常州创业集团公司副总经理，常州创业集团公司总经理，常州高新技术开发总公司总经理，常州市科学技术委员会科技管理处处长，常州市科学技术局发展计划与财务处处长，常州市知识产权局副局长，常州市科学技术局副局长，常州市科教城管委会（市高等职业教育园区管委会）副主任（兼），常州市人民政府副秘书长，常州高新区党工委委员、管委会副主任，新北区人民政府党组成员，新北区委常委，新北区人民政府副区长、党组成员，新北区红十字会会长（兼），常州高新创业投资有限公司董事长，新北区人民政府党组副书记，新北区红十字会会长（提名），新北区红十字会会长，一级调研员；2021年7月，任常州市新北区人大常委会党组书记，区红十字会会长，一级调研员。

【安春燕】 2022年1月，任政协常州市新北区委员会主席、党组书记、一级调研员。

浙江嵊州人，1966年4月出生。省委党校研究生学历，文学学士学位，1998年6月加入中国共产党。1987年7月在常州市图书馆工作；1991年12月在常州市文化局团委工作；1992年3月至2011年12月历任常州市文化局团委副书记、办公室副主任，常州市文化局办公室主任，常州市妇联儿童工作部部长，常州市妇联党组成员、副主席；金坛市委常委、组织部部长；2011年12月任常州高新区党工委委员、新北区委常委，常州高新区党工委（新北区委）组织部部长；2015年10月任常州市委组织部副部长，常州市委党的建设工作领导小组办公室（常州市委新经济社会组织工委）主任（书记）；2016年4月任常州市委组织部副部长，常州市委党的建设工作领导小组办公室主任，常州市委非公有制企业和社会组织工委书记；2020年12月任常州市委组织部副部长，政协常州市新北区委员会副主席（2021年1月选举）、党组书记（正处级）；2021年7月任政协常州市新北区委员会副主席、党组书记、一级调研员。

【吴寅】 2022年8月，任常州高新区党工委委员、新北区委常委、高新区党工委（新北区委）组织部部长。

江苏常州人，1974年12月出生。省委党校研究生学历。1994年12月加入中国共产党。1996年8月在常州市郊区北港乡政府办公室、团委工作；1997年12月在常州市郊区区委宣传部《常州晚报·市郊大地》编辑部工作；1998年10月在常州市郊区区委组织部办公室、干部科工作；2001年5月任常州市郊区区委组织部组织科副科长（主持工作）；2002年2月至2022年8月，历任常州市委组织部研究室副主任科员，常州市委组织部干部二处副主任科员，常州市委组织部干部二处副处长，常州市委组织部干部监督处处长（副处级），常州市委组织部干部一处处长（副处级），常州市纪委、监委组织部部长，中共溧阳市委常委、组织部部长，溧阳市委党校校长，统战部部长、市政协党组副书记。

【纪海平】 2022年1月，任常州高新区党工委委员、纪工委书记，新北区委常委、纪委书记，新北区监委主任。

河南周口人，1969年3月出生。省委党校研究生学历，军事学学士学位。1995年8月加入中国共产党。1989年9月，任总参谋部第三部第三局第六处见习学员、技术员、助理工程师；1996年12月至2002年12月，历任解放军信息工程学院政治部正连职干事，解放军信息工程学院第六系第三队副营职副教导员，解放军信息工程大学信息技术学院技侦通讯工程系正营职教导员，解放军信息工程大学信息技术学院政治部正营职干事，总参谋部第三部第二局训练大队正营职干事；2003年12月，任总参谋部第三部第二局训练大队副团职干事；2004年9月至2021年7月，历任常州市纪委工作人员，常州市纪委党风廉政建设室、干部管理室纪检监察员（副科级），常州市纪委干部管理室副主任，常州市纪委信访室主任，常州市纪委常委、信访室主任，常州市金坛区委常委、纪委书记、监委主任、二级调研员；2021年7月任常州高新区党工委委员、纪工委书记，新北区委常委、纪委书记，新北区监委副主任、代理主任。

【杨金忠】 2022年1月，任常州市新北区人大常委会副主任、党组副书记（正处级）。

江苏溧阳人，1966年3月出生。中央党校大学学历。1991年11月加入中国共产党。1986年8月至1998年9月，历任常州市公安局清潭派出所民警，常州市公安局南大街派出所副所长，常州市公安局南大街派出所代教导员，常州市公安局南大街派出所所长，常州市公安局南大街派出所聘任所长。1998年9月至2013年6月，历任常州市公安局水上分局副局长，常州市公安局水警支队副支队长，常州市公安局警务督察处处长，常州市公安局警务督察支队支队长，常州市公安局副处级侦查员、警务督察支队支队长，常州市公安局指挥中心主任；2012年1月至2016年12月，历任金坛市人民政府党组成员、公安局局长

（副处级），金坛市人民政府副市长、公安局局长。常州市金坛区人民政府副区长、公安分局局长，常州市公安局党委委员，常州市维护稳定工作领导小组办公室副主任，常州市公安局党委委员，常州市维护稳定工作领导小组办公室主任；2019 年 1 月至 2022 年 1 月，历任常州高新区党工委委员、新北区委常委、高新区党工委（新北区委）政法委书记，常州市新北区人大常委会党组副书记。

【季晓东】 2022 年 1 月，任常州市新北区人大常委会副主任、党组成员；3 月，任常州市新北区人大常委会副主任、党组成员、三级调研员。

江苏常州人，1968 年 5 月出生。中央党校大学学历。1991 年 8 月加入中国共产党。1988 年 8 月在安家乡工业公司工作；1990 年 8 月任安家乡团委书记；1992 年 12 月至 2015 年 10 月，历任共青团武进市委青农部副部长、部长，组织部部长，市青联秘书长（兼任），小河镇党委副书记、纪委书记，镇长（提名），孟河镇政府筹备组成员、小河办事处主任，龙虎塘街道党工委副书记（保留原职级），西夏墅镇党委副书记、镇长（2006 年 2 月选举），西夏墅镇党委书记、人大主席（2010 年 1 月选举），常州市新北区城建局局长，常州高新区（新北区）城建局局长、新北区城建局党工委副书记，新北区城建局党工委书记；2015 年 10 月至 2022 年 1 月，历任常州市新北区人民政府副区长、党组成员，常州市新北区人民政府副区长、党组成员，新北区城建局局长、党工委书记。

【孙泽阳】 2022 年 1 月，任政协常州市新北区委员会副主席、党组副书记（正处级）。

江苏常州人，1967 年 10 月出生。南京大学哲学专业本科毕业，农业推广硕士学位。1994 年 5 月加入中国共产党。1989 年 8 月在常州市郊区雕庄乡政府办公室工作；1990 年 8 月在常州市郊区区委办公室工作；1994 年 4 月至 2002 年 4 月，历任常州市郊区区委办公室综合科科长，常州市郊区雕庄乡乡长助理，常州东南经济开发区驻上海工作处主任（副科级），常州市郊区人民政府办公室副主任；2002 年 8 月，任常州市天宁区人民政府办公室副主任；2003 年 3 月至 2015 年 5 月，历任常州市戚墅堰区委办公室副主任，常州市戚墅堰区委办公室主任，江苏省戚墅堰经济开发区党工委书记，常州市戚墅堰区潞城镇党委书记，江苏省戚墅堰经济开发区党工委书记，常州市戚墅堰区人民政府副区长，中共常州市戚墅堰区委常委、宣传部部长（正处级，援疆）、党校校长；2015 年 5 月至 2022 年 1 月，历任常州市新北区委常委（正处级），常州高新区党工委委员、新北区委常委，高新区党工委（新北区委）宣传统战部部长，政协常州市新北区委员会党组副书记（正处级）。

【孙秀峰】 2022 年 1 月，任政协常州市新北区委员会副主席、九三学社常州市委主委、常州市自然资源和规划局总规划师。

安徽泗县人，1970 年 4 月出生，西北建筑工程学院建筑系城市规划专业本科毕业，研究生学历，工学硕士学位。2015 年 5 月加入九三学社社员。1992 年 8 月至 1998 年 8 月，在常州市规划设计院规划一室工作；1998 年 8 月至 2020 年 4 月，历任常州市规划设计院规划一室规划师，常州市规划设计院规划一室副主任，常州市规划设计院规划建筑一所所长，常州市规划设计院院长助理，常州市规划设计院副院长，常州市规划局总工程师办公室主任，常州市规划局总工程师兼规划编研管理处处长，常州市规划局总工程师，常州市自然资源局总规划师，常州市自然资源局总规划师、溧阳市自然资源局局长（兼），溧阳市人民政府副市长（挂职）；2020 年 4 月，任常州市自然资源和规划局总规划师、九三学社常州市委副主委；2021 年 12 月，任政协常州市新北区委员会副主席。

【张袁元】 2022 年 12 月，任常州市新北区人民政府副区长、党组成员（挂职），区科技镇长团团长。

湖北荆州人，1982 年 12 月出生。贵州大学机械工程学院交通运输专业本科毕业，研究生学历，工学博士学位。2003 年 12 月加入中国共产党。2013 年 6 月，任南京工程学院汽车与轨道交通学院讲师；2017 年 6 月，任南京工程学院汽车与轨道交通学院副教授；2017 年 12 月，任南京工程学院汽车与轨道交通学院院长助理、副教授；2018 年 3 月，任南京工程学院汽车与轨道交通学院院长助理、车辆工程教研室主任、副教授；2018 年 12 月，任南京工程学院汽车与轨道交通学院车辆工程教研室主任、副教授；2019 年 4 月，任南京工程学院汽车与轨道交通学院副院长、纪检委员、车辆工程教研室主任、副教授。

（区委组织部）

先进人物

·全国先进个人·

【兰红娟】 女，常州市新北区西夏墅镇东南村党总支书记、村委会主任。2022 年 2 月，被中华全国妇女联合会授予“全国三八红旗手”称号。

江苏常州人，1971年12月出生。2006年5月，兰红娟担任东南村党总支书记、村委会主任，以“合作社里党旗红”为主线，依托“党支部+合作社”发展新模式，先后创办稻米合作社和农机合作社；通过创新“村社合一”模式，创建“夏墅”农业品牌，开发紫云英蜂蜜、特色果蔬采摘等“夏墅”原生态系列农产品，打造出集智慧民宿、有机食品、生态采摘于一体的绿色经济；成立乡村振兴学习社，讲授农村理论政策、培训乡村振兴带头人，带领村民致富增收。兰红娟先后获全国农业劳动模范、江苏省农村基层党建工作突出贡献奖、江苏省“吴仁宝式优秀村书记”、江苏省村庄环境整治工作先进个人、江苏省优秀党务工作者等称号。

（黄瑀汝）

【龚媛】 女，常州国家高新区（新北区）司法局全面依法治区工作处处长。2022年3月，被中国关心下一代工作委员会办公室评为全国青少年普法教育先进工作者。

江苏淮安人，1985年6月出生。2017年，龚媛任区司法局全面依法治区工作处处长，她以加强青少年保护和预防青少年犯罪为导向，强化青少年法治宣传教育工作；联合相关部门持续推进全国青少年普法教育与环保公益相融合的“幸福小树”法治公益项目建设，通过“集废纸换家校联系本”模式，精准融入法治宣传、平安防范、绿色环保等宣传内容，连续5年把约36万本“幸福小树”家校联系本陆续赠给辖区20余所中小学学生，“幸福小树”法治公益项目获全省“七五”普法工作项目创新奖；开展青少年普法品牌建设，打造“小橘灯”“灯塔萌”等青少年普法品牌，拓展“小新说法”等微信公众号辐射面，强化青少年的法治意识和法治思维。

（区委政法委）

【魏经逵】 男，常州市生态环境综合行政执法局新北分局滨江所所长。2022年3月，被生态环境部评为全国生态环境保护执法大练兵表现突出个人。

安徽天长人，1984年5月出生。2010年，魏经逵进入环境执法队伍，先后参加生态环境部普通组、专业组大气监督帮扶工作及省生态环境厅组织的异地执法工作。凭借扎实的工作能力，创新总结执法“五步法”（未雨绸缪、旁敲侧击、按图索骥、捕风捉影、铁板钉钉），办理多起逃避监管排放有毒有害大气、水污染物、篡改干扰自动监测数据的环境涉刑案件，其中某电镀企业超标偷排含重金属铬的案件入选江苏省涉水典型案件，某医药公司逃避监管方式排放有毒有害物质的案例入选江苏省典型案例。

（马　静）

【戎春】 男，公安分局政治处公共关系科科长。2022年5月，被人力资源和社会保障部、公安部评为全国优秀人民警察。

江苏溧阳人，1981年2月出生。2012年11月，戎春担任祥龙社区民警，他挨家挨户走访，收集民情民意30余条，在他的努力下，祥龙小区顺利实施门禁系统、电动车充电桩、地下车库监控设施安装；探索党建引领小区治理新模式，打造“春之晖”党建工作室；发起成立“青鸟志愿服务队”，累计开展助老扶残等爱心志愿活动120余次，参与人数1800余人次，收到锦旗20余面，“青鸟志愿服务队”被评为常州市优秀志愿服务组织。

（吴丹晖）

【严虎】 男，常州市生态环境综合行政执法局新北分局副局长。2022年5月，被生态环境部评为监督帮扶工作表现突出个人。

江苏常州人，1986年4月出生。2014年，严虎进入生态环境执法岗位。在任常州市生态环境综合行政执法局新北分局副局长期间，组织并参与2021年生态环境部监督帮扶、2021年3～6号省大气行动、2022年1～4号省大气行动，3次帮扶工作绩效考评均位居第一；全程查办江苏省环境保护厅4件机动车尾气检测机构与第三方环境检测机构弄虚作假、4件排放大户自动在线数据超标、2件化工类企业超排污许可排放等案件，总结经验，分析不足，为全省执法系统办理此类案件提供办案指引；2022年6月，参加全省第一期执法人员培训，并结合自身执法实践对VOCs（挥发性有机物）执法案例进行解析，获得全省一线执法人员好评。

（市生态环境综合行政执法局新北分局）

【范廷国】 男，吟飞科技（江苏）有限公司总经理。2022年7月，被中国轻工业联合会和中国轻工业信息中心评为中国轻工业数字化转型领军人物。

江苏扬中人，1959年9月出生。范廷国在担任吟飞科技（江苏）有限公司总经理期间，推动音乐艺术事业发展，在沈阳音乐学院、星海音乐学院、武汉音乐学院等10所音乐院校创建吟飞电子键盘教学中心，实现传统音乐文化与数字科技相融合；主持制（修）订国家标准10项、行业标准2项、团体标准1项，授权专利13件（发明2件）；主持的省重点研发计划项目“音乐艺术O2O移动互联数码乐器技术的研发”通过江苏省科技厅验收；参与的“智能数字乐器演教系统”项目获2020年度中国轻工业联合会科学技术奖科技进步一等奖，“沉浸式音乐体感技术”获2021年度中国轻工业联合会科学技术奖科技进步一等奖。先后获中国乐器行业优秀人物、中国乐器协会科技之星、中国乐器协会优秀企业家等称号。

［吟飞科技（江苏）有限公司］

【张杰】 男，常州市新北区城市管理行政执法大队中队长。2022年8月，被司法部评为全国行政执法先进个人。

江苏常州人，1981年9月出生。张杰扎根基层16年，尊重保障当事人合法权益，善于运用法治思维开展工作。在值班期间，坚守在菜场、高铁站、高速路口等场所沿街巡防；加强自身建设，参加各类业务学习，经办和审核的案件零错案；参加市级法制工作座谈会，参与指导编撰城管执法规范汇编手册、城管工作范例汇编、常州市赋权镇（街道）处罚事项指引等工作，为城管立法和规范化工作建言献策。先后获省城市管理行政执法案卷工作先进个人、省城市管理行政执法首批专家、最美常州人等称号。

（陆　霞）

【唐云冰】 男，常州环能涡轮动力股份有限公司总经理。2022年10月，被中国机械工业联合会评为“十三五”机械工业优秀科技工作者。

四川雷波县人，1979年4月出生。唐云冰在担任常州环能涡轮动力股份有限公司党支部书记、总经理、技术中心主任期间，带领员工开展基于混动系统的电子增压器联合开发、超高速电子离心式空压机的联合研发和启发一体式高性能微型涡轮喷气发动机研发与产业化等11项产品研发项目，不断突破产业链关键环节，开发创新型产品，引领行业技术水平提升；树立绿色发展理念，促进公司产业链转型升级。在他的带领下，公司的产品从传统内燃机升级至新能源，应用从地面升级至航空。先后获江苏省科技企业家、省333高层次人才等称号。

（唐云冰）

·全省先进个人·

【David Abbott（大卫·艾伯特）】 男，特雷克斯（常州）机械有限公司中国区运营副总裁、总经理。2022年4月，被江苏省总工会授予江苏省五一劳动荣誉奖章。

David Abbott，英国纽卡斯尔人，1965年11月出生。在担任特雷克斯（常州）机械有限公司中国区运营副总裁、总经理期间，注重绿色环保投入，推动工厂设施设备不断升级，建造46000平方米的厂房，建设危险废物库、空气净化系统、光伏太阳能等设施；投入15万余美元用于员工培训。先后获2021杰出企业家（市级）、薛家五彩荣誉市民等称号。

（陆　妍）

【郭庆伟】 男，扬子江药业集团江苏紫龙药业有限公司制造部小容量注射剂1号车间主任。2022年4月，被江苏省总工会授予江苏省五一劳动奖章。

江苏徐州人，1995年2月出生。郭庆伟参加工作后不断学习转化先进制药技术和管理经验，牵头开展质量改善攻关项目10余项，攻关成果获得2次全国医药行业QCC（品管圈）课题一等奖，攻关论文在《医师在线》杂志、“期刊网”平台上发表，申请的实用性专利被《中国质量报》专题报道；凝练出制药车间现场管理六大模块和人员行为十条规范，并结合精益生产理念，提出“一日工作流程”管理方式，把生产管理中的7大任务分解到日常工作，降低药品生产过程的风险；培养出10名生产班长、20名工段长，为公司发展提供人才保障。

（沈　贤）

【杨永岗】 男，中简科技董事长、党支部书记，2022年4月，被江苏省总工会授予江苏省五一劳动奖章。

山西太原人，博士研究生。1967年4月出生。2008年，他带领技术团队落户常州高新区，聚力国家战略需求，研制的高性能宇航级碳纤维满足国内航空航天重点领域急需，实现产品关键技术、核心设备设计、控制系统的自主可控，并带领中简科技于2019年在创业板上市。作为自主创新“源头型”代表企业，他注重科技创新与产业创新的对接，勇于在关键技术上实现更大突破；带领团队围绕重大项目需求，探索科学、技术、工程融通创新新模式，担起国家实现高水平科技自主创新、自立自强的企业责任。先后获全国非公有制经济人士优秀中国特色社会主义事业建设者、省优秀共产党员、省五一劳动奖章获得者、省优秀企业家等称号，享受国务院特殊津贴。

（李剑锋）

【郑安力】 男，特瑞斯能源装备股份有限公司总工程师。2022年4月，被江苏省总工会评为江苏省文明职工，12月被常州市人民政府评为常州市突出贡献人才。

江苏武进人，1975年2月出生，大学本科。郑安力长期从事天然气输配领域产品和技术的研究和应用工作，统筹负责公司技术设计、产品研发，先后任常州市特种设备安全协会锅炉压力容器专委委员、住建部燃气标准技术委员会委员、《煤气与热力》杂志编辑委员会委员。他带领公司研发团队创成省级工程技术中心、企业技术中心，研发的多项产品被江苏省科技厅、常州市科技局认定为省、市高新技术产品，取得专利10项；“基于物联网的智能燃气输配设备与管控平台研发及产业化”项目获省科技成果转化专项资金支持；智能无线燃气调压装置等产品通过住建部的科技成果评估，调压器、切断阀、调节阀、快开盲板等产品通过中国机械工业联合会科技成果鉴定。主持、参与编制国家、行业、团体标准18项，由他主编的行业标准《城镇燃气调压箱》被国家市场监督管理总局与国家标准化管理委员会确认为国家强制标准。

（周　骅）

2022年常州国家高新区（新北区）获得全国（条线）表彰及竞赛获奖的先进个人

表73

荣誉称号	姓名	性别	工作单位	获奖时间	授奖部门
碳排放报告质量专项监督帮扶（2021年10—12月）和2022年1月份重点区域空气质量改善监督帮扶工作表现突出个人	凌　晨	男	市生态环境综合行政执法局新北分局	1月	生态环境部生态环境执法局
全国三八红旗手	兰红娟	女	西夏墅镇东南村委	2月	全国妇联
全国青少年普法教育优秀辅导员	尹　媛	女	区检察院	3月	中国关工委、中央政法委、司法部、共青团中央、中国法学会
全国青少年普法教育先进工作者	龚　媛	女	区司法局	3月	中国关工委、中央政法委、司法部、共青团中央、中国法学会
2021年度长江禁渔执法监管先进个人	卢　君	男	区市场监督管理局春江分局	3月	农业农村部
2021年全国生态环境保护执法大练兵表现突出个人	魏经逵	男	市生态环境综合行政执法局新北分局	3月	生态环境部
全国优秀共青团员	袁　正	男	常州市新北区恐龙园文化旅游集团股份有限公司	4月	共青团中央
2021年度监督帮扶工作表现突出个人	严　虎	男	市生态环境综合行政执法局新北分局	5月	生态环境部办公厅
全国优秀人民警察	戌　春	男	龙虎塘派出所	5月	公安部
2021年度优秀通讯员	张佳杰	女	常州综保区管理局	6月	中国保税区出口加工区协会
2021年度全国海关特殊监管区域统计工作先进个人	徐　峰	男	常州综保区管理局	6月	中国保税区出口加工区协会
2022年中国轻工业数字化转型领军人物	范廷国	男	吟飞科技（江苏）有限公司	7月	中国轻工业联合会、中国轻工业信息中心
全国行政执法先进个人	张　杰	男	新桥街道综合行政执法局	8月	司法部行政执法协调监督局
“十三五”机械工业优秀科技工作者	唐云冰	男	常州环能涡轮动力股份有限公司	10月	中国机械工业联合会
全国法院办案标兵	孙舒妤	女	区人民法院	11月	最高人民法院
2022年度全国检察宣传先进个人	邱颖娴	女	区检察院	11月	检察日报社

续表 73

荣誉称号	姓名	性别	工作单位	获奖时间	授奖部门
中国城市环境卫生协会科技进步一等奖	赵振振 李月中 陈　赟 黄兴刚 杨虎君 宗　韬 李　遥 方国生 彭　磊	男	维尔利环保科技集团股份有限公司	11 月	中国城市环境卫生协会
	韩　颖 江桂红	女			
中国城市环境卫生协会科技进步三等奖	汤晓艳	女	维尔利环保科技集团股份有限公司	11 月	中国城市环境卫生协会
	王亚东 赵振振	男			
超大隔距智能化双床经编装备关键核心技术及应用 科技进步奖 一等奖	陈忠英 陈　逸 江　飞 董胜利	男	常州市赛嘉机械有限公司	12 月	中国纺织工业联合会

2022 年常州国家高新区（新北区）获得省级（条线）表彰及竞赛获奖的先进个人

表 74

荣誉称号	姓名	性别	工作单位	获奖时间	授奖部门
全省检察机关扫黑除恶专项斗争先进个人	陈　晨	男	区检察院	1 月	省人民检察院
全省工信系统先进工作者	解　承	男	区经发局	1 月	省人力资源社会保障厅、省工业和信息化厅
2021 年度省外资统计及外商投资信息报告工作先进个人	李　静	女	区商务局	1 月	省商务厅
江苏省水产技术推广系统“先进个人”	曾疆雪	女	区供销合作总社（农业农村综合管理服务中心）	1 月	省渔业技术推广中心
江苏省乡村振兴先进个人	杭　杰	男	区供销合作总社（农业农村综合管理服务中心）	1 月	省委、省人民政府
十佳基层消防员	马楠楠	男	区泰山路消防救援站	1 月	省消防救援总队
三等功	毛　凯	男	区消防救援大队	1 月	省消防救援总队
二等功	黄　杰	男	武警某部	1 月	中国人民武装警察部队江苏省总队
江苏省青少年科技模型大赛优秀辅导员 江苏省优秀青少年科技辅导员	徐晓婷	女	常州市新北区春江中心小学	1 月	省教育厅
江苏省初中化学青年教师教学基本功大赛二等奖	林　丹	女	常州市滨江中学	1 月	省教育厅
反映社情民意信息工作先进个人	邹　雅	女	区政协	2 月	省政协办公厅
2021 年基层农技推广体系改革与建设补助项目成效显著个人	郝小燕	女	区供销合作总社（农业农村综合管理服务中心）	2 月	省农业农村厅
2021 年度全省防灾减灾救灾工作先进个人	蒋一飞	男	区应急管理局	2 月	省减灾委
江苏省最美网格员	许洪霞	女	三井街道绿都万和城社区	2 月	省委政法委员会

续表 74

荣誉称号	姓名	性别	工作单位	获奖时间	授奖部门
第三届"幼芽杯"江苏省幼儿教育案例（微视频）评选活动一等奖、二等奖	陈芝兰	女	新港幼儿园	2月	省学前教育学会
江苏省乡村骨干教师初中化学培育站区级优秀学员	林　丹 徐文佳	女	常州市滨江中学	2月	区教师发展中心
2021年度依法治省成绩突出个人	徐春雷	男	区司法局	3月	省委依法治省委员会办公室
江苏省污染防治攻坚巾帼标兵	杨　艳	女	区生态环境局	3月	省生态环境厅
教学成果（基础教育类）义务教育阶段英语阅读素养一体化培育实践探索二等奖	丁佳燕	女	常州市滨江中学	3月	省教育厅
2021年度司法行政系统新闻宣传工作成绩突出个人	王瑞睿	女	区司法局	4月	省司法厅
江苏省优秀共青团干部	沈　霞	女	区行政审批局	4月	共青团江苏省委
省优秀基层卫生人才骨干	孟春晖 何道敏 黄光奇 梅　军	男	薛家人民医院	4月	省卫生健康委员会、省财政厅
省优秀基层卫生人才骨干	钱　静	女	薛家人民医院	4月	省卫生健康委员会、省财政厅
江苏省五一劳动荣誉奖章	大卫·艾伯特（英国）	男	特雷克斯（常州）机械有限公司	4月	省总工会
江苏省五一劳动奖章	郭庆伟	男	扬子江药业集团江苏紫龙药业有限公司	4月	省总工会
	杨永岗	男	中简科技股份有限公司		
全省法院行政审判工作先进个人	赵　旦	女	区人民法院	5月	省高级人民法院
第五届江苏省中等职业学校在校生模拟法庭大赛优秀指导老师	王桢煜	男	区人民法院	5月	共青团江苏省委、省中等职业学校在校生模拟法庭大赛组委会办公室
江苏妇女儿童慈善·先进工作者	盛　洁	女	区妇联	5月	省妇女儿童福利基金会
模范共产党员	马楠楠	男	区泰山路消防救援站	6月	省消防救援总队
优秀党务工作者	韩　佳	男	区泰山路消防救援站	6月	省消防救援总队
	蒋　伟	男	市消防救援支队玉龙路特勤站	6月	省消防救援总队
	唐小荣	男	区消防救援大队		
江苏省优秀共青团员	季　阳	男	魏村街道新魏花园社区	5月	共青团江苏省委
江苏省妇女儿童工作先进个人	孙　茹	女	新桥街道办事处	6月	省人民政府妇女儿童工作委员会
江苏省优秀青少年科技校长	唐　健	男	常州市新北区春江中心小学	6月	省教育厅、省科学技术协会
五彩星光国际语言省决选优秀指导教师	包利檬	女	常州市新北区百丈中心小学	6月	省国际语言能力大赛组委会
江苏省双拥先进个人	蒋剑清	男	区退役军人事务局	7月	省双拥工作领导小组、省退役军人事务厅、省军区政治工作处
	张　磊				
全省公安机关执法办案管理中心建设应用成绩突出个人	陈彭年	男	公安新北分局法制督察大队	7月	省公安厅

续表 74

荣誉称号	姓名	性别	工作单位	获奖时间	授奖部门
全省优秀人民警察	顾红方	男	公安新北分局罗溪派出所	7 月	省人力资源和社会保障厅
江苏省优秀乡村教师	张　妍	女	常州市新北区春江中心小学	7 月	省教育厅
江苏省群众体育先进个人	姚茂昌	男	魏村街道行政审批局	7 月	省体育局
2022 年江苏省科技副总	常兴治	男	江苏启航开创软件有限公司	7 月	省委人才工作领导小组办公室、省科学技术厅
	胡　冰	女	常州安易软件有限公司		
江苏省巾帼建功标兵	胡　静	女	常州三晶世界科技产业发展有限公司	7 月	省城镇妇女“巾帼建功”活动领导小组、省妇女“双学双比”竞赛活动领导小组
	许晓音	女	恐龙园文化旅游集团股份有限公司		
全省检察机关司法警察警务技能竞赛荣获“警务技能标兵”	贾　云	男	区检察院	8 月	省人民检察院
第六届江苏省“百名医德之星”	蒋　锋	男	区疾病预防控制中心	8 月	省委宣传部、省文明办、省卫生健康委员会
第二届江苏省教师国家通用语言文字教学能力大赛三等奖	吴济纬	男	常州市新北区吕墅中学	8 月	省语言文字工作委员会、省教育厅、省教育总工会、省广播电视台
2022 年二季度全省信访系统岗位之星	陈裕明	男	魏村街道政法综治局	8 月	省信访局
全省法院政治工作先进个人	包　华	女	区人民法院	9 月	省高级人民法院
个人一等功	王　才	男	公安新北分局案件侦查大队	9 月	省公安厅
个人二等功	陈颖杰	男	公安新北分局案件侦查大队	9 月	省公安厅
2022 省级“社区教育先进工作者”	万巍芽	女	新桥街道行政审批局	9 月	省成人教育协会
全省人大系统先进工作者	黄丽娟	女	区人大常委会	10 月	省人大常委会办公厅 省人力资源社会保障厅
江苏审计好人	蔡红艳	女	区审计局	10 月	省审计厅
全省公安机关执法示范岗位	秦　涛	男	公安新北分局法制督察大队	10 月	省公安厅
全省法院宣传先进个人	史璞頔	女	区人民法院	11 月	江苏法治报社
全省税务系统业务大比武优秀选手、业务骨干	糜　嘉	女	区税务局	11 月	省税务局
江苏省教科研工作先进个人	万莺燕	女	常州市新北区薛家实验小学	11 月	省教育科学研究院
江苏省“构筑民营经济舆论阵地”先进个人	廖光辉	男	区委宣传统战部	12 月	中华工商时报社、《中国工商》杂志社
全省发展改革系统先进工作者	张兴民	男	区经发局	12 月	省人力资源社会保障厅、省发展改革委
2022 年江苏省金牌劳动关系协调员称号	李　艳	女	区劳动人事争议仲裁院	12 月	省协调劳动关系三方委员会
江苏省乡村振兴青年先锋	吴心怡	女	区统计局	12 月	共青团江苏省委、省农业农村局、省乡村振兴局
全省优秀妇女工作通讯员	盛　洁	女	区妇联	12 月	省妇联
个人二等功	汪　斌	男	公安新北分局百丈派出所	12 月	省公安厅

续表 74

荣誉称号	姓名	性别	工作单位	获奖时间	授奖部门
全省公安机关党的二十大安保维稳成绩突出个人	谢江伟	男	公安新北分局治安防控大队	12 月	省公安厅
生态环境行政执法能手比武个人 江苏省打好污染防治攻坚战先进个人	凌　晨	男	市生态环境综合行政执法局新北分局	12 月	省生态环境厅
2022 年全省生态环境系统污染防治攻坚专项行动标兵个人	邢　康	男	区生态环境局	12 月	省生态环境厅
江苏省少年号角杯优秀辅导员老师奖	陆秋敏	女	常州市新北区薛家实验小学	12 月	省少工委
江苏制造突出贡献奖先进个人	周晓萍	女	常州星宇车灯股份有限公司	12 月	省委、省政府
江苏省十大科技创新成果	钱辉金	男	中节能城市节能研究院有限公司	12 月	省总工会、省科学技术厅、省工业和信息化厅、省人力资源社会保障厅、省知识产权局
科创江苏创新组二等奖	刘沛铭 李立文 耿文鑫 管汉亮 张　浩	男	常州药物研究所有限公司	12 月	省工业和信息化厅、省农业农村厅、省科学技术协会
	刘亚菲 杨　艺 费一诺	女			

2022 年常州国家高新区（新北区）获评市五一劳动奖章的先进个人

表 75

姓名	性别	工作单位	获奖时间	授奖部门
高　军	男	区财政局	4 月	市总工会
蒋小丽	女	区招商服务中心	4 月	市总工会
黄　飞	男	区红十字会	4 月	市总工会
陈廷洪	男	三井人民医院	4 月	市总工会
刘　毅	男	常州恒邦药业有限公司	4 月	市总工会
刘　涛	男	江苏西夏墅工具投资发展有限公司	4 月	市总工会
陆云峰	男	江苏柏锐斯特车业有限公司	4 月	市总工会
黄家锋	男	常州华威模具有限公司	4 月	市总工会
陈巧花	女	常州胜代机械有限公司	4 月	市总工会
陈国军	男	常州市范群干燥设备有限公司	4 月	市总工会
陈玉贤	男	常州玻璃钢造船厂有限公司	4 月	市总工会
陈　胜	男	江苏富深协通科技股份有限公司	4 月	市总工会
单正中	男	江苏常州滨江经济开发区管理委员会	4 月	市总工会
吴　涛	男	江苏瑞升华能源科技有限公司	4 月	市总工会
耿文鑫	男	常州药物研究所有限公司	4 月	市总工会
左彩英	女	常州市新桥高级中学	4 月	市总工会
左国军	男	常州捷佳创精密机械有限公司	4 月	市总工会

续表 75

姓名	性别	工作单位	获奖时间	授奖部门
王军祥	男	华润化学材料科技股份有限公司	4 月	市总工会
顾书华	男	常州市江南古建筑工艺传习所有限公司	4 月	市总工会
王　钢	男	江苏长江塑料化工交易市场有限公司	4 月	市总工会
王　帅	男	江苏政成物流股份有限公司	4 月	市总工会
刘　瑜	男	常州同惠电子股份有限公司	4 月	市总工会
徐大磊	男	中国邮政集团有限公司常州市分公司	4 月	市总工会

集体荣誉

2022 年常州国家高新区（新北区）获得省级（条线）以上的综合荣誉

表 76

荣誉称号	获奖单位	获奖时间	授奖部门
国家知识产权强县建设试点县	新北区	8月	国家知识产权局
国家级知识产权强国建设试点园区	常州国家高新区	8月	国家知识产权局
全国和谐劳动关系创建示范工业园区	常州国家高新区	9月	人力资源和社会保障部、中华全国总工会、中国企业联合会/中国企业家协会、中华全国工商业联合会
2021年度火炬统计工作先进单位	常州国家高新区	12月	科技部火炬中心
2022年度中国优秀政务网站	常州国家高新区	12月	中国信息化研究与促进网联合国衡智慧移动大数据联盟、太昊国际智库
全省现代商贸流通体系示范创建区	新北区	3月	省商务厅
江苏省健康促进区	新北区	3月	省卫生健康委员会
江苏省首批生态产品价值实现机制试点	新北区	3月	省委、省人民政府
2021年度江苏省自然资源节约集约利用资金奖励地区	新北区	4月	省自然资源厅
2021年度江苏省土地执法模范区	新北区	5月	省自然资源厅
2022年省知识产权保护示范区	常州国家高新区	6月	省财政厅、省知识产权局
省政府办公厅关于2021年落实有关重大政策措施真抓实干成效明显地方予以督查激励的通报表彰	常州国家高新区	6月	省政府办公厅
江苏省双拥模范区	新北区	7月	省委、省政府、省军区
江苏省创新型产业集群建设名单	常州国家高新区（碳纤维及复合材料创新型产业集群）	9月	省科技厅
2022年度江苏省知识产权建设示范园区	常州国家高新区	12月	省财政厅、省知识产权局
2022年度江苏省知识产权建设示范县	新北区	12月	省财政厅、省知识产权局
江苏省首批制造业高质量发展示范区建设地区	新北区	12月	省工信厅

2022年常州国家高新区（新北区）获得全国（条线）表彰及竞赛获奖的先进集体

表77

荣誉称号	获奖单位	获奖时间	授奖部门
第五批国家级充分就业社区	三井街道藻江社区	1月	人力资源和社会保障部办公厅
全国智慧健康养老示范乡镇	薛家镇	2月	工业和信息化部、民政部、国家卫生健康委员会
全国智慧健康养老示范街道	三井街道	2月	工业和信息化部、民政部、国家卫生健康委员会
2021年全国生态环境保护执法大练兵表现突出集体	区生态环境局	3月	生态环境部
全国五好家庭	王玉美家庭	5月	全国妇联
全国公安机关成绩突出青年集体	公安新北分局案件侦查大队	5月	公安部
农业农村普法优秀视频	区农业农村局	6月	农业农村部办公厅
全国农村社区治理实验区	区民政局	7月	民政部
全国基层医疗机构呼吸疾病规范化防诊治体系与能力建设项目优秀单位	三井人民医院	7月	全国呼吸专科医联体、国家呼吸疾病医疗质控中心、国家PCCM科项目办公室
2020—2021年度全国“安康杯”竞赛优胜单位	江苏庄臣同大有限公司	7月	中华全国总工会、应急管理部、国家卫生健康委员会
2022年中国轻工业数字化转型先进单位	吟飞科技（江苏）有限公司	7月	中国轻工业联合会、中国轻工业信息中心
中国轻工业乐器行业十强企业	吟飞科技（江苏）有限公司	7月	中国轻工业联合会、中国乐器协会
全国公安机关执法示范单位	公安新北分局	10月	公安部
全国示范性老年友好型社区	薛家镇后肖社区	10月	国家卫生健康委员会、全国老龄办
第十六届精神文明建设“五个一工程”	薛家镇广播剧《谋将来永远幸福——张太雷》	10月	中央宣传部精神文明建设“五个一工程”评选工作办公室
2022年全国基层老年协会建设典型案例	春江街道春江社区	10月	中国老龄协会
第二批全国法治政府建设示范项目	新北区政府	11月	中央全面依法治国委员会办公室
全国节约型机关	区税务局	11月	国家机关事务管理局、中共中央直属机关事务管理局、国家发展和改革委员会、财政部
2022智慧旅游创新企业	恐龙园文化旅游集团	11月	光明日报社、文化和旅游部资源开发司、光明网
全国综合减灾示范社区	三井街道绿都万和城社区	11月	应急管理部风险监测和综合减灾司
全国生态文明与污染防治攻坚案例 全国生态环境治理案例	常州龙城新型城镇化建设发展有限公司	11月	中华环保联合会
最美工会户外劳动者服务站点	江苏政成物流股份有限公司	11月	全国总工会
全国法院第九届“金法槌奖”一等奖	区人民法院	12月	最高人民法院
2022年度中国家庭健康守门人	区疾病预防控制中心	12月	国家卫生健康委能力建设和继续教育中心

续表 77

荣誉称号	获奖单位	获奖时间	授奖部门
2021—2022年度消费维权先进集体	区消协	12月	中国消费者协会
2022化工园区高质量发展综合评价名单（前30）	滨江经济开发区	12月	中国石油和化学工业联合会化工园区工作委员会
2022年智慧化工园区 2022年绿色化工园区	滨江经济开发区新材料产业园	12月	中国石油和化学工业联合会化工园区工作委员会
2022年国家级服务业标准化示范项目立项	常州市保利大剧院管理有限公司	12月	国家标准化管理委员会
超大隔距智能化双床经编装备关键核心技术及应用科技进步奖 一等奖	常州市赛嘉机械有限公司	12月	中国纺织工业联合会

2022 年常州国家高新区（新北区）获得省级（条线）表彰及竞赛获奖的先进集体

表 78

荣誉称号	获奖单位	获奖时间	授奖部门
全省检察机关扫黑除恶专项斗争先进集体	区检察院扫黑办	1月	省人民检察院
2021年度巩固深化城管执法队伍“强基础、转作风、树形象”专项行动表现突出单位	区城市管理行政执法大队	1月	省住房和城乡建设厅
2021年度农技推广信息报送工作先进单位	区农业管理综合行政执法大队	1月	省农业技术推广总站
江苏最美基层警队	公安新北分局政务服务管理大队	1月	省委宣传部
第三批江苏省国际合作园区	中日（常州）智能制造产业园	1月	省商务厅
2019—2021年度江苏省文明乡镇	薛家镇、罗溪镇、西夏墅镇、奔牛镇	1月	省精神文明建设指导委员会
2019—2021年度江苏省文明村	孟河镇南兰陵村、九龙村 薛家镇任葛村 罗溪镇邱庄村、温寺村 西夏墅镇东南村、梅林村 奔牛镇东桥村、新市村、何家塘村 新桥街道马鞍桥村 魏村街道新华村	1月	省精神文明建设指导委员会
2019—2021年度江苏省文明社区	三井街道富都社区、三井社区、阳光社区、国宾社区、藻江社区 龙虎塘街道玲珑社区、腾龙社区	1月	省精神文明建设指导委员会
2019—2021年度江苏省文明单位	区检察院 区税务局 区消防救援大队 新桥街道办事处 三井街道办事处 龙虎塘街道办事处 常高新集团有限公司（本部） 龙城产业投资控股集团有限公司（本部） 恐龙园文化旅游集团股份有限公司（本部） 春江人民医院 江苏江南环球港商业中心有限公司 江苏安厦工程项目管理有限公司	1月	省精神文明建设指导委员会

续表78

荣誉称号	获奖单位	获奖时间	授奖部门
2019—2021年度江苏省文明单位	天合光能股份有限公司 欧普石油天然气集团有限公司（本部） 常州千红生化制药股份有限公司 江苏菜根香餐饮连锁有限公司 江苏天马万象建设集团有限公司（本部） 常州市明宇交通器材有限公司	1月	省精神文明建设指导委员会
第四批江苏省生态文明建设示范村	罗溪镇邱庄村 奔牛镇东桥村、新市村 魏村街道青城村委	1月	省生态环境厅
2022年度江苏省公共机构能效领跑者	薛家镇人民政府	1月	省机关事务管理局、省发展改革委、省工业和信息化厅、省财政厅、省生态环境厅
全省工信系统先进集体	薛家镇经济和科技发展局	1月	省人力资源社会保障厅、省工业和信息化厅
第二十八届省青少年科技模型大赛3D创意模型搭建竞赛（木模）团体三等奖、（纸模）团体二等奖	常州市新北区西夏墅中心小学	1月	省教育局厅、省科协
省青少年智能家居个人赛团体奖	常州市西夏墅中学	1月	省青少年科技教育协会
全省公共法律服务工作成绩突出集体	奔牛镇政法和社会综合治理局	1月	省司法厅
“15分钟医保服务圈” 省级示范点	奔牛镇为民服务中心	1月	省医保局
2020—2021年度第一批江苏省优秀社会工作项目二等奖	三井街道兰翔社区	1月	省民政厅
江苏省民主法治示范社区	三井街道阳光社区 春江街道友谊河社区	1月	省委全面依法治省委员会办公室、省司法厅、省民政厅
江苏省近视防控示范校	常州市新北区百丈中心幼儿园	1月	省教师培训中心
“少年号角杯·红领巾心向党”庆祝中国共产党成立100周年知识竞赛优秀组织奖	常州市新北区百丈中心小学	1月	省少工委办公室
全省社情民意信息先进单位三等奖	区政协办	2月	省政协办公厅
2021年基层农技推广体系改革与建设补助项目成效显著单位	区农业农村局	2月	省农业农村厅
省农业农村厅海监（渔政）总队表扬信表扬	区农业管理综合行政执法大队	2月	省农业农村厅海监（渔政）总队
基层建设先进消防救援站	区消防救援大队	2月	省消防救援总队
十佳基层大队	区消防救援大队	2月	省消防救援总队
2021年度新孟河工程建设突出贡献单位	常州新美水务集团有限公司	2月	省太湖治理工程建设管理局
江苏省乡村振兴先进集体	西夏墅镇东南村党总支	2月	省委、省人民政府
2021年度学会工作先进单位	区土地学会	2月	省土地学会
2022年度江苏省“最美公共文化空间”打造对象	青氧艺术生活馆	2月	省文化和旅游厅
江苏省第十二届双拥模范单位	区两新组织拥军优属协会 中国人民解放军92138部队	7月	省委、省政府、省军区

附　录

常州高新区、新北区组织机构及负责人名单

（2022.01.01—2022.12.31）

中共常州高新技术产业开发区工作委员会

书　记	蒋　锋（至4月）
副书记	周　庆（3月任）
	石旭涌（6月任）
	封　毅
党工委委员	李　皓
	纪海平※
	吴　寅（8月任）
	吴晓晶（至7月）

常州国家高新技术产业开发区管理委员会

副主任	李　皓
	陈旭光

中共常州市新北区委员会

书　记	周　庆（5月任）
	蒋　锋（至4月）
副书记	石旭涌（6月任）
	封　毅
	张　敏（挂职）（9月任）
	周　庆（至5月）
常　委	李　敏
	李　皓
	纪海平※
	吴　寅（8月任）
	路　琦
	樊　烨
	姜　浩
	朱海颖※
	吴晓晶（至7月）

常州市新北区人大常委会

主　任	王宇伟（1月任）
	陆　敏※（至1月）
副主任	杨金忠（1月任）
	季晓东（1月任）
	刘金曙
	沈春英※
	赵　昊（至1月）
	花震亚（至1月）
党组书记	王宇伟
党组副书记	杨金忠
	陆　敏※（至1月）
党组成员	季晓东（1月任）
	沈春英
	范春苟
	夏志文
	赵　昊（至1月）
	花震亚（至1月）

常州市新北区人民政府

区　长	周　庆（至6月）
代理区长	石旭涌（6月任）
副区长	石旭涌（6月任）
	张　敏（挂职）（9月任）
	李　皓
	樊　烨
	陈旭光
	陈建生※
	杭宏伟
	陈　瑛※
	徐雪春
	张袁元（12月任）
	季晓东（至1月）
	王　丹※（挂职）（至8月）
党组书记	石旭涌（6月任）
	周　庆（至6月）
党组副书记	张　敏（挂职）（10月任）
	李　皓
党组成员	樊　烨
	陈旭光
	杭宏伟
	陈　瑛※

徐雪春
张袁元（12月任）
恽志群
季晓东（至1月）

政协常州市新北区委员会

主　席　安春燕※（1月任）
薛建南（至1月）
副主席　孙泽阳（1月任）
孙秀峰（1月任）
李小平
徐　红※
钱亚娟※
安春燕※（至1月）
秦　佳※（至1月）
党组书记　安春燕※
党组副书记　路　琦
孙泽阳
薛建南（至1月）
党组成员　李小平
徐逸峰
胥荣伟

中共常州高新技术产业开发区纪律检查工作委员会

中共新北区纪律检查委员会

书　记　纪海平※

常州市新北区监察委员会

主　任　纪海平※

常州市新北区人民武装部

部　长　李　敏
政　委　王立刚

常州国家高新区（新北区）人民法院

院长、党组书记　任志清

常州国家高新区（新北区）人民检察院

检察长、党组书记　朱文俊

常州国家高新区（新北区）所辖部门、园区（镇、街道）

（收录2022年年底在职主要负责人名单）

中共常州国家高新技术产业开发区工作委员会、中共常州市新北区委员会工作部门

党政办公室主任　恽志群
组织部部长　吴　寅（8月任）
封　毅（至8月）
宣传统战部部长　路　琦
政法委书记　朱海颖※（7月任）
吴晓晶（至7月）
机构编制委员会办公室主任
王　东（12月任）
曹　瑜※（至12月）
巡察办公室主任　顾　菁※（至12月）

常州市新北区人大常委会工作部门

办公室主任　张肖洁※（12月任）
范春荀（至12月）
环境资源城乡建设工作委员会主任
夏志文
财政经济工作委员会主任
黄丽娟※
农业和农村工作委员会主任
高应红
教科文卫工作委员会主任
潘仁山
法制和内务司法（民宗侨务）工作委员会主任　陆文其
人事代表工作委员会主任
顾　菁※（12月任）
刘玛娴※（至12月）

常州国家高新区管委会、常州市新北区人民政府工作部门

经济发展局局长　童广武
教育局局长　张华锋
科学技术局局长　吴雪强
财政局局长　王建军
人力资源和社会保障局局长
潘永洇
住房和城乡建设局局长　杨　磊
农业农村局局长　高　栋
商务局局长　骆晓霞※
卫生健康局局长　唐爱民
退役军人事务局局长　（缺）
应急管理局局长　徐　俊
审计局局长　沈传宝
行政审批局局长　章　俊
市场监督管理局局长　陶文忠
统计局局长　刘　斐
综合保税区管理局局长　程　宇
创意产业园区管理办公室主任
杨　波

政协常州市新北区委员会工作部门

办公室主任　薛　醒（12月任）
胥荣伟（至12月）
提案和委员工作委员会主任
王丽芳※
经济科技和农业农村委员会主任
陈万华（12月任）
教文卫体和文史委员会主任
谭伟良
环境资源和城乡建设委员会主任
张银龙
社法民宗和港澳台侨委员会主任
陈锁平

社会团体

总工会主席　万丽平※
团委书记　陈俊玮
妇联主席　陆　霞※
红十字会会长　王宇伟
工商联党组书记　何宝华（10月任）
王忠良（至10月）
侨联主席　余　奋※
残联理事长　王忠良（10月任）
张忠良（至10月）
科协主席　蒋如山（9月任）
张　俊（至3月）

园区（镇、街道）

滨江经济开发区党工委书记
姜　浩

滨江经济开发区管委会主任
张沁怡

孟河镇党委书记　徐雪春

孟河镇人民政府镇长
严卫国

生命健康产业园区管理办公室主任、薛家镇党委书记　程　宇

薛家镇人民政府镇长
高　翔（12月任）
花震言（至12月）

空港产业园管理办公室主任、罗溪镇党委书记　白正堂

罗溪镇人民政府镇长
刘　波

新北现代农业产业园区管理办公室主任，西夏墅镇党委书记
王　东

西夏墅镇人民政府镇长
蔡　刚

奔牛镇党委书记　王华国

奔牛镇人民政府镇长
江文亭※

新桥街道党工委书记
刘　奔（7月任）
陈　瑛※（至7月）

新桥街道办事处主任
徐科勤（7月任）
刘　奔（至7月）

三井街道党工委书记
谭振华（9月任）
朱海颖※（至9月）

三井街道办事处主任
王子晶（9月任）
谭振华（至9月）

光伏产业园区党工委书记、龙虎塘街道党工委书记　陈　瑛※（7月任）
张沁怡※（至7月）

龙虎塘街道办事处主任
吴文博

春江街道办事处党工委书记
高月锋

春江街道办事处主任
赵鹏霞※（10月任）
秦浩杰（至10月）

魏村街道办事处党工委书记
巢　彬

魏村街道办事处主任
路建刚

说明：1. 姓名右上角有“※”号者为女性；

2.“高新区（新北区）所辖部门、园区（镇、街道）”统计的是截至2022年12月底的干部任职情况。

统计资料

2022 年常州国家高新区（新北区）主要指标占全市比重统计表

表 79

名称	单位	2022 年	2021 年
土地面积	%	11.6	11.6
年末户籍人口	%	16.3	16.2
地区生产总值	%	20.8	20.8
一般公共预算收入	%	21.0	20.6
工业开票销售收入	%	24.0	21.5
规模以上工业总产值	%	22.5	22.6
规模以上工业利润总额	%	33.1	26.8
社会消费品零售总额	%	14.0	14.2
实际利用外资	%	31.3	29.6
进出口总额	%	37.9	36.1
# 出口总额	%	35.7	34.4

2022 年常州国家高新区（新北区）主要经济指标统计表

表 80

名称	单位	2022 年
地区生产总值	亿元	1990.58
第一产业	亿元	20.49
第二产业	亿元	1029.35
# 工业	亿元	989.92
第三产业	亿元	940.74
财政总收入	亿元	404.08
# 一般公共预算收入	亿元	132.47
农业总产值	亿元	33.82
工业总产值	亿元	4030.81
工业产品销售收入	亿元	4432.15
工业利润总额	亿元	401.35
固定资产投资完成额增速	%	1.1
# 工业投资	%	1.8
社会消费品零售总额	亿元	401.07
实际利用外资	万美元	92040
进出口总额	亿元	1222.80
出口总额	亿元	895.90
全体居民人均可支配收入	元	58785
# 城镇居民人均可支配收入	元	71527
农村居民人均可支配收入	元	39163

说明：经常州市统计局最终核实，2021 年地区生产总值（GDP）现价总量为 1876.09 亿元，按不变价格计算，比上年增长 10.0%。

2022年常州国家高新区（新北区）行政区划与人口统计表

表81

区域	村民委员会	社区居民委员会	土地面积	户籍人口
单 位	个	个	平方千米	万人
全 区	57	81	508.91	63.6
滨江经济开发区（春江街道、魏村街道）	12	16	152.11	12.3
孟河镇	13	4	88.66	8.18
生命健康产业园区（薛家镇）	3	11	37.37	5.48
空港产业园（罗溪镇）	6	6	53.79	4.37
现代农业产业园区（西夏墅镇）	5	5	51.99	4.2
奔牛镇	11	4	56.31	5.35
新桥街道	7	5	27.14	4.0
三井街道 （含创意产业园区）	—	24	24.42	16.2
光伏产业园区（龙虎塘街道） （含综保局）	—	6	17.12	3.4

2022年常州国家高新区（新北区）地区生产总值统计表

表82

区域	单位	合计		第一产业		第二产业		第三产业	
		2022年	2021年	2022年	2021年	2022年	2021年	2022年	2021年
全区	亿元	1990.58	1876.09	20.49	20.18	1029.35	938.96	940.74	916.95
滨江经济开发区（春江街道、魏村街道）	亿元	430.35	399.42	5.60	5.50	299.76	268.43	124.99	125.49
孟河镇	亿元	131.56	129.07	5.20	5.10	71.41	68.77	54.95	55.20
生命健康产业园区（薛家镇）	亿元	212.72	201.12	1.34	1.33	133.81	128.63	77.57	71.16
空港产业园（罗溪镇）	亿元	170.69	131.88	2.49	2.45	119.39	79.79	48.81	49.64
现代农业产业园区（西夏墅镇）	亿元	82.58	79.05	2.46	2.43	48.75	46.51	31.37	30.11
奔牛镇	亿元	83.65	81.90	2.55	2.52	32.95	33.31	48.15	46.07
新桥街道	亿元	88.84	85.06	0.85	0.85	34.22	32.72	53.77	51.49
三井街道（含创意产业园区）	亿元	558.11	548.99	—	—	158.35	154.25	399.76	394.74
光伏产业园区（龙虎塘街道）（含综保局）	亿元	232.08	219.60	—	—	130.71	126.55	101.37	93.05

2022 年常州国家高新区（新北区）财政收入与支出统计表

表 83

区域	单位	财政总收入	一般公共预算收入	一般公共预算支出
滨江经济开发区（春江街道、魏村街道）	万元	705333	254589	137524
孟河镇	万元	199605	49091	47084
薛家镇	万元	252472	144400	63502
罗溪镇	万元	327124	88306	54279
西夏墅镇	万元	59210	35011	31328
奔牛镇	万元	104003	34215	59146
新桥街道	万元	148860	62485	39976
三井街道	万元	506972	263475	53841
龙虎塘街道	万元	351739	178369	28493

重要文献

汲取三十载奋进力量 打造现代化高新名片 在全市“532”发展战略中扛起更大担当展现更大作为

——在区工委（扩大）会议暨区委五届四次全体会议上的讲话

区委书记、区党工委副书记　周庆

（2022 年 8 月 13 日）

一、凝心聚力、善作善成，迈出现代化建设的稳健步伐

今年以来，面对新冠肺炎疫情的重大挑战和严峻复杂的国内外形势，全区上下坚决贯彻落实“疫情要防住、经济要稳住、发展要安全”的重大要求，紧紧围绕中央和省、市决策部署，聚焦全市“532”发展战略，攻坚克难、砥砺奋进，经济社会发展稳中有进、稳中向好。上半年，全区完成地区生产总值 869 亿元，同比增长 2.2%；完成一般公共预算收入 63.1 亿元；完成规上工业总产值 1604.7 亿元，同比增长 8.4%。国家高新区排名升至第 21 位。

（一）坚持高效统筹，经济质效稳中有升。时刻绷紧疫情防控这根弦，闻令而动、尽锐出战，坚决果断打赢“3·13”“4·25”疫情防控阻击战。多措并举助企纾困，竭尽所能畅通人流物流，千方百计推进复工复产，用心用力稳住市场主体，累计实现减税降费 47 亿元，新增市场主体超 1 万家，争取市级以上产业扶持资金 5.2 亿元。“两特三新一智能”主导产业链式发展，累计完成产值 1210 亿元，同比增长 13.3%，占规上工业比重达 75.4%，入围全省首批“制造业高质量发展示范区”。打造“链上有约 邻里配套”产业协同品牌，举办新能源汽车及汽车核心零部件产业协同发展沙龙，新能源汽车产量占全市一半以上。重大项目屡结硕果，1—7 月累计签约优质项目 50 个，总投资 384 亿元，其中总投资 10 亿美元的美敦力康辉科技园项目、15 亿美元的药明康德合全药业华东研发基地项目和五期创新药 CRDMO 项目，在省委、省政府主要领导亲自关心下顺利签约。累计完成进出口总额 577.5 亿元，居全市第一。世界 500 强企业圣戈班中国区总部成功签约落户，属全市首家。“招推服”一体化全面落实，4 个省重大项目有序推进，7 个市重点项目顺利竣工，竣工数位列全市第一。载体建设全面发力，34 万平方米工业载体开工建设，超 2000 亩工业用地提质增效。聚和股份成功过会，诚瑞光学等 6 家企业在会，瑞华技术等 7 家企业进入“新三板”创新层，1—7 月上市企业再融资 25.6 亿元，占全市半壁江山。

（二）坚持提质培优，创新效应持续显现。积极打造高能级科创平台，国家碳纤维增强复合材料质量检验检测中心加快筹建，长三角碳纤维及复合材料技术创新中心成功揭牌、获批全市首家省级技术创新中心，省医疗器械检验所首个区级服务站签约入驻。科技型中小企业引育政策重磅出台，北京、上海离岸创新中心投入运营，全区规上高企研发机构覆盖率达 86.4%，与省产研院共建联合创新中心 2 家、累计 12 家，银河微电子等 3 家企业获省战新专项资金支持，新增国家级专精特新“小巨人”企业 16 家，居全市前列。入选全市唯一省“外专百人计划”，引进领军型创新创业人才项目 32 个，引育各类人才 1.18 万人。全市人才公寓建设现场推进会在我区召开，常州首家五星级人才公寓揭牌亮相，3237 套人才公寓建成投用，真正践行“给人才一个温馨的家”。重大项目“拿地即开工”成为新常态，营商环境评价多项指标排名全省城区第一，低风险项目简易审批全市首推，“1+N”注销套餐办改革经验全省复制推广。实施创新驱动发展战略、商事制度改革、生态文明体制改革、政府督查工作获省政府督查激励。

（三）坚持内外兼修，城乡品质加速提升。开展“三区三线”划定工作，牢牢守住耕地保护红线，为未来开拓更大发展空间。基础设施建设加力提速，常泰过江通道、龙江路快速化改造项目加快建设，现代化宜居农房建设稳步推进，新孟河、老桃花港等水利工程有序实施。“城市大管家”试点推进，城市环卫、停车管理、绿化管护、物业管理等公共服务系统集成、全面提质，老旧小区改造、道路交通畅行等民生实事让群众温暖舒心。污染防治攻坚提标升级，72 个中央第二轮生态环境保护督察反馈问题全面整改，重点断面达标整治、国控站点巩固提升、产业集群系统治理等专项行动有序开展，国省考断面优Ⅲ比例保持100%，$PM_{2.5}$平均浓度同比下降3.8%。长江大保护纵深推进，获批省级建立健全生态产品价值实现机制试点区，长江大保护展示馆入选全省首批生态文化宣传示范点。平安法治建设有力推进，打击犯罪能力不断增强，社会治安持续稳定向好。深刻吸取“5·30”火灾事故教训，迅速开展“除患治违”、重点行业领域百日攻坚等专项行动，全面排查化工工贸、群租房、城镇燃气等各领域风险隐患，真正把问题解决在萌芽之时、成灾之前。

（四）坚持固本强基，社会事业全面进步。扎实开展“四查一帮扶”，尽心竭力解决群众“急难愁盼”问题，上半年民生支出达31.19亿元。全力以赴保就业、惠民生，城镇新增就业2.16万人，城镇登记失业率控制在3%以内，帮助重点企业解决用工需求1.6万人。做好困难群众兜底保障，8875人纳入特殊困难群体救助保障对象，针对性出台罕见病患者专项救助政策。基础教育资源布点不断优化，龙城初中等6个学校项目竣工投用，增加学位7680个，2项基础教育教学成果获评省一等奖。补齐基层医疗卫生服务短板，区疾控中心及消毒供应中心加快建设。智慧养老综合服务平台“一库一中心N系统”建设扎实推进，养老服务开启新模式。“大恐龙园”战略东扩稳步实施，“龙城夜未央 醉美高新夜”等文旅活动精彩亮相，青氧艺术生活馆和初心小院获评省“最美公共文化空间”。

（五）坚持全面从严，党的建设坚强有力。党的十九届六中全会精神学习宣讲广泛开展，“一报二号一节目”宣传矩阵效应进一步凸显，党的创新理论深入人心。“五聚焦五落实”深化提升行动高质量推进，基层党组织政治功能不断优化，党内政治生活更加规范。全域党建品牌体系建设持续夯实，全省首家网络主播党群服务中心、全市快递行业党群服务中心落户我区，新业态新就业群体更加凝聚。换届后领导班子“回头看”工作稳步开展，年轻干部“初心100”计划全面推进，干部队伍活力有效激发。正风肃纪反腐持续推进，“高新”监督质效显著提升，涉农惠农等专项治理有序开展，巡视巡察各项任务圆满完成，“亲清护航”营商环境持续优化，风清气正人和的干事创业氛围进一步巩固。此外，全区人大、政协、人武、司法、双拥、民族、宗教、群团、关心下一代等各项工作都取得了显著成效，为全区经济社会高质量发展作出了重要贡献。

二、咬定目标、乘势而上，勇担三十年新征程的高新使命

奋斗创造历史，实干成就未来。高新区用三十年奋斗取得了非凡卓越的成绩，用三十年奋斗凝练了“创新、开放、大气、包容”的高新区精神，站在三十而立的重要关口，我们必须守初心、担使命，永葆“赶考”的清醒和坚定，脚踏实地、久久为功，奋力走出高新区下一个三十年高质量发展的康庄大道。

（一）常高常新，汲取蓬勃发展走前列的精神力量。三十年来，高新区在市委市政府的坚强领导下，乘改革开放之势，聚创新创业之能，走出了一条既有自身特色、更具时代特征的道路。我们艰苦创业攀高峰，发展能级不断跃升。高新区立大志、担大任、成大业，实现了从田园郊区到现代新区的华丽转身，地域面积从5.63平方公里拓展到508.91平方公里，人口从不足1万人增加到89.45万人，地区生产总值从1.11亿元增长到超1800亿元，规上工业总产值突破3000亿元量级。在高新区，项目为王理念深入人心，重大项目、龙头企业引优培强，“两特三新一智能”产业集群实力迸发，综合排名逐年攀升。我们开放创新立潮头，活力优势持续构筑。高新区始终高扬开放创新的时代旗帜，以“懂得、舍得、等得”的理念，加快发展开放型经济，涵养创新创业良好生态，构建亲商安商一流环境，创造了全市三分之一的到账外资和进出口总额，集聚了全市三分之一的外资企业和二分之一的世界500强企业，苏南自创区核心区优势正不断转化为发展胜势，为高质量发展注入更强动能。我们初心如磐担使命，高新气质越发彰显。高新区坚持以“创新、开放、大气、包容”的高新区精神为引领，积极抢抓市、区行政中心北移契机，高起点谋划、高标准建设高铁新城，城市高端功能加快布局，城乡发展面貌日新月异，沿江重现水清岸绿秀美风光，干部用自己的辛苦指数换来群众的幸福指数，高新区成为名副其实的高新之城、未来之城。

（二）求高求新，定标追赶跨越争一流的时代方位。追高逐新是高新区与生俱来的发展特征。只有站在更高的峰峦之上，才能更清晰地洞察时代风云，更准确地把握前进方向。要登高望远、全局对标。当前，高新区仍处于大有可为的重要战略机遇期，随着长三角一体化、沿沪宁产业创新带、苏锡常都市圈战略纵深推进，高新区与周边地区在产业主赛道上既有竞争、也有合作，循环融通、联动发展其时已至；随着常泰大桥“一桥飞架南北”，高新区“水陆空铁”四位一体交通优势跃然而出，黄金中轴、枢纽门户其势已成；随着千亿级、五百亿级产业集群喷薄而出，高铁新城建设如火如荼，高新区成为资源要素集聚强磁场，产城融合、能级跃升其兴可待。我们要坚定信心、保持定力，站在未来看现在、立足全局谋发展，以更高站位、更大格局、更宽视野，在现代化建设新征程上干出一片新天地。要环顾四周、横向对标。

我们必须主动放大“坐标系”、找准“参照物”，树牢“对标先进、跨越赶超”的坚定决心，重燃“敢争第一、勇创唯一”的壮志雄心。要对标兄弟板块，优化土地资源配置，积极腾挪发展空间，加快工业园区建设，争取更多优质项目落地；要对标周边地区，加快集聚创新要素，推动产业建圈强链、链链相融；要对标全国全省先进典型，学习借鉴在工业园区提标、城市建管提质、社会治理提效等方面的经验做法，确保追赶超越的方向对、路径准、可实现。要上下通览、纵向对标。三十年栉风沐雨、上下求索，高新区在拼搏中砥砺前行，在变革中寻求突破。我们必须回眸发展历程，赓续高新基因，启迪前行智慧，以闯的精神、创的劲头、干的作风，在全国文明典范城市、省级安全发展示范城市、“零碳城市”等“竞技场”上争创试点、争做示范，在更多领域探索“高新”模式、树立“高新”品牌。

（三）更高更新，走好而立之年再出发的奋进之路。展望未来，我们信心满载、豪情满怀，但也深感使命如磐、责重如山，必须秉持“更高更新”的目标追求，一心一意跑好“接力赛”，一往无前奋进新征程。要聚焦一张蓝图。区第五次党代会为我们擘画了未来五年的宏伟蓝图，区委五届二次全会又为我们指明了精准清晰的实现路径，我们要一任接着一任干，继续锚定“创智新高地、城市新中心、滨江宜居城”总体定位，纵深推进重大项目攻坚突破、高铁新城建设和长江大保护“三大工程”，加快打造创新驱动发展示范区、高质量发展先行区，奋力走在全省社会主义现代化建设前列。要打造六张名片。立足高新区成立三十载的坚实基础和先发优势，我们要深入贯彻全市“532”发展战略，全力以赴扬优势、提能级、补短板，持之以恒厚植产业优势，坚持创新驱动，深化对外开放，加速城乡融合，增进民生福祉，优化基层治理，加快打造“现代高新、活力高新、开放高新、秀美高新、幸福高新、和谐高新”六张高新名片。要锤炼三种定力。中流击水，更需奋楫前行。在现代化建设新征程上，高新区必将迎来众多良机，也必将经历磨难坎坷。全区党员干部要有知难而行、迎难而上、克难奋进的定力，以“时时放心不下”的责任担当，“历百折而仍向东”的执着信念，“人一之我十之”的拼搏劲头，踔厉奋发、笃行不怠，在新时代的奋进之路上踏平坎坷、阔步向前。

三、接续奋斗、勇争一流，打造现代化建设的高新名片

下半年即将召开党的二十大，这是党和国家政治生活中的一件大事。做好下一阶段全区经济社会发展各项工作，责任重大、使命光荣、任务艰巨。全区上下要深入学习领会习近平总书记在省部级主要领导干部专题研讨班上的重要讲话精神和中央政治局会议精神，全面落实“疫情要防住、经济要稳住、发展要安全”的重大要求，按照省委工作会议、市委十三届四次全会部署，坚持稳中求进工作总基调，高效统筹疫情防控和经济社会发展，统筹发展和安全，严格落实巡视整改“四个融入”要求，以“三十而立再出发”的历史担当和奋斗豪情，勇挑大梁、勇立潮头，锚定全年目标力争实现最好结果，在落实全市“532”发展战略中奋力打造六张高新名片，推动高质量发展和现代化建设再上新台阶。

（一）厚植产业优势，打造特色彰显、区域一流的“现代高新”名片。产业是“稳”的基础、“进”的动能，必须坚守实体经济“传家宝”，推动经济体量、质量双跃升。一要坚决稳住经济运行。把稳增长放在更加突出位置，加快落实稳增长一揽子政策，确保主要经济指标排名全市前列。多措并举扩大有效投资，加大向上争取力度，有效撬动社会资本，用足用好政策工具箱，推动重大项目按时开工、如期竣工。全力以赴促进消费繁荣，加快出台“新消费”行动方案，大力发展消费新模式新业态，打造多点支撑的消费增长新格局。千方百计保住市场主体，推动减税降费等助企纾困政策直达快享、非申即享，着力解决物流不畅、用工困难等实际问题，全面提信心、稳预期。二要全力做强项目支撑。抢抓产业风口，发挥比较优势，全力招引资源占用少、亩均效益高的强链延链项目。完善重大项目“招推服”一体化机制，让更多创新服务贯穿企业全生命周期，实现“土地等项目”“拿地即开工”常态化。加快产业用地布局优化，全力打造“两个一万亩”新型复合产业园区，启动建设一批高品质载体，推动园区发展以质取胜。持续推进工业用地提质增效，严把项目准入关，积极探索先租后让、弹性出让新模式，加快低质低效企业转型腾退，确保稀缺资源向优质企业集中。三要培育壮大产业集群。扎实推进“1115”大企业集团培育发展、“专精特新”中小企业快速成长攻坚行动，做大做强“两特三新一智能”主导产业，加速形成千亿级、五百亿级产业集群。把准“智改数转”主方向，深入实施新一轮企业上云三年行动计划，大力发展研发设计、供应链管理等生产性服务业，加快集聚一批总部型企业，激活产业“乘数效应”。“有保有压”科学调度资源，“链接供需”畅通区域循环，办好产业协同发展沙龙，着力构建上下游高效协作、大中小企业融通发展的产业生态。

（二）坚持创新驱动，打造示范引领、动能迸发的“活力高新”名片。持续提升区域创新浓度、人才密度、创业热度，推动科技创新“关键变量”成为高质量发展“最大增量”。一要培育更强创新主体。精准发力高企培育、科技型中小企业引育，力争高企突破 1000 家、科技型中小企业达 600

家。扎实推进长三角碳纤维及复合材料技术创新中心争创国家级，大力建设新型研发机构，深化重大创新载体运行绩效考核。积极实施“揭榜挂帅”“赛马”等产学研合作新机制，更好激发创新活力，打通成果转化“最后一公里”。二要汇聚更多创新人才。树立“大人才观”，强化创新型人才梯队建设，年内引进各类人才2.4万人以上，构建顶尖人才、双创人才、青年人才等多层次多元化人才格局。搭建“用才”大舞台，打好政策组合拳，积极推进以“常高新·漫柏”为标杆的高品质人才公寓建设，重视解决个人发展、配偶就业、子女入学等现实问题，构建“近悦远来”的人才生态圈，让个人出彩成就城市精彩。三要营造更优创新生态。全力创建新时代“两个健康”先行区，持续深化“放管服”改革，全面加强知识产权创造保护运用，加快打造运营成本最低、办事效率最高、贸易投资最便利、发展预期最稳定的一流营商环境，真正让国企敢干、民企敢闯、外企敢投。深化企业创新积分制试点，提升一站式集成化服务水平，推动“企业找政策”向“政策找企业”转变。加大金融支持力度，做大做强产业基金，推广“投贷联动”新模式，大力推进股改上市，引导金融活水精准浇灌科技创新。

*（三）深化对外开放，打造中轴崛起、能级跃升的“开放高新”名片。*高新区是全市打造“长三角中轴枢纽”的重要门户，要充分利用区位质变之势，集聚更多国际国内优质资源“为我所用”。一要打造高效能的交通枢纽。进一步打通对外“大动脉”、畅通对内“微循环”，加快推进常泰过江通道、腾龙大道建设和常州机场改扩建，提速龙江路快速化改造等骨干道路建设，着力构建高水准的智慧交通体系，全面提升城市通勤效率。积极推动综合港务区内外高效联动，进一步整合长江岸线码头资源，支持奔牛港提标提档，引进培育一批物流龙头企业，全力打造现代物流枢纽体系。二要打造高层次的开放平台。拓展视野促合作，深化中瑞、中日韩国际交流合作，办好科技经贸洽谈会、“云联五洲”、中日智造（江苏）交流大会等活动，扩大招商“朋友圈”。持续发力引外资，积极拓展境外发债、外资股权类投资、利润转投资等新渠道，确保完成全年到账外资目标。精准施策稳外贸，强化对重点外贸企业的跟踪服务，支持综合保税区创新发展，把握跨境电商、海外仓等发展新趋势，推广海关AEO高级认证，助力企业在国际市场保订单、争份额。三要打造高颜值的文旅地标。深化文旅资源开放融合，以创建国家全域旅游示范区为目标，扮靓串联江南环球港、市民广场、环球恐龙城等重要商圈的城市风景线，焕新联结大运河、新孟河等自然生态的乡村文旅带，聚力建设常州长江生态文化公园，潜心打造沿江生态绿色文化带、常州“北外滩”，形成全产业链文商旅综合生态圈，不断提升城市知名度、影响力。

*（四）加速城乡融合，打造文明典范、独具魅力的“秀美高新”名片。*坚持规划有高度、建设有厚度、管理有力度、城市有温度，以争创全国文明典范城市为引领，全面构建城乡融合、美美与共的新样板。一要更高标准优化空间布局。突出规划先行，稳妥划定“三区三线”，确保发展“目标”与规划“坐标”无缝衔接。坚持将美的理念融入城市规划建设，集中资源、集中智慧扎实推进高铁新城建设，鼓励镇、街道紧扣资源禀赋，优化城乡空间布局，协同推进退二优二、退二进三，加快新型城镇化建设步伐，不断增强经济承载力、人口吸附力。二要更大力度提升建管水平。加快推进美丽宜居城市建设，有效破解停车难、堵车烦、小区乱等城市顽疾，增添升级口袋公园、健身步道等城市家具，“一针一线”绣出城市新面貌。全力打造智慧型“城市管家”，实现城市运行、社会治理、政务服务“一脑统管”，确保风险隐患实时感知、突发事件快速响应、工作指令精准落地。三要更实举措推进乡村振兴。加快城乡一体化发展步伐，引导基础设施、公共服务、人才资金向农村延伸覆盖。完善村庄规划布局，系统开展农村人居环境整治五年行动，因村施策打造美丽乡村升级版。落实最严格的耕地保护制度，深入推进涉粮问题专项巡视巡察反馈问题整改，筑牢粮食安全“压舱石”。有序实施宅基地管理和农房改造试点，加强农村集体“三资”监管，促进农村集体经济发展壮大。坚持自治、法治、德治“三治融合”，深化议政代表会等基层协商议事制度，激活基层治理“一池春水”。

*（五）彰显人民至上，打造宜居宜业、共建共享的“幸福高新”名片。*心有所安，方是归处。坚持以人民为中心，把群众的安居乐业、安危冷暖放在心上，在创造高品质生活上实现更大突破，让每位市民都有“家”的归属感。一要抓好防疫关键事。坚持“外防输入、内防反弹”总策略和“动态清零”总方针不动摇，严格落实第九版疫情防控方案要求，全面强化常态化防控体系，压实“四方责任”，落实“五早”要求，守牢重要关口，管好关键节点，落实重点人群“应检尽检”，持续推进老年人疫苗接种，不断提升应急处置能力，全力守护人民生命安全和身体健康。二要办好群众关切事。以“小切口”服务“大民生”，建立重大民生政策统筹协调机制，确保10项重点民生实事项目圆满完成。把就业作为民生之本，聚焦高校毕业生、退役军人、大龄失业人员等重点群体，加大稳岗拓岗力度，搭建企业“共享用工”平台，持续扩大就业容量、提升就业质量。全力以赴做好稳价保供和食品安全工作，提高城乡低保、社会救助、抚恤优待标准，

切实维护妇女儿童合法权益，积极落实罕见病患者专项救助政策，兜牢基本民生保障底线。三要满足市民新期待。多措并举构建生育友好型社会，着力降低生育、养育、教育成本。坚持“房住不炒”定位，积极发展长租房市场，重点解决新市民、青年人阶段性住房问题。加大中心城区学位供给，优化高铁新城片区教育布局，落实落细义务教育“双减”政策。健全覆盖城乡的医疗卫生服务体系，深化医务人员区管院用改革，支持奔牛医院创建二级甲等医院。完善多层次养老服务体系，打造镇、街道综合性养老服务中心，开展困难老年人家庭适老化改造，推动医康养融合发展，建设全国示范性老年友好型社区。

（六）突出安全为基，打造高效协同、良治善治的“和谐高新”名片。用大概率思维应对小概率事件，牢固树立和践行总体国家安全观，推动安全发展贯穿各领域全过程，夯实高质量发展根基。一要坚守安全发展底线。加强公共安全体系建设，全力防范化解金融、房地产、大型企业、政府债务等重点领域风险，坚决防止各类“黑天鹅”“灰犀牛”事件。以“5·30”火灾事故为镜鉴，纵深推进安全生产大检查、安全生产百日攻坚、消防安全“除患治违”等专项行动，持续推进“危污乱散低”企业连片整治，加快推进安全生产网格化监管和综合行政执法改革，抓好省纪委监委安全生产专项监督检查反馈问题整改，推动安全生产整治“三年大灶”圆满收官。以孟河镇为试点，加快探索集中高效、联管联治的基层安全生产和消防监管体系，着力提升基层安全监管效能。二要筑牢生态绿色屏障。做足“治污、添绿、留白”三篇文章，持续巩固长江大保护成果，深入推进中央第二轮生态环境保护督察反馈问题整改，全力完成产业集群整治、国控站点指标提升等关键任务，严厉打击各类环境违法行为。推进绿色制造体系建设，支持壮大静脉产业、循环低碳产业，积极探索“无废城市”建设，大力倡导简约适度、绿色低碳的生活方式。三要维护社会稳定大局。以迎接党的二十大胜利召开为主线，扎实开展安保维稳攻坚行动，持续推进信访突出问题攻坚化解，压紧压实重点人员属地稳控责任，切实减存量、控增量、防变量。坚持和发展新时代“枫桥经验”，深入实施“精网微格”工程，推动区域社会治理现代化试点先行、走在前列。全面落实依法治区，深化平安法治新北建设，完善现代化治安防控体系，深入推进夏季治安打击整治“百日行动”、禁毒“清源断流”、电信网络诈骗打击治理，持续巩固扫黑除恶斗争成果，切实维护社会大局和谐稳定。

四、严字当头、实干为先，夯实现代化建设的政治保障

新起点新征程，我们要深入贯彻新时代党的建设总要求，大力弘扬伟大建党精神，坚持和加强党的全面领导，推动全面从严治党横向到边、纵向到底，切实以高质量党建引领高新区现代化建设生动实践。

（一）始终在强化政治建设中坚定方向。思想引领行动，旗帜指引方向。必须把党的政治建设摆在首位，以习近平新时代中国特色社会主义思想为旗帜，精心组织党的二十大精神学习宣传贯彻，推进党史学习教育常态化长效化，推动领导干部不断提高政治能力，切实把对“两个确立”的深刻领悟，转化为坚决做到“两个维护”的政治自觉。深化理论武装，全面实施“红帆领航”理论宣讲三年行动，引导广大党员自觉做新时代党的创新理论的坚定信仰者和忠实实践者。深化意识形态工作，壮大主流舆论阵地，走好“网上群众路线”，聚焦基层一线讲好“高新故事”，高效精准处置突发事件和热点舆情。深化大统战工作格局，推进“新融心”统战工作品牌建设，维护民族宗教领域和谐稳定，凝聚好、团结好最广泛的爱国统一战线力量。

（二）始终在筑牢基层堡垒中夯实根基。党的执政之基在基层，力量之源在基层。必须抓实基层组织建设，以非公企业党组织“五型”晋档升级管理、“智慧社区”建设等重点项目为抓手，加强党建引领城市基层治理和新兴领域党建工作，推动新业态新就业群体主动融入基层治理。建强基层带头人队伍，选好用好村（社区）书记，放大优秀带头人的示范引领作用，构建村（社区）和两新组织“三分三提”基层干部专业化体系。拓展全域党建格局，深化党群服务中心“111 工程”建设，点亮一批“红色地标”，加快打造组织优势、服务资源、服务功能最大化的多维矩阵。丰富党员教育管理形式，完善党员联系和服务群众工作机制，引导广大党员争当先锋、争作表率。

（三）始终在锤炼干部队伍中凝聚力量。事业的成败，关键在人，关键在干部。必须树牢鲜明选人用人导向，突出政治把关和政治素质考察，畅通能上能下渠道，旗帜鲜明选好干部，让想干事、能干事、干成事的干部有机会有舞台有地位。建立健全干部培养体系，深入推进“1+4”分类培养计划，强化前沿一线“蹲苗”历练，优化干部队伍结构梯队，做到人尽其才、人岗相适。立足实践能力和业务水平提升，推进“专＋行”干部培养课堂，提升干部教育培训实效。激发强烈干事创业热情，在“对标争先”中夯实严细实的工作作风，压紧压实综合考核责任，发挥考核“指挥棒”“风向标”作用，以组织担当激励干部担当，让敢为善为、奋发有为成为广大干部干事创业新常态。

（四）始终在从严管党治党中优化生态。全面从严治党永远在路上，党的自我革命永远在路上。必须长期坚持“严”

的主基调，一体推进不敢腐、不能腐、不想腐，加快建设廉洁新北。全面推进省委巡视反馈问题整改，系统制定整改方案，分解任务、夯实责任，明确时限、强化督查，确保问题整改“见底清零”。保持零容忍的警醒、零容忍的力度，坚决惩处平台公司、涉农项目、民生实事等重点领域腐败问题，持续整治群众身边腐败问题和不正之风。拓展“高新”监督体系，发挥党内监督主导作用，与行政监督、司法监督、审计监督、财会监督、群众监督、舆论监督等贯通协调、形成合力、提升质效。教育引领党员干部坚定理想信念、树立正确“三观”，扎实开展政德、法纪和家风教育，持续巩固政法队伍教育整顿成果，着力构建“亲”“清”新型政商关系，为“干部放手干、基层放心干、上下放开干”营造良好氛围。

名词解释

1．“拿地即开工”：创新预审、并联、容缺等审批方式，在办理土地手续的同时落实项目开工所需的各项建设条件，实现从取得土地到准予开工的“零时差”。

2．“1+N”注销套餐办：通过申请材料一表清、收件受理一窗口、审管联动一体化等“三个一”工作模式，企业只需跑一次窗口即可实现一个营业执照和多个准入许可证件的一次性注销。

3．“三区三线”：根据农业空间、生态空间、城镇空间三种类型的空间，分别对应划定的耕地和永久基本农田、生态保护红线、城镇开发边界三条控制线。

4．“城市大管家”：通过引进专业城市服务团队，把城市公共空间整体作为一个“大物业项目”进行统筹运营管理，搭建网格化管理、精细化服务、信息化支撑的城市服务管理平台，推动城市管理进入平台化、场景化、智慧化阶段。

5．“除患治违”专项行动：围绕违章搭建、擅自改变使用性质、占用防火间距、消防设施损坏停用、疏散通道不畅通、违规使用泡沫夹芯彩钢板、违规存放易燃易爆危险品、“三合一”、违章动火及违反操作规程等九类违法行为，以及单位管理主体责任不落实、日常管理机制不健全、宣传教育培训不深入、员工自防自救能力不足等四类突出风险开展的专项整治。

6．“四查一帮扶”：查疫情防控、查安全隐患、查生态环境突出问题、查信访突出问题、帮扶特殊困难群体。

7．“一报二号一节目”：《常州高新区》报，“常州国家高新区”政务微信公众号、“常州国家高新区”视频号，“常州高新区新闻”电视节目。

8．海关AEO高级认证：在建立了AEO（Authorized Economic Operator，经认证的经营者）制度的国家或地区海关之间，对各自认证的AEO企业予以相互认可并给予相应通关便利措施的一种制度安排，减少重复认证并促进国际供应链安全与便利。

9．“三分三提”基层干部专业化体系：以村、社区、两新组织为重点领域，构建分类、分岗、分级，提升素质、提高待遇、提振动力的基层干部专业化体系。

10．干部队伍建设“1+4”培养体系：制定关于进一步加强干部队伍建设的实施意见，分层分类统筹推进年轻干部培养“初心计划”、女干部培养“雅心计划”、党外干部培养“同心计划”和专业干部培养“匠心计划”。

政府工作报告

——2023 年 1 月 3 日在常州市新北区第五届人民代表大会第二次会议上

区长 石旭涌

一、2022 年工作回顾

2022 年是党的二十大召开之年、新一届区政府履职第一年，也是高新区成立三十周年、新北区建区二十周年。一年来，面对严峻复杂的宏观形势和交织叠加的风险挑战，我们在市委、市政府和区委的坚强领导下，在区人大、区政协的监督支持下，坚持稳中求进工作总基调，统筹推进疫情防控和经济社会发展，全面落实党中央“疫情要防住、经济要稳住、发展要安全”重大要求。一是坚持人民至上防疫情，全力保障群众有序生活。完整、准确、全面贯彻落实党中央和省市决策部署，坚定不移坚持人民至上、生命至上，不断提高防疫工作的有效性。持续优化调整防控措施，不搞层层加码、一刀切，努力将对群众生活的影响降到最低，加强重点人群保护，全速推进疫苗接种工作，扎实做好生活物资和防疫商品保供，保障交通出行和物资运输平稳畅通。二是坚持克难奋进稳经济，全力保持健康发展态势。突出做好稳增长、稳就业、稳物价工作，着力打通影响企业生产经营的痛点堵点，保持产业链、供应链循环畅通。规上工业总产值、规上工业利润总额、实际利用外资、进出口总额等主要经济指标二季度触底反弹，三季度起实现两位数增长，全区经济走出了一条强劲的 V 形增长曲线。积极应对重点企业和广大中小微企业面临的困难，制定落实助企纾困一揽子政策，全年共兑现减税降费等各项资金 90 亿元。企业运行基本面保持平稳，比亚迪汽车、合全药业等新增长点强劲支撑，实现了就业形势持续稳定，全年新增城镇就业人数达 3.45 万人。三是坚持动真碰硬抓安全，全力排查整治风险隐患。深刻汲取“5·30”火灾事故教训，孟河镇在全省率先进行乡镇安全生产和消防监管能力建设试点，“除患治违”攻坚战全面打响，全区已拆除违章建筑 44.7 万平方米，火灾起数下半年以来同比下降 14.3%、四季度以来同比下降 36.2%。安全生产“百日攻坚”行动、“危污乱散低”综合治理深入推进，工业厂房租赁“先审后租”、餐饮行业“先验后批”机制探索实施，群租房安全长效监管制度健全完善，重点领域本质安全水平进一步提升。紧紧围绕党的二十大安保维稳主线，常态化开展扫黑除恶斗争，严厉打击突出违法犯罪，统筹开展平安建设、网格化治理、矛盾纠纷排查化解等工作，一批历史遗留问题得到妥善化解，社会大局保持和谐稳定。

任凭前路多艰险，越是艰险越向前。在极不平凡的 2022 年，我们积极主动扛起“勇挑大梁”重大责任，全力以赴当好“532”发展战略主力军，围绕系统推进“三大工程”、匠心打造“六张高新名片”拼搏奋进、务实作为，全年主要目标任务顺利完成，经济社会各项事业发展取得新进步。

（一）过去一年，我们抓项目、促转型，发展质效稳步提升。综合实力稳中有进。全年预计实现地区生产总值超 1900 亿元，同比增长 5% 左右；完成一般公共预算收入 132.5 亿元、同口径增长 5%；规上工业总产值突破 3400 亿元，同比增长 12% 左右；完成全口径工业开票销售 4750 亿元，同比增长 30.8%；实际利用外资 9.2 亿美元，总量保持全市第一；实现进出口总额 1200 亿元、同比增长 10.1%。国家高新区排名攀升至全国第 21 位。重大项目捷报频传。引进总投资超 1 亿美元或 10 亿元以上重大产业项目 14 个，美敦力康辉科技园、合全药业研发中心、比亚迪二期、国能常州二期等 4 个超 100 亿元或 10 亿美元项目成功签约，刷新历史纪录。招引法国圣戈班总部、瑞士医沛生等优质外资项目 21 个。项目“招推服一体化”成效凸显，4 个省重大实施项目顺利开工，77 个在库市重点项目“四项指标”超额完成全年目标任务，基本实现重大项目“拿地即开工”常态化。产业发展亮点突出。“两个一万亩”高品质产业园区加快推进，4000 亩工业用地提质增效。产业链式集群发展规划及产业链图谱完成编制，“两特三新一智能”主导产业占规上工业产值比重达 78%，同比提升 7.3% 个百分点。“1115”大企业集团培育成效显著，预计销售超亿元企业达 530 家、同比增加 46 家，比亚迪常州基地销售突破 280 亿元，总产量超 18 万辆，天合光能销售突破 600 亿元，合全药业销售首破百亿元并成为全区首家年纳税额破 10 亿元企业，聚和材料销售首破 50 亿元。新增工信部制造业单项冠军 2 家，国家级专精特新“小巨人”企业 16 家，省级“专精特新”企业 81 家，省“星级上云”企业 169 家。聚和材料、特瑞斯分别在科创板和北交所挂牌上市，新增 IPO 申报、创新层企业数量和资本市场直接融资额均创历史新高。全市唯有的两支 QFLP 基金顺利落地，龙城金谷（北区）新增入驻各类机构超 150 家。

（二）过去一年，我们抓主体、优生态，创新活力充分激发。创新策源持续涌动。预计完成高技术投资115亿元，实现高新技术产业产值1950亿元，同比增长9.5%，R&D经费投入占GDP比重提升至3.6%。新增发布国际标准2项、国家标准43项、行业标准21项，万人发明专利拥有量83.81件，列全市第一。长三角碳纤维及复合材料技术创新中心获批全市首家省级技术创新中心，碳纤维及复合材料国家火炬特色产业基地成功创建，新型碳材料集群获评国家先进制造业集群。创新主体培育壮大。超800家企业完成“智改数转”专题辅导，新增落户科小企业106家，净增高企220家、总数达1060家。潜在独角兽企业累计达12家，瞪羚企业总数达136家，均居全市第一。天合光能、星宇股份入选苏南研发投入百强榜单，宏微科技等5家企业成功入选新一轮省创新型领军企业培育库。新认定省级孵化载体3家，新增省、市级工程技术中心74个，规上高企研发机构覆盖率提升至86.4%。新增人才总量2.53万人，引育国家重大人才工程A类专家9名、B类专家3名，居全市第一。创新生态不断丰富。北京、上海离岸创新中心成功运营。技术合同登记总额达72.68亿元，位列全市第一。“科技创新积分制”试点工作扎实开展，科技金融创新服务“十百千万”专项行动深入实施，为创新积分企业融资超5亿元。新增投用人才公寓10395套，常高新·漫柏未来人才社区创成全市首家五星级人才公寓。

（三）过去一年，我们提能级、强统筹，城乡面貌更加靓丽。城市能级加快提升。高铁新城建设稳步推进，星耀城首栋单体出正负零，国际人才广场、领航大厦顺利封顶，科创水镇三期主体结构基本完成。常泰过江通道、常泰铁路等重大交通基础设施加快建设，沿江都市快线、通江铁路支线设计基本形成成果。建筑业高质量发展三年行动计划出台实施，环球港以西片区开发建设稳步推进，10条精品街道建设有序开展，新龙生态林获评“江苏省人居环境范例奖”。综合治理成效显著。“城市大管家”模式全面推行，“智慧城市管家”与安置小区物业管理试点工作正式启动，“一网统管”治理格局初具雏形。停车设施资源整合优化，新增公共停车泊位3359个。建成区生活垃圾分类设施覆盖率、城市生活垃圾资源化利用率实现“双百分百”，年处理量达30万吨的建筑装潢垃圾综合利用处置项目顺利完成。“新北区系统推进无障碍环境建设项目”入选江苏首批城市更新试点名单。乡村振兴特色彰显。培育区级农业龙头企业15个，建成高标准农田4550亩。农村宅基地管理“两个办法”正式出台，农村宅基地批准书颁证工作正式启动。“十四五”水利发展规划编制完成，新孟河、老桃花港等水利工程有序推进，新增市级示范幸福河湖2条、市级幸福小微水体示范片区3个。现代化宜居农房建设有序推进，西夏墅镇创成市乡村振兴新时代鱼米之乡示范镇，南兰陵村获评市美丽乡村建设项目。现代农业产业园“无人化”农场入选全国农业领域机器人应用优秀场景。

（四）过去一年，我们办实事、惠民生，民生福祉不断增进。民生实事有力推进。完成老旧小区改造9个，既有住宅加装电梯8部，筹集保障性租赁住房8158套。创建省级普惠托育机构2家、普惠托育服务示范社区2个。打造“15分钟医保服务圈”省级示范区，区福利中心公建民营有序推进。区文化馆、图书馆、职工服务中心建成开放。省级文化和旅游消费示范单位成功创建，全国农村治理实验区建设顺利通过民政部结项评估。精准发力补齐短板。“十四五”学校项目布点规划编制实施，9个新建、改扩建学校项目年内竣工，新增学位11610个，南师大常州实验学校正式启用，全区骨干教师占比提升至28.5%。区疾控中心及消毒供应中心加快建设，新创市级基层特色科室4家。完成老年人家庭适老化改造400户，建成养老机构护理型床位2705张，城乡社区养老服务设施覆盖率达100%。薛家镇、三井街道成功创成“全国智慧健康养老示范街道（乡镇）”。富民惠民水平提升。纳入特殊困难群体救助保障对象8875人，针对性出台罕见病患者专项救助政策。根治欠薪专项行动扎实开展，获评“全国和谐劳动关系创建示范工业园区”。成功创建省级创业基地1家、市级2家，实施全省首个大龄自闭症青年自主生活及就业支持项目，发放稳岗返还等补贴1.3亿元、富民创业担保贷款1.18亿元。全年城乡居民人均可支配收入预计超5.9万元，增长5.5%左右。

（五）过去一年，我们出实招、重实效，环境质量持续改善。强化突出问题整改。中央第二轮生态环境保护督察反馈问题整改全面推进，金属表面处理循环产业中心建设方案深入谋划，喷涂行业综合整治及百丈工业园、龙虎塘印染园等重点片区综合治理有力开展，支流支浜消劣行动、太湖流域水环境整治攻坚稳步实施。强化重点领域攻坚。全年$PM_{2.5}$平均浓度同比下降9.1%，国、省考断面全面达到III类，土壤污染重点监管单位源头防治持续加强，化工园区土壤及地下水综合管控深入开展，固废集中收运体系健全完善，“无废城市”建设持续推进。强化基础能力建设。长江大保护纵深推进，关停整治化工企业16家，化工企业总数减少至43家，“智慧禁捕”成效明显，长江大保护展示馆成功入选首批“省级生态文化宣传示范点”。新增市级绿色工厂10家，滨江新材料产业园创成全国绿色化工园区。绿色清洁能源推广应用，新增备案分布式光伏项目95个，装机容量107兆瓦。

（六）过去一年，我们转作风、提效能，自身建设全面加强。营商环境持续优化。“一站式”政务服务大厅全新启用，实现行政许可事项100%、政务服务事项95%以上进驻。更大力度落实全流程企业开办和减税降费政策，减免企业开办成本超550万元。在全市率先实现低风险项目简易审批，“1+N”注销套餐办改革做法在全省复制推广，推动优化营商环境等四项工作获省政府督查激励，营商环境评价位列全省城区第2位。行政效能显著提升。孟河镇、罗溪镇经济发达镇培育工作深入推进，国企改革三年任务圆满完成。入选“国家知识产权强县试点县（区）、国家级知识产权强国试点园区”，获得基层财政管理标准化国家级试点。“高新事·高兴办”培育一流政务服务品牌获评第二批全国法治政府建设示范项目。自觉接受人大监督和政协民主监督，按时办复区人大代表建议108件、政协委员提案138件，代表与委员满意和基本满意率达100%。作风建设扎实推进。坚持务实为先、实干为重，全力打好防范化解重大风险攻坚战，政府性债务率持续下降，融资平台公司整合优化工作加快推进。进一步压减一般性支出和非刚性、非重点支出，推动政府“过紧日子”要求落到实处。“纪巡审”联动持续强化，全区一盘棋的监督机制更加健全，完成8个重大投资项目结算结果监督复核，累计核减工程造价超1500万元。

此外，东西扶贫协作、区域对口合作、民族宗教、国防动员、军民融合、退役军人事务、双拥、司法、外事侨台、档案方志、工会、妇女儿童、青少年、残疾人、红十字和关心下一代等各方面、各领域工作全面推进，取得了积极成效。

在肯定成绩的同时，我们也清醒地看到，全区经济社会发展还面临不少困难和挑战，主要表现在：主导产业特色还不鲜明，产业壁垒不够高、品牌影响力不够强，代表性的龙头企业和上市企业数量仍然偏少；土地节约集约利用程度不够高，亩均产出贡献与先进开发区相比差距明显；城市能级、建设品质和管理能力有待提升，教育、医疗等公共服务水平与群众期盼相比还有差距，对高层次人才的吸引力还不足；安全生产、生态环境、社会治理、信访稳定等基础性工作还有一些短板漏洞，和谐稳定的良好局面需要持续巩固。对此，我们将在下一步工作中采取有效措施，切实予以解决。

二、2023年工作总体要求和目标任务

今年是全面贯彻落实党的二十大精神的开局之年，也是新北区面向下一个三十年阔步新征程、扬帆再启航之年，做好政府工作具有特殊重要意义。今年常州将全力冲刺GDP万亿之城，新北区作为全市改革发展的“排头兵”，肩负着当好全市“532”发展战略主力军的重大政治责任，在万亿之城的进军道路上，我们必须勇挑大梁、多作贡献。刚刚结束的区委五届五次全会，对明年的工作作出了全面部署，号召全区上下要自觉以党的二十大精神定向领航，奋进新征程、再创新辉煌，我们要在区委的坚强领导下落实好各项重点工作和任务。

今年政府工作的总体要求是：以习近平新时代中国特色社会主义思想为指导，全面贯彻党的二十大以及中央经济工作会议精神，深入落实省委十四届三次全会、市委十三届五次全会和区委五届五次全会精神，坚持稳中求进工作总基调，完整、准确、全面贯彻新发展理念，积极融入新发展格局，着力推动高质量发展，更好统筹疫情防控和经济社会发展，更好统筹发展和安全，突出做好稳增长、稳就业、稳物价工作，有效防范化解重大风险，全力当好全市“532”发展战略主力军，聚力推进“三大工程”，打造“六张高新名片”，奋力谱写中国式现代化的新北华章。

今年经济社会发展主要预期目标是：地区生产总值增长5.5%左右，一般公共预算收入增长6%左右，固定资产投资增长5%左右，规上工业产值增长10%左右，社会消费品零售总额增长6%左右，实际到账外资和进出口总额保持稳定，居民人均可支配收入增幅与地区生产总值增幅基本同步，生产安全事故起数和死亡人数持续下降，主要污染物减排、单位GDP能耗下降率、大气和水环境质量完成市下达任务。

三、2023年重点工作

围绕今年总体要求和目标任务，重点做好七个方面工作：

（一）以转型升级为主攻方向，更高质量提升发展质效

1. 全力做好项目文章。抢抓“碳达峰、碳中和”等重大战略机遇，前瞻布局未来产业风口，主动参与产业格局重塑，瞄准产业链、供应链、产品链关键领域和重要环节，招引一批高产出、高带动、低消耗项目，力争全年招引总投资超10亿元或1亿美元产业项目超7个，优质项目总数超100个，其中服务业项目不低于30个、精品外资项目不低于20个。进一步提升重大项目服务保障水平，优化完善“招推服”一体化工作机制，全面推行“拿地即开工”，完成区级以上重点项目年度投资超350亿元。推动重大产业项目产能加快释放，确保比亚迪二期年内竣工投产，合全药业研发中心、美敦力康辉科技园等项目完成主体施工。

2. 全力打造产业地标。围绕全市打造“国际化智造名城”“新能源之都”机遇，构筑产业发展高地，全力建设全省首批制造业高质量发展示范区。以链式发展提升集群效应，深耕“两特三新一智能”主导产业，擦亮“链上有约·邻里配套”产业沙龙品牌，助推新能源汽车及汽车零部件产业产

值迈上千亿台阶、新医药及医疗器械产业产值突破500亿元。以培育龙头带动产业跃升，持续开展“1115”大企业培育攻坚行动，精准描绘企业“上台阶”时间表，力争全年新增百亿级企业1家、50亿级企业1家、30亿级企业2家、10亿级企业5家。以练好内功提升竞争能力，力争省级以上“专精特新”企业总数跨过100家大关，完成700家企业“智改数转”免费诊断，新增市级以上智能车间（工厂）15家以上、现代服务业重点示范园区（企业）8家以上。以资本赋能激活发展潜力，充分挖掘后备上市资源，力争新增上市企业不少于4家，不断拓宽“金融助企”渠道，依托龙城金谷（北区），更好发挥产业基金引导撬动作用，实现进驻基金规模突破100亿元。

3. 全力盘活要素资源。围绕“四个一万亩”目标，持续优化要素供给，进一步加快新旧动能转换。积极拓展发展空间，加快滨开区、龙江路西侧“两个一万亩”产业园建设，推动“工业上楼”应上尽上，新增高品质、高利用率产业载体不低于90万平方米，定期梳理更新“369”可用工业地块和优质厂房资源，形成用地需求、资源供给两张清单，建成全区存量资源供需平台。全力挖掘存量效能，坚持以“亩均论英雄”，推广应用“4+13”工业企业综合评价体系，划定重点增效区域，启动开展老旧工业园区更新改造，确保全年整治提升“危污乱散低”企业不低于2700家，到“十四五”末提质增效工业用地超一万亩、亩均税收实现翻番。打通现状集体工业土地合法入市渠道，开展服务业项目使用存量工业建筑准入试点，力争到“十四五”末累计完成超一万亩集体土地入市。

（二）以改革创新为根本动力，更高质量激发创新活力

1. 更大力度壮大创新主体。瞄准“三高一资”项目，加大分级培育力度，形成以领军型创新企业为龙头、高新技术企业为主体、众多科技型中小企业为支撑的创新型企业集群，力争全年净增高企150家、新增科小企业150家。夯实企业创新主体地位，鼓励引导企业“揭榜挂帅”，攻关破解一批创新链关键“卡脖子”技术，形成一批产业链关键“硬科技”产品，实施5000万元以上科技成果转化项目8个，新增省级企业研发机构20家，共建联合创新中心2家。

2. 更高水平做强创新载体。持续提升创意产业园区、碳纤维科创港等载体创新能级，积极支持天合光能国家重点实验室重组，推动碳纤维及复合材料技术创新中心加快创成国家级，达姆斯检测争创国家碳纤维复合材料质量检验检测中心。实施科创平台跃升计划，“一院一策”推动天汇空间信息研究院等在建平台提质增效，鼓励安泰创明等新型研发机构建设，推动浙大工研院、常州智能制造工具孵化器等众创空间争创国家级。坚持科创载体与产业载体一体规划、一体建设，加快建成一批特色化、品质化、国际化科创载体，新增面积不低于40万平方米。

3. 更宽领域优化创新生态。强化政策引导，修订出台新一轮科技创新扶持政策，营造“最爱产业、最懂科技、最舍得投入”的浓厚氛围。深入实施科技金融创新服务“十百千万”专项行动，探索推出“科创积分贷”融资租赁产品。引导企业深化研发合作，力争实施产学研合作项目50个，技术合同额突破80亿元。开展“百校千企万名英才集聚工程”，加大人才公寓供给，确保全年引进各类人才不少于2.4万人。实施人才引育提速行动，力争培育省双创人才15名以上、重点龙城英才项目30个以上。

（三）以内外兼修为鲜明导向，更高质量推动开发开放

1. 全面融入区域发展格局。抢抓长江经济带、长三角一体化等重大战略机遇，找准“双循环”切入点，不断放大跨江融合“桥头堡”中轴门户优势。全力推进常泰过江通道、腾龙大道等重大交通基础设施建设，系统布局龙江路北延快速化改造和春江路、薛冶路等一批重点骨干路网，打通内外交通“大动脉”。加快构建现代物流枢纽体系，深化综合港务区建设，增强奔牛机场集疏转运辐射带动能力，推动新长江码头改扩建、录安洲码头创设全国示范性零碳港口，拓展常州港新能源汽车整车及动力电池出口业务。

2. 全面扩大对外开放水平。持续做优开放平台，加快启动中瑞园区二期项目建设，推进中日韩国际园区提档升级，依托综保区培育优质跨境电商平台，壮大跨境电商业务。拓展外资总部经济，积极探索境外发债、QFLP等外商投资新渠道，释放吸引外资“强磁力”。坚持“引进来”与“走出去”相结合，开展“跨贸融合 起航CND”系列活动，主动应对防疫政策优化调整，面向日韩、欧美加大贸易推介，积极推动优势企业出海发展，利用海外政策、资金、技术、人才等要素，全面提升对外开放层级。

3. 全面塑造一流营商环境。打造“高新事•高兴办”升级版，创新“互联网+政务服务+金融服务”模式，构建辐射全区的“15分钟便民利企服务圈”。推广苏锡常三地高新区共建经验，发起全省国家高新区政务服务一体化共建，优化“长三角一网通办”等异地通办机制，打造长三角有影响的最佳政务大厅。推动知识产权强区建设，维护“亲”“清”政商关系和公平公正公开法治环境，培育更有利于市场主体活力释放的最优营商“土壤”。

（四）以要素配置为关键抓手，更高质量实施城乡建设

1. 以战略眼光谋划功能布局。对照“三区三线”划定成果，深入推进国土空间规划编制，不断优化开发保护格局。

持续推进高铁新城建设，优化龙江路、乐山路等重要道路沿线界面设计，完善龙江路东西两侧整体规划，高质量打造万亩产业集聚区和城市宜居生活区。统筹实施城市更新和土地整理，深化高铁新城核心区等重点区域城市设计，优化老常工院等重点地块开发利用方案，系统提升新龙生态林功能品质和运营水平，加快实施老桃花港整治、德胜河“六改三”等重点水利工程建设，推动城乡面貌蝶变焕新。

2．以绣花功夫推进精细管理。系统提升管理水平，扮靓城乡风貌，更大力度推进精品街道、美丽街区建设，试点实施农村人居环境整治提升“积分制”管理。加大老旧小区改造提升力度，持续完善公共服务设施，推进山外有山等农贸市场改造升级和规范经营，加快公厕改造升级工作，新增公共停车泊位2000个以上，促进城乡生活环境整体提升。统筹绿化养护、市政设施管护、环卫保洁等业务，促进“专业服务＋指挥平台＋行政力量”有机融合，推动“城市大管家”模式取得实效。

3．以更高水平实施乡村振兴。持续健全资金、建设用地支农机制，撬动更多社会资本投入乡村振兴，稳步实施现代化宜居农房建设，持续开展美丽乡村试点村、新时代鱼米之乡示范村等项目创建，探索美丽乡村市场化运营管理机制。扩大“常高新农”品牌知名度，挖掘一批名特优新农产品，打造沿S122、叶汤路两条休闲农业观光路线，培育示范家庭农场50家、示范农民专业合作社20个，不断强化农村“三资”管理水平，巩固拓展农民就业增收致富渠道。破解耕地“非粮化”难题，新增水稻田不少于5000亩，高标准农田不少于3800亩。

4．以有力举措提升环境质量。深入打好污染防治攻坚战，狠抓$PM_{2.5}$和臭氧“双控双减”，在全面完成省、市目标基础上，力争全区$PM_{2.5}$平均浓度降至33微克／立方米以下，优良天数比例保持78%以上。完成25条一级支浜消劣整治工作，打造20条幸福河湖，保持国省考断面优Ⅲ比例100%，国考断面Ⅱ类比例75%以上。统筹工业集聚区监测站点布局、雨污水管网建设，加快推进表面处理循环产业中心和集中喷涂中心建设，推行工业园区“限值限量”管理，规范行业发展秩序和企业环境管理。持续抓好沿江生态环境保护与修复，打好“十年禁渔”持久战，巩固长江大保护工作成效。实施城市“增绿添园”行动，新改扩建口袋公园4个、公园绿地2个、绿化景观路4条，新增绿化面积70公顷。

（五）以人民满意为第一追求，更高质量增进民生福祉

1．着力夯实共同富裕保障。坚持就业优先战略，支持灵活就业岗位精准对接，强化职业技能培训，不断壮大“新北工匠”队伍，进一步缓解重点企业用工压力，全年新增就业不少于2万人。进一步巩固脱贫攻坚成果，落实困难学生伙食专项补助。完善以社会保险全面统筹、社会救助精准兜底、慈善帮扶有效补充的社会保障体系，全面推进医疗保障待遇清单制度，着力提升基本医疗保险参保质量，持续开展失业保险稳岗返还“护航行动”。

2．着力优化公共资源配置。优化教育资源布局，建设新北区托育服务指导中心，推动实施三井第二实验小学等学校建设项目22个、新增学位6000个，启动新一轮“三名”培育工程，大力支持奔牛高中创建省高品质示范高中、南师大实验学校打造区域性高品质学校。充分挖掘孟河医派资源，加快推进奔牛人民医院二甲创建，推动第一人民医院医学中心落地建设，建成区级社会心理健康服务指导中心。整合资源打造2～3家区域性养老服务中心，切实缩小城乡养老服务质量差距。聚力打造社区综合服务中心6个、多功能社区服务综合体3个，进一步提升社区精细化治理、精准化服务水平。

3．着力满足精神文化需求。讲好长江、运河故事，精心打造新时代鱼米之乡样板，以长江生态文化公园建设为牵引，匠心打造常州“北外滩”。提升公共文体配套建设水平，加快推动市足球训练基地、第二工人文化宫等项目落地建设，推动文体旅商深度融合，持续扮靓环球港、环球恐龙城、汉江路等城市地标，打响“龙城夜未央醉美高新夜”等文旅节庆品牌，更好满足群众多样化、多层次、多方面的精神文化需求。持续攻坚全国文明典范城市创建，深化拓展新时代文明实践中心建设，不断提高全民文明素养和社会文明程度。

（六）以高效统筹为有效路径，更高质量优化治理水平

1．坚决防范各类重大风险。建立健全全口径债务监测机制，全面加强政府性债务风险管控和融资平台公司监管，坚决遏制隐性债务增量，稳步化解存量。构建完善国资监管大格局，持续深化国企改革，提升国资运营水平，保障国有资产保值增值。完善房地产领域全过程管理模式，对规划审批、项目准入、土地供应、资金使用等环节严格监管，压实各方责任，提前介入防范，有序推动房地产市场平稳向好。构建高效全面的公共安全体系，有效防范粮食安全、能源资源、重要产业链供应链等领域风险。

2．坚决守牢安全生产底线。保持“时时放心不下”的责任感，进一步强化底线思维、风险意识、问题导向，抓好安全生产各项工作。发挥示范企业带头作用，开展“危化学盛瑞、工贸学盖茨”活动，深化工业厂房租赁“先审后租”、餐饮行业“先验后批”等制度机制，推动构建集中高效、联管联治的基层安全生产和消防监管体系。强化公共安全体系

建设，常态化组织应急处置演练，依托恐龙园“防灾避险体验馆”等载体，将全社会安全教育融入日常、抓在经常。持续开展“除患治违”攻坚，围绕危化品、群租房、既有建筑等行业领域风险隐患，开展大排查大整治行动，从严从重处理各类违法行为，坚决杜绝重特大安全事故发生，实现生产安全事故发生起数、死亡人数“双下降”。

3．坚决维护社会大局稳定。持续推进信访突出问题攻坚化解，落实“专班＋网格”稳控措施，切实减存量、控增量、防变量。深入实施“精网微格”工程，选优配强网格服务管理力量，确保“网格党群直通站”建设覆盖率达50%以上，提升社会治安防控体系建设水平，推动区域社会治理现代化走在全省前列。贯彻落实总体国家安全观，重点打击各类渗透颠覆活动，常态化开展扫黑除恶斗争，强化应急处突能力建设，依法打击治理电信网络诈骗等违法犯罪活动，切实维护社会大局和谐稳定。

（七）以提升效能为主要目标，更高质量强化自身建设

1．坚持把握大局提高站位。把学习贯彻党的二十大精神作为首要政治任务，以习近平新时代中国特色社会主义思想为指导，深刻领悟“两个确立”的决定性意义，增强“四个意识”、坚定“四个自信”、做到“两个维护”。始终把党的政治纪律和政治规矩挺在前面，不折不扣贯彻党中央精神、省市要求和区委决策部署，争先创优谋发展，只争朝夕抓落实。

2．坚持实干担当有为善为。勇于打破思维定势和路径依赖，坚持谋实招、务实功、求实效，创造性推动重大决策、重大任务落细落实。弘扬社会主义法治精神，扎实推进依法行政，深入实施“八五”普法，运用法治思维和法治方式深化改革、推动发展、化解矛盾。依法接受人大法律监督、工作监督，自觉接受政协协商议政、民主监督，高质量办好人大代表建议、政协提案。

3．坚持从严从紧正风肃纪。夯实全面从严治党主体责任，锲而不舍落实中央八项规定及其实施细则精神，牢牢守住廉洁自律底线。深化机关作风建设，坚决整治形式主义、官僚主义等问题，真正为基层减负、让百姓有感。聚焦国有资产、政府投资、债务管控等重点领域监督管理，打好制度“补丁”，坚持政府过紧日子，确保非刚性、非重点项目支出只减不增，把财政资金用在发展紧要处、民生急需处。

名词解释

1．“三大工程”：“重大项目攻坚突破、高铁新城建设和长江大保护”三大工程。

2．“六张高新名片”：“现代高新、活力高新、开放高新、秀美高新、幸福高新、和谐高新”六张高新名片。

3．市重点项目“四项指标”：市重点项目投资额、新入库项目数、新开工项目数、竣工项目数。

4．“两特三新一智能”主导产业：智慧能源、新材料产业，新能源汽车及汽车核心零部件、新一代信息技术、新医药及医疗器械产业，高端智能装备制造产业。

5．“1115”大企业集团：到“十四五”期末，全区拥有100亿元、50亿元、30亿元级规模企业各10家以上，10亿元级规模企业50家以上。

6．QFLP：即合格境外有限合伙人，境外机构投资者在通过资格审批和外汇资金的监管程序后，将境外资本兑换为人民币资金并投资于国内的私募股权投资以及风险投资市场。

7．科技金融创新服务“十百千万”专项行动：科技部火炬中心与工商银行合作，在10家左右的国家高新区内建设科技金融创新服务中心，带动100家以上的国家高新区创新政银合作模式，每年新遴选1000户以上的高企进行重点支持，力争到2025年实现高企融资余额突破10000亿元。

8．“城市大管家”：通过专业城市服务团队，把城市公共空间整体作为一个“大物业项目”进行统筹运营管理，搭建网格化管理、精细化服务、信息化支撑的城市服务管理平台，推动城市管理进入平台化、场景化、智慧化阶段。

9．农村宅基地管理“两个办法”：《常州市新北区农村宅基地管理办法（试行）》和《常州市新北区农村宅基地保障资格权认定管理办法（试行）》两个制度文件。

10．“1+N注销套餐办”改革：通过申请材料一表清、收件受理一窗口、审管联动一体化等“三个一”工作模式，企业只需跑一次窗口即可实现一个营业执照和多个准入许可证件的一次性注销。

11．“三高一资”项目：具有“高技术含量、高成长性、高回报率、资本关注”属性的项目。

12．三区三线：根据农业空间、生态空间、城镇空间三个区域，分别对应划定耕地和永久基本农田保护红线、生态保护红线、城镇开发边界三条控制线。

13．“三名”培育工程：“名校长、名教师、名班主任”培育工程。

14．“精网微格”工程：按照50至100户为基本单位，将网格细分为若干个微网格，构建“镇（街道）—村（社区）—网格—微网格—户”工作体系。

重要文件

常州国家高新区（新北区）关于加快培育发展“专精特新”中小企业攻坚行动方案

为深入贯彻落实全市“532”发展战略，落实落细全区产业发展大会精神，进一步加大“专精特新”中小企业培育力度，根据常州市政府办公室《关于加快培育发展“专精特新”中小企业行动方案》（常政办发〔2022〕10号）和《常州国家高新区工委 常州国家高新区管委会关于建设长三角产业中轴强支点的实施意见》（常开工委〔2022〕3号）等文件要求，结合我区实际，制定本行动方案。

一、指导思想

坚持以习近平新时代中国特色社会主义思想为指导，全面贯彻党的十九大和十九届历次全会精神，积极落实省、市、区党代会要求，紧扣“创智新高地”发展定位，全力推动中小企业走“专精特新”发展道路，着力打造一批专注细分领域、创新能力强、质量效益优、市场占有率高、掌握关键核心技术、管理体系完善的“专精特新”中小企业，高标准建设长三角产业中轴强支点。

二、总体目标

至2025年，全区拥有工信部制造业单项冠军10家，国家“专精特新”小巨人企业25家，省级“专精特新”小巨人企业100家，省“千企升级”培育库在库企业750家。

三、重点任务

（一）梯队培育

1. 支持企业发展规模化。以年主营业务收入1000万—2000万元的小微工业企业为重点培育对象，推动企业通过技术改造、增资扩产等方式转型升级，实现上规模目标。全区平均每年新增“小升规”工业企业100家以上。（责任单位：区统计局、区经发局，滨开区及各镇、街道）

2. 实行企业培育动态化。围绕壮大“两特三新一智能”主导产业集群，突出产业链供应链关键环节及关键领域，依托高新技术企业，进一步补充市级“专精特新”企业培育库，对培育库企业进行动态管理。全区每年扩充培育库企业60家以上。（责任单位：区经发局，滨开区及各镇、街道）

3. 推动企业进阶梯次化。每年力争认定市级“专精特新”企业15家以上，省级“专精特新”企业15家以上，国家级“专精特新”5家以上，工信部“制造业单项冠军”企业2家以上。（责任单位：区经发局，滨开区及各镇、街道）

4. 加强运行监测常态化。对全区规模以上“专精特新”中小企业进行专项统计，监测分析企业生产经营情况；重点对“专精特新”企业开展资源集约利用综合评价，并进行能耗分析和提前预警；科学掌握“专精特新”中小企业运行发展动态，定期发布企业相关指标完成情况报告。（责任单位：区统计局、区经发局，滨开区及各镇、街道）

（二）创新驱动

5. 加大研发投入。鼓励“专精特新”中小企业集中力量开展关键核心技术攻关，破解产业链卡脖子技术瓶颈，填补国内空白。推动全区重大科研基础设施和大型科研仪器向“专精特新”中小企业开放。支持“专精特新”中小企业承担省级以上工程研究中心、工程技术研究中心、企业技术中心等建设任务。建立“专精特新”入库培育企业优先参与高新技术企业培育机制。（责任单位：区科技局、区经发局）

6. 推动创新应用。组织高校、科研院所和“专精特新”企业开展产学研技术供需对接，推动一批技术创新成果落地。鼓励并优先推荐区内“专精特新”中小企业参与首台（套）重大装备及常州市创新产品认定。（责任单位：区科技局、区经发局、区财政局）

7. 加大技改支持。鼓励“专精特新”中小企业加大技术改造力度，对制造业单项冠军、市级以上“专精特新”企业在认定有效期内实施的设备投入技改项目，给予重点扶持。（责任单位：区经发局、区财政局）

8. 主导专利标准。实施知识产权战略，推进专利强链计划，鼓励“专精特新”中小企业围绕关键技术研发项目，开展专利导航工作，支持“专精特新”中小企业布局国内和海外发明专利。实施标准化战略，鼓励“专精特新”中小企业主导开展国际、国家、行业、团体标准制（修）订工作，优先推荐“专精特新”中小企业申报国家、省标准化试点项目。（责任单位：区市场监管局、区财政局）

9. 加快“智改数转”。大力发展工业互联网，深入推进制造业数字化、网络化、智能化转型，推动数字技术全链条、全要素赋能制造业发展。支持“专精特新”中小企业“触网上云”，组织专家团队上门为企业提供诊断服务。积极支持“专精特新”中小企业申报国家智能制造能力成熟度评估、各级工业互联网标杆工厂、工业互联网平台、星级上云企业、两化融合贯标试点等项目。每年力争新增市级以上智能车间（工厂）15家以上，新增星级上云企业50家以上。（责任单位：区经发局，滨开区及各镇、街道）

10. 促进管理提标。鼓励“专精特新”中小企业建立现代化生产管理体系，开展精细化管理，优化组织功能。支持“专精特新”中小企业实施专业化管理咨询项目，实现精益管理，降本增效，助推企业高质量发展。（责任单位：区经发局，滨开区及各镇、街道）

（三）协同发展

11. 加强企业融通。充分发挥省级大中小企业融通载体的优势，基于产业生态、供应链协同、创新能力共享、信息驱动，在大企业与“专精特新”中小企业之间搭建资源共享、互利共赢的孵化服务平台。（责任单位：区经发局，滨开区及各镇、街道）

12. 支持协作配套。支持产业链供应链上下游企业开展协同制造，构建创新协同、产能共享、供应链互通的生态。鼓励产业链龙头骨干企业通过参与或自建供应链数字化平台向本地产业链上下游“专精特新”中小企业开放供应链。鼓励“专精特新”中小企业主动加入国内外龙头企业供应链体系。（责任单位：区经发局、区科技局、区商务局）

（四）要素支撑

13. 加大金融支持。支持“专精特新”中小企业开展应收账款、存货、仓单融资等业务，鼓励保险机构为“专精特新”中小企业提供信用保险服务。为“专精特新”中小企业提供定制化信贷服务，提供高额度、低利率的专属信贷产品，对“专精特新”中小企业再贷款再贴现业务开通绿色通道。加大对“专精特新”中小企业信贷支持力度，为合作银行机构发放信用贷款提供风险补偿。（责任单位：区科技局、区财政局、区经发局）

14. 拓宽融资渠道。引导社会资本加大对“专精特新”中小企业的股权投资。依托区科创发展基金，探索以股权投资方式重点支持“专精特新”中小企业发展的新模式。促进“专精特新”中小企业直接融资，支持“专精特新”中小企业债券融资需求，鼓励信用优良企业通过发债获得更多中长期融资，将符合条件的“专精特新”中小企业纳入全区上市后备企业资源库，为企业直接融资搭建对接合作平台，组织开展上市辅导、投融资对接等专题活动，积极推动“专精特新”中小企业上市。每年力争新增“专精特新”上市企业1—2家。（责任单位：区经发局、区财政局）

15. 加强人才引育。聚焦服务“专精特新”中小企业，为企业引进拥有关键核心技术的领军型人才。广泛联系高校、科研院所，建立人才合作机制，帮助“专精特新”中小企业建立高端科研人员互派、互聘等人才柔性引进和使用机制。支持“专精特新”中小企业开展在校生创新实践、实习考察等活动，注重技工教育发展与产业发展的契合度，培育具有“工匠精神”的企业技工队伍。为“专精特新”中小企业技术人员、高技能人才档案管理、职称评定等方面提供绿色通道。（责任单位：区人才办、区人社局、区经发局）

16. 强化要素保障。对工业企业资源集约利用综合评价结果B类以上“专精特新”中小企业在用能、用地等要素资源需求方面给予政策倾斜。将“专精特新”中小企业的用地需求优先纳入供地计划；对“专精特新”中小企业开展公益性节能诊断服务，在能耗双控中保障“专精特新”中小企业合理用能需求。（责任单位：区经发局、区自然资源和规划分局）

（五）市场开拓

17. 争创质量品牌。加强“专精特新”中小企业品牌建设，引导企业创建自主品牌，提高商标注册、运用、管理和保护能力。优先推荐“专精特新”中小企业申报中国质量奖、质量标杆、江苏省省长质量奖、常州市市长质量奖、常州市新北区区长质量奖等。（责任单位：区市场监管局、区经发局）

18. 积极开拓市场。支持“专精特新”中小企业参加国内外重点经贸科技类展会项目。在世界工业与能源互联网暨国际工业装备博览会、中国·常州科技经贸洽谈会等市、区重大展会设立“专精特新”展区，为“专精特新”中小企业搭建产品、技术展示平台，助力企业开拓市场。（责任单位：区商务局、区经发局）

19. 护航海外发展。为“专精特新”中小企业提供全生命周期知识产权服务。推进企业知识产权管理规范贯标工作，引导企业加强海外知识产权布局，开展海外知识产权风险预警分析，推进知识产权海外侵权保险业务，为企业提供海外知识产权纠纷应对及援助服务。（责任单位：区市场监管局、区商务局）

20. 支持政府采购。严格落实政府采购促进中小企业发展的政策，预留采购份额。支持“专精特新”中小企业产品申报相关创新产品目录，对纳入目录内创新产品享受政府采购支持创新的各项政策，通过评审加分、首购首用、协议供货、单一来源等方式给予政策支持，加快“专精特新”中小企业创新成果转化应用，提升“专精特新”中小企业参与政府采购活动的能力。（责任单位：区财政局、区经发局）

（六）服务优化

21. 拓展服务功能。整合高校、院所、新型研发机构等创新资源，创新工作模式，为企业提供技术咨询、联合技术攻关、成果转化、知识产权管理等方面支持，推动“专精特新”中小企业间的人才、技术和产品等领域的合作，帮助企业融智融商。（责任单位：区经发局、区科技局、区市场监管局）

22. 减轻企业负担。切实落实国家减税降费优惠政策，开通税费服务直通车，为“专精特新”中小企业提供“点对点”精细服务。在项目审批、海关口岸通关等方面建立绿色通道。运用大数据进行重点筛查、分析比对，为“专精特新”中小企业分类精准推送各项服务政策。（责任单位：区人社局、区税务局、区行政审批局、区市场监管局）

23. 提优成长环境。优先推荐“专精特新”中小企业纳入民营企业家队伍建设“百千万工程”“民企管理升级”系列公益培训活动；持续开展“送服务、解难题、办实事”活动，搭建政企沟通协调平台。（责任单位：区委宣统部、区经发局）

24. 完善审慎监管。加大对相关行政执法行为的协调监督，规范涉企执法检查，整合内容、方式相似的执法检查，减少对“专精特新”中小企业现场检查频次；进一步优化“专精特新”中小企业的信用修复工作，为企业提供更加宽容的法治环境。（责任单位：区经发局、区住建局、区应急管理局、区行政审批局、区市场监管局、区生态环境局、区消防救援大队）

25. 强化法律维权。开展法企同行专项法律服务行动，重点对“专精特新”中小企业开展法律跟踪服务，帮助企业提前防范行业性法律风险。（责任单位：区委政法委）

四、保障措施

（一）强化组织领导。实行区领导挂钩联系机制，统筹协调推进全区“专精特新”中小企业发展工作，进一步明确工作目标和重点任务，细化政策措施，确保各项责任落在实处。

（二）强化政策支持。加大对“专精特新”中小企业的支持力度，认真贯彻落实省、市现有支持中小企业创新、高质量发展的各项政策；倾斜支持“专精特新”中小企业发展，加大支持力度；清理和修改不利于中小企业发展的各项政策规定，整合各相关职能部门的优势资源，加大“专精特新”企业培育力度，营造公平竞争的发展环境。

（三）强化督查考核。将“专精特新”中小企业培育工作列入滨开区及各镇、街道年度考核指标，按年度下达工作计划和具体培育要求，建立年中督查、年度考核机制，及时通报考核情况，根据考核结果表彰先进。

（四）强化宣传引导。充分利用各类媒体宣传、推广全区“专精特新”中小企业发展的先进经验和做法。分行业、分地区召开“专精特新”发展现场会，开展系列宣传活动，树立一批“专精特新”中小企业的先进典型，形成全社会支持关心“专精特新”中小企业的浓厚氛围，营造“专精特新”中小企业发展生态。

常州国家高新区（新北区）党政办公室关于印发常州国家高新区（新北区）知识产权“十四五”规划的通知

滨开区管委会，各镇人民政府、街道办事处，区各委办局、园区、公司、直属单位：

《常州国家高新区（新北区）知识产权“十四五”规划》已经区政府研究同意，现印发给你们，请认真贯彻落实。

常州国家高新区（新北区）党政办公室

2022 年 12 月 20 日

（此件公开发布）

常州国家高新区（新北区）知识产权“十四五”规划

“十三五”期间，常州国家高新区积极落实党的十八大、十九大精神，集聚国家高新区优势，以知识产权强区建设为统领，围绕知识产权支撑经济发展，在知识产权密集产业培育、知识产权营商环境优化、知识产权服务能力建设以及对外开放等方面，取得了显著成绩，形成了良好的知识产权高质量发展工作格局。“十四五”期间，常州国家高新区知识产权工作将面临一系列新要求、新任务和新挑战，在新发展理念指引下，坚持围绕“两特三新一智能”重点产业，统筹谋划，实现常州国家高新区知识产权工作更高质量、更高效率、更具创新的可持续发展。

一、常州国家高新区知识产权“十三五”发展现状

“十三五”知识产权规划实施以来，常州国家高新区知识产权创造能力明显提升、知识产权运用成效不断增强、知识产权保护环境日趋优化、知识产权管理水平稳步提高、知识产权服务体系更加完善，知识产权事业发展的主要指标达到了预期目标要求。

（一）知识产权创造能力明显增强，知识产权创造质量逐步提升

企业创新能力进一步加强。全区万人有效发明专利拥有量达72.65件，较“十二五”翻一番，位居全市第一，商标申请29267件，注册20556件，有效注册商标达30384件，累计拥有驰名商标25件，位居全省开发区前列。申请专利61471件，其中发明专利21394件，授权专利32462件，其中发明专利3850件，PCT申请927件，位居全市第一，占全市51.5%。知识产权密集型企业持续涌现。“十三五”期间，获中国专利银奖1件，优秀奖9件，江苏省专利金奖2件，优秀奖2件，常州市专利金奖5件，优秀奖10件，优秀发明人6人。实现了规模以上工业企业专利、商标全覆盖，高新技术企业自有知识产权全覆盖。现有高新技术企业739家，全部拥有自主知识产权。

（二）知识产权运用能力不断增强，知识产权运营成效显著

推进企业实施知识产权战略。积极推进企业开展《企业知识产权管理规范》贯标工作，贯标备案超过400家，250家通过国家知识产权贯标认证，全市占比45%。积极推进企业实施知识产权战略推进计划，14家企业承担省知识产权战略推进计划，18家企业承担市知识产权战略推进计划，围绕“两特三新一智能”产业培育了国家知识产权示范企业5家，国家知识产权优势企业8家。

加强企业专利信息化建设和利用。围绕常州国家高新区“两特三新一智能”产业定位，瞄准碳纤维及复合材料产业方向，编制了《常州国家高新区碳纤维及其复合材料产业（知识产权）发展规划》；针对新医药及医疗器械产业编制了《医疗器械专利布局分析及专利导航》，将专利信息与产业现状、发展趋势、政策环境、市场竞争等信息融合，对标国内重点地区和企业，为高新区的产业发展找准知识产权定位。依托国家知识产权局专利审查员实践基地和江苏省高新技术产业开发区专利审查员实践基地，发挥专利信息资源利用优势，重点面向高新区智能制造和新材料产业开展专利技术竞争态势分析。

推进“一带一路”知识产权运用集成。广泛遴选在知识产权创造、管理、运用、保护以及涉外维权等方面具有丰富实务经验的专家，建立知识产权保护专家库，引导企业建立知识产权法律顾问制，为“一带一路”企业提供专业化指导和服务；依托律师事务所、专利事务所等知识产权专业服务机构，组织宏发纵横等行业领军企业、爱尔威等外向型企业30多家成立知识产权保护联盟，构建成员间的协作互动机制，共同维护成员的知识产权合法权益；确定“一带一路”知识产权重点服务企业名单，建立知识产权培训培育合作机制，组织企业开展知识产权海外布局、风险防范等培训，提升企业抗风险能力。

推进知识产权运营服务。持续加大专利质押融资工作推进力度，促进知识产权价值实现，将政府引导与市场主导有机结合，进一步加强知识产权金融服务建设，建立企业、金融机构、中介机构三方对接机制，引导银行加大对知识产权质押融资的力度，为13家企业实现知识产权质押融资，融资总额达4.2亿元人民币。

（三）知识产权保护环境日趋优化，行政保护优势凸显

优化知识产权行政执法体系建设，强化知识产权执法整治，着力提升知识产权执法效能，强化重点产业、重点领域、重点市场执法，严厉查处商标、专利侵权假冒违法行为。“十三五”期间，共办结商标侵权案件286起，罚没582.16万元。加强汽车零部件、光伏新能源、刀刃具行业等重点产业知识产权布局和风险防控，帮助企业防范知识产权潜在风险，切实维护企业合法权益。持续深化农产品地理标志商标的知识产权保护工作，为区域农产品“护航赋能”，更好地提升农产品竞争力。

（四）强化知识产权服务职能，知识产权政策不断优化

“十三五”期间，先后三次修订知识产权专项政策。突出了对创造、保护、企业培育、产业支撑的支持和引导，形成了比较完善的制度体系，政策体系更加精准聚集。

在政策体系下，形成了以下标志性成果。“十三五”期间先后获批江苏省知识产权强省建设区域示范单位、江苏省知识产权示范园区、国家知识产权强县工程试点县（区）、国家知识产权试点园区，五年内实现了从省级到国家级的跨越式发展。

二、“十四五”时期常州国家高新区知识产权发展面临的形势

国际环境面临百年未有之大变局，国际力量对比深刻调整，不稳定性不确定性明显增加，新一轮科技革命和产业变革深入发展，创新合作环境挑战增多，战略性新兴产业核心知识产权在发达国家处于领先地位，对国内产业发展形成较大牵制。

国内知识产权法律制度顶层设计逐步完善，鼓励创新

尤其是原始创新逐步取得共识，知识产权保护进入新阶段，知识产权专门法庭、知识产权行政保护中心以及知识产权实践基地建设越来越完善，知识产权行政监督管理工作体系进一步融合。

常州国家高新区的战略性新兴产业、创新企业群体、各类创新创业平台以及各种经济新业态，就如何准确把握经济高质量发展，不断完善知识产权保护体系，精准实施对标赶超苏州国家高新区，确保高质量完成全年目标任务，大力加强监管体系融合提升效能，加速构建现代智慧监管体系，都对知识产权工作提出了新的要求。

知识产权服务品牌化、集聚化、公共服务产品供给均有待进一步提升，迫切需要将知识产权工作更好地融入以国内大循环为主体，国内国际双循环相互促进的新发展格局中。

三、常州国家高新区“十四五”知识产权规划指导思想、基本原则和发展目标

（一）指导思想

全面贯彻党的十九大和十九届二中、三中、四中、五中、六中全会精神，深入落实习近平总书记对知识产权工作的重要讲话和指示。坚持知识产权高质量产出导向；坚持知识产权保护和监管高度结合；保障知识产权高质量服务供给。围绕知识产权密集型产业培育、创新型企业成长、区域协同均衡发展和对外开放等工作基点，立足知识产权创造、运用、保护、管理、服务和人才培养6个关键环节，明确“高质量、高效益、高标准、高水平、高素质、高效能”的发展导向，紧扣高价值知识产权培育、知识产权协同保护等战略定位和高质量发展要求，全面促进知识产权工作提质增效升级，为常州高新区高质量发展提供有效支撑。

（二）基本原则

坚持改革创新与知识产权高质量发展相结合。不断完善制约知识产权发展的服务机制和监管模式，突出知识产权主要工作和工作的主要方面，积极探索知识产权工作的新模式新方法，充分发挥知识产权制度激励创新、促进创新和保护创新的保障作用。

坚持政府引导与市场导向相结合。推进政府提供优质知识产权公共服务产品，营造公平、公正、开放、透明的知识产权市场环境，积极发挥市场配置创新资源的决定性作用，坚持企业创新主体地位，激发企业发展知识产权原生动力，实现政府职能与市场基础性作用的有效对接。

坚持全面推进与重点突出相结合。将知识产权发展与产业创新发展有机结合，强化知识产权政策与产业政策的衔接，坚持提高知识产权发展质量，促进知识产权运用，提高企业知识产权综合运用能力，加强知识产权保护，推进创新成果产权化、知识产权价值化、商品化和产业化。

坚持资源整合与协同发展相结合。构建区域协作、行业协作共同发展新格局，在创新链到产业链供应链的关键环节上配置知识产权服务链和监管链，提升知识产权竞争力和影响力，整合区域科技创新知识产权服务资源，加强服务聚集和服务品牌建设，打通供需，大幅提升知识产权服务业对科技、经济与社会发展的整体保障能力。

（三）发展目标

知识产权创造卓越、运用高效、监管科学、保护有力、服务优质、人才集聚，知识产权发展主要指标居省内第一方阵，知识产权对经济社会发展的支撑和推动作用充分显现。到2025年，重点实现以下目标：

知识产权创造质量显著提升。万人发明专利拥有量达92件，PCT专利申请400件，注册马德里商标30件，有效注册商标超过5万件，地理标志实现零突破，在重点产业、战略性新兴产业形成一批高价值自主知识产权。

知识产权运用水平显著增强。进一步推进企业实施知识产权战略，加强知识产权金融服务建设。促进知识产权价值实现，知识产权质押融资达6亿元；促进企业加强知识产权许可、转让，知识产权的产品转化率达80%以上。

知识产权监管和保护水平显著增强。严格知识产权行政执法，着力提升知识产权执法效能，强化重点产业、重点领域、重点市场行政执法，严厉打击商标、专利侵权假冒违法行为。加强涉外知识产权保护，进一步提升企业在重点国别、重点区域，尤其是“一带一路”热点地区知识产权维权和应对能力，加强重点产业知识产权保护。扎实做好“双随机、一公开”执法检查，实现监管全覆盖和常态化。

知识产权服务能力显著提升。推进知识产权中介服务机构能力建设，加大力度引进、培育知名服务机构，引导中介服务机构开展高端知识产权服务；进一步提升区域知识产权公共服务平台服务效能；分级、分类做好企业知识产权人才培育工作，从事知识产权代理、运营、策划、信息、保护、管理等专门服务的专业人才达2000人，在全区形成一支结构优、专业精、素质高的知识产权人才队伍。

四、发展重点和主要任务

“十四五”期间，常州国家高新区将以加强知识产权发展的竞争能力建设、转化能力建设、监管和保护能力建设、服务能力建设为发展重点和主要任务。

1．推进知识产权高质量产出，增强核心竞争力

（1）加快培育高价值知识产权

实施高价值专利培育计划，推动企业与高校院所、知

识产权服务机构加强合作，形成高价值专利培育共同体。瞄准“两特三新一智能”产业，以及芯片、空天信息、数字经济、物联网、云计算、区块链等新兴产业，在主要技术领域创造一批创新水平高、权利状态稳定、市场竞争力强的高价值专利。

鼓励专利和商标国际申请，加强知识产权国际化布局，加大PCT专利和马德里商标的申请力度，将外贸成本优势转化为产品质量优势和知识产权价值优势。

促进地理标志资源运用，依托区域农副产品中的特色产品，优化传统工艺、增加现代元素、提高商品品质，探索地理标志“产品-品牌-产业”发展路径，加速地理标志产业链布局。

（2）加快培育知识产权密集型企业

实施知识产权密集型企业培育工程，以知识产权贯标达标企业、知识产权战略推进计划承担企业为基础，以“准独角兽企业、瞪羚企业、IPO挂牌企业”为重点，建立知识产权密集型企业培育目录库，遴选一批自主知识产权拥有量大、创新能力强、管理基础好、品牌优势大、发展潜质优的企业，予以重点培育和支持，造就一批拥有核心知识产权、具有国际竞争力的知识产权密集型企业。

（3）加快培育知识产权密集型产业

培育发展专利密集型产业，以芯片、空天信息、数字经济、物联网、云计算、区块链等新兴产业为重点，开展专利分析，把握产业发展态势，引导产业技术创新方向，加强产业专利布局，加快形成专利密集型产业。支持“智能传感小镇”“生命健康产业园”“人工智能科创港”等特色产业基地专利集群管理，推动专利集成运用，努力建设成为专利分析与产业运行决策深度融合、运用有效的区域。

实施商标战略示范工程，以区域先进制造业、现代服务业以及现代农业为重点，支持企业实施商标战略，支持企业通过开展商标许可、品牌连锁、跨国兼并等方式，加大品牌经营力度，提高品牌产品市场占有率，着力培育区域公共特色经济品牌，鼓励行业协会注册集体商标，促进公共品牌和企业品牌融合发展，推动特色资源优势尽快转化为品牌优势、竞争优势。

2．深化知识产权试点示范，高水平建设知识产权强区

（1）提升企业知识产权管理能力和管理水平

以国家高新技术企业为重点，进一步完善企业知识产权管理体系和管理制度，强化日常监管，引导企业将知识产权管理贯穿到产品调研、研发设计、进货采购、生产制造、销售贸易和资本运营全过程，建立高效的企业知识产权综合管理制度。

（2）引导企业深入实施知识产权战略

围绕碳纤维及复合材料、光伏智慧能源、新医药及医疗器械等重点产业，遴选一批成长型企业，推动企业将知识产权战略纳入企业经营发展战略，运用知识产权提升抗风险能力和核心竞争力。健全企业关键技术和关键产品的专利文献数据库，形成企业内部共享的知识产权信息资源，支持创建国家知识产权优势企业和国家知识产权示范企业。

（3）加强创新、创业载体和产业园区知识产权工作

对“众创空间、孵化器、加速器、科技园”等创业载体、空天信息等创新平台和各产业园区进行分类指导，探索知识产权工作与创新创业载体、产业园区的技术创新、产业发展有机结合的新路径和新方法，打造本地自主创新活跃、知识产权产出能力强、品牌企业聚集、知识产权保护环境优良的创新载体和平台，提升各类平台和园区的发展内涵。

“十四五”期间，高水平完成国家知识产权强县工程试点县、国家级知识产权强国试点园区、江苏省知识产权保护示范区创建。

3．推进知识产权高质量运营，实现知识产权价值化

（1）完善知识产权服务平台

建设和完善功能完备、要素齐全的专业化知识产权综合服务平台，引导社会资本参与设立专业化知识产权运营公司，开展知识产权收储、二次开发和投资，引导企业运用综合平台开展知识产权各类服务。

（2）探索知识产权价值实现新机制

探索知识产权质押融资新模式，分散知识产权质押融资风险，引导各类风险投资、创业投资进入知识产权金融领域，鼓励银行、保险、担保、风投等机构与知识产权运营公司合作，探索开展多模式知识产权价值化新途径，促进知识产权价值实现。

4．加强知识产权监管和知识产权保护，优化营商环境

（1）提升行政保护执法能力和水平

严格落实“双随机、一公开”知识产权监管模式，加强执法人员业务培训，熟练运用新技术对线上线下违法行为进行证据的有效固定，规范立案、听证、决定和执行程序，推行行政执法和行政处罚公示制度，按期发布典型案例，提高行政执法水平，加强对代理机构的监管，维护公平竞争的市场环境。

（2）完善知识产权大保护格局

健全市场监督管理局、海关、公安、检察院以及法院知识产权执法维权大保护机制，加强信息沟通和工作衔接，在乡镇、街道、行业协会、商会设立知识产权维权援助工作站，扩大知识产权维权援助覆盖面。建立知识产权保护自律

和信息沟通机制，发挥行业协会、商会知识产权保护社会监督优势，提升企业守法自觉性，鼓励知识产权纠纷当事人运用仲裁制度解决纠纷。

（3）加强涉外知识产权保护

建立涉外知识产权维权指导工作站，加强对国外热点展会举办地、“一带一路”贸易热点国家知识产权保护法律制度发布、宣传和培训，指导企业采取有效措施应对涉外知识产权纠纷，鼓励和支持知识产权服务机构为企业开展涉外知识产权预警分析，增强企业应对涉外知识产权纠纷的能力。

5．完善知识产权服务体系，支撑知识产权强区建设

（1）加强知识产权公共服务平台建设

以公益性知识产权信息服务资源为基础，集聚知识产权创造、保护、运用、管理等信息资源，加强常州国家高新区知识产权公共服务平台建设，提高公共平台使用效能，积极推进知识产权信息基础数据和分析工具免费向区域内企业开放，提升广大创新主体运用知识产权信息的能力。

（2）推进知识产权服务供给差异化、精准化

面向辖区创新载体创新平台，为创新载体职能部门提供信息化服务，为园区企业提供“一对一”知识产权专业辅导和咨询，提升知识产权服务的精准性和有效性。

（3）优化知识产权服务发展环境

引导服务机构推进专业数据库、产业数据库、专利预警分析等深层数据加工、个性化服务，集聚知识产权咨询、尽调、评估、质押、投融资、托管等全链条知识产权服务资源，推动知识产权服务创新升级。加强服务监管，提升服务机构的专业化、规范化水平，强化服务机构信用意识和责任意识，积极营造公平、竞争、有序的知识产权服务业发展环境。

6．完善知识产权人才体系，保障知识产权强区建设

（1）加强知识产权人才培养载体建设

进一步加强国家知识产权局专利审查员实践基地和江苏省高新技术产业开发区专利审查员实践基地建设，为区域内企业与审查员沟通构建平台，对企业进行专业指导，与高校共建知识产权人才培养、培训、实习基地，助力知识产权人才成长。以“高铁新城”科技服务业特色基地建设为契机，引进和培育优质知识产权服务机构。

（2）加大知识产权培训力度

继续深入开展知识产权培训，提升知识产权培训工作的针对性和系统性，加强培训资源综合利用，将国家知识产权远程教育平台、江苏省远程教育网络平台以及其他开放型培训资源纳入区域知识产权培训资源体系。

（3）优化知识产权人才发展环境

探索将知识产权人才引进纳入常州国家高新区人才引进计划，活跃知识产权人才市场，引导知识产权人才向科技创新载体和创新型企业流动，推动知识产权人才优化配置，加大知识产权紧缺人才培养引进力度，实现知识产权专业化人才的有效集聚。

五、保障措施

（一）加强组织领导

充分认识知识产权工作对推动经济高质量发展的意义，加大对常州国家高新区知识产权工作的顶层设计和统筹推进力度，将知识产权工作融入区域经济发展大局，抓住关键重点、创新工作举措、破解痛点难题，按照职责分工，完善政策措施，创新工作方法，突出纵向联动和横向协调，合力推进工作。

（二）加大投入力度

完善知识产权政策体系，优化财政资金配置，逐步形成以政府投入为引导、企业投入为主体、金融信贷为支持的多渠道、多元化的资金保障体系，推动知识产权高质量产出、转化；引导企业主体更多地把有效投入分配到知识产权工作上来，保证企业创新的源头活水；引导金融机构和社会资本投入。

（三）加强监督考核

将知识产权工作纳入高质量发展的考核指标体系。强化工作责任制，做好年度工作任务分解，明确责任，狠抓落实，加强目标任务完成情况的监督检查。对镇、街道、园区党政领导班子和领导干部进行综合考核评价时，注重高质量知识产权产出、知识产权保护环境等方面的情况和成效。各有关部门和单位按照任务分工和要求，结合实际制定具体方案。

（四）营造知识产权文化氛围

牢固树立知识产权“大宣传”的工作理念，聚焦重大问题和热点事件，加强知识产权动态报道、工作宣传和政策解读，扩大知识产权工作的社会影响，提升知识产权工作的关注度和显示度。在加强重大活动的宣传策划上下功夫，发挥“4·26”世界知识产权日、中国专利周、“3·15”消费者权益保护日等主题宣传活动的影响力，扩大知识产权宣传的广度和深度，充分实现宣传工作的放大效应，全面推动知识产权文化理念深入人心，形成浓厚的尊重知识、崇尚创造、保护知识产权的社会氛围。

重要文件目录

高新区党工委文件

文件标题	施行日期
关于印发《关于推进工业用地提质增效促进全区产业高质量发展的实施意见（2022—2025）》的通知	1月13日
关于表彰2022年度“明星企业家”和优胜企业的决定	1月26日
关于建设长三角产业中轴强支点的实施意见	1月30日
关于印发《常州国家高新区（新北区）“十四五”青年发展规划（2021—2025年）》的通知	2月28日
关于印发《常州国家高新区（新北区）人才公寓建设和管理办法》的通知	3月8日
关于印发《鼓励企业争先进位跃升发展的政策意见》的通知	12月30日

中共新北区委文件

文件标题	施行日期
关于下达常州市新北区2022年度重点项目推进计划的通知	1月30日
关于转发《中共常州市新北区人大常委会党组关于建立街道议政代表会制度》的实施意见	2月28日
关于印发《常州市新北区贯彻落实〈法治政府建设实施纲要（2021—2025年）〉》实施方案的通知	6月20日

高新区管委会文件

文件标题	施行日期
关于印发《常州高新区（新北区）科技人才孵化引导基金管理办法》的通知	5月11日
关于印发《加快推进企业上市挂牌实现高质量发展的若干政策意见（修订）》的通知	9月19日
关于印发《国家知识产权强县建设试点县国家级知识产权强国建设试点园区江苏省知识产权保护示范区工作方案（2022—2025）》的通知	12月23日

新北区政府文件

文件标题	施行日期
关于印发《2022—2025年度常州市新北区食品安全工作实施方案》的通知	6月29日
关于印发《2022年常州市新北区生活垃圾分类工作实施方案》的通知	11月2日
关于授予“2022年常州市新北区区长质量奖和质量管理先进单位”的决定	12月15日

高新区党政办文件

文件标题	施行日期
关于印发《常州市新北区农村宅基地管理办法（试行）》的通知	1月24日
关于印发《常州国家高新区（新北区）“十四五”人才发展规划》的通知	2月17日
关于印发《常州国家高新区（新北区）“对标争先提质效、聚焦重点争一流”机关作风建设主题行动实施意见》的通知	2月17日
关于印发《常州高新区“科创积分贷”信用贷款实施办法（试行）》的通知	4月6日
关于印发《关于深化“危污乱散低”出清提升行动的实施意见》的通知	4月8日

续表

文件标题	施行日期
关于印发《常州国家高新区（新北区）加快培育发展“专精特新”中小企业攻坚行动方案》的通知	4月12日
关于印发《常州国家高新技术产业开发区企业科技创新积分管理实施办法（修订）》的通知	5月11日
关于印发《常州国家高新区（新北区）2022年深入推进 “放管服”改革暨打造一流营商环境重点任务清单》的通知	9月15日
关于印发《常州国家高新区（新北区）关于进一步加强干部队伍建设的实施意见（2022—2027年）》的通知	11月2日
关于印发《常州国家高新区（新北区）“危污乱散低”综合治理工作方案》的通知	12月9日
关于印发《常州国家高新区（新北区）知识产权“十四五”规划》的通知	12月20日
关于印发《常州市新北区全民科学素质行动规划纲要实施方案（2021—2025年）》的通知	12月26日

索　引

主题词索引

说　明

一、本索引采用主题分析法编制，由分目、副分目（子目）、条目标题及有关表格名称分析编制而成。按标引词首字汉语拼音字母顺序排列，同音字按声调排列，首字相同按下一字的音序排列，表格和链接的后面加括注。

二、图照、特载、大事记、统计资料、附录及概述条目等未编入索引。

三、分目、副分目的标引词用小 5 号黑体加粗标示，其余款目的标引词用小 5 号宋体标示。

四、标引词后的阿拉伯数字表示内容所在页码，阿拉伯数字后的英文字母 a、b、c 分别表示左、中、右栏。标引词相同的，在同一标引词后按书中出现的先后顺序排列页码及位置。

A

B

C

D

E

F

G

H

J

M

N

O

P

Q

R

S

T

W

X

Y

Z

部分常用缩略语对照表

缩略语词	内容释文
1115	到“十四五”规划期末，全区拥有100亿元、50亿元、30亿元级规模企业各10家以上，10亿元级规模企业50家以上。
1210	海关监察代码，简称“保税电商”，指境内企业把生产出的货物存放在海关特殊监管区域或保税监管场的仓库中，即可申请出口退税，之后按照订单由仓库发往境外消费者。
“532”发展战略	加快建设长三角交通中轴、创新中轴、产业中轴、生态中轴、文旅中轴，高标准打造长三角产业科技创新中心、现代物流中心、休闲度假中心，不断提升城乡融合发展示范区、筹发展和安全示范区建设水平。
5G	5th Generation Mobile Communication Technology，第五代移动通信技术
9710	海关监察代码，简称“跨境电商B2B直接出口”，指境内企业通过跨境电商平台与境外企业达成交易后，通过跨境物流将货物直接出口至境外企业。
9810	海关监察代码，简称“跨境电商B2B出口海外仓”，指境内企业先将货物通过跨境物流出口至海外仓，通过跨境电商平台实现交易后从海外仓送达境外购买者。
北交所	北京证券交易所
长三角	长江三角洲地区
城市大管家	通过引进专业城市服务团队，把城市公共空间整体作为一个“大物业项目”进行统筹运营管理，搭建网格化管理、精细化服务、信息化支撑的城市服务管理平台，推动城市管理进入平台化、场景化、智慧化阶段。
瞪羚企业	指创业后跨过死亡谷以科技创新或商业模式创新为支撑进入高成长期的中小企业。
独角兽企业	一般指成立不超过10年；估值超过10亿美元，少部分估值超过100亿美元的企业。
放管服	简政放权、放管结合、优化服务
非遗	非物质文化遗产
两癌	乳腺癌和宫颈癌
两会	人大会议和政协会议
两特三新一智能	智慧能源、新材料、新能源汽车及汽车核心零部件，新一代信息技术、新医药及医疗器械，高端智能装备制造。
两新	新经济组织和新社会组织
六张高新名片	现代高新、活力高新、开放高新、秀美高新、幸福高新、和谐高新
名特优	知名、特色、品优
强富美高	经济强、百姓富、环境美和社会文明程度高
三大工程	重大项目攻坚突破、高铁新城建设和长江大保护
三农	农业、农村和农民
“三新”经济	楼宇经济、街区经济和总部经济
扫黄打非	“扫黄”是指扫除有黄色内容的书刊、音像制品、电子出版物及网上淫秽色情信息等危害人们身心健康、污染社会文化环境的文化垃圾。“打非”是指打击非法出版物，即打击违反《中华人民共和国宪法》规定的破坏社会安定、危害国家安全、煽动民族分裂的出版物，侵权盗版出版物以及其他非法出版物。
双减	减轻义务教育阶段学生过重作业负担和校外培训负担

续表

缩略语词	内容释文
双随机、一公开	在监管过程中随机抽取检查对象，随机选派执法检查人员，抽查情况及查处结果及时向社会公开。
双碳	碳达峰、碳中和
“四好”商会	以“政治引领好、队伍建设好、服务发展好、自律规范好”为主要内容建设的商会。
四种形态	第一种：党内关系要正常化，批评和自我批评要经常开展，让咬耳扯袖、红脸出汗成为常态；第二种：党纪轻处分和组织处理要成为大多数；第三种：对严重违纪的重处分、作出重大职务调整应当是少数；第四种：而严重违纪涉嫌违法立案审查的只能是极少数。
“危污乱散低”企业	危：安全生产基础管理缺失，“三违”（违章指挥、违章作业、违反劳动纪律）作业现象普遍，存在重大安全隐患和事故风险的企业；污：无污染防治设施或污染防治设施不完备、不能对产生的污染物进行有效收集处理的企业，不能达标或稳定达标排放的企业，及没有治理价值的企业；乱：手续不全，不符合我区产业发展规划，内部管理混乱、现场脏乱差、群众意见大、存在较大安全环保隐患的企业；散：未进驻工业集中区的小企业、小作坊以及低端、低效、落后产能的企业；低：按照工业企业综合评价，属于用地低效、利税较低的企业。
星级上云	企业通过互联网技术实现系统与设备、产业链上下游信息互通和数据共享，利用云计算资源来实现管理和业务数字化转型。工业和信息化部门根据企业上云领域、上云设备、上云投入等评定企业上云星级（一般为三星、四星、五星）。
智改数转	智能化改造数字化转型
专精特新	专业化、精细化、特色化、新颖化
AI	Artificial Intelligence，人工智能
App	Application，指安装在智能手机上的软件
B2B	Business To Business，跨境电商企业对企业出口，指境内企业通过跨境物流将货物运送至境外企业或海外仓，并通过跨境电商平台完成交易的贸易形式，企业根据海关要求传输相关电子数据。
B2C	Business To Customer，国内企业直接面对国外消费者，即是商家和消费者之间的电商交易，以销售个人消费品为主，物流方面主要采用航空小包、邮寄、快递等形式。
IDC	Internet Data Center，互联网数据中心